X.media.press

Torsten Stapelkamp

Informationsvisualisierung

Web – Print – Signaletik

Erfolgreiches Informationsdesign: Leitsysteme, Wissensvermittlung und Informationsarchitektur

Prof. Torsten Stapelkamp
Maas + Co
Münsterer Straße 55
51063 Köln
ts@maas-co.com
www.maas-co.com
www.designismakingsense.de

ISSN 1439-3107
ISBN 978-3-642-02075-9 ISBN 978-3-642-02076-6 (eBook)
DOI 10.1007/978-3-642-02076-6

Die Deutsche Nationalbibliothek verzeichnet diese Publikation in der Deutschen Nationalbibliografie; detaillierte bibliografische Daten sind im Internet über http://dnb.d-nb.de abrufbar.

Springer Vieweg

Gedruckt auf säurefreiem und chlorfrei gebleichtem Papier

Springer Vieweg ist eine Marke von Springer DE. Springer DE ist Teil der Fachverlagsgruppe Springer Science+Business Media.
www.springer-vieweg.de

Inhaltsverzeichnis

Dieses Buch ist Handbuch, Nachschlagewerk und Referenz in einem. Es verschafft dem Leser einen umfangreichen Überblick und erläutert zudem, was Informationsdesign, Informationsarchitektur und Signaletik ermöglichen und welche Grundlagen und Methodiken für erfolgreiche Ergebnisse erforderlich sind. Anhand relevanter Beispiele verdeutlicht der Autor, dass Informationsdesign sowohl im Webdesign als auch in zahlreichen anderen Bereichen und Medien (TV, Radio, Printerzeugnisse, Architektur, Produktdesign etc.) und dort in sehr unterschiedlicher Form Anwendung findet: Informationsgrafik, Diagrammierung, Visualisierung, Gebrauchsanleitung, Produktsprache, Wege- und Leitsysteme, Signaletik und Wissensvermittlung. Mit Informationsdesign werden Daten geordnet und für die jeweils entsprechenden Adressaten in nutzbare Informationen transformiert. Damit Informationen z.B. innerhalb einer Webkonzeption auch erkannt und schnell gefunden werden, ist zudem eine strukturbildende Informationsarchitektur erforderlich. Die Visualisierung von Informationen und deren Strukturierung stellt wiederum einen wichtigen Beitrag und wesentlichen Bestandteil der allgemeinen Wissensvermittlung und des Cognitive-Designs dar.

Das vorliegende Buch richtet sich sowohl an **Anfänger**, als auch an **Fortgeschrittene** und **Experten** in den Bereichen **Mediendesign**, **Informationsdesign**, **Informationsarchitektur**, Produktion von und Handel mit Informationen (**Redaktion, Public Relations, Marketing**), Wissensdokumentation (**Ingenieurwesen**, **Medizin**) und Signaletik (**Architektur**, **Messebau**, **Corporate Design**). Zu diesem Zweck liegt ein sehr ausführlicher Text vor, der dem Anfänger alle erforderlichen Informationen bietet, der aber auch so gegliedert und mit markierten Überschriften und Stichworten versehen ist, dass die wesentlichen Aspekte des Inhaltes, wie beim Lesen einer gut gegliederten Internetseite, schnell erfasst werden können. Fortgeschrittene und Experten können bereits beim Überblicken des Textes jene Aspekte schnell auffinden, die für sie relevant sind und eventuell noch etwas Neues darstellen. Außerdem sind alle Beschreibungen mit zahlreichen Abbildungen, Grafiken und Hinweisen versehen und belegt, so dass dieses Buch sowohl durch die Definitionen, Erläuterungen und Feststellungen als auch wegen der dokumentarischen Repräsentanz der aufwändig recherchierten und aufbereiteten Abbildungen als Referenzwerk dienen kann.

Unabhängig davon, ob man Funktionen, Informationen, Produkte oder Dienstleistungen nutzbar machen bzw. vermitteln möchte, ist es erforderlich, zwischen Angebot und Anwender eine Beziehung herzustellen. Solch ein Angebot kann die Information oder Funktion eines realen Objektes, das man fühlen, hören, riechen und/oder schmecken kann, oder die eines virtuellen Gegenstands sein. Hard- und Software-Produkte erfordern dabei nahezu identische Mechanismen zur Schaffung einer Beziehung bzw. eines Dialogs zwischen ihnen und dem Anwender.

Um ein Funktionsangebot oder einen Inhalt zu verstehen, ist es erforderlich, Daten zu erhalten, die zu Informationen transformiert wurden. Mindestens genauso wichtig ist es zu wissen, wie diese Informationen zum Ausdruck gebracht werden. Es geht demnach einerseits darum, Daten verwertbar zu machen, sie zu strukturieren, zu ordnen und einzuteilen, damit sie durch Gestaltung überhaupt erst zu Informationen und Inhalten werden können, und andererseits um die Inszenierung dieser Informationen.

Mit **Typografie** und **Layout** bzw. **Screendesign** wird eine ästhetische Form erreicht und die gewünschte Inszenierung von Inhalten bewirkt. **Informationsde-**

sign hingegen verfolgt nicht nur ästhetisierend, sondern auch strukturierend die Gestaltung, in der ein Nutzer die beabsichtigte Aussage aufbereitet und zugänglich gemacht bekommt. Die **Visualisierung** und die **Strukturierung** von Informationen haben demnach einen starken Einfluss auf die Wahrnehmung eines Funktionsangebots bzw. Inhalts und darauf, wie es verstanden wird und ob es überhaupt Aufmerksamkeit erhält.

Die Gestaltung von Produkten, Dienstleistungen und deren Informationsabsichten setzt ein hohes Wahrnehmungs- und Darstellungsvermögen voraus, das einem einerseits gegeben sein muss, aber andererseits durch Training auch gefördert und in abrufbare Erfahrung gewandelt werden kann. Um sowohl den Einsteiger als auch den Profi gleichermaßen zu fördern und zu fordern, verweise ich in Kapitel 3 *Information gestalten* mit den Themen Wahrnehmungsgesetze, Wahrnehmung von Information, Farbe, Typografie und Gestaltungslayout nicht nur auf die Standards, sondern nehme direkt Bezug auf reale Umstände, indem ich z.B. auf **Farbe und ihre Darstellungsmedien** eingehe und **Farbe und Kontrast als Mittel zur Benutzerführung** näher erläutere.

Im Kapitel 4 ***Ordnungsformen*** erläutere ich die Systematik in der Informationsvisualisierung, welche Ordnungsformen es gibt und wie man mit ihnen Orientierung schaffen kann. Sie bildet die Basis für das Kapitel 5 ***Orientierung – Wayfinding***, welches sich mit der Orientierung im realen, aber auch mit der Navigation im virtuellen Daten- und Informationsraum befasst. Die Thematik der **Interkulturellen Kommunikation**, die **Signaletik** und auch das **Neuromarketing** werden dabei in einzelnen, gesonderten Beschreibungen ebenfalls berücksichtigt. Im Anschluss folgt das Kapitel 6 *Informieren/Repräsentieren, Informationsvarianten* mit einer Sammlung von zahlreichen repräsentativen Beispielen aus den Bereichen der **Diagrammierung**, der **Inszenierung**, der **Visualisierung**, der **Technischen Dokumentation** mit **Gebrauchsanweisungen** und der **Wissensvermittlung**. Zum übergeordneten Thema Design wird in Kapitel 7 auf **Servicedesign** bzw. **Experience Design** besonders eingegangen.

In diesem Buch wird bewusst die Informationsvisualisierung sowohl für interaktive Produkte und Dienstleistungen als auch für lineare bzw. analoge Informations- und Leitsysteme aufgegriffen. Daher ist zwischen Nutzer, Konsument, Zuschauer und Anwender zu unterscheiden. Für den Konsumenten interaktiver Produkte wird in erster Linie der Begriff ›Anwender‹ gebraucht, da er am ehesten die Bezeichnungen Nutzer (User), Spieler, Mitspieler, Konsument und Zuschauer subsumiert.

Ein Zuschauer lehnt sich bequem zurück und konsumiert passiv. Er lässt sich gerne durch die Emotionen der Charaktere und der dargestellten Situationen leiten. Beim Zuschauer steht die narrative Komponente im Vordergrund.

Ein Nutzer ist wesentlich besser vorbereitet als der Zuschauer. Er weiß, dass er handeln muss, und er will auch handeln und selbst eingreifen können. Er unterhält sich durch sein Handeln ebenso wie durch das, was ihm dadurch geboten wird. Interaktive Angebote schließen lineare Momente des Innehaltens und des Konsumierens nicht aus. Der Nutzer ist nicht an das interaktive Medium gefesselt. Er schätzt auch das Lineare und wechselt, je nach Angebot, gerne zwischen den Zuständen des Nutzers und des Zuschauers. Emotionalität entsteht dabei nicht nur durch die Charaktere, sondern ebenso aus der Interaktion heraus. Den Nutzer treibt aber eher der Anreiz im Spiel oder die Herausforderung, in einer Wissensvermittlung weiterzukommen und dort erfolgreich zu sein, als der Konsum des rein Narrativen.

Ein Konsument kann sowohl Zuschauer als auch Nutzer oder beides in einer Person sein. Mal konsumiert er die Inhalte passiv, mal ist er je nach Angebot der nteraktionsmöglichkeiten umso aktiver.

Der Begriff ›Anwender‹ bzw. ›Adressat‹ wird in allen folgenden Texten als bevorzugte Alternative verwendet. Dass in allen Texten nur die männliche Form von ›Anwender‹ bzw. ›Adressat‹ eingesetzt wird, bedeutet nicht die Geringschätzung von Frauen im Allgemeinen oder den Ausschluss von Leserinnen bzw. Anwenderinnen im Besonderen. Wo es möglich ist, wird der Plural verwendet, um Konstrukte, die den Lesefluss stören könnten, wie z.B. ›AnwenderInnen‹ oder ›Anwenderinnen/ Anwender‹ oder ›… für die Anwenderinnen und die Anwender …‹, zu vermeiden.

Zum Schluss noch ein Anliegen: Dieses Buch soll zur integrierten Publikation, bestehend aus Buch und Internetportal erweitert werden. Bitte fühlen Sie sich daher zum Mitmachen und Mitdiskutieren aufgefordert! Ich freue mich auf Sie im Portal: www.designismakingsense.de

Torsten Stapelkamp
ts@maas-co.com
www.designismakingsense.de

PS
Dieses Buch ist eines von drei Büchern, die zusammen die erweiterte Nachfolge des Buches *Screen- und Interfacedesign* darstellen. Die gemeinsame Klammer der drei neuen Bücher ist das übergeordnete Thema *Servicedesign* bzw. *Experience Design*. Die beiden weiteren Bücher sind *Interaction- und Interfacedesign* und *Web X – Erfolgreiches Webdesign, professionelle Webkonzepte*.

Auf Anfragen und Bitten zahlreicher Leser und weil die Neuauflage mindestens 1400 Seiten umfasst hätte, entschied ich mich, den Inhalt meines Buches *Screen- und Interfacedesign* umfassend zu erweitern und entsprechend in drei Bücher aufzuteilen.

1 Definition

»Zu Informationen kommen wir, weil wir Daten interpretieren. Damit wir sie interpretieren können, müssen sie als Wahrnehmungsobjekte präsentiert werden, denn der Binärcode ist für uns nicht verstehbar. Indem sie also über Wahrnehmungsformen entscheidet, greift die so genannte Oberflächenprogrammierung tief in den Vorgang unserer Bedeutungskonstitution und Handlungskoordination bei der Computernutzung ein.«[1]

Peter Matussek, 1997

Im Kontext der Steuerung von Maschinen sind Daten vordefinierte, formalisierte Grundlagen, die von Maschinen in vorbestimmter Weise interpretiert und in beabsichtigte Prozesse umgewandelt werden können. Daten und Maschinen wurden dazu in gegenseitig abhängiger Weise konstruiert. So entwickelte z. B. Joseph-Marie Jacquard 1805 Lochkarten, um Webstühle zu steuern. Die Bedeutung und funktionalen Abfolgen der Löcher auf solchen Karten sind klar definiert und nach der Erstellung einer Lochkarte nicht veränderbar. Die Webstühle wurden für die funktionalen Produktionsabläufe auf die Interpretation dieser Lochkarten abgestimmt. Diese Daten sind demnach nur in der festgelegten Weise nutzbar und nicht etwa frei interpretierbar, was für die Steuerung von Maschinen auch erforderlich ist, um sie überhaupt effizient steuern zu können. Dasselbe gilt für die Funktionen und Steuerungen von Betriebssystemen eines Computers und der durch ihn nutzbaren Software. Steuerungsinformationen werden in Zeichen bzw. Zeichenketten kodiert, deren Aufbau den strengen Regeln einer Syntax folgen. Nur eindeutige Syntaxen in der Programmierung lösen die gewünschte Absicht aus. Erst ein Regelwerk vorbestimmter Syntaxen und Konditionen macht ein maschinelles Identifizieren von Kontexten möglich. Buchstaben im Programmier- bzw. im Seitenbeschreibungscode sind für Maschinen nur in vordefinierten Konstellationen oder mit vorangestellten Attributen interpretierbar. So ist z.B. eine Adresse (hier von der Designagentur Maas + Co) in der Bedeutung ihrer einzelnen Adressfelder maschinenlesbar nicht differenzierbar. Für einen Computer ist diese Adresse nur eine Aneinanderreihung von Zeichen. Selbst eine Differenzierung von Firmenname, Straßenname, Hausnummer, Postleitzahl und Ortsname ist für einen Computer ohne entsprechende Vordefinierung nicht möglich:

```
Maas+Co, Münsterer Straße 55, 51063 Köln

Maas+Co
Münsterer Straße 55
51063 Köln
```

Auch für uns Menschen wären dies unverwertbare Daten, wenn wir nicht bestimmte Zeichen und Konventionen gelernt hätten, wie das Bilden von zusammenhängenden Daten (z. B. Straßenname und Hausnummer), die eventuelle Trennung dieser zusammenhängenden Daten durch Kommata und die vorbestimmte Reihenfolge von `[Firmenname], [Vorname und Nachname], [Straßenname und Hausnummer], [Postleitzahl und Ortsname]`. Wenn wir die Zeichen nicht deuten können, hilft uns die Kenntnis über Konventionen allein aber auch nicht weiter. Die Bezeichnungen `[Firmenname], [Hausnummer Straßenname], [Ortsname], [Bezirksname Postleitzahl Ländername]` wären z. B. auf Thailändisch ohne Kenntnis der Zeichen nicht interpretierbar:

1 Peter Matussek: Computer als Gedächtnistheater. Vortrag vom 26.4.1997 beim Symposion *Metamorphosen: Zur Veränderung der Gedächtnismedien im Computerzeitalter*, Sprengel-Museum, Hannover.

ไฮแอท รีเจนซี่ หัวหิน
91 ถนน หัวหิน - เขาตะเกียบ หัวหิน ประจวบคีรีขันธ์ 77110 ·
โทร +66 3252 1234 แฟกซ์ +66 3252 1233

```
Hua Hin Regency Hyatt
91 Hua Hin - Khan Takiap Road
Hua Hin
Prachuap Khiri Khan 77110 Thailand
```

Damit Daten maschinenlesbar ausgewertet werden können, gibt es Formate, bei denen die Daten z. B. in (X)HTML bzw. XML eingebettet werden können. Diese werden Microformats[2] genannt. Zur Unterscheidung wird den Bezeichnungen einiger Formate ein kleines ›h‹ vorangestellt. Ihre Grundfunktionen bleiben dieselbe, sind dann aber wegen der Einbettung in (X)HTML bzw. XML maschinenlesbar. Sie lauten dann z. B. **hCard**[3], **hCalendar**[4], **hAtom**[5], **hReview**[6], mit dem es möglich ist, Dienstleistungen, Waren, Bücher, Filme etc. zu bewerten und **hResume**[7], mit dem Firmenhistorie, Lebensläufe, Fähigkeiten und Expertenwissen dargestellt werden kann.

Die Einbindung von Microformats in HTML erfolgt über das class-Attribut:

```
<div class="Name des Microformates">...</div>
```

Für das Microformat **hCard** gilt dann:

```
<div class= "vcard">...</div>
```

Um die für eine hCard relevanten Daten angeben zu können, sind weitere HTML-Elemente (bspw. <span> oder <p>) zu definieren, die zur jeweiligen Unterscheidung in unterschiedliche HTML-Elemente angegeben werden können. Dabei ist die entsprechende Styleklasse (z. B. ›adr‹) zu beachten. Ähnliches gilt für die weiteren Microformats.

```
<address class="vcard">
  <span class="adr">
    <span class="fn org">maas+co</span><br />
    <span class="street-address">Münsterer Strasse 55</span><br />
    <span class="postal-code">51063</span>
    <span class="locality">Köln</span>
  </span><br />
  Telefon: +49 (0)221 6406741<br />
  Fax: +49 (0)221 6406774<br />
  E-Mail: <a href="mailto:info@getit.de">stapelkamp@maas-co.com</a><br />
  Web: <a href="http://www.maas-co.com/">www.maas-co.com</a>
</address>
```

2 http://microformats.org
http://mikroformate.de/2006/12/16/einfuehrung-in-mikroformate
http://mikroformate.de/grundlagen/s5/

3 hCard creator: http://microformats.org/code/hcard/creator
http://microformats.org/wiki/hcard-authoring

4 hCalendar creator: http://microformats.org/code/hcalendar/creator
http://microformats.org/wiki/hcalendar

5 http://microformats.org/wiki/hatom

6 hReview creator: http://microformats.org/code/hreview/creator
http://microformats.org/wiki/hreview

7 hResume creator: http://hresume.weblogswork.com/hresumecreator
http://microformats.org/wiki/hresume

Bereitstehende Elemente-Definitionen für hCard:

`"country-name"`	= Land
`"email"`	= E-Mail
`"fn"`	= vollständiger Name (Vor- und Nachname)
`"locality"`	= Stadt
`"org"`	= Firma
`"postal-code"`	= Postleitzahl
`"region"`	= Bundesland
`"street-address"`	= Straße inkl. Hausnummer
`"tel"`	= Telefonnummer
`"url"`	= Websiteadresse

Technorati bietet einen hCard-to-VCF-Service[8] zur Generierung einer Visitenkarte im VCF-Format aus dem hCard-Microformat.

8 http://technorati.com/contacts

Die Effizienz von Daten für Maschinen unterscheidet sich hier maßgeblich von der Effizienz von Daten für Menschen. Betrachtet man den Begriff ›Daten‹ losgelöst von der Absicht, mit ihnen Maschinen zu steuern, so können Daten frei interpretierbar, unkonkret, inspirierend oder auch irritierend sein, je nachdem, wie wir sie mit unseren menschlichen Fähigkeiten in einen uns vertrauten Zusammenhang übersetzen. Alles, was Menschen über ihre Reize wahrnehmen, sind zunächst Daten. Die Wahrnehmungsfähigkeiten unseres Gehirns und das menschliche Bedürfnis, zusammen mit Wissen das Wahrgenommene zu interpretieren, lässt Daten zu be- und verwertbaren Informationen werden. So kann z. B. die Darstellung eines Würfels, je nach Vorwissen oder kultureller Prägung unterschiedlich interpretiert werden. Zwölf Linien können so als dreidimensionale Darstellung eines Würfels, als Darstellung einer Blume, als Muster, als Anordnung von sechs Dreiecken, als Sechseck mit Eckenverbindungslinien oder Ähnlichem wahrgenommen werden. Die zwölf Linien sind demnach Daten, die sich, je nach Anordnung und Interpretation, zu einer anderen Information transformieren lassen.

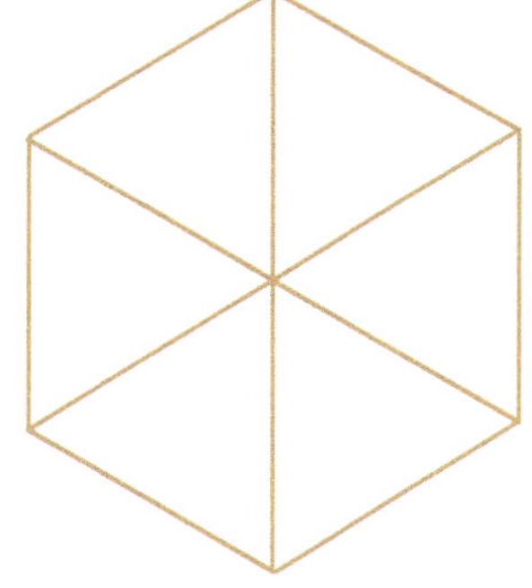

Abb. 1
Linien als Daten, deren Anordnung sich als Würfel, Blume oder Ähnlichem interpretieren lassen und so jeweils zu einer anderen Information transformiert werden.

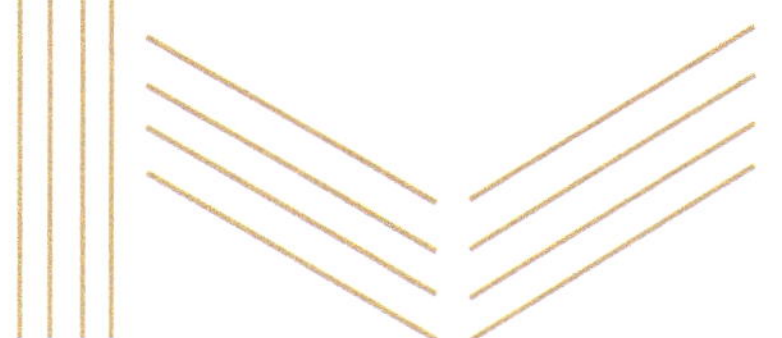

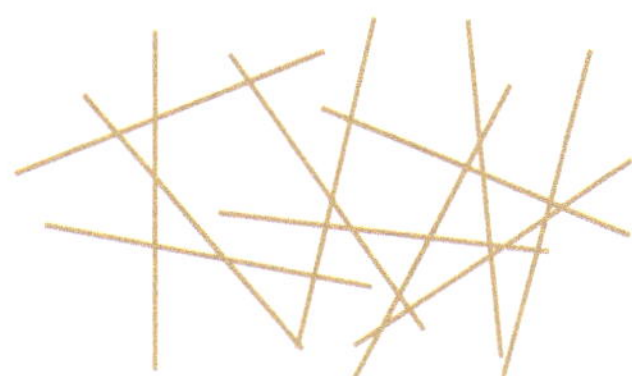

Abb. 2 a–c
Linien, die je nach Anordnung in die Information ›Ordnung‹ oder ›Chaos‹ transformiert werden können.

Das Wort Information stammt aus dem Lateinischen »informatio«, das sich wiederum vom Verb »informare« ableitet. Substantiv und Verb besitzen sowohl eine eigentliche (eine Gestalt geben, formen, bilden) als auch eine übertragene Bedeutung (durch Unterweisung bilden, unterrichten).[9] So kann »informatio« sowohl für den Prozess, der zu einem Ergebnis führt, als auch für das Ergebnis selbst stehen. Zudem kann das Präfix »in« im Lateinischen für eine Negation (z.B. informis: ungeformt), aber auch für eine Verstärkung einer Handlung stehen (informatio, informare). So umschreibt z. B. Cicero (lateinischer Redner, Schriftsteller, Politiker; 106–43 v.Chr.) »informatio« u.a. mit »das in der Vorstellung gewonnene Bild« und »informo« mit »in der Vorstellung bilden«.[10] Es ergibt sich eine Formung im materiellen (erzeugen) und im geistigen Sinne (beweisen, definieren, erklären). Diese Feststellungen lassen erkennen, dass das Wort »Information« bereits im Ursprung für technische, biologische und pädagogische Bereiche stand, und zeigen, welch große Bandbreite und Bedeutung mit dem Wort »Informationsvisualisierung« repräsentiert wird. Rafael Capurro schreibt über »informatio«, »...dass dieser Begriff ein Fachterminus der Philosophie war und zwar sowohl im Sinne von Gestaltung des Stoffes oder Selbstgestaltung des Lebens als auch von Formung von Wahrnehmung und Denken«. Das heißt, »Information« steht in der ursprünglichen Bedeutung ebenso für »Bildung«.[11]

Im Sinne einer Bildung war es stets wichtig, Informationen nicht nur auswendig zu lernen und zu sammeln, sondern diese auch nutzen zu können. Dabei geht es um die Kompetenz, Daten bzw. Informationen selektieren, zuordnen und bewerten zu können. Erst dann wird die Information tatsächlich verstanden, führt zu Wissen und erfüllt ihren Sinn. Dies gilt umso mehr in einer Zeit, in der es dank Computertechnologie und Internet möglich ist, immer und an jedem Ort Informationen in großen Mengen abzurufen. Problematisch ist aber nicht allein der Überfluss von Informationen, sondern immer auch die schlechte Aufbereitung durch den Informationsvermittler oder das Unvermögen des Rezipienten und seine unzureichende Medienkompetenz. Information bildet sich aus ihrer Erstellung, ihrer Verbreitung und ihrer Aufnahme durch einen Empfänger. Und selbstverständlich müssen diese drei Elemente aufeinander abgestimmt sein bzw. die drei Teilnehmer (1. Informationserstellung, 2. technische und visuelle Bereitstellung für die Verbreitung, 3. Informationsempfang und -verarbeitung) müssen jeweils für sich einen Aufwand in Kauf nehmen, der das Zusammenwirken optimiert.

Wen das überfordert, sollte dies sich und anderen eingestehen, anstatt wie z.B. Herr Frank Schirrmacher mit seinem Buch »Payback«[12], über die Informationsflut durch das Internet zu jammern. Schließlich liegt es in der Entscheidung jedes Einzelnen, ob er sich der Informationsflut aussetzt und alle zur Verfügung stehenden Werkzeuge nutzen will oder nicht. Wer mit den zahlreich vorhandenen Filtern nicht zurecht kommt oder diese nicht kennt, kann diese – dank des Internets – kennenlernen, oder er muss sich eingestehen, nicht über das erforderliche Interesse und folglich nicht über die erforderliche Medienkompetenz zu verfügen. Das Internet ist nicht nur die Ursache einer unbestreitbaren Informationsflut. Es bietet auch den erforderlichen Zugang zu Lösungsvorschlägen. Dies setzt natürlich Engagement und Interesse voraus. Wem die Zeit fehlt dazuzulernen, hat grundsätzlich keine Zeit für jene Information, deren Distribution über das Internet stattfindet. Ob und wie viel Information und Nutzwert aus den Angeboten im Internet gezogen werden kann, entscheidet jeder selbst. Die Verantwortung, ob man mit dem Angebot überfordert wird, trägt jeder für sich. Hier sind Entscheidungen zu fällen, die einem niemand abnehmen kann.

9 Duden: Etymologie. Mannheim/Wien/Zürich, 1989.

10 Capurro, Rafael: Information. Ein Beitrag zur etymologischen und ideengeschichtlichen Begründung des Informationsbegriffs, München, 1978.

11 Seiffert, Helmut: *Information über die Information*. München, 1968, S. 27–28.

12 Schirrmacher, Frank: Payback, Karl Blessing Verlag, 2009.

Es wäre aber bereits sehr hilfreich, wenn Informationen verantwortungsvoll produziert und kritisch selektiert und rezipiert würden. Im Sinne von »Der Kunde ist König.« oder »Der Anwender hat immer Recht.« sind es wohl die Informationsdesigner und -architekten, die hier mit ihrem Servicedesign den verträglichen Austausch von Informationen vom Ersteller zum Empfänger sicherstellen müssen.

Zum Thema Wissensgesellschaft referierte der ehemalige Bundespräsident Roman Herzog am 9.Juni 1998 in Paderborn u. a. Folgendes: »Es ist falsch zu glauben, die neuen Medien und ihre künstlichen Welten würden uns Menschen automatisch Wissen vermitteln. Tatsächlich akkumulieren und servieren sie Millionen von Informationsschnipseln. Sie schaffen aus sich heraus aber keine Ordnung, wenn wir sie ihnen nicht selber eingeben oder abfordern. Wer Probleme lösen will, muss solche Ordnungen im Informationsbrei schaffen und Ziele, Abfolgen und Prioritäten definieren. Erst so entsteht aus Information Wissen. [...] In der Flut der Information muss auch die Kunst des Weglassens und des Abschaltens gelernt werden.«[13]

13 Rede *Erziehung im Informationszeitalter* von Bundespräsident Roman Herzog zur Eröffnung des Paderborner Podiums im Heinz Nixdorf-Museumsforum.

Wegen der großen Bandbreite seiner Nutzung und da »informatio« sowohl für den Prozess als auch für das Ergebnis stehen kann, sind die Definitionsansätze für den Begriff »Information« entsprechend vielfältig:

- Information steht für Struktur, da diese bereits einen Informationsgehalt darstellt.
- Information sorgt für Erkenntnis, wenn z.B. Strukturen als Informationen erkannt und genutzt werden können.
- Information tritt als Signal auf, wenn sie von einem Sender über einen Übertragungskanal an einen Empfänger weitergeleitet wird.
- Information wird zu einer Nachricht, wenn ein Signal vom Empfänger decodiert wird.
- Information wird zu einer verstandenen Nachricht, wenn mit vereinbarten Codes kommuniziert wird, die vom Empfänger nicht nur festgestellt, sondern auch verstanden werden.
- Information wird zur Wissensvermehrung, wenn die Signale vom Empfänger verstanden werden, aber ihm die daraus resultierende Information noch nicht bekannt war.

»Information ist zum vierten großen Wirtschaftsfaktor geworden – so wichtig wie Rohstoffe, Arbeit und Kapital. [...] Und das Kapital fließt dorthin, wo gute Ideen generiert werden.«[14]

14 Bundesministerium für Wirtschaft und Arbeit, BMWi-Report: Die Informationsgesellschaft, Bonn 1995, S. 2.

Die Aufgabe von Informationsdesign besteht darin, Informationen aufbereitet darzustellen, so dass sie verstanden und genutzt werden können. Informationsdesign schafft Struktur und sorgt dafür, dass Daten lesbar und Inhalte nachvollziehbar werden. Daten, die uns alle umgeben und denen wir überall ausgesetzt werden, sind keine Informationen. Daten an sich sind zunächst wertlos. Erst durch Erfahrung, Strukturierung und Transformation werden sie zu Informationen. Die Buchstaben H, U, N, D lassen sich z. B. als Datensatz oder als Wort HUND zusammenstellen. Allerdings werden nur jene, die diese Buchstabenzeichen und die hier vorgenommene Kombination der Buchstaben kennen, mit dieser Datensatzkombination etwas anfangen können. Daten liegen in allen erdenklichen Formen vor: Zeichen, Zahlen, Texte, Bilder, Töne, Farben, Gerüche etc. Erst das Zusammenfügen von Daten und das Einbeziehen in einen Kontext transformiert sie zu Informationen. Und zu Wissen wird Information erst in Verbindung mit Erfahrung. Wer z. B. nicht weiß, was die Bezeichnung HUND bedeutet, kann aber durch Bellen eines Hundes daran erinnert werden, bereits einem begegnet zu sein. Diese Freisetzung von Wissen durch die Kombination zuvor erhaltener Informationen kann dann eine Kette von weiteren Informationen in Form von Erinnerungen und Assoziationen auslösen. Je nachdem, in welchem Zusammenhang Informationen dargestellt und vermittelt werden, können sich unterschiedliche Interpretationen der Informationen und somit verschiedenartige Erkenntnisse ergeben. Die resultierenden Informationen bilden die Grundlage für Wissen.

Wenn man dann noch bedenkt, dass Strukturierung und Transformation von Daten grundlegende Absichten von Gestaltung sind, wird deutlich, dass die Eigenschaften von Informationsdesign selbstverständlicher Bestandteil eines jeden Gestaltungsprozesses ist. Als Gestaltungsform ist Informationsdesign ausschließlich auf die Visualisierung von Informationen spezialisiert. Dabei werden nicht die Informationen selbst, sondern deren Repräsentation als solche gestaltet. Informationsdesign ersetzt keine Gestaltungsdisziplinen, hat allerdings großen Einfluss auf die Gestaltung der Information von Transfermitteln (z. B. Texte, Hypertexte, Bilder, Schilder, Software, Hardware etc.), indem es Daten zu Informationen transformiert und durch Struktur für Ordnung und Orientierung sorgt. Die Gestaltung von Daten zu Informationen ist aber nur ein Teil der Transformationskette, durch die Daten einen Wert erhalten. Nicht nur die Gestaltung der Daten selbst, sondern auch deren Präsentationsform trägt wesentlich zum Transformationsprozess bei und ist demnach ein nicht zu vernachlässigender Bestandteil des Informationsdesign. Wer erfolgreich kommunizieren möchte, präsentiert keine Daten, sondern Sinnzusammenhänge.

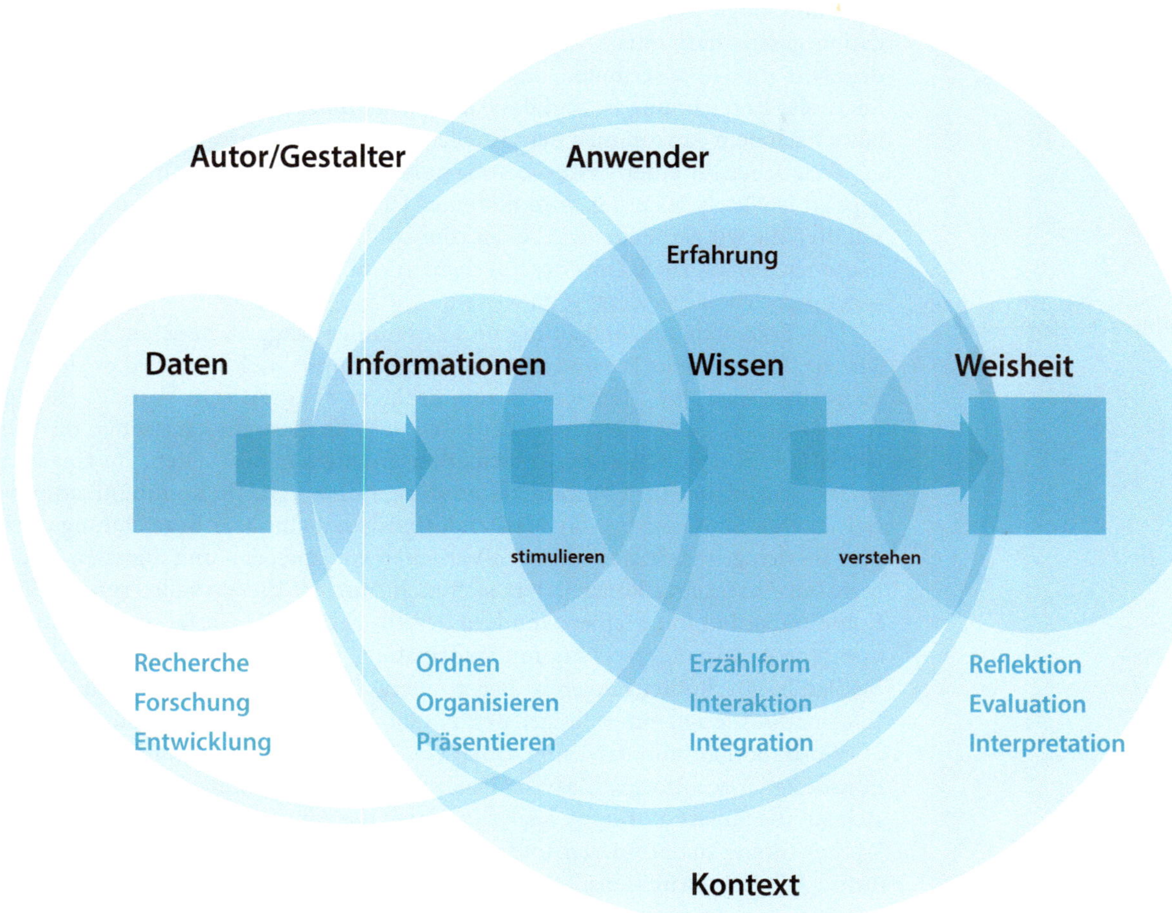

Abb. 3
Transformierung von Daten, Informationen und Wissen. Visualisierung eines Transformationsprozesses. Daten werden erst durch Transformation zu Informationen und Informationen erst durch eine Auseinandersetzung mit ihnen zu Wissen oder gar Weisheit (eine Grafik nach Nathan Shedroff: Information Interaction Design: A Unified Field Theory of Design. In: ›Information Design‹, Bob Jacobson (Hrsg.) MIT Press 2000).

1.4 Kommunikationsdesign vs. Mediendesign vs. Informationsdesign

Die Bezeichnungen Visualisierung und Design werden in der Regel im Zusammenhang mit **Kommunikationsdesign** genannt. Dies ist schon deshalb nur bedingt zweckmäßig, da mit dieser Bezeichnung schon lange nicht mehr hinreichend die Ziele und Möglichkeiten des Designs innerhalb einer Informations- und Kommunikationsgesellschaft umfassend beschrieben werden können. Das folgende Zitat aus dem Jahr 2000 lässt vermuten, dass Kommunikationsdesign schon seit langem eine überholte Bezeichnung ist und dass das Thema Informationsdesign bereits sieben Jahre nach dem Aufkommen des visuellen Internets im Jahr 1993 sehr wichtig war:

»Wir leben in einer Zeit, die vom inflationären Umgang mit Informationen geprägt ist. Täglich werden wird mit einer Fülle von Nachrichten und Daten zugeschüttet, die wir gar nicht verarbeiten können. Und täglich wird der Berg von Informationen größer. Doch trotz der ungeheuren Anhäufung von Informationsmaterial scheinen wir weniger denn je zu wissen.«[15]

15 Wilson, Paul: Das große Buch der Ruhe, Heyne, 2000.

Das Erkennen von Bedeutung und Zusammenhängen war schon immer sehr wichtig. Und je mehr Informationen vorliegen, umso wichtiger wird es sie so aufzubereiten, dass ihre Menge nicht zum Problem, sondern zum Vorteil wird. Dies setzt natürlich Kompetenzen bei denen voraus, die diese Informationen mit Hilfe von Informationsdesign oder Informationsarchitektur bearbeiten. Im Gegensatz zu Studiengängen für Kommunikationsdesign bzw. Visuelle Kommunikation verweisen z. B. Studiengänge für **Mediendesign** bereits in ihrer Bezeichnung darauf, dass sie sich grundsätzlich mit allen Varianten von analogen und digitalen Medien befassen. Ihre Lehre konzentriert sich nicht nur auf die Visualisierung und die Kommunikation mit Medien, sondern bezieht ebenso die Gestaltung und die theoretische Auseinandersetzung mit Information, Interface und Interaktion ein. In Mediendesign-Studiengängen ist neben Interaction- und Interfacedesign auch das Informationsdesign ein wichtiger Bestandteil von Lehre und Forschung.

Worin besteht nun der Unterschied von Kommunikationsdesign und Informationsdesign bzw. Informationsvisualisierung? Kommunikationsdesign konzentriert sich auf die äußere Wirkung, analysiert dabei die Anwenderreaktion, um z. B. die Werbewirkung zu optimieren, und orientiert sich so verstärkt an den Interessen der Auftraggeber. Informationsdesign bzw. Informationsvisualisierung hingegen ist am Anwender, am Endverbraucher ausgerichtet. Hierzu gehört neben der Einbeziehung aktueller Usability-Strategien auch die Berücksichtigung, wie das Produkt erlebt wird, um so User Experience Design bzw. Servicedesign zu schaffen. Insbesondere die Absichten der Informationsvisualisierung sind identisch mit denen des Servicedesigns (siehe Kapitel *Servicedesign – User Experience Design*, (S. 420).

1.5 Informationsdesign vs. Informationsvisualisierung vs. Informationsarchitektur

Nun bleibt noch zu klären, ob die in diesem Buch beschriebenen Inhalte eher dem Informationsdesign oder der Informationsvisualisierung zuzuordnen sind. Der Zusatz **Visualisierung** lässt vermuten, dass die Betrachtung auf visuelle Prozesse eingeschränkt bleibt. Akustische und olfaktorische Aspekte würden dann außer Acht gelassen. Andererseits lässt der Zusatz **Design** vermuten, dass die beschriebenen Prozesse und Ergebnisse ausschließlich zielorientierte, projekt- und adressatenspezifische Konzepte berücksichtigen. Dabei gibt es auch Repräsentationsformen, die zwar keine faktisch verwertbaren, dafür aber mit allen Sinnen erlebbare Informationen vermitteln, die genaugenommen für kognitive Absichten Daten bleiben, aber dennoch ein visuelles Erlebnis sind. Somit stellen sie Information in Form von Erstaunen, Freude und andere nicht spezifisch messbare wahrnehmungsbedingte Interpretationsvorgänge dar. Da solche Erlebnisse emotionale Vorstellungswelten auslösen, die im Geiste Farben, Bilder oder Ideen erscheinen lassen, ist es durchaus zulässig, auch solche Auslöseprozesse als Visualisierung zu bezeichnen, selbst wenn sie akustisch bzw. olfaktorisch erfolgten. Visualisierung ist demnach eine bewusst durchgeführte Übersetzung von Daten in eine Darstellungsform, die grundsätzlich allen Rezeptionsfähigkeiten des Menschen angepasst sein kann. Visualisierung bedeutet, mit jeweils geeigneten Verfahren Einsicht in abstrakte Datenmengen zu ermöglichen. Ergebnisse, die sich aus einem Visualisierungsprozess ergeben, werden als kognitive Artefakte bezeichnet. Jede Visualisierungsart ist dabei durch das Medium bestimmt, durch das sie vermittelt wird.

Dabei wird zwischen Informationsvisualisierung und wissenschaftlicher Visualisierung unterschieden. Die Informationsvisualisierung ist dadurch gekennzeichnet, dass Daten in einer Art dargestellt werden, die nicht mit der realen Welt äquivalent sind. In diesem Sinne trifft die Bezeichnung **Informationsvisualisierung** eher die Absicht und den Inhalt dieses Buches als es die Bezeichnung wissenschaftliche Visualisierung tun könnte. Aber auch der Begriff Informationsdesign wäre hier nicht geeignet, da Informationsvisualisierung als übergeordneter Begriff zu sehen ist und Informationsdesign somit als Teil dieses Bereichs. Auch wenn es beim **Informationsdesign**, im Gegensatz zur **Informationsarchitektur,** nicht nur um die strukturelle, sondern auch um die visuelle Aufbereitung von Informationen geht, so ist es zunächst dem Nutzwert, nämlich der Verwertbarkeit von Informationen für den Anwender, verpflichtet. Informationsarchitektur lässt sich hier schon aufgrund der Bezeichnung deutlich klassifizieren.

Richard Saul Wurman hat den Begriff »information architecture« auf der Konferenz *American Institute of Architecture* bereits 1976 geprägt. Er tritt vehement dafür ein, information architecture vom klassischen Design abzugrenzen[16] und verweist darauf, dass dekorative oder ästhetisierende Elemente die Information behindern können. Die Struktur sollte unverdeckt sein und man sollte sich bei den Darstellungsmitteln auf das Wesentliche beschränken.[17] Wurman befürchtet sogar eine Verführung durch Ästhetik, da seiner Ansicht nach an Designhochschulen in erster Linie gelehrt würde, dass etwas gut auszusehen habe.[18] Auch Edward R. Tufte, der sich seit 1990 in zahlreichen Publikationen mit den Eigenschaften und Aufgaben der Gestaltung und Darbietung von Information auseinandergesetzt hat, postuliert den Vorrang des Informationsgehalts gegenüber dem Design. Er betont dabei die Effizienz der Darstellung, für die eine reine Ästhetisierung keine Rolle spielt.[19]

Wer sich mit Informationsarchitektur beschäftigt, ist weniger für gestalterische Aspekte zuständig. Wenngleich seine Untersuchungen und Empfehlungen zwangs-

16 www.informationdesign.org/special/wurman_interview.htm

17 www.informit.com/articles/article.asp?p=130881&seqNum=10&rl=1, Richard S. Wurman

18 www.informit.com/articles/article.asp?p=130881&seqNum=10&rl=1, Richard S. Wurman

19 Tufte, Edward R.: *The Visual Display of Quantitative Information*, Graphics Press; 2. Aufl. 2001 und Interview: www.edwardtufte.com/tufte/s15427625tcq1304_5.pdf (Dezember 2010).

läufig Einfluss auf die äußere Erscheinung von Informationsangeboten haben, so steht in erster Linie die Konzeption, Durchführung und Auswertung von Evaluierungsmethoden und in diesem Zusammenhang die Struktur und methodische Darbietung von Informationen im Mittelpunkt. Ein Informationsarchitekt ist ein Usability-Experte, der seine Kompetenzen für Analyse- und Strukturmethodiken und die Auswertung von Statistiken z. B. als Informatiker, Soziologe oder Psychologe erlernte. Er unterstützt den Mediendesigner, der in der Funktion eines Art Directors oder Creative Directors wiederum leitend für das übergeordnete Gesamtkonzept verantwortlich ist. Für einen Mediendesigner gilt es zwar als selbstverständlich, bei der Gestaltung eine Strukturierung zu berücksichtigen, die ein eindeutiges Vermitteln und Verstehen der Produktabsicht bzw. der transformierten Informationen gewährleistet. Dies ändert aber nichts an dem Umstand, dass Design stets das Ergebnis eines Teams ist, welches sich, je nach Projekterfordernissen, aus Designern verschiedener Kompetenzen (z. B. Print, Web, AV-Medien, Corporate Design, Interaction- und Interfacedesign, Servicedesign) und unterschiedlichen Experten zusammensetzt (z.B. Informatik, Usability, Statistik, Marketing, Finanzbuchhaltung, Medienrecht). Schließlich gibt es keinen Designer, der alle erforderlichen Kompetenzen in gleicher Qualität und Ausführlichkeit in sich vereint. So macht es durchaus Sinn, z. B. Usability-Experten und Statistikprofis zu Rate zu ziehen. Wenn sich diese dann noch Informationsarchitekten nennen, so tun sie dies in der Regel mit dem Ziel, eben nicht in dem Umfeld agieren zu müssen, in dem sie ihre Kompetenzen erlernt haben (z.B. Informatik, Soziologie, Ingenieurswissenschaften), sondern um von Design- oder Marketingagenturen gebucht oder eingestellt zu werden. Wer hingegen gestalterisch tätig sein möchte, sich aber ergänzend durch Studium oder Berufserfahrung für Informationsarchitektur qualifiziert hat, wird sich eher Mediendesigner oder Informationsdesigner nennen. Wegen der oben genannten Gründe wäre hier die Bezeichnung Kommunikationsdesigner nicht geeignet.

Für die Zuordnung von Verantwortungsbereichen und Bezeichnungen können natürlich nur Idealzustände genannt werden, die sich – je nach Kompetenz der einzelnen Akteure – stark vermischen können. Es wird zumindest deutlich, dass die Bezeichnungen Informationsarchitektur und Informationsdesign nur den jeweiligen Anteil an der Auseinandersetzung mit Information abbilden können. Informationsvisualisierung hingegen vereint alle Ziele der Informationsarchitektur und des Informationsdesigns in sich und nicht nur Struktur und Funktion. Mit der Visualisierung der Informationen und deren Interaktion mit dem Anwender schafft sie darüber hinaus auch ein individuelles Erleben und eben auch Identität. Somit steht Informationsvisualisierung auch für User Experience Design und ist den Zielen des Servicedesigns somit näher als es Informationsdesign mit seiner strengen Forderung nach Effizienz und Effektivität je sein könnte. Informationsvisualisierung ist demnach nicht selten das Ergebnis mehrerer Akteure mit unterschiedlichen Kompetenzen.

Ein Designer wird nicht in jedem Moment seines Schaffens klar definieren können, ab wann zielorientierte Absichten und Sachzwänge mit Visualisierungen kombiniert werden, um z. B. Assoziationen auszulösen, die zwar wenig mit einer konkreten Informationsabsicht, dafür aber viel mit der sinnlichen Wahrnehmung des Produktes oder der Dienstleistung bzw. mit der emotionalen Interaktion zwischen Produkt und Anwender zu tun haben können. Wie so oft im Design vermischt sich das zielorientiert Spezifische mit der Individualität und der Intuition des Autors. Man denke dabei z. B. an die Gestaltung von Ausstellungen oder an Signaletik. In beiden Fällen bilden Komposition, Visualisierung und Typografie klare, unmissverständliche Aussagen. Wenn es gelingt, können aber auch individuell interpretierbare Erlebniswelten und Inspiration, die die Information in ihren Absichten aber nicht behindern, entstehen.

Will man ausschließlich die Bezeichnung »Informationsdesign« verwenden, so trifft dies am unmissverständlichsten auf die Gestaltung von Datenbanken zu. Nathan Shedroff schlug z. B. vor, im Zusammenhang von Datenbanken nicht von Informationstechnologie, sondern von Datentechnologie zu sprechen, da in Datenbanken lediglich Daten und keine Informationen gespeichert werden und die Daten erst durch die Ordnungen, die sich durch das Informationsdesign ergeben, als Informationen interpretiert werden könnten.[20]

Robert E. Horn formuliert eine außerordentlich pragmatische Absicht: »Information design is defined as the art and science of preparing information so that it can be used by human beings with efficiency and effectiveness.«[21] Informationsdesign steht demnach für Effektivität und Effizienz. Ähnliches gilt für die Unterstützung der Analyse extrem komplexer und heterogener Datensätze durch Experten und die Transformierung von wissenschaftlichen Forschungsdaten in allgemein verständliche, formalisierte Darstellungsformen. Dazu gehören auch Informationsgrafiken, die in erster Linie Funktionen und Abläufe darstellen.

Bernd Weidemann spricht im Zusammenhang mit Lehrbüchern und dem Wissenserwerb durch Bilder von informierenden Bildern: »Informierende Bilder kommunizieren einen Inhaltsbereich als visuelles Argument. […] Die Aufgabe der Bildautoren besteht darin, einen bestimmten Inhalt als Argument zu konzipieren und für dieses eine adäquate bildhafte Codierung zu finden, d.h. das Argument als »visuelles« zu »formulieren«. Adäquat heißt zum einen, dass die Codierung alle relevanten Aspekte des Arguments aufnimmt, zum zweiten, dass sie optimal auf die Rezipienten und Rezeptionssituation abgestimmt ist.«[22]

Auch Gebrauchsanweisungen sind in diesem Zusammenhang zu nennen. Dabei handelt es sich auch hier oft nicht nur um Informationsdesign, sondern auch um Visualisierungen von Informationen, da Informationsgrafiken nicht nur der Transformierung von Daten in nachvollziehbare Fakten dienen, sondern sich in ein bestimmtes Umfeld (z. B. Zeitungslayout) einfügen müssen. Zudem sollen sie dem Betrachter die Illusion geben, selbst hochkomplexe Zusammenhänge besser zu verstehen.

Es bleibt schwierig, die Grenzen zwischen Informationsdesign und Informationsvisualisierung zu ziehen. Dennoch soll deutlich werden, dass mit diesem Buch ein sehr weit gefasstes Verständnis von Informationsinterpretation und Informationsdarstellung gezeigt werden soll und daher die Bezeichnung »Informationsvisualisierung« als Buchtitel gewählt wurde.

20 Shedroff, Nathan: Information Interaction Design: A Unified Field Theory of Design, 1994.

21 Horn, Robert E.: Information Design. Emergence of a New Profession. In: Information Design. Hrsg. von Robert Jacobson, Cambridge, MA, MIT Press, S.15–34, 1999.

22 Weidenmann, Bernd: Informierende Bilder. In: Wissenserwerb mit Bildern. Instruktionale Bilder in Printmedien, Film/Video und Computerprogrammen. Hrsg. von Bernd Weidenmann, Bern, Huber, 1994, S.9–58.

1.6 Zitate und Visualisierungen zum Thema Informationsdesign

»Information ist nur, was verstanden wird.«

Carl-Friedrich von Weizsäcker, 1974[23]

»Information Design addresses the organization and presentation of data: its transformation into valuable, meaningful information. While the creation of this information is something we all do to some extent, it has only recently been identified as a discipline with proven processes that can be employed or taught. […] Information Design doesn't ignore aesthetic concerns but it doesn't focus on them either. However, there is no reason why elegantly structured or well-architected data can't also be beautiful.«

Nathan Shedroff, 1994[24]

»Didaktisches Design beruht auf der Idee, dass Lernprozesse nicht nur von den jeweiligen Individuen abhängen, sondern auch von außen, durch die Art und Weise der Präsentation von Wissen beeinflusst werden. Das ist kein Rückfall in behavioristische Zeiten. […] Aber Darstellungsformen lassen sich verändern, während viele andere Bedingungen der Lernwelt zwar berücksichtigt werden müssen, aber nur schwer beeinflussbar sind (z. B. Vorwissen, Lernsituation, Zeitbudget).«

Steffen-Peter Ballstaedt, 1997[25]

23 Weizsäcker, Carl-Friedrich von: Die Einheit der Natur. München, dtv, 1974.
24 Shedroff, Nathan: Information interaction design: A unified field theory of design. Paper, 1994. www.nathan.com/thoughts/unified/index.html.
25 Ballstaedt, Steffen-Peter: Wissensvermittlung. Die Gestaltung von Lehrmaterial. Weinheim, Beltz Psychologie Verlags Union, 1997.

Abb. 4
Was man braucht, um ein Informationsdesigner zu sein? (Grafik von Steven Heller im Buch *On Information Design* von Nigel Holmes, 2006).

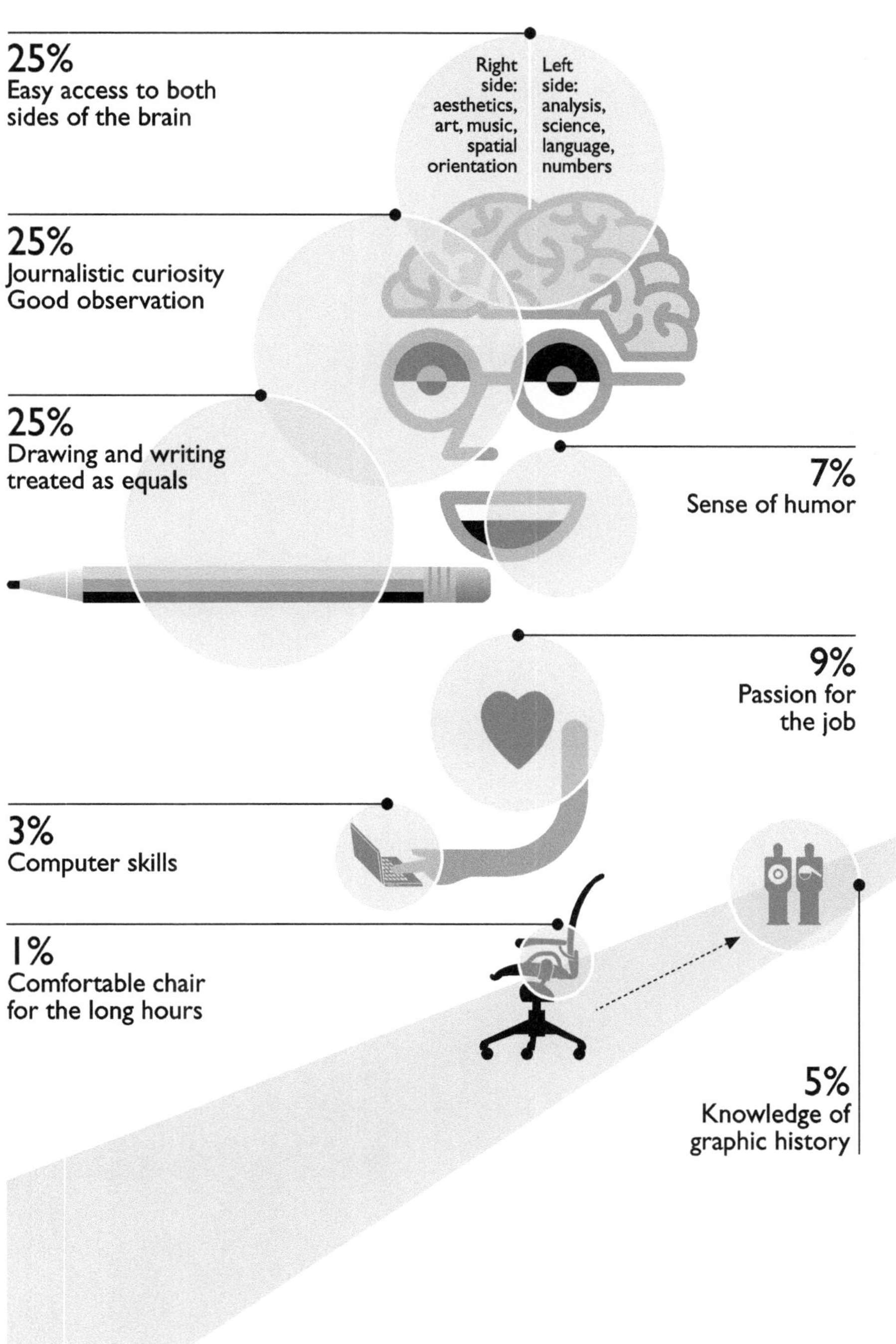

»Hervorragende Qualität besteht darin, komplexe Ideen klar, präzise und effizient zu kommunizieren – das gilt gleichermaßen für neue und alte Medien.«

Edward R. Tufte, 1998[26]

»Informationsdesigner sehen ihre primäre Aufgabe in der effizienten Kommunikation von Informationen. Dazu gehört auch die Verantwortung für eine zutreffende und objektive Darstellung der Informationen. […] Der Informationsdesigner kann auch als Informations-Umwandler betrachtet werden, der Informationen – Rohdaten, Handlungsfolgen oder einen Prozess – in ein visuelles Modell umformt, um die Inhalte für einen bestimmten Nutzerkreis verständlich zu machen.«

Peter Wildbur und Michael Burke, 1998[27]

»Die Tätigkeit des Informationsarchitekten liegt im Zentrum dessen, was die Informationswissenschaft ausmacht: Information so aufbereiten, dass sie beim Nutzer ankommt.«

Richard Saul Wurman, 2001[28]

26 Tufte, Edward R.: in Wildbur, Peter; Burke, Michael: Information Graphics, Hermann Schmidt, Mainz, 1998, S. 7.
27 Wildbur, Peter; Burke, Michael: Information Graphics, Schmidt, 1998.
28 Wurman, Richard S.: Information Anxiety 2, New Riders, 2001.

Abb. 5
What makes Good Information Design? (David McCandless, www.informationisbeautiful.net)

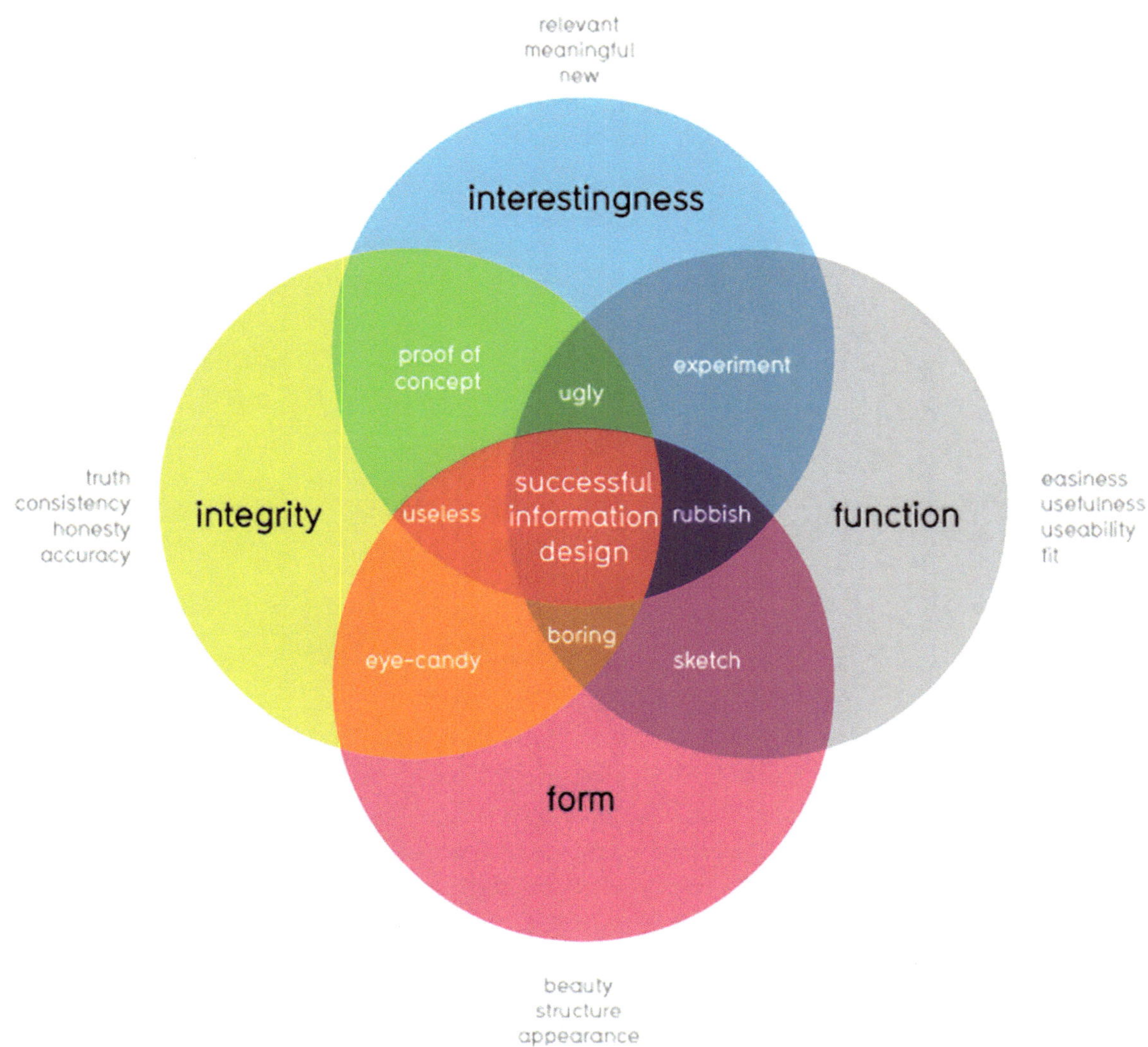

»Information design rests […] in a variety of research foundations, including such disciplines und subject areas as human factors in technology, educational psychology, computer interface design, performance technology, documentation design, typography research, advertising, communications, and structured writing. […]
Information design is defined as the art and science of preparing information so that it can be used by human beings with efficiency and effectiveness. Its primary objectives are

- To develop documents that are comprehensible, rapidly and accurately retrievable, and easy to translate into effective action.
- To design interactions with equipment that are easy, natural, and as pleasant as possible. This involves solving many problems in the design of the human-computer interface.
- To enable people to find their way in three-dimensional space with comfort and ease – especially urban space, but also, given recent developments, virtual space.

The values that distinguish information design from other kinds of design are efficiency and effectiveness at accomplishing the communicative purpose. […]
What we need is not more information but the ability to present the right information to the right people at the right time, in the most effective and efficient form.«

Robert E. Horn, 1999[29]

29 Horn, Robert E.: Information Design. Emergence of a New Profession. In: Information Design. Hrsg. von Robert Jacobson, Cambridge, MA, MIT Press, 1999, S.15–34.

Abb. 6
The Unterstanding Spectrum.
(Nathan Shedroff, www.nathan.com)

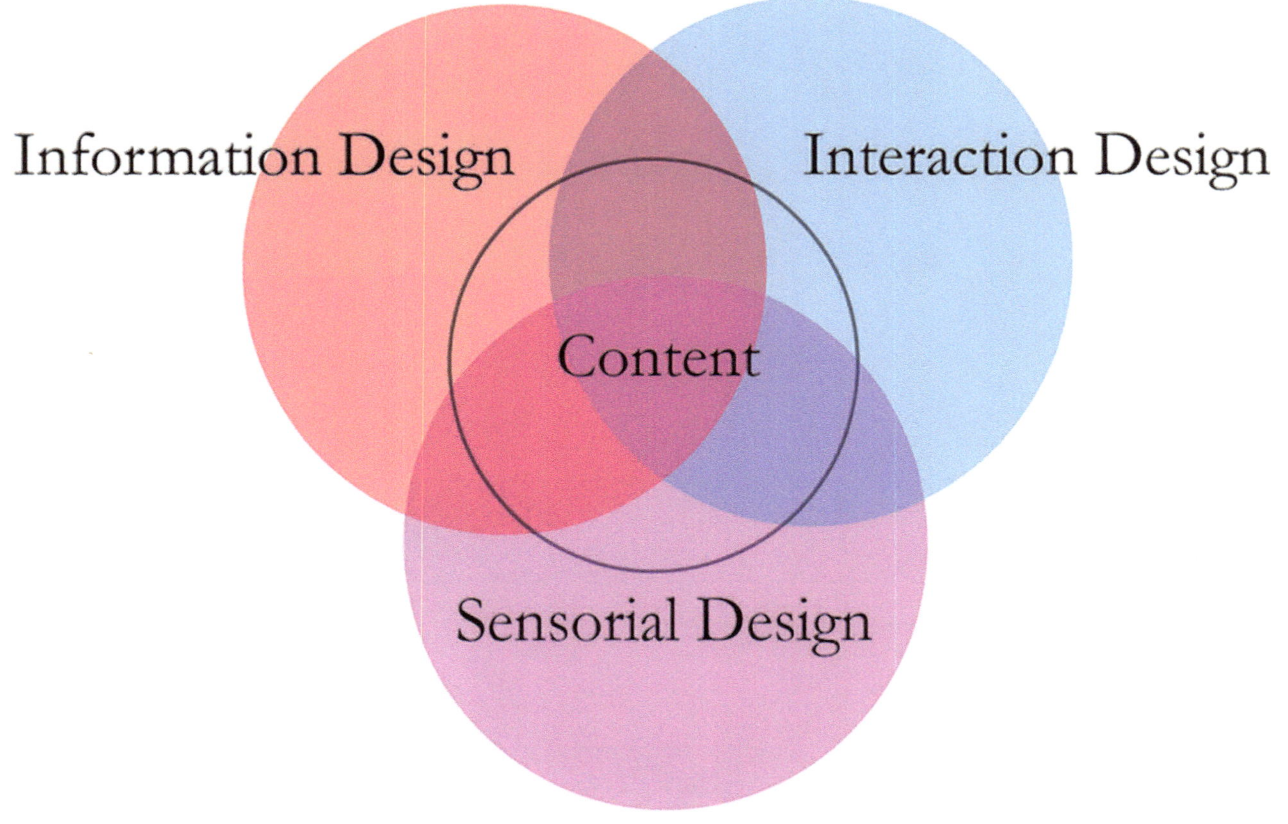

»As the only means we have of comprehending information are through words, numbers, and pictures, the two professions that primarily determine how we receive it are writing and graphic design. Yet the orientation and training in both fields are more preoccupied with stylistic and aesthetic concerns.

Despite the critical role that graphic designers play in the delivery of information, most of the curriculum in design schools is concerned with teaching students how to make things look good. This is later reinforced by the profession, which bestows awards primarily for appearance rather than for understandability or accuracy.«

Richard S. Wurman, 2000[30]

»Information ist das Produkt kognitiver Interpretationen.«

Bernard Favre-Bulle, 2001[31]

»Ziel der Informationsvisualisierung ist es, abstrakte Daten graphisch so zu repräsentieren, dass strukturelle Zusammenhänge und relevante Eigenschaften intuitiv erfasst werden können. [...] Aktuelle Themen adressieren vor allem Komplexität und Umfang heutiger Datensätze, eine stärkere Berücksichtigung des Anwenders sowie die Verknüpfung von visuellen und automatischen Methoden.«

Heidrun Schumann, 2004[32]

30 www.informit.com/articles/article.aspx?p=130881&seqNum=3

31 Favre-Bulle, Bernard: Information und Zusammenhang, Informationsfluss in Prozessen der Wahrnehmung, des Denkens und der Kommunikation, Springer-Verlag, Wien, 2001.

32 Schumann, Heidrun: Informationsvisualisierung – Methoden und Perspektiven, Computergrafik, Institut für Informatik an der Universität Rostock, 2004.

Abb. 7
Hierarchy Of Visual Understanding, work in progress.
(David McCandless, www.informationisbeautiful.net)

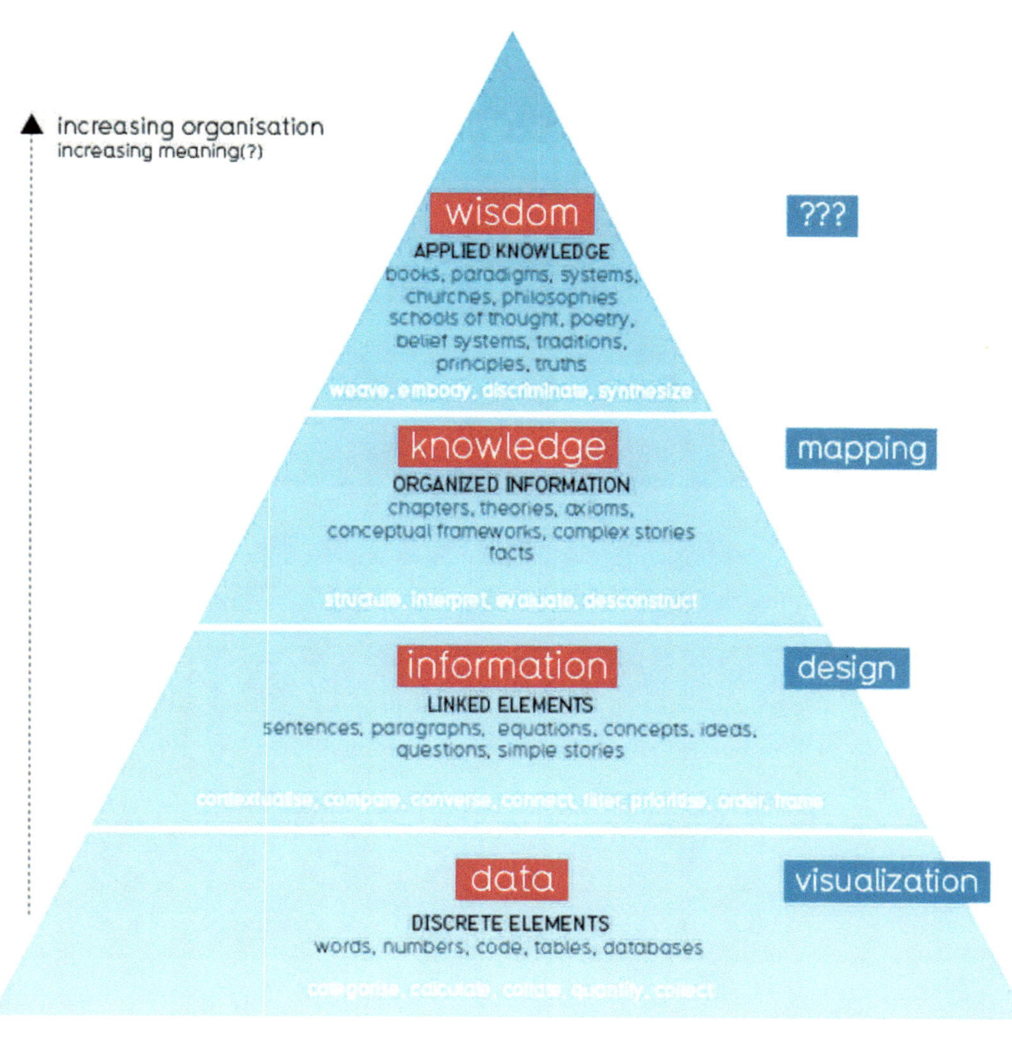

2 Historischer Überblick

»Die Abkehr von der Buchkultur manifestiert sich in einer geänderten Rolle der Materialität der Zeichen. Bedeutung, semantische Systeme, Sinn – sie sind zunehmend nur mehr Zurechnungsmodalitäten des Beobachters. Farben, Töne, Stimmungen und Bewegung (manchmal auch Taktilität) werden nicht nur als die Träger von Bedeutungen gesehen. Vielmehr stellen sie die Ereignisse selbst dar, die dann von jeder beliebigen Interpretation in Beschlag genommen werden können.«

Prabitz, 1995[33]

Im Laufe der Geschichte hinterließen zahlreiche Kulturen, Gruppierungen und Einzelpersonen Hinweise, die für die Gegenwart bzw. für die Zukunft als Information dienen sollten. Auf Grund unterschiedlicher Standards in Darstellung und Ausdruck, also jeweils eigener Zeichen und Sprachen, ist jede dieser Visualisierungen auf ihre Art individuell. Sie wird daher von denen, die nicht eingeweiht sind oder aus anderen Kulturkreisen oder Zeiten stammen, bisweilen nur als Daten wahrgenommen, die zunächst entschlüsselt werden müssen. Daher kann in einer zurückblickenden, historischen Auflistung nicht von einer Informationsvisualisierung gesprochen werden.

Als erste Datenvisualisierung, die mit Kontinuität betrieben wurde, kann die des afrikanischen Volkes der **San** gelten. Die **Felsmalerei** der San könnte sogar als erstes **Bildsampling** bezeichnet werden. Die Überlagerung der einzelnen Bildelemente lässt eine konkrete Darstellungs- und somit Informationsabsicht vermuten. Hinzu kommt, dass Linien in der Malerei der San offensichtlich Beziehungen und Machtkonstellationen zeigen.[34] Da Personen in verschiedenen Perspektivansichten dargestellt sind, wird vermutet, dass eher eine definierte Information in Form einer Schautafel (wie bei Schautafeln im 20. Jahrhundert[35]), aber nicht etwa ein Realbild dargestellt ist. Es geht demnach nicht nur um ein **Abbild**, sondern um die Interpretation von Erlebnissen, die als Information übermittelt werden sollten. Wobei dies nur eine Vermutung bleiben kann, da diese Kultur keine mündlichen Überlieferungen oder weitergehenden Notizen hinterließ.

Jede **Datenvisualisierung** kennzeichnet den aktuellen Stand, wie das individuelle Umfeld des Darstellenden zum jeweiligen Zeitpunkt interpretiert wurde. Die Betrachtungstiefe reicht dabei vom mythologisch, kosmologisch Unendlichen über geografische Kartendarstellungen, Schautafeln, Leitsysteme und Wegweiser bis hin zum kleinsten Detail einer **Statistikvisualisierung**. Als die wahrscheinlich älteste **Infografik** gilt die in Stein gravierte, chinesische **Yü Chi Thu-Karte** (die Karte der Wege von Yü dem Großen) von 1137 n.Chr. In Europa tauchten erst 300 Jahre später vergleichbare Visualisierungen auf. Mit der Yü Chi Thu-Karte sollte ein räumlicher Bezug hergestellt und ein Teil der Wirklichkeit reproduziert werden. Erst seit den ersten Statistiken löste man sich bei der Visualisierung von räumlichen Bezugsformen. Die erste, professionelle statistische Datenvisualisierung wurde 1644 von **Michael van Langren** erstellt. Umfangreich eingesetzt wurden Statistiken aber erst seit der Industrialisierung. 1769 erschien z. B. eine statistische Darstellung von J. H. Lambert (1728–1777, schweizerisch-deutscher Wissenschaftler und Mathematiker). Laut **Jacques Bertin**, einem Kartografen, der 1974 mit der ***Sémiologie graphique*** ein umfangreiches Werk zur **Informationsvisualisierung** vorlegte, läutete diese den Übergang ein »von der einfachen Darstellung zu einem vollständigen, unabhängigen und eigengesetzlichen Zeichensystem, d.h. zu einer Semiologie...«.[36] An diesem Wandel war neben Lambert auch **William Playfair** (1759–1823, schottischer Ökonom) maßgeblich beteiligt.[37]

33 Prabitz, Gerald: Schrift – Bild und Ökonomie, in Hofbauer, Johanna: Bilder – Symbole – Metaphern: Visualisierung und Informierung in der Moderne, Verlag Passagen, Wien, 1995, S. 101.

34 Woodhouse, Bert: Bushman Art of South Africa, Art Publishers, 2001.

35 Siehe z. B.: Robin, Harry (1992): The Scientific Image: From Cave to Computer. New York: Harry N. Abrams oder Hartmann, Frank: Bildersprache: Otto Neurath Visualisierungen, facultas.wuv Universität, 2006.

36 Bertin, Jacques: Grafische Semiologie. Diagramme – Netze – Karten, 1974, Seite 11.

37 Tufte, Edward R.: The Visual Display of Quantitative Information, Cheshire, Conneticut, Graphics Press, 1983, S. 45.

»Das ›Bild‹ als ›wissenschaftliches Bild‹ ist keine ›Repräsentation‹ der Wirklichkeit, sondern vielmehr die ›Sichtbar-Machung‹ derselben. Es ist das Ergebnis eines komplexen Herstellungs- und Transformationsprozesses, an dessen ›Anfang‹ nicht ein Gegenstand steht, sondern Messdaten, Ereignisse also, die selbst bereits technisch erzeugt sind.«

Heintz und Huber, 2001[38]

Bevor sich durch die Möglichkeiten der Computertechnologie, durch die Vielfalt und unüberschaubare Menge an Daten und Informationsangeboten die Notwendigkeit ergab, Strategien zur Strukturierung von Daten und Informationen zu entwickeln, etablierte sich die Informationsvisualisierung zunächst in den Bereichen **Statistik** und **Kartografie**. Wie sehr die jeweils zur Verfügung stehenden Darstellungs- und Analysemittel auch die Grundhaltung zur Visualisierung bestimmten, zeigt sich beim Werk von Bertin. Bei ihm ist zu beachten, dass er 1974 mit der »Sémiologie graphique« einerseits klare Definitionen entwickelte, um Daten in Komponenten[39] zu spezifizieren und diese grafisch transkribieren zu können. Andererseits aber lehnte er den Einsatz von Bewegung und dreidimensionalen Darstellungen ab und begrenzte seine **Zeichensystemtheorie** auf das, was auf einem weißen Papierbogen dargestellt und gedruckt werden kann.[40] Er konzentrierte sich eben auf das, was er 1974 auf Basis seiner Beobachtung und Erfahrung beschreiben und darstellen konnte. Seitdem hat das Aufkommen an Informationen und die Zugangsmöglichkeiten zu ihnen in unüberschaubarer Weise zugenommen. Diese Herausforderungen beflügelte viele Entwickler und Designer, medienadäquate Verfahren und Informationsdarstellungsformen zu schaffen. Oft entstanden dabei keine klassischen Tabellen, Abfolgediagramme oder Informationsgrafiken, sondern eigenständige Bilder, bisweilen auch wissenschaftliche Bilder.

Die nun folgende Auflistung erhebt nicht den Anspruch, vollständig zu sein, sondern verdeutlicht vielmehr die Vielseitigkeit und lange Entwicklung einiger bedeutsamer und aus heutiger Sicht selbstverständlicher Visualisierungssysteme.

38 Heintz, Bettina; Huber, Jörg (Hrg.): Mit dem Auge denken – Strategien der Sichtbarmachung in wissenschaftlichen und virtuellen Welten, Wien/New York, 2001.
39 Komponenten: Qualitative Stufe (Beschreibung von Eigenschaften), Ordnungsstufe (Ordnen von Elementen), quantitative Stufe (Elemente mit Maßeinheiten) (vgl. Bertin, Jacques: Grafische Semiologie. Diagramme – Netze – Karten, 1974, Seite 14).
40 Bertin, Jacques: Grafische Semiologie. Diagramme – Netze – Karten, 1974, Seite 50.

Anfänge der Informationsvisualisierung

vor ca. 27 000 Jahren

Das Volk der **San** hinterließ von vor ca. 27 000 Jahren bis um das Jahr 1850 ihre **Felsmalerei** im Gebiet des heutigen Lesotho, Namibia, Südafrika (Abb.: San-Felsmalerei, Alter unbekannt; Ort: Perdekop-Farm nördlich der Mossel-Bay; Foto: Andrew Moir, Kapstadt, Südafrika).

vor ca. 27 000 Jahren

ca. 25 000 v. Chr. und 16 000 v. Chr.

Sehr lebendige Felsmalerei mit einem hohen Anteil an identifizierbaren Tieren in der **Grotte Chauvet** in Frankreich, entdeckt 1994 (Foto: Dr. Jean Clottes).

Felsmalerei mit einem relativ niedrigen Anteil an identifizierbaren Tieren in der **Grotte Cosquer** in Frankreich, 1985 entdeckt von **Henri Cosquer**. Diese Grotte gilt als die älteste von Menschen bewohnte Grotte Europas (Foto: Dr. Jean Clottes).

ca. 25 000 v. Chr.

ca. 25 000 v. Chr.

ca. 10 000 vor Chr.

Petroglyphen sind in Stein gravierte, geschabte oder gepickte Darstellungen und weltweit verbreitet. Die Abbildung zeigt den **Newspaper Rock** in der Nähe des Canyonlands National Park, südlich von Moab, Utah, USA (Abb.: www.davejenkins.com).

ca. 10 000 vor Chr.

ca. 2400 vor Chr.

Ptahhotep, auch **Ptah-Hotep**, lebte unter Isesi, dem vorletzten Pharao der 5. Dynastie. Größenunterschiede in der Darstellung dienen hier nicht der Perspektive, sondern der Darstellung von Bedeutungsgröße.

ca. 2400 vor Chr.

ca. 1800 bis 1600 vor Chr.

Himmelsscheibe von Nebra (32 cm im Durchmesser). Älteste konkrete Himmelsdarstellung, gefunden 1999 nahe der Stadt Nebra in Sachsen-Anhalt. Es kann vermutet werden, dass die Scheibe z.B. zur Sommersonnenwende horizontal zu halten ist und dass der rechte goldene Bogen vom Mittelberg zum Brocken ausgerichtet wird, um die Scheibe zu justieren. Dargestellt ist der Sonnenuntergang (Abb.: Dbachmann).

ca. 1800 bis 1600 vor Chr.

zw. 240 und 550

Allegorische Darstellungen am so genannten **Prometheus-Sarkophag**, ein Relief am Kapitol in Rom (Quelle: Meyers Konversationslexikon von 1888).

Allegorische Darstellungen sind in der bildenden Kunst seit der Antike üblich, so auch in der römischen Kunst als Personifizierungen abstrakter Ideen (Glück, Frieden oder Siege) oder zur Verbildlichung religiöser Vorstellungen. Gezeigt ist eine Götterszene auf einem römischen Sarkophag, ca. 240 n. Chr. (Louvre, Paris; Foto: Jastrow).

zw. 240 und 550

ca. 1070

Teppich von Bayeux – Tapisserie de Bayeux (abgerollt: 68,38 Meter). Er beschreibt die Ereignisse und die beteiligten Personen bei der Eroberung Englands durch den Normannenherzog **Wilhelm den Eroberer**. Die Datierung ist nicht ganz klar. Es wird vermutet, dass Bischof **Odo von Bayeux** vor 1082 der Auftraggeber war.[41] (Abb.: Serge Lachinov, http://hastings1066.com/baythumb.shtml).

ca. 1150

Mit dem **Shigisan-Engi Emaki** werden Legenden über ein Kloster auf dem Berg Shigisan beschrieben (abgerollt: 8,78 mal 0,31 Meter).

ca. 1150

ca. 1070

NAVIGAVIT ET VE LIS VENTO PLENIS VE
NIT IN TE RRA
VVIDONIS
COMTIS
HIC APPREHENDIT VVIDO HAROLDV

ca. 1180

Im Laufe des Mittelalters entwickelten sich Allegorien, die durch die christliche Lehre geprägt waren, wie z. B. die sieben Todsünden, die sieben freien Künste, und **Zahlenallegorien**. Die Abbildung zeigt die **Septem artes liberales** aus dem **Hortus deliciarum** von **Herrad von Landsberg**. Geometrie (Zirkel oder Staubtafel), Logik (Dialektik), Arithmetik (Rechenbrett), Grammatik (Rute, in der Mitte), Musik (Musikinstrument), Physik (Astronomie), Rhetorik (Tafel und Griffel).

ca. 1450

Die sieben freien Künste wurden in der Tradition von **Martianus Capella** in Form von weiblichen Allegorien personifiziert. Tübinger Hausbuch. Von links nach rechts: Geometrie, Logik, Arithmetik, Grammatik, Musik, Physik, Rhetorik.

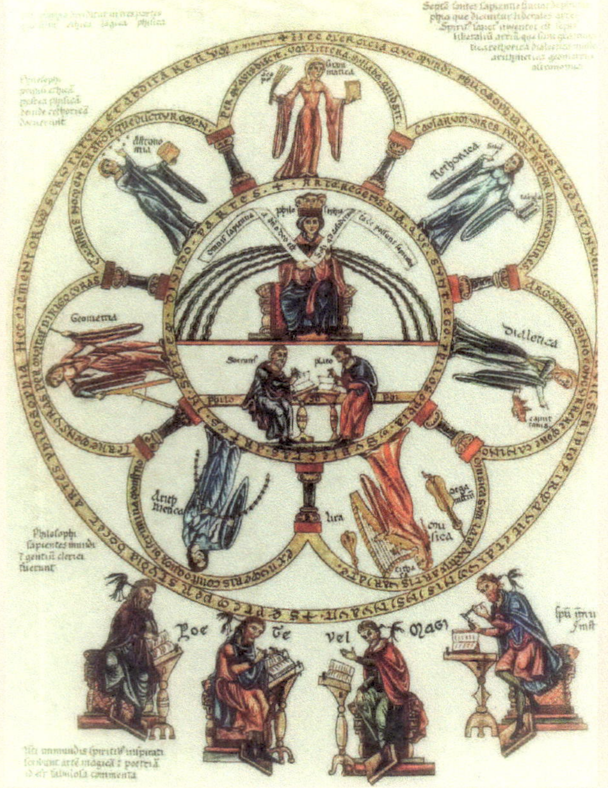

ca. 1180

ca. 1450

1510–1511

Raffaello Sanzio schuf das Fresko *Die Schule von Athen* (6,7 Meter Breite) von 1510 bis 1511 in der **Stanza della Segnatura** des Vatikans für **Papst Julius II**. Es sind 58 Gelehrte, Philosophen und Wissenschaftler von der Antike bis zur Gegenwart der Entstehungszeit auf dem Fresko abgebildet. Unstrittig sind aber nur 7 Personen identifiziert: Platon (1) im Zentrum (trägt sein Traktat ›Timaios‹), Aristoteles (2), Diogenes (3), Sokrates (4), Pythagoras (5), Ptolemäus (6) und Raffael selbst (7).

Frank Keim[42], ein Mitarbeiter der Universität Ulm, geht davon aus, dass das Fresko die Auseinandersetzung zwischen dem **heliozentrischen** und dem **geozentrischen Weltbild** darstellt. So vermutet er, dass Kopernikus (8) rechts neben Ptolemeus und Archimedes (9) links von ihm und Seleukos von Babylon (10) ihm gegenüber steht. Seleukos gilt als der einzige antike Gelehrte des Orients, der die heliozentrische Auffassung verteidigte, weshalb die Figur eventuell deswegen mit Globus und orientalischer Mütze dargestellt ist. Er und Ptolemeus blicken auf Kopernikus. Frank Keim geht davon aus, dass Raffael mit der weißen Kleidung den geistigen Neuanfang des Astronomen symbolisieren wollte. Kopernikus griff um 1500 die heliozentrische Auffassung von Aristarchos von Samos (11) auf, der bereits 250 v. Chr. davon ausging, dass die Erde nicht das Zentrum der planetarischen Bewegungen ist und selbst nicht fest steht. Rechts neben Aristarchos befindet sich – laut Frank Keim – Kleanthes von Assos (12). Der Stock könnte darauf hinweisen, dass er im 3. Jahrhundert Aristarchos wegen seiner heliozentrischen Sicht massiv angriff.

1510–1511

1684–1686

Allegorien dienen der Informationsvermittlung, indem etwas so dargestellt wird, dass die Aussage indirekt erfolgt. Dabei werden Ähnlichkeiten bzw. Verwandtschaftsbeziehungen eingesetzt. Als Allegorie des Erfolges kann dieses Fresko dienen. Die Szene **Triumph der Medici in den Wolken des Olymp** von **Luca Giordano** in der Galerie des **Palazzo Medici-Riccardi** in Florenz (Foto: The Yorck Project: 10.000 Meisterwerke der Malerei. DVD-ROM, 2002. ISBN 3936122202. Distributed by DIRECTMEDIA Publishing GmbH).

1830

Allegorie der Freiheit, das Gemälde **Die Freiheit führt das Volk** (3,25 × 2,60 Meter) von **Eugène Delacroix** zur Französischen Revolution am 28. Juli 1830 (Louvre, Paris).

1684–1686

1830

1872

Eadweard Muybridge (1830–1904) ermöglichte es, durch fotografische Reihenaufnahmen menschliche und tierische Bewegungsabläufe zu visualisieren. So wurde z.B. dargestellt, dass ein galoppierendes Pferd zeitweise mit allen vier Beinen in der Luft schwebt (Foto: Library of Congress Prints and Photographs Division; http://hdl.loc.gov/loc.pnp/cph.3a45870; Urheber: Eadweard Muybridge; Entstehung: 1878).

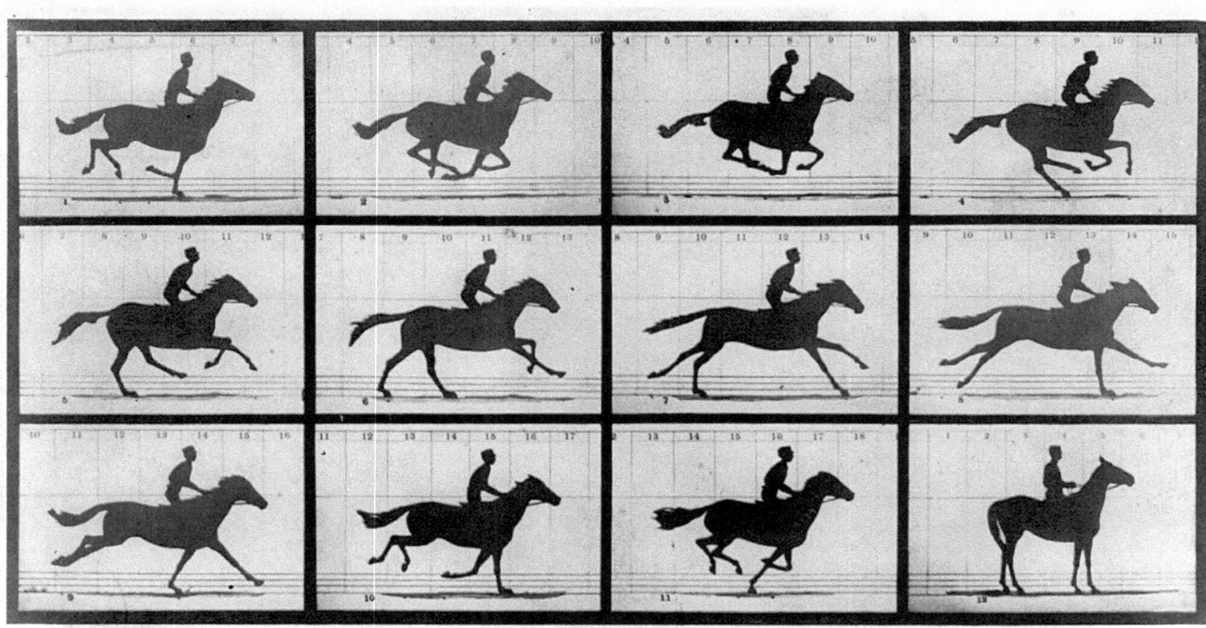

1872

ca. 10 000 v. Chr.

Map Rock am Nordufer des Snake River in Idaho, USA. Die Markierungen im Basaltfelsen zeigen offensichtlich Flussverläufe und Markierungen mit religiöser Bedeutung (Foto: Wayne T. Crans, www.idahorockart.com).

ca. 6200 v. Chr.

Die bisher älteste kartografische Darstellung wurde 1963 im türkischen Catalhöyük gefunden (Abb.: Nachbildung des Originals von James Mellaart, www.turkeyinmaps.com, siehe auch www.henry-davis.com).

ca. 10 000 v. Chr.

ca. 6200 v. Chr.

ca. 2300 v. Chr.

Die **Tontafel** zeigt eine Karte der Umgebung von Ga-Sur, in der Nähe von Kirkuk, im Norden des Irak. Original und Nachbildung (Grafik: SMN 4172. Meek 1935, no. 1, Harvard University Press).

ca. 1500 v. Chr.

Tontafel mit **Stadplan von Nippur**, Mesopotamien (Abb.: University of Pennsylvania Museum of Archaeology and Anthropology).

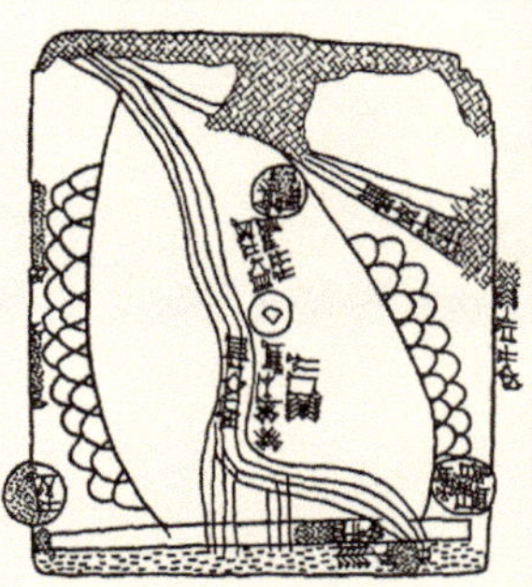

ca. 2300 v. Chr.

ca. 1500 v. Chr.

ca. 1300 v. Chr.

Der **Turiner Papyrus** (Foto: J. Harrell) ist eine ägyptische Karte von den Lagerstätten einer Goldmine. Aufbewahrt wird er im Egizio-Museum in Turin. Die Interpretation zeigt ergänzende Hinweise (Abb.: www.henry-davis.com).

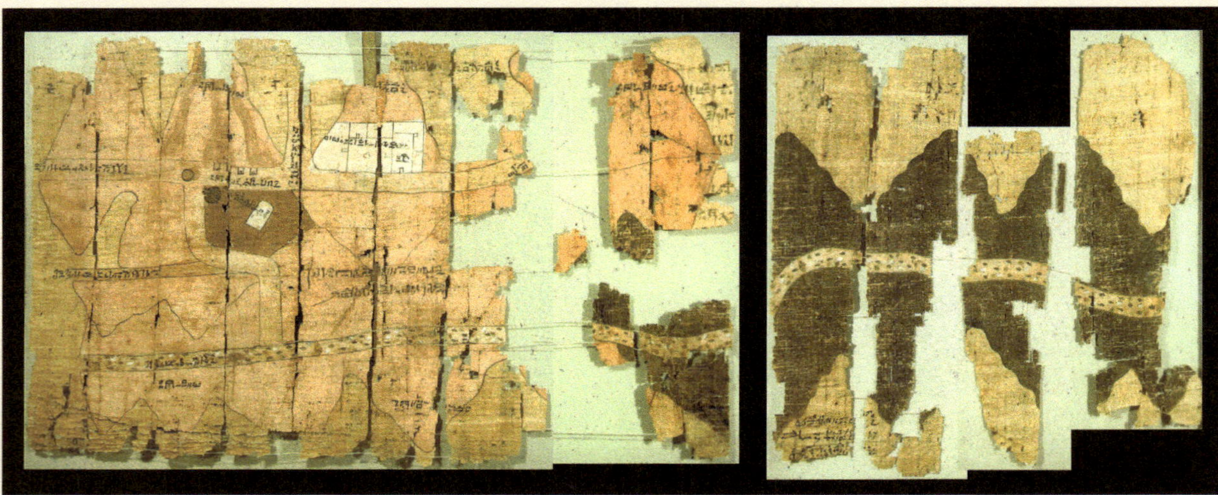

ca. 1300 v. Chr.

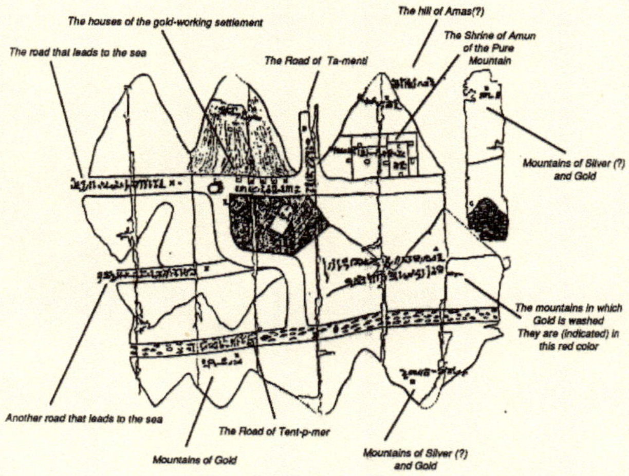

ca. 600 v. Chr.

Die **Babylonische Weltkarte** stammt wahrscheinlich aus Sippar im Süden des Irak. Die Tontafel zeigt die Welt umgeben vom Ozean und einen erklärenden Text in Keilschrift.

ca. 600 v. Chr.

ca. 170

Der Astronom und Geograf **Claudius Ptolemäus** (ca. 100–170 n. Chr.) teilte die Landkarte in Längen- und Breitengraden ein. Die **Geographia** ist nicht mehr erhalten. Die älteste Abschrift stammt aus dem 13. Jahrhundert (Abb.: Ptolemaios-Forschungsstelle, Bern, Schweiz). Interpretation durch Hartmann Schedel (1493) und durch Johan Scotus (1505) (Abb.: www.henry-davis.com). Ergänzend eine Karte nach Ptolemäus, graviert durch Johannes Schnitzler, 1482.

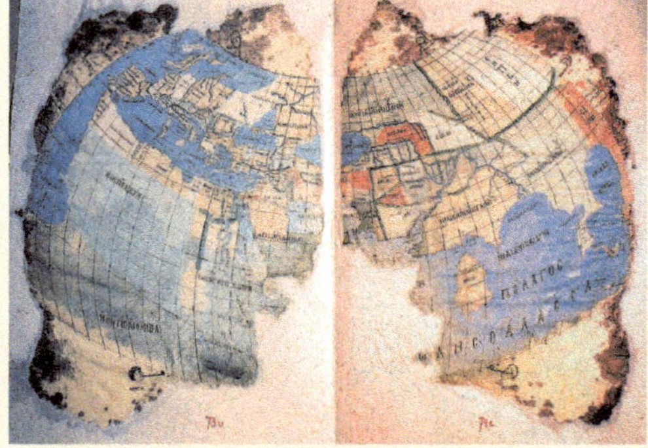

vor ca. 27 000 Jahren

ca. 170

203–208

Forma Urbis Romae war ein in Marmorplatten gehauener umfassender Plan der Stadt Rom. Er wurde unter Kaiser **Septimius Severus** erstellt und war ca. 18 Meter breit und 13 Meter hoch (Foto: Digital Forma Urbis Romae Project, Stanford University, http://formaurbis.stanford.edu/index.html).

203–208

ca. 330

Die **Tabula Peutingeriana** ist in 12 Segmente zerlegt und zeigt das römische Straßennetz im spätrömischen Reich von Britannien bis Indien als aufrollbare Karte (ca. 6,80 x 0,34 Meter). Die Abbildung zeigt eine Kopie des Segments II (Deutschland, Schweiz, Italien). Sie wurde nach **Konrad Peutinger** (1465–1547) benannt, der eine Kopie aus dem 12. Jahrhundert von **Conrad Celtis** (1459–1508) erhielt. Die Österreichische Nationalbibliothek gestattete der Firma Euroatlas, eine vollständige Kopie des **Mönchs Colmar** aus dem Jahr 1265 online zu zeigen: www.euratlas.net/cartogra/peutinger/index.html.

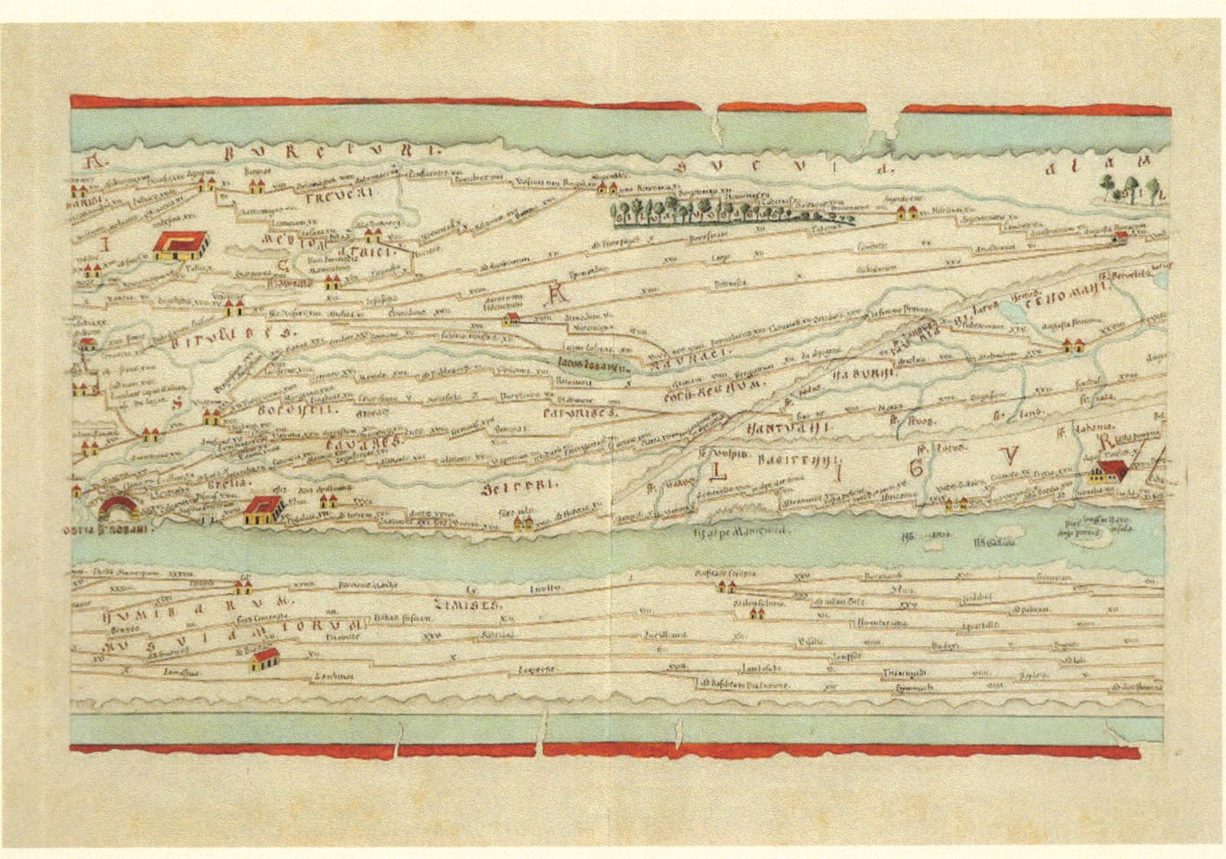

ca. 330

1137

Die in Stein gravierte **Yü Chi Thu-Karte** befindet sich im Pei Lin-Museum in Sian, China (Grafik: Needham, Josef: Science and Civilization in China. Cambridge University Press, 1962).

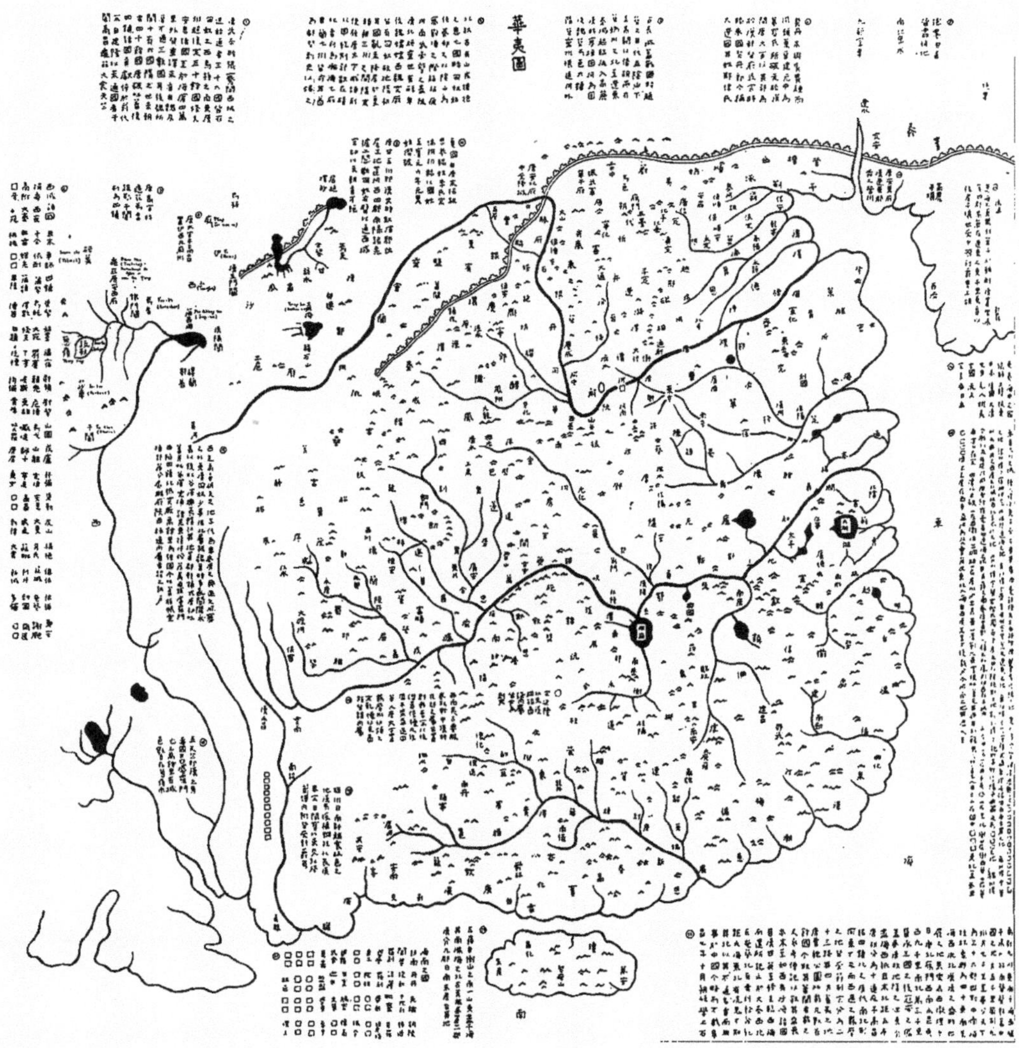

1137

1284

Die **Ebstorfer Weltkarte** *Monalium Ebstorfensium Mappa mundi quae exeunte XIII. videtur picta, Hannoverae nunc adservatur* (ca. 3,57 Meter Durchmesser), ursprünglich im Frauenkloster Ebstorf von Gervase von Tilbury entstanden, ist eine Wiedergabe des historischen, mythologischen und theologischen Wissens der Zeit. Das Original verbrannte 1943. Es blieben nur Kopien erhalten. Die Leuphana Universität Lüneburg hat unter der Leitung von PD Dr. Martin Warnke eine interaktive Ausgabe der Ebstorfer Weltkarte bereitgestellt, mit der ausnahmslos alle Texte der Karte lesbar werden: http://weblab.uni-lueneburg.de/kulturinformatik/projekte/ebskart/content/start.html.

Die Bayerische Staatsbibliothek stellt hier eine digitale Wiedergabe einer 72-seitigen Beschreibung von Dr. Konrad Miller aus dem Jahr 1896[43] zur Verfügung: http://daten.digitale-sammlungen.de/bsb00023572/image_1.

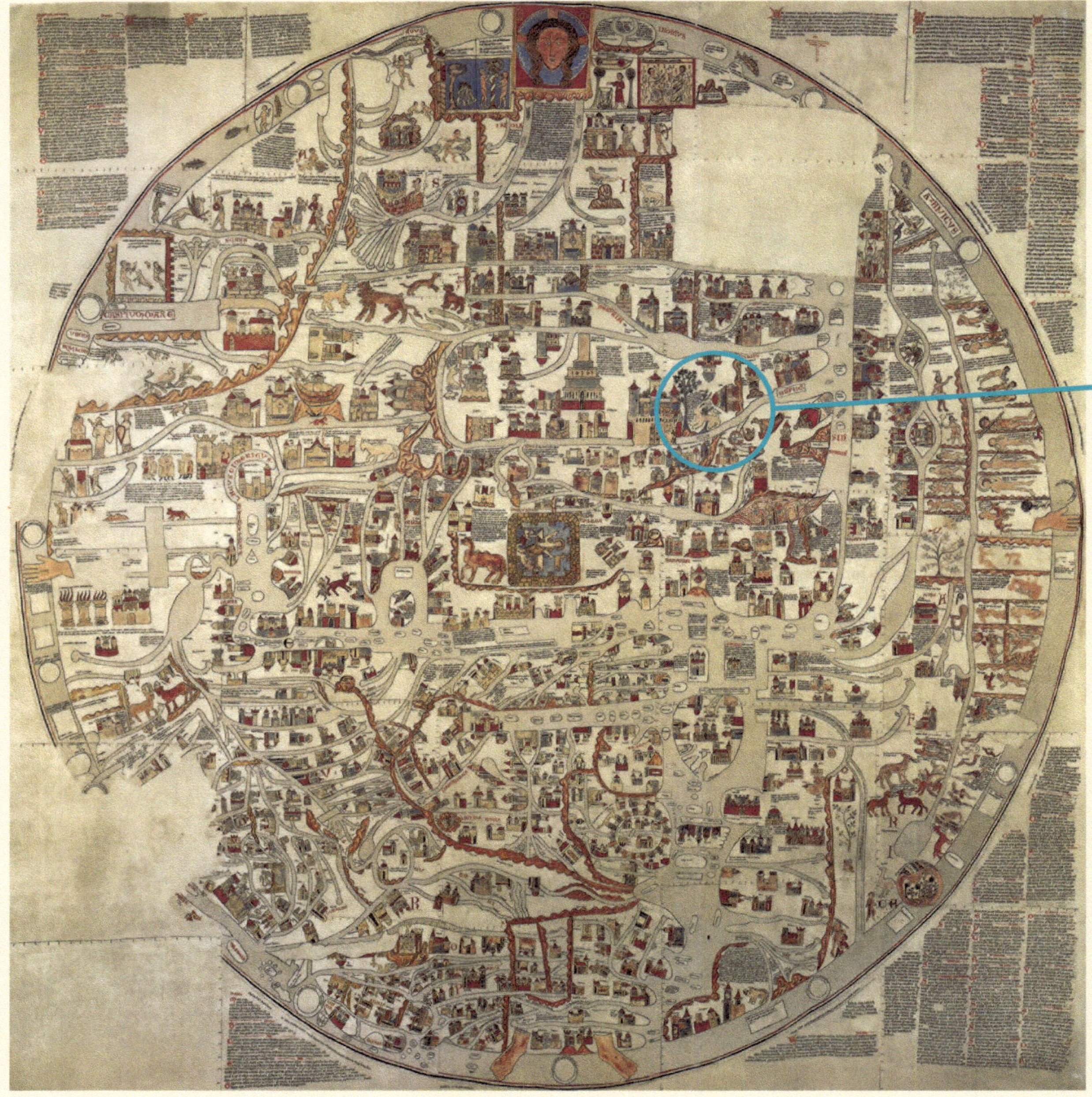

1284

ca. 1500

Die **Romweg-Karte** von **Erhard Etzlaub** ist die erste gedruckte Reisekarte. Die nach Süden ausgerichtete Karte, d.h. Süden liegt oben, wurde für Pilger auf deutsch statt auf lateinisch verfasst.[44] Etzlaub erleichterte den Pilgerwanderern die Einschätzung der Wanderzeiten, indem er den Verlauf von Straßen mit Punktlinien darstellte. Dabei beträgt der Abstand zweier Punkte eine Deutsche Meile (7,4 km). Zudem markierte er politische Grenzen durch unterschiedliche Farbgebungen.

ca. 1500

1507

Cosmographia von **Martin Waldseemüller** und **Matthias Ringmann**. Der komplette Titel lautet *Universalis cosmographia secundum Ptholomaei traditionem et Americi Vespucii aliorumque lustrationes*. Das Werk besteht aus einer Karte, einem Erdglobus und einer Beischrift, der Cosmographiae introductio. Die Karte gilt als die Geburtsurkunde Amerikas, da sie als erste Amerika als eigenen Kontinent darstellt und auch so nennt. Der Titel des Werkes verrät den Zusammenhang und die Anerkennung Americo Vespucii als tatsächlichen Entdecker Amerikas. Columbus ging zeitlebens davon aus, einen neuen Seeweg nach Indien gefunden zu haben. Columbus betrat erst bei seiner dritten Reise amerikanisches Festland. Eindeutig nach Americo Vespucii, der die

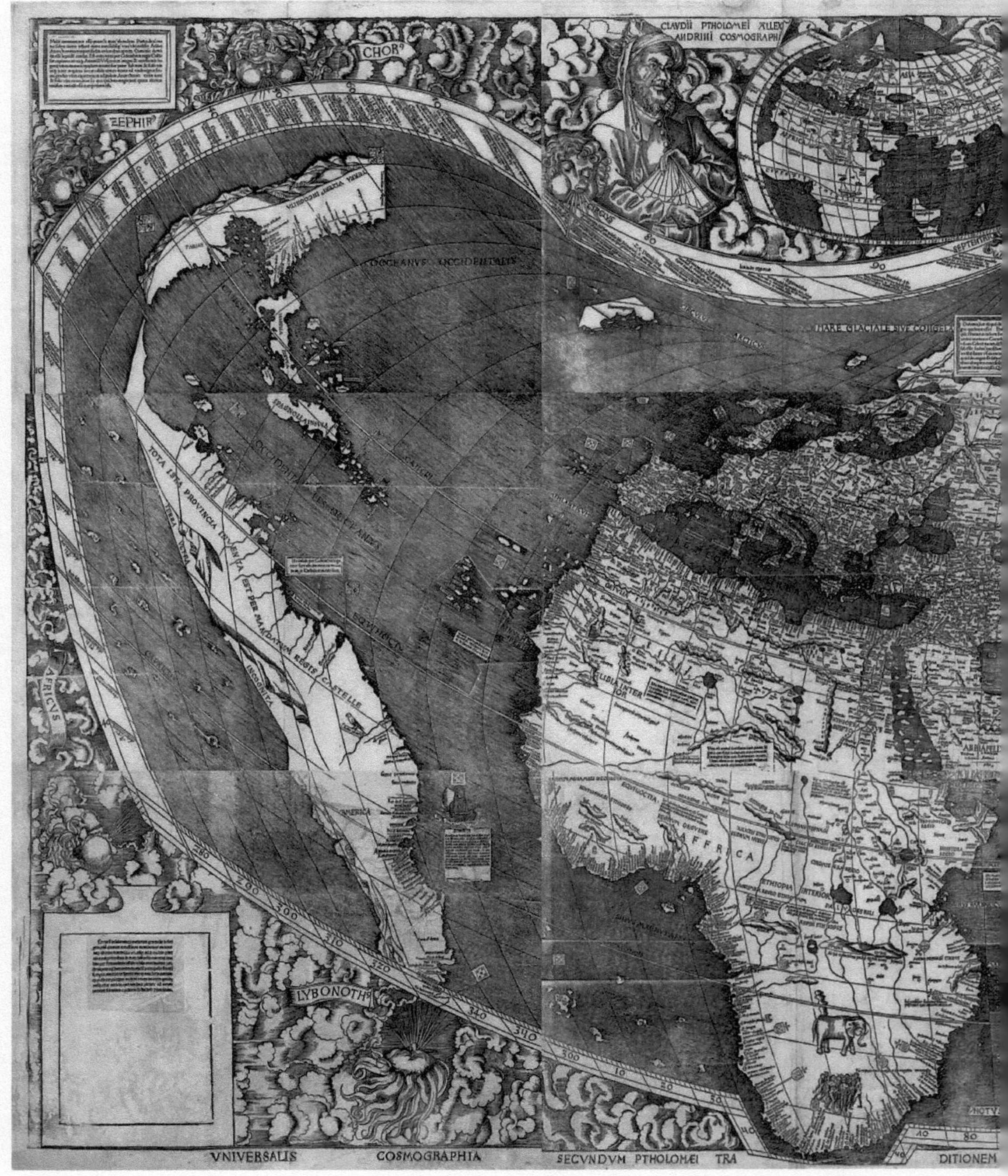

Küste Amerikas erkundete und in seinem Werk Mundus Novus beschrieben hatte. Den Kontinent America zu nennen geschah auf Anregung durch Ringmann. Da alle bisherigen Kontinente weibliche Namensendungen erhielten, wurde Americo in America umgewandelt. Oben rechts in der Mitte der Karte wurde Americo Vespucii und links Claudius Ptolemäus dargestellt, um zu verdeutlichen, dass das Wissen unterschiedlicher Epochen eine neue Sicht auf die Welt ermöglichte (siehe auch S. 50).

Das wohl letzte existente Exemplar von ehemals ca. 1000 Drucken befindet sich in der Library of Congress, USA.

1808

Am 21. Juni 1808 wurde Bayern in 15 Kreise eingeteilt. Die Karte dazu schuf der Erfinder der Lithografie **Alois Senefelder**. Sie gilt als die älteste im Flachdruck hergestellte Karte. Da Bayern in möglichst gleiche Kreise eingeteilt werden sollte, wurde seine Fläche vermessen und die Bevölkerungsanzahl erhoben. Damit wurde der Ursprung der Topografie und Statistik in Bayern geschaffen (Kgl. Baierisches Regierungsblatt, München 1808; MDZ, Münchner DigitalisierungsZentrum Digitale Bibliothek, http://daten.digitale-sammlungen.de).

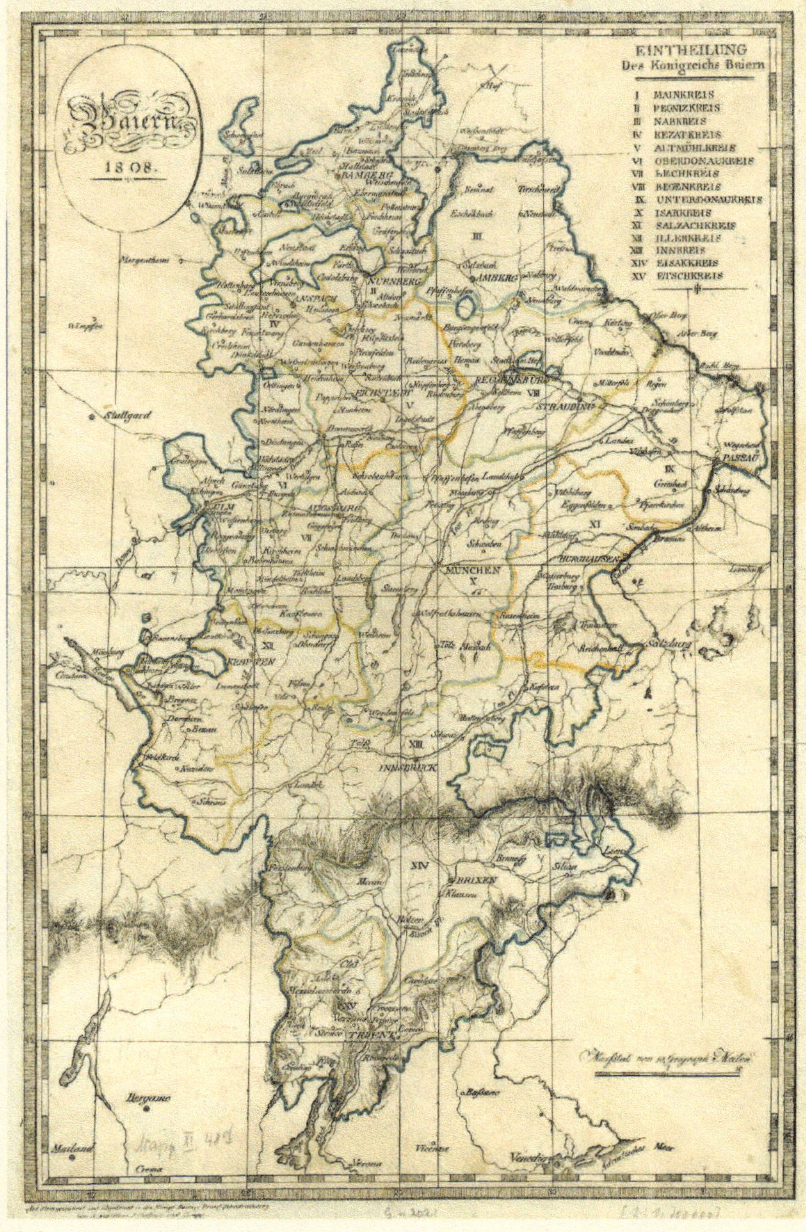

1808

1644

Michael Florent van Langren, genannt **Langrenus**, (1598–1675) präsentierte um 1644 die wohl erste **statistische Grafik**. Sie zeigt die Distanzen verschiedener Städte zwischen Toledo und Rom (Brief von van Langren an Isabella Clara Eugenia; Archiv, Castilfalé, Burgos, Spanien).

Serenissima Señora

Miguel Florencio van Langren Mathematico de S.Md. Dize que su Abuelo y Padre Cosmographo de S.Md. han sido los primeros que an inbentado los Globos para la direçion de los Nauegantes. y el supt. a imitacion dellos ha alcançado con grande estudio y vigalancia algunos puntos essencionales y ocultos tanto deldicho arte como de otras, y vn de los mas principales es el dela Longitud, por elqual se puede poner en perfection toda la description Terrestre, laqual tiene infinitos errores como se puede ver por los escriptos de diuersos autores, porq juntando dos mappas o tabulas de Longitud de diuersos autores de ninguna manera confrontan la vno a la otra como V.A.S. podra ver por esta exempla siguinto.

Escala de 100 leguas de Allemaña para conocer las differencias del vn autor a la otra.
50 100
Toledo.
Roma, El Globo de Langre
Roma, Gerard Mercator
Roma, Ioannes Sconerus
Roma, Orontius
Roma, Ioañes Regiomõt.
Roma, P. Clauius.
Roma, Ptol: Gemã Fris.
5 10 15 20 25 30
Los grados de la Longitud

Las distancias de Roma y Toledo segun los autores. Leg. de Allẽ.
El Globo — 195
Gerd. Mercat — 210
Ioan sconer — 230
Orontius — 269
Ioan Regiot — 283
P. Clauius — 294
Ptolomeus — 307

Sy entre Toledo y Roma nose sabe la certidumbre de la Longitud considera V.A lo que sera de las Jndias Orentales y Occidentales, que ensu comparacion la distancia dicha es quasy nada. Demanera que para emendar estas faltas y hallar las verdaderas distancias de las villas y Jslas de la Tierra, seria necessaria que V.A.S. fuesse seruida suplicar a S.Md. (a lexemplo de la Reyna Jsabella de Castillia) que sele despacha vna Patenta paraq el puede embiar sus instructiones impresas y correspondientas por todo la Tierra tanto en Oriente que Occidente, ordenando en ella a los amadores de larte que obseruen loque el supt. les aduertiere. prometiendo que dello resultara mucho prouecho para la nauegacion, y eterna memoria para S.Md. y V.A. por auer ordenado esta generale correspondencia de l'arte, y la reciuera muy en particular de V.A.S.

1627/1645

Michael Florent van Langren publizierte 1645 die erste gedruckte **Mondkarte Pleni lunii Lumina Austriaca Philippica.**[45] Sein erster Entwurf stammt aus dem Jahr 1627. Fehlende Finanzmittel verzögerten die Publizierung. Er versah die von der Erde aus sichtbaren Bereiche mit Namen, wodurch eine differenzierte und vergleichende Beurteilung und Besprechung der Mondbeobachtungen möglich wurde (Abb.: Universitätsbibliothek Leiden).

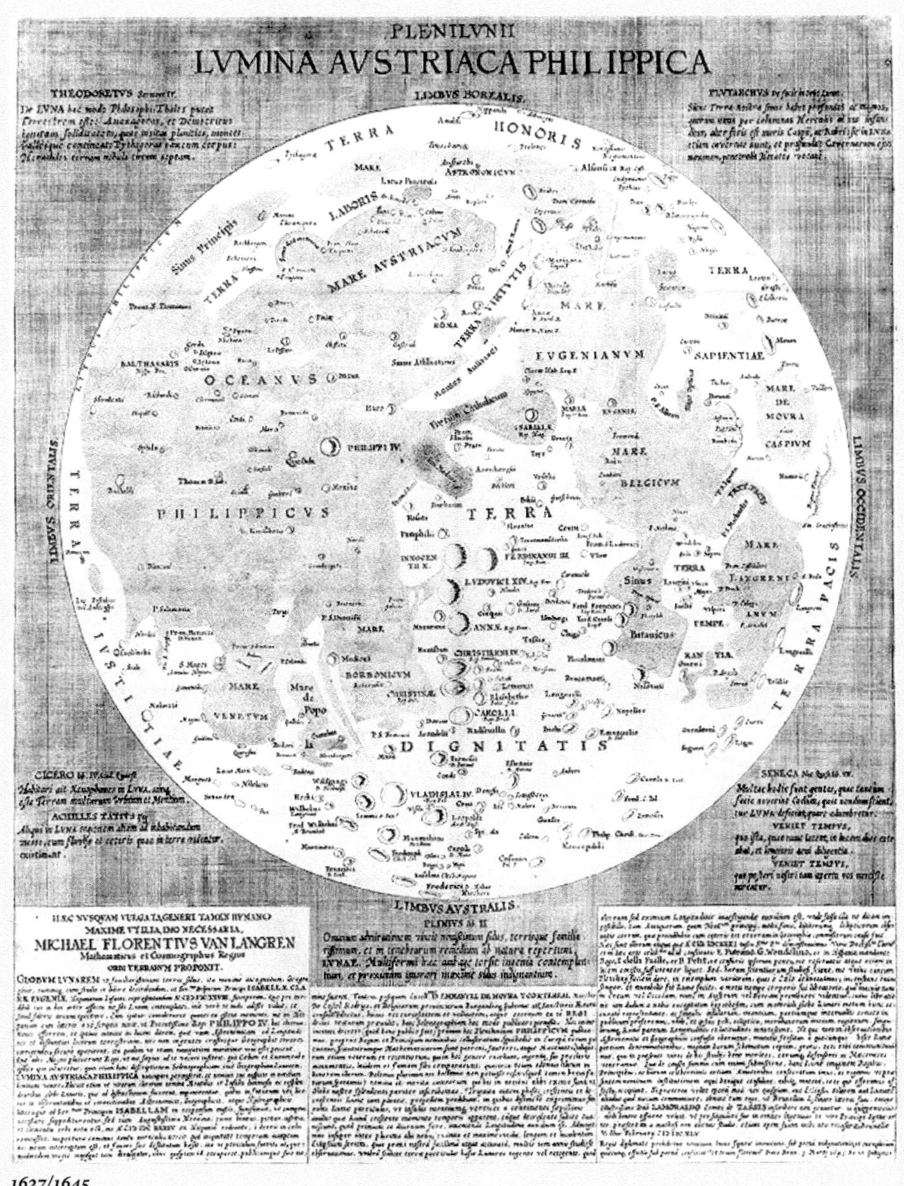

1627/1645

1647

Johannes Hevelius publizierte 1647 seine **Selenographia**, die erste ausführliche Abhandlung über den Mond mit genauer Kartografie (Abb.: Bibliothek der University of Glasgow).

1815

William Smith veröffentlichte 1815 seine topografische Karte *A Delineation of the Strata of England and Wales with Part of Scotland.*[46] Die für bestimmte Gegenden typischen Gesteinsformationen wurden entsprechend farbig in die Karte eingezeichnet (Abb.: British Geological Survey, shop.bgs.ac.uk).

1826

Die statistische, thematische Karte von **Baron Pierre Charles Dupin** zeigt die Verteilung von Analphabetismus in Frankreich. Siehe S. 108, 1819

1815

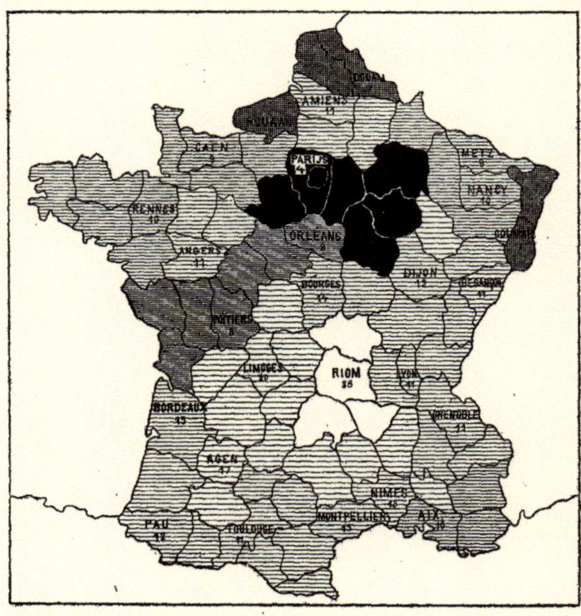

1826

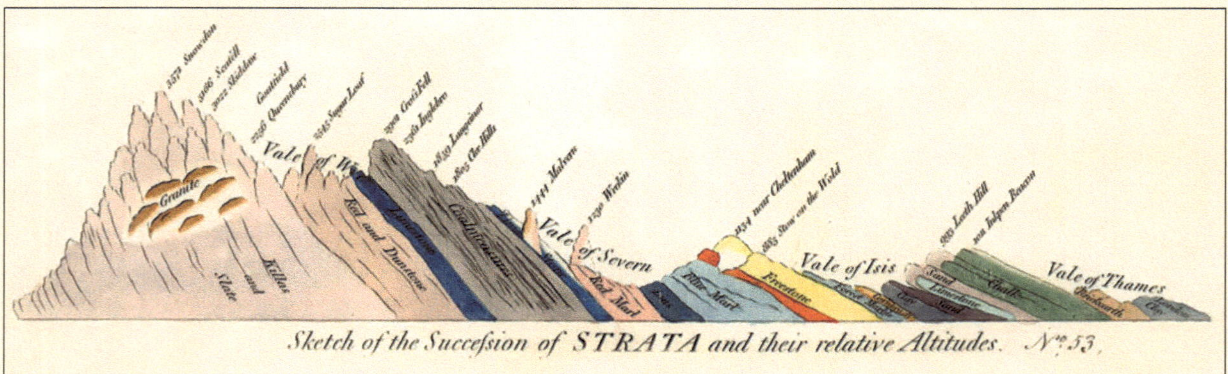

1815

1838

Atlas von **Dr. Heinrich Berghaus** zum Werk **Kosmos – Entwurf einer physischen Weltbeschreibung** von **Alexander von Humboldt**. Visualisierung des geografischen Auftretens von Pflanzenarten (Quelle: humboldt-portal.de). Der Kosmos erschien 1845 bis 1862 in fünf Bänden.

1849

Der erste thematische Weltatlas. Isothermenkarte aus *Physikalischer Atlas* von Heinrich Berghaus, J. Perthes, Gotha, 1849. Das Werk trägt den Untertitel *Eine, unter der fördernden Anregung Alexander's von Humboldt verfasste Sammlung von 93 Karten, auf denen die hauptsächlichsten Erscheinungen der anorganischen und organischen Natur nach ihrer geographischen Verbreitung und Vertheilung bildlich dargestellt sind.*

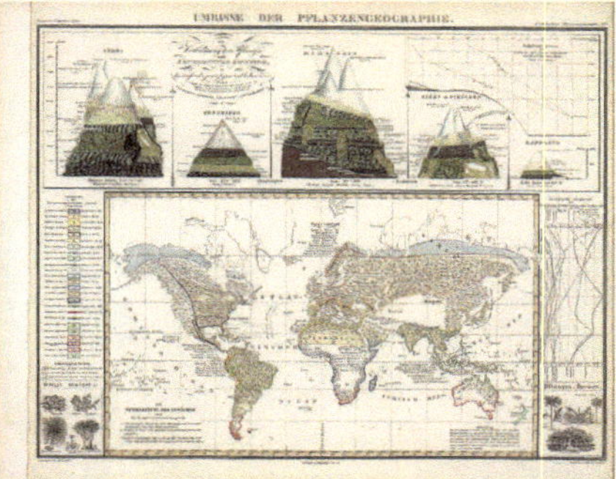

1838

1849

1851

Diese Darstellung der Erdkruste wurde 1851 publiziert im *Atlas zu Alex. v. Humboldt's Kosmos in 42 colorirten Tafeln mit erläuterndem Texte*, herausgegeben von Traugott Bromme im Verlag von Krais & Hoffmann in Stuttgart. Der Atlas kann als PDF hier herunter- geladen werden: www.botanicus.org/item/31753000116936.

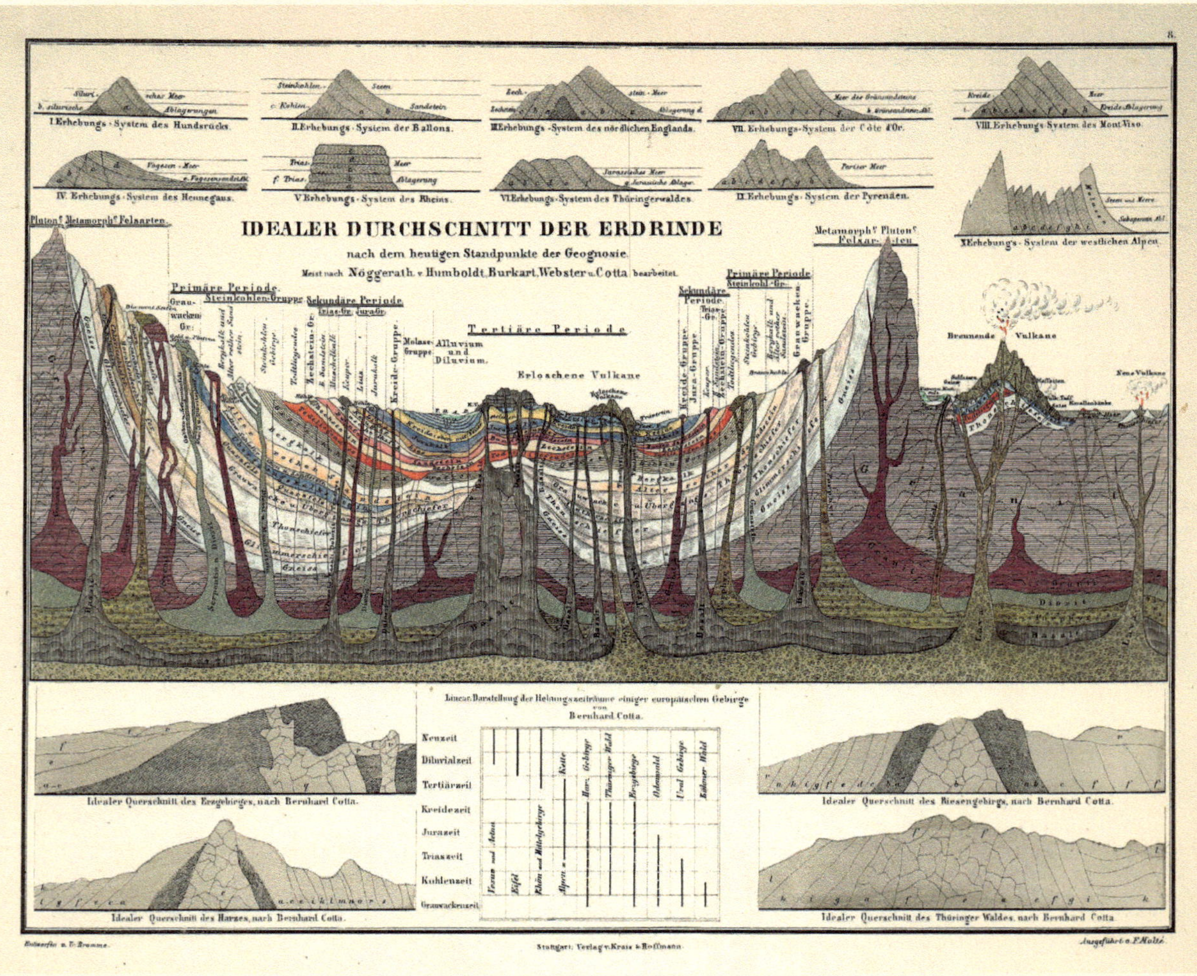

1851

1854

Diese Grafik von **John Snow** zeigt die Anhäufungen der Todesfälle bei der **Cholera-Epidemie** in London. Jeder Punkt steht für den Tod eines Cholera-Opfers. John Snow stellte so fest, dass sich die Cholera-Erkrankungen an Wasserentnahmestellen häuften.

1854

1869

Charles Joseph Minard, Generalinspektor der französischen Straßen- und Brückenbaubehörde, erstellte die Informationsgrafik *Carte figurative des pertes successives en hommes de l'Armée Française dans la campagne de Russie 1812–1813 comparées à celle d'Hannibal durant la 2ème Guerre Punique*. Mit ihr wird deutlich, wo und in welcher Menge Hannibals Truppen auf dem Weg über die Alpen (2. Punischer Krieg, 218–201 v. Chr.) und die französische Armee Napoleons im Russlandfeldzug 1812–1813 dezimiert wurden (Abb. Bibliothèque Nationale de France). Die Dicke der Balken symbolisiert die Menge der Soldaten (1 mm = 10 000 Soldaten). Dieses Prinzip der Darstellung von Mengenflüssen der so genannten **Flow Map** wurde 1837 das erste Mal von **Henry Drury Harness** für statistische Darstellungszwecke genutzt (siehe dazu S. 110, 1837). Die Flow Map ist nicht zu verwechseln mit dem **Flow Chart**, bei dem stets durch gleich breite Pfeile lediglich Verbindungen und Verbindungsrichtungen visualisiert werden.

Erstaunlich ist, dass die von Minard und Drury angewandte Methode der Darstellung von Mengenflüssen nach **Matthew Henry Phineas Riall Sankey** als **Sankey-Diagramme** bezeichnet werden, obwohl er diese Darstellungsmethode erst 1898 und auch nur ein einziges Mal einsetzte, um die Energieflüsse von Dampfmaschinen wiederzugeben. Für die Visualisierung der Mengenflüsse beim Russlandfeldzug von 1812–1813 nutzte Minard die Daten der Notizen von Thiers, de Ségur, de Fezensac, de Chambray und des Tagebuchs von Jacob (Apotheker der Armee) und transformierte sie in eine überschaubare Grafik zu nachvollziehbaren Informationen. Die Visualisierung stellt die fünf Ebenen Zeit, Geografie, Temperaturen, Truppenverluste und Truppenbewegung dar (Hinweg: rot; Rückweg: schwarz). So zeigt die Grafik u. a.,

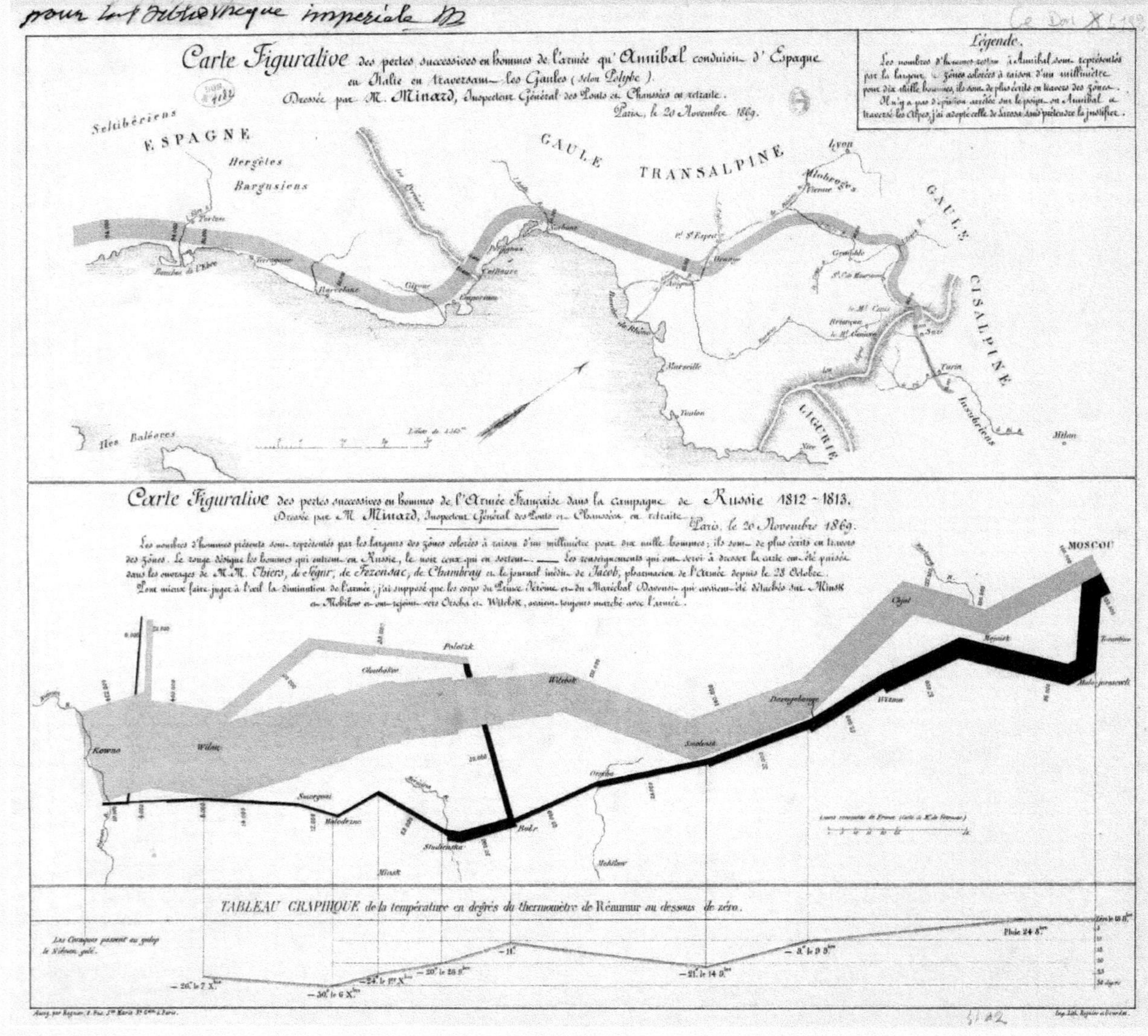

dass bei der Überquerung des Flusses Beresina (Bjaresina im heutigen Weißrussland) vom 26. bis 28.11.1812 die Anzahl der Soldaten von 50000 auf 28000 dezimiert wurden. Es fehlen allerdings Hinweise in der Grafik, dass die Soldaten nicht nur durch die Überquerung des Flusses zu Tode kamen, sondern in erster Linie durch die Schlacht an der Beresina, mit der der Russlandfeldzug 1812 endgültig endete. Die Grafik verrät nicht, ob nicht viele auch nur deshalb starben, weil nicht alle Personen des Heeres kampferprobte Soldaten waren und weil sich Hungersnöte und Seuchen ausbreiteten.

1886–1903

Charles Booth visualisierte für seine Studie *Labour and Life of the People of London* die Verbreitung der Armut in London (Abb.: London School of Economics Archive).

1896

Jacques Bertillon nutzte Rechtecke in seiner Karte, um zwei Variablen darstellen zu können, die Bevölkerungszahl im Umfeld von Paris und ihr Anteil an Migranten.

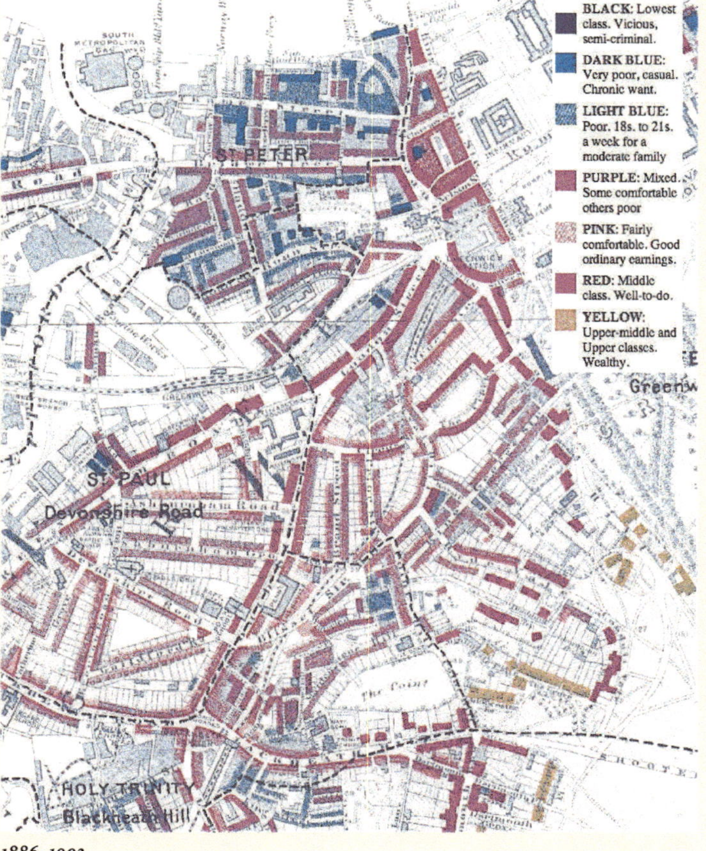

1886–1903

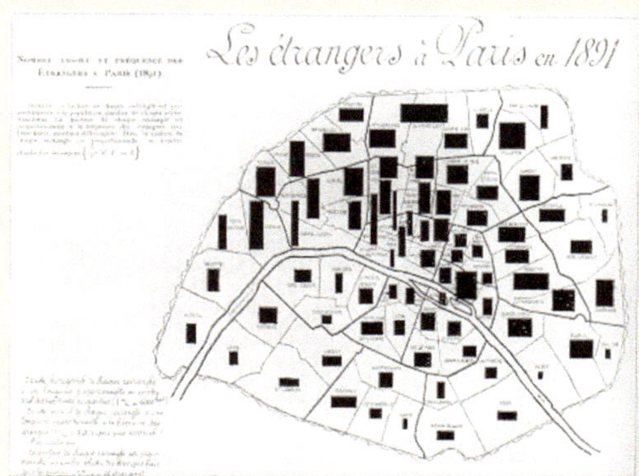

1896

1911

William R. Shepherd erstellte eine topografische Darstellung des Panamakanals.

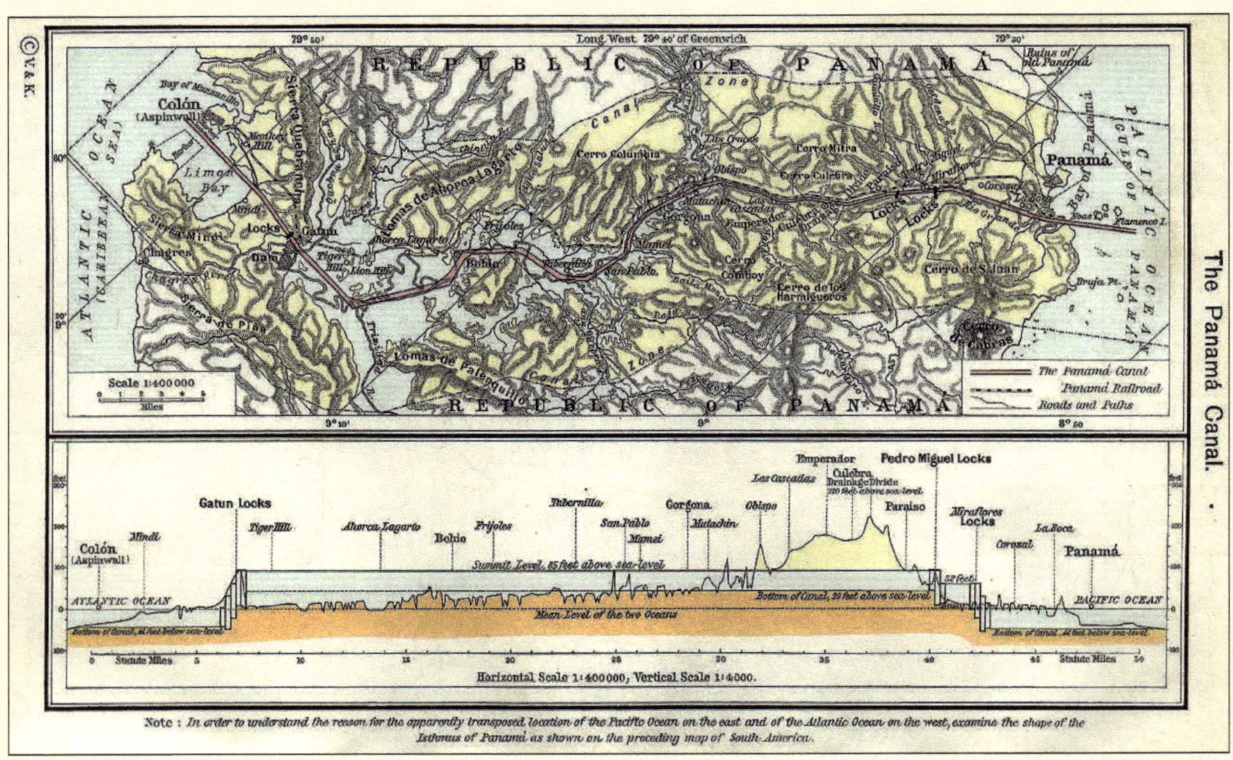

1911

1930

Die Karte zeigt den Einfuhrhandel nach West- und Mitteleuropa auf der Erde. Die Güterarten (Industrie, Landwirtschaft, Ackergartenwirtschaft, Plantagenbau) sind mit dem Zeichensystem nach **ISOTYPE** (International System of Typographic Picture Education) dargestellt, das **Otto Neurath** zusammen mit **Gerd Arntz** entwickelte (Abb.: Neurath, Otto: Gesellschaft und Wirtschaft – Bildstatistisches Elementarwerk, Bibliographisches Institut AG. in Leipzig, 1930).

1931

Linienplan der Londoner U-Bahn von **Harry Beck** (siehe auch S. 284–288).

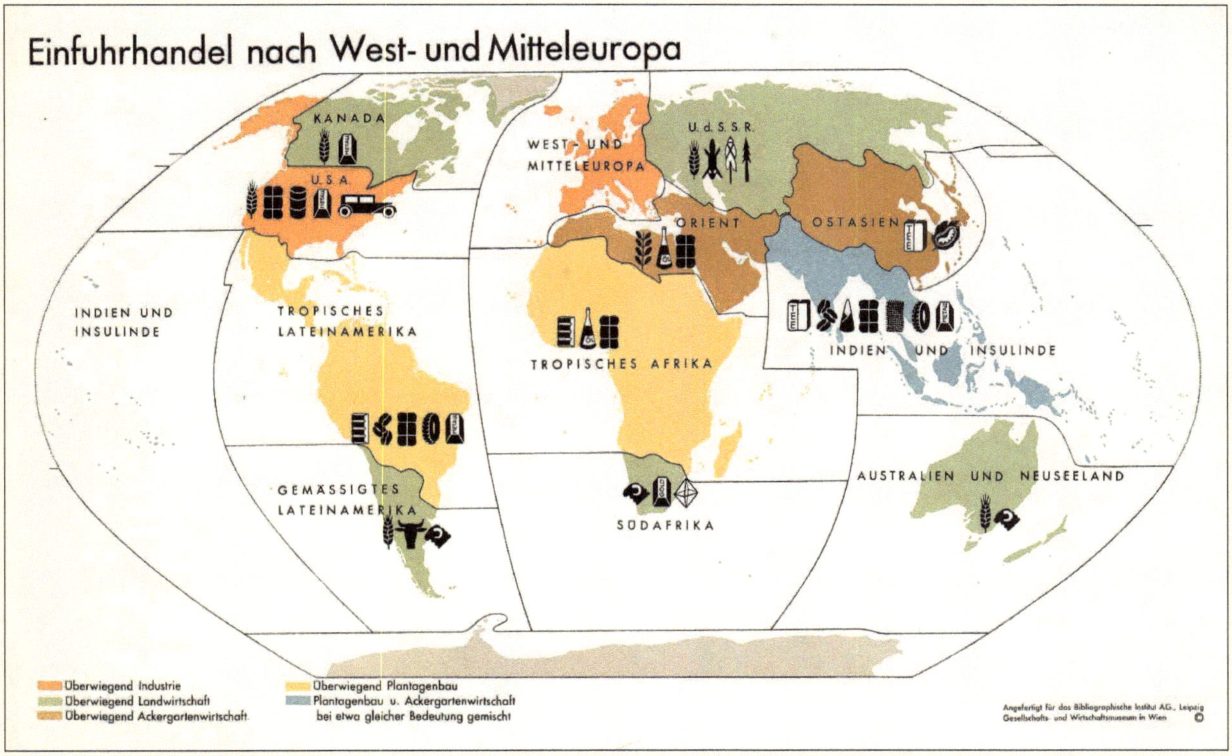

1930

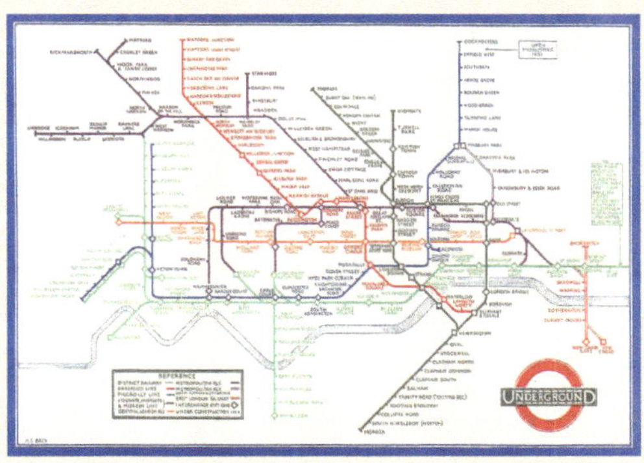

1931

1940–1953–1989

Entwicklung der Stadt Berlin. Die Karten zeigen die historische Entwicklung der Berliner Innenstadt in den Jahren 1940, 1953 und 1989. Sie wurden auf der 7. Architektur-Biennale 2000 in Venedig vorgestellt. Kriegszerstörungen sind blau und neue Gebäude rot markiert (Senatsverwaltung für Stadtentwicklung).

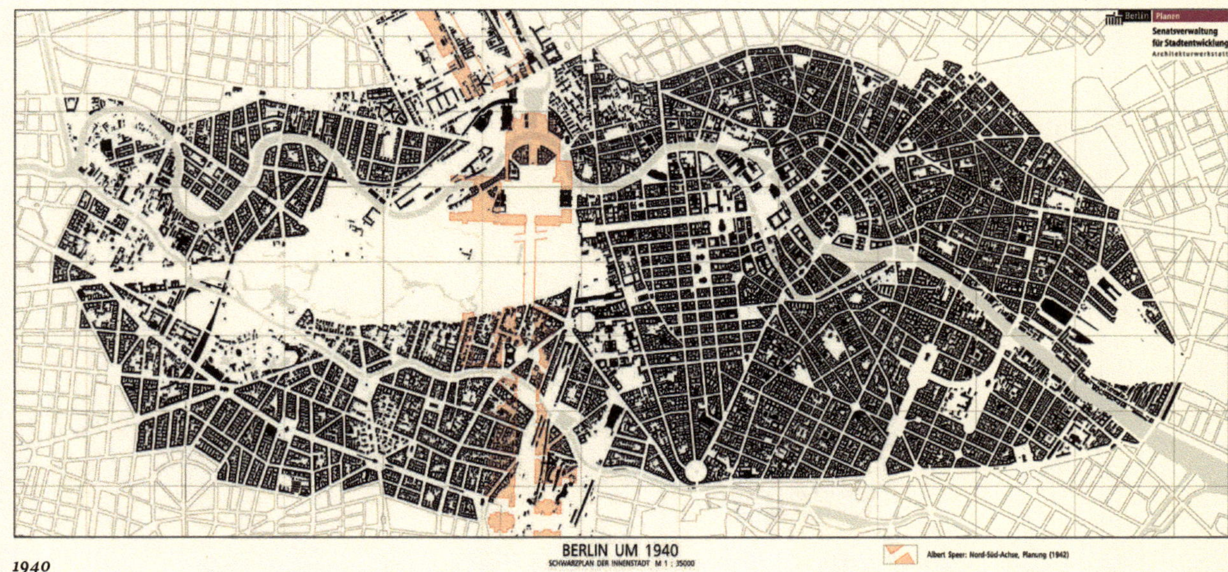

1940

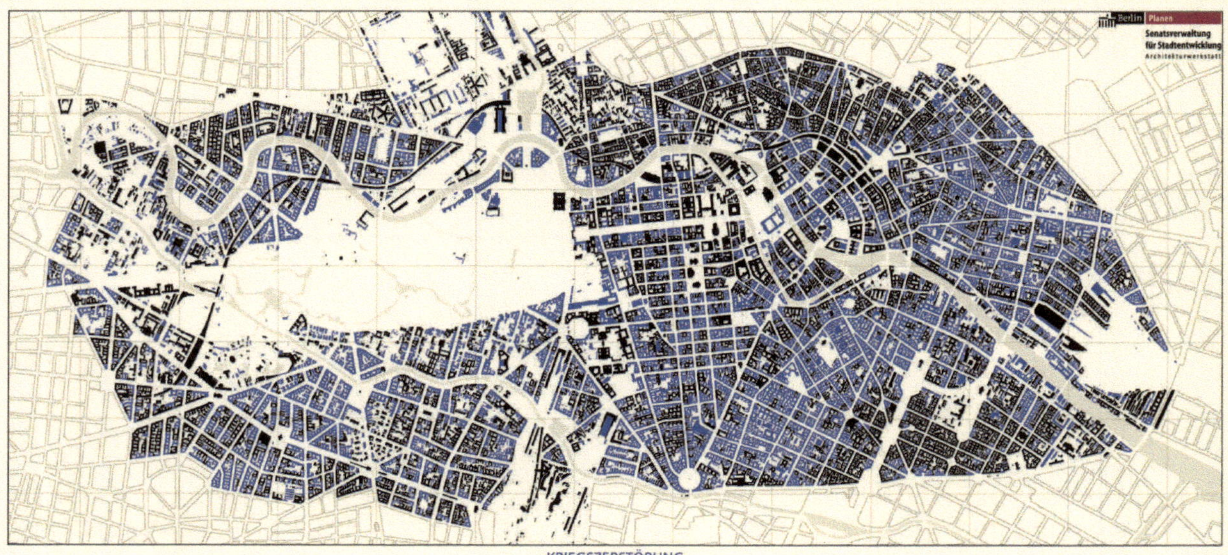

1953

Berlin
Planen
Senatsverwaltung
für Stadtentwicklung
Architekturwerkstatt
NEUE GEBÄUDE 1953 BIS 1989
AUF DER GRUNDLAGE DES SCHWARZPLANS 1989 M 1 : 35000

1989

2005

Mit **Google Maps** lassen sich Satellitenaufnahmen mit Kartendarstellungen kombinieren und mit Bild- und **Labelinformationen** ergänzen. Google startete seinen Kartendienst am 8. Februar 2005 (maps.google.de).

2006

Landkartendarstellung für **GPS**-Geräte mit erweiterter Darstellung durch **Landmarks** (Abb.: www.navigon.com).

2006

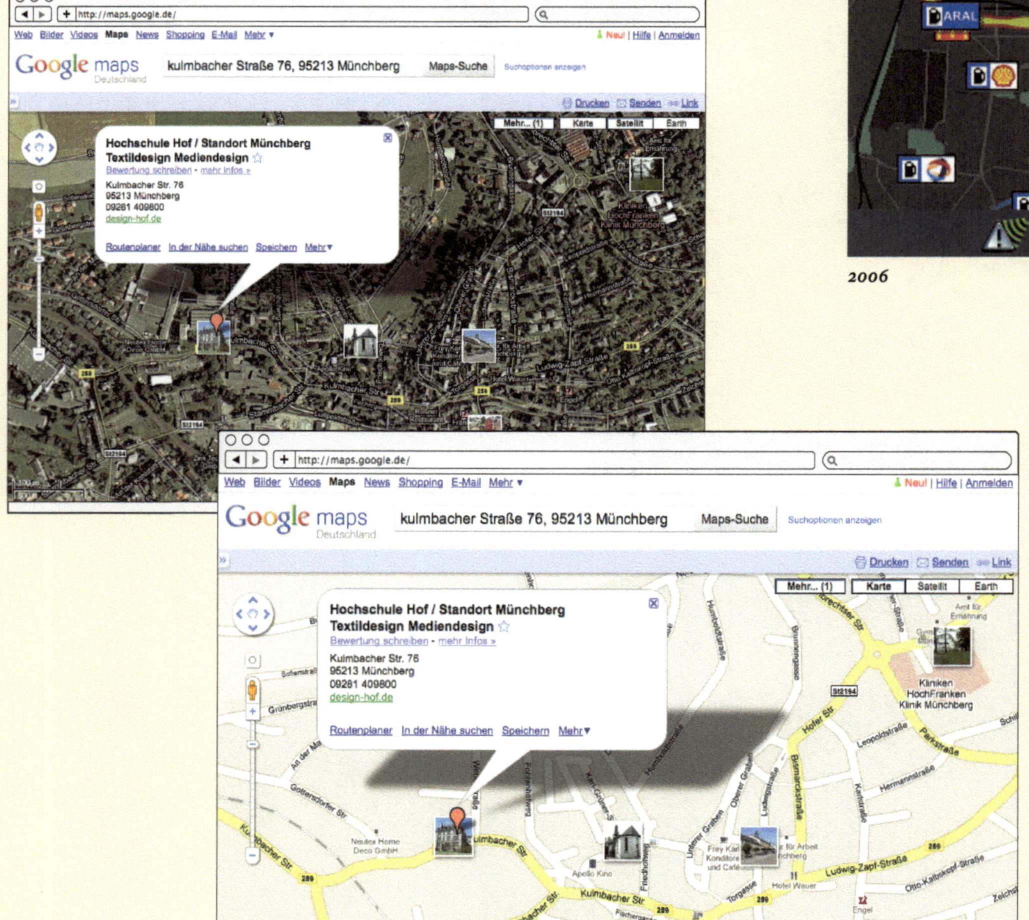

2005

2010

Dreidimensionale Darstellung der Formel 1-Rennstrecke **Hungaroring Budapest** (Abb.: www.ck-kontakt.cz).

2010

ca. 950

Ältestes vorhandenes Beispiel eines **qualitativen Koordinatensystems**, erstellt von einem unbekannten Astronomen. Dargestellt sind die Planetenbahnen von Venus, Merkur, Saturn, Mars und Jupiter und die Bahnen von Mond und Sonne über einer horizontalen Zeitachse.[47]

Die Grafik erschien in einer Abschrift aus dem 10. Jahrhundert als Anhang. Offensichtlich ist es die Abschrift eines um 400 n. Chr. geschriebenen Kommentars über den damaligen Stand der Physik und Astronomie in der von **Macrobius Ambrosius Theodosius** überlieferten Erzählung **In Somnium Scripionus** aus dem sechsten Buch von **Marcus Tullius Ciceros** Werk **De re publica.**[48]

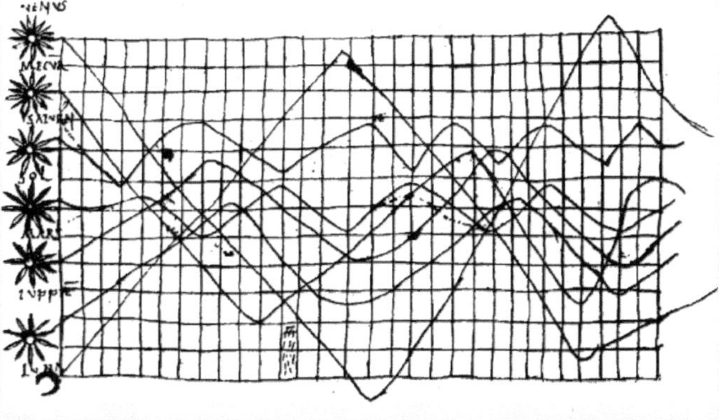

ca. 950

1350

Nicole D'Oresme befasst sich in **De latitudinibus formarum** einerseits mit der zeitlichen Extension, die er **longitudo** nennt und die von links nach rechts auf einer horizontalen Linie erfasst wird, und einer Intension, die er **latitudo** nennt und die durch vertikale Balken dargestellt wird. So beschreibt er erstmalig ein zweidimensionales, **quantitatives Koordinatensystem**.

z

difformis uniformiter variatio reddit unifor | scip. et fiat ad in
miter difformiter difformem. ¶ Latitu° uni
formi[ter] difformis est illa que inter excessus graduum
eque distantium servat eandem proportionem aliam tamen a pro
portione equalitatis. Nam si inter excessus graduum | difformis difformis
inter se eque distantium servarent proportionem equalita
tis tunc esset latitu° uniformiter difformis ut patet ex
diffinitionibus membrorum secunde divisionis
Rursus si nulla proporcio servaretur tunc nulla
posset attendi uniformitas in latitudine tali et | difformiter difformis
sic non esset uniformiter difformis sed difformis
¶ Latitu° difformiter difformiter difformis
est illa que inter excessus graduum eque distantium
non servat eandem proportionem sicut in se
cunda parte patebit. Notandum tamen est
quod sicut in supradictis diffinitionibus ubi loquitur
de excessu graduum inter se eque distantium
debet accipi distancia secundum partes latitudinis
extensive et non intensive ita ut loquuntur de eis dif
finitiones de distantia secundum situali non autem graduali

Equitur secunda pars in qua ut
supradicta intelligantur ad
sensum per figuras geome
tricas ostenduntur. Et ut
omnem speciem latitudinis
in presenti materia via oc
currat apparentior latitudines ad figuras geo
metricas applicantur. Ista pars dividitur per tria ca
pitula quorum primum continet divisiones, secundum suppositiones

1350

1525

1525

Albrecht Dürer beschreibt in seiner **Unterweysung der Messung** u.a. die Verwendung eines **Koordinatensystems** zur genauen Übertragung bzw. Wiedergabe der beobachteten Bildrealität auf ein Trägermedium. Dieses Verfahren wird z. B. als **Projektion** bei der Erstellung der **konstruierten Zentralperspektive** und von **Anamorphosen** angewendet.

1589

Publikation des *Atlas sive Cosmographicae meditationes de fabrica mundi et fabricati figura* von **Gerardus Mercator** (eigentlich **Gerard De Kremer**), der mit diesem Werk den Begriff **Atlas** für ein Buch mit Karten einführte. Bereits 1569 veröffentlichte Gerardus Mercator die Weltkarte *Nova et aucta orbis terræ descriptio ad usum navigantium emendate accomodata.* Sie gilt als die erste **winkeltreue Weltkarte** (Abb. von Tartu University Library).

1589

1637

In der Regel werden bei der Datengrafik die Werte innerhalb eines Koordinatensystems angeordnet. Das kartesische Koordinatensystem ist das am häufigsten verwendete Koordinatensystem im zwei- und dreidimensionalen Raum.

Mit »Discours de la méthode« publizierte René Descartes 1637 nicht nur die Grundlagen seiner Philosophie, sondern auch die Überlegung, dass sich Geometrie und Algebra miteinander in Beziehung setzen lassen bzw. sich Gleichungen oft auch geometrisch darstellen lassen. Er beschreibt, dass sich ein Punkt (P) auf einer Ebene durch zwei Koordinaten (x, y) darstellen lässt P = (x, y). In diesem Zusammenhang bzw. auf Basis dieser Überlegung wurde offensichtlich das kartesische Koordinatensystem nach René Descartes (Cartesius) benannt, der allerdings nicht als dessen Erfinder gilt. Als die Erfinder des kartesischen Koordinatensystems gelten Apollonios von Perge (ca. 262–190 v. Chr.), Nikolaus von Oresme (ca. 1330–1382), Pierre de Fermat (ca. 1607–1608) und Jan de Witt (ca. 1625–1672).[49] In der Mathematik wurde das kartesische Koordinatensystem aber erst im 18. Jahrhundert eingeführt.

Die hier exemplarisch genannten Ereignisse der Tulpenauktion 1634–1637 und der Verlauf des Aktienkurses der South Sea Company 1719–1721 hätten bereits mit einem kartesischem Koordinatensystem dargestellt werden können, so wie man es heute gewohnt ist.

1634–1637

Preisliste der **Tulpenauktion** in **Alkmaar** am 5. Februar 1637. Das Diagramm zeigt den Kursverlauf der Zwiebelsorte »Gouda« während der Tulpenmanie in Holland von 20 Cents im Jahr 1634 auf 60 Gulden bis Mitte 1637 – und nach dem Crash bei 2 Cents (siehe auch S. 90, 1988).[50]

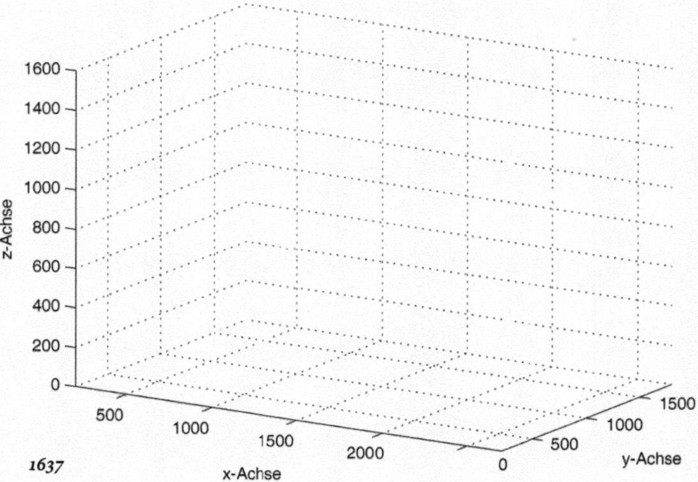

1637

Lijste van eenighe Tulpaen/

Verkocht aende meest-biedende / op den 5. Februarij 1637. Op de Sael vande Nieuwe Schutters Doelen / int bywesen vande E. Heeren Wees-Meesteren / ende Voochden / ghecoomen van Wouter Bartelmiesz. Winckel / in sijn Leven Castelein vande Oude Schutters Doelen tot Alckmaer.

1634–1637

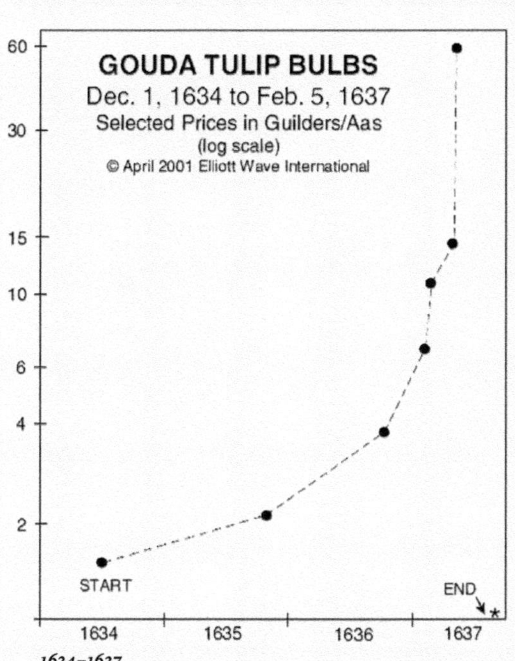

1634–1637

1719–1721

Aktienkurs der **South Sea Company** in Englischen Pfund,[51] die erste Spekulation mit Aktien eines Unternehmens. Seit 1700 berichten Nachrichtenagenturen über Kurse und Aktien-Neuigkeiten.[52]

1801

William Playfair veröffentlichte den **Trade-Balance Time-Series Chart** zur Handelsbeziehung zwischen England und Dänemark im **Commercial and Political Atlas**.

1844

Das **Tableau Graphique** von **Charles Joseph Minard** zeigt den Warentransport entlang des Canal du Centre von Châlon nach Dijon. Distanzen und Zwischenstationen sind vermerkt und Balken gliedern die Art der Güter, wobei die Flächengröße die Kosten repräsentiert.[53]

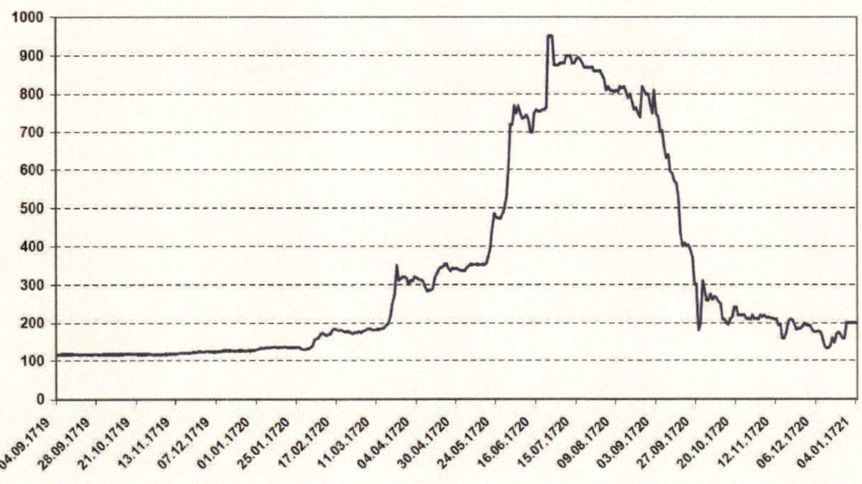

1719–1721

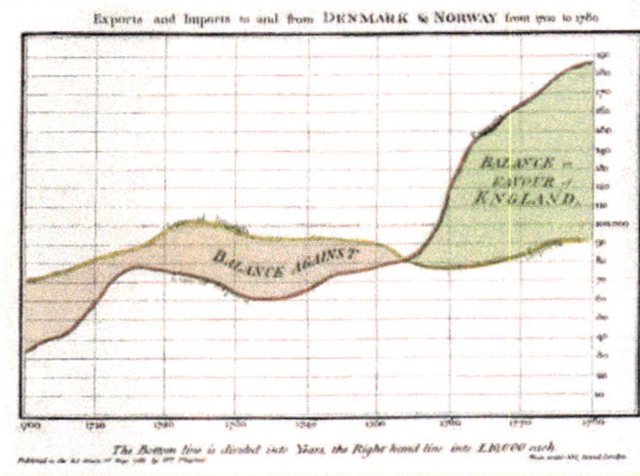

1801

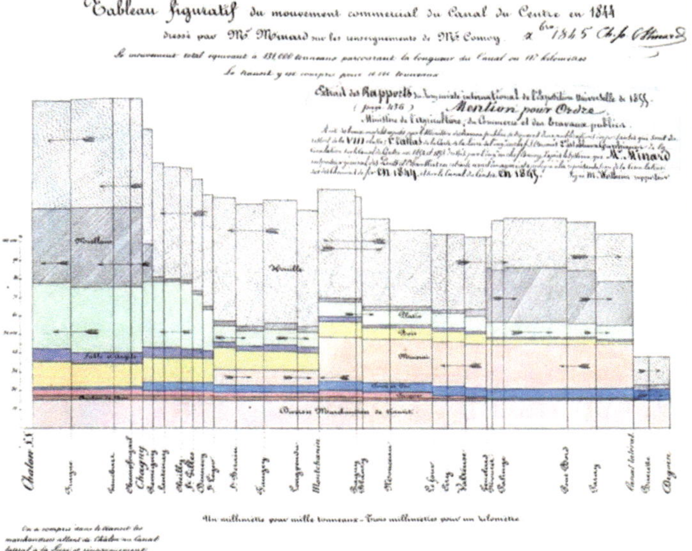

1844

1846

Map of Time, erstellt von der Amerikanerin **Emma Hart Willard**[54] (Cartography Associates, David Rumsey Collection, www.davidrumsey.com).

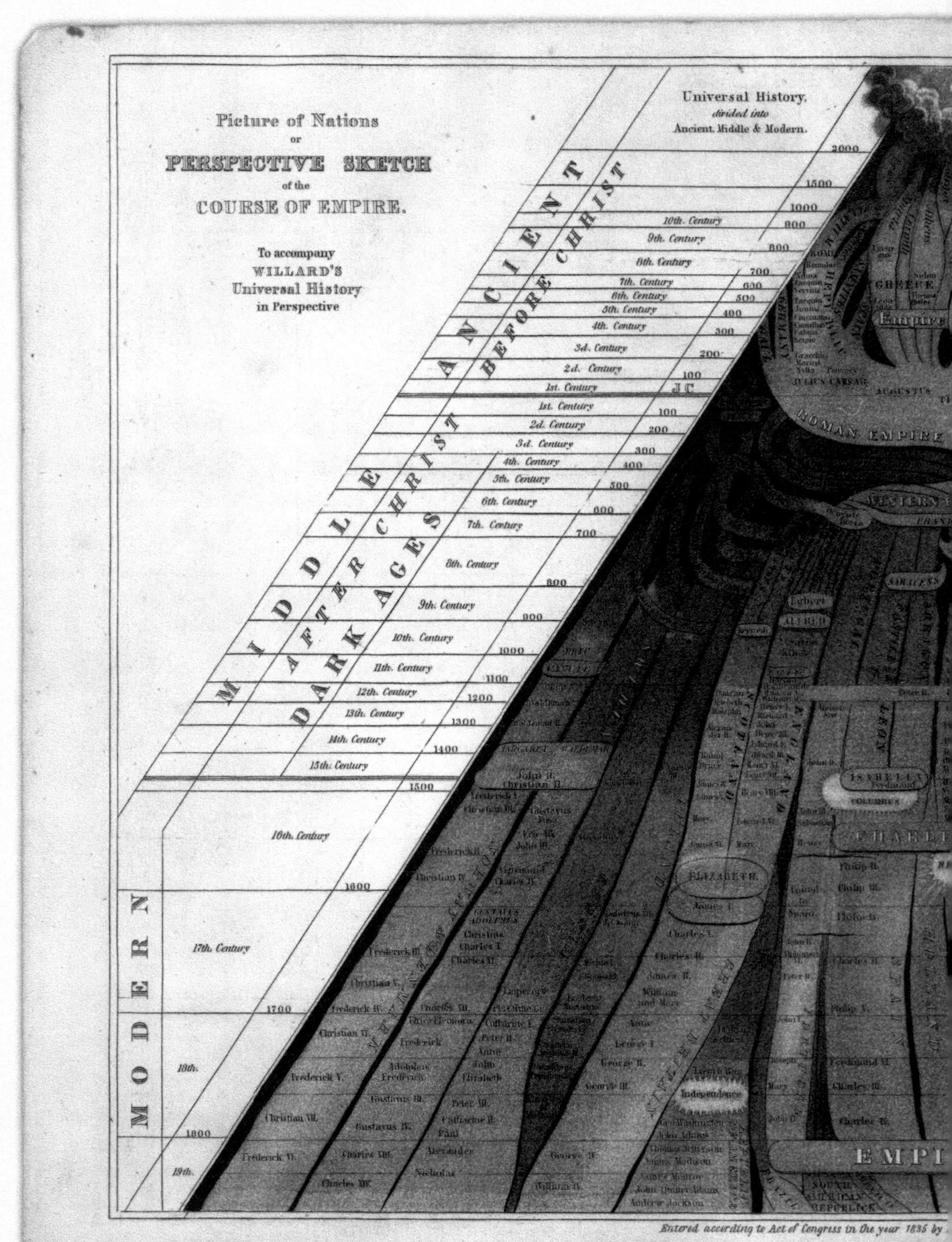

1846

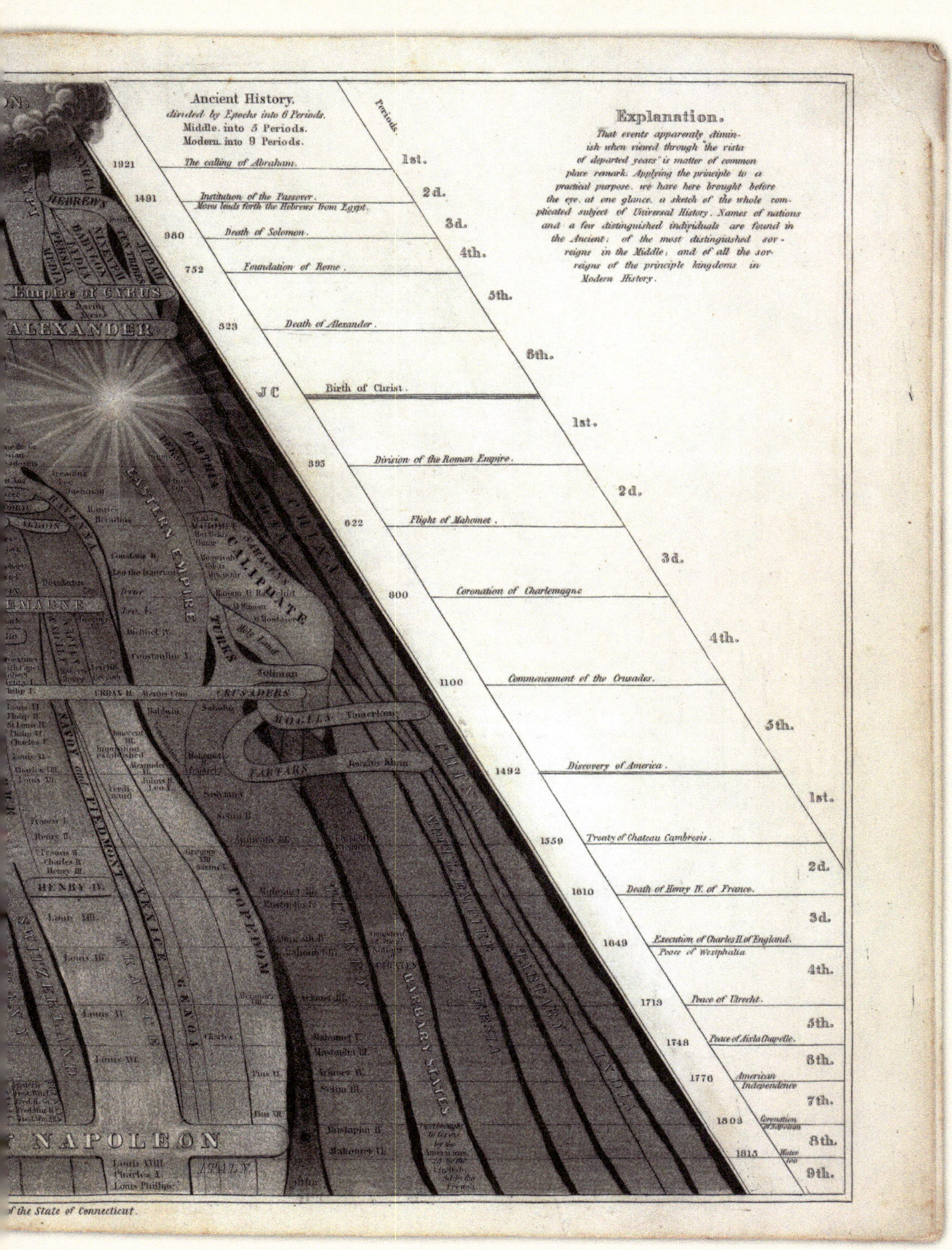
Ancient History,
divided by Epochs into 6 Periods.
Middle, into 5 Periods.
Modern, into 9 Periods.
Periods.
Explanation.
That events apparently diminish when viewed through the vista of departed years is matter of common place remark. Applying the principle to a practical purpose, we have here brought before the eye, at one glance, a sketch of the whole complicated subject of Universal History. Names of nations and a few distinguished individuals are found in the Ancient; of the most distinguished sovereigns in the Middle; and of all the sovereigns of the principle kingdoms in Modern History.
1921 The calling of Abraham. 1st.
1491 Institution of the Passover. Moses leads forth the Hebrews from Egypt. 2d.
980 Death of Solomon. 3d.
752 Foundation of Rome. 4th.
5th.
323 Death of Alexander.
6th.
J C Birth of Christ.
1st.
395 Division of the Roman Empire.
2d.
622 Flight of Mahomet.
3d.
800 Coronation of Charlemagne
4th.
1100 Commencement of the Crusades.
5th.
1492 Discovery of America.
1st.
1559 Treaty of Chateau Cambresis.
2d.
1610 Death of Henry IV. of France.
3d.
1649 Execution of Charles II. of England. Peace of Westphalia
4th.
1713 Peace of Utrecht.
5th.
1748 Peace of Aixla Chapelle.
6th.
1776 American Independence
7th.
1803 Coronation of Napoleon
8th.
1815 Waterloo
9th.
HEBREWS
Empire of CYRUS
ALEXANDER
EASTERN EMPIRE
CALIPHATE
TURKS
CRUSADERS
MOGULS
TARTARS
CHINA
HENRY IV.
VENICE
GENOA
POPEDOM
TURKEY
BARBARY STATES
PERSIA
NAPOLEON
SWITZERLAND
of the State of Connecticut.

THE
TEMPLE OF TIME
STATESMEN.
PHILOSOPHERS
DISCOVERERS &c
THEOLOGIANS &c
WILBERFORCE. H. MOORE. HEBER
WESLEY. WHITFIELD.
LARDNER.
J. EDWARDS. BUTLER
PENN. R. WILLIAMS
XAVIER. MARQUETTE
J. ROBINSON. T. HOOKER
LUTHER. CALVIN. KNOX
HUSS. JEROME.
WICKLIFFE.
INNOCENT III
PETER WALDO.
PETER THE HERMIT.
URBAN II.
PHOTIUS.
HOWELL.
ROLLO.
WITTIKIND
KHALED
BELISARIUS
POPE. CRA
COWPER. BURNS.
BEATTIE. ADDISON.
MILTON. BUNYAN
DRYDEN.
MOLIERE. RACINE
SHAKESPEARE. TASSO
SPENSER. RAPHAEL
M. ANGELO.
JAMES I.
PETRARCH.
CHAUCER.
DANTE. SAADI
W. TELL.
BLACK PRI
WALLACE.
J. ADAMS
1797
WASHINGTON
1789
CONTINENTAL
CONGRESS
1776
INDEPENDENCE
1763
CLOSE OF THE
FRENCH WAR
DISCOVERY OF AMERICA
JACKSON
BOLIVAR
1826
JEFFERSON
1801-9
THE
CREATION
AUGUSTUS. TITUS.
TRAJAN. THE ANTONINES.
ZENOBIA. DIOCLETIAN.
CONSTANTINE. THEODOSIUS.
ALARIC. ADOLPHUS.
CLOVIS. JUSTINIAN.
MAHOMET. OMAR I.
C. MARTEL. HAROUN AL RASCHID.
CHARLEMAGNE 768-814. ALFRED 872-900
HUGH
CAPET
OTHO
THE
GREAT
EMPIRE OF ALEXANDER
REFORMATION
GERMANY
FRANCE
ITALY.
INVENTED BY
EMMA WILLARD.

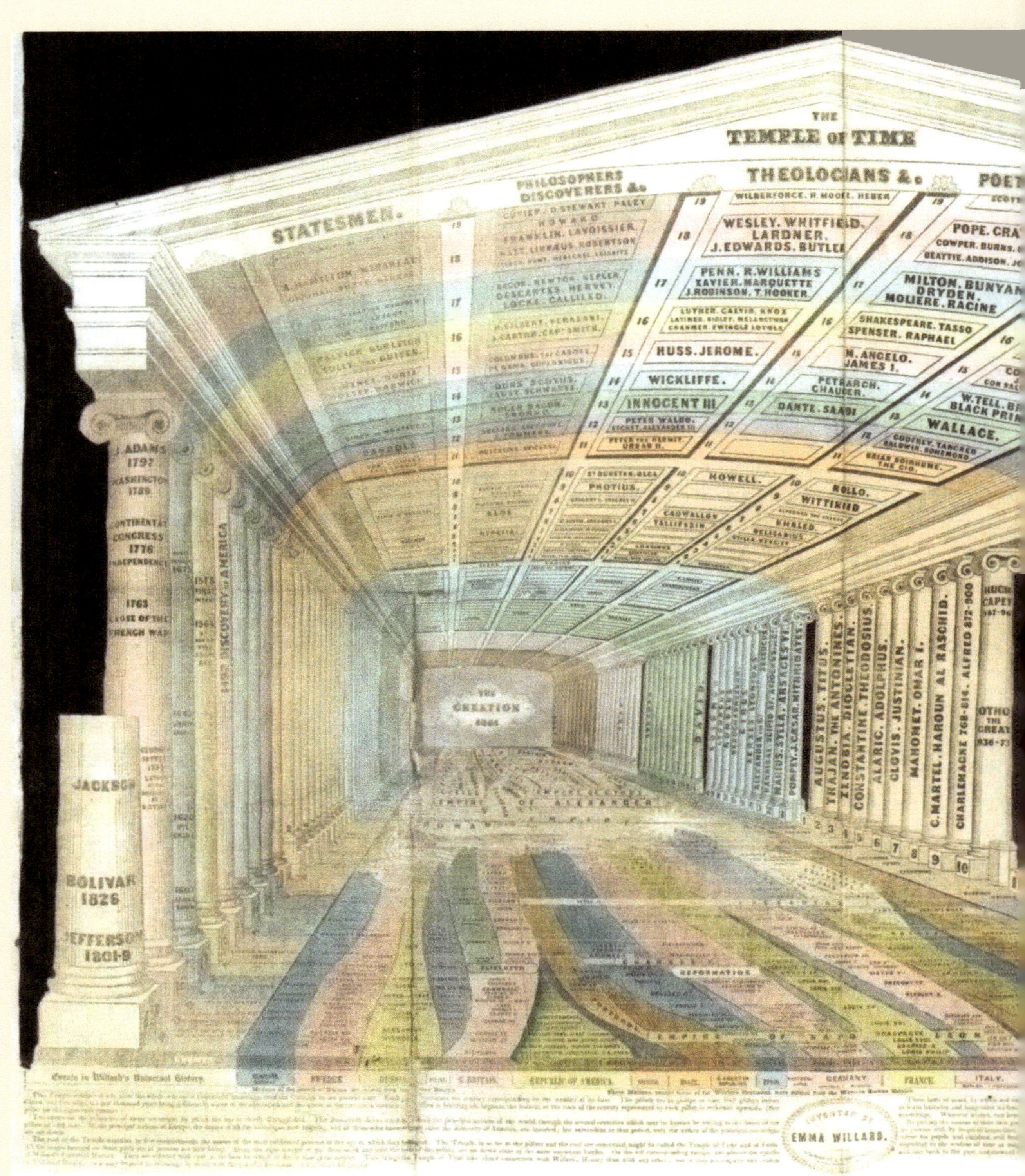

1850

1850

Der **Temple of Time** wurde als ein dreidimensional/mentaler Raum von **Emma Hart Willard** erstellt. Die Vorstellung und das Einprägen von Informationen soll durch architektonische Details bzw. in Form eines **Erinnerungstheaters** unterstützt werden. Die vertikalen Spalten stehen für Jahrhunderte, wobei diese auf der rechten Seite Namen bekannter Persönlichkeiten aus der ›alten‹ und auf der linken Seite Namen aus der ›neuen‹ Welt tragen. Der Boden zeigt historische Verläufe, die *Map of Time*, und die Decke personenbezogene Zuordnungen.[55]

1861

Liniendiagramm von **Charles Joseph Minard.** (siehe S. 334)

1859

Blasendiagramm, auch Bubble Chart genannt, von **Charles Joseph Minard.** (siehe S. 342)

1866

Flächendiagramm von **Charles Joseph Minard.** (siehe S. 342)

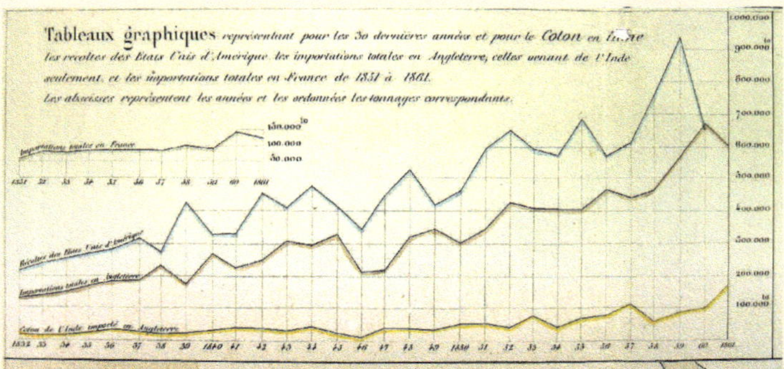

1861

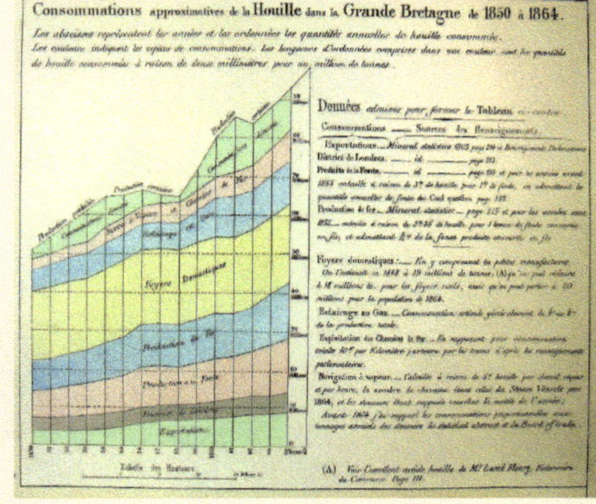

1866

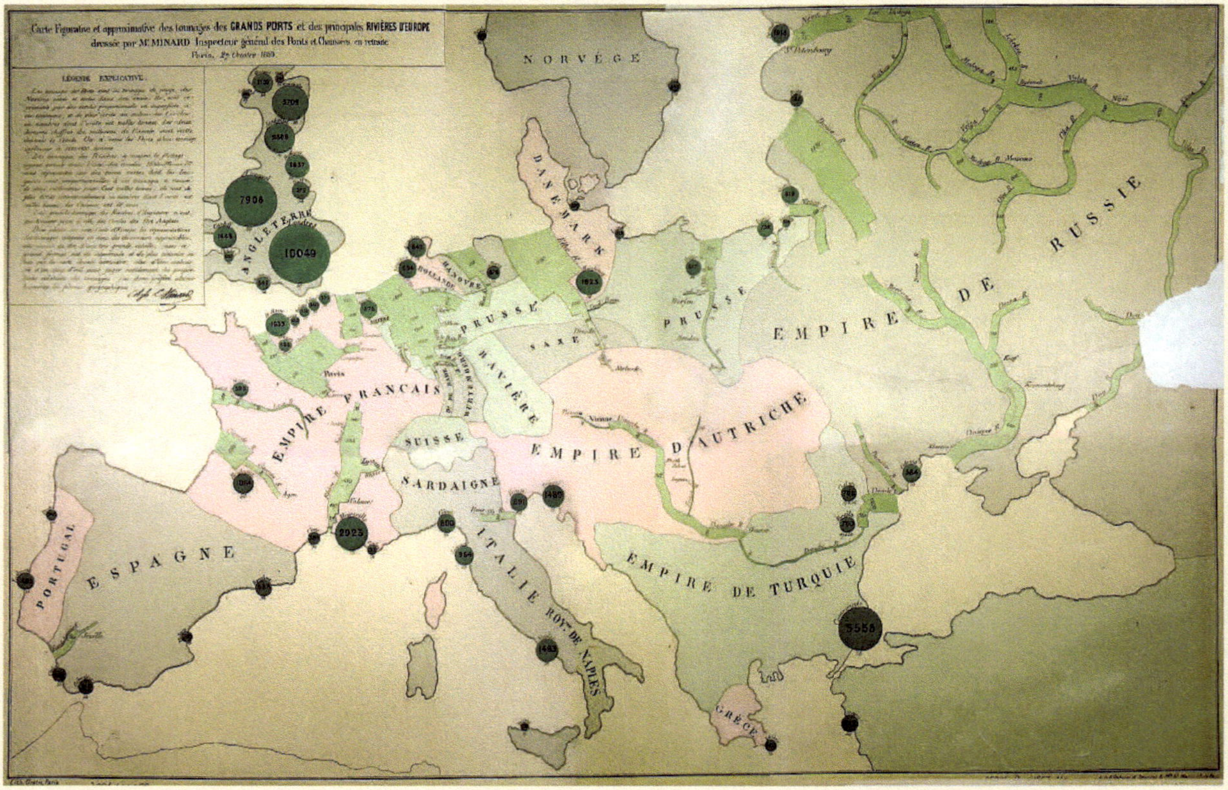

1859

1879

Die Darstellung des **dreidimensionalen Stereogramms** *Direzione della statistica generale* von **Luigi Perozzo** zeigt die schwedischen Bevölkerungszahlen in den Jahren 1750 bis 1875 nach Altersgruppen sortiert. Perozzo nennt **Gustav Zeuner**[56] und **J. Lewin**[57] als ursprüngliche Erfinder dieser Art der **dreidimensionalen Darstellung von Daten**.

1966

Statistiken über die Jahre 1919 bis 1939 zwischen den beiden Weltkriegen und der Weltwirtschaftskrise (dtv-Atlas zur Weltgeschichte).

2005

Put-Call-Ratio-Diagramm des S&P 500 Index.

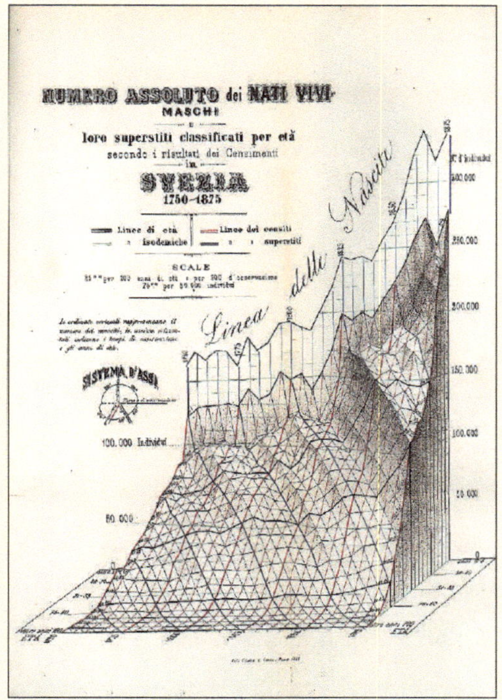

1879

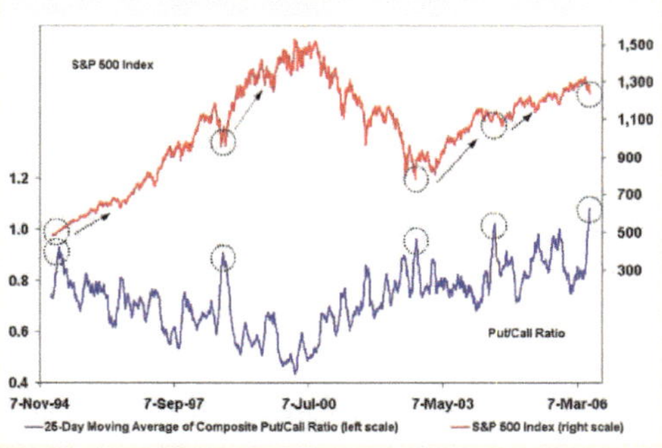

2005

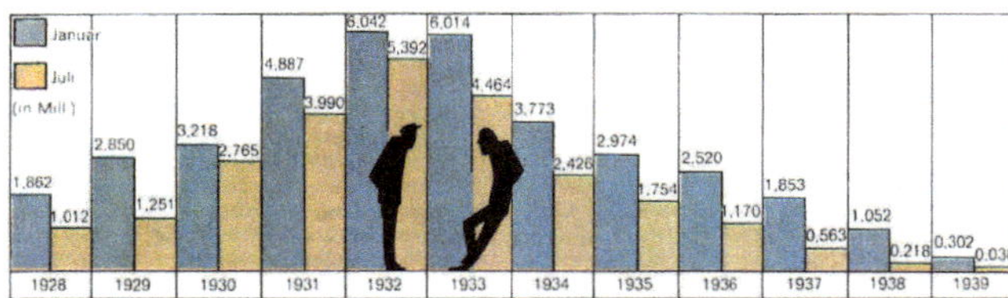

Die Entwicklung der Arbeitslosigkeit in Deutschland 1918–1939

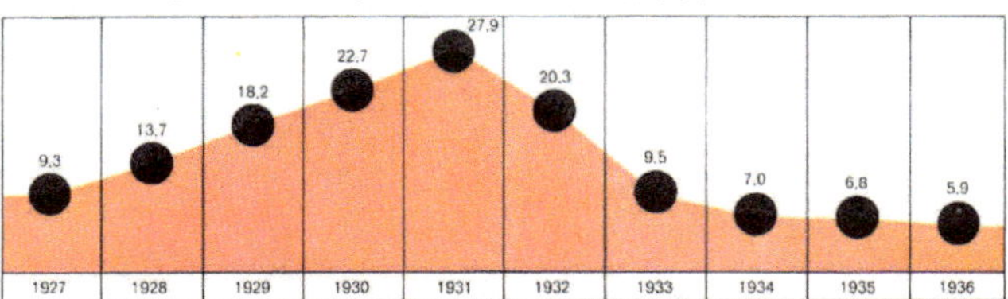

Konkurse und Vergleichsverfahren in Deutschland (in Tsd.)

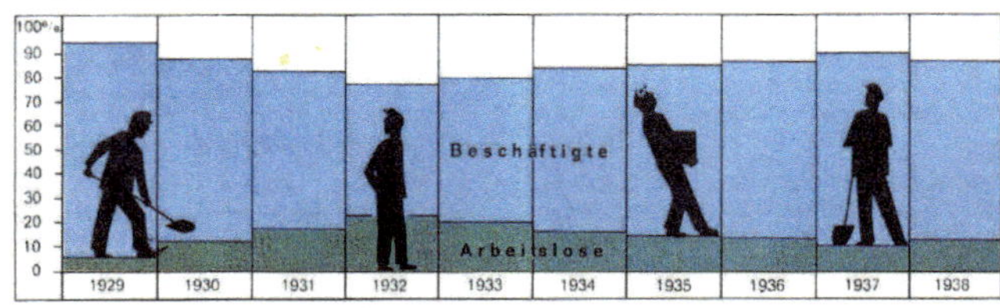

Die Entwicklung der Arbeitslosigkeit in der Welt 1929–1938

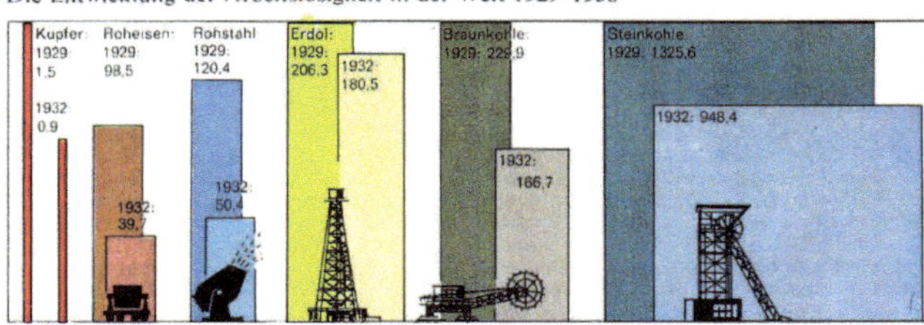

Produktionsrückgang der Weltwirtschaft (in Mill. Tonnen)

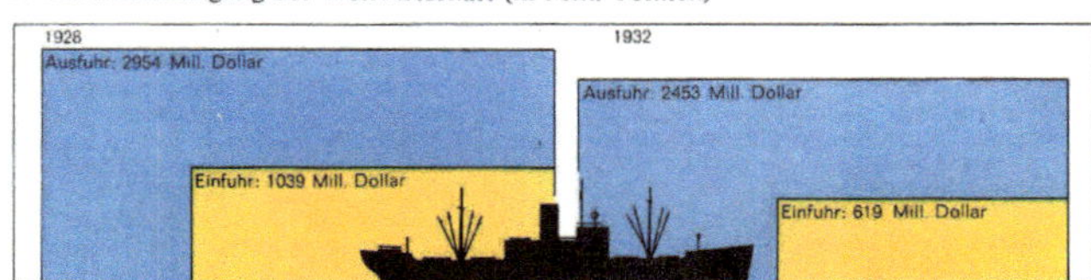

Export und Import Lateinamerikas 1928 und 1932

1966

1280 — 1534

Der Mönch **Guido von Arezzo** (ca. 995–1050) entwickelte die Grundlagen für die heute noch gebräuchliche **Notation**. Auch die Notenschrift kann als **zeitachsenorientierte Darstellung** verstanden werden, die von links nach rechts verläuft. Vertikal werden die Notenwerte abgetragen. Zunächst wurden nur die Tonhöhen festgelegt. In der Abbildung der **Mensuralnotation**, die **Franco von Köln** 1280 in seinem Traktat *Ars cantus mensurabilis* beschreibt, sieht man bereits die Zuordnung der Töne, ihre Dauer und deren Zeitpunkte auf der Zeitachse. Die Abbildung zeigt die Notendarstellung »MS Harley 978, f. 11v«, die erste überlieferte Aufzeichnung des Kanons *Sumer is icumen in* eines unbekannten Autors, entstanden kurz vor 1300 (heute in der British Library, London).

Paulus Constantinus Phrygio (eigentlich Seidensticker, genannt Costenzer) publizierte die Menschheitsgeschichte als horizontalen Zeitstrahl. Das **Chronicum** gilt als erste eigenständige, tabellarisch dargestellte **Geschichtsaufzählung**. Der vollständige Titel lautet:

Chronicvm Regvm Regnorvmqve Omnivm Catalogvm, Et Perpetuum ab exordio mundi temporum, seculorumq[ue] seriem complectens ex optimis quibusq[ue] Hebraeis, Graecis & Latinis autoribus congestum Basileae. Eine digitale Version als PDF ist hier zu finden: http://mdz1.bib-bvb.de/~db/bsb00001176/images.

1280

142 CHRONICON

ANNI MVNDI.	3210	3211	3212	3213	3214	3215	3216	3217	3218	3219
Diluuij.	1553	1554	1555	1556	1557	1558	1559	1560	1561	1562
Aedif. tépli.	177	178	179	180	181	182	183	184	185	186
Regum.	3	4	5	6	7	8	9	10	11	12
Olympia.	7				8				9	
ISRAELITARVM.	240	241	242	243						
	16	17	18	19						
BABYLONIORVM.	73	74	75	76	77	78	79	80	81	82
	10	11	12	13	14	15	16	17	1	2
MEDORVM	73	74	75	76	77	78	79	80	81	82
	[illegible]	16	17	18	19	20	21	22	23	24
AEGYPTIORVM.	1409	1410	1411	1412	1413	1414	1415	1416	1417	1418
	18	19	20	21	22	23	24	25	26	27
MACEDONVM.	60	61	62	63	64	65	66	67	68	69
	10	11	12	13	14	15	16	17	18	19
Anni à cōdita urbe.	1414	†1	2	3	4	5	6	7	8	9
ROMANORVM.	42	43 1	2	3	4	5	6	7	8	9
ATHENIENSIVM.	803	804	805	806	807	808	809	810	811	812
	1	2	1	2	3	4	5	6	7	8
LYDORVM.	25	26	27	28	29	30	31	32	33	34
	25	26	27	28	29	30	31	32	33	34

REGNVM Iudæorum. — NERIIA summus sacerdos Hosea, Esaias, Amos, Micha, prophetæ.

ISRAELITARVM. — Anno IX. rebellionis, capta Samaria fuit, decemq; tribus abductæ. Sic Dauid kimhi, Rab. Solomon, R. Leui Ben Gerson. 4. Reg. 17. Ioseph. lib. 9. cap. ult.

BABYLONIORVM. — Salmanasar totam Phœnicem subegit dempta Tyro, cuius rex Hylyseus, nauali bello Assyrij exercitum fudit, dispersisq; nauibus, 5 00 cepit uiros. Ioseph. lib. 9. cap. 15. — SENNACHERIB IIII. an. V.

MEDORVM — SOSARMON III. an. XXX. Metast.

AEGYPTIORVM. — Hylyseus rex Tyri Ioseph. XLV — L — Sethon Dio. Sabacus, Aethiops, Vulcani sacerdos.

MACEDONVM. — Milesij mare obtinuerunt, an. XVIII. — Thales Milesius philosophus.

Remus rastro pastorali à Fabio Romuli duce occiditur.

ROMANORVM. INITIVM REGNI ROMANI — ROMVLVS Romanorū rex primus annis XXXVIII. Romulus, Rheæ Iliæ uestalis uirginis filius, āno ætatis suæ XVIII. cū inter pastores latrocinaretur urbem exiguā in Palatino monte constituit X Cal. Marcias. Eutrop. Q. F. Pictor lib. 1. Mox templum quod Asylum, nominauit, ædificauit, leges tulit, sacra instituit. Acronē Cecinensium regem bello uicit. Acronis arma Ioui Feretrio consecrauit, Antemnates superauit, Crustuminum, coloniam fecit, de Sabinis triumphauit. Tatium Sabinorum regem in socium regni asciuit. Fidenas cepit, Camerinos uicit, Senatores patres cōscripsit, duodecim lictores habuit. Cēturiones ordinauit, demū è media cōcione in maxima tempestate, sublatus, creditus ad superos migrasse. An. ætatis LIIII. regni XXXVIII. Plutarc. Liui. XL. annis tutā Romulū, nisi Vriente milite, pacē habuisse testatur Diony. li. 2. Cassiod.

†Anno post euersionem Troiæ circiter CCCCXXXV. Olympiade aūt. VI. quæ V. demū an. quatuor in medio expletis apud Elidem Græciæ ciuitatē, agone & ludis exerceri solet. urbs Ro. in Italia à Remo & Romulo geminis autoribus condita est. Oro. lib. 2. cap. 4. Romam condunt Romulus & Remus sumptis colonis ab Albanis an. 2. septimæ Olympiadis regnāte Athenis Caropo, anno decennij primo Diony. Eutrop. li. 1. Romā Olympiade VI. ante sex annos quā decem tribus Israēl à Sennacherib rege Chaldæorum trāsferrentur in Medorum montes, testatur ædificatam. nos Diony. sumus imitati.

ATHENIENSIVM. — ALCAMENON XIII. an. II. — CAROPS XIIII. Atheniensium, an. X. Athenis principes, qui quoad uixissent, Reip. præerant, desierūt. & in X. annū magistratum cōsuetudo uersa est regnauitq; primus Carops filius Aeschyli, construxeruntq; urbem in Aegypto Macieratim Eusèb. Numa Pompilius eo anno quo condita est urbs natus fuit. Plutarch.

LYDORVM. — †Lacedæmonij contra Messenios uicennale bellum habebant. Eusèb.

1534

1596

Joannes Temporarius veröffentlichte in seinem Werk *Chronologicarum Demonstrationum libri tres* einen zeitlichen Ablauf mit Einteilungen als Balken (Abb. von http://google.de/books?id=6vFaAAAAQAAJ).

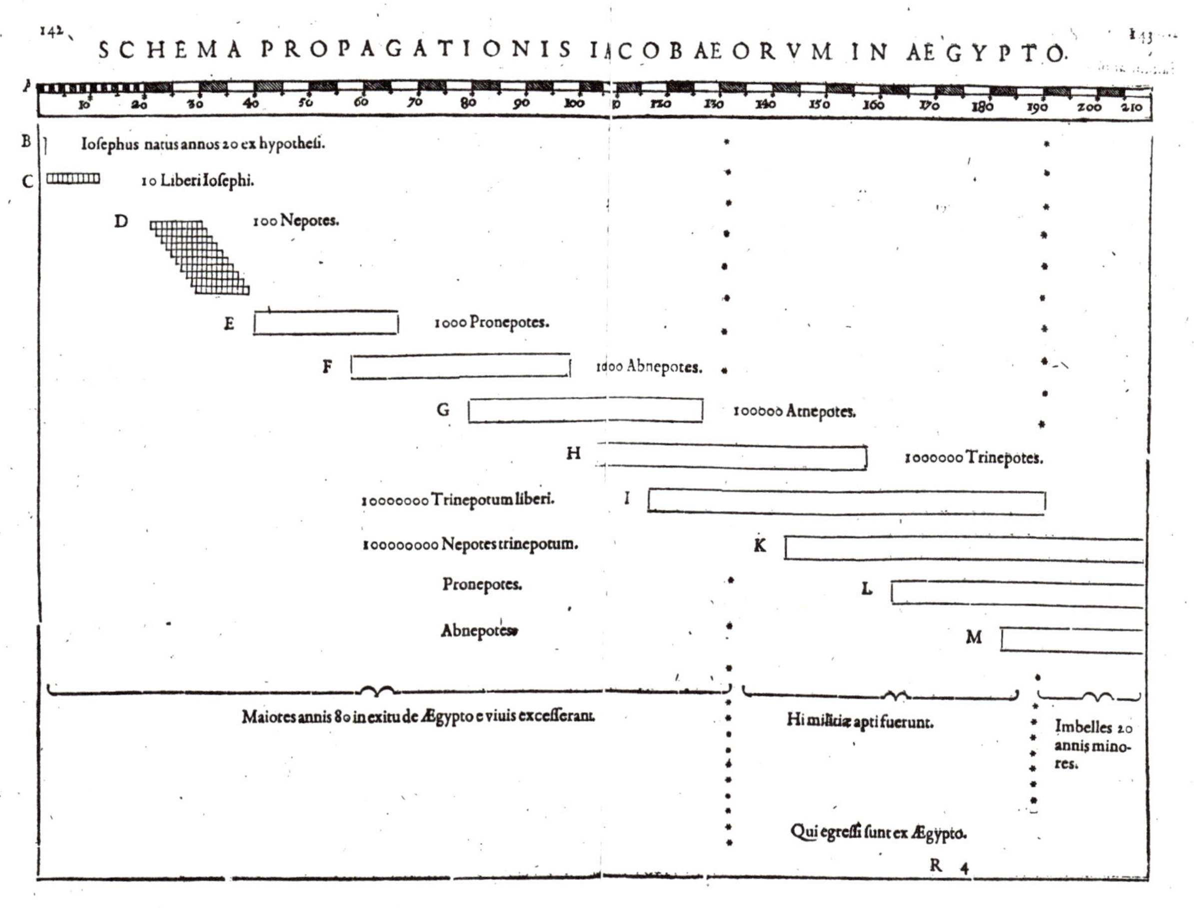

1765

Joseph Priestley übertrug in **A Chart of Biography**[58] die Lebensspannen von 2000 berühmten Persönlichkeiten aus der Zeit von 1200 v. Chr. bis 1750 n. Chr. auf eine waagrechte Zeitachse. Die Darstellung von Zeit erfolgte mittels Balken über die **Zeitachse**.

1769

Joseph Priestleys *A New Chart of History* nennt Ereignisse sowie deren Zeitpunkt und Ort (Library Company of Philadelphia). Das Buch *A description of a new chart of history* von Joseph Priestley steht als digitale Version hier zur Verfügung: http://books.google.de/books?id=eCwIAAAAQAAJ.

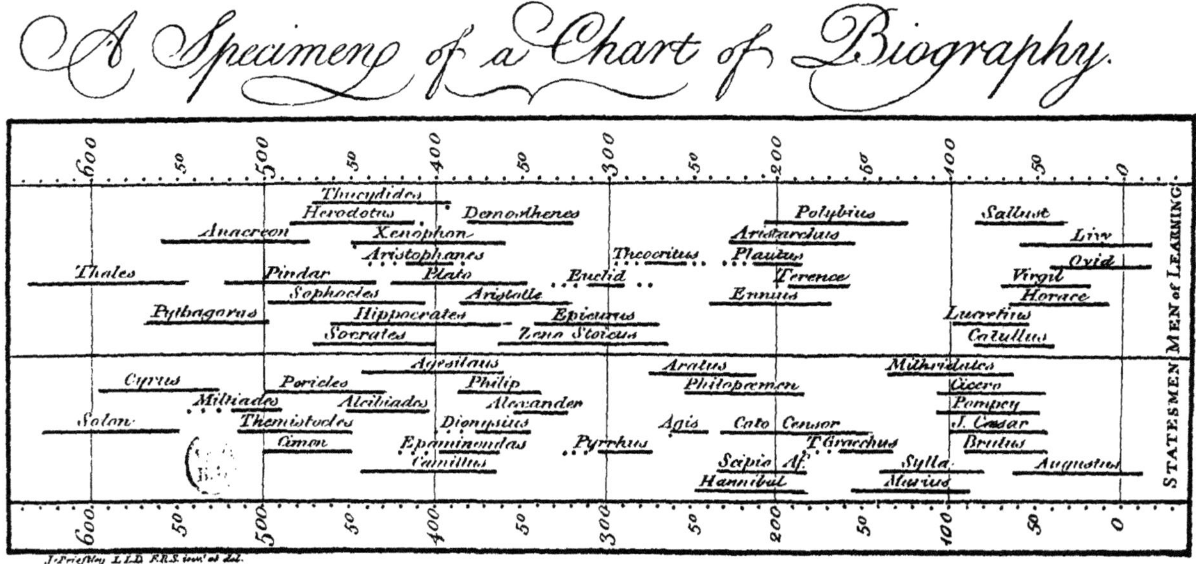

1765

1769

1786

Die Abbildung zeigt das erste **Liniendiagramm** mit **skalierter Zeitachse** und mehreren Indikatoren, erstellt von **William Playfair** (Abb.: Playfair, William: The Commercial and Political Atlas: Representing, by Means of Stained Copper-Plate Charts, the Progress of the Commerce, Revenues, Expenditure and Debts of England during the Whole of the Eighteenth Century, London 1786).

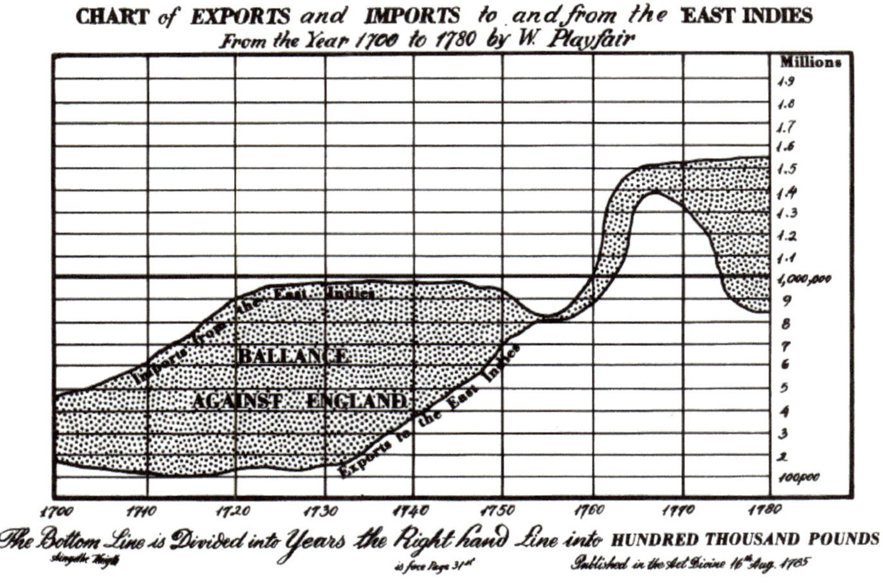

1786

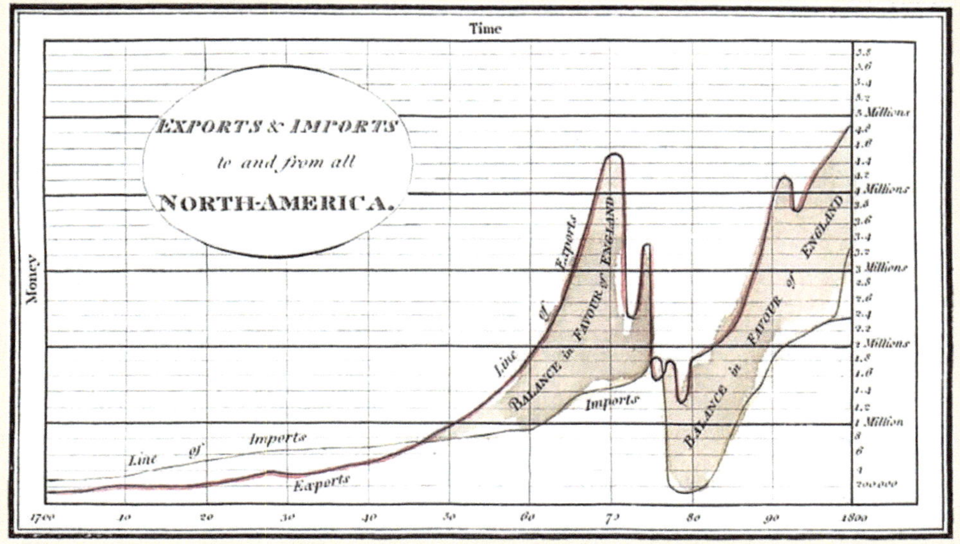

1786

1844

The Wheel of Fashion von **J. J. Grandville** (eigentlich Jean Ignace Isidore Gérard) zeigt die Hutmode von 1580 bis 1833 (Un Autre Monde: Transformations, Visions ... et Autres Choses, 1844).

1844

1858

Die Darstellung *Tableau De L´Histoire Universelle* von **Eugène Pick** zeigt die Menschheitsgeschichte von 4693 v.Chr. (Adam und Eva) bis zum Zeitpunkt der Publikation dieser zeitlichen Zusammenstellung. Entlang der linken und rechten Kante sind historisch relevante Personen, Plätze und Gebäude abgebildet (Cartography Associates, David Rumsey Collection, www.davidrumsey.com).

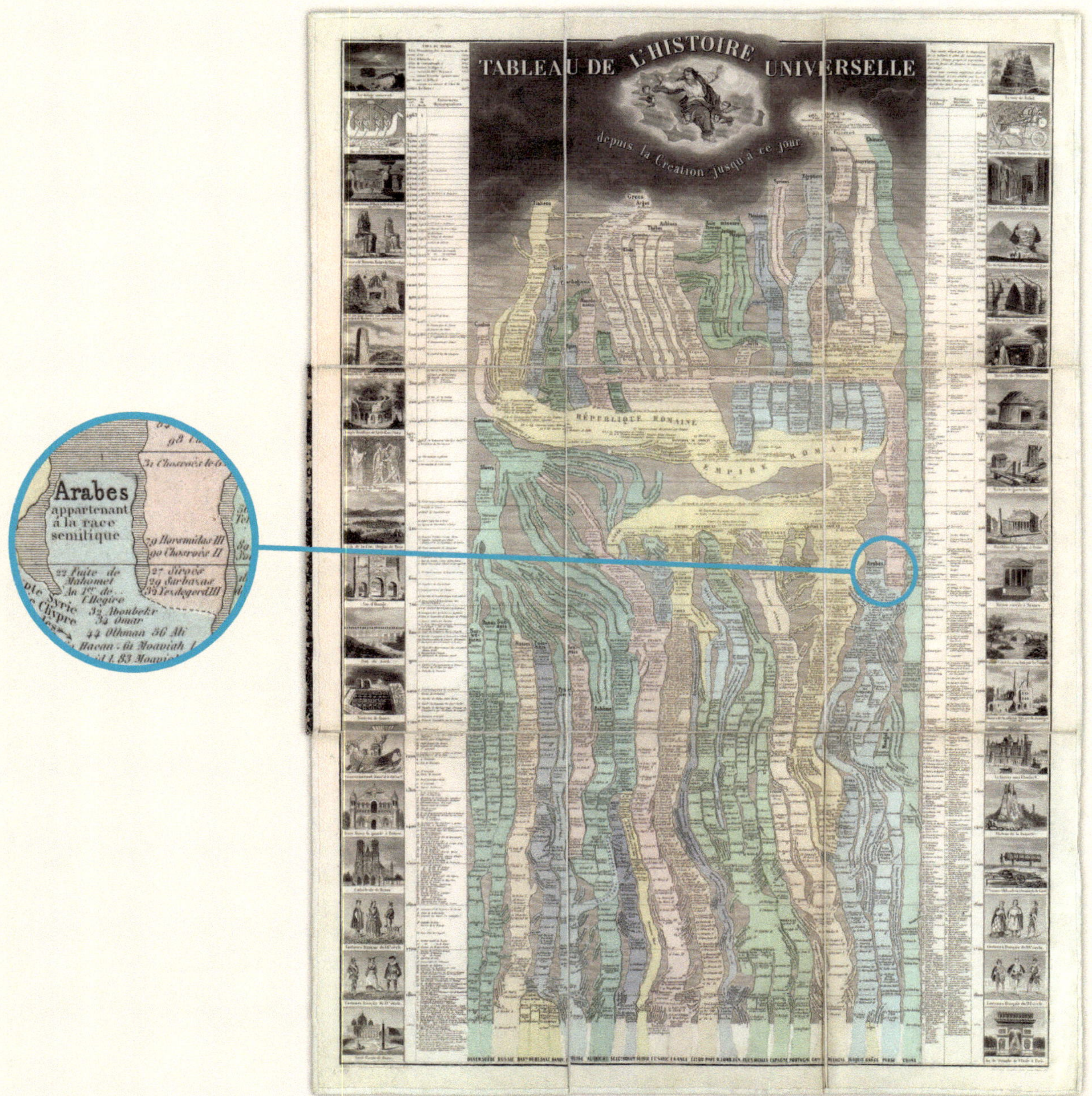

1858

1869

Charles Joseph Minards Darstellung zu Hannibals Weg über die Alpen (2. Punischer Krieg, 218–201 v. Chr.) und zum napoleonischen Russlandfeldzug 1812/13 visualisiert die Zusammenhänge der geografischen Lage, der Temperaturen, der Zeiträume der Ereignisse und die Mortalitätsrate durch kriegerische, krankheitsbedingte und geografische Umstände (keine Abb., siehe daher siehe S. 66, 1869).

1988

Aktien- und Chartanalyse, hier Deutsche Börse. 1988 erfolgte die Einführung des Benchmark-Index für deutsche Standardwerte, **DAX** genannt. 1585 fand die erste Versammlung der Frankfurter Kaufleute zur Kursfestsetzung statt – die Geburtsstunde der Börse Frankfurt (siehe auch S. 77, 1719–1721).

1996

Die **Sitemap** der CD-ROM *SLK-Klasse* zeigt eine schematische Darstellung der auswählbaren Inhalte und einen zeitlichen Ablauf. Sie stellt in gewisser Hinsicht eine zeitliche Abfolge dar, indem sie nicht nur anzeigt, welche Kapitel und Unterkapitel ausgewählt werden können, sondern auch, welche man bereits gesehen hat. Sobald ein Unterkapitel besucht wurde, wird es in der etwas dunkleren linken Seite angezeigt. Die Themen auf der rechten Seite wurden noch nicht besucht (*SLK-Klasse*, CD-ROM für Mercedes Benz, Scholz&Volkmer, www.s-v.de).

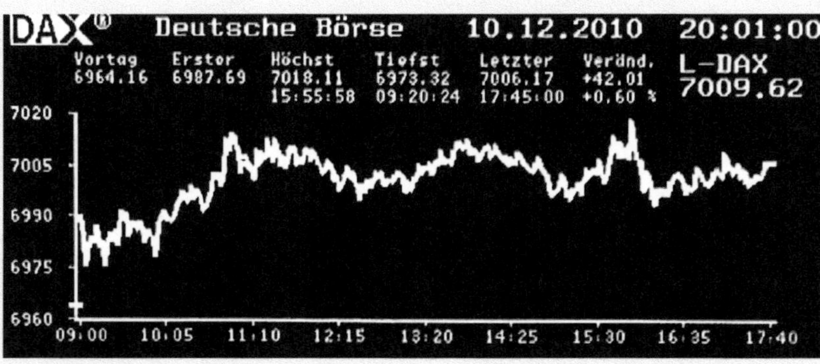

1988

1996

2010

Darstellung der historischen Entwicklung der technischen Kommunikationsmittel (Abb. Google; Daten: ATT, ITU Communications Database, The Economist, Wikipedia).

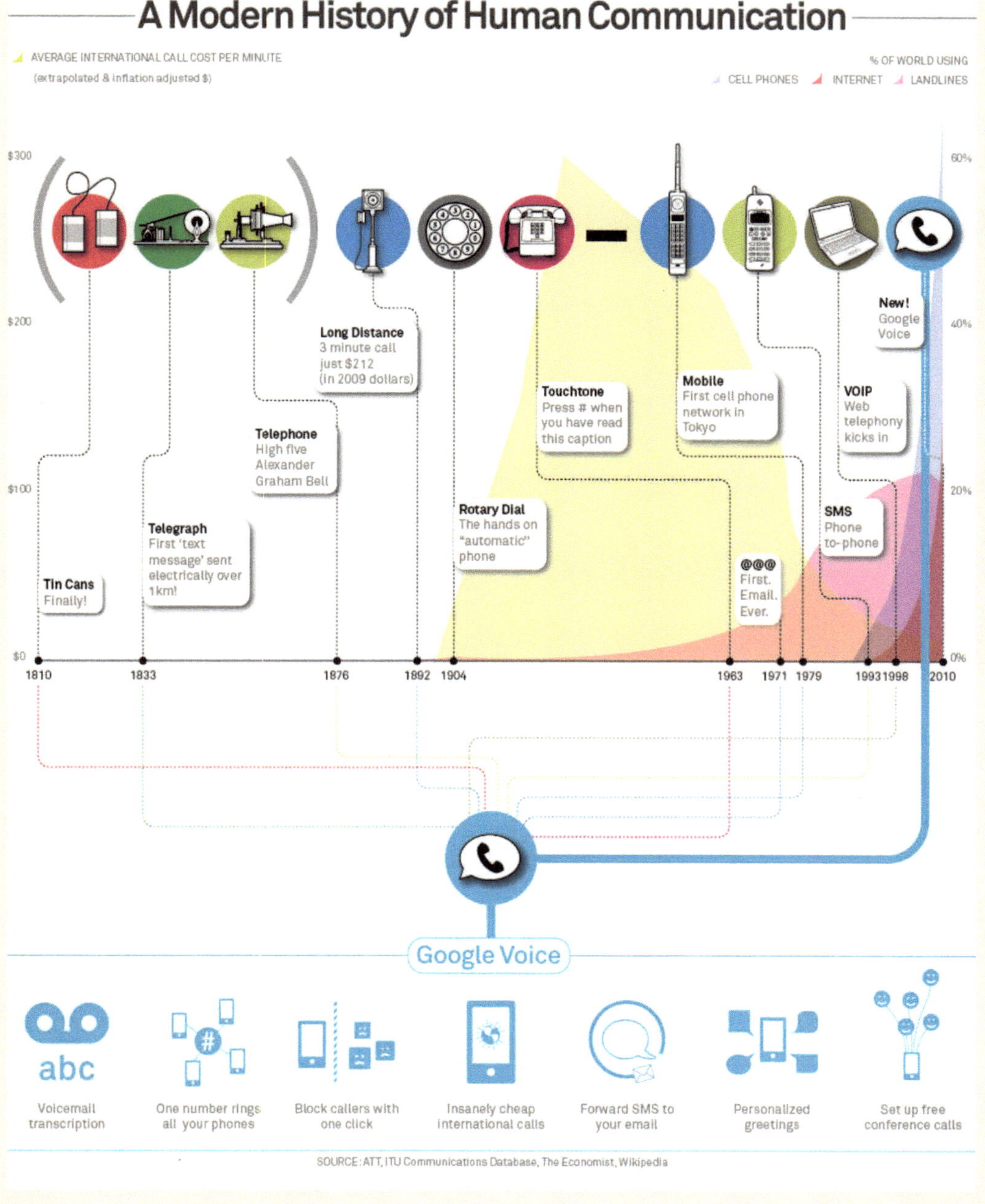

Schautafeln – Informationsvermittlung für didaktische Zwecke

ca. 1150

Shigisan Engi Emaki Mono (8,78 m lang, 31,7 cm hoch) integriert in seiner Darstellung Zeit und Ort und beschreibt fortlaufende Handlungen (keine Abb., siehe daher siehe S. 40, 1150). Das Original befindet sich im Musée Guimet in Paris, Frankreich. Emaki Mono, kurz Emaki, illustrieren Erzählungen und kombinieren Text- und Bildinformationen. Diese Erzählform gibt es in Japan seit der Heian-Zeit, also seit 794.

1658

Johann Amos Comenius veröffentlichte den **Orbis Sensualium Pictus** zur Verwendung im Unterricht. Auf 150 Holzschnitten zeigt er die sichtbare Welt in Bildern und beschreibt diese in lateinischer und deutscher Sprache. Die bildhafte Wiedergabe wird zum Informationsträger und so zum wichtigen Mittel der Wissensvermittlung.

1735

Mit seiner **Clavis Systematis Sexualis** erstellte **Karl von Linné** eine schematische Darstellung des Sexualsystems der Pflanzen und definierte so eine Klassifizierung bzw. Abläufe und Zusammenhänge, ähnlich den Inhaltsverzeichnissen und Flowcharts für Informationsmedien.

1736

Georg Dionysius Ehret zeichnete geschlechtsspezifische Eigenschaften von Staubgefäßen, die auf dem **Klassifizierungssystem** der Pflanzen von Karl von Linné basieren.

(2)

Invitatio.	Einleitung.
M. Veni, Puer! disce Sapere.	L. Komm her/ Knab! lerne Weißheit.
P. Quid hoc est, Sapere?	S. Was ist das/ Weißheit?
M. Omnia, quæ necessaria, rectè intelligere, rectè agere, rectè eloqui.	L. Alles/ was nöhtig ist/ recht verstehen/ recht thun/ recht ausreden.
P. Quis me hoc docebit?	S. Wer wird mich das lehren?
M. Ego, cum Deo.	L. Ich/ mit GOtt.
P. Quomodo?	S. Welcher gestalt?

M. Du-

1658

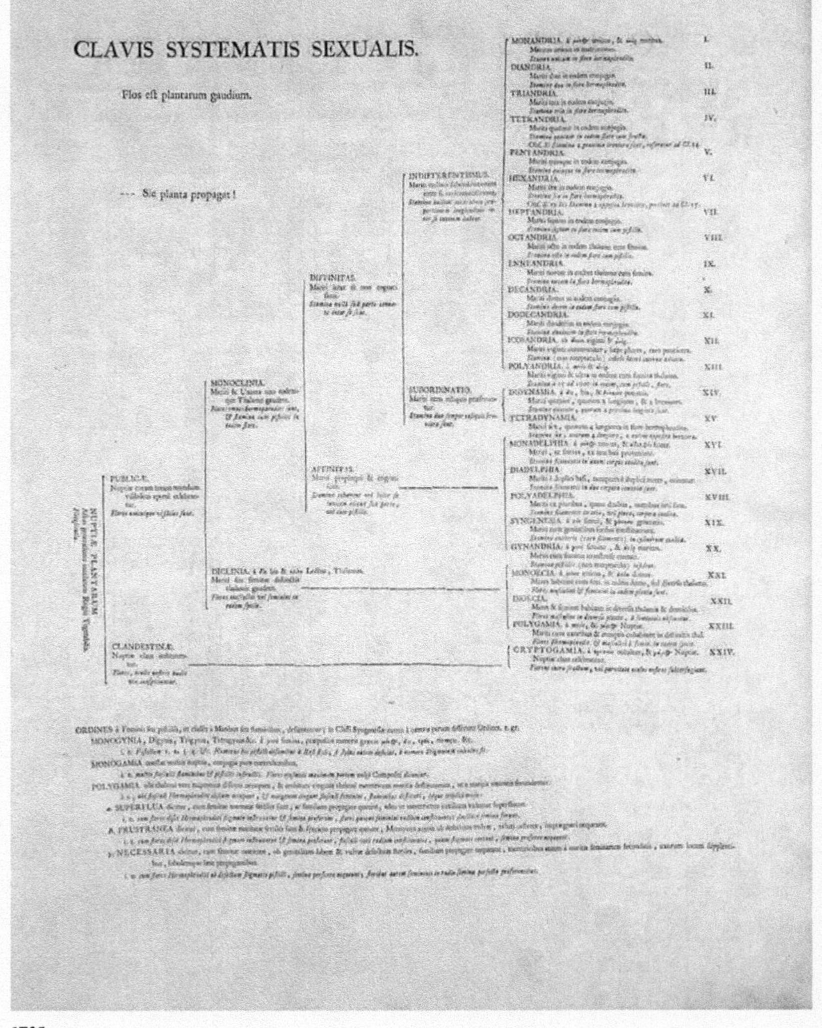

1735

1751

Denis Diderot und 142 Bearbeiter (Autoren, Grafiker, Drucker etc.) veröffentlichten die Enzyklopädie: *L'encyclopedie ou Dictionnaire Raisonne des Sciences, des Arts et des Metiers.* 1780 erschien der 35. und letzte, abschließende Band. Die Enzyklopädie enthält nicht nur tausende Artikel, sondern auch zahlreiche Bilddarstellungen. Die Ausgabe aus dem Jahr 1772 enthielt 71.818 Artikel und 2.885 Kupferstiche. Der Inhalt wurde mit dem hier abgebildeten Verzeichnis in Kategorien eingeteilt, wodurch ein Inhaltsverzeichnis entstand und ein Nachschlagen möglich wurde. Diderot ließ sich eventuell von Carl Linnaeus inspirieren, der 1758 mit seinem Werk »Systema Naturae« die Taxonomie einführte (siehe auch unter Taxonomie« auf Seite 270). Als Begründung für die reiche Bebilderung schrieb Diderot: »Wir könnten durch tausende Beispiele beweisen, dass ein bloßes einfaches Wörterbuch der Sprache so gut es auch sein mag, nicht auf Abbildungen verzichten kann, ohne in unklare oder ungewisse Definitionen zu verfallen. Um wie viel mehr bedurften also wir dieses Hilfsmittels! Ein Blick auf den Gegenstand oder auf die Darstellung desselben sagt mehr als eine Seite voll Erläuterungen.«. Die Abbildung zeigt die Kenntnisse des Menschen, dargestellt als epistemologisches Ordnungssystem.

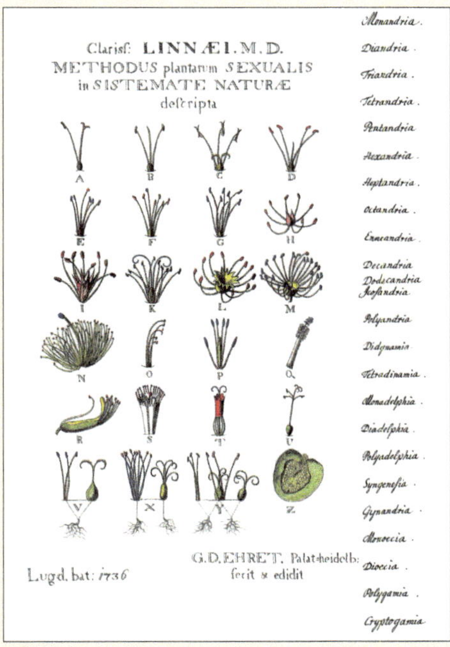

1736

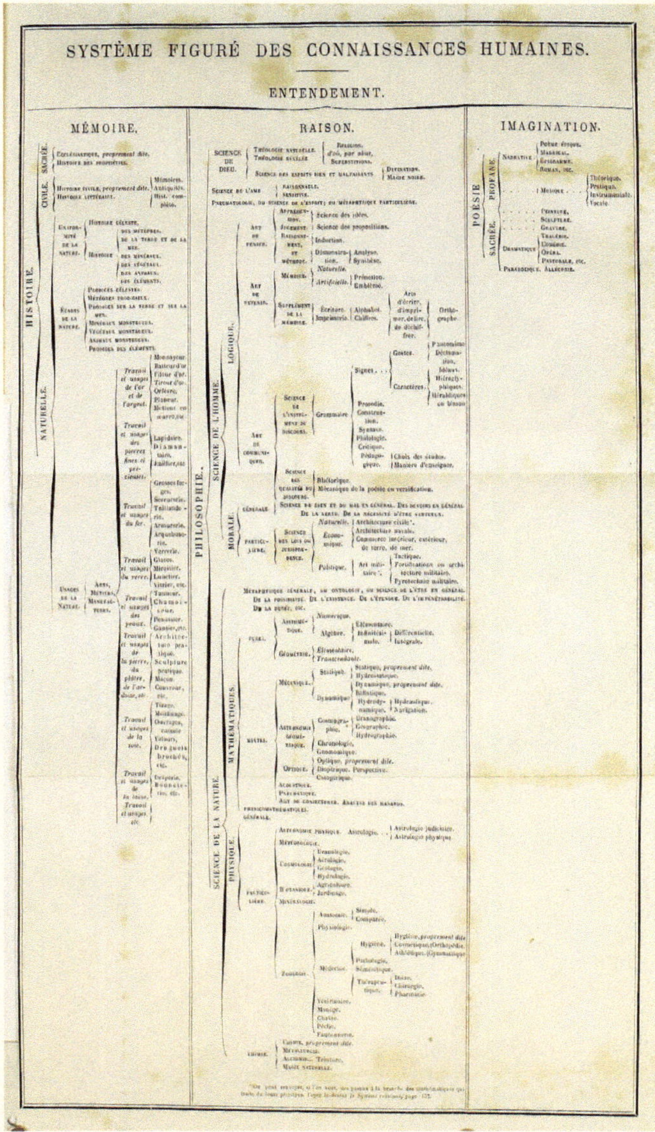

1751

1768–1771

Sydney Parkinson begleitete **James Cook** auf seiner ersten Weltreise (1768–1771) und fertigte dabei 280 Aquarelle und etwa 900 Skizzen und Zeichnungen von Pflanzen und Tierarten an, die zu einem großen Teil zuvor nie beschrieben oder dokumentiert worden waren. Bis 1778 wurden 743 Zeichnungen in Kupfer gestochen, aber erst um 1900 unvollständig veröffentlicht. Erst zwischen1980 und 1990 erschien in 35 Bänden sein **Florilegium**. Die Abbildung stammt zwar von James Miller aus dem Jahr 1773, basiert aber auf einer teilweise kolorierten Skizze von Sydney Parkinson, der auf der Rückreise zwischen Java und Kapstadt 1771 verstarb.

1768–1771

1805

1783

Johannes Hermann versuchte in seiner **Tabula affininitatum animalium** alle Querverbindungen zwischen Tieren und somit die Komplexität der Natur zu visualisieren.

1805

Die farbige Bildrolle **Kidai Shôran**, wörtlich »Vortrefflicher Anblick unseres prosperierenden Zeitalters«, ist ein kulturgeschichtlich einzigartiges Kunstwerk. Die Abbildung zeigt einen Ausschnitt aus der 12 Meter langen Bildrolle eines unbekannten japanischen Künstlers, auf der das Alltagsleben einer Einkaufsstraße in Tokio im Jahr 1805 in vielen Details und Einzelheiten beschrieben wird.

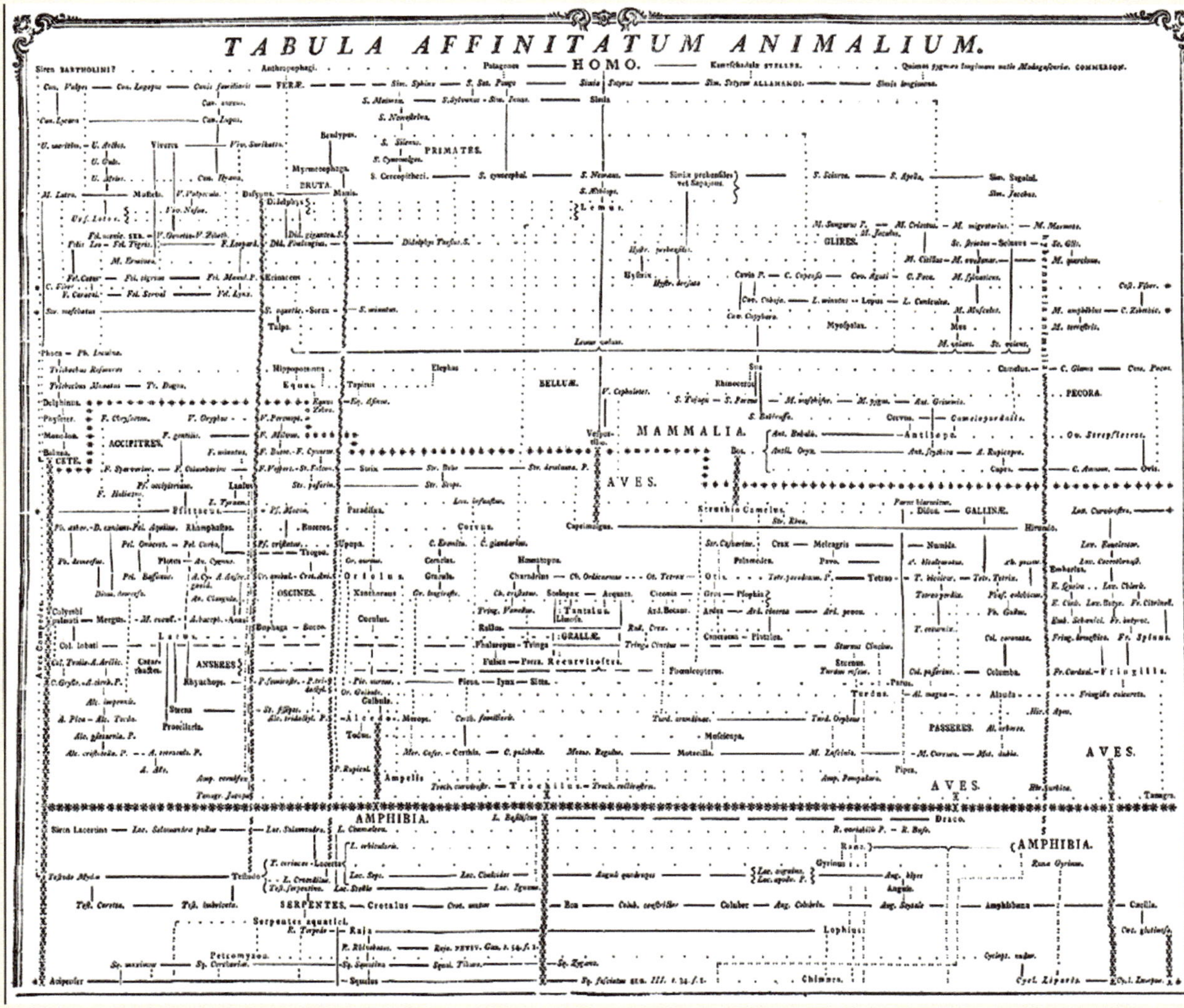

1783

1805–1807

Alexander von Humboldt bestieg am 23. Juni 1802 zusammen mit **Aumé Bonpland** und **Carlos Montúfar** den inaktiven **Vulkan Chimborazo**. Die Abbildung zeigt eine schematische Darstellung des Vulkans und seiner Vegetationszonen, angefertigt nach Aufzeichnungen von Alexander von Humboldt.

Die Abbildung stammt aus *General Atlas Of The World: Containing Upwards Of Seventy Maps...* by Adam & Charles Black, Sidney Hall and William Hughes, 1854.

1805–1807

1884

Michael G. Mulhall erstellte Schautafeln mit **Piktogrammen** (siehe auch Seite 113, 1887).

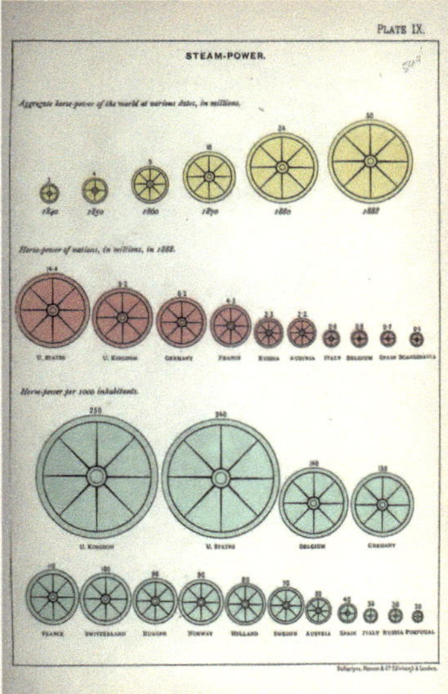

1884

1926

Der Mediziner **Fritz Kahn** ließ nach seinen Vorgaben zahlreiche Schautafeln anfertigen, die auf illustrative Weise die Sinne und Funktionen des Menschen darstellen. Die erste Abbildung erschien 1926 in *Das Leben des Menschen III* (siehe auch S. 419, Abb. 305) (Abbildung aus: *Fritz Kahn – Man Machine / Maschine Mensch*, Springer Wien New York, 2009, mit freundlicher Genehmigung durch Uta und Thilo von Debschitz, www.fritz-kahn.com).

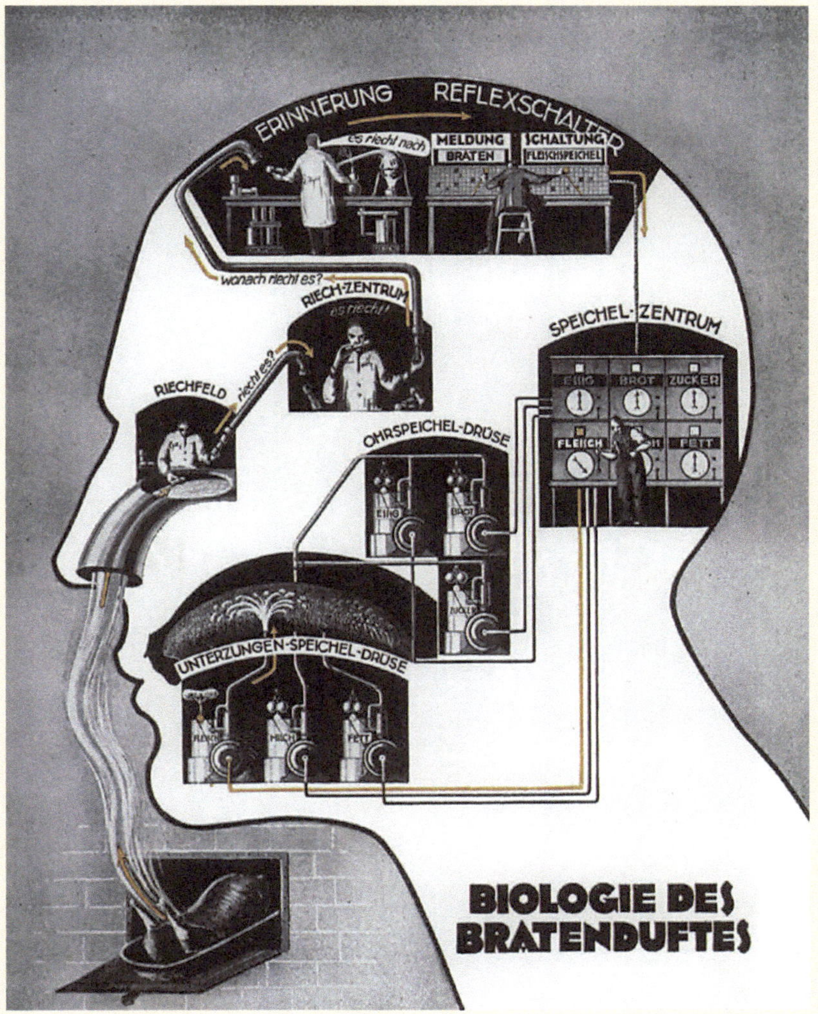

1926

ca. 1930

Otto Neurath bemühte sich um die Beschränkung auf das Wesentliche und entwickelte eine moderne **Bildsprache** zur vereinfachten **Informationsvisualisierung**. Eventuell beeinflusst durch die Idee des amerikanischen Statistikers **Willard C. Brinton**[59] (siehe auch Seite 336 unter *Balkendiagramm* im Kapitel *Diagrammierung*) aus dem Jahr 1914, größere Mengen durch eine größere Anzahl an Symbolen und nicht durch vergrößerte Symbole darzustellen, entwickelte Otto Neurath mit dem Grafiker **Gerd Arntz** am Wiener Gesellschafts- und Wirtschaftsmuseum das **International System of Typographic Picture Education (ISOTYPE)**. Das System basiert auf der **Wiener Methode der Bildstatistik** (Abb.: Neurath, Otto: Gesellschaft und Wirtschaft – Bildstatistisches Elementarwerk, Bibliographisches Institut AG. in Leipzig, 1930).

Der vermeintliche Nachteil der ISOTYPE, deren Einfachheit eine Darstellung komplexer Zusammenhänge unmöglich macht, ist eine von Otto Neurath intendierte Absicht. Der Aufbau der ISOTYPE-Symbol-Bibliothek hatte einen großen Einfluss auf die Bildsprache anschließender Kommunikations- und Informationsgestaltungen.

Michael G. Mulhall erstellte mit **Piktogrammen** die erste gegenständliche **Informationsgrafik**, die man als Vorreiter der **ISOTYPE** bezeichnen kann (siehe auch Seite 113, 1884).[60] Detaillierte Beschreibungen zur ISOTYPE und zu Otto Neurath und Gerd Arntz sind hier zu finden: www.medienphilosophie.net/neurath und www.formundzweck.com/themen.php?A+Bildstatistik und www.gerdarntz.org.

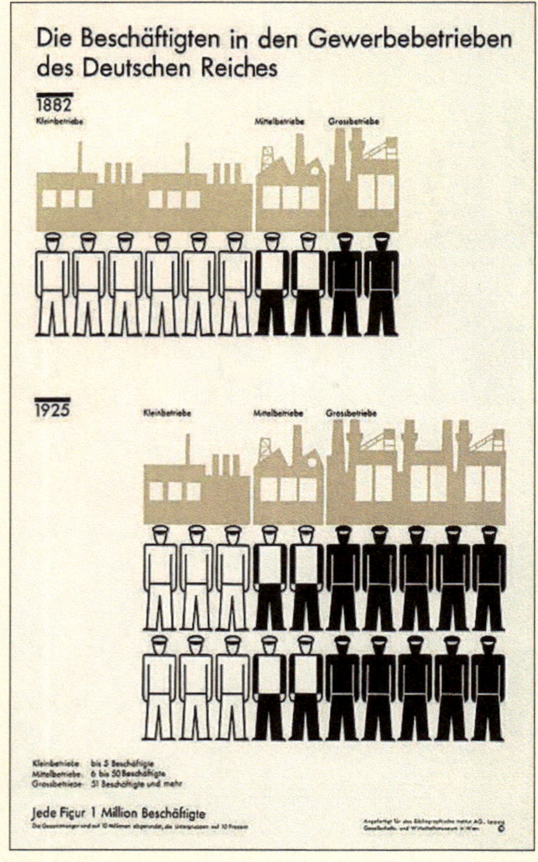

ca. 1930

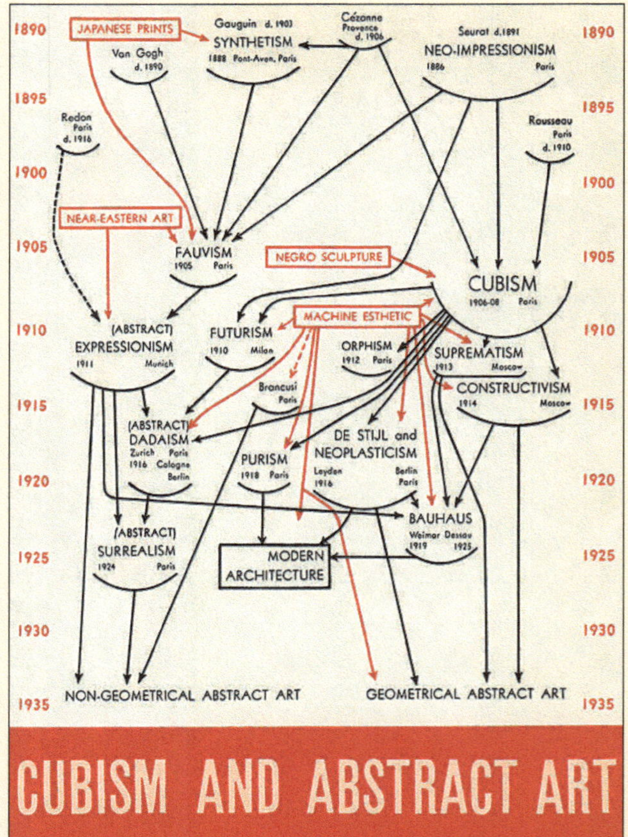

1936

1936

Alfred Hamilton Barr Jr., Gründer und erster Direktor des Museum of Modern Art in New York, stellte die Entwicklung der modernen Kunst als Diagramm dar und publizierte dieses als Titelbild für den Katalog *Cubism and Abstract Art*, MoMA Exh. #46, March 2-April 19, 1936 (www.moma.org, © The Museum of Modern Art/Lizensierung durch SCALA/Art Resource, NY. Referenz: ART164117).

1949

Charles Kasiel Bliss (eigentlich Karl Kasiel Blitz) verfolgte einen ähnlichen Ansatz wie Otto Neurath, wobei er weniger eine Bildsprache als vielmehr ein Schriftsystem entwickeln wollte. Bliss wollte mit seiner **Semantography** (griech. ›sema‹ = Zeichen + ›graphein‹ = schreiben) ein sprachübergreifendes Schriftsystem, eine **Pasigrafie** (griech. pan/pas- = alle) etablieren. Er arbeitete über vierzig Jahre an seiner Zeichen- und Symbolsprache und entwickelte dabei 120 Grundsymbole. Von den chinesischen Zeichen inspiriert lassen sich die Grundsymbole zu Zeichen zusammensetzen und aus diesen Zeichen Sätze bilden. Kombinationen aus Symbolen lassen sich zu neuen zusammenfügen (Stuhl und Rad bilden z. B. das Symbol für Rollstuhl). Seit ca. 1942 arbeitete Bliss an seinem Schriftsystem und veröffentlichte 1949 das Buch *International Semantography: A non-alphabetical Symbol Writing readable in all languages*. Detaillierte Erläuterungen sind im Internet unter www.blissymbolics.us zu finden, aber auch in folgender Publikation: Franzkowiak, Thomas (1999e): Lesen – Schreiben – BLISS. Ein Förderprogramm mit BLISS-Symbolen zur Erleichterung des Schriftspracherwerbs. OASE-Bericht No. 50, Universität Siegen, FB 2 / Primarstufe.

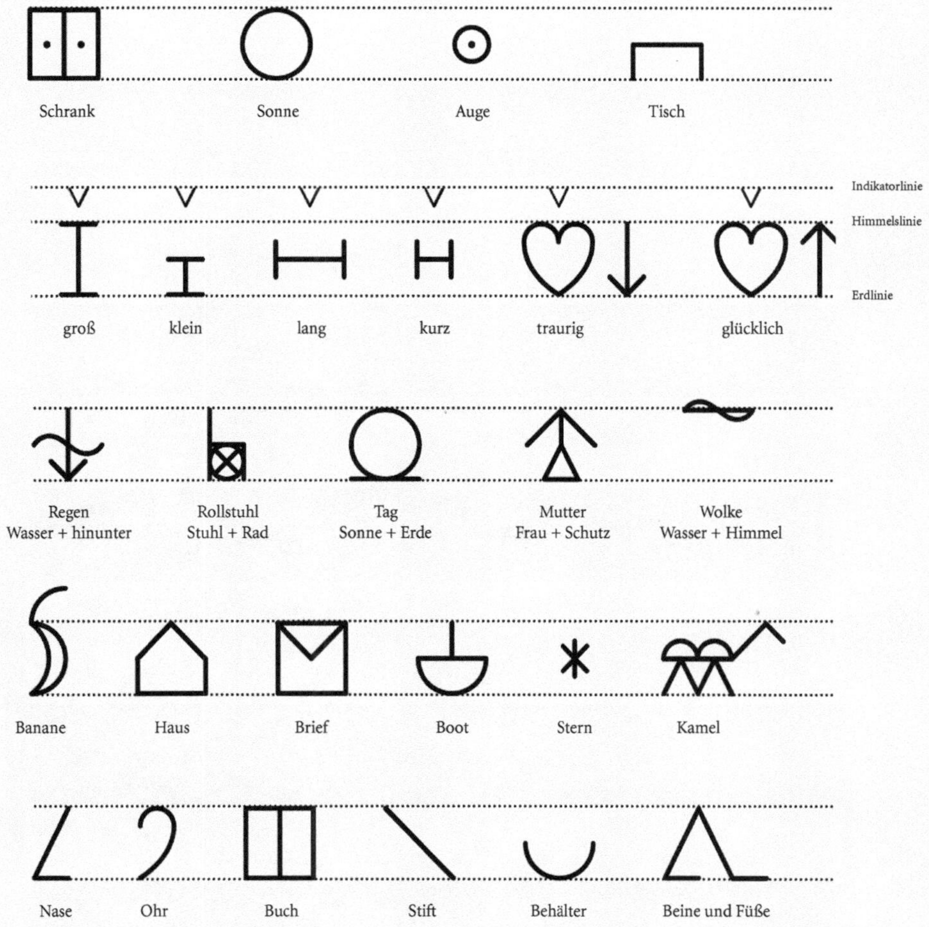

1949

1957

Visualisierung eines **Bauplans** zur Erstellung eines Fernrohrs (Populäre Mechanik. Allgemeinverständliche Monatsschrift. Oktober 1957, Nr. 10. Herausgeber der deutschen Ausgabe: Adrien Albarranc).

1978

Schautafel über die Bestandteile und Funktionen des Atomkraftwerks Creys-Malville im Département Isère, Frankreich (Abb. Centrale Nucléaire Européenne à Neutrons Rapides SA, Nersa).

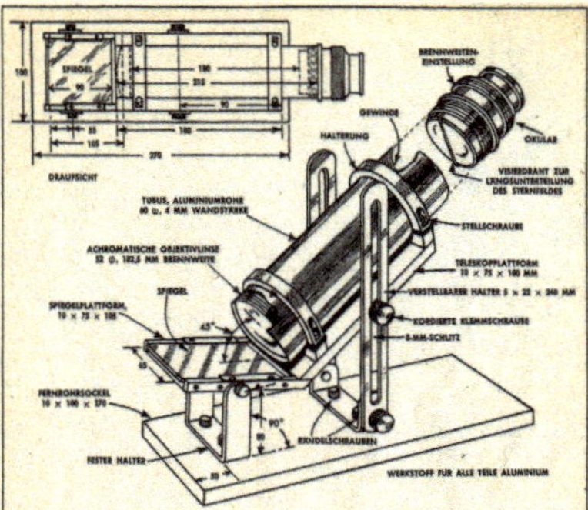

1957

1978

1979

Die **ARPANET logical map** zeigt schematisch den Aufbau der Anfänge des Internets im Jahr 1979. Das ARPANET (Advanced Research Projects Agency Network) wurde ab 1962 entwickelt und bildete den Vorläufer des heutigen Internets.

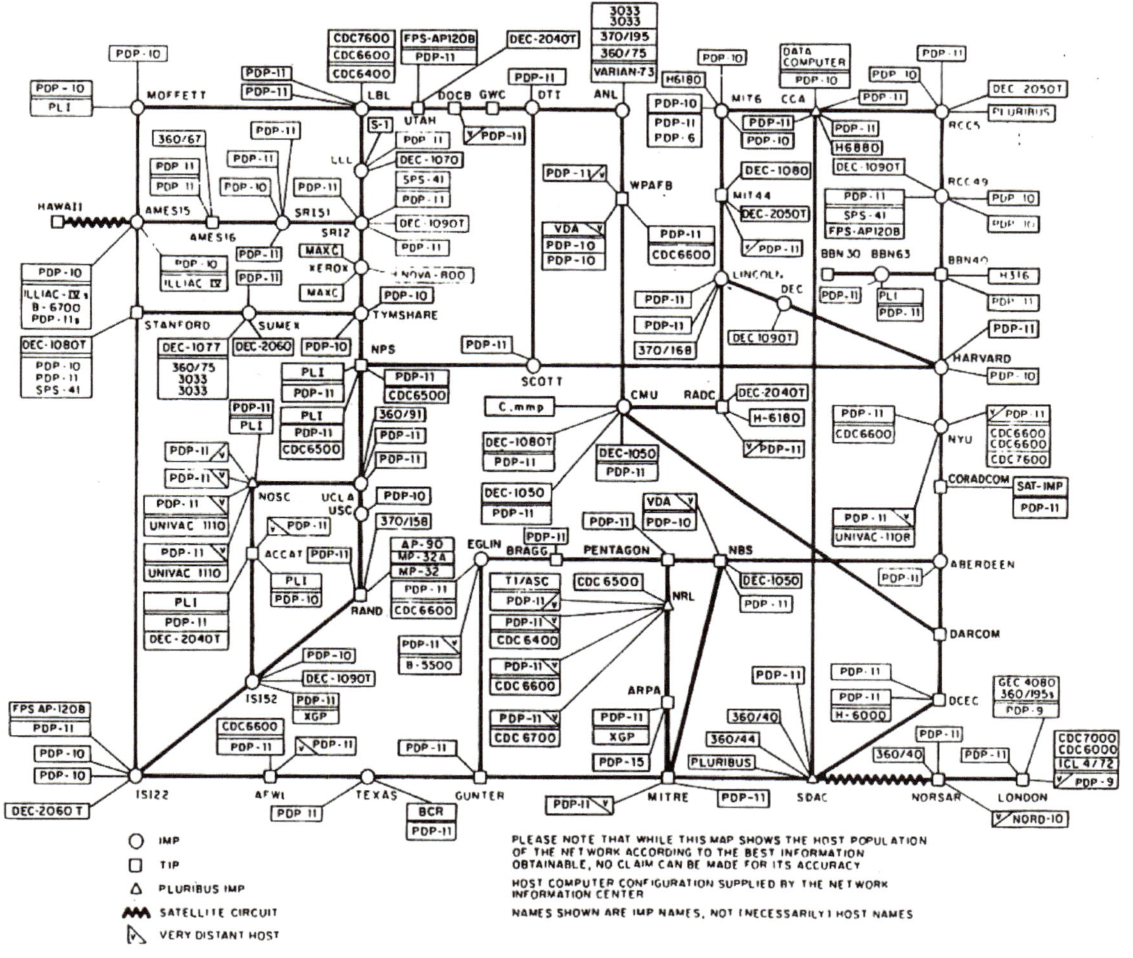

1979

1997

Die Darstellung der einzelnen Ebenen der New Yorker U-Bahn ist als Internetseite angelegt, so dass interaktiv zu jedem Bereich Informationen abgerufen werden können (www.nationalgeographic.com/nyunderground; Credits: Nationalgeographic: www.nationalgeographic.com/nyunderground/docs/cred100.html).

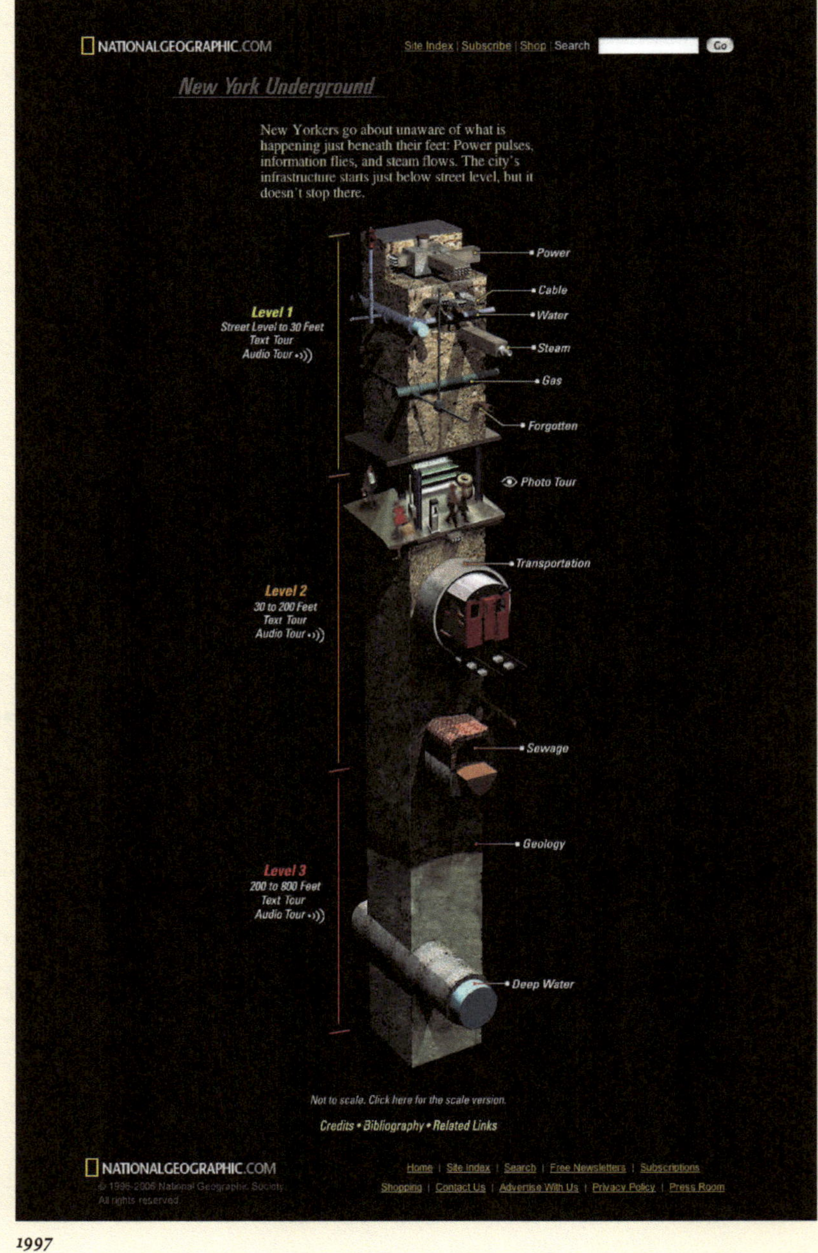

1997

2008

Die Schautafel **A Year in Iraq** wurde von Adriana Lins de Albuquerque und Alicia Cheng erstellt und am 06.01.2008 in der New York Times publiziert.

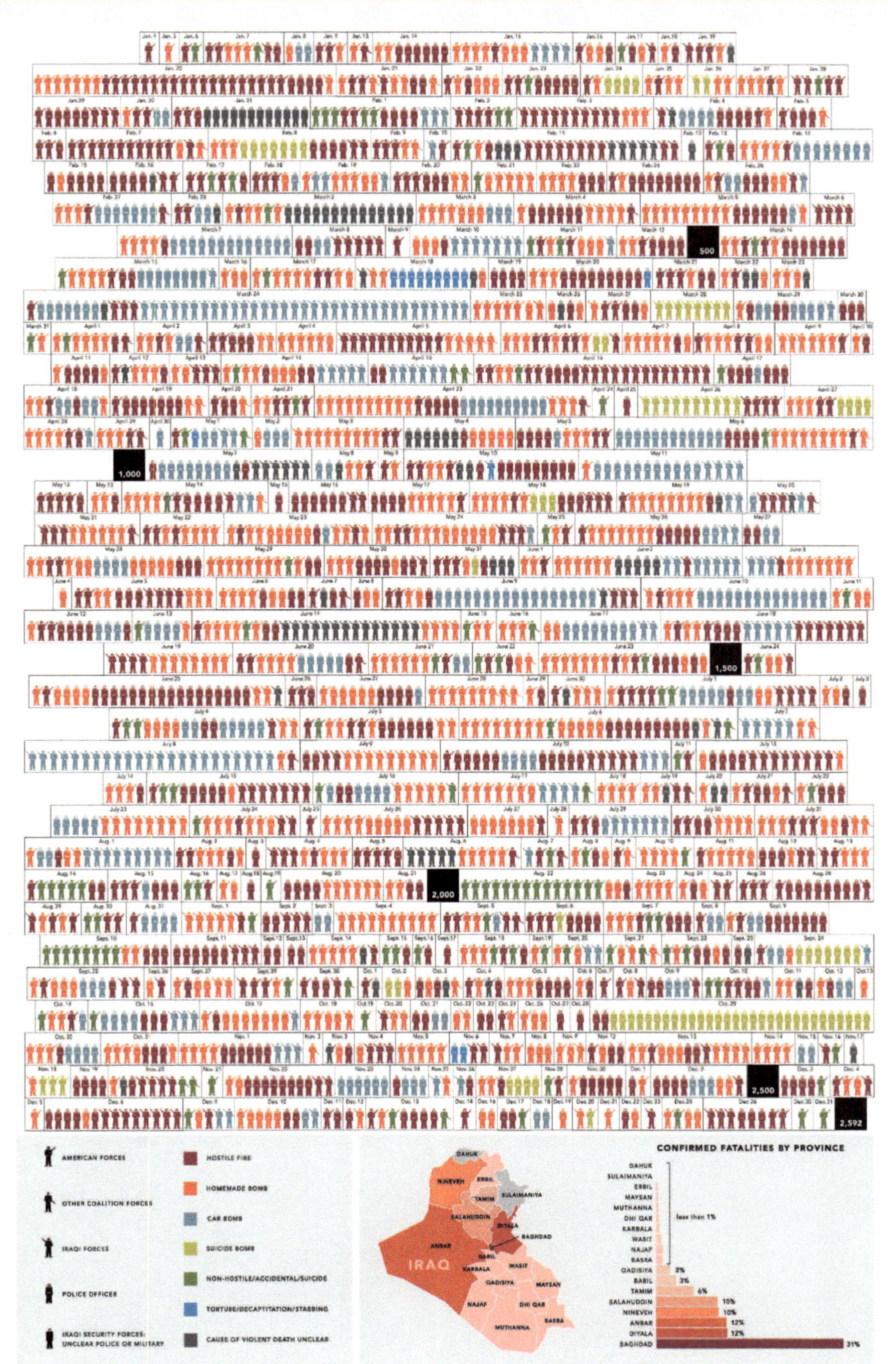

2008

Informationsgrafiken für statistische Daten

1662

Im Folgenden wird mit ausgewählten Beispielen die historische Entwicklung der visuellen Darstellung statistischer Daten seit 1662 bis heute, inklusive der Meilensteine in der Kartografie vorgestellt. Hier ist als Quelle und für weiterführende Informationen insbesondere das Milestones-Projekt[61] von Michael Friendly and Daniel J. Denis zu erwähnen. Ergänzend dazu werden bei den Abbildungen weitere Quellen genannt.

John Graunt erstellte demografische Statistiken zur Entwicklung von Lebenserwartungen, publizierte diese in seinem Werk *Natural and Political Observations Made upon the Bills of Mortality* und gilt mit dieser Arbeit als Wegbereiter der modernen Statistik (Abb. von ECHO, European Cultural Heritage Online).

A *Table* shewing how many died weekly, as well of all Diseases, as of the Plague, in the Years 1592, 1603, 1625, 1630, 1636 and this present Year 1665.

1662

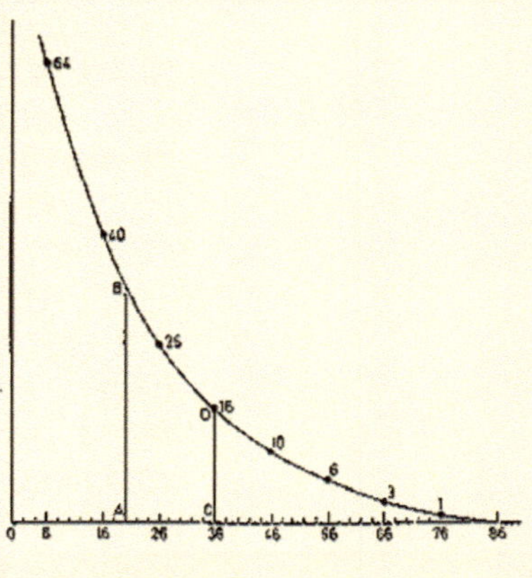

1669

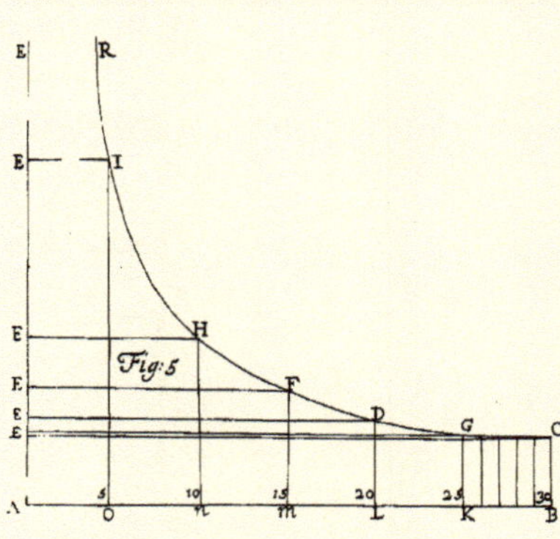

1686

1669

Christiaan Huygens nutzte ein Koordinatendiagramm zur Visualisierung einer kontinuierlichen Verteilungsfunktion der Lebenserwartung. Huygens bezog sich dabei auf die Erkenntnisse von **John Graunt**.

1686

Edmond Halley ermittelte in unterschiedlichen Höhen entsprechend verschiedene Werte mit einem Barometer und erstellte entlang von Punkten auf der Basis von Messwertpaaren aus Höhe und Luftdruck eine Hyperbel als Funktionsgraphen.

1725

Die **Völkertafel** *Kurze Beschreibung der in Europa befintlichen Völcker und Ihren Eigenschaften* wurde Anfang des 18. Jahrhunderts in der Steiermark von einem unbekannten Maler geschaffen. Mit ihr werden verschiedene Eigenschaften europäischer Völker tabellarisch gelistet. Das Original hängt im Österreichischen Museum für Volkskunde in Wien.

Kurze Beschreibung der In Europa Befintlichen Völckern Und Ihren Eigenschaften.

Namen.	Spanier.	Frantzoß.	Wälisch.	Teutscher.	Engerländer.	Schwöth.	Polack.	Unger.	Muskawith.	Tirk oder Griech.
Sitten.	Hochmüttig.	Leichtsinig	Hinderhaltig.	Offenherzig.	Wohl Gestalt.	Stark und Groß	Bäurisch.	Untreu.	boßhafft.	Wie das Abrilweter.
Natur Und Eigenschaft	Wunderbarlich	Holdseelig Und gesprächig	Eifersichtig.	Ganz Gut.	Lieb-reich.	Graus-sam.	Hochwilder.	Aller Grausambst	Gut Ungerisch	Ein Lung Teufel.
Verstand.	Klug und Weiß	Fürsichtig.	scharffsinig.	Wizig.	Anmuthig.	Hartnäkig.	Gering Achtent.	Nochweniger.	Gar Nichts	Oben Auß.
Anzeügung deren Eigenschaften	Mänlich.	Kindisch.	Wie jederwill.	Uber Allmit.	Weiblich.	Unerkendlich.	Mittlmässig.	Bluthbegirig	Unentlich grob	Zärt-lich.
Wissenschaft.	schrifftgelehrt.	In Kriegssachen	In Geistlichen Rechte	In Weltlichen Rechte	Welt Weis.	In Freyen Künsten	In ilerschidlichen Sprachen	In Ladeinischer Sprach	In Krichischer Sprach	Ein falscher Bolliticus.
Der Tracht Klaidung	Ehrbaar.	Unbeständig.	Ehrsam.	Macht alles Nach	auf Französchische art	Von Löder.	Lang Röckig.	Viel Färbig.	Mit böltzen.	Auf Weiber Art.
Untugent.	Hoffärtig.	Betrügerisch.	Geillsichtig.	Verschwenderisch	Unruhig.	Aber Glauberisch	Praller.	Veräther.	Gar Verätherisch	Noch Verätherischer
Lieben.	Ehrlob und Rum	Den Krieg.	Das Gold.	Den Trunck.	Die Wohllust.	Köstliche Speisen	Den Adl.	Die Aufruhe.	Den Brügl.	Selbsteigne Lieb
Krankheiten.	An Verstopfung	An Ligner.	An bösser seüch	An Podogrä.	An Der schwindsucht	Der Wassersucht	An Den Durchbruch	An der freis.	An Reichen.	An Schwachheit
Ihr Land.	Ist fruchtbaar	Wohlgearbeith	Und Gräßlich Wohllistig	Gut.	Fruchtbaar.	Bergig.	Waldich.	Und Frucht goltReich	Voller Eiß.	Ein Liebreiches
Kriegs Tugente	Groß Müthig.	Arglistig.	Firsichtig.	Uniberwindlich	Ein See Held.	Unverzagt.	Un Gestimt.	Aufrierierisch	Miesamb.	Gar faul.
Gottesdienst.	Der aller beste	Gut	Etwas besser.	Noch Andächtiger	Veränderlich Wie der Mond	Eifrig im Glauben	Glaubt Allerley	Unmüessig.	Ein Abtriniger.	Gemeneinsolchen
Erkennen für Ihren herrn	Einen Monarchen	Einen König.	Einen Bäterärch	Einen Käiser.	ball den ball jene	Freüe Herrschaft	Einen Erwelden	Einen Unbeliebigen	Einen Freiwilligen	Ein Thiran.
Haben Überfluß	An Früchten.	An Waren.	An Wein.	An Getraid.	An fich Weid.	An Ärtz Kruben	An Böltzwerch	An Allen.	An Immen.	An zart Und weichen sachen
Die Zeit Vertreiben.	Mit Spillen.	Mit betrügen	Mit schwätzen	Mit Trincken.	Mit Arbeiten.	Mit Essen.	Mit zancken.	Mit Miessigehen	Mit schlaffen.	Mit Kränkeln.
Vergleichung Mit denen Thiren	Ein Elofanthen	Ein Fuchsen.	Einen Luchsen.	Einen Löben.	Einen Pferd.	Einen Ochsen.	Einen Bern.	Einen Wolffen.	Einen Esel.	Einer Katz.
Ihr Leben Ende.	In Böth.	In Krieg.	In Kloster.	In Wein.	In Wasser.	Auf der Erd.	Im stall.	beym säwel.	In schnee.	In betrug.

1725

1741

Johann Peter Süssmilch gilt als geistiger **Vater der Statistik**. Er erstellte empirische Studien und versuchte auf Basis einer Mortalitätsstatistik die Population einer Stadt zu ermitteln. Seine Untersuchungen veröffentlichte er in *Die göttliche Ordnung in den Veränderungen des menschlichen Geschlechts aus der Geburt, dem Tode und der Fortpflanzung desselben erwiesen* (http://books.google.de/books?id=p1UCAAAAMAAJ).

1748

Gottfried Achenwall führte den Begriff **Statistik** ein. Das Wort leitet sich aus dem lateinischen ›statisticum‹, den Staat betreffend, ab. Verwendet wurde der Begriff ›Statistik‹ allerdings bereits 1672 in dem Werk *Microscopium statisticum: quo status imperii Romano-Germanic*, geschrieben unter dem Pseudonym **Helenus Politanus**. Aber Gottfried Achenwall verband diese Bezeichnung mit einer Tabellierung von Zahlen, deren Ansammlung mit einem konkreten Zustand in Verbindung gebracht werden soll und die mit perspektivischen, für die Zukunft anwendbaren Absichten und Erkenntnissen verknüpfbar ist.[62]

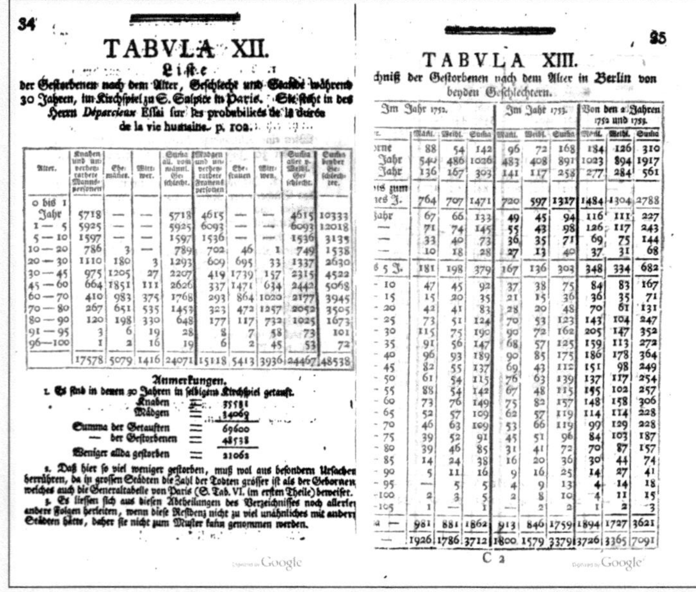

34

TABVLA XII.

Liste

der Gestorbenen nach dem Alter, Geschlecht und Stande während 30 Jahren, im Kirchspiel zu S. Sulpice in Paris. Sie steht in des Herrn *Déparcieux* Essai sur les probabilités de la durée de la vie humaine. p. 102.

Alter.	Knaben und unverheyrathete Mannspersonen	Ehemänner.	Wittwer.	Summa all. vom männl. Geschlecht.	Mädgen und unverheyrathete Frauenspersonen	Ehefrauen	Wittwen.	Summa aller v. Weibl. Geschlecht.	Summa beyder Geschlechter.
0 bis 1 Jahr	5718	—	—	5718	4615	—	—	4615	10333
1 — 5	5925	—	—	5925	6093	—	—	6093	12018
5 — 10	1597	—	—	1597	1536	—	—	1536	3135
10 — 20	786	3	—	789	702	46	1	749	1538
20 — 30	1110	180	3	1293	609	695	33	1337	2630
30 — 45	975	1205	27	2207	419	1739	157	2315	4522
45 — 60	664	1851	111	2626	337	1471	634	2442	5068
60 — 70	410	983	375	1768	293	864	1020	2177	3945
70 — 80	267	651	535	1453	323	472	1257	2052	3505
80 — 90	120	198	330	648	177	117	732	1025	1673
91 — 95	3	6	19	28	8	7	58	73	101
96—100	1	2	16	19	6	2	45	53	72
	17578	5079	1416	24071	15118	5413	3936	24467	48538

Anmerkungen.

1. Es sind in denen 30 Jahren in selbigem Kirchspiel getauft.

Knaben	=	35531
Mädgen	=	34069
Summa der Getauften	=	69600
— der Gestorbenen	=	48538
Weniger allda gestorben	=	21062

2. Daß hier so viel weniger gestorben, muß wol aus besondern Ursachen herrühren, da in grossen Städten die Zahl der Todten grösser ist als der Gebornen, welches auch die Generaltabelle von Paris (S. Tab. VI. im ersten Theile) beweiset.

3. Es liessen sich aus diesen Abtheilungen des Verzeichnisses noch allerley andere Folgen herleiten, wenn diese Residenz nicht zu viel unähnliches mit andern Städten hätte, daher sie nicht zum Muster kann genommen werden.

TABVLA XIII.

...chniß der Gestorbenen nach dem Alter in Berlin von beyden Geschlechtern.

35

	Im Jahr 1752.			Im Jahr 1753.			Von den 2 Jahren 1752 und 1753.		
...r.	Männl.	Weibl.	Summa	Männl.	Weibl.	Summa	Männl.	Weibl.	Summa
...rne	88	54	142	96	72	168	184	126	310
Jahr	540	486	1026	483	408	891	1023	894	1917
Jahr	136	167	303	141	117	258	277	284	561
...is zum ...es J.	764	707	1471	720	597	1317	1484	1304	2788
Jahr	67	66	133	49	45	94	116	111	227
—	71	74	145	55	43	98	126	117	243
—	33	40	73	36	35	71	69	75	144
—	10	18	28	27	13	40	37	31	68
... 5 J.	181	198	379	167	136	303	348	334	682
- 10	47	45	92	37	38	75	84	83	167
- 15	15	20	35	21	15	36	36	35	71
- 20	42	41	83	28	20	48	70	61	131
- 25	73	51	124	70	53	123	143	104	247
- 30	115	75	190	90	72	162	205	147	352
- 35	91	56	147	68	57	125	159	113	272
- 40	96	93	189	90	85	175	186	178	364
- 45	82	55	137	69	43	112	151	98	249
- 50	61	54	115	76	63	139	137	117	254
- 55	88	54	142	67	48	115	155	102	257
- 60	73	76	149	75	82	157	148	158	306
- 65	52	57	109	62	57	119	114	114	228
- 70	46	63	109	53	66	119	99	129	228
- 75	39	52	91	45	51	96	84	103	187
- 80	39	46	85	31	41	72	70	87	157
- 85	14	24	38	16	20	36	30	44	74
- 90	5	11	16	9	16	25	14	27	41
- 95	—	5	5	4	9	13	4	14	18
-100	2	3	5	2	8	10	4	11	15
-105	1	—	1	—	2	2	1	2	3
...a —	981	881	1862	913	846	1759	1894	1727	3621
—	1926	1786	3712	1800	1579	3379	3726	3365	7091

C 2

1741

Geschichte
der
heutigen vornehmsten
Europäischen Staaten
im Grundrisse
von
Gottfried Achenwall
Königl. Großbritannischen Churfürstl. Braunschw. Lüneb. Hofrath, und ordentl. Lehrer des Natur- und Völkerrechts wie auch der Politick auf der Universität zu Göttingen.
Fünfte Auflage.
Göttingen
im Verlag der Witwe Vandenhoek
1779.

1748

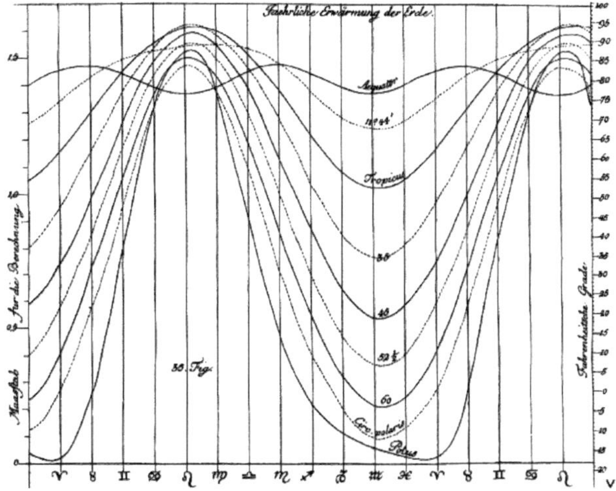

1760

1760

Johann Heinrich Lambert, ein schweizerisch-deutscher Wissenschaftler und Mathematiker, erfand die **Ausgleichskurven** zur Interpolation empirischer Daten. Abgebildet ist eine Langzeittemperaturmessung im Erdboden.

1785

August Friedrich Wilhelm Crome erstellte mit *Europas Produkte: zum Gebrauch d. Neuen Produkten-Karte von Europa* von 1782 (Selbstverlag, Dessau, keine Abb.) wahrscheinlich die erste **thematische Karte**. Sie zeigt als **Wirtschaftskarte** den Vertrieb und Produktionsstandort von 56 Waren an, die in Europa hergestellt wurden.

Dem Buch *Ueber die Culturverhältnisse der europäischen Staaten* von Crome wurde die Karte *Verhaeltniss=karte von den Deutschen Bundesstaaten* aus dem Jahr 1785 beigefügt, mit der durch Quadrate die Flächengröße der einzelnen Bundesstaaten und deren Bevölkerungszahl angegeben wurden (Abb. von http://datavis.ca/milestones).

Die Karte *Groessen und Bevoelkerungs Karte von Europa* von A. F. W. Crome aus dem Jahr 1794 ist ein weiteres Beispiel (Abb. von Antiquariat Karel Krenek, Prag).

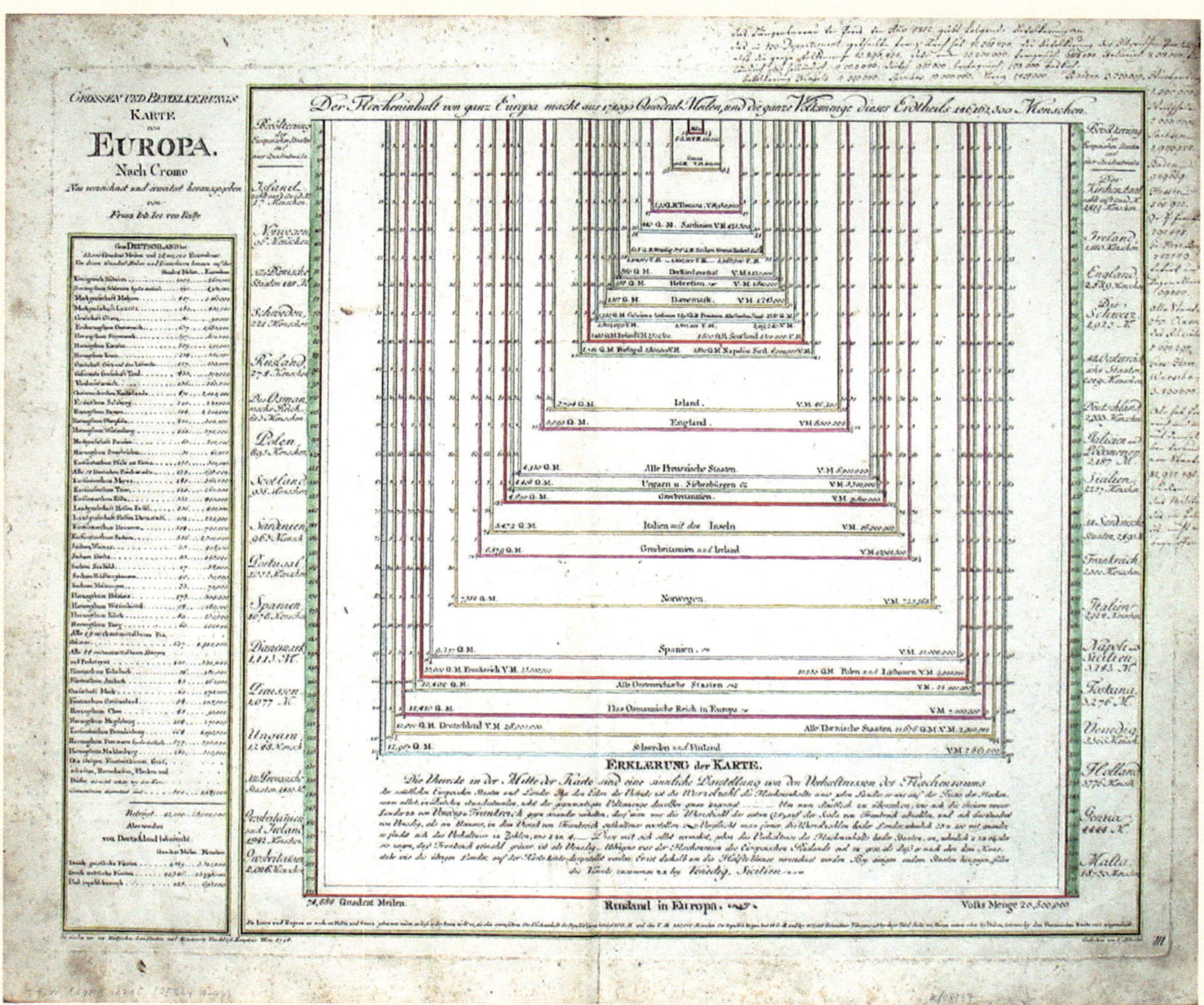

1785

1801

Mit dem **Liniendiagramm** von **William Playfair** wird die Einführung des **statistischen Schaubildes** begründet. Abgebildet ist die Darstellung von Staatsschulden, aus: *The Commercial and Political Atlas: Representing, by Means of Stained Copper-Plate Charts, the Progress of the Commerce, Revenues, Expenditure and Debts of England during the Whole of the Eighteenth Century.*

1801

Tortendiagramme bzw. **Kreisdiagramme** von **William Playfair** aus dem Jahr 1801 (Abb. aus dem Buch *The Commercial and Political Atlas and Statistical Breviary*, Cambridge University Press 2005).

1819

Gebietsstufenkarte von **Charles Dupin** (Grafik: Milestones in the History of Thematic Cartography, Statistical Graphics and Data Visualization 1800–1849). Siehe S. 62, 1826.

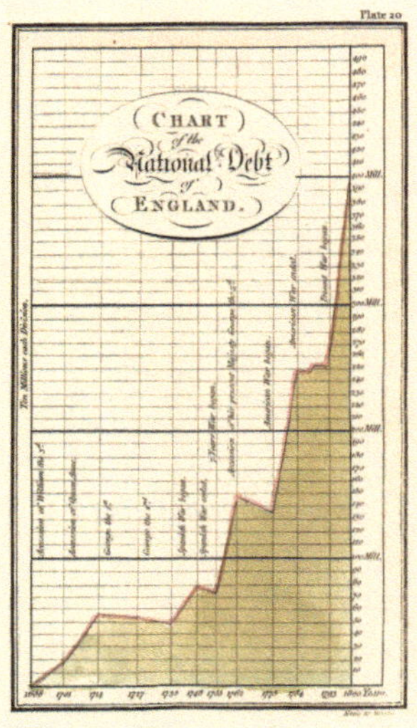

1801

1819

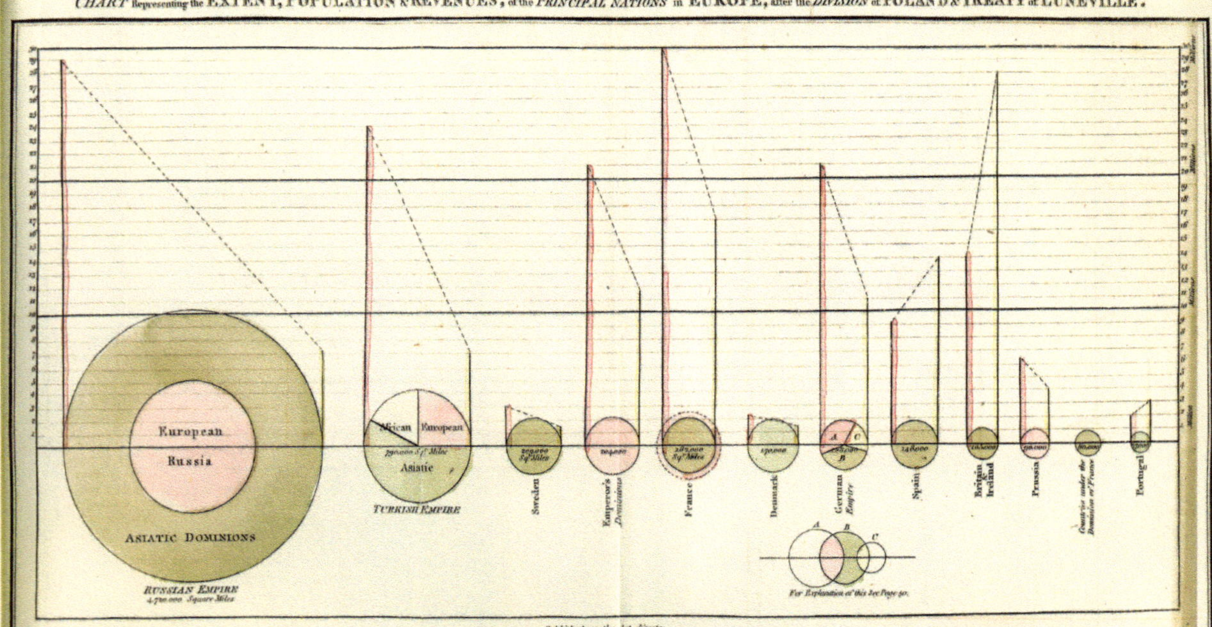

1801

1821

Informationsgrafik von **William Playfair**. Vergleich von Weizenpreis und Wochenlöhnen über 256 Jahre von 1565 bis 1821 (Grafik: www.economist.com, Graphic News).

1832

John Frederick William Herschel gilt als der Erste, der ein **Streudiagramm** bzw. ein **Scatterplot** als Darstellung anwendet, um beobachtete **Wertepaare** (hier: Position und Zeit) in einer Grafik gegenüberzustellen. Er beschreibt dies in seinem Buch *On the investigation of the orbits of revolving double stars. Memoirs of the Royal Astronomical Society* von 1833.

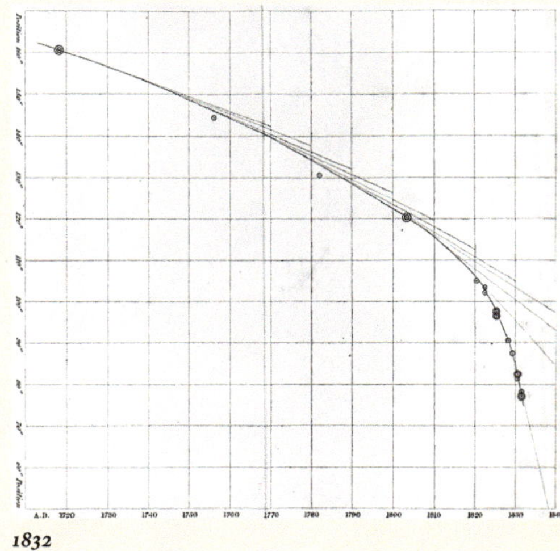

1832

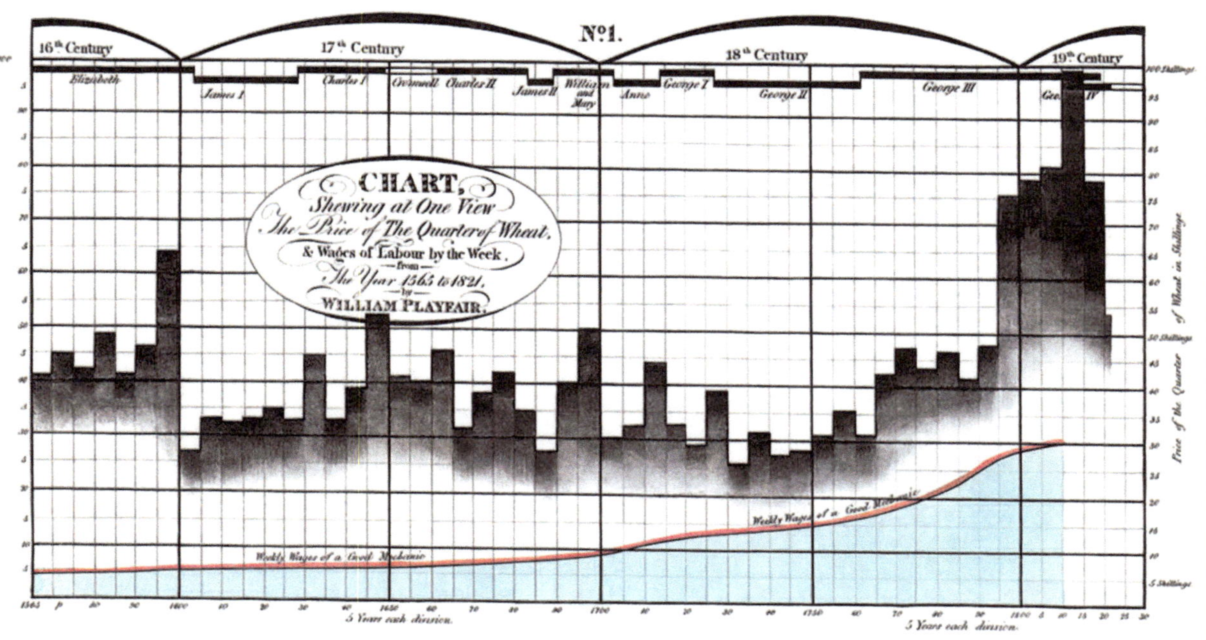

1821

1837

Henry Drury Harness veröffentlichte als Erster eine so genannte **Flow Map**, bei der durch die Dicke der Linien die Unterschiede von Mengen visualisiert wird, so wie es später auch 1869 Charles Joseph Minard in seiner Informationsgrafik *Carte figurative…* anwendete (siehe dazu S. 66, 1869).

1846

Lambert Adolphe Jacques Quételet[63], belgischer Mathematiker, erfand den **Durchschnittsmenschen**, den homme moyen, und in diesem Zusammenhang die **Normalkurve**. Eigentlich wird die Normalkurve stets mit dem deutschen Mathematiker und Astronomen **Carl Friedrich Gauß** (1777–1855) in Verbindung gebracht, obwohl sie bereits 1733 von **Abraham de Moivre** im Zusammenhang mit Glücksspielen entdeckt wurde. Quételet fokussierte seine Betrachtungen auf den menschlichen Alltag und war damit der Erste, der versuchte, das soziale Leben mit mathematischen Methoden zu erforschen. Er entwickelte eine große Betrachtungsbandbreite und hielt so Normal-Biografien, Normal-Tagesabläufe und weitere Normal- bzw. Durchschnittsverhaltensweisen fest (Abb. *Quételets Normalkurve*[64]).

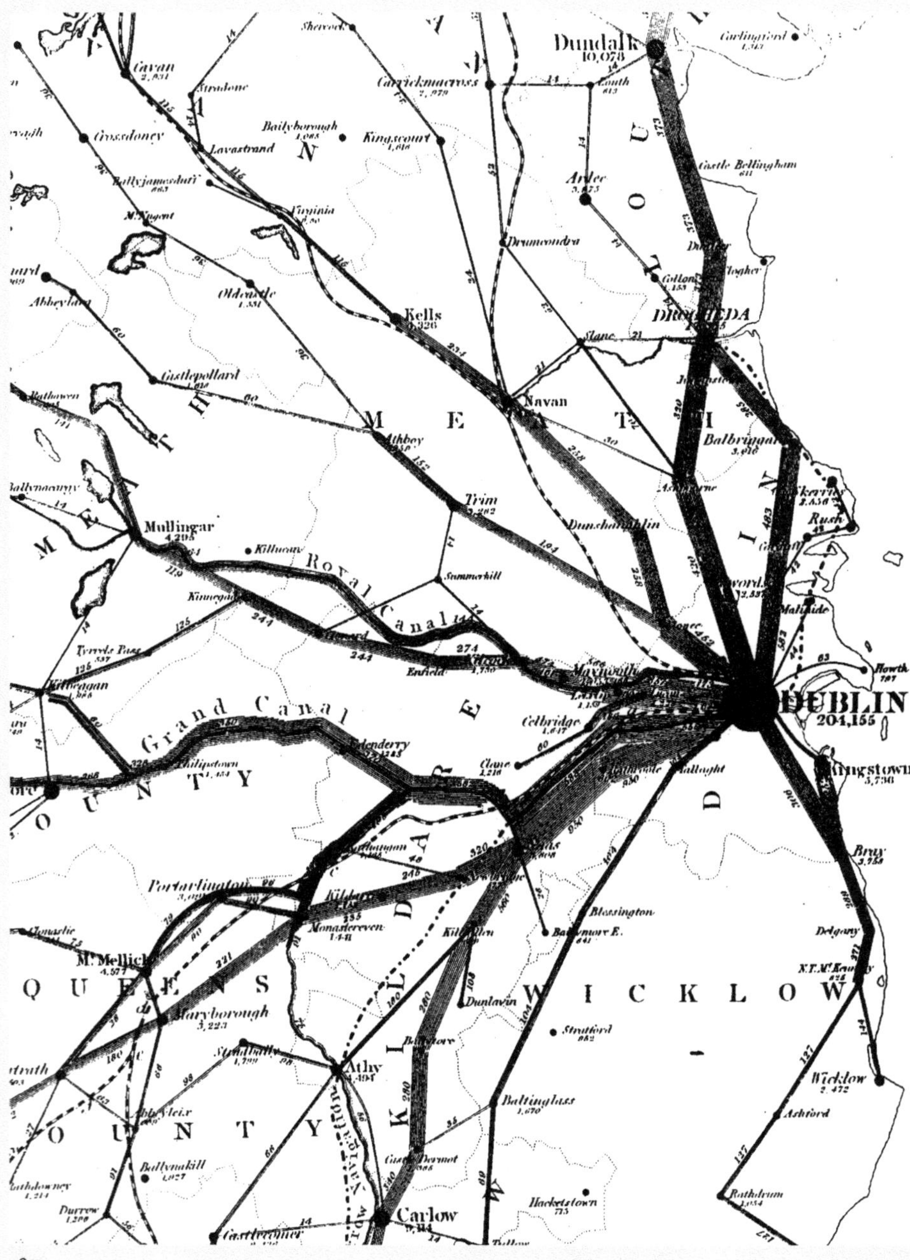

1837

1858

Florence Nightingale publizierte ihr **Polar-Area-Diagramm** *Diagram of the causes of mortality in the army in the East*, mit dem die Sterberate und Sterbeursache in Krankenhäusern der Britischen Armee dargestellt wird, in *Notes on Matters Affecting the Health, Efficiency and Hospital Administration of the British Army*. Florence Nightingale wird die Erfindung des Polar-Area-Diagramms, auch **Torten- oder Kreisdiagramm** genannt, zugeschrieben. Mit diesem Diagramm belegte die gelernte Krankenschwester, dass die meisten Soldaten nicht an den im Krieg erlittenen Wunden, sondern an Infektionen starben (Abb.: www.royal.gov.uk/output/Page3943.asp).

1874

Francis Amasa Walker erstellte **Alterspyramiden** einzelner Regionen und Städte der USA (The Library of Congress, http://memory.loc.gov).

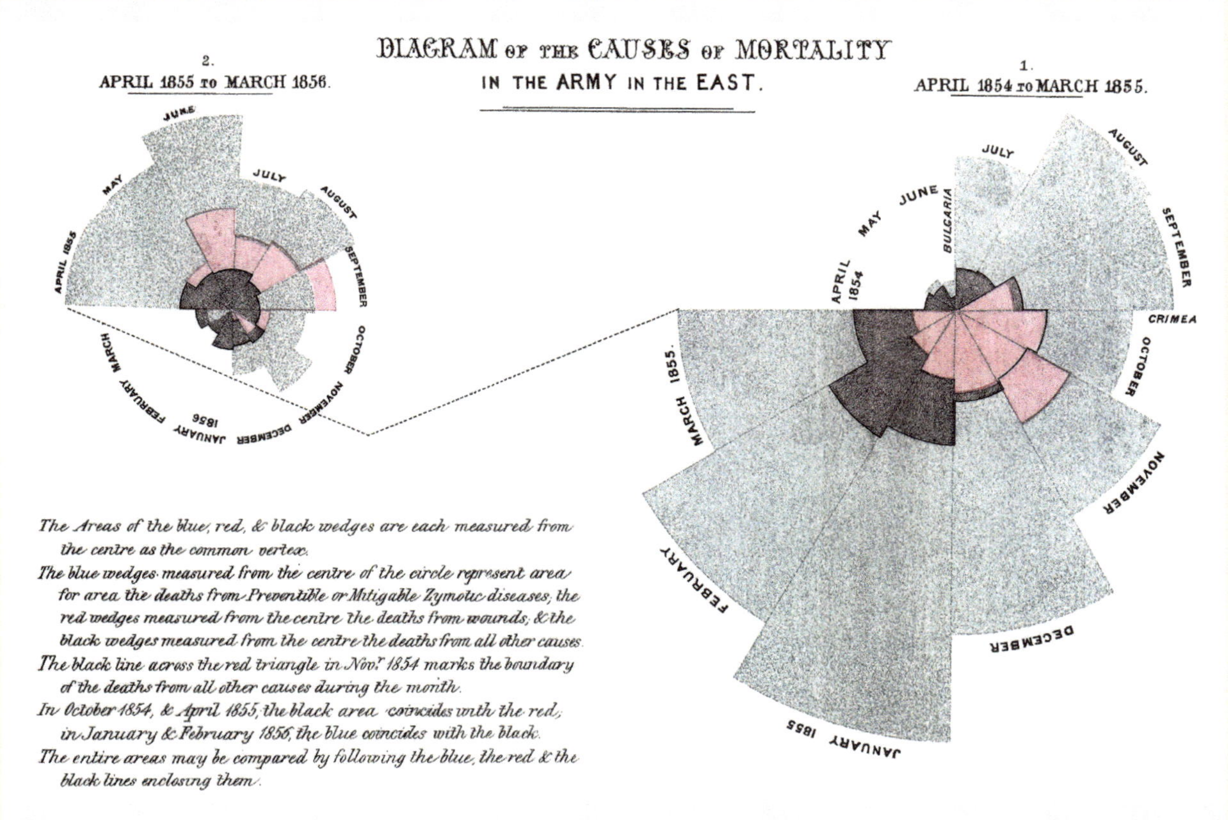

DIAGRAM OF THE CAUSES OF MORTALITY
IN THE ARMY IN THE EAST.

2.
APRIL 1855 TO MARCH 1856.

1.
APRIL 1854 TO MARCH 1855.

JUNE
JULY
AUGUST
SEPTEMBER
OCTOBER
NOVEMBER
DECEMBER
JANUARY 1856
FEBRUARY
MARCH
APRIL 1855
MAY

APRIL 1854
MAY
JUNE
BULGARIA
JULY
AUGUST
SEPTEMBER
CRIMEA
OCTOBER
NOVEMBER
DECEMBER
JANUARY 1855
FEBRUARY
MARCH 1855.

The Areas of the blue, red, & black wedges are each measured from the centre as the common vertex.
The blue wedges measured from the centre of the circle represent area for area the deaths from Preventible or Mitigable Zymotic diseases; the red wedges measured from the centre the deaths from wounds; & the black wedges measured from the centre the deaths from all other causes.
The black line across the red triangle in Nov.r 1854 marks the boundary of the deaths from all other causes during the month.
In October 1854, & April 1855, the black area coincides with the red; in January & February 1856, the blue coincides with the black.
The entire areas may be compared by following the blue, the red & the black lines enclosing them.

1858

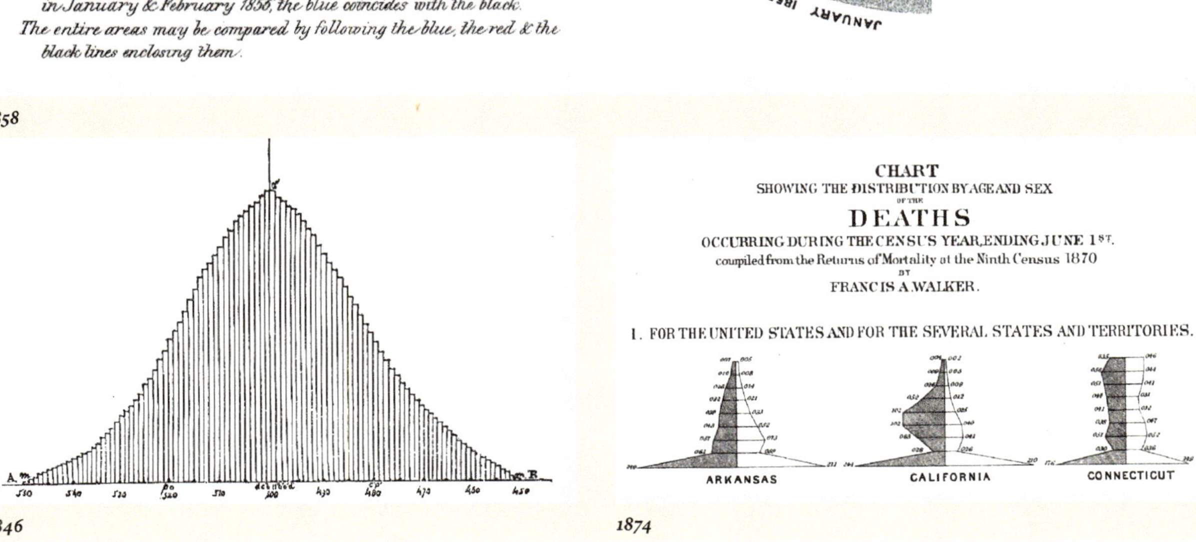

1846

1874

1874

Louis-Léger Vauthier gilt als einer der Ersten, der eine **Höhenlinienkarte** nutzte, um mit dieser Darstellungsform nicht etwa geografische Werte zu visualisieren, sondern, in diesem Beispiel, Bevölkerungszahlen von Paris darzustellen.

1877

Georg von Mayr wandte als Erster den so genannten **Sternplot** (auch **Spider Chart**, **Radar Chart** oder **Netzdiagramm** genannt) an, um verschiedene Charakteristika bzw. Kriterien vergleichbar visualisieren zu können (Mayr, Georg: Die Gesetzmäßigkeit im Gesellschaftsleben, Oldenbourg, 1877).

1879

Luigi Perozzo erstellte 1879 die dreidimensionale Stereogramm-Darstellung *Direzione della statistica generale* (keine Abb., siehe daher siehe S. 83, 1879).

1880

John Venn prägte den Begriff der symbolischen Logik und führte mit dem **Venn-Diagramm** die Darstellung der kategorischen Aussagen der Klassenlogik weiter. Venn-Diagramme sind **Mengendiagramme**, die Mengenbeziehungen verdeutlichen können (Durchschnitt, Vereinigungsmenge, Differenzmenge, Symmetrische Differenz, relatives Komplement).

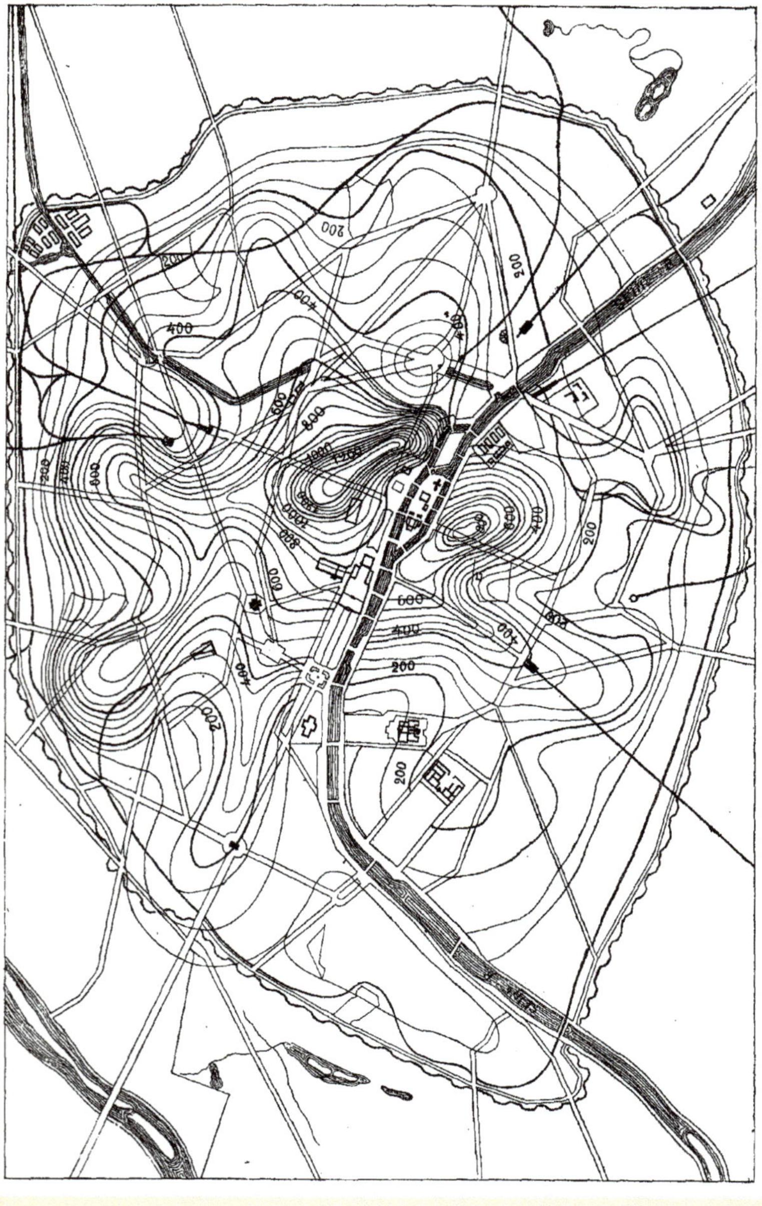

1874

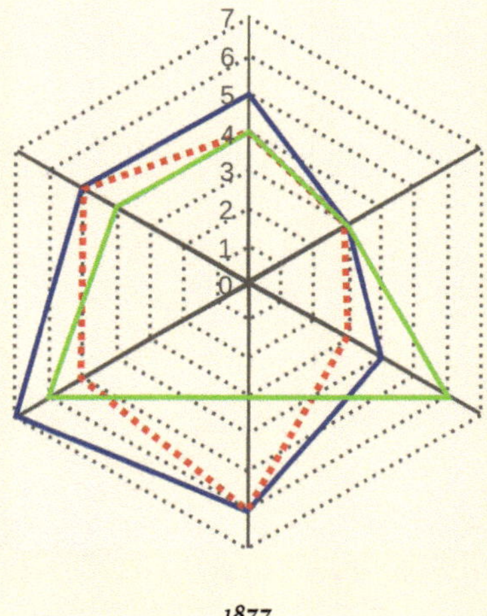

1877

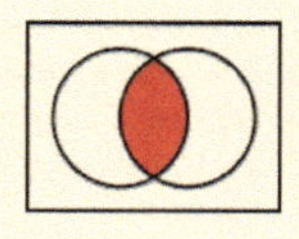

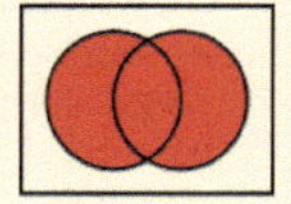

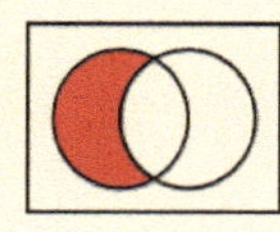

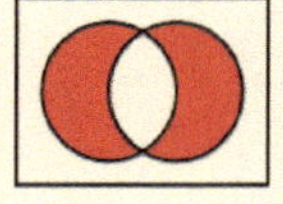

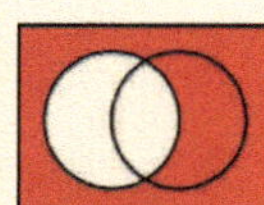

1880

1884

Michael G. Mulhall erstellte mit **Piktogrammen** die erste gegenständliche **Informationsgrafik**, die man zudem als Vorreiter der **ISOTYPE** bezeichnen kann (siehe auch S. 98, ca. 1930).[65]

1885

Mit **Streudiagrammen** zeigte **Sir Francis Galton** den Zusammenhang zwischen der Körpergröße von Eltern und ihren Kindern. Er sprach dabei von einer Regressionsanalyse. Seine Untersuchungen zeigen, dass die Söhne großer Väter zwar auch groß werden, aber im statistischen Durchschnitt etwas kleiner bleiben als die Väter. Dasselbe gilt umgekehrt bei kleinen Vätern. Die Größe einer Bevölkerung entwickelt sich somit stets zurück zu einem Gesamtdurchschnitt (Galton, Sir Francis: *Towards Mediocrity in Hereditary Stature*, in Journal of the Anthropological Institute, 1885).

1887

Plakat mit Balken- und Torten-Diagrammen für John Cameron Simonds *The Story of Manual Labor in All Lands and Ages* (Chicago: R. S. Peale & Co., 1887).

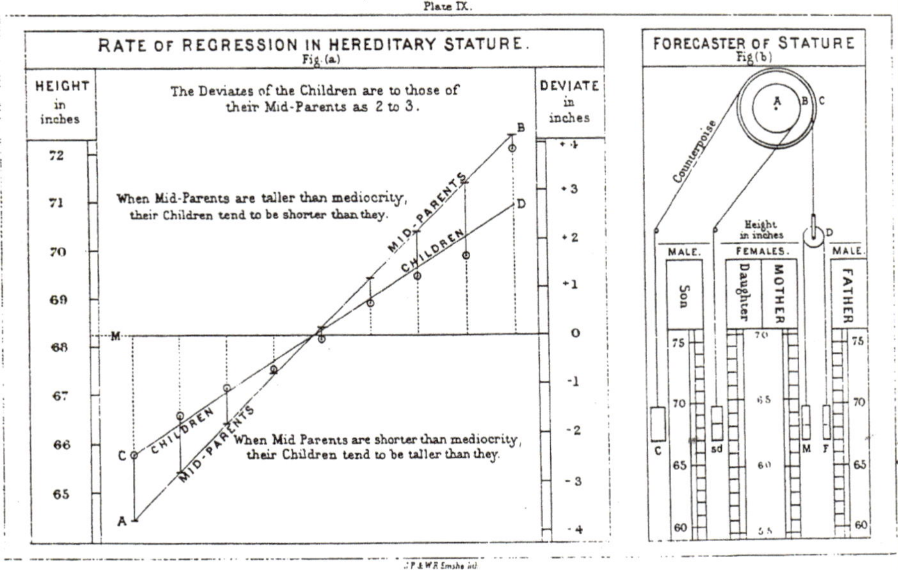

1885

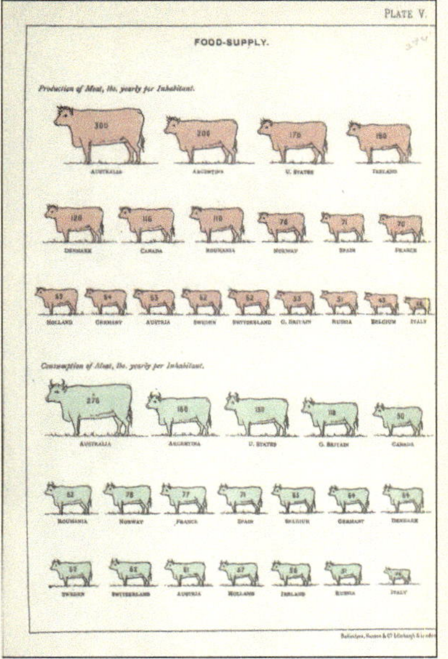

1884

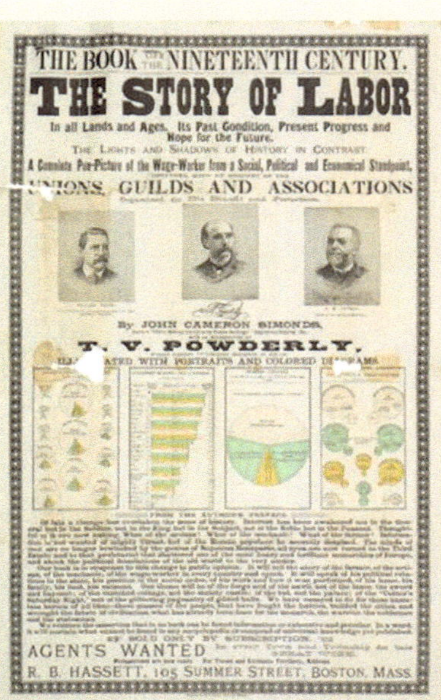

1887

1917

Das Balkendiagramm stammt von **W. Sanford Evans** und zeigt die Anzahl der Zugfahrer und Schaffner der Canadian Pacific Railway in den Jahren 1913–1914. Ähnlich wie die Piktogramme von Michael G. Mulhall beeinflusste eventuell auch diese Darstellung Otto Neurath und Gerd Arntz bei der Umsetzung der ISOTYPE. Publiziert wurde das Diagramm 1939 im Buch *Graphic Presentation* von **Willard C. Brinton**.

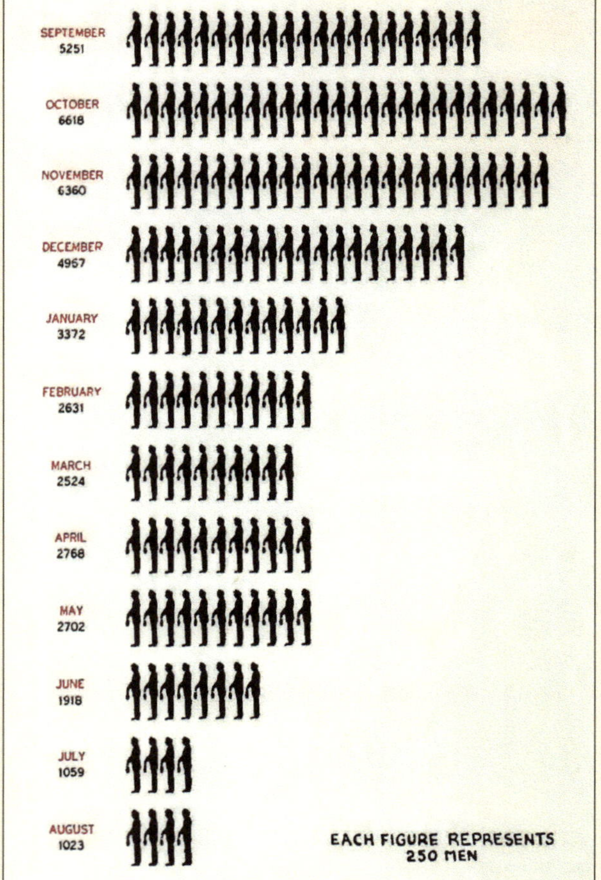

1917

1920

Sewall Wrights stellte die Einflüsse von Vererbungs- und Umweltfaktoren auf die Vererbung von Farbe bei Meerschweinchen mit einem **Pfad-Diagramm** dar.[66]

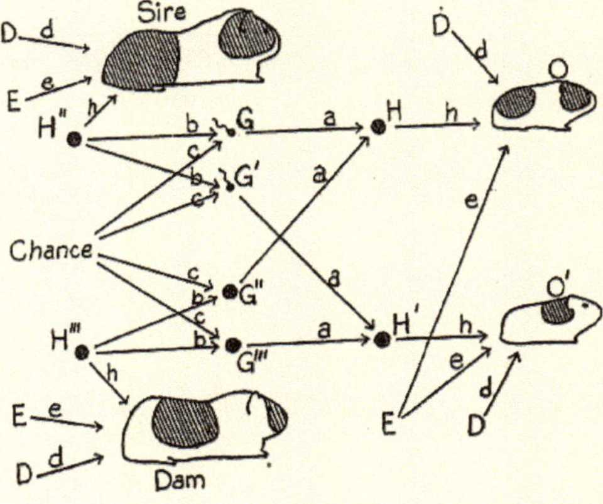

1920

1924

Otto Neurath beabsichtigte mit der von ihm und **Gerd Arntz** entwickelten **ISOTYPE** (International System of Typographic Picture Education), Statistiken und komplexe Sachverhalte so darzustellen, dass sie von gering gebildeten Personen und im Idealfall auch von Analphabeten verstanden werden können (siehe S. 69, 1930 und S. 98, ca. 1930). 1924 gründete und Otto Neurath das Gesellschafts- und Wirtschaftsmuseum in Wien und begann mit der Entwicklung der »Wiener Methode der Bildstatistik«. Im Jahr darauf lernte Otto Neurath während der internationalen Ausstellung *GESOLEI – Gesundheit, Soziale Fürsorge und Leibesübung* in Düsseldorf den Grafiker Gerd Arntz kennen und konnte ihn als Mitarbeiter gewinnen.

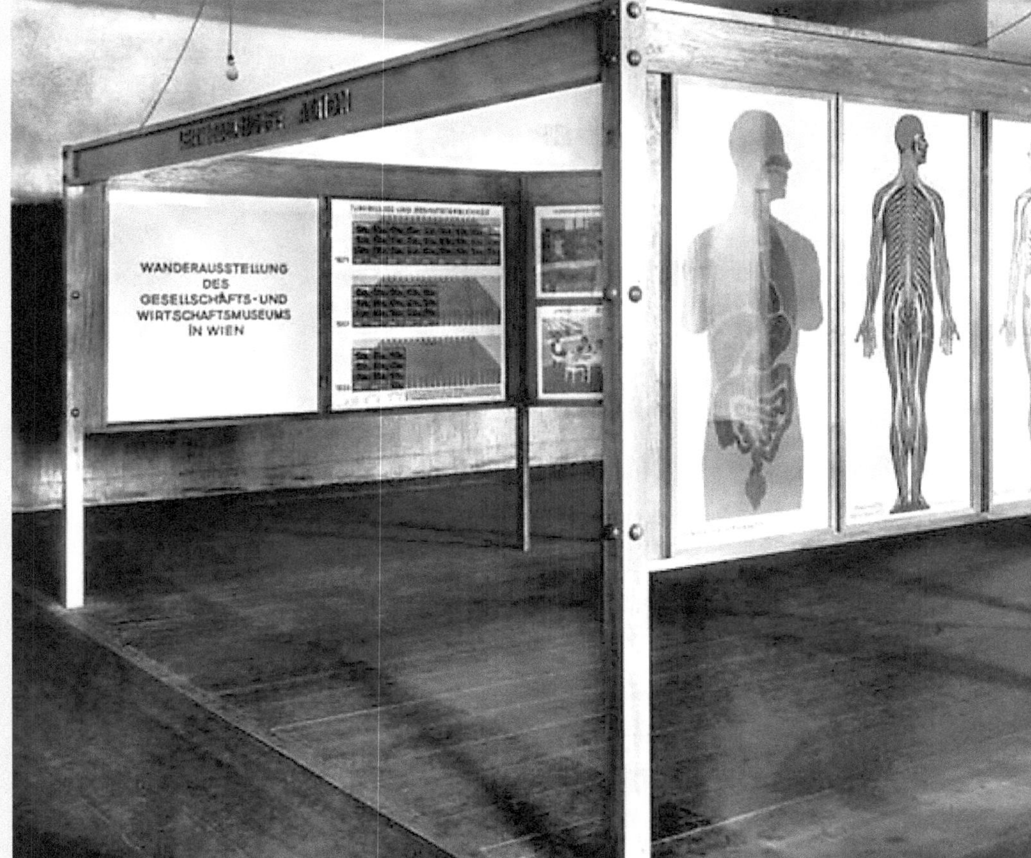

1924

1925

Walter A. She whart entwickelte die **Kontrollkarte** (auch **Mean Chart, x-Chart** oder **Shewhart Control Chart** genannt) als Kontrollinstrument für die wirtschaftlichen Aspekte eines Herstellungsprozesses und zur Qualitätssicherung. Die Abkürzungen in der Abbildung haben folgende Bedeutung: UCL = Upper Control Limit; LCL = Lower Control Limit; UWL = Upper Warning Limit; LWL = Lower Warning Limit.

1957

Der Botaniker **Edgar Anderson** führte so genannte **Metroglyphen** ein, die zur Darstellung von Punktwolken dienen. Von diesen Kreisen (glyphs), die leer oder mit einer Zahl gefüllt sind, gehen oben oder mittig/seitlich kurze oder lange Striche aus, die für die Werte zusätzlicher Variablen stehen. Diese Metroglyphen ähneln den Zeichen meteorologischer Karten, um gleichzeitig die Windrichtung, Geschwindigkeit, Wolkendecken und andere Variablen zeigen zu können.

1960

Howard Fisher entwickelte am Northwestern Technology Institute in Chicago und später am Harvard Lab der Havard Universität das automatisierte Kartenerstellungssystem **SYMAP (Synagraphic Mapping System)**. Mit SYMAP wurde zum ersten Mal gezeigt, wie Computer zur Erstellung von Karten eingesetzt werden können.

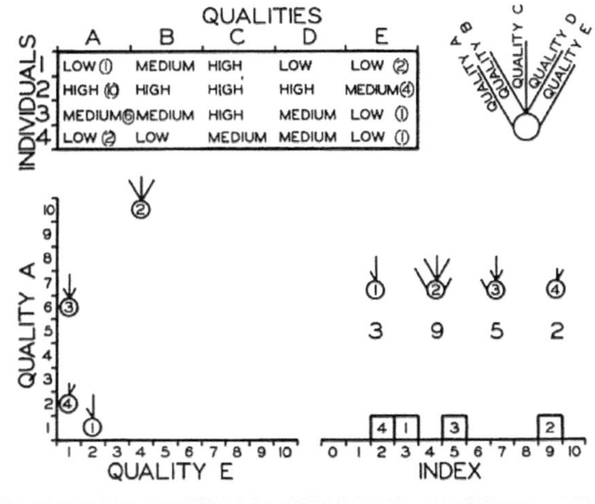

1957

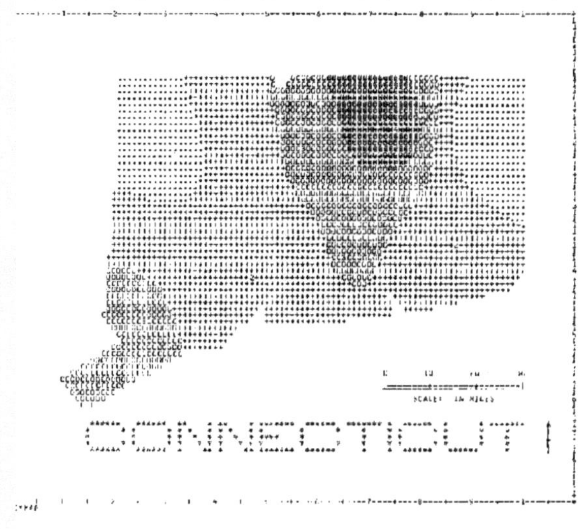

1960

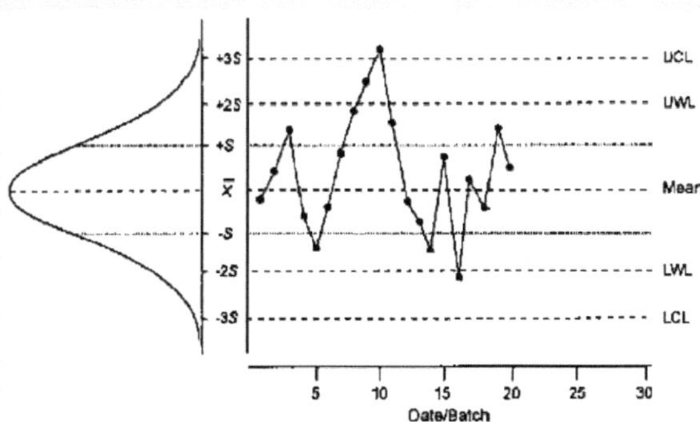

1925

1962

Joseph Bernard Kruskal steht für den Beginn der **dynamischen statistischen Grafik**. Er ermöglichte mit der so genannten **Multidimensionalen Skalierung (MDS)** bzw. der **Ähnlichkeitsstrukturanalyse (SSA)** eine Datenreduktionstechnik, die in ihrer Veränderbarkeit per Computer dynamisch dargestellt werden kann. Die erste Abbildung der Multidimensionalen Skalierung stammt aus dem Jahr 1962 (J.B. Kruskal, AT&T Bell Laboratories).

Die exemplarische zweite Abbildung zeigt eine empirische Untersuchung aus dem Jahr 2001 von **Prof. Dr. Kappelhoff**. Er lehrt am Lehrstuhl für empirische Wirtschafts- und Sozialforschung an der Universität Wuppertal. 10 Personen wurden gebeten, Urteile über die Ähnlichkeit von Farbkombinationen abzugeben. Die Menge der durch die MDS zu repräsentierenden Objekte wurden aus den Farben Rot, Orange, Gelb, Grün, Blau und Violett gebildet. Zur Beurteilung stand, ob sich die zwei abgebildeten Farben »sehr ähnlich« oder »nicht sehr ähnlich« sind. In dieser Grafik wird die Unähnlichkeit sehr deutlich abgebildet. Farben, die als nicht sehr ähnlich zueinander eingestuft wurden, liegen weit auseinander. Auffallend ist die Ähnlichkeit in der Anordnung der Farben zur Anordnung im bekannten Farbkreis, z. B. von Küpper. Die Mischfarben Violett, Orange und Grün liegen auch in der statistischen Grafik zwischen den drei Grundfarben Blau, Rot und Gelb.

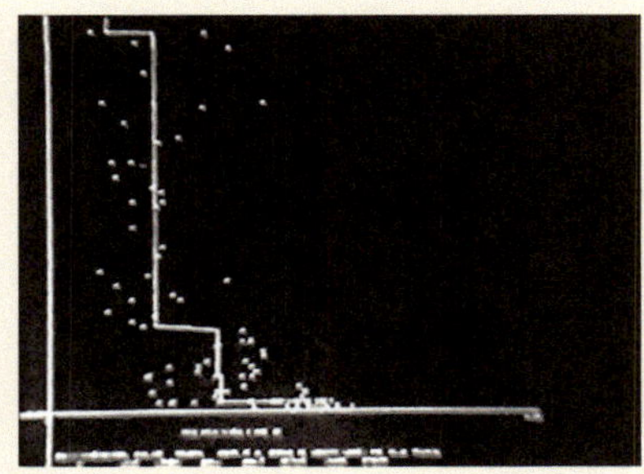

1962

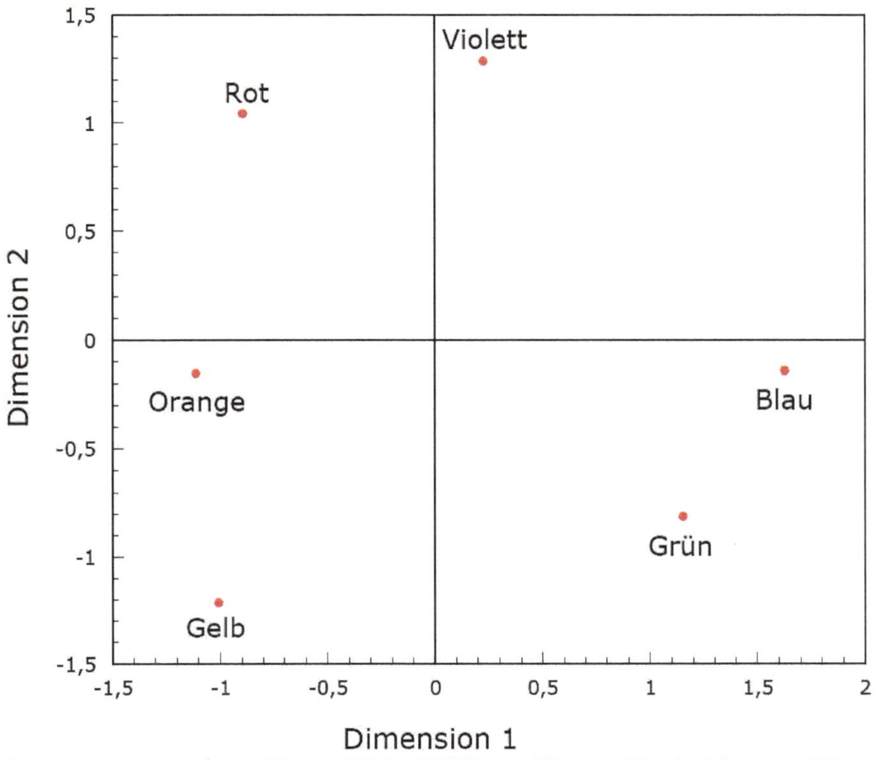

1962

1965

Box and Whisker Plot von John Wilder Tukey (siehe zur Erläuterung auch unter *Diagrammtypen* auf Seite 359 Abb. 260 und Abb. 261). Der Statistiker **John Wilder Tukey** prägte den Begriff **Bit** (vermutlich 1946) und 1958 den Begriff **Software**. Er begründete 21977 die **Exploratory Data Analysis (EDA)**[67] und prägte seit 1965 mehrere Methoden der graphischen Datenanalyse in der Statistik (z. B. **Box and Whisker Plot**, **Stem** and **Leaf Diagram**, **Tukey's Paired Comparisons**). Bereits seit 1962 unterschied er zwischen **Statistik** und **Datenanalyse**.[68] **Rainer Schnell** erläutert dazu in seinem Buch *Grafisch gestützte Datenanalyse* (Verlag Oldenbourg, München 1994): »Statistik befasst sich [nach Tukey] mit der wahrscheinlichkeitstheoretischen Absicherung von Hypothesen und der Schätzung unbekannter Größen. Datenanalyse hingegen befasst sich vor allem mit Verfahren zur Analyse von Daten, Techniken zur Interpretation der Ergebnisse solcher Verfahren sowie den Details der Datenerhebung.«

Die Abbildung zeigt die Zeichnung eines Box and Whisker Plots. Er dient der Darstellung der fünf von Tukey geprägten Kenngrößen eines Datensatzes: unteres Extremum, unteres Quartil, Median (mittleres Quartil), oberes Quartil und oberes Extremum.

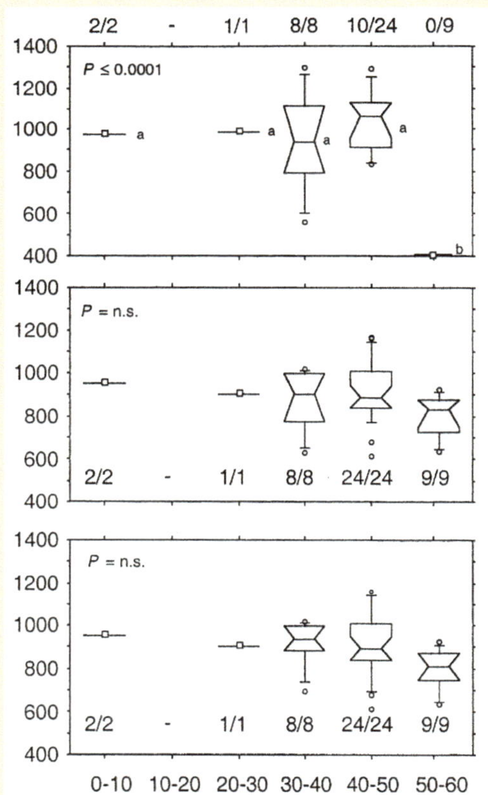

1965

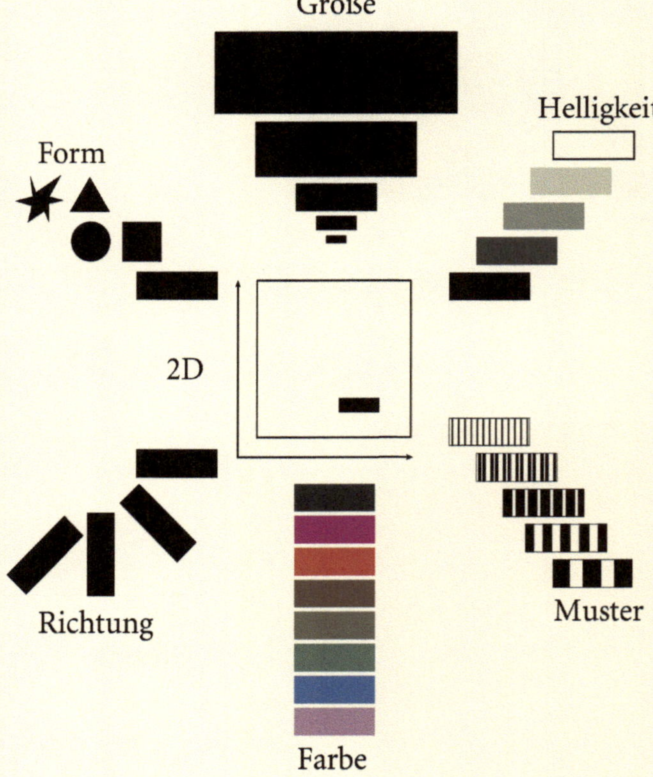

1967

1967

Jacques Bertin veröffentlichte mit seinem Werk **Semiologie graphique** ein grafisches Zeichensystem für Karten und Diagramme. Jacques Bertin ist gelernter Kartograf und stellte auf Basis seiner Beobachtung und Erfahrung einen Katalog visueller Variablen vor, für den er eine grafische Zeichensystem-theorie formulierte. Diese ist allerdings für Visualisierungen, die am Computer erstellt und genutzt werden, kaum mehr haltbar. Denn Bertin schloss sowohl Bewegung als auch Dreidimensionalität aus. Er begrenzte seine Zeichensystem-theorie auf das, was auf einem weißen Papierbogen dargestellt und gedruckt werden kann und was mit einem Blick erfassbar ist. Für Punkt, Linie und Fläche auf einer zweidimensionalen Fläche definierte er folgende Variablen: Größe, Helligkeit, Muster, Farbe, Richtung und Form.

1973

Herman Chernoff entwickelte seine so genannten **Chernoff-Gesichter**, um verschiedene Daten in Gesichtern zu visualisieren. Die menschliche Fähigkeit, winzige Details und Unterschiede in der Mimik erkennen zu können, sollte helfen, die in Gesichtsform dargestellten Daten im Gegensatz zu Tabellen schneller erfassen und verarbeiten zu können.[69] Er stellte dazu in einer abstrahierten Zeichnung eines Gesichtes verschiedene Variablen einer Datenreihe dar, wobei sich jede der Variablen auf Parameter, wie z.B. die Größe der Augen oder die Form des Mundes, bezog (siehe kleine Abb.).

Die zweite Abbildung zeigt eine Karte von Eugene Turner aus dem Jahr 1977. Auf ihr werden nach dem Prinzip von Chernoff durch Gesichter die vier Variablen Wohlstand, Arbeitslosigkeit, städtische Belastung und der Anteil weißer Bevölkerung für jeden Stadtteil von Los Angeles im Jahr 1971 dargestellt. Die Variablen können die drei Werte hoch, mittel und tief annehmen.

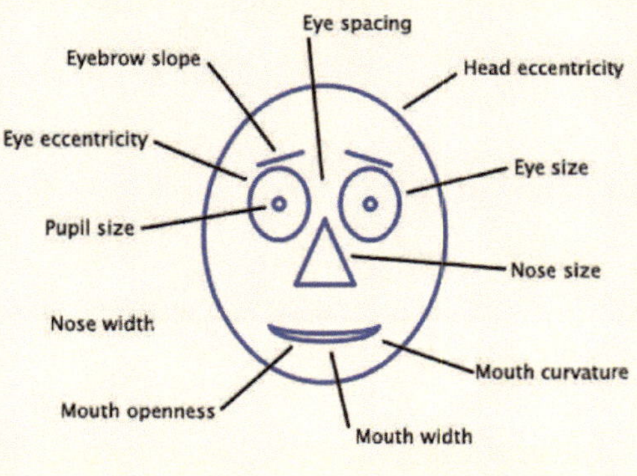

1973

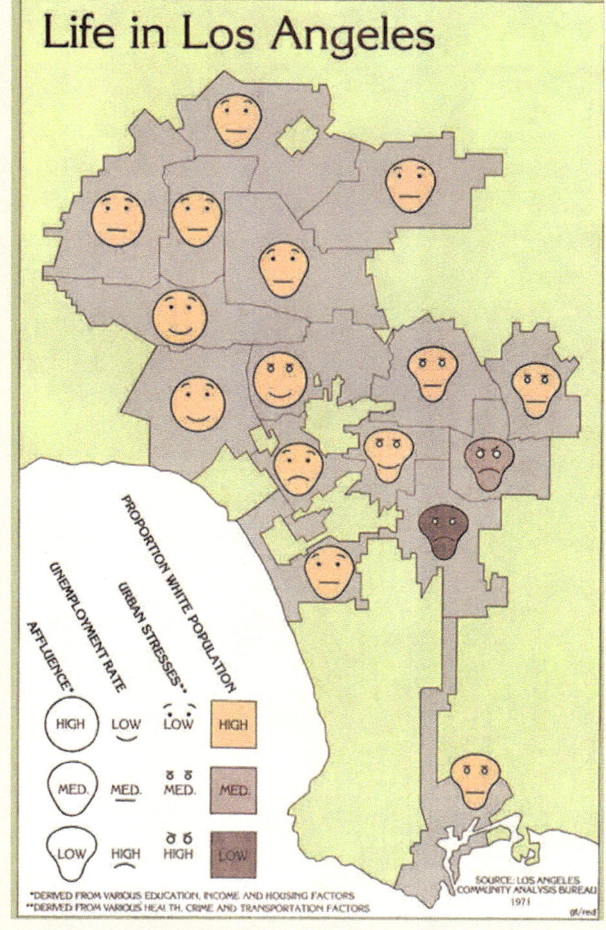

1973

1974

Mary Anne Fisherkeller, Jerome H. Friedman und **John W. Tukey** stellten 1974 **PRIM-9**[70] als Tool für die **explorative Datenanalyse** vor. PRIM-9 ist ein Visualisierungs- und Analyse-Tool, mit dem auf Basis der Funktionen Projektion, Rotation, Isolierung und Maskierung zum ersten Mal eine interaktive Auswahl von Daten in bis zu neun Dimensionen möglich wurde. Die eine Abbildung zeigt eine Visualisierung mit PRIM-9, die andere John W. Tukey vor der PRIM-9 Hardware. Eine Vorstellung von PRIM-9 ist hier zu finden: http://stat-graphics.org/movies/prim9.html

1975

Die **Streudiagramm-Matrix** wurde von **John A. Hartigan** eingeführt.[71] Mit einem Streudiagramm werden Werte zweier statistischer Merkmale visualisiert. Diese Werte werden in kartesischen Koordinatensystemen dargestellt, die auf diese Weise charakteristische Punktwolken ergeben. Problematisch wird es, wenn mehrere Werte übereinander zur Darstellung kommen. Durch Verrütteln der Daten oder durch den Einsatz unterschiedlicher Symbole werden aber auch diese sichtbar.

Die Abbildung zeigt exemplarisch ein Streudiagramm aus dem Vorlesungsskript *Angewandte Multivariate Statistik – Seminar für Statistik, 2010* von Werner Stahel an der ETH Zürich. Dieses Streudiagramm zeigt logarithmierte Längen und Breiten der Sepalblätter von Iris setosa ohne und mit Verrütteln.

1974

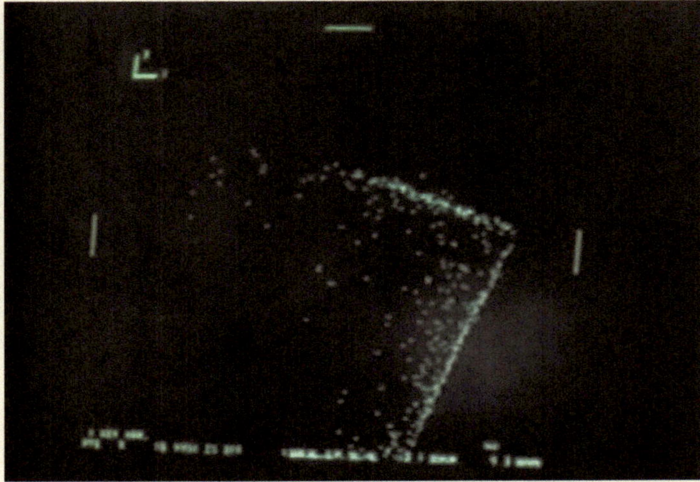

1974

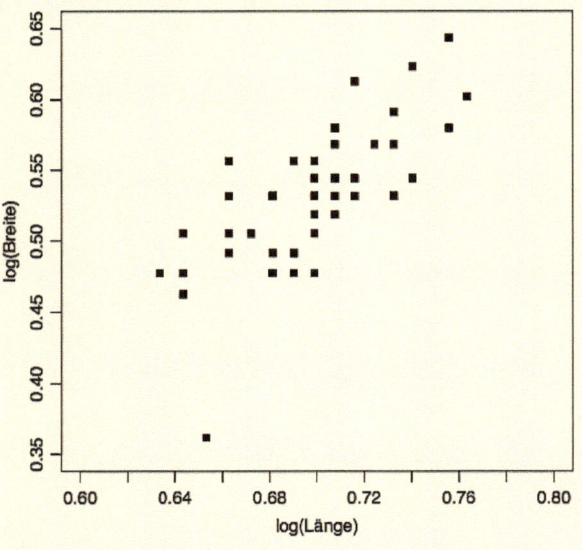

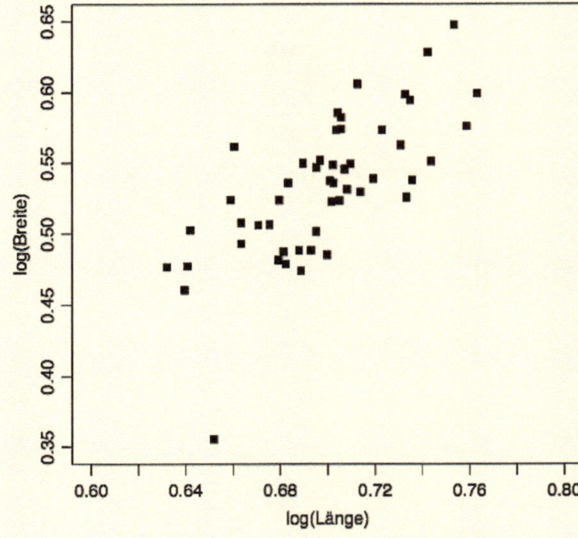

1975

1981

John A. Hartigan und **Beat Kleiner** stellten 1981 ihre Version eines **Mosaik-Diagramms** vor. Die Liste vergleichbarer Diagramme ist lang. Sie reicht von Rechtecken und Linien, die proportionale Vergleiche ermöglichen (z.B. August Friedrich Wilhelm Crome, S. 107, 1785, oder Charles Joseph Minard, S. 77 1844) bis hin zum statistischem Rechteck-Kartogramm (*The rectangular statistical cartogram* von Erwin J. Raisz, 1934[72]). Mit dem Mosaik-Diagramm lassen sich Daten in einer so genannten **Kontingenztabelle** darstellen.[73] Die Zellenbereiche verhalten sich zur Anzahl der jeweiligen zugrunde liegenden Daten proportional. Jede Zelle verändert sich mit der jeweiligen Variablen, wobei sich die Breite der Zellen proportional zu der Anzahl der Spalten und die Höhe proportional zu der Anzahl der Reihen innerhalb jeder Spalte verhalten.

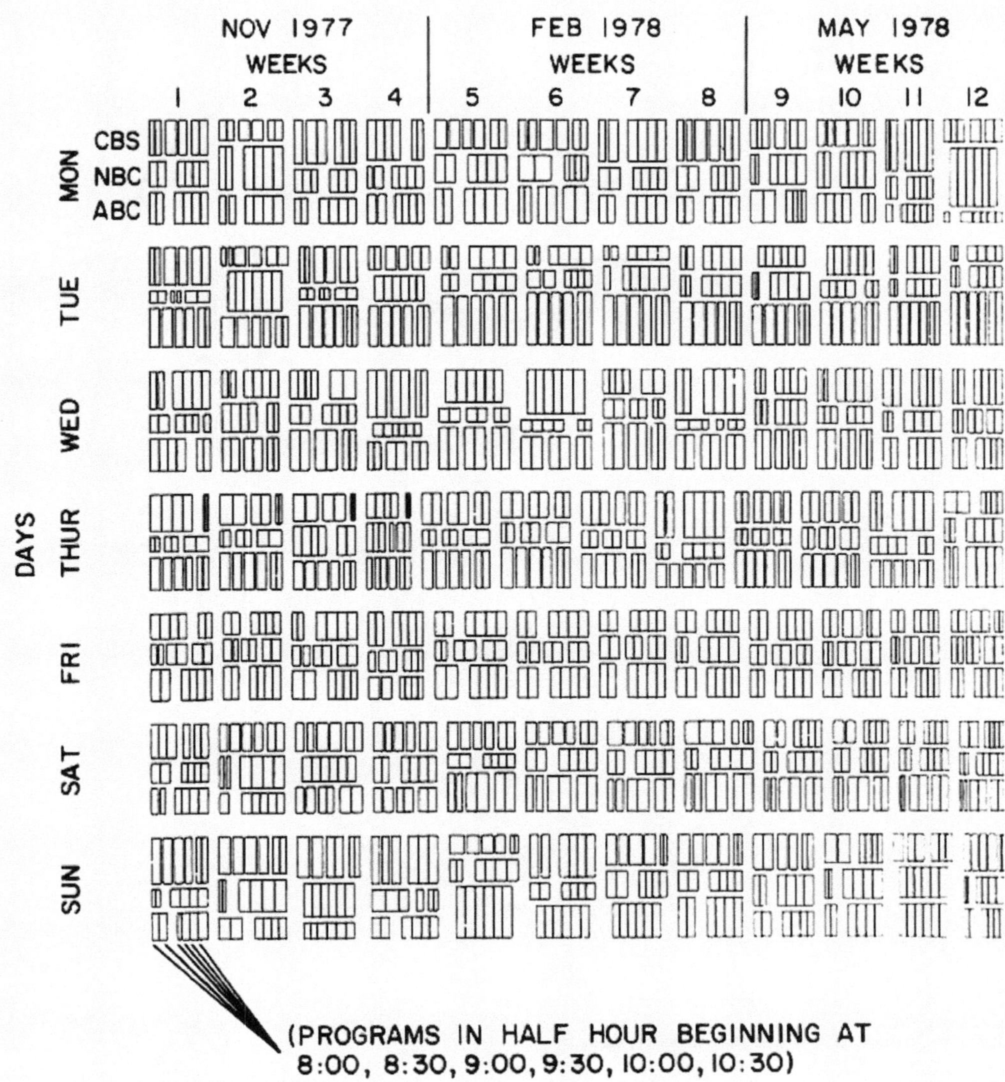

1981

1981

George W. Furnas sah mit seiner **Fischaugendarstellung**[74] vor, dass nur jene Daten in den Fokus gerückt werden, deren wahrgenommene Werte eine vom Anwender vordefinierte Grenze überschreiten. Die Fischaugenprojektion bietet den Vorteil, dass der Anwender die gewünschten Informationsbereiche selbst auswählt und die Fokussierung innerhalb eines solchen Bereichs festlegt.

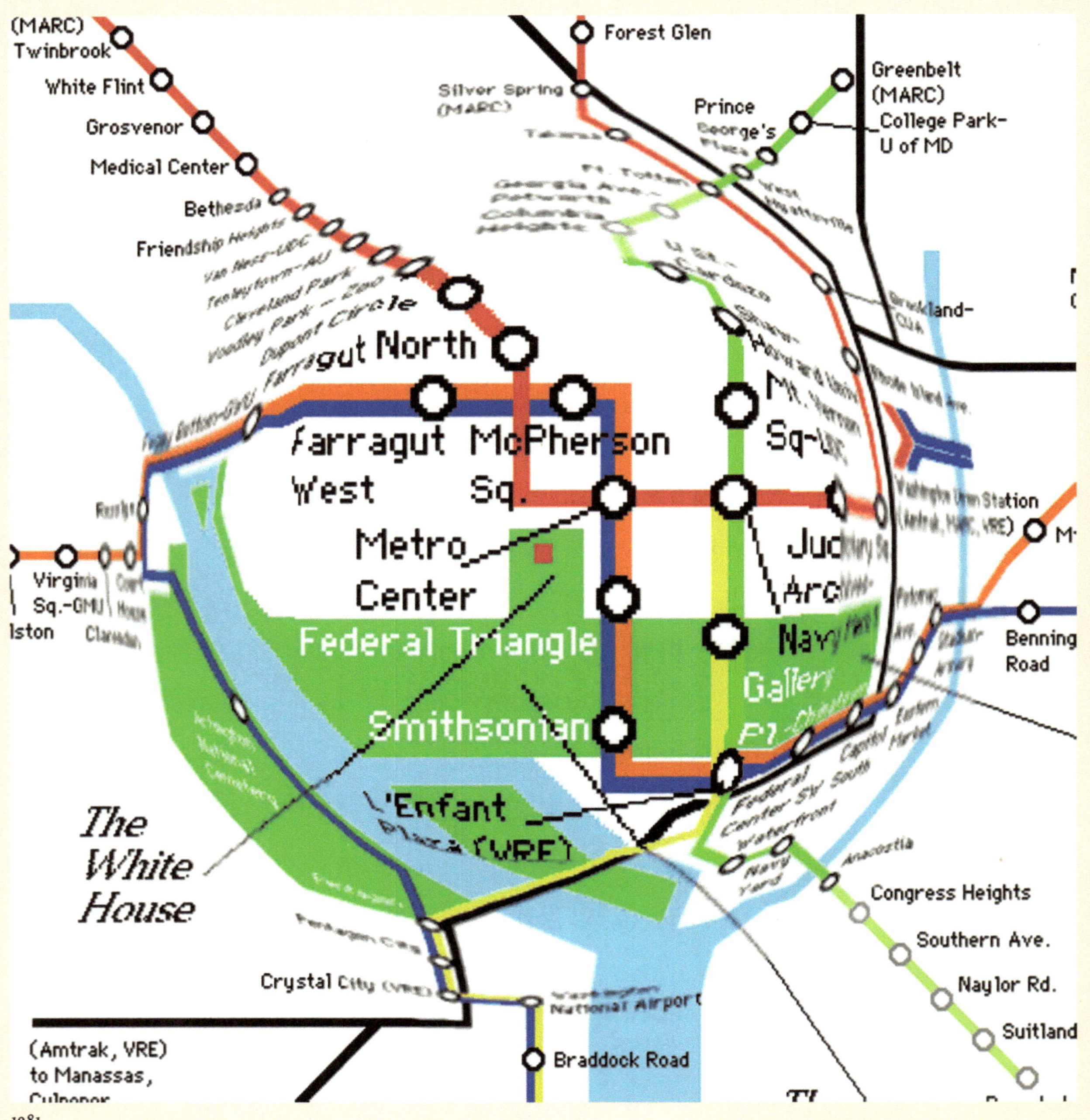

1981

1982

Um **Wetterkarten** besser lesbar und dem Laien zugänglicher zu gestalten, nutzte George Rorick Farbe, Tabellen, Symbole und Hinweise. So läutete er mit der Wetterkarte in der Tageszeitung *USA Today* vom 15.09.1982 das Zeitalter der farbigen Informationsgrafik ein (www.poynterextra.org/George/index.htm). Die große Abb. zeigt eine Wetterkartendarstellung aus »USA today« vom 13.09.2010.

1983

Hans Riedwyl und **Michel Schüpbach** beschrieben 1983 das **Sieb-Diagramm,** das zur Ableitung und zur Prüfung von Hypothesen einer Wahrscheinlichkeit genutzt werden kann.[75] Dazu wird eine Fläche in gleich große Einzelflächen aufgeteilt. Jede Fläche wird zudem mit einem Maschennetz überzogen. Eine geringe Maschenweite steht dabei für eine große Häufigkeit innerhalb einer Wahrscheinlichkeitsfeststellung. Entsprechend verweist eine große Maschenweite auf eine kleine Wahrscheinlichkeit. Das abgebildete Sieb-Diagramm, nach Daten von Ronald D. Snee[76], zeigt die Wahrscheinlichkeit von Augen- und Haarfarbkombinationen.

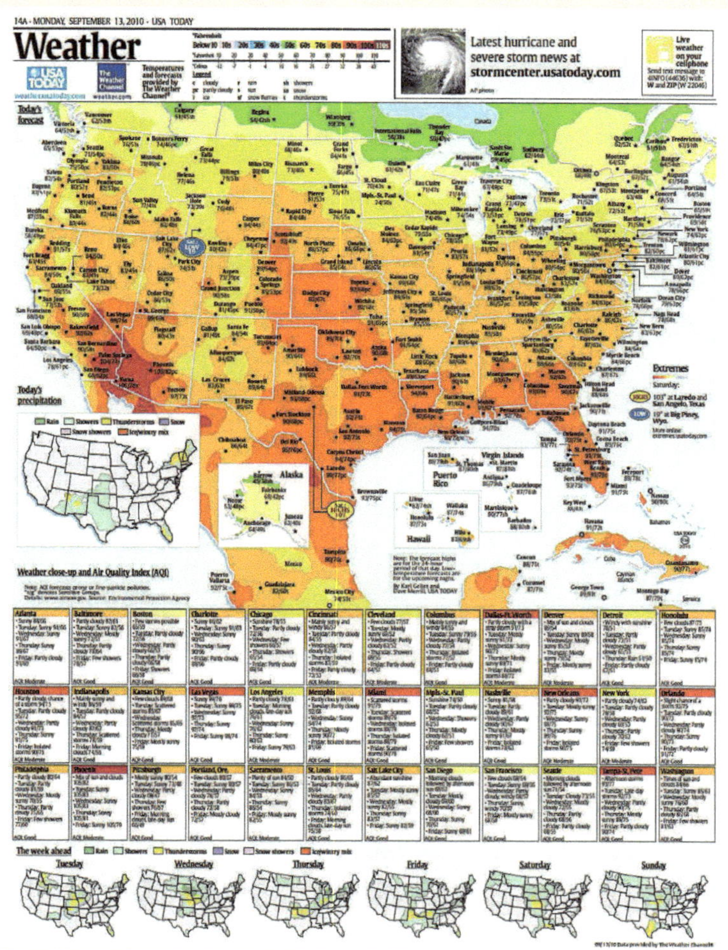
14A · MONDAY, SEPTEMBER 13, 2010 · USA TODAY

Weather

Latest hurricane and severe storm news at stormcenter.usatoday.com

Today's forecast

Today's precipitation

Extremes

Alaska

Puerto Rico

Hawaii

Weather close-up and Air Quality Index (AQI)

The week ahead

Tuesday | Wednesday | Thursday | Friday | Saturday | Sunday

2010

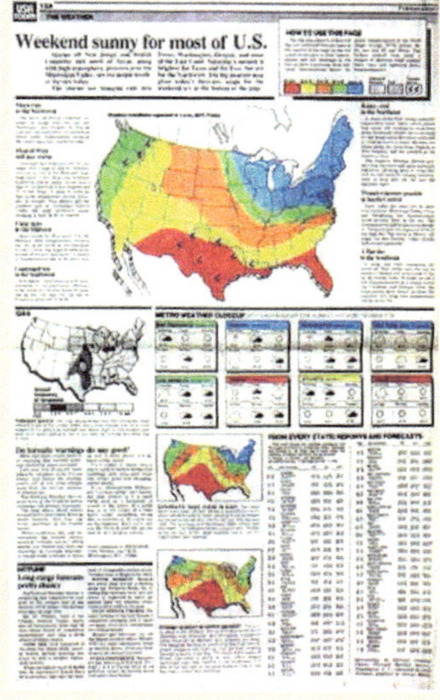
Weekend sunny for most of U.S.

1982

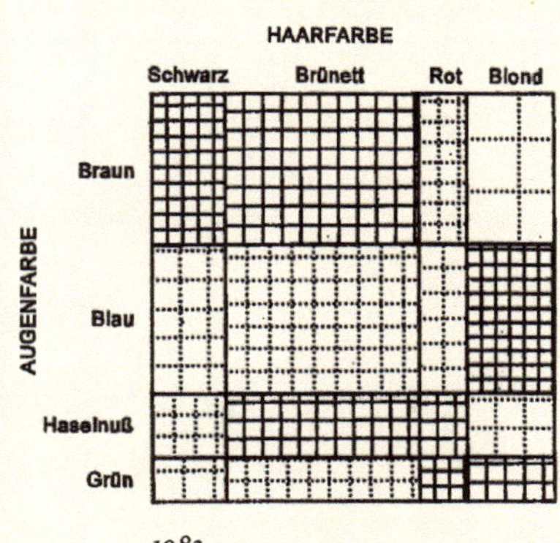

1983

1983

Edward R. Tufte beschreibt **data-ink ratio** und **lie-factor**, um zu verdeutlichen, wie mit Hilfe von Grafiken und Statistiken Daten zu Informationen transformiert und dabei verständlich und interessant vermittelt werden können. Dies ist nach seiner These dann gewährleistet, wenn nur die zur Informationsvisualisierung gerade eben erforderliche Tinte verwendet wird und Verzerrungen, Mehrdeutigkeiten bzw. Irreführungen bei der Datenvisualisierung vermieden werden. Was zur Darstellung von Daten unwesentlich ist, kann seiner Ansicht nach entfernt und somit Tinte eingespart werden. Zusätzliche Informationen, die von Tufte mit **non-data-ink** bezeichnet wurden, sollten möglichst vermieden werden.

Zudem wertet Tufte Verzerrungen und Mehrdeutigkeiten innerhalb von Datenvisualisierungen als Lügen, weshalb er den »lie-factor« definierte, der laut seiner Formel im Idealfall den Wert 1 haben sollte.

E. R. Tufte: »The representation of numbers, as physically measured on the surface of the graphic itself, should be directly proportional to the numerical quantities.« Für beide Begriffe, »data-ink ratio« und »lie-factor«, formulierte er je eine Formel:[77]

1991

Ben Shneiderman entwickelte um 1991 die **Tree Map,** um die Datenbelegung seiner Festplatte visualisieren zu können.[78] Tree Maps dienen seitdem der zweidimensionalen Visualisierung von hierarchischen Datenstrukturen. Die wohl bekanntesten Nutzungen von Tree Maps sind die **Newsmap** von **Marumuschi** (http://newsmap.jp) und die **Map of the Market** von **SmartMoney** (www.smartmoney.com/map-of-the-market).

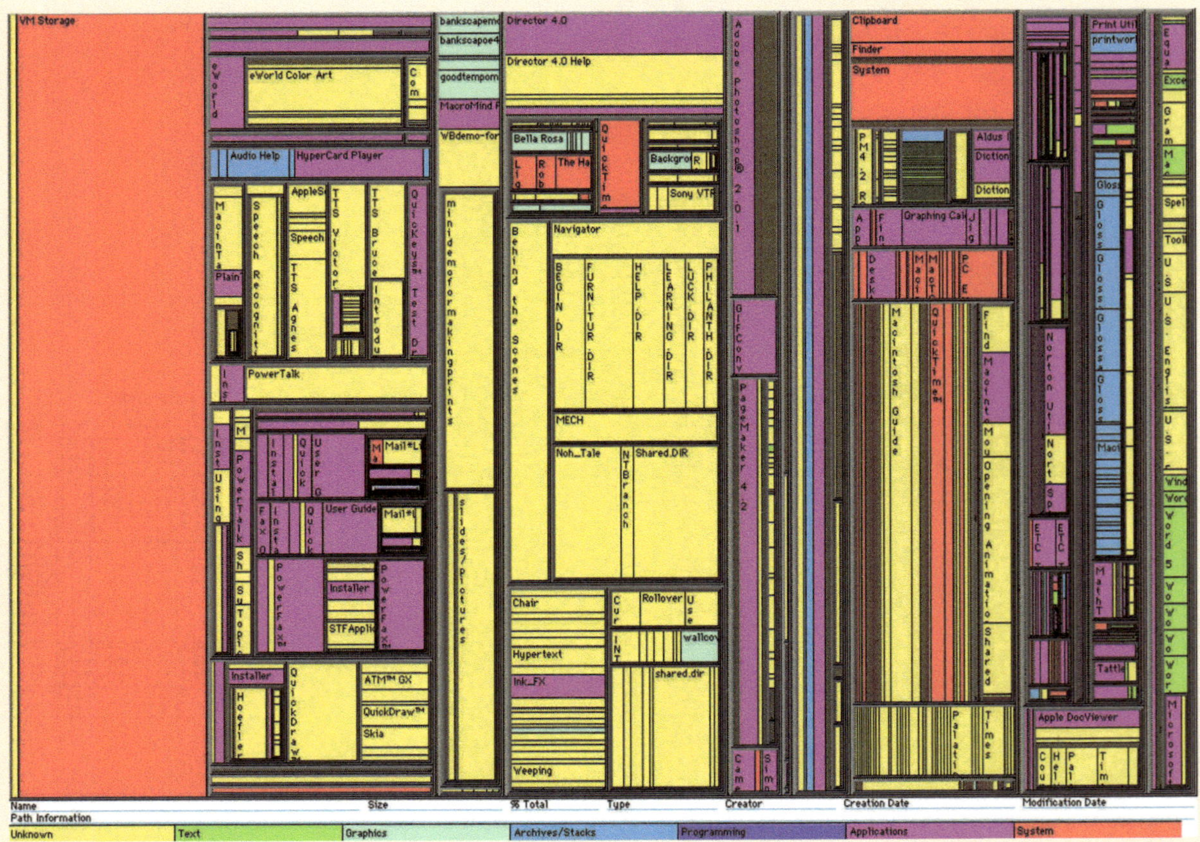

1983

1994

Stuart K. Card und Ramana Rao beschrieben 1994 den **Data Table View** mit **Table Lens** als eine bislang weitverbreitete Methode zur Visualisierung von Tabellendaten.[79]
Die Werte werden grafisch dargestellt, ohne die Beziehung zwischen Spalten und Zeilen zu verändern.

$$\text{data-ink ratio} = \frac{\text{data-ink}}{\text{total ink used to print the graphic}}$$

$$= \text{proportion of a graphic's ink devoted to the non-redundant display of data-information}$$

$$= 1.0 - \text{proportion of a graphic that can be erased without any loss of data-information.}$$

$$\text{lie-factor} = \frac{\text{size of effect shown in graphic}}{\text{size of effect in data}}$$

1991

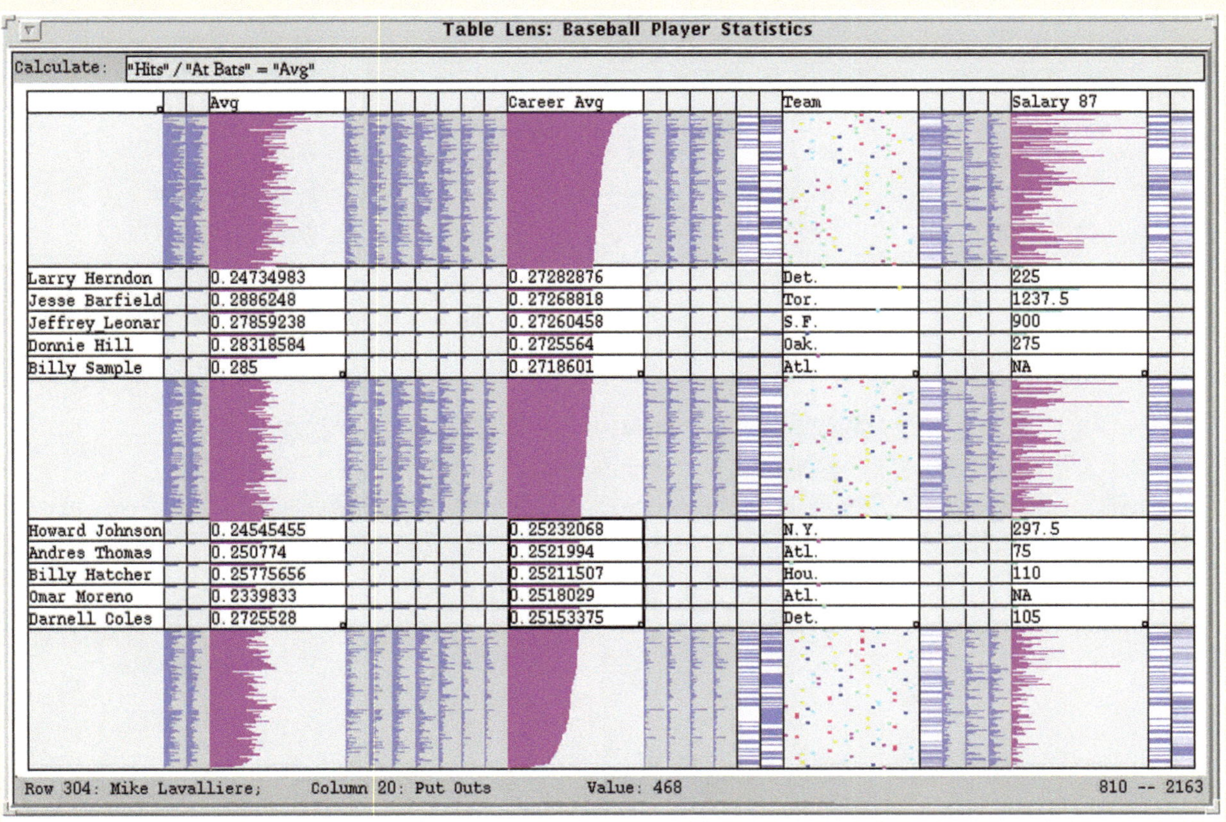

1994

2004

Edward R. Tufte entwickelte **Sparklines** als platzsparende grafische Methode, um die zeitlich abhängige Entwicklung von Daten (z. B. Börsenkurse) veranschaulichen zu können. Er erreicht dies, indem die Grafiken kaum höher als eine Druckzeile sind und sich so auch in Fließtext gut integrieren lassen. Die Abbildung zeigt Sparklines von Data Driven Consulting: http://datadrivenconsulting.com/js/protovis-dashboard.html.

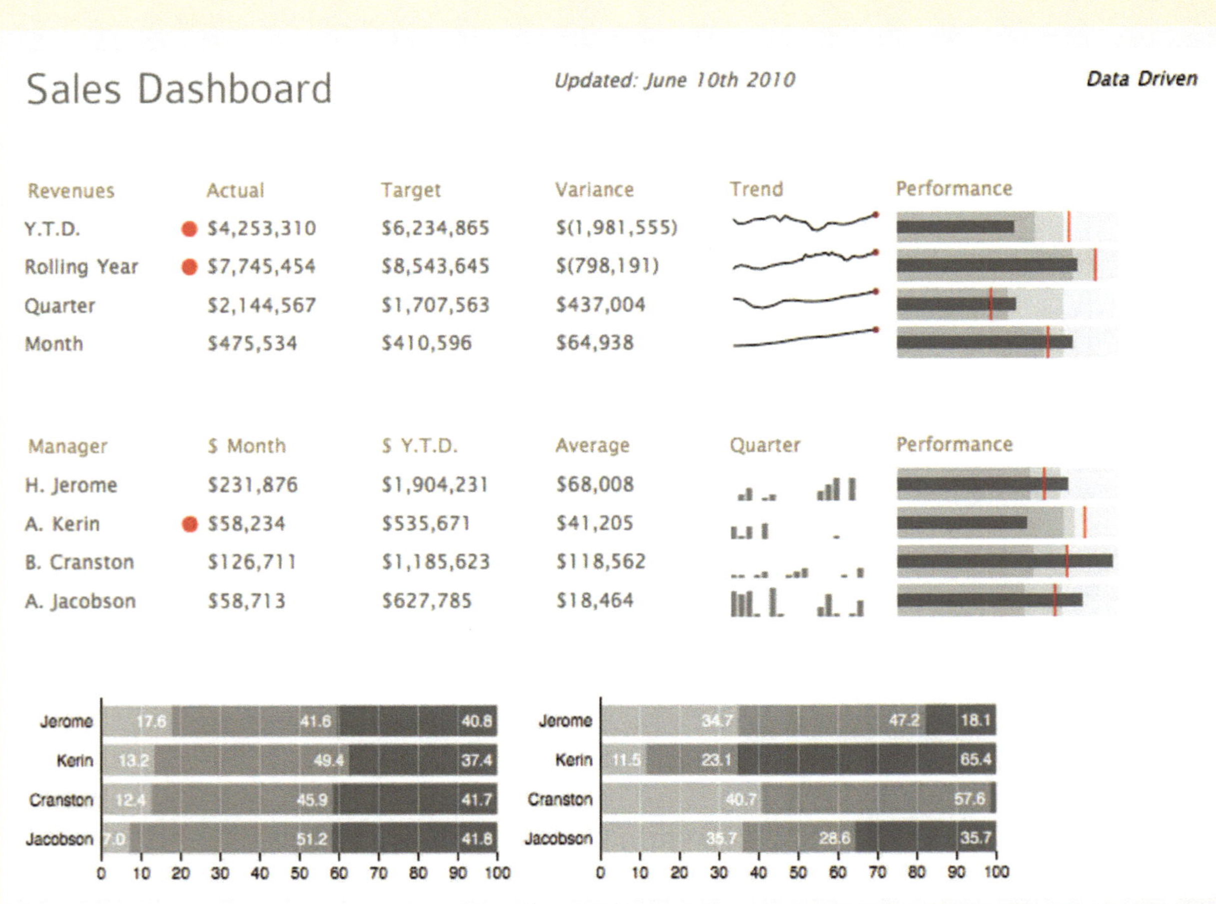

2004

2005

Hans Rosling entwickelte zur Visualisierung seiner Thesen über Weltgesundheit und Demografie die Software **Gapminder**, mit der sich die Parameter wirtschaftlicher, demografischer und gesundheitlicher Zusammenhänge darstellen lassen (www.gapminder.org). Die Daten und Entwicklungen lassen sich als Animation abspielen und zeigen so automatisch die Veränderungen und Zusammenhänge über die Jahrzehnte hinweg. Hans Rosling ist Professor für Public Health am Karolinska-Institut in Stockholm. Bei Vorträgen und in seiner Lehre stellte er fest, dass sich Zusammenhänge mit dieser Zeitrafferdarstellung viel leichter vermitteln und erkennen lassen als durch eine Auflistung von Daten und Fakten.

Zu beachten ist aber auch, dass solche Darstellungsformen und auch alle anderen Visualisierungsformen schnell überzeugen ohne sicherzustellen, ob die Daten, auf die sie beruhen, korrekt sind. Die Überzeugungskraft der Bilder, die nicht selten nur durch die Art der Visualisierung wissenschaftliche Korrektheit suggerieren, kann so zur Täuschung werden.

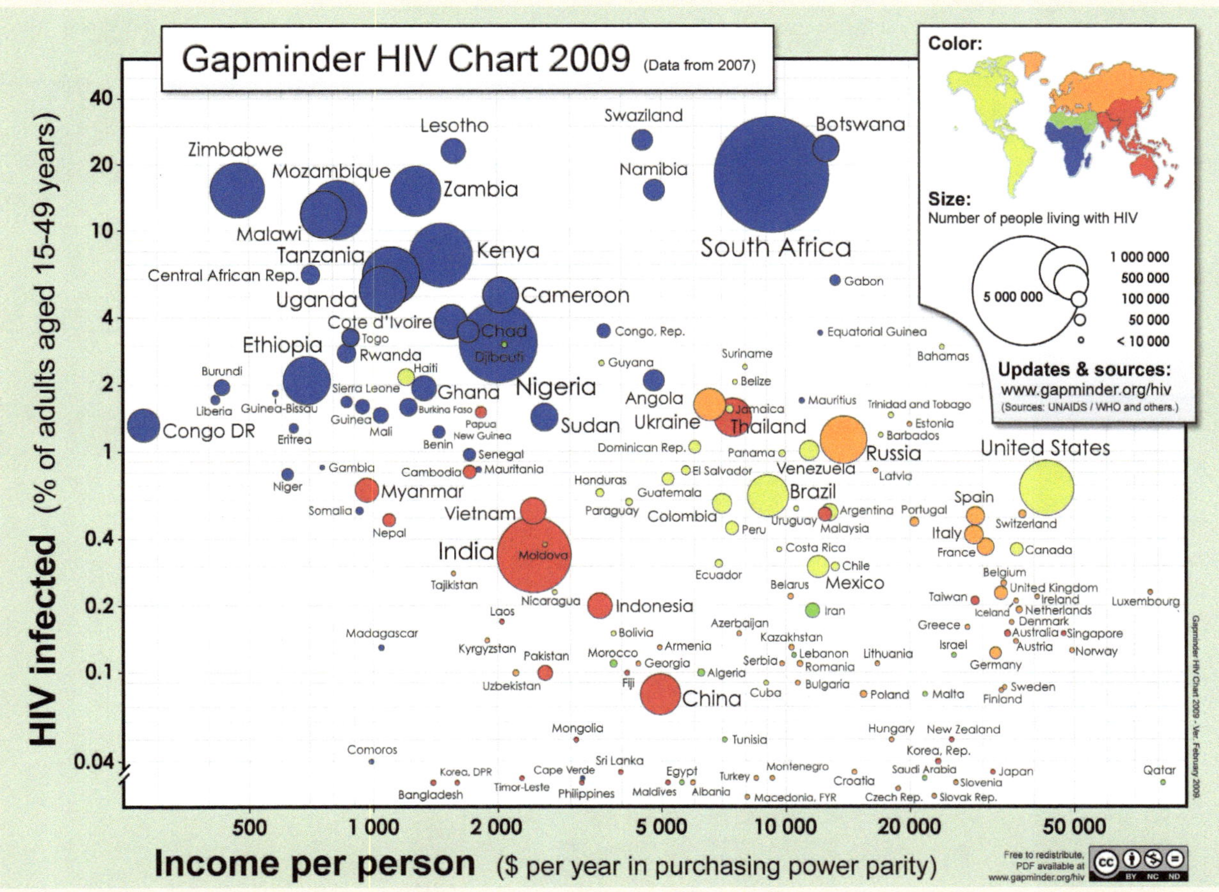

2005

2011

GuttenPlag (http://de.guttenplag.wikia.com/wiki/GuttenPlag_Wiki) ist eine kollaborative Plagiatsdokumentation, die sich kritisch mit der Dissertation *Verfassung und Verfassungsvertrag. Konstitutionelle Entwicklungsstufen in den USA und der EU* von Karl-Theodor Freiherr zu Guttenberg auseinandersetzt. Bis zum 03. April 2011 wurden auf 371 von 393 Seiten 1218 Plagiatsfragmente aus 135 Quellen gefunden (Abb. von User8, http://de.guttenplag.wikia.com/wiki/Benutzer:User8).

135 Quellen auf 371 Seiten mit eigener Farbe
1218 Fragmente mit 10421 Zeilen (63.8%)
Stand: 03.04.2011 11:55 | http://de.guttenplag.wikia.com/wiki/Benutzer:User8

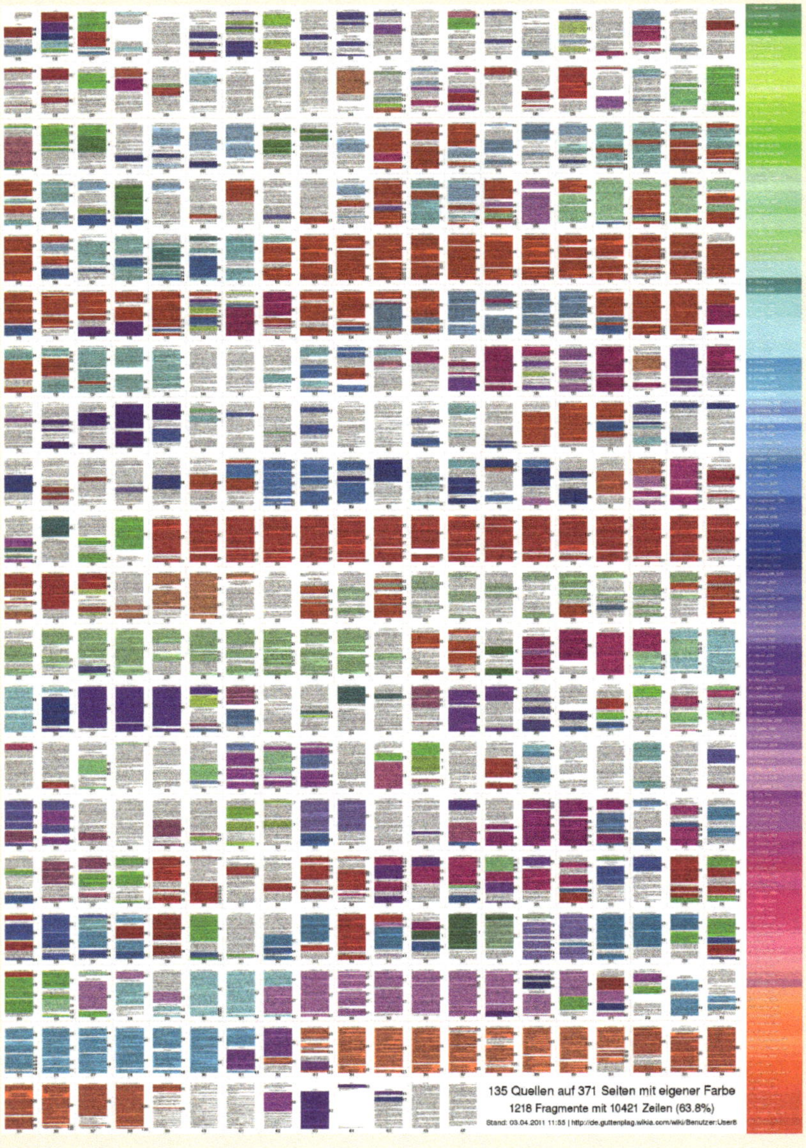

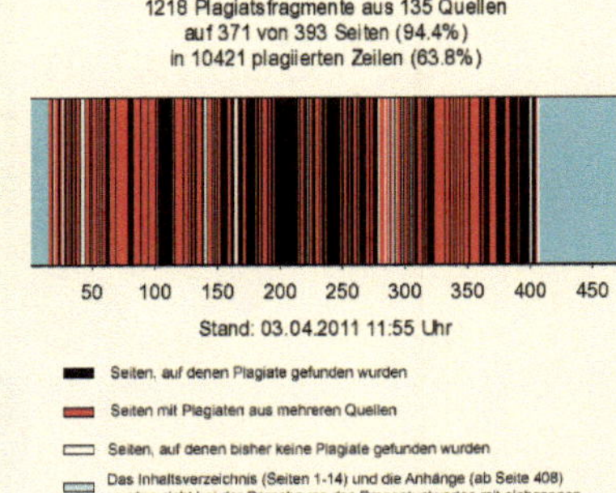

Anmerkungen

41 Bertin, Jacques: *Grafische Semiologie. Diagramme – Netze – Karten*, 1974, Seite 50.
42 Keim, Frank: *Giorgionismus* in Raffael Sanzios *La scuola di Atene*, 1508–10, Fresko in der Stanza della Segnatura des Vatikan, Universität Ulm, Paper, 26. Juni 2005.
43 Miller, Konrad: *Monialium Ebstorfensium mappa mundi mit kurzer Erklärung der Weltkarte des Frauenklosters Ebstorf vom Jahre 1284*, Commissions-Verlag und Druck von J. P. Bachem, Köln, 1896.
44 de.wikipedia.org, Scan aus: Ute Schneider – *Die Macht der Karten. Eine Geschichte der Kartografie vom Mittelalter bis heute, Darmstadt*, Primus Verlag 2006 2. Auflage, S. 22, Erläuterung S. 21 u. 23.
45 De maankaart van Michael Florent van Langren, 1645; in: *Caert-Thresoor* No. 2: Krogt, Peter van der, 1983, S. 36–39.
46 Smith, William: *A Delineation of the Strata of England and Wales with Part of Scotland.* London. – Reproduced by the British Geological Survay from an original held in its Archives, 1815.
47 Günther, Sigmund: *Die Anfänge und Entwicklungsstadien des Coordinatenprincipes.* Abhandlung der naturhistorischen Gesellschaft zu Nürnberg, 1877.
48 Funkhouser, H. Gray: *A note on a tenth century graph.* Osiris, 1936, 260–262.
49 Boyer, B. C.: *A History of Mathematics*, New York 1968
50 Prechter, Robert: *View from the Top of the Grand Supercycle*, 2003.
51 Grafik von Markus Unkels in *Über die Vorhersagbarkeit von Spekulationsblasen*, 2007, nach den Daten aus Larry Neal: Share Prices for South Sea Company, 2005.
52 Lycos Börsengeschichte, 2007: www.lycos.de/startseite/geld_boerse/
53 Minard, C. J.: *Tableaux figuratifs de la circulation de quelques chemins de fer. lith. (n.s.)*, Mai 1844. ENPC:5860/C351, 5299/C307.
54 Willard, Emma: *Willard's Map of Time – a Companion to the Historic Guide.* New York, A.S. Barnes & Co., 1846.
55 Willard, Emma: *Guide to the Temple of Time and Universal History for Schools.* New York, A.S. Barnes & Co.,1850.
56 Zeuner, G.: *Abhandlungen aus der Mathematischen Statistik*, Felix, Leipzig, 1869.
57 Lewin, J.: *Rapport sur la détermination et le recueil des données relatives aux tables de mortalité. V. Programme de la neuvième session du Congrès International de statistique à Budapest.* Budapest, Imprim, Athenaeum, 1876.
58 Priestley, Joseph: *A Chart of Biography.* London, J. Johnson, St. Paul's Church Yard, 1765 et Priestley, Joseph: A Description of a Chart of Biography. Warrington, William Eyres, 1765.
59 Brinton, Willard C.: *Graphic Methods for Presenting Facts.*The Engineering Magazine Company, New York, 1914.
60 Mulhall, Michael G.: *The Dictionary of Statistics.* George Routledge And Sons, London, 1884.
61 http://datavis.ca/milestones; Friendly, M.: *Milestones in the History of Data Visualization: A Case Study in Statistical Historiography*; in: C. Weihs; W. Gaul (eds.): *Classification – The Ubiquitous Challenge, Handbook of Computational Statistics: Data Visualization*, Springer, 2005.
62 Achenwall, Gottfried: *Staatsverfassung der heutigen vornehmsten europäischen Reiche und Völker im Grundrisse*, Göttingen, 1748.
63 Quételet, Adolphe: *Über den Menschen und die Entwicklung seiner Fähigkeiten.* Deutsche Ausgabe von: Riecke, V. A., 1838.
64 Quételet, Adolphe: *Lettres sur la Théorie des Probabilités, Appliquées aux Sciences Morales et Politiques.* Brussels, M. Hayez, 20,1846.
65 Mulhall, Michael G.: *The Dictionary of Statistics.* George Routledge And Sons, London, 1884.
66 Wright, Sewall: *The relative importance of heredity and environment in determining the piebald pattern of guinea-pigs.* Proceedings of the National Academy of Sciences, 6, 1920, S.320–332.
67 Mosteller, F.; Tukey, J. W.: *Data Analysis and Regression.* Reading/Mass., Addison-Wesley, 1977.
68 Tukey, John Wilder: *The future of data analysis. Annals of Mathematical Statistics.* 1962.
69 Chernoff, Herman: *The use of faces to represent points in k-dimensional space graphically.* In: *Journal of the American Statistical Association.* Vol. 68., No. 342, Juni 1973, S. 361–368.
70 Fisherkeller, M. A.; Friedman, J. H. und Tukey, J. W.: *PRIM-9, An Interactive Multidimensional Data Display and Analysis System. In Dynamic Graphics for Statistics.* Wadsworth & Brooks/Cole, Pacific Grove, CA, 1974, S. 91–109.
71 Hartigan, J. A.: *Clustering algorithms.* Wiley, 1975; und Hartigan, John A.: *Printer Graphics for Clustering. Journal of Statistical Computing and Simulation.* 4, 1975, 187–213.
72 Raisz, Erwin: *The rectangular statistical cartogram.* Geographical Review, 1934, 24(2):292–296.
73 Hartigan, John A.; *Kleiner, Beat: Mosaics for contingency tables.* In: W. F. Eddy (Ed.): *Computer Science and Statistics: Proceedings of the 13th Symposium on the Interface.* New York, NY, Springer-Verlag, 1981, S. 268–273.
74 Furnas, George W.: *The FISHEYE View. A New Look at Structured Files.* Bell Laboratories, Murray Hill, NJ, 1981.
75 Riedwyl, H.; Schüpbach, M.: *Siebdiagramme: Grafische Darstellung von Kontingenztafeln. Technischer Report Nr. 12*, Institut für Mathematische Statistik, Universität Bern, Bern, 1983.
76 Snee, R. D.: *Graphical display of two-way contingency tables, The American Statistician.* 28, 1974, 9–12.
77 Tufte, Edward R.: *The Visual Display of Quantitative Information.* Graphics Press, Cheshire, 1983.
78 Shneiderman, B.: *Tree visualization with treemaps: A 2-d space-filling approach ACM Transactions on Graphics.* vol. 11, 1, January 1992, 92–99. HCIL-91-03, CS-TR-2645, CAR-TR-548 (http://hcil.cs.umd.edu/trs/91-03/91-03.html).
79 Rao, Ramana; Card, Stuart K.: *The Table Lens – Merging Graphical and Symbolical Representations in an Interactive Focus+Context Visualization for Tabular Information. Proceedings Human Factors in Computing Systems*, Apr. 1994, S. 318–322 (www.ramanarao.com/papers/tablelens-chi94.pdf).

3 Information gestalten

»Die Umwelt,
so wie wir sie wahrnehmen,
ist unsere Erfindung.«

Heinz von Foerster

Um Wahrnehmung beurteilen zu können, ist zu berücksichtigen, dass das Wahrgenommene nicht nur im Ganzen zu betrachten ist, sondern stets auch die Elemente im Einzelnen, die das Ganze bilden und unterschiedlich wahrnehmbar machen, je nachdem, wie sich die einzelnen Elemente gegenseitig beeinflussen.

In der Gestaltpsychologie führte diese Einschätzung zur Aufstellung der Grundregel: »Das Ganze ist mehr als die Summe seiner Teile«, einem Zitat, das Aristoteles zugeschrieben wird. Nicht das Auge sieht, sondern das Gehirn konstruiert Wahrnehmung. Das Auge wird durch physikalische Lichtereignisse gereizt und reicht die empfangenen Daten unbewertet an das Gehirn. Dadurch, dass mit zwei Augen betrachtet wird, können die durch das Augenpaar aufgenommenen Daten im Gehirn zudem nicht nur zu einer Bild-, sondern auch zu einer Raumwahrnehmung verarbeitet werden. Ob, wie und warum eine Wahrnehmung so wahrgenommen wird, wie sie wahrgenommen wird, hängt von der kulturellen Prägung und von der Erfahrung ab, die mit vorherigen Wahrnehmungen gesammelt werden konnten.

Man spricht hier auch von Kognition. Damit sind alle Fähigkeiten und Abläufe gemeint, die dazu beitragen, Daten zu interpretieren und diese in verwertbare Informationen transformieren und speichern zu können. Dies mag als Beschreibung für einen kreativen Prozess sehr präzise klingen, der Grad an Kognition ist aber – kombiniert mit Intuition – maßgeblich für eine mehr oder weniger vielseitige Kreativität. Insbesondere der Umstand, wie man Daten interpretiert, Verknüpfungen und Anregungen erkennt und dadurch neuartige, noch nicht erkannte Informationen generieren, aber auch erfinden kann, wird als Kreativität erlebt. Mit Daten sind nicht etwa Computerdaten gemeint, sondern Reize und Impulse, die mit den fünf Sinnen wahrgenommen werden, aber zunächst noch interpretiert werden müssen oder gar erst noch auf Entdeckung und Entschlüsselung warten. Je nach Talent und Kompetenz werden wenige oder viele Daten wahrgenommen, können neue Datenkombinationen als neue Inspiration identifiziert oder zu einer neuen Idee transformiert werden. Kognition in Kombination mit Intuition ist daher eine für kreative Berufe erheblich wichtigere Voraussetzung als etwa künstlerische Kompetenz.

Kreativität ist eine rein menschliche Fähigkeit und basiert auf Kognition. Ob diese nun Teil der Intuition ist oder zusammen mit ihr wirkt, ist auch unter Neurologen noch unentschieden.[80] Sicher ist aber, dass Gefühle maßgeblich an Entscheidungsprozessen beteiligt sind, diese aber oft nur unbewusst beeinflussen.[81] Dieser zusammenwirkende Moment aus Entscheidung und Gefühlen lässt jene Fähigkeit entstehen, die einen bisweilen unvorhergesehen das Richtige tun lässt – die Intuition. Gefühle sind demnach nicht etwa hinderlich für Entscheidungsprozesse, sondern sogar zwingend notwendig. Erst durch sie wird eine differenzierte, kreative Betrachtungsweise möglich, stellte Professor Ap Dijksterhuis (Sozialpsychologe an der Radbound Universität Nijmwegen, Holland) in Versuchen fest. Dabei zeigte sich, dass insbesondere dann, wenn zahlreiche unterschiedliche Parameter, Daten oder Sinneseindrücke zu verarbeiten und zu berücksichtigen waren, ein rationales, bewusstes Denken der Intuition unterlegen war.[82]

80 Gigerenzer, Gerd: Bauchentscheidungen: Die Intelligenz des Unbewussten und die Macht der Intuition, Goldmann Verlag, 2008.

81 Damasio, Antonio R.: Descartes' Irrtum: Fühlen, Denken und das menschliche Gehirn, Marion von Schroeder Verlag, 2004.

82 Dijksterhuis, Ap: Das kluge Unbewusste. Denken mit Gefühl und Intuition, Klett-Cotta, 2010.

Kognition kann als der Prozess, Intuition gleichzeitig als Katalysator und Weichensteller für Optionen und Kreativität als Ergebnis dieses Zusammenwirkens bezeichnet werden. Beides ist wichtig für viele Berufe, z. B. auch für Physiker, Ingenieure, Philosophen, Unternehmer etc. Kreativität ist nicht etwa ein Privileg, welches nur Designer, Musiker oder Künstler erleben bzw. ausleben können. Kognition ist ein individueller Vorgang, der einerseits durch Erlebnisse und andererseits durch individuelle Fähigkeiten bedingt und beeinflusst ist. Versuche machten aber auch deutlich, dass Intuition keine angeborene Eigenschaft ist, sondern durch Erfahrung geprägt wird.[83] Das Unterbewusste verarbeitet den überwiegenden Teil an Sinneseindrücken. Je nachdem führen die durch die Sinne aufgenommenen Reize zu einer vielseitigen oder geringeren Assoziation bzw. Antizipation. Kognition und Intuition wirken hier offensichtlich Hand in Hand. Daten und Fakten müssen zunächst bewusst erkannt und zugeordnet werden, wobei die Intuition hilft, Zusammenhänge zu erkennen, die sich wohl auf rationale Weise nicht erschlossen hätten. Als Ergebnis drückt sich dies in mehr oder weniger variantenreichen oder in guten oder weniger guten Ideen aus.

83 Gladwell, Malcolm: Blink!: Die Macht des Moments, Campus Verlag, 6. Aufl., 2005.

Untersuchungen des Verhaltensökonoms und Psychologen Daniel Kahneman ergaben, dass man sich dann auf seine Intuition am meisten verlassen kann, wenn man möglichst viel Erfahrung für das jeweilige Umfeld mitbringt.[84] Dies lässt vermuten, wie wichtig es ist, dass Designhochschulen berufsqualifizierend ausbilden und ihren Studierenden möglichst viel berufsrelevante Erfahrung vermitteln. Daher ist es für kreative Berufe wichtiger, die Kognition, die Wahrnehmungsfähigkeit und die Intuition zu fördern und nicht etwa eine künstlerische Fähigkeit, deren Interpretation zu jeder Epoche und zu jedem Jahrzehnt und je nach kultureller Prägung ohnehin sehr beliebig und unterschiedlich ausfallen kann.

84 Daniel Kahneman: Conversations with History. Interview, Institute of International Studies, UC Berkeley, 2007: http://globetrotter.berkeley.edu/people7/Kahneman/kahneman-cono.html (November 2010) .

Kreativität ist zunächst eine rein menschliche Kompetenz, die im Alltag durch die jeweilige kulturelle Prägung in Erscheinung tritt. Diese kulturelle Prägung drückt sich insbesondere in der Leserichtung von Text, in der Interpretation und Bedeutung von Farbe und in der Wahrnehmung von Räumlichkeit aus. Die angelernte Leserichtung von Text stellt ein Verhalten dar, welches sich auch auf das Betrachten von Bildern und auf das alltägliche Wahrnehmen der Umwelt überträgt. Farben und Raumdarstellungen können durch Intensität und Größenverhältnisse ergänzend zum Ausdruck und zur Differenzierung von Bedeutungen genutzt werden.

Unabhängig aller kulturellen und erfahrungsbedingten Einflüsse zeigt sich in der Wahrnehmung eine grundlegende Gemeinsamkeit im Bestreben aller Menschen, Elemente, die sich auf einer gemeinsamen Fläche befinden, in Beziehung zueinander setzen zu wollen. Wahrnehmung bedeutet, nach kausalen Zusammenhängen zu suchen und einzelne Elemente auf Grund ihrer Farbe, Form oder Größe zu gruppieren, in der Hoffnung, dadurch in den Elementen bzw. aus der Kombination dieser Elemente heraus, bekannte Strukturen bzw. Abbilder interpretieren zu können. Dies bedeutet auch, dass dem Gesehenen bewusst bzw. unbewusst Elemente gedanklich hinzugefügt werden, die tatsächlich gar nicht vorhanden sind. Dieses Phänomen bzw. diese Fähigkeit führt dazu, in Bildern mehr sehen zu können als nur das Abgebildete. Dies bedeutet, dass differenzierte Wahrnehmung zur Interpretation und somit zur Einschätzung von Situationen und Möglichkeiten befähigt. Diese Fähigkeit war für den Menschen stets überlebenswichtig. Sie ermöglicht, Vorteile zu erkennen und dadurch vorausschauend zu handeln.

Übertragen auf die heutige Zeit und auf die Nutzung von Interfaces bedeutet dies, dass ein Anwender stets versucht, die einzelnen Elemente eines Interfaces zu interpretieren und in Beziehung zu setzen. Er versucht, die Möglichkeiten und Eigenschaften eines Produkts zu antizipieren. Interfaces sollten daher in ihrer Funktion und Bedeutung antizipierbar sein.

Zu berücksichtigen ist dabei auch, dass der Blick eines Anwenders nie für längere Zeit ruht, sondern stets in Bewegung ist. Dies verschafft dem Anwender die vermeintliche Gewissheit, er würde seine Umwelt vollständig und mit vielen Details wahrnehmen. Da er aber jedem Aspekt, der sich ändert, seine Aufmerksamkeit schenkt und das Gesichtsfeld des Menschen begrenzt ist, verlagert sich der Fokus ständig, so dass es vollkommen unmöglich für ihn ist, alles gleichzeitig wahrnehmen zu können. Das, was wir Menschen wahrnehmen, ist nur die Wahrnehmung eines Augenblicks in Abhängigkeit unseres Fokus. Erst das Verständnis über die Wahrnehmung eröffnet die Möglichkeit, Informationen und somit auch Funktionen in Quantität und Qualität beurteilen und visualisieren zu können.

Dass Wahrnehmung nicht nur für darstellende Kompetenzen, sondern ebenso zur Einschätzung von Situationen und Möglichkeiten und somit auch für die Entwicklung von Strategien und Konzepten relevant ist, gilt im Besonderen für Unternehmer, aber ebenso für Designberufe. Das Thema Wahrnehmung wird daher nicht nur allgemein dargelegt, sondern hinsichtlich des Buchthemas und insbesondere im Zusammenhang mit der Lehre für Designberufe an Hochschulen besprochen.

Bei der Wahrnehmung unterscheiden Psychologen und Soziologen zwischen der Wahrnehmung der Außenwelt (Exterozeption) und der Wahrnehmung des eigenen Körpers (Interozeption).[85] Konzentriert man sich bei der Betrachtung der Wahrnehmungskompetenzen und -notwendigkeiten ausschließlich auf das Thema Design und insbesondere auf die Bereiche Mediendesign, Kommunikationsdesign, Informationsvisualisierung, Interaction- und Interfacedesign, so wäre bei der Auswahl der Studierenden und bei der anschließenden Lehre im Designstudium insbesondere die Kompetenz für die Wahrnehmung der Außenwelt, die der fünf Sinne (Hören, Sehen, Fühlen, Riechen, Schmecken), von vorrangiger Bedeutung.

85 Buser K.: Kurzlehrbuch medizinische Psychologie – medizinische Soziologie, Urban und Fischer Verlag, 2007, S.93.

Die genannten Designbereiche befassen sich in erster Linie mit der wechselseitigen Beziehung von Medien und Anwendern. Da sich die dabei ergebenen Kommunikations- und Informationsabläufe oft sowohl in der realen als auch in der virtuellen Welt, aber auch in einer Vermischung beider Welten erleben und nutzen lassen, ist hier ebenso ein Augenmerk auf das »Fühlen« zu richten, auch wenn angenommen werden könnte, dies würde in einer computerdominierten Welt keine so wichtige Rolle spielen. Beim »Fühlen« ist zwischen haptischem Wahrnehmen als aktivem Vorgang und dem taktilen Wahrnehmen, dem eher passiven »Berührt werden«, zu unterscheiden. Diese Notwendigkeit zur Unterscheidung zeigt sich z. B. bei der Konzeption und Gestaltung von Augmented Reality-Projekten und bei eher körperbezogenen Steuerungen von Interfaces, wie sie bei immer mehr Computerspielen, aber auch beim Steuern von alltäglichen Produkten vorkommen und die immer mehr an Bedeutung gewinnen werden. Diese Beispiele machen zumindest in kleinen Bereichen auch die Wahrnehmung des eigenen Körpers erforderlich.

Dennoch kann nicht behauptet werden, dass es für die genannten Designbereiche zwingend notwendig wäre, die Wahrnehmung des eigenen Körpers in besonders ausgeprägter Weise zu beherrschen. Trotzdem wird bisweilen behauptet, Zeichnen, Malen und handwerkliche Tätigkeiten seien für die Grundlagenlehre der Gestaltung in Designstudiengängen insbesondere zur Körperwahrnehmung relevant. Dies mag für ein Kunststudium zutreffen, weil die genannten Darstellungsprozesse vielen Kunstformen immanent sind. Aber trifft dies auch für ein Designstudium zu? Geeignete Belege für die Notwendigkeit dieser Art von Grundlagenlehre im Designstudium wurden bisher aber nicht vorgelegt. Dieser Standpunkt beruht offenbar nur auf Behauptungen. Erstaunlicherweise basieren an vielen Designhochschulen aber noch immer die Auswahlverfahren und die anschließende Lehre, insbesondere in der Grundlagenlehre, auf diesen Behauptungen. Im Gegenteil wären hinsichtlich der Wahrnehmungsfähigkeiten, die für die Realität der genannten Designbereiche eine Rolle spielen, insbesondere bei Aufnahmeprüfungen zu den Designstudiengängen Kommunikationsdesign, Mediendesign, Interaction- und Interfacedesign weniger Wahrnehmungskompetenz auf Basis zeichnerischer oder ähnlicher handwerklicher Wiedergabefähigkeiten abzufragen als vielmehr das Kreativitätspotenzial auf Basis von Kognition, Visualisierungskompetenz durch die Möglichkeiten aktueller Computerdarstellungsformen sowie strukturiertes und strategisches Denken und ein Verständnis für wirtschaftliche Zusammenhänge.

Gewiss waren Zeichnen, Malen und weitere handwerkliche Tätigkeiten vor dem Computerzeitalter die einzigen Darstellungstechniken für Designer und mussten daher entsprechend im Rahmen ihrer Anwendung in der Designlehre gelehrt und gelernt werden. Aber was haben diese Darstellungsarten noch mit der Realität in den genannten Designbereiche zu tun? Und ist der Hinweis, sie seien auch heute wichtig, um Körpererfahrung wahrnehmen zu lernen, nicht nur eine Ausrede? Könnte es sein, dass die Befürworter solcher Darstellungstechniken die aktuelle Realität der Designer nicht wirklich kennen, diese eventuell gar nicht verstehen oder auch gar nicht erst mit ihr konfrontiert werden wollen?

Die Ursache solch einer kognitiven Beschränkung wird wohl bei den Befürwortern selbst zu suchen sein, die nicht selten als studierte Künstler gar kein Designstudium oder eben nur eine sehr künstlerisch geprägte Ausbildung erfahren haben, die mit der Berufsrealität von Designern kaum etwas zu tun hat. Die daraus resultierende geringe Erfahrung und Reflexion designrelevanter Kompetenzen wird dann als Basis für Designberufe in der Designlehre weitergegeben. Zum Nachteil der Studierenden und des Berufsstandes der Designer wird so eher eine künstlerische, aber eben keine designrelevante Lehre praktiziert. Diese Defizite werden von den Studierenden erst sehr spät, oft erst im Alltag der Berufsrealität als Versäumnisse der Lehre erkannt, die dann mühselig nachzuholen sind.

Eine durch die EU finanzierte Studie besagt, dass 68% der über 400 Befragten nach ihrem Designstudium der Ansicht sind, nicht hinreichend für ihren Beruf ausgebildet worden zu sein. Dabei werden eine zu starke Fokussierung auf eine künstlerisch ausgerichtete, wenig reflektierte Selbstfindungslehre und die fehlende Lehre designspezifischer Kompetenzen bemängelt.[86]

86 http://de.edti.eu

Design bewegt sich – sehr wahrscheinlich aus diesen Gründen – im allgemeinen Verständnis immer noch in einem Stadium künstlerischer Selbstverwirklichung und daher nur auf der Ebene des Entwurfs und seiner Umsetzung. Mit Design hat dies aber nichts zu tun. Erst wenn man den kompletten Prozess vom ersten Gedanken beim Anwender bis zur Umsetzung aller Nutzungs- und Feedback-Szenarien analysiert und gestaltet hat, ist die Aufgabe eines Designers erfüllt. Ansonsten basiert ein Entwurf auf keinem tragfähigen Konzept und stellt lediglich eine Dekoration gegebener Umstände dar. Die dafür erforderliche Wahrnehmung lässt sich aber nicht mit althergebrachtem Zeichnen oder ähnlichen handwerklichen Tätigkeiten unter Beweis stellen. Erst das Zusammenwirken von Wahrnehmungs- und Darstellungsfähigkeit, Konzeptions- und Strategiekompetenz lassen tragfähige Designprojekte Realität werden.

Abb. 8
»Das Ganze ist mehr als die Summe seiner Teile«, ein Zitat, das Aristoteles zugeschrieben wird. Die Visualisierung eines Geometrie-Baukastensystems zeigt, dass auch Gestaltung mehr ist, als nur die Summe seiner Teile.

Übertragen auf Gestaltungsprozesse und auf die Fragen, ob und wie Gestaltung erlernbar ist, ob das Erlernen von Wahrnehmungsstrategien und ob bzw. wie eine wissenschaftliche Herangehensweise der Bildung einer kreativen Persönlichkeit überhaupt dienlich sein kann, ließe sich das Zitat »Das Ganze ist mehr als die Summe seiner Teile«, umformulieren in: **Gestaltung ist mehr, als nur die Summe seiner Teile**. Diese Umformulierung macht deutlich, dass es nicht ausreicht, nur die Regeln der Wahrnehmung zu beachten, um eine gute Gestaltung zu erhalten. Zum bloßen, kalkulierbaren und nachbaubaren Umsetzungsprozess kommen noch schwer zu konkretisierende Aspekte der Kreativität, Intuition und Virtuosität hinzu, die jede Gestaltung außergewöhnlich oder sogar einzigartig werden lassen. Erst seit neuerer Zeit wird auch von der Wissenschaft die Bedeutung der Intuition erkannt, die von Hegel und Kant noch ignoriert bzw. sogar geringschätzig abgewertet wurde. Als Vergleich zur reflektierenden Urteilskraft umschreibt Georg Wilhelm Friedrich Hegel Gefühle als »tierische Weise des Geistes«[87]. Immanuel Kant unterscheidet zwar zwischen Erkenntnis und Gefühl, betrachtet die Urteilskraft aber als geistiges Vermögen, als Talent[88], und mangelnde Urteilskraft als Dummheit[89]. Hegel ging sogar soweit, Gefühle als unentwickeltes, inhaltsloses Bewusstsein zu bezeichnen[90]. Alexander Gottlieb Baumgarten versuchte mit der »Wissenschaft des Schönen« die Beurteilung von Geschmack philosophisch zu erfassen und beschrieb 1750 die Disziplin der Ästhetik[91]. Seine Betrachtungen besagen, dass Kritik und Ästhetik als Teile der Logik gelten und die Ästhetik die Wissenschaft ist, die von den niederen Erkenntniskräften bestimmt sei.

Bereits 1882 formulierte Friedrich Nietzsche allerdings eine alternative Sichtweise: »Gedanken sind die Schatten unserer Empfindungen – immer dunkler, leerer, einfacher als diese.«[92]. Erst allmählich scheint sich der Gedanke durchzusetzen,

87 Hegel, G. W. F.: Phänomenologie des Geistes. In: *Hegel Werke*. Bd. 3, 1986. S. 64
88 Kant, I.: *Kritik der reinen Vernunft*. Reclam 1945, S. 342
89 Ebd. S. 234, 984
90 Hegel, G. W. F.: *Nürnberger und Heidelberger Schriften*. Bd. 4, Suhrkamp 2003, S. 57f, bzw. *Berliner Schriften*. Bd. 11, Suhrkamp 2003, S. 59
91 Baumgarten, Alexander Gottlieb: *Aesthetica* 1750/58
92 Nietzsche, Friedrich: *Die fröhliche Wissenschaft (la gaya scienza)*. 3. Buch, 1882. Aph. 179

dass nicht das sofort und absolut Berechenbare und nach ritualisierten Regeln Belegbare wesentlich ist, um neue Erkenntnisse zu erlangen. Intuition bzw. Antizipation sind wesentliche Bestandteile der Wahrnehmung. Erst diese machen einen kreativen Geist möglich und befähigen, individuell wahrzunehmen und aus dieser Erfahrung heraus neue Erkenntnisse zu gewinnen. Ergänzende Herangehensweisen für einen Gestaltungsprozess kann das Vergleichen, Sortieren und das Ausleihen von vergangenen Erfahrungen, Erzählungen und Exponaten sein, die oft aber nur in ihrem eigenen Umfeld bzw. Kontext Gültigkeit haben. Bezogen auf die Absicht, eine individuelle Gestalterpersönlichkeit bilden zu wollen, ist zu beachten, dass hierbei eine Wechselwirkung zwischen Intuition und Kognition zu begünstigen ist. Die Verlockung, sich in erster Linie am bereits Existierenden orientieren zu wollen, würde den Zugang zu den individuellen Gestaltungspotentialen verschließen und bestenfalls zu einer scholastischen Auseinandersetzung befähigen. Bezogen auf die darstellende Gestaltung könnte man in diesem Zusammenhang dann auch vom Malen nach Zahlen sprechen. Kreativität bedeutet nicht das Besinnen auf die Vergangenheit und das Zitieren aus ihr, auch wenn ein Blick zurück nie schaden kann, um sich selbst und das eigene kreative Schaffen in Bezug zum bereits Existierenden setzen zu können.

Neue Erkenntnisse resultieren stets nur aus der Befähigung, nicht nur das bereits Beschriebene wahrzunehmen, sondern Intuition erfahren und freisetzen zu können, um eigene, subjektive Wahrnehmungserkenntnisse zu ermöglichen. Um dies zuzulassen, muss man zunächst lernen, sich vom reaktiven Denken zu verabschieden und an sich selbst die Befähigung zur Antizipation bzw. Intuition zu erkennen und zu aktivieren und die Reihenfolge von Ursache und Wirkung auch einmal in Frage zu stellen; d.h. durchaus auch einmal weniger zielgerichtet zu denken. Solch ein Prozess zur Ermöglichung von Kreativität lässt sich dabei zwar theoretisch beschreiben, allerdings nie mit Theorien bzw. mit wissenschaftlichem Arbeiten trainieren. Ein reaktives Arbeiten verleitet zu sehr dazu, sich nur am Vorhandenen, direkt Erkennbaren zu orientieren, in bereits existenten Varianten und Mustern zu denken und sich nur in bereits getretenen Pfaden zu bewegen, anstatt vom Ursprung her Intuition zuzulassen, die durchaus mal zu scheinbaren Widersprüchen, dadurch aber auch zur erwünschten neuen Wahrnehmbarkeit und in Folge zu neuen Sichtweisen führen kann. Schließlich nimmt man nur das wahr, was man zur Wahrnehmung zulässt. Und man kann nur das zulassen, für das man bereit ist, wahrzunehmen.

Sobald die Wahrnehmungsfähigkeit eine Reife erreicht hat, die zu einem eigenen subjektiven Wahrnehmen, und so zu einem eigenen Urteilsvermögen und Standpunkt befähigt, kann der Entwicklungsprozess sinnstiftend mit kunsthistorischen und medientheoretischen Diskursen erweitert und bereichert werden. Erst dann können diese Diskurse als Impulsgeber fungieren, da die durch sie aufgezeigten Zusammenhänge dann nicht mehr nur aus Sicht dieser Diskurse wahrnehmbar sind, sondern im Kontext der eigenen, bis dahin erlebten Erfahrungen mit Wahrnehmung und Darstellung gesehen werden können. Kombiniert mit theoretischen Betrachtungen kann in Folge dieser dualen Entwicklung eine Wahrnehmungsfähigkeit gebildet werden, die zu neuen experimentell gestalterischen Erkundungen führt.

»Etwas anzuschauen garantiert nicht, dass man es auch sieht.«

Kevin O'Regan (Psychologe), Heiner Deubel (Wahrnehmungspsychologe)

Die Aufstellung einer These oder die Schaffung einer Idee oder Darstellung setzt bisweilen ein sehr hohes kreatives Potential voraus. Aber es würde wohl kaum jemandem gelingen, exakt zu erläutern, wie sich die eine oder andere Eingebung ergab und wie sich dieser Prozess nachvollziehbar wiederholen ließe. Es bliebe nur das Nacherzählen des Prozessablaufs und das Vergleichen und Sortieren des Ergebnisses mit anderen bereits vorhandenen Ergebnissen. Der Ursprung der Eingebung bleibt aber verborgen. Nicht zuletzt deswegen lässt sich auf die Frage, wie denn eine gute Gestaltung herbeizuführen wäre, nur mit einigen wenigen Strategievorschlägen antworten und mit Beschreibungen über das, was diesem Prozess entgegenwirkt. Es lässt sich aber nicht bis ins kleinste Detail beschreiben, was denn nun konkret abzuarbeiten und zu erlernen wäre, um mit einer kalkulierbaren Wahrscheinlichkeit eine gute Gestaltung zu begünstigen oder gar zu garantieren. Gestaltung ist eben mehr als die Summe ihrer Teile bzw. mehr als die Summe der herbeigeführten Vergleiche.

Wahrnehmungsfähigkeit und Gestaltungskompetenz lassen sich, wie die Beherrschung eines Instrumentes, nur bedingt erlernen und auch nur vereinzelt bzw. in begrenztem Maße durch theoretische Aspekte begünstigen. Diese Kompetenzen kann man in erster Linie durch praktisches, freies oder projektbezogenes Arbeiten erwecken und pflegen. Auch das kreative Beherrschen von Hardware- oder Software-Werkzeugen kann, wie das Beherrschen von klassischen Gestaltungshandwerkzeugen (z. B. bei Druck, Grafik, Textil, Mode, Fotografie etc.) nur durch ständiges praktisch/kreatives Anwenden begünstigt werden.

Wie beim virtuosen Beherrschen eines Musikinstruments, kann sich erst mit der Kontinuität des (Aus-)Übens eine intuitive Wahrnehmung entwickeln, die das Erkennen von Methoden und ihre virtuose Anwendung am Werkzeug (Instrument, Werkzeug beim Handwerk, Software etc.) ermöglichen. Die Wahrnehmungsbreite und somit das Potential, das zur geeigneten Gestaltungsidee führt, kann stark durch die Fähigkeit begünstigt sein, bestimmte Gestaltungswerkzeuge beherrschen zu können oder zumindest die mit ihnen erzielbaren Möglichkeiten antizipieren zu können. Musiker komponieren und improvisieren auf Basis der Beherrschung ihrer Werkzeuge. Dies können Streich-, Zupf-, Blas- oder Schlaginstrumente sein oder auch Schallplattenspieler und softwarebasierte Werkzeuge. Das dabei der Wahrnehmungs- und Darstellungsprozess auf Basis der Beherrschung der Werkzeuge stattfindet ist wenig Verwunderlich, da das Werkzeug zum Erstellen und das Werkzeug zum Wiedergeben in der Regel identisch sind.

Ist man beim visuellen Gestaltungsprozess ähnlich abhängig, kann das eigene Kreativitätspotential entsprechend erweitert werden, indem man den Umgang mit den entsprechenden Gestaltungswerkzeugen im Wahrnehmungs- und Darstellungsprozess mit einbezieht. Um so seine Wahrnehmungs- und Darstellungsbreite zu erweitern, sollte aber darauf geachtet werden, die Werkzeuge nicht nur anzuwenden, sondern sie als kreative Denkwerkzeuge einzusetzen. Man muss wissen, was man will oder zumindest, was man nicht will, und die Bereitschaft haben, Software nicht nur als ein Werkzeug, sondern auch als das zu bearbeitende Material zu begreifen.

Dies beschrieb Herbert W. Kapitzki[93] bereits 1964 in seinem Buch »Programmiertes Gestalten«. Es findet seine vielseitige und kreative Bestätigung in den Ergebnissen, die in immer mehr Grundlagengestaltungsseminaren an Designhochschulen mit Scripting, wie z. B. Processing, entstehen. Das Potenzial von Scripting wird insbesondere im Buch »Generative Gestaltung«[94] deutlich.

93 Herbert W. Kapitzki lehrte an der Hochschule der bildenden Künste in Berlin im Grundlagenkurs bereits 1964 »Programmiertes Gestalten«.; Kapitzki, Herbert W.: »Programmiertes Gestalten«, Verlag Dieter Gitzel,1964; www.kapitzki.de.

94 Laub, Julia; Bohnacker, Hartmut; Groß, Benedikt: Generative Gestaltung, Hermann Schmidt Verlag Mainz, 2009; www.generative-gestaltung.de.

Auch wenn die Hersteller das Gegenteil behaupten, weder die Hard- noch die Software bieten fertige Lösungen. Und von selbst geht schon gar nichts. Ein Computer erfordert eine hochkomplexe Wahrnehmungsfähigkeit und erheblich mehr Disziplin als alle anderen Gestaltungswerkzeuge, um im Überangebot an Möglichkeiten, Verlockungen und Missverständnissen nicht verloren zu gehen und um dort eine Orientierung zu finden, die man als die eigene bezeichnen darf. Erst wenn man dort angekommen ist, kann man von sich behaupten, mit dem Computer nicht nur umsetzen, sondern gestalten zu können[95]. Vom Grad der Wahrnehmungsfähigkeit hängt es ab, ob diese Methode über ein vorexerziertes, uneigenständiges Verwenden hinausgeht und sogar zu einem schöpferischen Interagieren zwischen den Werkzeugen, den sich ereigneten und individuell wahrgenommenen Umständen, und der Gestalterpersönlichkeit selbst führen kann. Selbstverständlich macht das schöpferische Bedienen von Werkzeugen Kreativität erforderlich, um Möglichkeiten überhaupt wahrnehmen zu können und um mehr hervorzubringen, als nur nachzubasteln.

95 www.maedastudio.com; http://plw.media.mit.edu/people/maeda

Intuition und Virtuosität können bestenfalls entdeckt, gefördert und moduliert werden, man kann sie aber nicht herbeiführen, wenn keine Ansätze, keine entsprechenden Talente vorhanden sind. Man kann allerdings lernen, besser wahrzunehmen, um auf dieser Basis seine eigenen Fähigkeiten und Grenzen zu erkennen, die vorhandenen Fähigkeiten zu trainieren und auch die kreativen Arbeiten Anderer besser beurteilen zu können.

»Es ist nicht genug zu wissen, man muss es auch anwenden. Es ist nicht genug zu wollen, man muss es auch tun.«

Johann Wolfgang von Goethe

Abb. 9 ▸

Gesichtsfeld

Während man auf den Punkt achtet, kann man feststellen, wie klein das tatsächlich wahrgenommene Umfeld ist. Je länger man den Punkt fixiert, um so mehr scheint sein Umfeld zu verschwinden. Um Bilder wahrnehmen zu können, müssen wir sie durch Bewegungen mit unseren Augen wie einen Text lesen.

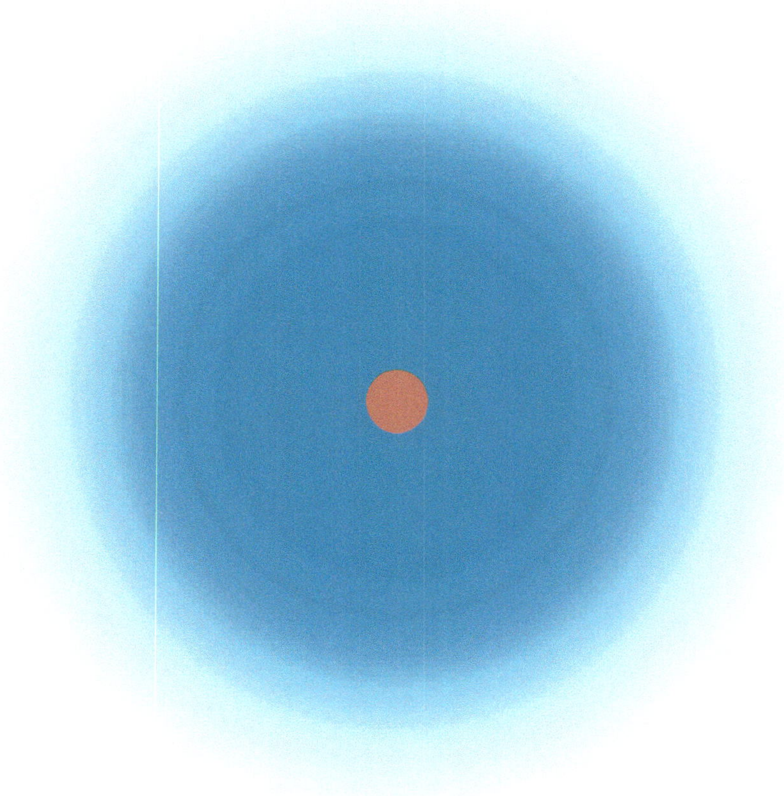

Abb. 10

Räumlichkeit

Durch Überschneidung, Überlagerung oder perspektivische Verzerrung kann ein Raumeindruck erzeugt werden. Alle fehlenden Informationen zur Raumwahrnehmung werden aus den Erfahrungen des Betrachters konstruiert. Zudem definieren die dargestellten Elemente und deren Umgebung Figur und Grund.

Abb. 11

Abb. 12

Nähe

Dicht beieinander liegende Elemente werden als zusammengehörige Gruppe wahrgenommen. Eine Zusammenlegung von Linien kann z. B. als Textblock gesehen werden. Dadurch, dass verschiedene Linien bzw. Linienblöcke einen größeren Abstand zueinander aufweisen, werden der Abstand und weitere Elemente bzw. Eigenschaften als trennende Funktion identifiziert.

Geschlossenheit

Linien, die einen Rahmen bilden, definieren eine Fläche, die als geschlossen wahrgenommen wird. Solch eine geschlossene Linie wird eher als Einheit betrachtet als eine Zusammenlegung von gleich ausgerichteten Linien oder Objekten.

Abb. 13 a–b

Aufmerksamkeit

Einem Blickfeld, welches subjektiv als interessantes Aktionsumfeld wahrgenommen wird, wird so viel Aufmerksamkeit gewidmet, dass sich auch im Folgebild der Aufmerksamkeitsfokus auf den Bereich des vorherigen Aktionsumfelds bezieht. In der einen Abfolge wird die Pistole in Bezug zur zusammenbrechenden Person gesehen und in der anderen bleibt der Zusammenhang unklar, obwohl auch dort die Person zusammenbricht. Allerdings in einem anderen Aktionsfeld als die Pistole. Solche Wahrnehmungserkenntnisse lassen sich direkt auf die Gestaltung von Screen- und Interfacedesign beziehen und auf die in diesem Zusammenhang beabsichtigten Interaktionen (Grafik: Frank Hegel, nach einer Abbildung von John May, www.shef.ac.uk/psychology/may).

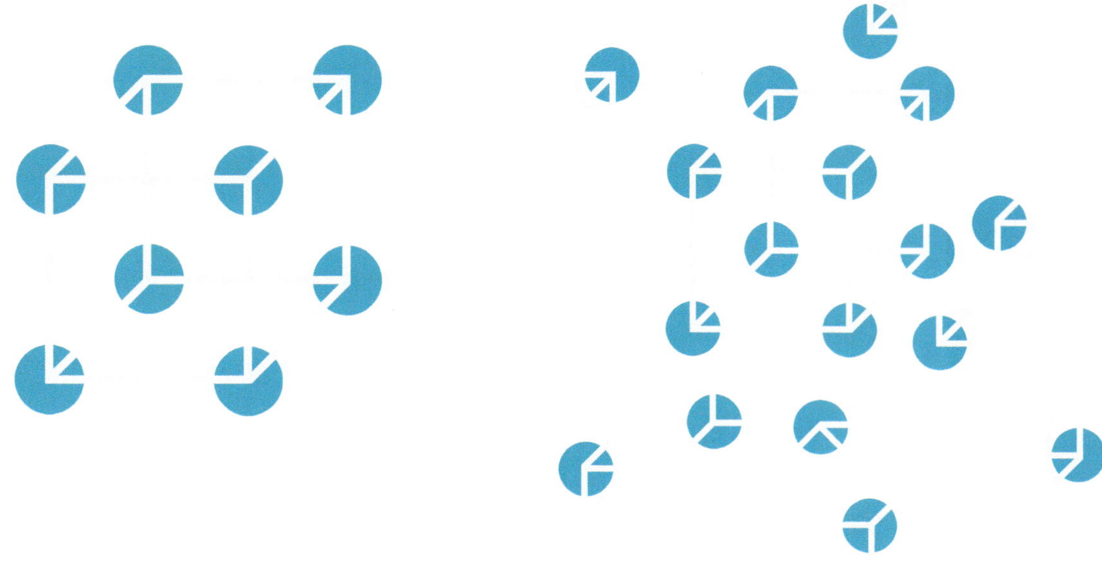

Abb. 14 a–b

Erkennbarkeit

Fehlende Elemente werden gedanklich hinzugefügt, um bekannte Formen zu erkennen. Trotz der Unregelmäßigkeit der Punkte kann die einmal erkannte Figur auch in Zukunft wieder erkannt werden. Es ist sogar nicht möglich, sie nicht mehr zu sehen, wenn sie einmal wahrgenommen wurde. Im chaotischen Nebeneinander der Sterne am Himmel wurden bereits die ältesten Kulturen fündig und definierten für sich und die Nachwelt Zeichen im Firmament, die nicht ohne Grund Sternkreiszeichen heißen.

Abb. 15

Kontext

Die Wahrnehmung wird so stark von der erlernten Erfahrung geprägt, dass eher das erkannt wird, was der Erwartung entspricht, als das, was tatsächlich vorhanden ist.

Abb. 16 a–b

Plastizität

Mit Licht und Schatten lassen sich plastische Effekte erzielen.

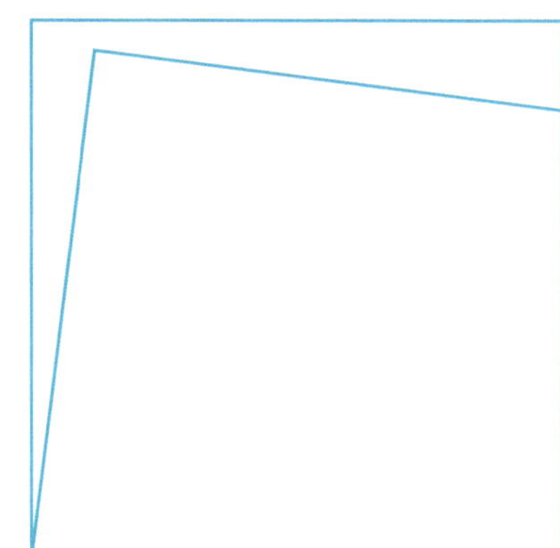

Abb. 17 a–d

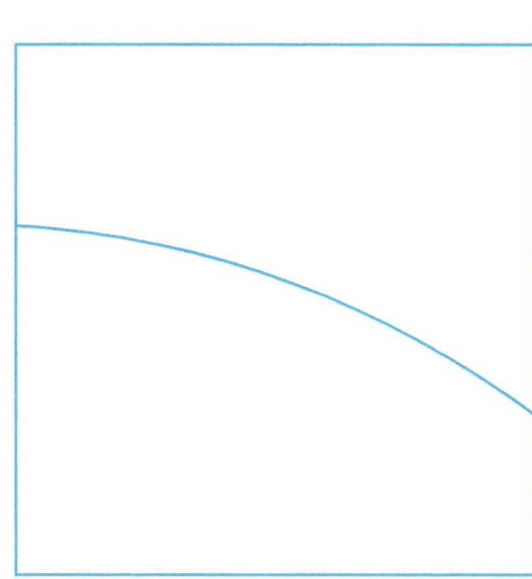

Figur und Grund

Wahrnehmung ist ein Prozess, bei dem Muster und Strukturen mit bekannten Mustern und Erfahrungen verglichen werden, vorausgesetzt, Figur und Grund können differenziert wahrgenommen werden. Dies wird z. B. durch ausreichenden Kontrast erreicht oder dadurch, dass ein Teil einer Fläche mit einer Linie als Figur definiert wird. Wobei die Linie einen Winkel aufweisen muss, damit der Raum, der von der Linie erschlossen oder angedeutet wird, eindeutig als Figur wahrgenommen werden kann. Der diese Figur umgebende Raum wird dann als Hintergrund erkannt (siehe auch *Räumlichkeit*, (S. 140)).

Abb. 18

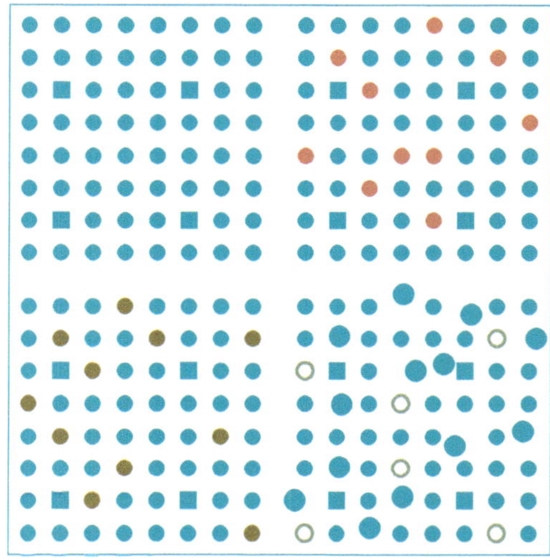

Abb. 19

Auffälligkeit

Alles, was von Gleichheit abweicht, fällt auf. Aber nicht alles, was auffällt, ist es zwangsläufig wert aufzufallen. Werbeschilder buhlen bisweilen sehr aufdringlich um Aufmerksamkeit. Warnhinweise sind hingegen ein Beispiel für die gelegentliche Notwendigkeit von aufdringlicher Auffälligkeit.

Intensität

Farbe, Helligkeit und Größe sind Eigenschaften, die in einer Ansammlung von Elementen deutlicher auffallen als gleiche Formen.

Bewegung, Blinken und Geräusche können zudem die Intensität einer Wahrnehmung steigern, dadurch auffallen, aber auch von anderen Aspekten ablenken und auf Dauer sogar sehr störend wirken.

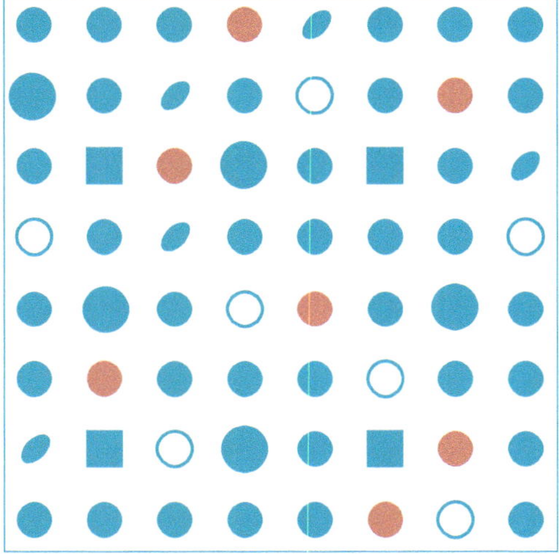

Abb. 20

Ähnlichkeit

Elemente, die sich ähneln, werden bevorzugt als zusammengehörig betrachtet. Eine Ähnlichkeit kann durch die Eigenschaften Farbe, Helligkeit, Größe und Form definiert werden.

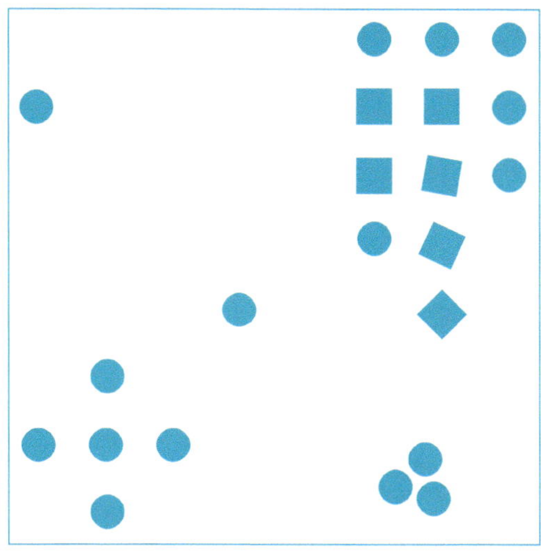

Abb. 21

Abweichung

Abweichungen können für Irritationen sorgen, aber auch der Aufmerksamkeit dienen. Identische Fließrichtungen oder Orientierungen fallen auf.

Abb. 22

Mustererkennung

Der Mensch bemüht sich selbst im Chaos eines Bildrauschens Ordnung bzw. Muster zu erkennen. Ein Produkt, dessen Absichten und Funktionen auf Grund fehlender oder nur schwer wahrnehmbarer Strukturen nicht schnell genug erkannt werden können, verursachen beim Anwender Unbehagen, da sein naturgegebenes Bedürfnis nach Ordnung und Struktur unbefriedigt bleibt. Ein Produkt muss deswegen nicht einfach sein. Es muss allerdings klar sein, wofür das Produkt zu gebrauchen ist und wie es funktioniert. Die Mustererkennung macht unter anderem deutlich, dass nicht Einfachheit, sondern Klarheit relevant ist.

Abb. 23
Einerseits sieht man Frauen im Gespräch, andererseits auch mehr. Geo. A. Wotherspoon, *Gossip and satan came also*, New York, um 1900. Druck. Hersteller: House of Art, N.Y. (copyright 2003 Sammlung Werner Nekes).

»Wer schnellen und bleibenden Eindruck machen will, bedient sich der Bilder.«

Otto Neurath

Icons werden als Kommunikationshilfsmittel für Benutzeroberflächen von Produkten und für Hinweis- und Verkehrsschilder eingesetzt. Icons dienen bei analogen wie digitalen Produkten als Teil eines Interfaces dazu, Kommunikation anzuregen bzw. einen Dialog zur Benutzung zu ermöglichen. Bei Schildern dienen Icons als Verhaltensvorgabe bzw. Hinweis oder Wegweiser zum Abgebildeten und werden deshalb Piktogramme genannt (siehe unter *Icon – Piktogramm* auf Seite 158). Mit Icons lassen sich auch visuelle Kommunikationssysteme bilden, so wie man es z. B. von Hieroglyphen her kennt. Ein aktuelles Beispiel wäre ›Elephan's Memory‹ von Timothee Ingen-Housz (S. 159) oder animierte Erzählungen, die ohne Worte auskommen und nur auf Icons basieren, wie z. B. bei der Internetseite von Symbolman: www.symbolman.com.

Abb. 24
Ein leicht verständliches Piktogramm als Wegweiser für Behinderte.

Bedauerlicherweise sind viele Icons in der Praxis genauso wenig geeignet wie die von Zeichentheoretikern für Icons ersonnenen theoretischen Konzepte. Trotzdem galt und gilt es bis heute als erklärtes Ziel, alle Möglichkeiten und Angebote interaktiver Produkte über ikonisierte Bedienoberflächen steuern zu können. Ohne Zweifel kann ein wesentlicher Vorteil von ikonisierten Bedienoberflächen sein, dass sie den Anwendern, auch bei fehlender Sprachkenntnis oder Lesefähigkeit, eine Steuerung ermöglichen. Um dies erreichen zu können und zudem den Lernaufwand zur Bedienung möglichst gering zu halten, ist es allerdings zwingend erforderlich, die Informationsmenge bereits beim Bedienvorgang auf das Notwendigste zu reduzieren. Icons dienen bei Interfaces dazu, nur das zur Auswahl zu stellen, was auch zur Auswahl steht, damit Fehlinformationen und Enttäuschungen vermieden werden. Schließlich verspricht der Grundsatz ›WYSIWYG – what you see is what you get‹ nicht nur ›Du bekommst das, was du siehst‹, sondern auch ›was du nicht siehst, bekommst du auch nicht‹.

Abb. 25
Ein Warnhinweisschild. Dieses nicht von jedem zu verstehende Symbol warnt vor biologischen Gefahren, z. B. vor Viren.

Icons müssen demnach sehr präzise in ihrer Aussage sein. Sie sind auf das Wesentlichste reduziert, dürfen nur eine einzige Interpretation zulassen und müssen dennoch sehr umfangreiche Botschaften transportieren. Und an eben diesen Informationsmengen scheitern die meisten Icons ebenso, wie an den ihnen zu Grunde gelegten Zeichentheorien. Die Übersetzung des englischen Begriffs ›Icon‹ führt zwangsläufig zum Begriff ›Ikone‹.

Eine Ikone (griech., ikonos = ›Bild‹) ist ein Heiligenbild in der christlich-orthodoxen Kirche. Bei Ikonen befindet sich die Information nicht im Bild selbst, sondern im direkten Umgang mit ihm und im Kontext seines Einsatzes durch die Kirche aber auch seiner Nutzung durch die Gläubigen. Hierin bestehen die wesendliche Ähnlichkeiten zwischen Ikone und Icon. Ein Icon soll eine klar definierte Information zwar bereits in sich selbst tragen und sie möglichst unverfälscht und eindeutig jedem beliebigen Betrachter deutlich übermitteln können, kann aber die in ihn gesetzten Erwartungen häufig gar nicht oder nur im Ansatz erfüllen. Wie eine Ikone so kommt auch ein Icon häufig nicht ohne zusätzliche Erklärung aus. Und auch ein Icon entfaltet seine Möglichkeiten erst im Kontext seines Einsatzes und seiner Nutzungsumgebung. Ein Icon ist wie eine Ikone, mehr als nur ein Abbild. Mit einem Icon kann der Informationsgehalt eines Objekts, eines Themas, einer Funktion oder Benutzungsbeschreibung abstrahiert und visualisiert werden.

In Form eines Wortes oder Textes würde eine Beschreibung erheblich mehr Platz in Anspruch nehmen und könnte auch nicht so schnell wahrgenommen werden wie ein Icon. Sofern Textelemente vermieden werden, lassen sich mit Icons zudem kulturelle und sprachliche Schranken überwinden.

Man unterscheidet Icons, die visuelle Repräsentationen von Objekten oder Themen darstellen, und Icons, die mehr oder weniger komplexe Vorgänge oder Funktionen beschreiben. Ist ein Icon auf einer Taste angebracht, so repräsentiert es entweder ein Thema, das man auswählen kann, oder eine Funktion, die ausgelöst wird, wenn man die Taste betätigt. Sind Icons auf Schildern angebracht, so repräsentieren sie eine Möglichkeit (z. B. WC-Hinweisschild) oder eine Aufforderung bzw. einen Ratschlag (z. B. Verkehrsschild) oder weisen auf Gefahren hin. Um die Möglichkeiten und Aufgaben von Icons zu erkennen, ist es hilfreich, ihre Zusammenhänge bzw. Unterschiede zu den Bezeichnungen Metapher, Symbol, ISOTYPE und Piktogramm zu klären.

Abb. 26
Icons als Produktgrafik bei Haushaltsgeräten (hier: Mikrowelle).

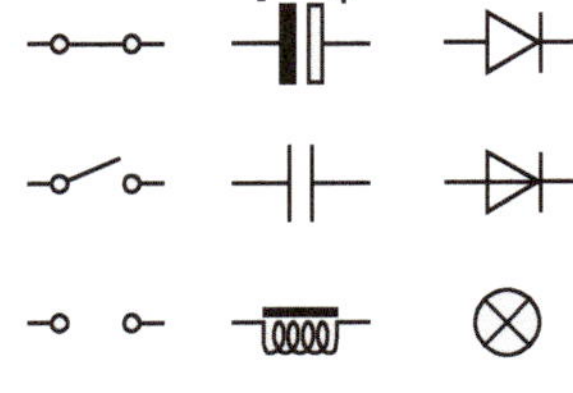

Abb. 27
Für den Laien nicht selbsterklärende elektrotechnische Fachzeichen.

3.2.1 Icon – Metapher

Im Gegensatz zur Metapher soll ein Icon nicht nur Assoziationen wecken oder Anregungen zu Analogien freisetzen, sondern eine klare Aussage treffen bzw. einen klaren, unmissverständlich deutlichen Hinweise auf eventuelle Möglichkeiten bzw. Konsequenzen geben. Diverse Hinweise, Absichten oder Möglichkeiten lassen sich bisweilen aber nicht direkt abbilden, weshalb in solchen Fällen nur Metaphern helfen können. So kann z. B. ein Vorhängeschloss für Passwort-Schutz bzw. sicheres Einloggen und sicheren Datentransfer stehen und ein Arztkoffer für eine Hilfefunktion. Diese Zeichen bleiben allerdings Metaphern, deren Interpretation nicht unmissverständlich eindeutig ist. Eine möglichst weitgehende Abstraktion wäre erforderlich, die dann eine Metapher zu einem Icon werden lassen könnte.

Abb. 28
Icons, die Funktionen darstellen (Icons für Lautstärke, Vergrößerung und Strom-Lademenge).

Abb. 29
Ein Menü, bei dem die Icons Themen einer Website repräsentieren. Shadybrain ist eine studentische Arbeit von Klaus Bremers und Nikolaus Hurlbring, erstellt an der FH Bielefeld, Fachbereich Gestaltung, Betreuung: Torsten Stapelkamp.

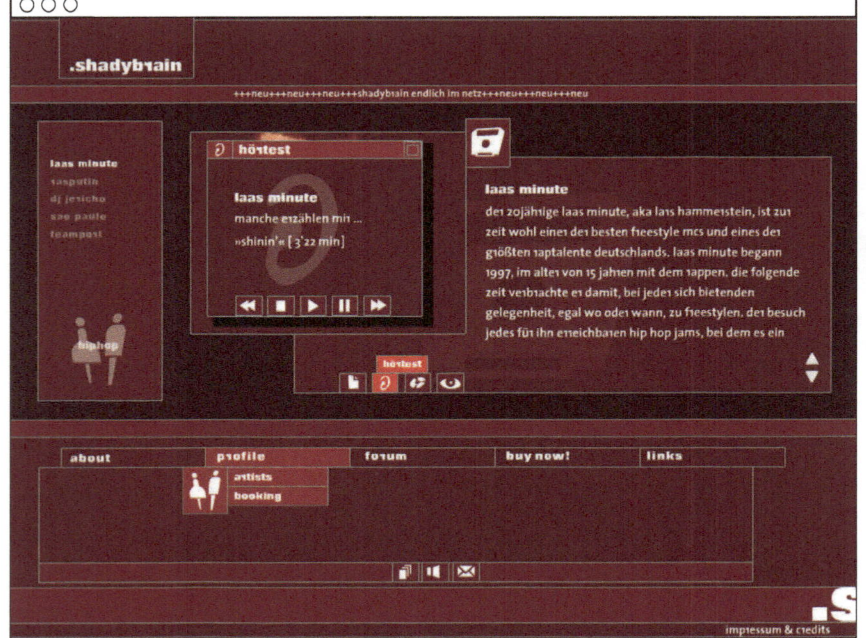

3.2.2 Icon – Symbol

Abb. 30
Nationalflaggen sind keine selbsterklärenden Icons, sondern Symbole der jeweiligen Nation.

Abb. 31
Die Flagge der Europäischen Union.

Abb. 32
Warnschild vor Radioaktivität.

Abb. 33
An/Aus-Schalter.

Es gibt zahlreiche etablierte Icons, die eher mit dem Begriff Symbol zu bezeichnen sind, wenn mit ihnen nicht unbedingt die Absicht verfolgt würde, dass sie auch von Nichteingeweihten verstanden werden sollen. Symbole sind nach dem Semiotiker Charles Peirce willkürliche Zeichen, deren Beziehung zum Gegenstand durch eine Regel festgelegt wird.

In der Semiotik, der Wissenschaft von Zeichen und ihren Bedeutungen, wird das Icon als ein Zeichen definiert, das dem Darzustellenden ähnelt, und das Symbol als ein Zeichen, das ohne direkten Bezug zum Dargestellten ist. Zum Beispiel erschließt sich einem nicht Eingeweihten die Bedeutung der Symbole zum Steuern eines Bandlaufwerkes, wie z. B. das eines Kassetten-Recorders, nicht unbedingt automatisch. Der Ursprung dieser Symbole bildete sich zwar aus der Tatsache, dass ein Tonband beim Abspielen in eine bestimmte Richtung aufgespult wird, in die das Symbol der Start-Taste in Form eines auf ein Dreieck reduzierten Pfeils zeigt. Und von diesem Dreieckssymbol ausgehend bildeten sich die anderen Tastensymbole für ›Stopp‹, ›Pause‹, ›Vor- und Zurückspulen‹. Diese Symbole sind aber auch auf Abspielgeräte wie z. B. DVD-Playern übertragen worden, bei denen keine Bandlaufwerke mehr zum Einsatz kommen, so dass die Bedeutung dieser Symbole für späteren Generationen nicht mehr durch die Funktionalität des Gerätes nachvollziehbar sein wird. Ergänzt wurden die Symbole um weitere für ›ganz zum Anfang‹ und ›ganz zum Ende‹, da nun über das Spulen hinaus auch Sprünge möglich wurden.

Weitere Icons, die sich nur mit Vorkenntnis erschließen lassen und daher als Symbole zu bezeichnen sind, sind z. B. Nationalflaggen. Bei der Flagge der Europäischen Union ergaben sich die zwölf Sterne z. B. nicht aus der Anzahl der beteiligten Nationen, sondern die Zahl Zwölf ist traditionell das Symbol der Vollkommenheit, Vollständigkeit und Einheit.

Manchmal ist das, was mit Symbolen dargestellt werden soll, entweder zu neu oder zu komplex, als dass es sich mit einem Icon darstellen lassen könnte. Sofern man davon ausgeht, dass ein Icon auch ohne Vorkenntnisse verstanden werden soll, ist das Zeichen für Radioaktivität kein Icon, sondern ein Symbol, in diesem Fall für Strahlung. Der Ausdruck von Gefahr soll durch die Farben Gelb mit schwarzem Rand, den Signalfarben für ›giftig‹ bzw. ›schwer genießbar‹ aus der Natur (z. B. beim Salamander oder bei einigen Fröschen), erreicht werden. Zudem spielt die Form des Schildes eine Rolle. Ein Dreieck steht bei Verkehrsschildern für Warnung und ein rundes Schild für Hinweis.

Selbst ein Zeichen für einen einfachen ›An/Aus-Schalter‹ wird häufig nicht mit einem nachvollziehbaren Icon, sondern mit einem Symbol belegt. Dieses Symbol bildete sich aus dem Zusammenlegen einer römischen Eins ›I‹ und einer kreisrunden Null ›O‹. Die Zahl ›1‹ steht für Ein- und die Zahl ›O‹ für Ausschalten.

3.2.3 Icon – Symbol als Marke

Im Gegensatz zum Icon, mit dem eine klare Botschaft vermittelt werden soll, kann man Symbole einsetzen, um mehr auszudrücken, als nur das Naheliegende. Deshalb eignen sich Symbole zwar besonders für Firmenlogos bzw. als Markensymbol, aber nicht zur Etikettierung von Buttons. Es sei denn, die Verlinkung führt direkt zu einer Repräsentation der Firma, z. B. zur Internetseite dieser Firma.

Mit einem Symbol wird, wie beim Markenzeichen auch, im doppelten Sinne ein Alleinvertretungsanspruch beabsichtigt, bei dem es darum geht, einerseits ein Zeichen zu setzen und andererseits die Behauptung anzutreten, dass es zu diesem Symbol keinen visuellen Verwandten gibt. Es gehtdabei auch darum, Zielgruppen gezielt anzusprechen.

Die Nähe der Bezeichnungen ›Icon‹ und ›Symbol‹ drückt sich im Begriff Ikonographie aus. Die Ikonographie (Bildbeschreibung, griech., ikonos = Bild; griech., ›graphein‹ = Schrift, Geschriebenes, Schreiben) beschäftigt sich mit der Entschlüsselung von Symbolen und Allegorien. Symbole und Allegorien sind der Absicht einer Metapher viel näher als der des Icons. Ein Symbol (griech. symbolon, ›das Zusammengeworfene‹) ist aber im Gegensatz zur Metapher nicht nur ein bildhafter Ausdruck, sondern selbst ein Bild oder Wort. So ist z. B. ein Ring das Symbol der Treue, Wellen ein Symbol für Wasser oder Wasser ein Symbol des Lebens.

Abb. 34
Die Unternehmen TIME und WARNER wurden auch in einem Markensymbol miteinander vereint (Design und Art Direction: Steff Geissbuhler, Partner und Hauptagentur: Chermayeff & Geismar Inc., 1990. Copyright: TimeWarner, New York). www.timewarner.com

Die Herausforderung bei der Gestaltung dieser Marke war es, die beiden bekannten Unternehmen TIME und WARNER in einem Markensymbol zu vereinen und als fusioniertes Unternehmen mit der Marke als integrierte Einheit zu symbolisieren. Die Lösung ergab sich aus der Erkenntnis, dass die verbindenden Elemente beider Unternehmen das Hören und das Sehen sind. Daraus ergaben sich die Abstrahierung von Auge und Ohr und eine Linie zur Verbindung dieser Sinne.

Außerdem wurden die beiden Firmennamen zu einem einzelnen Namen verbunden, um die Einheit der beiden Unternehmen symbolhaft deutlich zu machen. Die Marke von TIME WARNER hat sich mittlerweile geändert. Die in der Abbildung gezeigte Marke wird, kombiniert mit dem Begriff ›Cable‹, aktuell für TIME WARNER CABLE verwendet (siehe www.timewarnercable.com).

Abb. 35
Shinsegae Department Stores (Creative Director: Ivan Chermayeff; Senior Designer: Dirk Fütterer; Agentur: Chermayeff & Geismar Inc., New York, www.cgnyc.com; Jahr der Entstehung: 1999; Copyright: Shinsegae, Seoul, Südkorea). www.shinsegae.com

Abb. 36
NBC-Marke und Corporate-Identity-System (Art Direction und Design: Steff Geissbuhler, Partner und Hauptagentur: Chermayeff & Geismar Associates in Zusammenarbeit mit Partnern und Designteam. Copyright: National Broadcasting Company, New York). www.nbc.com

Abb. 37
Ford Motor Company – Centennial Emblem, 2001. Offizielles Logo zur Hundertjahrfeier. Enterprise IG (New York) wurde damit beauftragt, Kommunikationsstrategien zur Hundertjahrfeier von Ford zu erarbeiten. Fords Design Director J Mays wählte die ›Fenster Lösung‹ von Senior Designer Dirk Fütterer als Emblem aus (Design Director: Dirk Fütterer; Agentur: Enterprise IG, New York, www.enterpriseig.us.com; Jahr der Entstehung: 2001; Copyright: Ford Motor Company, Dearborn, MI, USA). www.ford.com

Die traditionsreiche südkoreanische Kaufhausgruppe Shinsegae bat Chermayeff & Geismar um ein neues Erscheinungsbild. Mit Ivan Chermayeff entwickelte Dirk Fütterer ein Corporate Design, das den exklusiven Anspruch von Shinsegae unterstreicht und die überwiegend weibliche Kundschaft anspricht.

Ein Markenzeichen soll alle positiven Eigenschaften eines Unternehmens symbolisieren und nachvollziehbar darstellen. Die NBC-Marke zeigt exemplarisch sehr deutlich die Symbolbedeutung einer Marke. Da die neue NBC-Marke kraftvoll, vereinheitlicht und farbenfroh sein sollte, entschied man sich dafür, den Pfau zu verbessern und als offizielles NBC Firmensymbol zu übernehmen, gleichzeitig eine unauslöschliche Verbindung zwischen dem Symbol eines Pfauen und den Eigenschaften des Senders herzustellen. Damit sollte die Wahrnehmung von NBC als führendes Unternehmen in der Unterhaltungsbranche bestätigt werden.

3.2.4 Icon – ISOTYPE

Die ISOTYPE ist die von Otto Neurath zusammen mit dem Grafiker Gerd Arntz perfektionierte Wiener Methode der Bildstatistik. Ihre Bezeichnung ist ein Akronym von ›International System Of TYpographic Picture Education‹ und darf als Versuch bezeichnet werden, eine Bildsprache zu entwickeln, die interkulturell verständlich ist. Aber selbst Otto Neurath sah in ihr nur eine Hilfssprache und suchte eher nach einer Systematisierung von, wie er es nannte, ›sprechenden Zeichen‹, die für ›die Verbreitung technischen, gesellschaftlichen und wirtschaftlichen Wissens‹ dienen sollten.[96] Ihm ging es um die Optimierung der Darstellung von Statistiken, deren Kommunikation funktionieren und durch grafische Methoden rationalisiert werden sollte. ISOTYPE sollen universell in unterschiedlichen Kontexten einsetzbare Bausteine sein. Sie sollen unter weitgehendem Verzicht auf Sprache Wissenstransfer ermöglichen, um interkulturelle Missverständnisse und durch Analphabetismus bedingte Barrieren zu überwinden.

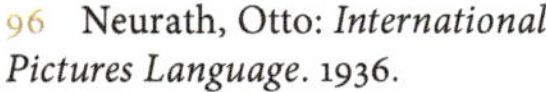

96 Neurath, Otto: *International Pictures Language*. 1936.

Die Anforderungen an Bildzeichen im Sinne der ISOTYPE sind sehr eindeutig und folgen bestimmten Regeln:

- Diagramme und Statistiken sollen in maximal drei Schritten zu Informationen transformiert werden können. Im ersten sollen Zusammenhänge dargestellt werden, im zweiten Details und im dritten Schritt sollen weitere Feinheiten deutlich werden.
- Die Zeichen sollten für sich selbst sprechend, farbunabhängig, zweidimensional und kombinierbar sein. So sollte z. B. das Zeichen für einen Schuh kombiniert mit dem Zeichen für eine Fabrik für eine Schuhfabrik stehen, eine Figur mit den Händen in den Hosentaschen sollte einen arbeitslosen Arbeiter und eine mit verschränkten Armen einen streikenden Arbeiter darstellen.
- Farbe soll nur in begrenztem Maße eingesetzt werden, der Klarheit dienen und nur homogen, ohne Strukturierung angewandt und z. B. zur Gruppierung von Zeichen bzw. zur Unterscheidung von Zeichengruppen genutzt werden.
- Mengen sollen nicht durch eine proportionale Flächenvergrößerung, sondern durch Vervielfachung von Einheiten dargestellt werden. Das heißt, dass z. B. viele Arbeiter im Verhältnis zu wenigen nicht mit der Vergrößerung des Zeichens, das für Arbeiter steht, dargestellt werden, sondern mit einer entsprechend höheren Anzahl dieser Zeichen.
- Die Bildzeichen sollen eine hohe Ähnlichkeit zum abgebildeten Gegenstand haben und ihn, da die Bildzeichen als Aussage und nicht als Illustration funktionieren sollen, nicht nur im Sinne eines symbolischen Stellvertreters darstellen.
- Schmückende Elemente sollen nicht verwendet werden.
- Dreidimensionalität soll selten und wenn nur als isometrische Darstellung erfolgen.

Abb. 38
Kombination der Zeichen für Schuh und Fabrik zu Schuhfabrik.

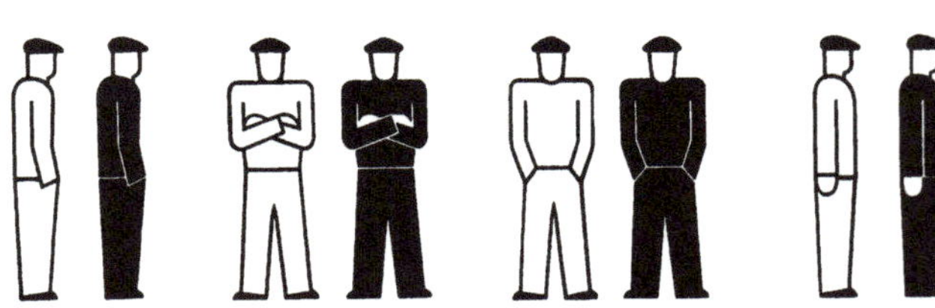

Abb. 39
Der Arbeiter ist erkennbar durch seine Schirmmütze. Hände in den Hosentaschen = arbeitslos, verschränkte Arme = streikend, Hände an der Hosennaht = angestellt.

All dies zeigt aber auch, dass ISOTYPE als Erweiterung von bereits vorhandenem Wissen auf der Basis von alltäglichem Vorwissen aufbaut und demnach nicht grundsätzlich selbsterklärend sein will. Ein Mindestmaß an Vorwissen wird demnach vorausgesetzt, was allerdings nicht verwunderlich ist. Es geht schließlich in erster Linie darum, Statistiken, die bereits für sich Vorwissen erfordern, in leicht zugängliches Anschauungsmaterial umzuwandeln. ISOTYPE wurden 1936 publiziert und Otto Neurath ging es mit der Publizierung auch um die Demokratisierung des Wissens, womit seine Methoden durchaus sozialreformatorisch motiviert waren. Unabhängig davon bietet ISOTYPE wesentliche Grundlagen für das Thema ›Informationdesign‹. ISOTYPE lässt sich direkt den Piktogrammen zuordnen.

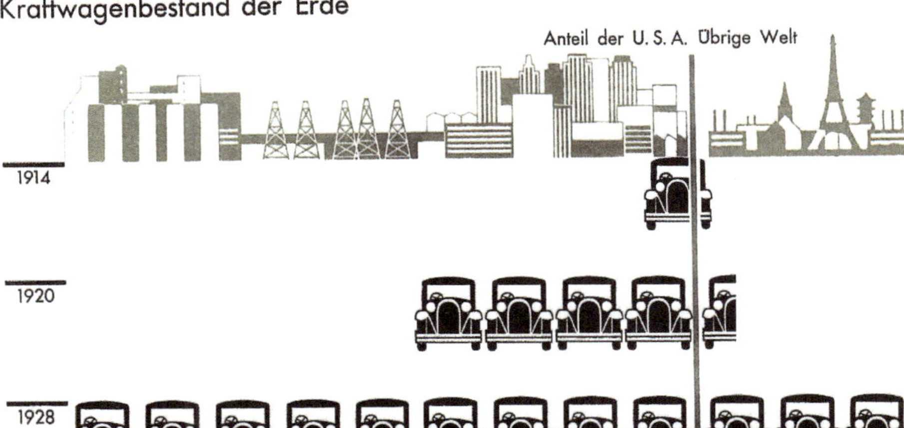

Abb. 40
Ein Statistikdiagramm, dargestellt nach den Regeln der ISOTYPE.

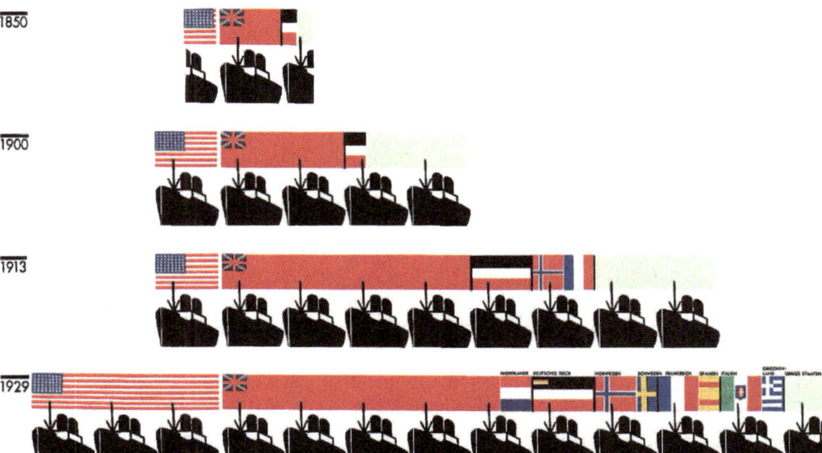

Abb. 41

3.2.5 Icon – Piktogramm, Icon – Zeichensystem

Abb. 42
Hinweis auf Fluchtweg und Fluchtrichtung.

Abb. 43
Zutritt für Unbefugte verboten.

Eine PDF-Datei mit detaillierten Informationen über die Bedeutungen der einzelnen Zeichen und über die Software von Elephant's Memory befinden sich online im Ordner ›Dateien‹ und dort unter ›Elephant's Memory‹ (40 MB):

- www.designismakingsense.de_Daten_Infoviz.zip

Piktogramme sind in ihrer Absicht zwar sehr eingegrenzt, lassen sich allerdings bisweilen für die Aufgabe von Icons nutzen. Ein Piktogramm (lat., ›pictus‹ = Bild; lat. ›gramma‹ = Geschriebenes, Schriftzeichen) ist ein grafisches Symbol, das einen Sachverhalt in vereinfachter, bildhafter Form beschreibt und der Information über etwas Stattgefundenes oder etwas Mögliches dienen soll. Piktogramme sollen so gestaltet sein, dass sie international und interkulturell verstanden werden. In diesem Sinne wäre es auch denkbar, mit Hilfe von Piktogrammen ein visuelles Kommunikationssystem zu bilden. Ein solches Zeichensystem kann aus hunderten von Icons bestehen, die sich im Gegensatz zum Symbol bzw. Markenzeichen nicht durch ihre individuelle Einzigartigkeit auszeichnen, sondern nach einem strengen System gestaltet sind. Konkrete Eigenschaften, wie z. B. Form, Abstraktionsgrad, Farbe, Format und Strichstärke sind vorgegeben, um möglichst viele Gemeinsamkeiten bei den Zeichen untereinander zu bilden. Bei aller Gemeinsamkeit ist es allerdings ebenso wichtig, dass jedes Zeichen für sich seine eigene individuelle Aussage behält. Bekannte Beispiele für den Versuch, solche Zeichensysteme zu bilden, sind die Icons der Menüleisten von Betriebssystemen oder Informations- bzw. Funktionssoftware und die von Otl Aicher für die Münchner Olympiade 1972 entworfenen Zeichen für Sportarten.

Eine Erweiterung von Zeichensystemen stellen zeichenbasierte Kommunikationssysteme dar, die nicht nur für die Aussage einzelner Informationen entwickelt werden, sondern deren zahlreichen unterschiedlichen Zeichen dafür geeignet sind, in verschiedenen Kombinationen unterschiedliche Aussagen zu ermöglichen, so wie man es z. B. von chinesischen Schriftzeichen oder Hieroglyphen her kennt. Ein gutes Beispiel für solch ein zeichenbasiertes Kommunikationssystem ist ›Elephant's Memory‹ von Timothee Ingen-Housz. Dieses System besteht aus über 150 Symbolen, welche miteinander kombinierbar sind und dabei einer nonlinearen, multidimensionalen assoziativen Grammatik folgen. Dieses System soll Kommunikation über sprachliche und kulturelle Grenzen hinweg ermöglichen. Mit Hilfe der Elephant's Memory Logogram Processing Software, die sich noch in Entwicklung befindet, soll die Kommunikation z. B. über das Mobiltelefon, per E-mail oder über das Internet stattfinden.

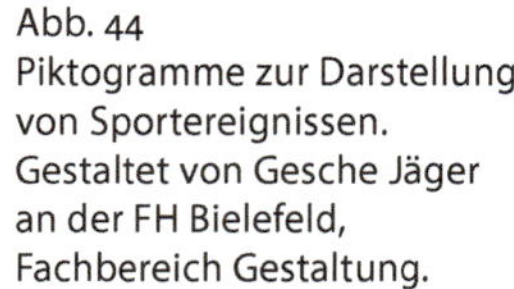

Abb. 44
Piktogramme zur Darstellung von Sportereignissen. Gestaltet von Gesche Jäger an der FH Bielefeld, Fachbereich Gestaltung.

Abb. 45
Das visuelle Kommunikations-system ›Elephant's Memory‹ von Timothee Ingen-Housz, www.phosphen.org/elephantsmemory/meta-elefo.html.

all	nothing	to be/yes	not to be/no	to be with	to be with out	all but	nothing but	to be inside	before/after	future	past
life/death	birth	death	causality	if/then	maybe	field	light	one	plural	a few	a lot
to speak	language	me	you	someone	to shout	very	explode	to come from... by...	to go to...by...	to be scared	to laugh
to write	writing	to wonder	interrogation	to point at	determiner	these	to name	name	to be stunned (horror)	to be stunned (sorry)	to be mean
to do	to trace	to hold	to point at (gun)	to shoot at	to orient	fire / burn	to use	tool	gun	to eat	to take
to hit	to direct	"do !!..."	to refuse	to forbid	"don't !!"	right	left	down	up	to be happy	to be frightened
receptacle	box	house / shelter	village	closed	open	envelop	to be down	to be surprised (happy)	day	to be angry	to be disappointed
to have	to possess	to exchange	money	to steal	to lend	to give	car	to lend /to loan	night	to get	to acquire
to pass on	to live in	to protect	to cry	ocean	frog	rabbit	bird	elephant	to sleep	to be tired	to be very sad
to think	to know (information)	to pass on information	intention	to get information	tree	forest	leaf	female (genitals in)	male (genitals out)	copulation	to be angry and sad
to be clothed	cloth	to be sick	to suffer (from...)	to bleed	to be wounded	to be treated	water	to be healed	to be pregnant	parent / child	generation
human	body	damaged	to leak	fixed	to run	to walk	to hear	to see	to hate	to cry	to enjoy
to receive	to send	acquaintance	friendship	sun	fun love	love	early love relationship	love relationship	fun relationship	hate relationship	old buddies

Abb. 46
Piktogramme zur Darstellung von folgenden Angeboten: Livemusik, Sehenswürdigkeiten, Kneipe/Bar, Restaurant. Diese Piktogramme sind Teil einer Matrix mit deren Hilfe ein Suchprofil nach Zielgruppe und Angebot erstellt werden kann. Die Zielgruppenkategorien sind definiert mit ›jung‹ (blau), ›aktiv‹ (rot) und ›klassisch‹ (violett). Die Kategorien sind unabhängig vom Alter. Jeder Nutzer soll sich selbst einer der drei Kategorien zuordnen. Die Piktogramme funktionieren sowohl positiv als auch negativ und können auch in geringer Auflösung und Größe noch gut erkannt werden.

Bei dem studentischen Projekt **Compath** ist für eine Internetseite vorgesehen, dass Events und Veranstaltungen über eine übliche wortbasierte Eingabe gesucht und gefunden werden können. Der Anwender kann aber auch gezielt mit einer Matrix, eine Schnittmenge aus der Art des Ereignisses und der Zielgruppe bilden. Hier bietet es sich an, Piktogramme zur Darstellung von Angeboten wie z. B. Livemusik, Sehenswürdigkeiten, Kneipe/Bar etc. einzusetzen. Mit Hilfe der Piktogramme kann die Absicht und die Funktion der Matrix besser erkannt werden.

Während der Anwender auf eine mögliche Kombination klickt, sucht das System aus allen Einträgen die gewünschte Schnittmenge heraus und zeigt diese als Auflistung an. Der Nutzer navigiert so durch die Einträge der Datenbank. Umgekehrt kann der Anwender mit Hilfe der Matrix auch feststellen, welche Zielgruppe sich in der von ihm favorisierten Veranstaltungsform bewegt.

Nachdem der Benutzer die Compath-Software für mobile Geräte heruntergeladen und auf seinem PDA installiert hat, navigiert ihn diese wie ein Kompass durch die Stadt oder durch die geladene Tour. Das Compath-Logo fungiert dabei als Pfeil eines virtuellen Kompasses (siehe PDA-Grafik rechts).

Mit Hilfe von UMTS und/oder GPRS wird die Position des Gerätes ermittelt und so direkt in der zoombaren Karte angezeigt. Eine Möglichkeit der Umsetzung wäre hier Flash Lite. Mit Hilfe des elektronischen Kompasses, kann die Karte so gedreht werden, dass eine intuitive Orientierung möglich ist. Sollte das mobile Gerät keine Kompassfunktionen unterstützen, so funktioniert die Software eingeschränkt.[97]

97 Dieses Projekt stammt von den Studenten Jochen Braun und Daniel Rieber, betreut wurde es von Torsten Stapelkamp im Fachbereich Gestaltung an der FH Bielefeld.

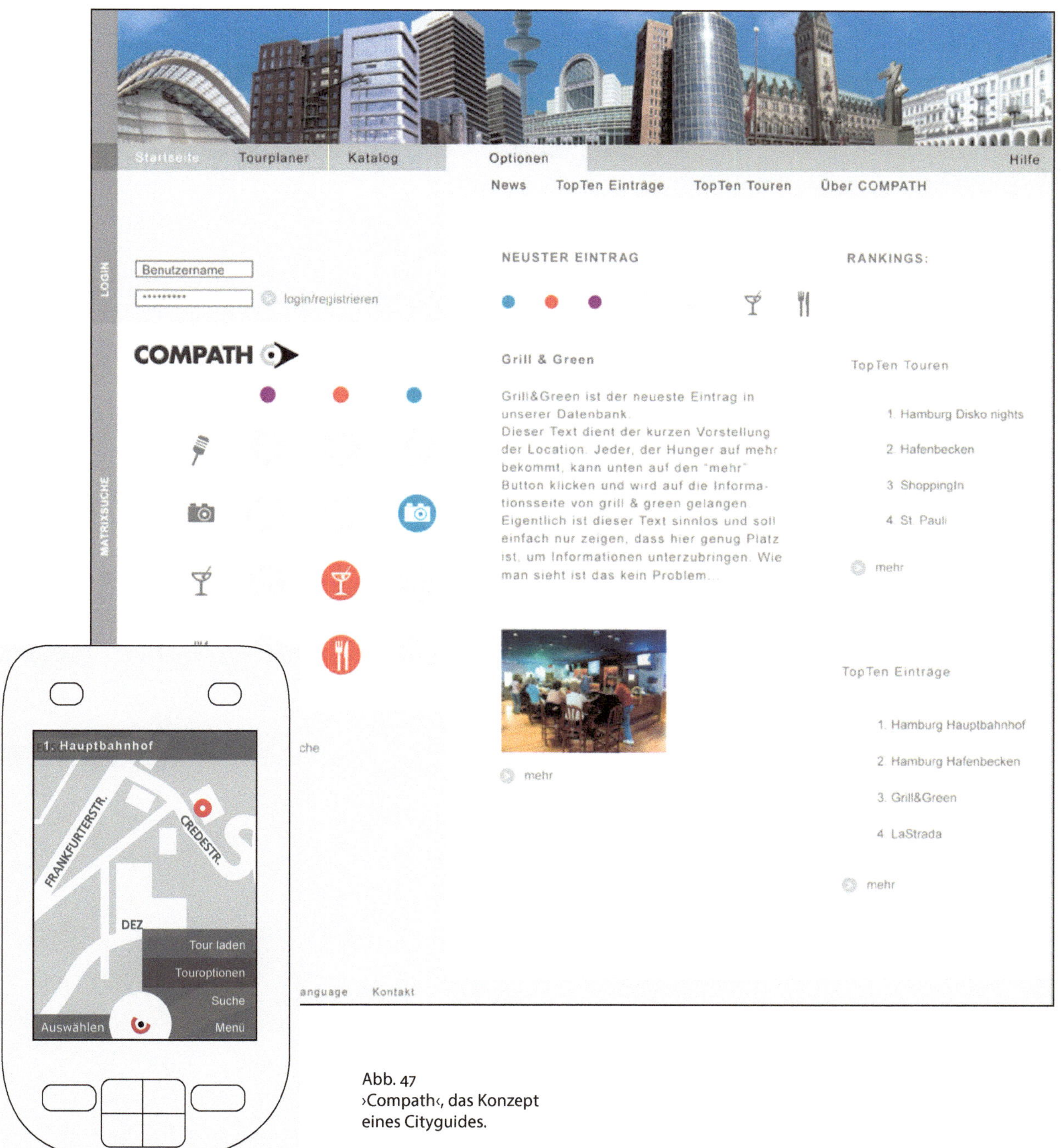

Abb. 47
›Compath‹, das Konzept eines Cityguides.

3.2.6 Icon – Emoticons

```
:-) glücklich
;-) Augenzwinkernd
:-* Küssen
:-( traurig
:-| unsichere Haltung
8-) Brillenträger-
    tendenziell
    unzufrieden
```

Emoticons sind Gefühlsbekundungen, die seit der Verbreitung der Kommunikation über E-mail Einzug gehalten haben und auch in SMS-Dialogen über das Mobiltelefon finden Emoticons Anwendung. Sie helfen in Form von Icons Emotionen zu vermitteln, wodurch sich der Ursprung des Begriffs ›Emoticons‹ erklärt. Dabei geht es neben dem Unterhaltungswert und Spaßfaktor oft auch darum, Missverständnisse zu vermeiden und über die Absicht einer Aussage Klarheit zu bewahren.

Dies sind einige wenige der vielen Ausdrucksmöglichkeiten mit Hilfe von Emoticons:

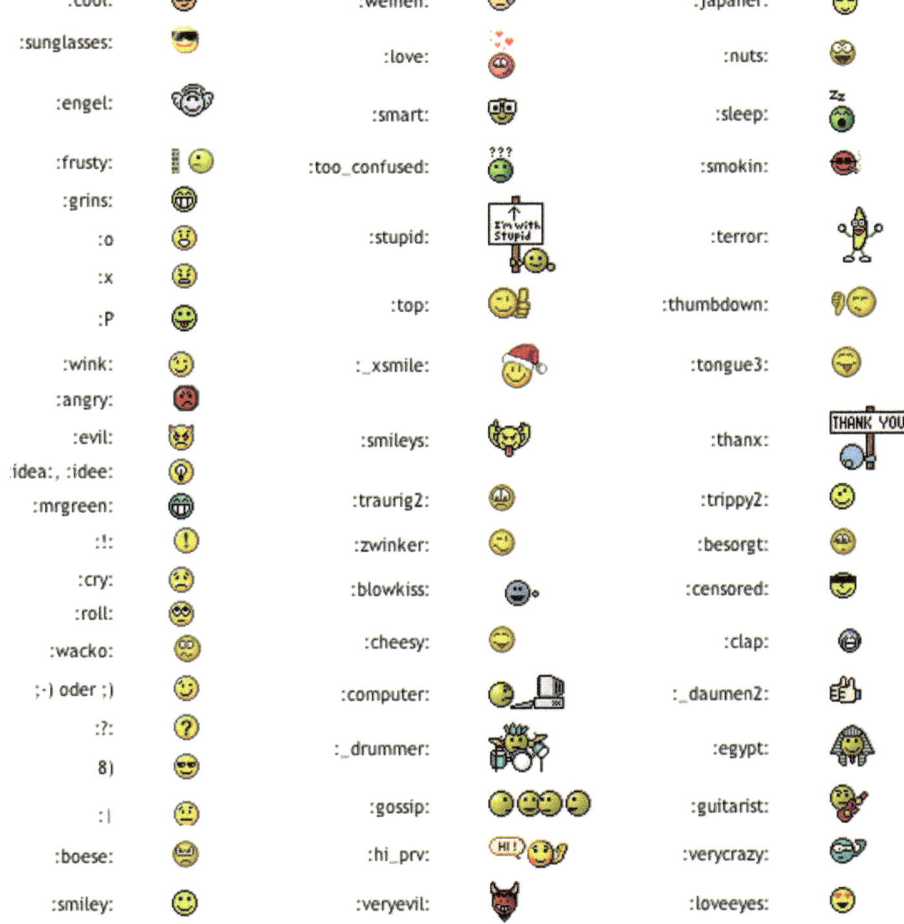

Abb. 48
Einige exemplarische Emoticons. Animiert kann man sie sich auf folgender Website anschauen: www.contentschmiede.de/usable_emoticons

3.2.7 Gestaltung von Icons

»A new language is going to be a language of icons, it's going to be graphics.«

Timothy Leary

Für Benutzeroberflächen werden je nach Gestaltungsabsicht und Anzahl der Objekte, Themen und Funktionen entweder gar keine oder mehrere Icons benötigt, die dann einen gemeinsamen Gestaltungsstil aufweisen müssen und in einer festzulegenden Form zueinander angeordnet sein sollten. Diese Anordnung und auch die Gestaltung der Icons sind Teil des Screendesigns. Mit dem Screendesign bzw. Informationdesign wird festgelegt, ob es überhaupt notwendig bzw. angemessen ist, Icons einzusetzen. Die Einsatznotwendigkeit von Icons ist stets zu hinterfragen, da es sehr schwer ist, Icons zu entwickeln, die garantieren können, dass jeder Betrachter die beabsichtigte Bedeutung tatsächlich erkennen bzw. interpretieren kann. Es gibt keine verlässlichen Regeln, die exakt besagen könnten, wie man Icons zu gestalten hat. Hinweise, dass die Aussageabsicht eines Icons leicht zu erkennen und leicht zu interpretieren sein muss und dass mehrere zusammengehörende Icons im Rahmen gemeinsamer Stilmittel gestaltet sein sollten, können als bekannt und selbstverständlich vorausgesetzt werden, stellen aber bestenfalls Richtlinien dar. Weitere Richtlinien sind jene, die eine barrierefreie Gestaltung von Benutzeroberflächen sicherstellen sollen. Mit ihnen wird u.a. eingefordert, bei der Gestaltung potentielle Sehschwächen der Anwender bezüglich Farbenblindheit, Kontrast, Unschärfe und Darstellungsgröße mit zu berücksichtigen. Deswegen und weil viele Icons nicht wirklich aussagekräftig genug sind, muss die Absicht bzw. die Aussage vieler Icons mit Untertiteln unterstützt werden. Häufig erübrigen sich die Icons dann aber gänzlich. Sie dienen dann im Idealfall als ästhetische Stilelemente innerhalb des Screendesigns oder bestenfalls als hübsche Dekoration.

Abb. 49
Die Schaltflächen des Explorer-Browsers sind bei dieser Version mal mit Icons und Titel, mal nur mit Icons ohne Titel und mal nur mit Titeln versehen. In den Software-Einstellungen kann der Anwender festlegen, in welcher Weise die Menüleiste dargestellt wird.

Um zumindest die Regeln der Barrierefreiheit nicht zu sehr zu verletzen, aber dennoch Icons zur Verfügung stellen zu können, bieten einige interaktive Produkte den Anwendern die Möglichkeit, selbst Veränderungen an der Darstellung des Interfaces vornehmen zu können, indem sich entweder nur die Icons, nur die Untertitel der Icons oder beides gemeinsam anzeigen lassen. Im Straßenverkehr ist eine direkte Ansprache in geschriebenen Worten bisweilen hilfreicher, als ein Verkehrsschild mit Icon. Hierbei sind allerdings Sprachbarrieren und eventueller Analphabetismus zu berücksichtigen. Um allerdings feststellen zu können, ob ein Icon bzw. ein Interfacedesign seinen Sinn erfüllt und um überhaupt zu konkret messbaren Ergebnissen zu kommen, ist es stets erforderlich, so genannte Usability-Tests durchführen zu lassen. Mit diesen werden die beabsichtigten Wirkungen überprüft bzw. festgestellt, ob die Icons überhaupt verstanden werden. Diese Usability-Test sollten begleitender Bestandteil der Gestaltung sein und nicht nur als abschließendes Element eines Gestaltungsprozesses quasi zur eigenen Bestätigung dienen. Wenn erst zum Ende einer Produktion Mängel festgestellt werden, wird deren Beseitigung umso aufwändiger und teurer.

Abb. 50
Ein Straßenübergang in London. Manchmal ist es hilfreich, wenn Symbole mit zusätzlichen textuellen Aufforderungen ergänzt werden.

Die Aufgaben eines Icons sind zwar klar definiert, sie können von ihm aber nur selten in vollem Umfang erfüllt werden. Häufig sind Funktionen zu komplex, als dass sie sich tatsächlich allgemein verständlich in einen einzigen Icon pressen ließen. Zudem sind die Fähigkeit und die Bereitschaft zur Interpretation bei jedem Anwender unterschiedlich. Die Ratschläge zur Gestaltung von Icons können daher nur grundsätzlicher Art sein. Sie lassen sich mit den folgenden Beschreibungen und Beispielen zusammenfassen:

Zielsetzung Bevor für die Benutzeroberfläche eines interaktiven Produkts Icons gestaltet werden können, ist es zwingend erforderlich, dessen Absichten zu definieren, die Zielgruppen festzulegen und sich über deren Vorkenntnisse und Erfahrungen im Klaren zu sein.

Kontext Wie etwas interpretiert oder wahrgenommen wird, ist immer eine Frage des Blickwinkels und der Erfahrung. Wer Celluloidfilme nicht kennt, wird ein Film-Icon nicht als solches interpretieren können. Es könnte auch ein Teil einer Häuserfassade darstellen. Es sollte immer analysiert werden, in welchem Kontext die gestalteten Icons zueinander stehen bzw. in welchem Kontext die Icons zu dem Produkt stehen, dessen Objekte, Themen und/oder Funktionen mit den Icons repräsentiert werden sollen. Ganz wesentlich ist es natürlich zu wissen, in welcher Beziehung die Anwender zum Produkt stehen.

Abb. 51
Film-Icon.

Abb. 52
Film-Icon interpretierbar als Häuserfassade.

Funktional Icons sind Teil der Gesamtgestaltung, dienen aber nicht der Dekoration, sondern haben die Aufgabe, Objekte, Themen und/oder Funktionen zu repräsentieren und anzubieten. Dementsprechend steht bei interaktiven Produkten die Repräsentation der Funktion häufig im Vordergrund. Was aber nicht bedeuten soll, dass Icons unästhetisch sein dürfen. Icons sind Teil eines Screen- und Interfacedesigns und besitzen somit die Aufgabe, Form und Funktion in sehr komprimierter Weise in sich zu vereinen. Ansonsten würden sie wie Fremdkörper wirken. Es ist stets hilfreich, die Icons auf das Wesentliche zu reduzieren. Die Funktionen, die mit Icons repräsentiert werden und die mit diesen Funktionen verbundenen Kontexte sollten analysiert werden. Dadurch ergeben sich funktionale Anhaltspunkte zur Gestaltung der Icons.

Abb. 53
Die Icon-Familie der iTunes-Software von Apple. Diese Icons müssen sowohl zum OS X-Betriebssystem, als auch zur iTunes-Software, zu den Apple-Computern und zum iTunes-Hardware-Player passen. Dabei sollen die hohe Wertigkeit des Produktes und die des Anwenders deutlich werden. Außerdem muss nachvollziehbar sein, welche Funktion jede einzelne Datei repräsentiert.

iTunes.icns

iTunes-snd.icns

iTunes-playlist.icns

iTunes-visual.icns

Konkret/Abstrakt Klare Formen, wenig Farbe und die Vermeidung von Fotorealismus sind zunächst grundlegende Eigenschaften eines Icons. Aber wie jede Regel darf auch diese gebrochen werden, sobald es signifikante Gründe dafür gibt. Die Icons des Macintosh-Betriebsystem OS X sind ein weiteres Beispiel für fotorealistische Icons. Sie lassen das Betriebsystem allerdings sehr bunt erscheinen und es deswegen zu sehr in den Vordergrund rücken. Fotorealistische Icons sind außerdem nicht immer eindeutig erkennbar. Aber genau dies sollte eine wesentliche Absicht eines Icons sein.

US-Forscher an der Ohio State University in Columbus haben ermittelt, dass Studierende komplizierte mathematische Zusammenhänge anhand von einfachen, aber abstrakten Symbolen besser lernten, als auf anschaulichem Wege, z. B. mit Animationen, mit fotorealistischen oder dreidimensionalen Darstellungen. Dies würde bedeuten, dass die von den meisten Pädagogen vertretene Ansicht nicht zuträfe und Anschaulichkeit eventuell eher vom beabsichtigten Erfolg ablenkt. Bisher wurde Kindern Abstraktes gerne mit bewegten Bildern und z. B. Zahlen und Buchstaben mit Gesichtern möglichst anschaulich erklärt. Dass dies nicht unbedingt der richtige Weg ist, erscheint einleuchtend, wenn Vladimir Sloutsky, Co-Autor der Studie und Professor und Direktor des Center for Cognitive Science an der Ohio State University erläutert, dass es nicht hilfreich sein kann, Buchstaben und Zahlen als ein konkretes menschliches Abbild darzustellen, anstatt zu lehren, dass sie Symbole sind, die in sehr unterschiedlicher Weise genutzt werden können.[97] Sobald er den Probanden, jungen Studierenden, in seinen Experimenten komplizierte Inhalte vorlegte und diese durch möglichst bildhafte oder gar mit dreidimensionalen Symbolen erläutern ließ, verschlechterte sich der Lernerfolg gegenüber jenen Probanden, denen die Inhalte durch einfache, abstrakte Symbole dargestellt und erläutert wurden. Insbesondere ist zu beachten, dass die Probanden das Gelernte besser auf andere Situationen übertragen konnten, sobald sie zuvor mit abstrakten Symbolen lernten. Dies ließe sich dadurch erklären, dass ein abstraktes Symbol viel leichter in seiner Bedeutung übertragbar ist, als ein konkretes, etwa fotorealistisches Symbol. Eine abstrakte Linie kann zum einen als Zahl ›1‹ und zum anderen als Strich interpretiert werden, der dann als Teil einer Strichliste eine endlos große Zahl darstellen kann. Diese abstrakte Linie kann im Gegensatz zu einer konkreten Darstellung aber auch als Schlange, Schnur, Zug etc. interpretiert werden. Bereits auf diesem Wege kann die Phantasie eventuell stärker beflügelt und auch das abstrakte Denken für kom-

98 The Advantage of Simple Symbols for Learning and Transfer. Psychonomic Bulletin & Review, Volume 12, Number 3, June 2005.

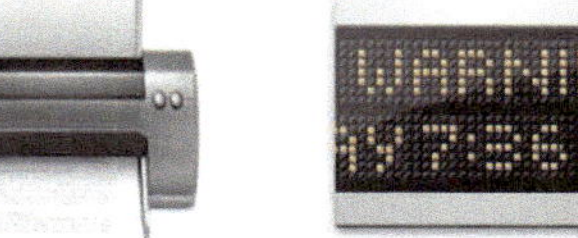

Abb. 54
Icons des Macintosh-Betriebssystems OS X 10.3.9. Die obere Reihe zeigt Icons für Informationssoftware und in der unteren Reihe für Funktionssoftware. Diese Icons entsprechen nicht dem Ideal, denn die grundlegenden Eigenschaften eines Icons sind klare Formen, wenig Farbe und die Vermeidung von Fotorealismus.

plexe Sachzusammenhänge und für das Übertragen von Zusammenhängen besser begünstigt werden. Wahrscheinlich ist eine konkrete Darstellung in sich bereits so eigenständig, dass sie von den beabsichtigten Inhalten ablenken kann. Außerdem grenzt das Konkrete die Möglichkeit ein, ein Ganzes zu sehen, da es den Fokus auf ein bebildertes und womöglich animiertes Beispiel richtet. Dadurch würde durch das Konkrete erschwert, eigene Kombinationsformen aus dem Gelernten zu bilden. Dies würde bedeuten, dass Lehren mit anschaulichen Icons bisweilen eine Kreativitätsbremse darstellen kann.

Gruppierung Die jeweils zusammengehörenden Icons sollten zu Gruppen zusammengestellt werden und können so als einzelne Funktionsgruppen erkannt und unterschieden werden. Außerdem wirkt so selbst eine große Anzahl von Icons übersichtlich und hilft, den Anwendern das Gefühl zu vermitteln, einem Interface nicht ausgeliefert zu sein, sondern sich mit einem handhabbaren Produkt zu beschäftigen (siehe z. B. die Menüleisten von Adobe-Produkten).

Abb. 55

Gemeinsamkeiten Zusammengehörende Icons sollten Gemeinsamkeiten aufweisen, damit sie auch als Gruppe wahrgenommen werden und vor allem, damit sie das einheitliche Design eines Produkts unterstützen. Zu geringe Unterschiede zwischen den Icons sollten dagegen vermieden werden (siehe Abb. 29 von ›shadybrain.com‹ auf Seite 152).

Anzahl Weder in der Gesamtsumme noch innerhalb der Gruppierungen darf es zu viele Icons geben. Auch hier gilt, dass sich das Kurzzeitgedächnis des Menschen nur ca. sieben Elemente gleichzeitig merken kann. Dies bedeutet, dass maximal sieben Icons innerhalb einer Struktur gleichzeitig eingesetzt werden sollten.

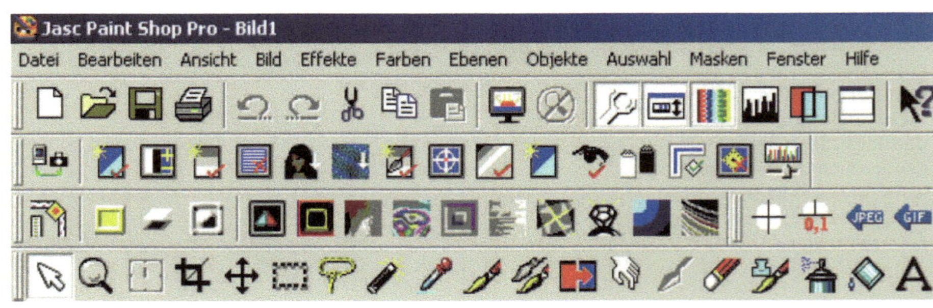

Abb. 56
Diese Anhäufung an Icons macht sehr deutlich, wie wichtig es ist, auf die richtige Anzahl, Gemeinsamkeiten und Gruppierungen zu achten. Ausschnitt der Buttonleiste von Jasc Paint Shop Pro.

Kultur / Internationalisierung Es sollte stets bedacht werden, dass Icons gerade im kulturellen Vergleich unterschiedlichen Interpretationen ausgesetzt sind (siehe oben ›Icon – ISOTYPE‹, Seite 156). Auch wenn sichergestellt sein kann, dass ein Produkt nur national vertrieben wird, sind kulturelle Besonderheiten nicht zu vernachlässigen. Schließlich leben in jedem Land Bürger sehr unterschiedlicher Herkunft und Religion. Gesten, die z. B. durch Hand-Icons repräsentiert werden, könnten kritisch sein, da gerade sie in unterschiedlichen Kulturen in verschiedenster Weise interpretiert werden könnten. Auch kann z. B. die Verwendung von Tierabbildungen in der einen kulturellen Region sympathiebildend sein, aber in einer anderen das Vertrauen in das Produkt beeinträchtigen. So gelten z. B. Hunde in islamisch geprägten Kulturen als niedere Wesen und eignen sich dort nicht für die Gestaltung von Icons oder Logos, die für Zuverlässigkeit und Vertrauen stehen sollen. Das amerikanische Unternehmen ›Lycos‹ hingegen trägt einen Hund im Logo und wirbt auch mit diesem in der Fernsehwerbung, vermutlich weil Hunde zumindest bei den Indianern des nordamerikanischen Kontinents als Boten gelten und das Unternehmen sein Kerngeschäft als Internetsuchmaschine begann.

Abb. 57
Je nach Kultur und Religion symbolisiert die Zitrone das menschliche Herz, Schutz gegen lebensfeindliche Kräfte, Missgeschick und die ›Säure des Lebens‹ oder gar den Tod.

Selbst Früchte stehen nicht zwangsläufig ausschließlich für das Naheliegende, für Reife, Fülle, Fruchtbarkeit, Saftigkeit und Wohlstand. So symbolisiert z. B. die Zitrone im Judentum das menschliche Herz. Im Mittelalter galt die Zitrone als Symbol für Leben und als Schutz gegen lebensfeindliche Kräfte, während sie in anderen Zusammenhängen sogar als Symbol für Missgeschick, als ›Säure des Lebens‹ gilt. Und in Japan ist die Zitrone sogar Zeichen des Todes. Ebenso speziell sind Japaner in ihrer Ansicht über Symbole, die Teilen des menschlichen Körpers entsprechen. Freigestellte Münder oder Augen in Form von Icon-Darstellungen finden sie sehr unsympathisch.

Bestimmte Gegenstände sind dagegen so typisch für eine Nationalität, dass sie nur in bekannter, unveränderter Form akzeptiert würden, auch wenn ihre Absicht als Icon an sich verstanden werden würde. Wird z. B. ein Briefkasten als Symbol für E-mail-Post verwendet, ist zu bedenken, dass der ›typische‹ amerikanische Briefkasten – ein rohrförmiger Kasten mit vorderer Klappe und Fahne – außerhalb der USA zwar in seiner Funktionalität verstanden wird, aber nicht als landestypisch anerkannt würde. Dasselbe gilt für eine Telefonzelle, z. B. die typisch rote englische Telefonzelle. Bei der Wahl der Farbe ist im kulturellen und internationalen Kontext ebenfalls einiges zu berücksichtigen. ›Rot‹ kann im Westen als Zeichen von Liebe, Adel, Macht und Gefahr interpretiert werden. Hierbei kommt es auch auf den Farbton, die Farbintensität und den Zusammenhang ihres Einsatzes an. Im Judentum steht ›Rot‹ für Strenge, im Hinduismus für Kreativität, in Japan für Ärger und in China für Glück. ›Weiß‹ steht in der christlich geprägten Kultur für Keuschheit und Reinheit, wohingegen diese Farbe in der arabischen Welt, in China und in Japan für die Darstellung von Tod und Trauer stehen kann. Im Christentum steht ›Schwarz‹ für Tod und Trauer, in Ägypten hingegen für Wiedergeburt und Auferstehung (siehe auch Kapitel *Farbe*, Seite 176).

Abb. 58
Ein amerikanischer Briefkasten, so wie er z. B. bei der E-mail-Software ›Claris Emailer‹ den Ordner der noch nicht versandten Emails symbolisiert, ist für andere Nationalitäten eventuell zu ländertypisch auf die USA bezogen und deshalb nicht unbedingt gut geeignet.

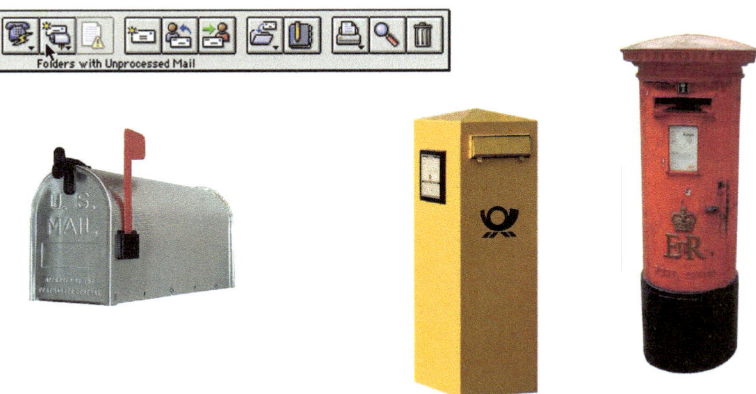

Abb. 59
Das Kreuz, das häufig als Zeichen für ›Rettung‹ also zur Datensicherheit oder Datenrettung geeignet ist, könnte in einigen Kulturkreisen als christliches Symbol oder gar als pro-christliches Statement missverstanden werden.

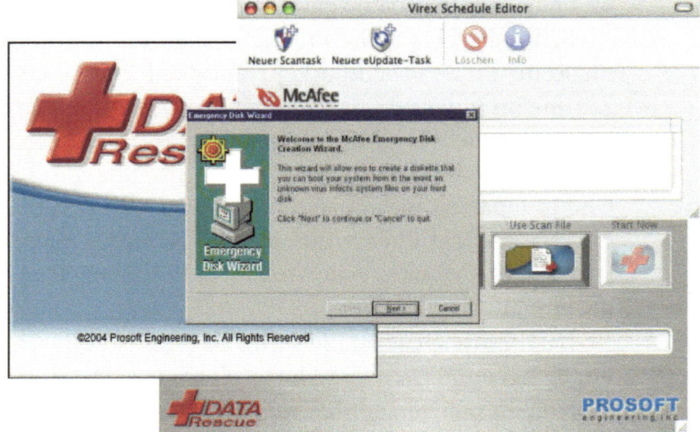

Abb. 60
Hunden wird nicht in allen Kulturen gleich viel Vertrauen entgegengebracht, weshalb sich die Software HistoryHound (www.stclairsoft.com) auf Grund ihres Logos nicht in jedem Kulturraum gleich gut verkaufen ließe. Die Hundeabbildung stammt von www.cartoon-dogs.com.

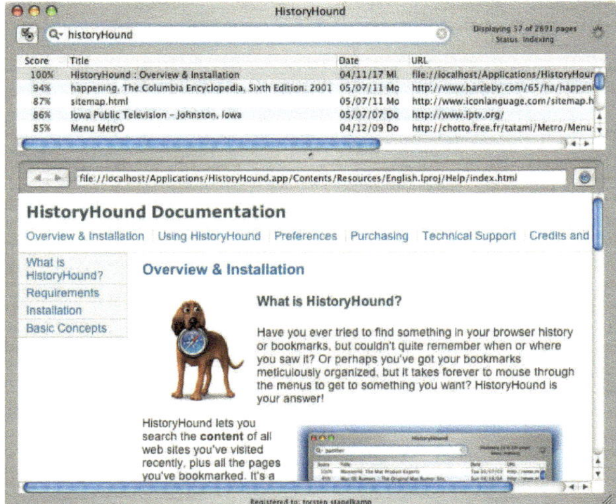

Überprüfung Um herausfinden zu können, ob die subjektiv zusammengestellten Eigenschaften, Funktionen und Gestaltungsformen erfolgversprechend arrangiert und kombiniert wurden, ist die Planung und Durchführung von Usability-Tests als ein parallel durchzuführender Bestandteil der Gestaltung erforderlich. Je komplexer das Produkt und je vielseitiger die Zielgruppen, umso wichtiger sind Usability-Tests. Um festzustellen, ob die Icons von den Zielgruppen verstanden und akzeptiert werden, genügt häufig ein Test mit Hilfe von auf Papier skizzierten Icons. Die notwendigen Änderungen lassen sich dann rasch und unkompliziert durchführen. Sobald die Skizzenphase zu geeigneten Ergebnissen geführt hat, können die Icons digitalisiert und mit einem Grafikprogramm für die Darstellung am analogen oder digitalen Produkt angepasst und optimiert werden.

Die Arbeit »word perhect« (unten) zeigt sehr schön, dass das Skizzieren von Icons und Websites auf Papier bereits sehr aussagekräftig die Absicht eines Entwurfes visualisieren kann und sich bereits sehr gut für Usability-Test eignet. Eine detaillierte Ausarbeitung mit geeigneten Gestaltungsprogrammen wird erst dann erforderlich, wenn die Test nach eventuellen Änderungen der Icons erfolgreich verliefen. Bei dem hier gezeigten Beispiel entschied sich die Designerin Tomoko Takahashi sogar, die skizzenhafte Darstellung zum Stil ihrer Arbeit zu erheben.

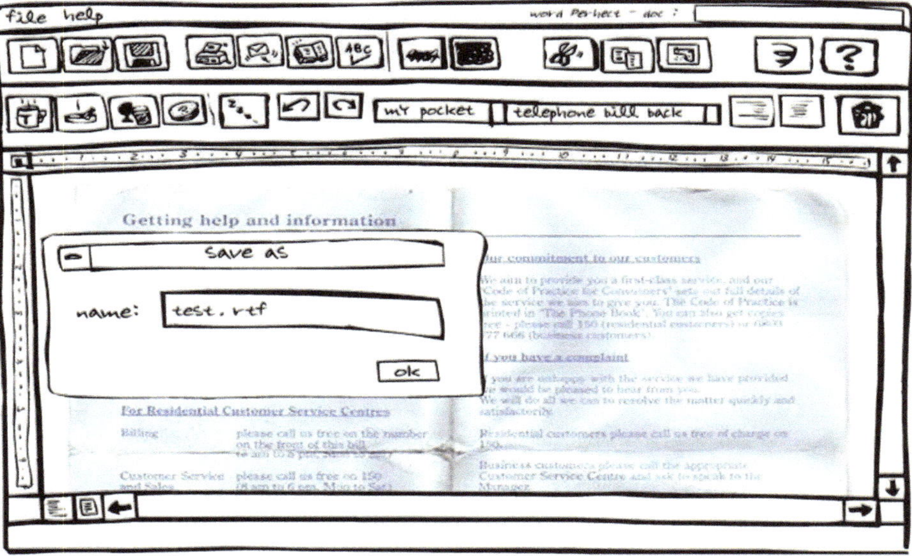

Abb. 61
›word perhect‹ von Tomoko Takahashi, www.e-2.org.

Der Einsatz von Metaphern ist ein gängiger Versuch, komplizierte Vorgänge, Themen, Umgebungen und Erzählabsichten zu versinnbildlichen. Der Begriff Metapher stammt vom griechischen *metaphora* ›Übertragung‹ und lässt sich vielleicht bereits mit den folgenden Beispielen verdeutlichen: ›Wüstenschiff‹ gilt als Metapher für Kamel und ›Segler der Lüfte‹ für Wolken. Mit Sprachbildern wie ›die kalte Schulter zeigen‹, ›warm empfangen werden‹, ›himmelhoch jauchzend‹ und ›tief betrübt sein‹ illustrieren Metaphern emotionale Zustände. Bei interaktiven Produkten werden mit Metaphern oft Umgebungen beschrieben, deren Eigenschaften und Funktionen den anvisierten Zielgruppen vertraut sind. Diese können dann auf eigene Inhalte und Erzählabsichten übertragen werden, ohne dass der ursprüngliche Träger dieser Eigenschaften gezeigt werden braucht. So kann das, was dem Anwender bekannt ist, metaphorisch mit etwas Neuem verbunden werden, ohne Erzählabsichten oder Funktionalitäten aufwendig einführen und erklären zu müssen. Die Darstellung einer Pinwand könnte z. B. als Metapher innerhalb eines interaktiven Produkts für mehr stehen, als nur für einen Platz zur Vermittlung von Informationen. Sie könnte gerade dort für Eigenschaften stehen, die eher typisch für computerbedingte Umgebungen sind, wie z. B. als Menüverzeichnis oder auch als ein sich dynamisch veränderndes Diskussionsforum. Diese Umgebung wäre dann zwar nicht mehr nur eine Pinwand, könnte aber die für sie typischen Funktionseigenschaften, die dann auf neue Möglichkeiten übertragen wurden, nutzen, ohne dass sie näher erklärt werden muss. Ein weiteres Beispiel für ein metaphorisches Verbinden von Eigenschaften und Funktionen einer bekannten Umgebung mit den Erzählabsichten und Inhalten eines interaktiven Produkts ist die Nutzung des Theaters als Metapher.

Bei der CD-ROM Produktion ›Perspektive und Raumdarstellung‹ werden z. B. die Eigenschaften einer Bühne als Metapher für den Zugang zu den unterschiedlichen Jahrhunderten und Jahrtausenden und als Auswahlmöglichkeit zu den einzelnen Kapiteln und Inhalten verwendet. Die Bühne kann man betreten und bis nach hinten durchschreiten und man erhält die Möglichkeit, Bühnenbilder von der Seite auf die Bühne ziehen zu können. Diese Bühnenbilder repräsentieren die jeweiligen untergeordneten Kapitel und dienen in ihrer Eigenschaft auch als Vorschau zum gewählten Thema.

Das Theater bot sich natürlich auch thematisch an. Zahlreiche Aspekte der Perspektive bis hin zur vorgetäuschten Perspektive finden Anwendung in Theaterbühnen. Zudem ist der einäugige Blick der konzentrierten Zentralperspektive typisch für viele Theaterbühnen und auch für dreidimensionale Computerraumwelten. Nicht zuletzt das Ideal, den Anwender eines interaktiven Produkts zum Mitspieler werden zu lassen, schafft die Nähe zum Theater als Metapher, ohne dass ein Theater mit all seinen Eigenschaften präsent sein müsste.

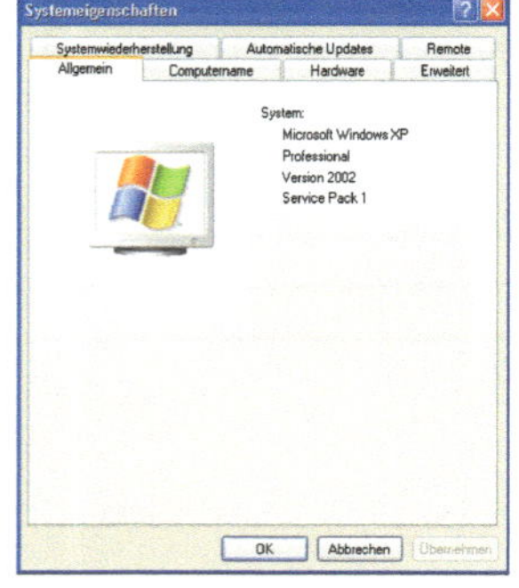

Abb. 62
Karteikasten-Reiter-Prinzip beim PC Betriebssystem Windows XP Pro.

Die wohl bekanntesten Metaphern bei interaktiven Produkten sind das Karteikasten-Reiter-Prinzip und die Schreibtisch-Metapher. Textdateien mit einem Papier-Icon zu versehen und die Möglichkeit, diese Dateien in Ordnern zu sortieren oder bei Bedarf in einem Papierkorb zu entsorgen sind Beispiele für einen sinnvollen Einsatz von Metaphern und dafür, dass Metaphern zum Verständnis von Gebrauchsformen und Funktionsabläufen beitragen können. Es sollte aber auch bedacht werden, dass damals nur deshalb eine Schreibtischmetapher gewählt wurde, da man davon ausging, dass in erster Linie Sekretärinnen am Computer arbeiten würden und das deshalb alle Assoziationen und Funktionen möglichst simpel sein sollten. Mit dieser Sichtweise zeigten einige der damaligen männlichen Ingenieure

Abb. 63
Von rechts können Bühnenbilder auf die Bühne gezogen werden, um in die unterschiedlichen Kapitel zu gelangen. Dieser Vorgang dient auch als Vorschau zum jeweils gewählten Thema.

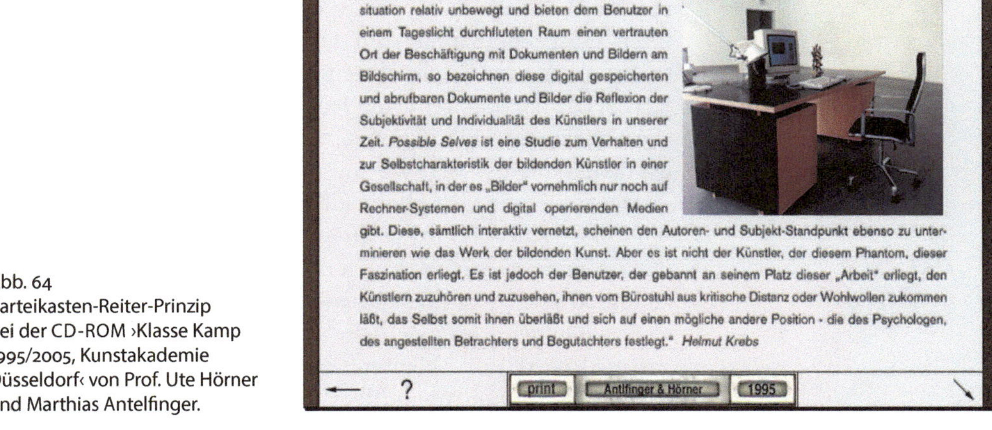

Abb. 64
Karteikasten-Reiter-Prinzip bei der CD-ROM ›Klasse Kamp 1995/2005, Kunstakademie Düsseldorf‹ von Prof. Ute Hörner und Marthias Antelfinger.

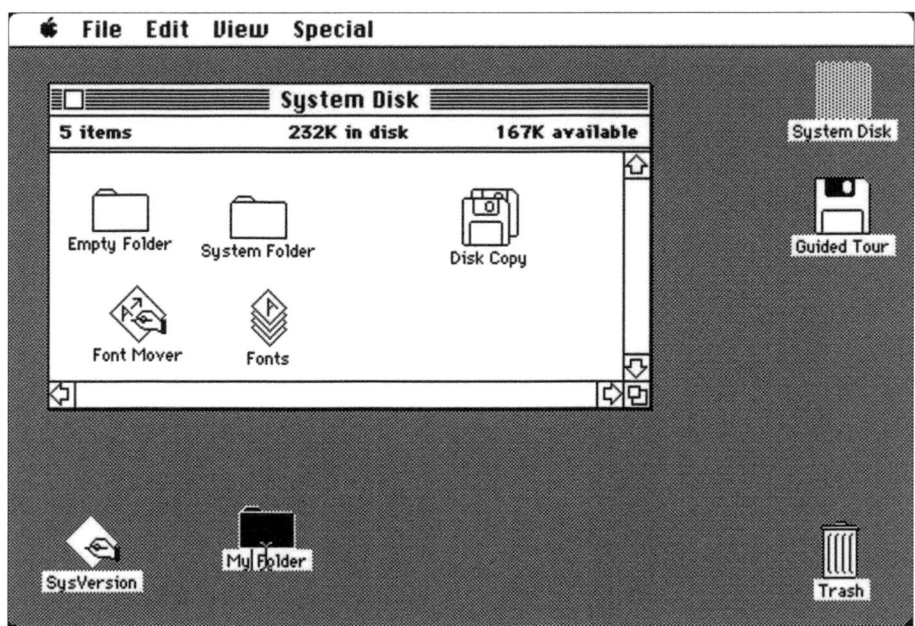

Abb. 65
Schreibtisch-Metapher des ›Apple Macintosh‹ von 1984.

und Programmierer aber eher, wie gering ihre eigene Fähigkeit zu assoziieren bzw. antizipatorisch zu denken war.

Douglas C. Engelbart, der unter anderem die Computer-Maus und eine einhändig bedienbare Tastatur mit fünf Tasten erfand, hatte damals vergebens darauf hingewiesen, dass mit einem Computer vielmehr diejenigen umgehen würden, die künftig Informationen verarbeiten und realisieren werden. Die Wahl einer passenden Metapher ergibt sich selbstverständlich aus dem Bedarf und den Fähigkeiten des Anwenders. Wenn man allerdings an die falsche Zielgruppe denkt oder entscheidende Bedürfnisse und Fähigkeiten möglicher Zielgruppen nicht erkennt oder ausschließt, kann dies zwangsläufig dazu führen, ungeeignete Metaphern zu verwenden, die dann nur noch aus der Gewohnheit heraus akzeptiert werden.

Metaphern sollen eigentlich dazu dienen, Sinnzusammenhänge herzustellen. Für interaktive Produkte werden sie aber oft nur als Platzhalter eingesetzt, die dann nicht selten entweder zu sehr eingrenzend vordefiniert oder zu beliebig in ihrer Interpretierbarkeit sind. Dies sieht man besonders deutlich an manchen Metapher-Icons von Betriebsystemen und an der Darstellung nahezu aller virtuellen Städte. Die dort verwendeten Icons sind keine Metaphern, sondern nur Imitationen von Objekten und Funktionen, weshalb die beabsichtigten Aussagen nicht erreicht werden.

An Stelle von Metaphern sollten keine Imitationen eingesetzt werden. Stattdessen sollte Abstraktion angestrebt werden und die Einsicht, dass sich nicht für jeden Bedarf eine geeignete Metapher finden lässt. Es ist schwierig, passende Metaphern zu finden und es ist noch schwieriger diese gut darzustellen. Metaphern sind aber weder zwingend erforderlich, und auch nicht immer die beste Lösung. Solange versucht wird, mit Abläufen und Funktionen, die aus der Realität bekannt sind, die Möglichkeiten interaktiver Produkte versinnbildlichen und somit die realen

Möglichkeiten unmodifiziert in die virtuellen, computerbedingten Umgebungen übertragen zu wollen, wird die Suche nach einer Metapher lediglich dazu verleiten, die äußere Realität mit Hilfe des Computers zu imitieren. So kann die Suche nach einer Metapher zur Inspirationsbremse werden.

Man sollte nicht annehmen, Metaphern wären nur dann dienlich für die Nutzung eines interaktiven Produkts, solange sie genau dasselbe leisten wie die Vorlage in der Realität. Oft genügt das Auslösen von Assoziationen, um der Verwendung von Metaphern eine Daseinsberechtigung zu geben. Wenn es nur darum geht, Funktionalitäten eines interaktiven Produkts nachvollziehbar darzustellen und somit der Erlernbarkeit und der Bedienbarkeit von Programmen und Systemen zu dienen, sind Metaphern durchaus geeignete Hilfsmittel. Es erscheint bereits aus ergonomischer und ökonomischer Sicht wichtig, dass ein Anwender den Umgang mit einem interaktiven Produkt möglichst schnell erlernt, um anschließend einen möglichst schnellen Arbeitsablauf zu gewährleisten. Die Komplexität interaktiver Produkte ist allerdings häufig so hoch, dass es unwahrscheinlich ist, ihre Möglichkeiten, deren Zustände und den Umgang mit ihnen mit Hilfe von Metaphern erschöpfend versinnbildlichen zu können. Mit Metaphern kann man zwar das Prinzip des Gebrauchs beschreiben, so wie es von der Schreibtisch-Metapher der Computer-Betriebssysteme bekannt ist, aber nicht auch noch alles, was in Folge der Bedienung in Gang gesetzt wird.

Die bei einer inhaltlich orientierten interaktiven Produktion darzustellenden Emotionen, Abläufe, Funktionen und Erzählabsichten sind oft zu vielschichtig, als dass sie sich sinnvoll in Metaphern pressen ließen. Und solange man keine in jeder Hinsicht passende und von jedem potentiellen Anwender sinnvoll zu interpretierende Metapher findet, setzt man besser erst gar keine ein. Des Weiteren lassen sich bereits oft verwendete Metaphern, wie die Schreibtisch-Metapher oder eine Pinwand, nicht ständig wiederholt einsetzen, ohne den Anwender zu langweilen oder sich selber dem Vorwurf des Plagiats oder der Einfallslosigkeit auszusetzen. Und jene Metaphern, die zwar der Beschreibung von Funktionen dienen, sind nicht unbedingt dafür geeignet zum Verständnis von Inhalten, Dramaturgien oder Erzählabsichten beizutragen. Oft ist es so, dass sie von der eigentlichen Absicht des Produkts ablenken, da der Fokus zu sehr auf die Funktionalitäten oder Eigenschaften der äußeren Realität gerichtet wird. Auch die Gestaltungsabsicht kann durch einen ungeeigneten Einsatz von Metaphern leiden, wenn sie dadurch trivialisiert wird und sich infolgedessen unter Umständen die angestrebte Zielgruppe nicht mehr angesprochen fühlt.

Es ist nicht ratsam und auch gar nicht notwendig, bereits zu Beginn der ersten Überlegungen für ein neues Screen- und Interfacedesign, verbissen nach Metaphern zu suchen. Außerdem leben Anwender nicht in einer Metaphern-Welt. Und die Computer-Welt entspricht nicht der realen Welt, weshalb es oft keinen Sinn macht, mit Hilfe von Metaphern so zu tun, als wäre dem so.

Abb. 66
Mit ›eWorld‹ nutzte der Hard- und Software-Entwickler Apple die Metapher einer virtuellen Stadt, um Online-Dienst anzubieten. Das Angebot startete im Juni 1994 und endete bereits am 31. März 1996. Der Entwurf stammt von Bruce Mewhinney/ Diosa Design (www.diosa.com). Sobald man E-Mails empfangen hatte, erschien in der unteren linken Ecke eine Internet-Auffahrt auf der ein rotes Postauto angefahren kam.

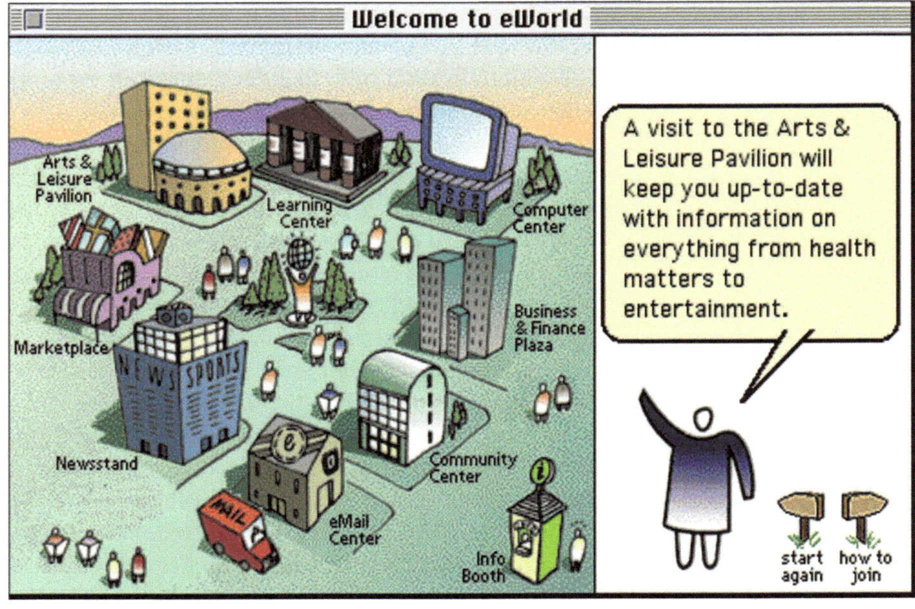

Abb. 67
1995 publizierte Stern-Online seine erste Website im Internet. Die Gestaltung erfolgte durch Pixelpark. Mit der Metapher ›Cockpit‹ wurde wohl beabsichtigt, Begriffe wie Navigation, Cyberspace, Internet und Computerspiel in einem einzigen Sinnbild zusammenzufassen.

Fragen und Empfehlungen zur Entscheidungsfindung und Gestaltung von Metaphern

Komplexität der Metapher an die Komplexität der Produktion angleichen
- Ist die Metapher thematisch orientiert?
- Imitiert die Metapher die äußeren Realität?
- Wie komplex ist die Welt, aus der die Metapher entlehnt wurde?
- Wie viel kann aus der Welt, aus der die Metapher entlehnt wurde, übernommen werden?
- Ist die Metapher geeignet, Kontexte zu bilden?
- Ist die Metapher geeignet, Inhalte zu transportieren?
- Kann die Metapher Sachverhalte veranschaulichen und Orientierung bieten?
- Dient die Metapher nur als Mittel, Dinge zu repräsentieren, anstatt diese zu organisieren?

Struktur der Metapher an die Struktur der Produktion angleichen
- Inwieweit ist die Struktur des Inhalts bzw. der Dienstleistung auf eine Metapher anwendbar oder die Metapher auf die Struktur?
- Welche Aspekte sind wichtig?
- Welche Aspekte können verwirren?
- Welche Funktionen sind die relevanten?
- Welche Funktionen sind erklärungsbedürftig?
- Ist die Metapher einfach zu interpretieren, ohne trivial zu wirken?

Gut darstellbare Metaphern verwenden
- Ist die Metapher angemessen?
- Eine virtuelle Stadt als Metapher erfordert z. B. einen beträchtlichen Aufwand und bietet in der Regel nur eine extrem umständliche Navigation.
- Ist die Art der Interaktion der Metapher angemessen?
- Ist die Metapher gut darzustellen?
- Wie aufwändig ist eine gute Darstellung?
- Ist die Metapher implementierbar in die Gesamtgestaltung, dem Screen- und Informationdesign?
- Ist die Metapher implementierbar in die Funktionsprinzipien, dem Interaction- und Interfacedesign?

Metaphern verwenden, die die Anwender kennen
- Inwieweit wird die Metapher von den Anwendern verstanden?
- Setzen die Metaphern beim Anwender Erfahrung voraus?
- Aus welchem Fachgebiet kommt die Metapher?
- Wie viel historischen Ballast hat die Metapher?

Offene Metaphern benutzen
- Kann die Metapher eine Eigendynamik entwickeln, die die Benutzung des Systems in positiver Weise verändert?
- Erschweren die Metaphern die Einführung von grundlegend neuen Ideen?
- Schränkt die Metapher die medialen Ausdrucksmöglichkeiten ein?

3.4.1 Farbe und ihre Darstellungsmedien

Darstellungsmedien lassen sich bezüglich der Farbdarstellung und Farbmischung in die folgenden beiden Kategorien einteilen:

- nicht selbstleuchtende und
- selbstleuchtende Medien

Druckerzeugnisse, Farbpulver oder farbige Gegenstände sind z. B. nicht selbstleuchtende Objekte bzw. Medien. Monitore oder diverse Displaytechnologien sind hingegen selbstleuchtende bzw. hintergrundbeleuchtete Objekte.

Bei den selbstleuchtenden bzw. hintergrundbeleuchteten Medien sind zahlreiche Unterschiede festzustellen. Bereits die Monitortechnologie bietet mindestens drei wesentliche Medientypen, die jeweils individuelle Eigenschaften und Vorteile haben. Röhrenmonitore geben Farben noch am besten wieder, LCD-Monitore können Abbildungen am schärfsten darstellen und Plasmamonitore ermöglichen eine hellere und kontrastreichere Wiedergabe. Plakatleuchtkästen und farbige Glasmalerei sind ebenso als Darstellungsmedien zu berücksichtigen, wenn es darum geht, die farblichen Eigenschaften von hintergrundbeleuchteten Medien zu beschreiben. Seitdem es interaktive Plakate gibt, die sich per SMS ansteuern lassen oder sogar Daten zum Herunterladen auf ein Mobiltelefon zur Verfügung stellen, werden selbst Plakate interessant für die Thematik Screen- und Interfacedesign. Daneben gibt es noch zahlreiche weitere Darstellungstechnologien in Form von Displays und Anzeigetafeln für öffentliche Verkehrsmittel, in Stadien oder als selbstleuchtende Werbeflächen.

Grundsätzlich ist neben der hardwareseitigen Darstellungstechnologie auch das Umgebungslicht und die daraus resultierenden Reflexionen zu beachten und bei Computeranwendungen das benutzte Betriebssystem. Das Betriebssystem MacOS verwendet einen Gammawert von 1,8 und das von Windows in der Regel einen von 2,2. Das führt dazu, dass Bilddateien, die an einem Apple-Computer erstellt wurden, an einem PC heller und kontrastärmer erscheinen. Wurden sie an einem PC erstellt, so erscheint die Bilddatei an einem Apple-Computer entsprechend dunkler und kontrastreicher.

Je nachdem, welche Darstellungsmedien und welche Betriebssysteme von der jeweiligen Zielgruppe verwendet werden, sind Einflussfaktoren bezüglich der Farbgenauigkeit, der Helligkeit, der Farbbrillanz und der Kontraststärke zu beachten, die sich nur sehr bedingt voraussagen lassen und denen man als Gestalter bzw. Produzent nur sehr bedingt begegnen kann. Es ist daher zu empfehlen, die Zielgruppe so gut es geht zu ermitteln und, wenn möglich, gezielt für deren Nutzerverhalten und den damit zusammenhängenden Darstellungstechniken angepasst zu produzieren.

Abb. 69
Vergrößerung eines Druckrasters

Druckerzeugnisse

Bei Druckerzeugnissen werden die Farben Cyan, Magenta und Gelb nach der subtraktiven Farbmischung gemischt, und in der Regel wird die Farbe Schwarz zusätzlich verwendet, um den Kontrast zu erhöhen, da die CMY-Farben gemeinsam kein so kräftiges Schwarz ergeben.

Abb. 68
Als Vorlage zur vergleichenden Darstellung mit den hier besprochenen Wiedergabemedien dient eine Abbildung von *Manege frei*, einem Trickfilm von Ljubisa Djukic (Diplomarbeit, Betreuung: Torsten Stapelkamp).

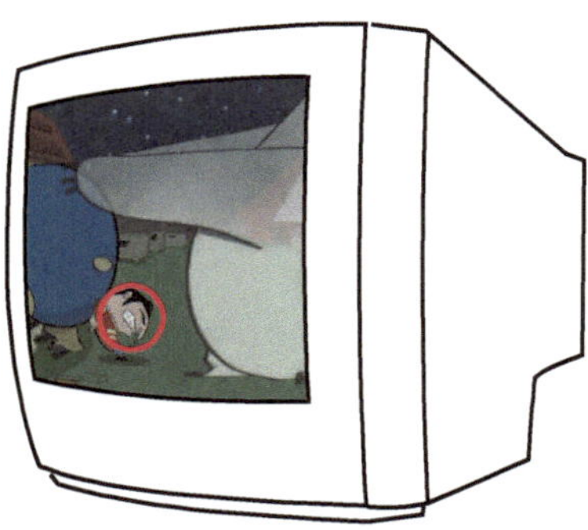

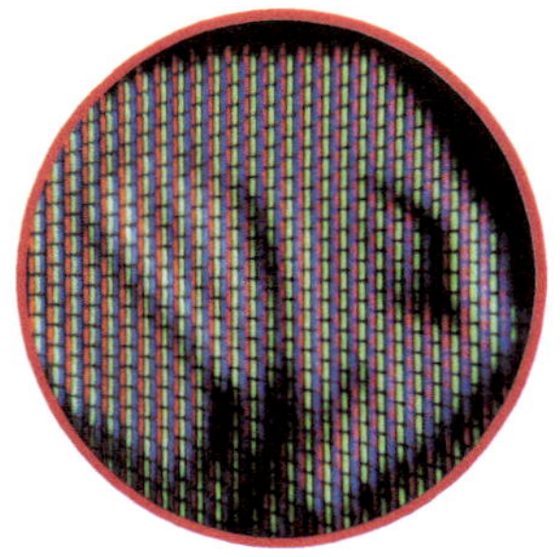

Abb. 70
Darstellung auf einem Fernseh-Röhrenmonitor.

Fernseh-Röhrenmonitor

Fernseh-Röhrenmonitore stellen, wie alle Röhrenmonitore, Bilder durch Ablenken von Elektronenstrahlen dar (je ein Strahl für Rot, Grün, Blau). Dabei werden diese Strahlen entweder durch eine Loch- oder durch eine Streifenmaske geschickt. Die Elektronenstrahlen wandern in einer bestimmten Frequenz zeilenweise von oben nach unten und stellen abwechselnd Halbbilder dar, weshalb ein Flimmern einzelner Elemente des Bildes entstehen kann. Eine spezielle Beschichtung auf der bestrahlten Innenseite des Röhrenkolbens leuchtet auf, sobald der Elektronenstrahl auftrifft.

Es setzen sich allerdings zunehmend Flachbildschirme durch, die nach der Technologie des Liquid Crystal Displays (LCD) bzw. nach der des Plasmamonitors funktionieren und ein flackerfreies Bild ermöglichen. Die Farbdarstellung ist je nach Typ und Hersteller bei Fernseh-Röhrenmonitoren sehr unterschiedlich und die Möglichkeit, dort die Farbdarstellung zu justieren, oft stark eingeschränkt. Gerade für DVD-Produktionen, bei denen über einen filmischen Beitrag hinaus auch interaktive Anwendungen durchgeführt werden können, ist dieser Umstand umso bedauerlicher, da sich im Bereich interaktiver Inhalte auch Standbilder befinden.

Zudem ist zu bedenken, dass die interaktiven Anteile an einem Computer erstellt werden und somit mittels eines Computer-Röhrenmonitors oder eines Liquid Crystal Displays gestaltet und beurteilt wurden. Somit tun sich zahlreiche mögliche Fehlerquellen in der Farbdarstellung auf, die sich bei monochromen oder gar bei stehenden Bildern viel eher bemerkbar machen, als bei filmischen, bewegten Bildern. Hinsichtlich der Farbdarstellung bei Fernseh-Röhrenmonitoren lassen sich kaum Empfehlungen geben. Selbst das Testen auf mehreren Fernseh-Röhrenmonitoren schafft keine Sicherheit. Dafür gibt es einfach zu viele Fabrikate und zu viele Ursachen einer schlechten Farbjustierung dieser Geräte. Es bliebe nur die Möglichkeit, ein Testbild anzubieten, mit der Aufforderung an den Anwender, seinen Fernseh-Röhrenmonitor nach diesem Testbild zu justieren, bevor er sich die entsprechenden DVD-Produktionen anschaut.

Da erscheint es sinnvoller, auf die seit einigen Jahren voranschreitende und stark zunehmende Verbreitung von Flachbildschirmen zu setzen. Da sich das klassische Fernsehgerät und die Computertechnologie zudem immer mehr annähern und zusammenwachsen, ist es nur eine Frage der Zeit, bis die Darstellung am Abspielgerät beim Anwender und die Darstellung am Computer, an dem die Produktion erstellt wurde, identische Qualitäten haben können bzw. sich automatisch angleichen lassen.

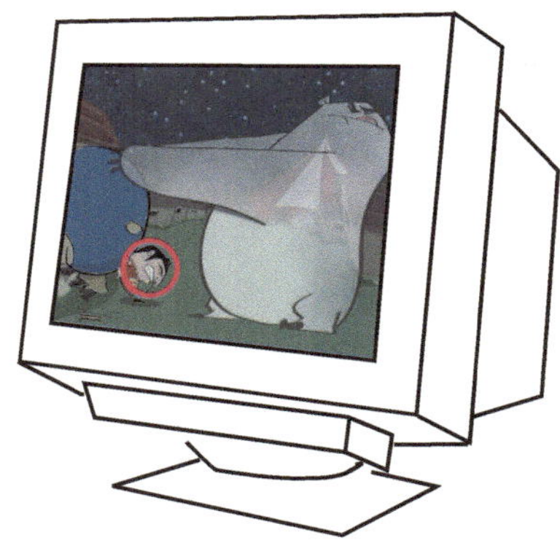

Plasmamonitor

Der Plasmamonitor, auch Plasma Display Panel (PDP) genannt, besitzt eine Vielzahl von einzelnen Kammern. Für jede Grundfarbe (Rot, Grün, Blau) eines Bildpunktes wird eine Kammer verwendet. Elektrische Signale bringen Gase, die sich in den Kammern befinden, in den entsprechenden Farben zum Leuchten, so dass sich auch bei diesem Verfahren in der Addition der jeweils leuchtenden Grundfarben eine Farbmischung ergibt, die bei ausreichender Distanz als ein Bildpunkt wahrgenommen wird. Die einzelnen Bildpunkte sind selbstleuchtend und werden nicht, wie beim LCD-Monitor als Farbfilter von hinten durchleuchtet (siehe *Liquid Crystal Display, LCD-Monitor*). Dadurch sind Plasmamonitore erheblich lichtstärker und auch kontrastreicher in der Bildwiedergabe. Schließlich bildet sich ein schwarzer Bildpunkt dadurch, dass er nicht leuchtet. Beim LCD-Monitor wird auch dann, wenn eigentlich ein schwarzer Bildpunkt abgebildet werden soll, bedingt durch die ständige, vollflächige Hintergrundbeleuchtung immer etwas Licht abgestrahlt.

Ein wesentlicher Nachteil beim Plasmamonitor besteht in der Empfindlichkeit der Chemie in den Plasma-Zellen. Die Gefahr, dass sich ein Standbild nach einiger Zeit ›einbrennen‹ kann und auf ewig als Schattenbild erhalten bleibt, kann bei allen Monitortechnologien vernachlässigt werden, nur eben nicht beim Plasmamonitor. Davon abgesehen bietet er zusammen mit dem LCD-Monitor aber den Vorteil, an einem Computer angeschlossen und dort als Erst- bzw. Zweitmonitor genutzt werden zu können. Außerdem kann der Monitor dann mit Hilfe der Einstellungsmöglichkeiten am Computer sehr individuell justiert und sogar professionell kalibriert werden, um Kontrast- und Farbdarstellungen zu optimieren.

Computer-Röhrenmonitor

Das Funktionsprinzip ist bei Computer-Röhrenmonitoren identisch mit dem der Fernseh-Röhrenmonitore. Da der Betrachter allerdings wesentlich näher an einem Computer-Monitor sitzt, muss die Darstellung auf diesem eine entsprechend höhere Farbtiefe haben und das Bild muss mit einer entsprechend hohen Bildfrequenz aufgebaut werden. Um ein Ermüden der Augen durch zu stark flimmernde Monitore zu verhindern, ist eine Frequenz von mindestens 100 MHz zu empfehlen. Zunehmend setzen sich Flachbildschirme durch, z. B. die Liquid Crystal Displays (LCD), da diese flimmerfrei sind.

Abb. 71
Darstellung auf dem Display eines Mobiltelefons (hier exemplarisch das SonyEricsson P910i, www.sonyericsson.de).

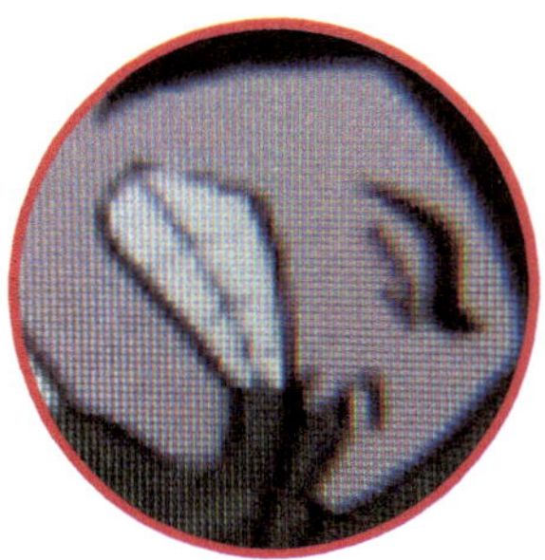

Abb. 72
Darstellung auf einem LCD-Flachbildschirm.

Liquid Crystal Display (LCD)

Im Gegensatz zu Röhrenmonitoren sind Liquid Crystal Displays (LCD) frei von Flimmern. Es werden nur die jeweils sich ändernden Bildpunkte an- oder ausgeschaltet bzw. ausgetauscht, so dass eigentlich starre Bilder aus sich ständig austauschenden Bildelementen entstehen. In der Vergangenheit führte dies bei schnell ablaufenden Bilderfolgen bisweilen zu ruckelnden bzw. nachziehenden Bewegungen, da sich die Bildpunkte damals nicht so schnell umschalten ließen, wie es eine schnelle Bilderfolge erforderlich gemacht hätte. Diese Probleme sind aber behoben und gehören der Vergangenheit an. Wesentliche Nachteile der LCD-Monitore sind ihre relativ geringe Lichtstärke, Schwächen in der Kontrastschärfe und der Umstand, dass die beste Farb- und Kontrastdarstellung nur im Rahmen eines eingeschränkten Blickwinkels möglich ist. LCD-Monitore werden dennoch zunehmend sowohl im privaten als auch im beruflichen Umfeld den Röhrenmonitoren vorgezogen. Außerdem zeigen die LCD-Monitore der aktuellen Macbooks von Apple, dass eine hohe Lichtstärke und ein breiter Anblickwinkel auch bei LCD-Monitoren möglich ist.

Auf Grund der geringen baulichen Tiefe werden die LCD-Monitore auch häufig bei Messepräsentationen verwendet und in Gehäusen von Terminals und Interaktiven Multimediakiosken (IMK) verbaut. Ansonsten wird die LCD-Technologie wegen des geringen Platzbedarfs als Displays für mobile Kleingeräte, wie PDA, Mobiltelefon, Messgeräte etc. verwendet. Für den Markt der mobilen Kleingeräte, aber auch für so genannte ›intelligente‹ Produkte und Verpackungen werden zudem spezielle LCD-Displays entwickelt, die biegsam sind und sogar als Displayfolie aufgetragen werden können. So können z. B. Medikamentenverpackungen oder Eintrittskarten mit interaktiven Zusatzinformationen versehen werden. Die Firma Siemens möchte solche Displays bis zum Jahr 2007 zur Marktreife führen. OLED (**Or**ganische **L**icht **E**mittierende **D**ioden) können als Nachfolgetechnologie von Liquid Crystal Display (LCD) angesehen werden. OLED sind flexible Kunststoff-Displays aus organischen Leuchtdioden. Noch befinden sie sich in der Entwicklung. Sie sollen aufrollbare Bildschirme ermöglichen, in allen erdenklichen Größen herstellbar, sehr lichtstark aber dennoch extrem gering im Stromverbrauch sein und aus jedem Blickwinkel ein brillantes Bild bieten. Es ist geplant in zwei bis drei Jahren die ersten Fernseher mit OLED-Display vorzustellen. Mit dem S88 wurde von BenQ-Siemens bereits zur IFA 2005 in Berlin ein Mobiltelefon mit OLED-Display vorgestellt. Das Active-Matrix-OLED-Display hat eine Auflösung von 176 × 220 Pixel und es können bis zu 262 144 Farben dargestellt werden.

Forscher der Technischen Universität Braunschweig sind dabei, Displays zu entwickeln, die im Ruhezustand komplett durchsichtig wie eine Glasfläche sind. Im eingeschalteten Zustand soll das Display farbige Bilder darstellen können, so wie man es bereits vor Jahren in Steven Spielbergs Science-Fiction-Klassiker *Minority Report* gesehen hat. Für Navigationsgeräte in Fahrzeugen gäbe es sinnvolle Einsatzmöglichkeiten. Routeninformationen, aber auch technische Fahrzeughinweise könnten in der Windschutzscheibe dargestellt werden. Noch sind diese Displays aber nicht verfügbar. Die TU Braunschweig will 2008 erste Prototypen der transparenten OLED-Displays vorstellen.

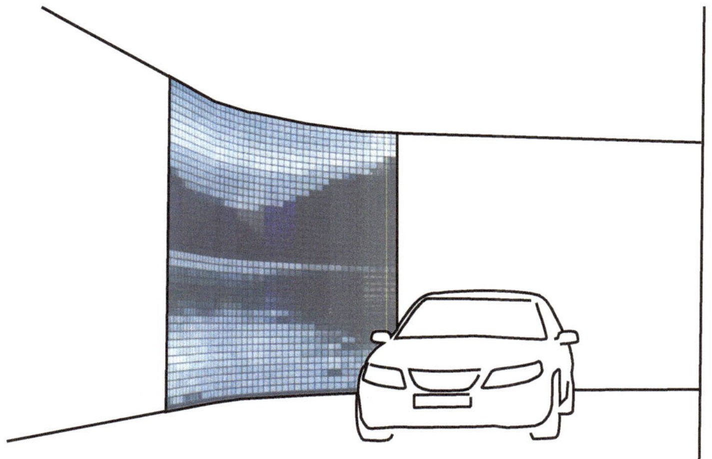

Anzeigetafeln, Displays

Da Anzeigetafeln für öffentliche Verkehrsmittel einen wesentlichen Aspekt zu den Themen ›Leitsysteme‹ und ›Leiten und Informieren‹ darstellen, ist auch hierbei die Verwendung von Farben und Kontrasten neben gestalterischen Gesichtspunkten ebenso unter Berücksichtigung von ergonomischen und strategischen Überlegungen zu betrachten.

In diesem Zusammenhang sind noch großflächige, selbstleuchtende Anzeigetafeln zu erwähnen, wie sie z. B. in Stadien, Flughäfen oder als Werbeflächen Anwendung finden. Auch diese Anzeigetafeln machen sich, wenn sie denn nicht einfarbig darstellen, die additive Farbmischung zu Nutzen. Die Leuchtmittel, die die Grundfarben (Rot, Grün, Blau) darstellen, sind nur entsprechend größer. Solche Informationsdisplays werden mittlerweile auch mit Leuchtdioden **LED** (**L**ight **E**mitting **D**iodes) realisiert, nicht zuletzt wegen des geringen Stromverbrauchs und der erheblich längeren Lebensdauer gegenüber herkömmlichen Leuchtmitteln.

Abb. 73
Das LED-Display *VersaPIXMODULE* ist vergleichbar mit dem LED-Display *Versa™ LIGHTGUIDE*. Der entscheidende Unterschied hierbei ist, dass die Pixel bei *VersaPIXMODULE* nicht rund, sondern quadratisch sind. Jeder dargestellte Pixel besteht aus mindestens einem roten, einem grünen und einem blauen LED-Chip. Wie bei allen LED-Wänden werden die dargestellten Farb- und Helligkeitswerte durch eine Mischung der Grundfarben Rot, Grün und Blau erzeugt. Im Gegensatz zu Standard-LED-Wänden, bei denen die LEDs direkt nach vorne abstrahlen und sichtbar sind, wird hier jedes LED durch einen vorgebauten Diffuser abgestrahlt. Mit diesem LED-Displays können bis zu 16,7 Millionen Farben dargestellt werden (CT Germany; www.ctgermany.com).

Abb. 74
Das LED-Display *Versa™ LIGHTGUIDE* hat je Modul bei einer Größe von 500 × 500 mm eine aktive Pixelgröße von 85 × 85 mm und einen Pixelabstand von 100 × 100 mm. Die Module lassen sich zu großen LED-Wänden zusammenstellen. (CT Germany; www.ctgermany.com).

Abb. 75
Der Anwender kann Buchstaben und Worte tippen, die dann umgehend an der Fassade dargestellt werden.

Architektur als Medium bzw. Display

Jede Architektur ist an sich bereits ein Medium. Dieser Zustand wird aber immer wieder mal durch Initiative verschiedenster Interessenten z. B. mit Hilfe von Lichtinstallationen präsent gemacht, wodurch Architektur auch als Licht- und Medienfassade wahrnehmbar wird.

Architekturfassaden werden dann mit Hilfe von Lichtinstallationen zum Darstellungsmedium von Informationen, Botschaften und optischen Eindrücken umfunktioniert. In der Regel wird dazu eine Matrix aus Leuchtmitteln gebildet, wobei ein Leuchtmittel, z. B. eine Glühbirne, einen Bildpunkt darstellt. Diese Leuchtmittel werden über einen Computer einzeln angesteuert, so dass mit den einzelnen ein- bzw. ausgeschalteten Leuchtmitteln auf einer Matrix zusammen Stand- bzw. Bewegtbilder dargestellt werden können. Diese Darstellungen können je nach Leuchtmittel ein- oder mehrfarbig sein.

3.4.2 Farbkodierung – Farbe für Funktionsabläufe und Funktionszustände

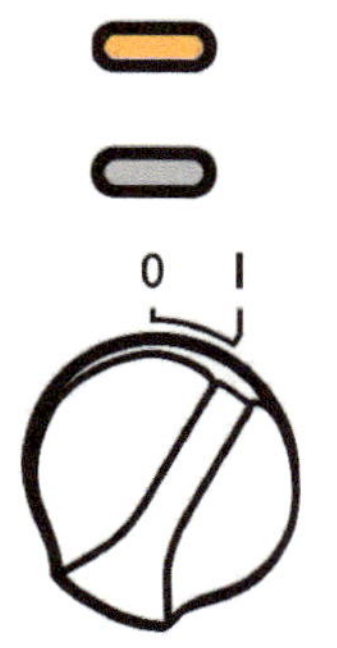

Abb. 76
Die Farbe definiert, unterstützt durch ein Leuchtmittel, die **Funktionszustände** ›an‹ und ›aus‹.

Funktionsabläufe lassen sich mit Farbkodierungen erheblich sinnstiftender darstellen, als dass sich mit Farbe thematische Bereiche definieren ließen, da bei einem Funktionsablauf die verwendeten Farben nicht mit Bedeutung aufgeladen werden, sondern lediglich identische Farben für zusammenhängende Funktionen und Abläufe gegenübergestellt und weitere Farben für zusätzliche Funktionen und Angebote bereitgestellt werden.

Bei interaktiven Software-Produkten werden mit verschiedenen Farben mehrere Funktionszustände definiert:

- Ungeklickter Zustand (Kennzeichnung, dass ›angeklickt‹ werden kann, durch Farbmarkierung bzw. andere Form der Kennzeichnung)
- Überrollen mit Computermaus (Farbe verändert sich)
- Anklicken (noch ist die Maustaste gedrückt)
- Es wurde geklickt (Farbveränderung oder andere Veränderungen, z. B. durch Erscheinen eines Menüs oder einer Markierung)

Farbe kann auch als **Navigationshinweis** dienen. Mit Farbmarkierungen bzw. Kontrastintensitäten kann dargestellt werden:

- in welchem Kapitel (Funktionsbereich, Raum, Etage, Ebene etc.) man sich gerade befindet
- welche Kapitel bereits besucht wurden
- welche Bereiche zusammengehören
- welche Bereiche inhaltlich verwandt sind.

Mit Farbe bzw. Kontrast können **Inhaltsbereiche** untereinander gegliedert oder Inhaltsbereiche von **Funktionsbereichen** getrennt werden.

Luft- bzw. Farbperspektive kann zur Darstellung von **Bedeutungsgrößen** genutzt werden und somit zur **Steuerung von Aufmerksamkeit** und dem Bilden von Zusammenhängen dienen. Eine blaue vor einer orangefarbenen Fläche wirkt z. B. längst nicht so räumlich wie bei der umgekehrten Positionierung dieser Flächen.

3.4.3 Farbkodierung – Farbe als Struktur

Im Gegensatz zur Bedeutungsdefinierung sind Farbkodierungen allerdings sehr wohl und nahezu uneingeschränkt gut geeignet, um Daten in Informationsgrafiken zu differenzieren. Bei Informationsgrafiken wird Farbe nicht als Symbol, sondern als Struktur, als Gestaltungsmittel zur Differenzierung eingesetzt. Werden verschiedene Farben für Informationsgrafiken angewandt, so bl eibt oft der Überblick auch bei einer höheren Anzahl an Farbwerten gewahrt, da alle Farben nur im Vergleich zueinander dargestellt werden und zudem in der Regel gleichzeitig zu sehen sind.

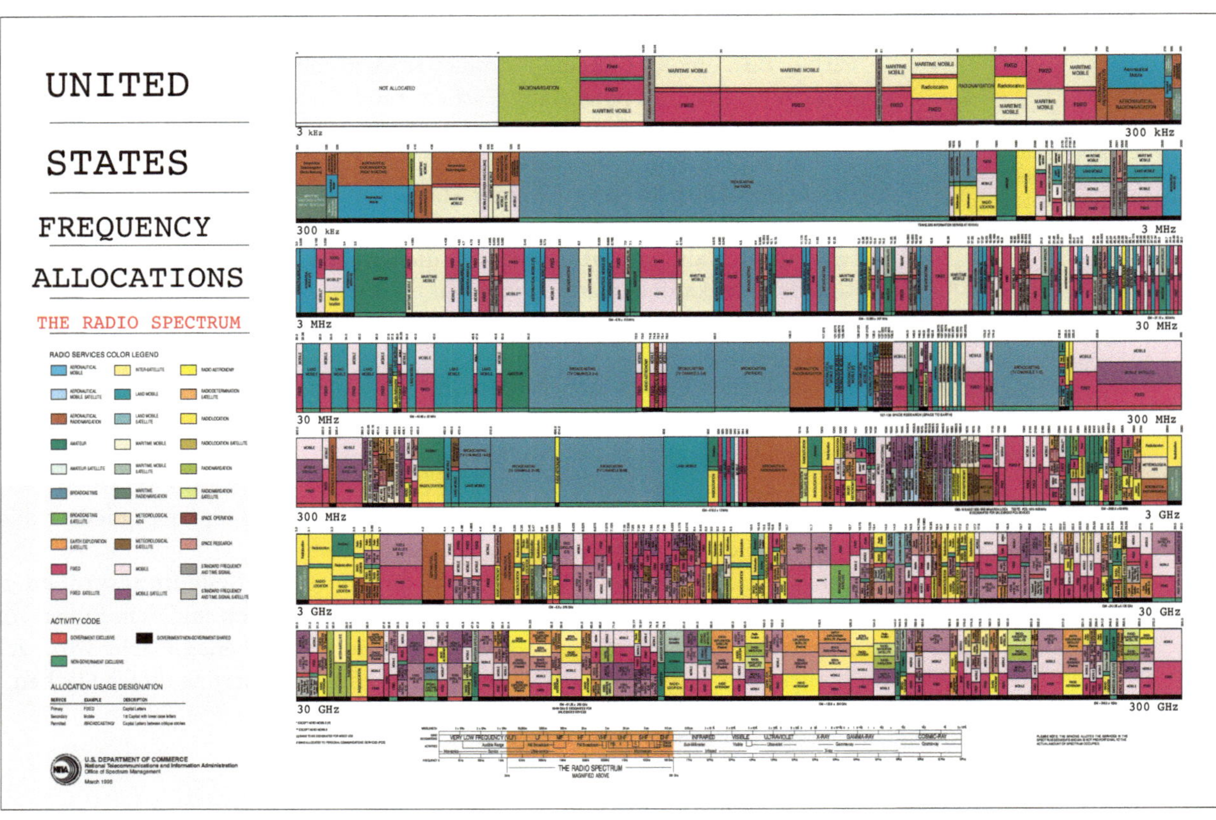

Abb. 77
Farbkodierung eignet sich zur Differenzierung von Daten in **Informationsgrafiken** besser, als zur Strukturierung von Orientierungssystemen bzw. zur interaktiven Benutzerführung. Bei Informationsgrafiken wird Farbe in der Regel nur als Gestaltungsmittel zur Differenzierung und Visualisierung von Daten eingesetzt. (U.S. Department of Commerce, 1996).

Abb. 78
Die Farbkodierung dient der Differenzierung von Regionen, in denen tendenziell eine positive bzw. negative wirtschaftliche Entwicklung prognostiziert wird. (Abb.: Handelsblatt, Klaus Zimmermann; Quelle: Prognos Zukunftsatlas 2010, Stand November 2010, Prognos AG). www.prognos.com/zukunftsatlas

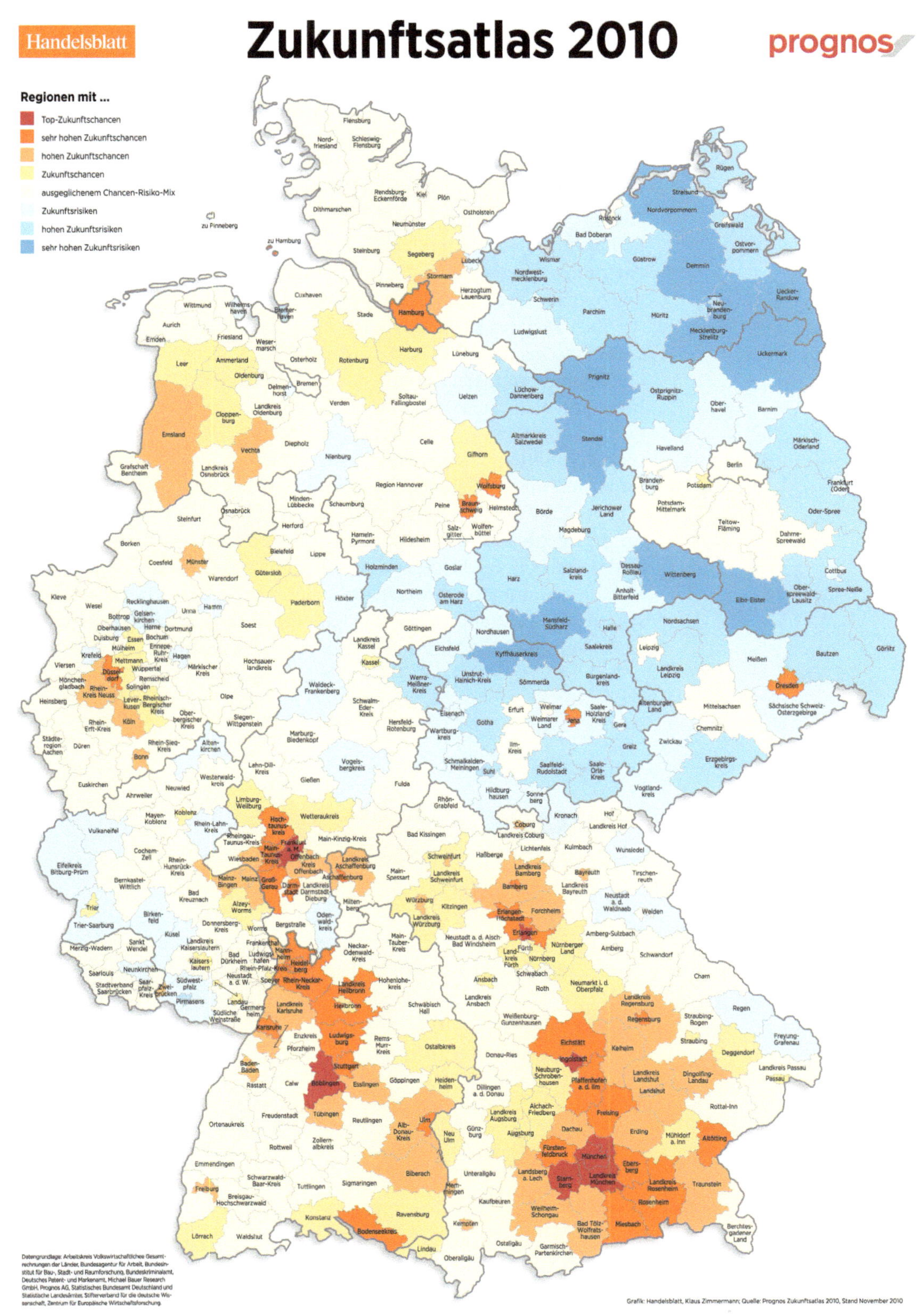
Handelsblatt
Zukunftsatlas 2010
prognos
Regionen mit ...
Top-Zukunftschancen
sehr hohen Zukunftschancen
hohen Zukunftschancen
Zukunftschancen
ausgeglichenem Chancen-Risiko-Mix
Zukunftsrisiken
hohen Zukunftsrisiken
sehr hohen Zukunftsrisiken
zu Pinneberg
zu Hamburg
Flensburg
Nordfriesland
Schleswig-Flensburg
Rügen
Stralsund
Nordvorpommern
Rostock
Greifswald
Ostvorpommern
Bad Doberan
Kiel
Plön
Rendsburg-Eckernförde
Dithmarschen
Ostholstein
Neumünster
Steinburg
Segeberg
Lübeck
Wismar
Güstrow
Demmin
Stormarn
Nordwestmecklenburg
Uecker-Randow
Pinneberg
Herzogtum Lauenburg
Schwerin
Parchim
Müritz
Neubrandenburg
Cuxhaven
Hamburg
Stade
Ludwigslust
Mecklenburg-Strelitz
Uckermark
Wittmund
Wilhelmshaven
Bremerhaven
Aurich
Friesland
Emden
Wesermarsch
Osterholz
Rotenburg
Harburg
Lüneburg
Leer
Ammerland
Oldenburg
Bremen
Delmenhorst
Prignitz
Lüchow-Dannenberg
Uelzen
Verden
Soltau-Fallingbostel
Ostprignitz-Ruppin
Oberhavel
Barnim
Emsland
Cloppenburg
Landkreis Oldenburg
Vechta
Diepholz
Celle
Altmarkkreis Salzwedel
Stendal
Havelland
Märkisch-Oderland
Nienburg
Gifhorn
Berlin
Grafschaft Bentheim
Landkreis Osnabrück
Region Hannover
Wolfsburg
Brandenburg
Potsdam
Frankfurt (Oder)
Minden-Lübbecke
Schaumburg
Peine
Braunschweig
Helmstedt
Börde
Jerichower Land
Potsdam-Mittelmark
Oder-Spree
Steinfurt
Osnabrück
Herford
Salzgitter
Wolfenbüttel
Magdeburg
Teltow-Fläming
Dahme-Spreewald
Borken
Hameln-Pyrmont
Hildesheim
Bielefeld
Lippe
Coesfeld
Münster
Gütersloh
Holzminden
Goslar
Harz
Salzlandkreis
Dessau-Roßlau
Wittenberg
Cottbus
Warendorf
Paderborn
Höxter
Northeim
Osterode am Harz
Anhalt-Bitterfeld
Elbe-Elster
Oberspreewald-Lausitz
Spree-Neiße
Kleve
Wesel
Recklinghausen
Unna
Hamm
Bottrop
Gelsenkirchen
Herne
Dortmund
Soest
Göttingen
Nordhausen
Mansfeld-Südharz
Halle
Nordsachsen
Oberhausen
Duisburg
Essen
Bochum
Mülheim
Ennepe-Ruhr-Kreis
Hagen
Landkreis Kassel
Kassel
Eichsfeld
Kyffhäuserkreis
Saalekreis
Leipzig
Görlitz
Krefeld
Mettmann
Viersen
Düsseldorf
Wuppertal
Märkischer Kreis
Hochsauerlandkreis
Meißen
Bautzen
Mönchengladbach
Remscheid
Rhein-Kreis Neuss
Solingen
Werra-Meißner-Kreis
Unstrut-Hainich-Kreis
Sömmerda
Burgenlandkreis
Landkreis Leipzig
Dresden
Heinsberg
Leverkusen
Rheinisch-Bergischer Kreis
Olpe
Waldeck-Frankenberg
Schwalm-Eder-Kreis
Köln
Oberbergischer Kreis
Eisenach
Erfurt
Weimar
Jena
Saale-Holzland-Kreis
Altenburger Land
Mittelsachsen
Sächsische Schweiz-Osterzgebirge
Rhein-Erft-Kreis
Siegen-Wittgenstein
Hersfeld-Rotenburg
Gotha
Weimarer Land
Gera
Chemnitz
Städteregion Aachen
Düren
Rhein-Sieg-Kreis
Altenkirchen
Marburg-Biedenkopf
Wartburgkreis
Ilm-Kreis
Greiz
Zwickau
Bonn
Lahn-Dill-Kreis
Vogelsbergkreis
Schmalkalden-Meiningen
Suhl
Saalfeld-Rudolstadt
Saale-Orla-Kreis
Erzgebirgskreis
Euskirchen
Westerwaldkreis
Neuwied
Gießen
Fulda
Hildburghausen
Sonneberg
Vogtlandkreis
Ahrweiler
Limburg-Weilburg
Rhön-Grabfeld
Mayen-Koblenz
Koblenz
Rhein-Lahn-Kreis
Hochtaunuskreis
Wetteraukreis
Coburg
Kronach
Hof
Landkreis Hof
Vulkaneifel
Rheingau-Taunus-Kreis
Main-Kinzig-Kreis
Bad Kissingen
Landkreis Coburg
Lichtenfels
Kulmbach
Wunsiedel
Cochem-Zell
Main-Taunus-Kreis
Frankfurt a. M.
Offenbach
Schweinfurt
Haßberge
Eifelkreis Bitburg-Prüm
Rhein-Hunsrück-Kreis
Wiesbaden
Kreis Offenbach
Landkreis Aschaffenburg
Main-Spessart
Landkreis Schweinfurt
Landkreis Bamberg
Bayreuth
Tirschenreuth
Bernkastel-Wittlich
Mainz-Bingen
Mainz
Groß-Gerau
Darmstadt
Landkreis Darmstadt-Dieburg
Aschaffenburg
Bamberg
Landkreis Bayreuth
Bad Kreuznach
Alzey-Worms
Miltenberg
Würzburg
Kitzingen
Neustadt a. d. Waldnaab
Weiden
Trier
Odenwaldkreis
Landkreis Würzburg
Erlangen-Höchstadt
Forchheim
Trier-Saarburg
Birkenfeld
Donnersberg-Kreis
Worms
Bergstraße
Erlangen
Amberg-Sulzbach
Kusel
Landkreis Kaiserslautern
Frankenthal
Mannheim
Main-Tauber-Kreis
Neustadt a. d. Aisch Bad Windsheim
Fürth
Nürnberger Land
Amberg
Merzig-Wadern
Sankt Wendel
Bad Dürkheim
Ludwigshafen
Heidelberg
Neckar-Odenwald-Kreis
Landkreis Fürth
Nürnberg
Schwandorf
Kaiserslautern
Rhein-Pfalz-Kreis
Saarlouis
Neunkirchen
Neustadt a. d. W.
Speyer
Rhein-Neckar-Kreis
Landkreis Heilbronn
Hohenlohekreis
Schwabach
Ansbach
Cham
Stadtverband Saarbrücken
Saar-pfalz-Kreis
Zweibrücken
Südwestpfalz
Pirmasens
Landau
Germersheim
Heilbronn
Roth
Neumarkt i. d. Oberpfalz
Südliche Weinstraße
Landkreis Karlsruhe
Schwäbisch Hall
Landkreis Ansbach
Landkreis Regensburg
Regen
Karlsruhe
Regensburg
Weißenburg-Gunzenhausen
Straubing-Bogen
Enzkreis
Ludwigsburg
Rems-Murr-Kreis
Eichstätt
Kelheim
Freyung-Grafenau
Pforzheim
Ostalbkreis
Donau-Ries
Straubing
Deggendorf
Baden-Baden
Stuttgart
Ingolstadt
Neuburg-Schrobenhausen
Landkreis Landshut
Dingolfing-Landau
Landkreis Passau
Rastatt
Calw
Böblingen
Esslingen
Göppingen
Heidenheim
Dillingen a. d. Donau
Pfaffenhofen a. d. Ilm
Passau
Landshut
Freudenstadt
Tübingen
Reutlingen
Ulm
Aichach-Friedberg
Freising
Rottal-Inn
Ortenaukreis
Alb-Donau-Kreis
Landkreis Augsburg
Augsburg
Dachau
Erding
Mühldorf a. Inn
Altötting
Zollernalbkreis
Neu Ulm
Günzburg
Rottweil
Fürstenfeldbruck
München
Emmendingen
Biberach
Unterallgäu
Landsberg a. Lech
Starnberg
Landkreis München
Ebersberg
Landkreis Rosenheim
Traunstein
Freiburg
Schwarzwald-Baar-Kreis
Tuttlingen
Sigmaringen
Memmingen
Breisgau-Hochschwarzwald
Kaufbeuren
Weilheim-Schongau
Rosenheim
Ravensburg
Konstanz
Bodenseekreis
Kempten
Bad Tölz-Wolfratshausen
Miesbach
Berchtesgadener Land
Lörrach
Waldshut
Lindau
Oberallgäu
Ostallgäu
Garmisch-Partenkirchen
Datengrundlage: Arbeitskreis Volkswirtschaftliche Gesamtrechnungen der Länder, Bundesagentur für Arbeit, Bundesinstitut für Bau-, Stadt- und Raumforschung, Bundeskriminalamt, Deutsches Patent- und Markenamt, Michael Bauer Research GmbH, Prognos AG, Statistisches Bundesamt Deutschland und Statistische Landesämter, Stifterverband für die deutsche Wissenschaft, Zentrum für Europäische Wirtschaftsforschung.
Grafik: Handelsblatt, Klaus Zimmermann; Quelle: Prognos Zukunftsatlas 2010, Stand November 2010

3.4.4 Farbkodierung – Farbe zur Benutzerführung

Farbkodierung stellt für eine Benutzerführung fast nie eine ernstzunehmende Unterstützung dar. Oft werden die Möglichkeiten der Systematik mit Farben maßlos überschätzt, wenn beabsichtigt ist, mit Hilfe einer Farbkodierung inhaltlich definierte Themenbereiche konkret verdeutlichen zu wollen. Sie können bestenfalls mittels Farbkodierung unterschieden werden. Dann würde allerdings für jedes Thema eine eigene Farbe erforderlich, die sich ausreichend von den anderen Farben unterscheidet, aber dennoch mit ihnen harmonieren sollte. Dies kann schnell dazu führen, dass sich die Gesamtgestaltung ausschließlich auf die Farbkodierung konzentriert, was nicht zwangsläufig im Sinn einer Gestaltungsabsicht liegt.

Auch wenn es darum geht, mit einer Farbkodierung die Orientierung innerhalb eines Systems zu verbessern, ist dies in der Regel nur dann erfolgreich, wenn nicht die Themen, sondern die funktionalen Bereiche (z. B. Navigationsbereich, Tastatur, Inhaltsbereich, Servicebereich, Ausgabebereich etc.) farblich unterschieden bzw. farblich miteinander kombiniert werden und die Anzahl der farblich zu markierenden funktionalen Bereiche nicht wesentlich mehr als drei Unterscheidungen erforderlich machen. Farbkodierungen eignen sich dann am besten, wenn man, wie z. B. bei Informationsgrafiken, alle möglichen Farbvarianten gleichzeitig und somit im Bezug zueinander sehen kann. So macht es z. B. auch Sinn, wenn die Farben funktionaler Bereiche eines Software-Interfaces identisch sind mit den Farben des an einem Automaten korrespondierenden Hardware-Interface. Dies demonstriert sehr anschaulich der MetroCard Express, die kleinere Variante des MetroCard Fahrkartenautomats für Metro und Busse in New York City.

Abb. 79
Fünf bis sieben Farben kann sich ein Anwender merken und zuordnen (Cushman, W. H. & Rosenberg, D.J. (1991): *Human Factors in Product Design*. Elsevier: Amsterdam Oxford New York Tokyo).

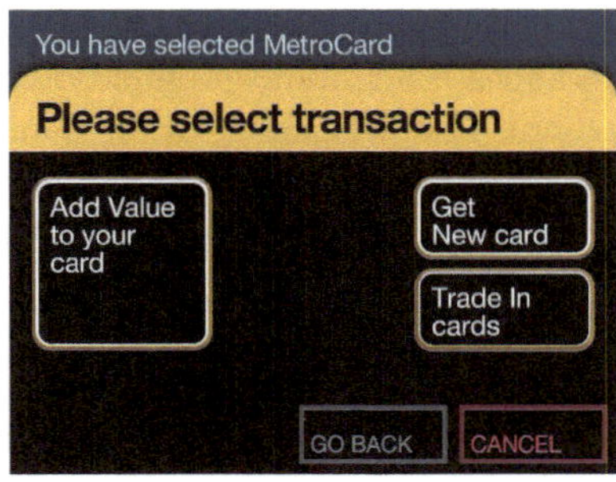

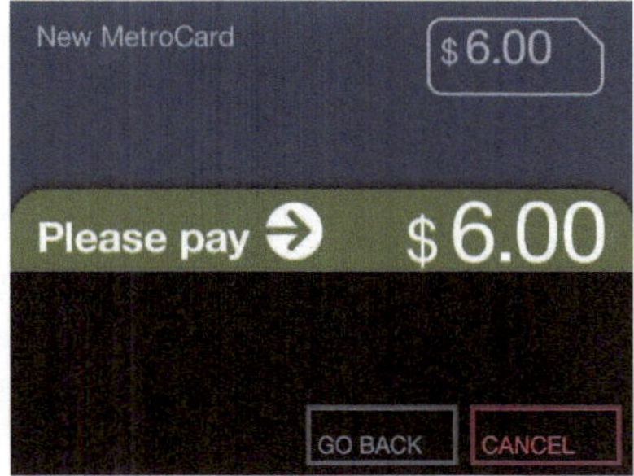

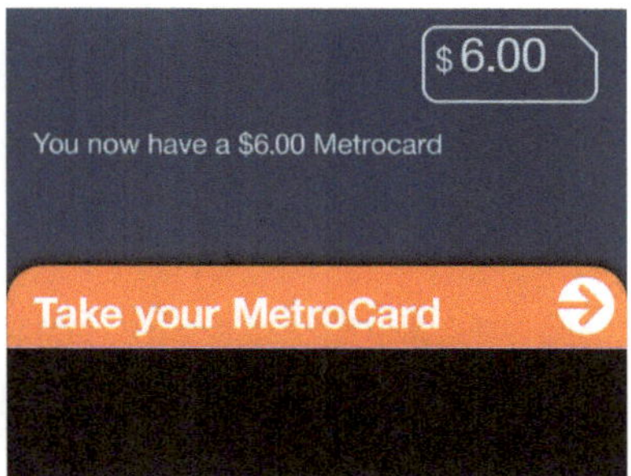

Abb. 80 a–d
Der MetroCard Express (Industrial-, Screen- und Interfacedesign: Masamichi Udagawa, Sigi Moeslinger; Antenna Design New York Inc.; Foto: Courtesy of Antenna Design).

Mit dem Software-Interface des **MetroCard Express** wird der Anwender durch den gesamten Prozess der Transaktion geführt. Interessant bezüglich der Farbkodierung ist, dass das Software-Interface je nach Etappe des Transaktionsprozesses jeweils jene Farbe aufweist, die der korrespondierende Teil des Hardware-Interface hat. Wird der Anwender z. B. zum Bezahlen aufgefordert, so hat das Software-Interface die Farbe Gelb, wie der Bereich des Hardware-Interfaces, wo der Bezahlungsvorgang, hier per Kreditkarte, durchzuführen ist. Die Anfrage, ob man einen Rechnungsbeleg zu erhalten wünscht, ist in der Farbe Rot gehalten, so wie der Bereich des Hardware-Interfaces, aus dem der Beleg kommen würde.

3.4.5 Farbkodierung – Farbe und Kontrast

Wenn der Farbkontrast hinsichtlich der Farbwahl, möglicher Reflexionen und Abnutzungserscheinungen berücksichtigt wurde, kann ein Schild, Bedienfeld oder Display auch auf Distanz relativ gut gelesen werden. Für Betrachter, die sich auf Grund von Sehschwäche einem Schild, Bedienfeld oder Display nähern müssen, ergibt sich manchmal ein Kontrastverlust durch Reflexion umgebender Lichtquellen, durch Verwitterung oder durch ungeeignete Farbkombinationen. Demnach ist stets das Umfeld zu berücksichtigen, in dem ein Display oder ein Interface zum Einsatz kommt. Auch die Verwendung geeigneter Materialien und Farben, die ein Reflektieren grundsätzlich verhindern oder zumindest einschränken und die sich beim Gebrauch möglichst wenig abnutzen und auch anderen Verwitterungsspuren standhalten, ist hierbei zu beachten.

Abb. 81
Farbe und **Kontrast** unterstützen den Gebrauchswert. Selbst bei Reflexion sind kontrastreiche Beschriftungen gut lesbar.

Abb. 83 a–b
Je nach **Betrachtungswinkel** ergibt sich manchmal eine Verschlechterung der **Farbdarstellung** bedingt durch die Darstellungstechnologie (hier: LCD-Display).

Abb. 82 a–b
Kontrastverlust durch **Reflexion** umgebender Lichtquellen.

3.4.6 Farbe, Text und Hintergrund

Texte haben je nach eigener Farbe und der Farbe des Hintergrunds, auf dem sie stehen, unterschiedliche Farbwirkungen oder sind auf Grund des Zusammenwirkens der beiden Farbelemente gut oder schlecht lesbar. In diesem Zusammenhang wirken die Farbkontraste, die in diesem Kapitel bereits beschrieben wurden. Zudem kann die Wirkung eines Textes entscheidend von den verwendeten Farben abhängen. So wird ein roter Text auf weißem Grund eher als Werbung und nicht als relevante Information wahrgenommen. Schwarzer Text auf weißem Grund wird noch am seriösesten angenommen und ist sowohl nah als auch fern gut lesbar. Für die Darstellung auf einem selbstleuchtenden Medium, wie z. B. einem Computermonitor, sollte ein hell strahlender, weißer Hintergrund zu Gunsten eines hellen, gedämpften Farbtons vermieden werden. Nimmt der Helligkeitskontrast ab, so wird die Schrift allerdings unleserlicher. Hier gilt es, Farbe und Kontrast sensibel zu wählen. Zum Testen, ob die Kontraste von Schrift und Hintergrund nach W3C-Anforderung hinreichend sind, ist folgende Internetseite zu empfehlen:
http://snook.ca/technical/colour_contrast/colour.html

Abb. 84 ▸
Hintergrundfarbe und Textfarbe können sich beeinflussen, unterstützen oder auch gegenseitig stören.

Texte haben je nach eigener Farbe, und der Farbe des Hintergrunds, auf dem sie stehen, unterschiedliche Farbwirkungen oder sind auf Grund des Zusammenwirkens der beiden Farbelemente gut oder schlecht lesbar. Auch die Wirkung eines Textes hängt von den verwendeten Farben ab. So wird ein roter Text auf weißem Grund eher als Werbung und nicht als relevante Information wahrgenommen. Schwarzer Text auf weißem Grund wird noch am seriösesten angenommen und ist sowohl nah als auch fern gut lesbar. Nimmt der Helligkeitskontrast ab, so wird die Schrift unleserlich. Je farbiger ein Text, umso unleserlicher wird er.

3.4.7 Farbbedeutung

Je nach kultureller Herkunft werden Farben unterschiedlich interpretiert. Dies ist insbesondere bei Produkten zu berücksichtigen, die international vertrieben bzw. betrieben werden, wie z. B. die Dienstleistung einer Internetseite. Aber selbst wenn ein Produkt nur regionale Verbreitung findet, sollte darüber nachgedacht werden, kulturelle Missverständnisse zu vermeiden. Es geht aber nicht nur um die Vermeidung von Missverständnissen, sondern auch um die Beachtung von Wertigkeiten. In klimatisch gemäßigten Breiten gilt z. B. die Farbe Grün eher als eine alltägliche Farbe. Dass sie in klimatisch heißeren Regionen als Seltenheit oder gar als existenzielles Symbol des Wohlstandes und der Fruchtbarkeit gesehen werden kann, erscheint plausibel. Dies zeigt aber auch, dass eine Farbe bereits innerhalb eines Landes bzw. innerhalb desselben kulturellen Gebiets in seiner Bedeutung unterschiedlich gesehen werden kann, sofern dort unterschiedliche Klimazonen auftreten. Auch ungeachtet der kulturellen und klimatischen Unterschiede ist die Bedeutung einer Farbe nicht immer gleich. Das Grün eines unreifen Pfirsichs wird schließlich anders interpretiert als das Grün eines Parks im sommerlichen Licht. Es ist eben nicht nur die Farbe an sich zu berücksichtigen, sondern auch der Kontext, in dem sie eingesetzt oder wahrgenommen wird.

Farben lösen Emotionen aus und werden auch dazu genutzt, Emotionen zu symbolisieren, sei es als Farbe in einem Bild oder als Wort in einem Satz.

- Grün hinter den Ohren
- Ins Blaue fahren
- blauäugig
- Gelb vor Neid
- Rot sehen
- Weiße Weste
- Grauer Alltag
- Schwarz ärgern

Abb. 85
Je nach Kultur und Herkunft werden Farben unterschiedliche Bedeutungen beigemessen bzw. mit unterschiedlichen Assoziationen in Verbindung gebracht.

Farbe	Bedeutung in Europa	Bedeutung in anderen Ländern, Regionen und Kulturen								
		Sicherheit	Tugend	Trauer	Modernität	Gefahr	Stärke	Wohlstand	Glück	Religion
	Stärke Sympathie Harmonie Freundlichkeit Freundschaft Sehnsucht Ferne Vertrauenswürdig kalt		Arabische Länder				USA		Ghana	
	Gefahr Liebe Aufregung Sexualität Energie Hitze Zorn aktiv warm			Afrika Ägypten		Japan USA	Malaysia		China	
	Sicherheit Natur Hoffnung Lebenskraft frisch satt herb unreif	USA			Japan		Arabische Länder Ägypten Japan	Indien	Pakistan	Islam
	Modernität Begeisterung Genuss jung optimistisch									Buddhismus
	Glück Sonne Intellekt Licht Energie lustig unentschlossen sauer							China	Ägypten Brasilien Japan	
	Trauer Eleganz Einsamkeit funktional sachlich			USA						
	Tugend Vollkommenheit Ordnung sachlich unschuldig ehrlich Neutralität		Indien USA	China Indien Japan						

Abb. 86
Dass die bevorzugten Farben im Internet Blau und Rot zu sein scheinen, stellte auch das Team von Columnfivemedia fest und visualisierte dies in einer Grafik. (www.columnfivemedia.com).

An Hand der für im Internet verwendete Logos lassen sich **Farbvorlieben** für Rot und Blau erkennen. Darius A Monsef IV von COLOURlovers.com hat sich intensiv mit den im Internet verwendeten Farben befasst und dazu folgende interessante Grafiken erstellt. Die übernächste Seite zeigt in einem Ausschnitt einer Abbildung von nmap.org Website-Icons entsprechend ihrem Traffic-Ranking an. Die Daten basieren auf einen Scan der Alexa-Datenbank vom 27. Januar 2010 (www.bamsoftware.com/computers/favicon).

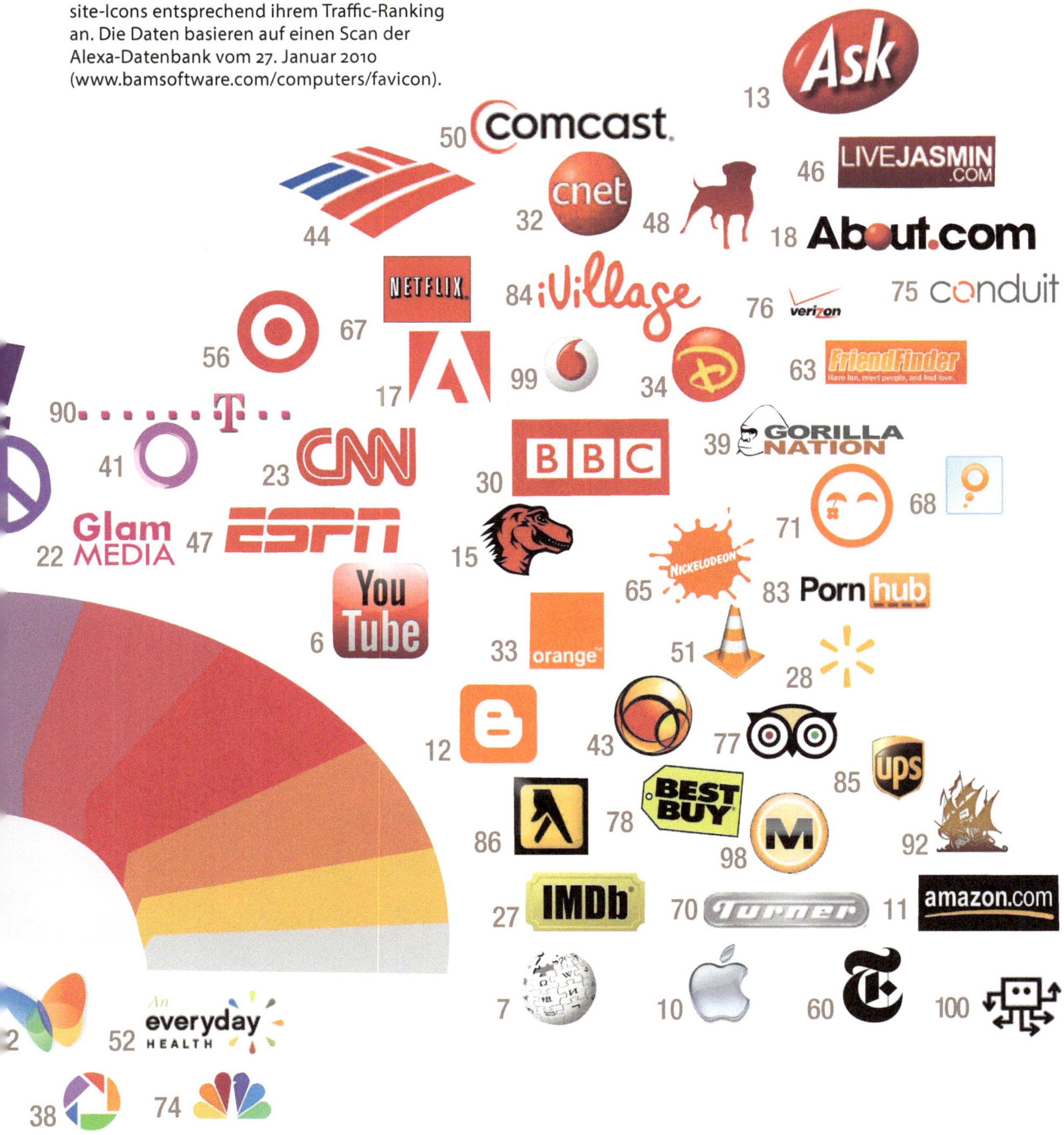

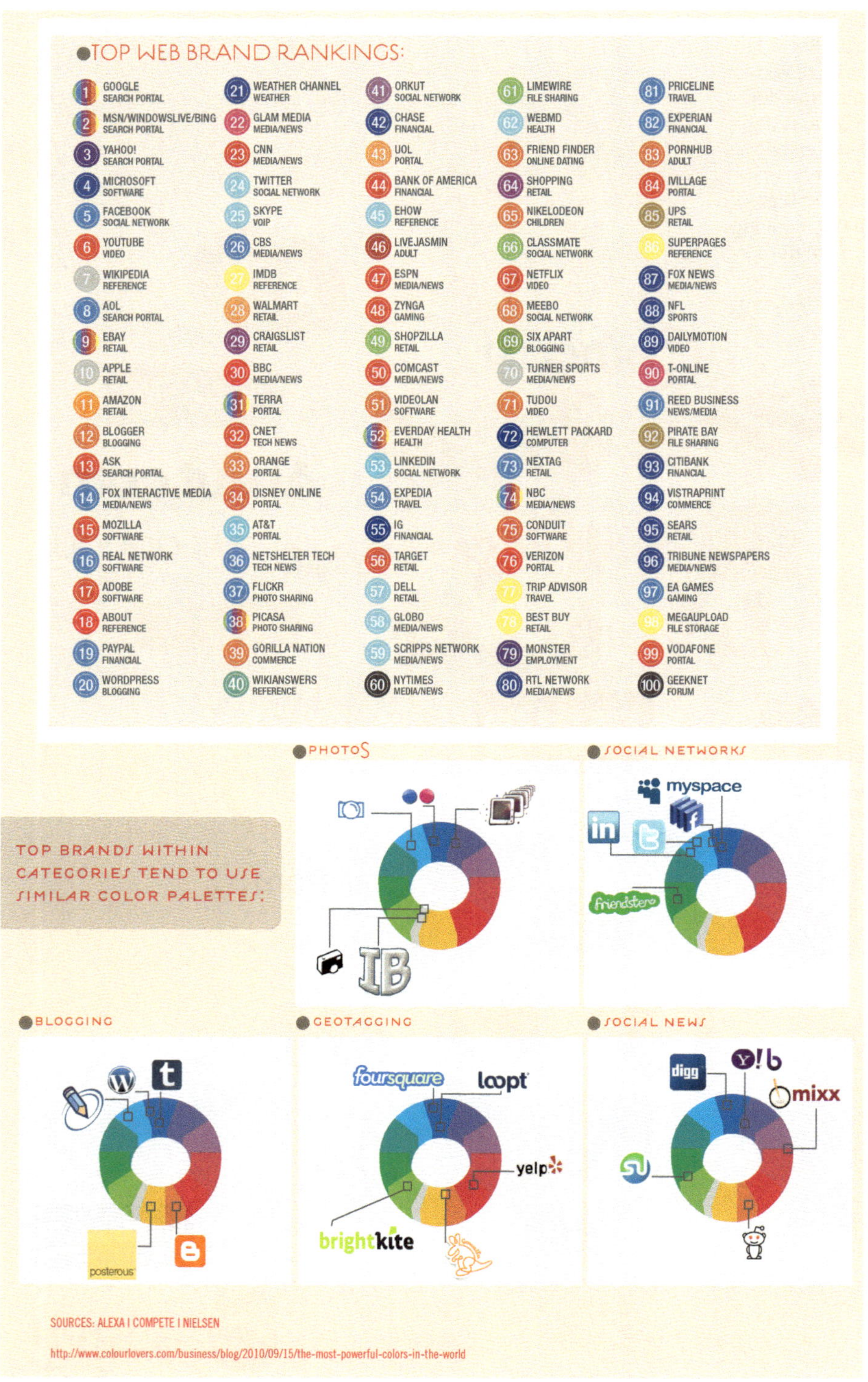

Abb. 87
Bevorzugte Farben der Top-Marken im Internet. Die Aufteilung in Kategorien zeigt die Häufigkeit bestimmter Farben innerhalb dieser Kategorien (Ausschnitt aus einer Grafik von Columnfivemedia, www.columnfivemedia.com).

Abb. 88 ▸
Die beliebtesten Farben im Internet scheinen Blau und Rot zu sein. Diese Grafik zeigt etwa eine Million Favicons aus dem Jahr 2010. Favicons sind URL-Icons bzw. Bookmark-Icons in einer Größe von 16 × 16 oder 32 × 32 Pixel, die am Anfang der Location-Zeile eines Internet-browsers gezeigt werden. (Abb.: www.bamsoftware.com/computers/favicon). Eine interaktive Version ist hier zu betrachten: http://nmap.org/favicon.

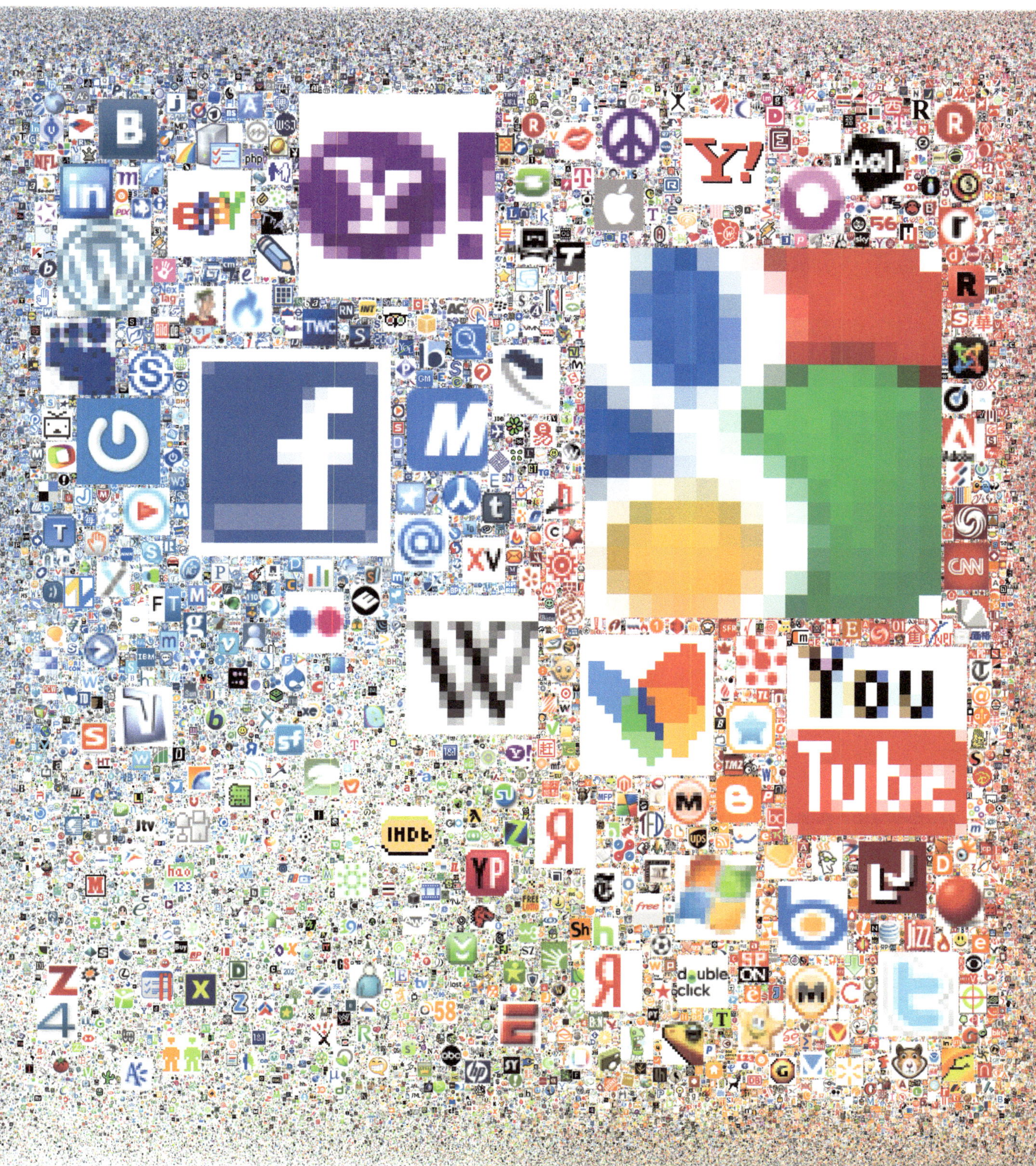

Y!
You
Tube
CNN
IMDb
double
click

3.4.8 Signalfarbe – Warnfarbe – Tarnung – Täuschung

Abb. 89
Giftiger Pfeilgiftfrosch mit blauer Warntracht. (Foto: aquaterrazoo.ch).

Farbe kommt in der Natur als Signal, als Warnung oder auch als Mittel der Tarnung vor. Sie übernimmt so eine Informationsfunktion, kann aber auch der Informationsvermeidung bzw. der Informationsverschleierung dienen. Die Farbe an sich dient vielen Tieren als Tarnung innerhalb ihrer Umgebung. Tiere, die in der Wüste leben, haben oft eine Färbung, die dem Sand der Umgebung entspricht. In Wäldern sind Tiere sehr häufig zumindest in Teilen braun und in verschneiten Umgebungen überwiegend weiß gefärbt.

Insbesondere zur Tarnung wird Farbe oft auch in Verbindung mit Mustern eingesetzt. Bei der **Somatolyse**, der Auflösung der Körperkonturen, verschmilzt ein Tier mit Hilfe einer raffinierten Kombination aus Farbe und Muster mit seiner Umgebung. Der Langarm-Oktopus Macrotritopus defilippi beispielsweise steigert diese Kombination von Farbe und Textur, indem er zudem die Silhouette eines anderen Tieres, z. B. die einer Schlange, annimmt oder die eines Tieres, das für den Raubfeind nicht lohnend ist. Diese Art der Tarnung wird auch **Mimikry** genannt.

Weitere Varianten der Informationsverschleierung, der Tarnung, sind die **Mimese**, die Vortäuschung von toten Materialien z. B. Blätter, Äste, Gräser etc., und die **Akinese**, das Sich-tot-stellen. Dies ist eine Möglichkeit, sich vor Feinden zu schützen, da viele Raubtiere ihre Beute nur dann wahrnehmen, wenn sich diese bewegt. Auch Täuschung ist nur eine weitere Informationsvariante. Information ist hier nicht an einen Wahrheitsgehalt gebunden, sondern lediglich an die Absicht, die mit ihr verfolgt wird. Mit einer **aposematischen Färbung** sind Tiere nicht um eine Verschleierung der Information bemüht, sondern wollen bewusst auffallen und die Information vermitteln, besonders giftig und daher ungenießbar zu sein. Mal sind diese Tiere tatsächlich giftig, mal dient die aposematische Färbung aber auch nur der Vortäuschung giftig zu sein.

Als Warnfarben finden in der Natur am meisten Rot-, Gelb- und Orangetöne Verwendung. Insbesondere Rot und Gelb werden, kombiniert mit Schwarz, häufig auch im Straßenverkehr bei Ampeln, Verkehrsschildern, Gebots- und als Signal- bzw. Warnhinweise eingesetzt.

Abb. 90
Misumena vatia – weißes Weibchen. (Foto: Luc Viatour, www.Lucnix.be).

Abb. 91
Der Langarm-Oktopus Macrotritopus defilippi tarnt sich am Meeresboden, indem er Färbung, Körperform und Bewegung eines anderen Tieres nachahmt. (Foto: Wikipedia).

Abb. 92
Vietnamesische Stabschrecke. (Foto: Markus Hennig).

Abb. 93
Hase in der Arktis. (Foto: United States Fish and Wildlife Service).

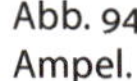

Abb. 94
Ampel.

Abb. 95
Zutritt für Unbefugte verboten. (Rot: Kennfarbe nach DIN 5381-rot, RAL 3001 Signalrot. Weiß: Kennfarbe nach DIN 5381- weiß, RAL 9003 Signalweiß. Schwarz: Kennfarbe nach DIN 5381-schwarz, RAL 9004 Signal-schwarz).

Abb. 96
Warnhinweisschild auf biologische Gefahren, z.B. Viren. (Gelb: Kennfarbe nach DIN 5381- gelb, RAL 1003 Signalgelb. Schwarz: Kennfarbe nach DIN 5381- schwarz, RAL 9004 Signalschwarz).

Abb. 97
Rettungszeichen. Rettungszeichen für Rettungswege und Notausgänge/Türen im Verlauf von Rettungswegen.

Abb. 98
»Gehörschutz benutzen« Gebotszeichen. Dieses Zeichen darf nur in Verbindung mit einem Zusatzzeichen verwendet werden, das Aussagen über das Gebot macht.

Abb. 99
Brandschutzzeichen.

Abb. 100
Signal zum Abgrenzen von Bereichen. (Rot: Kennfarbe nach DIN 5381- rot, RAL 3001 Signalrot. Weiß: Kennfarbe nach DIN 5381-weiß, RAL 9003 Signalweiß. Schwarz: Kennfarbe nach DIN 5381- schwarz, RAL 9004 Signal-schwarz. Gelb: Kennfarbe nach DIN 5381- gelb, RAL 1003 Signal-gelb).

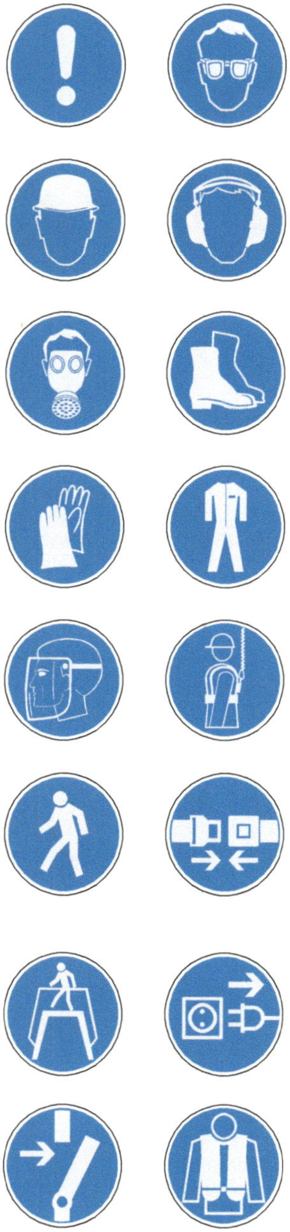

Abb. 102
Gebotszeichen

Abb. 101 ◂
Verbotszeichen

Abb. 103 ◂▴
Warnzeichen

Abb. 104
Brandschutzzeichen

Abb. 105
Rettungszeichen, Richtungsangabe. Rettungszeichen für Erste-Hilfe-Einrichtungen. Rettungszeichen für Rettungswege und Notausgänge/Türen im Verlauf von Rettungswegen.

3.4.9 Farbenfehlsichtigkeit

Bei der Gestaltung von Produkten, insbesondere von Interfaces, ist zu berücksichtigen, dass es Anwender gibt, die Sehschwächen haben und daher kontrastreiche Darstellungen oder sogar bestimmte Farbmarkierungen benötigen. So sind z. B. 8% der männlichen und 0,4% der weiblichen Bevölkerung farbenfehlsichtig. Der Anteil der farbenfehlsichtigen Frauen ist so verschwindend gering, dass sich eine differenzierte statistische Betrachtung nur bei der männlichen Bevölkerung lohnt.

Männliche Bevölkerung mit Rot-Grün-Farbensehschwäche:

- Nordamerika 8 %
- Europa 8,76 %
- Osteuropa 9,31 %
- Asien 6 %
- Afrika 4 %

(Hunt, R. W. G.: Measuring Colour. Chichester: Ellis Horwood Ltd 1987.)

Farbenfehlsichtigkeit ist in der Regel angeboren und vererbt. Eine Therapie ist dann nicht möglich. Weltweit sind etwa 250 Millionen Menschen farbenfehlsichtig. Die Bezeichnung Fehlsichtigkeit ist in diesem Zusammenhang allerdings nicht in jeder Hinsicht angebracht. So sehen Menschen mit einer Rot-Grün-Sehschwäche z. B. bis zu 15 Braunfarbtöne, die Menschen ohne Sehschwäche kaum differenzieren können. Wer nun als normalsichtig und wer als fehlsichtig zu bezeichnen ist, hängt dann in erster Linie von der Umgebung ab, in der man sich befindet. David Simmons, Experte für visuelle Wahrnehmung an der University of Glasgow hält diese Farbdifferenzierung für eine nicht zufällige Fähigkeit und vermutet, dass sie zumindest in ferner Vergangenheit zur Nahrungssuche im Gras oder Laub von Vorteil war.

Farbenfehlsichtigkeit bedeutet, dass von den Betroffenen einige Farben nicht oder nur schwach erkannt bzw. nicht voneinander unterschieden werden können. Im Extremfall können sogar gar keine Farben erkannt werden. Die Rot-Grün-Sehschwäche, die auch häufig unkorrekt als Farbenblindheit bezeichnet wird, ist die am häufigsten vorkommende Farbenfehlsichtigkeit. Sie resultiert aus einer Mutation des X-Chromosoms. Männer haben nur ein X-Chromosom, weshalb Farbenfehlsichtigkeit bei Männern wesentlich häufiger als bei Frauen auftritt, die über zwei X-Chromosomen verfügen.

Bei 50% dieser Farbenfehlsichtigen tritt eine Grünschwäche auf, bei 25 % eine Grünblindheit, bei 15 % eine Rotblindheit und bei 10 % eine Rotschwäche. Störungen im Blaubereich sind sehr selten, ebenso eine totale Farbenblindheit. Die totale Farbenblindheit, Achromatopsie genannt (griech.: achromatos = farblos, opsis = Sehen), ist auf einen Gendefekt zurückzuführen. Bei einer Variante dieser Sehschwäche, der atypischen Achromatopsie, bleibt den Betroffenen noch ein Rest an Blau sichtbar.

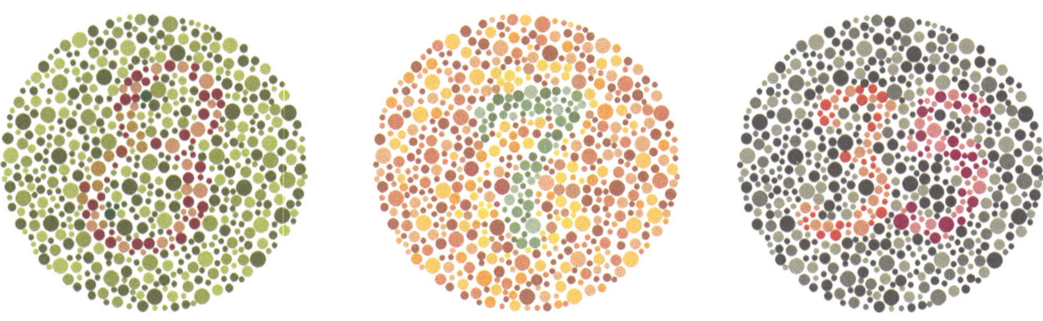

Abb. 106 a–c
Mit so genannten Ishihara-Tafeln, die 1917 in Japan entwickelt wurden, lässt sich feststellen, ob bzw. welche Farbenfehlsichtigkeit vorliegt. Bei der linken Tafel erkennt der Nichtfehlsichtige eine 8 und der Rot-Grün-Blinde eine 3 oder keine Zahl. Bei der mittleren Tafel ist eine 7 zu lesen und der Farbenfehlsichtige erkennt keine Zahl. Die rechte Tafel zeigt eine 35. Grün-Blinde erkennen eine 3, Rot-Blinde eine 5. Schwachfehlsichtige erkennen beide Ziffern, aber entsprechend undeutlicher.

Prozentuales Auftreten von Farbenfehlsichtigkeit

		Männer (%)	Frauen (%)
Protanopie	Rot-Blindheit (Rot-Zapfen fehlt)	1,0	0,02
Protanomalie	Verwechselt werden: Rot mit Gelb, Braun mit Grün, Violett mit Blau und Dunkelrot mit Schwarz		
Deutanopie	Rotsehschwäche (Rot-Zapfen degeneriert)	1,0	0,02
Deutanomalie	Grün-Blindheit (Grün-Zapfen fehlt) Verwechselt werden: dieselben Farben wie bei Protanopie mit der Ausnahme, dass Dunkelrot und Schwarz nicht verwechselt werden	1.1	0,01
	Grünsehschwäche	4,9	0,38
Rot-Grün-Blindheit		**8,0**	**0,43**
Tritanopie	Blau-Blindheit Verwechselt werden: Rot mit Orange, Blau mit Grün, Grüngelb mit Grau und Violett und Hellgelb mit Weiß		
Blau-Blindheit		**0,002**	**0,001**
Stäbchen Monochromaten	Es wird gar keine Farbe erkannt		
Farben-Blindheit		**0,003**	**0,002**

Die Daten entstammen dem Artikel *Designing for the Color-Challenged: A Challenge* von Thomas G. Wolfmaier, Internet Technical Group (itg) on-line newsletter, März 1999.

3.4.10 Visualisierung von Farbenfehlsichtigkeit

Es gibt Software, mit der Nichtfehlsichtigen simuliert werden kann, wie Abbildungen von Farbenfehlsichtigen gesehen werden. Auf der Website www.vischeck.com kann man z. B. in einem Eingabefenster die Adresse einer Internetseite eingeben, muss eine der Fehlsichtigkeiten *Protanopie* (Rot-Blindheit), *Deuteranopie* (Grün-Blindheit) oder *Tritanopie* (Blau-Blindheit) auswählen, damit dann ein Nichtfehlsichtiger feststellen kann, wie die jeweilige aufgerufene Internetseite von den Betroffenen mit der zuvor gewählten Farbenfehlsichtigkeit wahrgenommen wird.

Dort kann man nicht nur Internetseiten hinsichtlich der Wahrnehmung von Farbfehlsichtigkeit testen, sondern auch jede Form von Interfaces und Displays, sofern man sie abfotografiert hat. Im Falle von Software-Produkten sollten Screenshots im PNG- oder JPG-Format bei vischeck.com hochgeladen werden, um sie dort in der angegebenen Farbenfehlsichtigkeit abbilden zu lassen. Auf diese Weise ist festzustellen, welche Farben und welche Kontraste auch im Sinne der Barrierefreiheit funktionieren oder besser geändert werden sollten.

Auf der Internetseite http://colorfilter.wickline.org ist Ähnliches möglich, allerdings lassen sich dort Varianten der Farbenfehlsichtigkeiten differenzierter auswählen und darstellen. Eine Software für Windows, Mac und Linux zur Visualisierung von Farbenfehlsichtigkeit ist hier zu finden: http://colororacle.cartography.ch

Auf der Internetseite der Firma yoyodesign kann man die Farbe eines Textes und des Hintergrundes auswählen, um festzustellen, ob beide harmonieren, ob der Text lesbar ist und wie diese Farbkombination mit der jeweiligen Farbenfehlsichtigkeit wahrgenommen wird (www.yoyodesign.org/outils/ncolor/ncolor.php?langue=en).

Weitere Hinweise zum Thema Sehbehinderung sind zu finden unter:
- www.sehbehinderung.de
- www.colblindor.com.

Abb. 107
Bei der **Achromatopsie**, einer totalen Farbenblindheit, werden Farben nur in Grauabstufungen gesehen. Die Farben sind mit Hexadezimal-Code angegeben. Weitere Informationen zu dieser Art der Farbenfehlsichtigkeit finden Sie z. B. unter: www.achromatopsie.de.

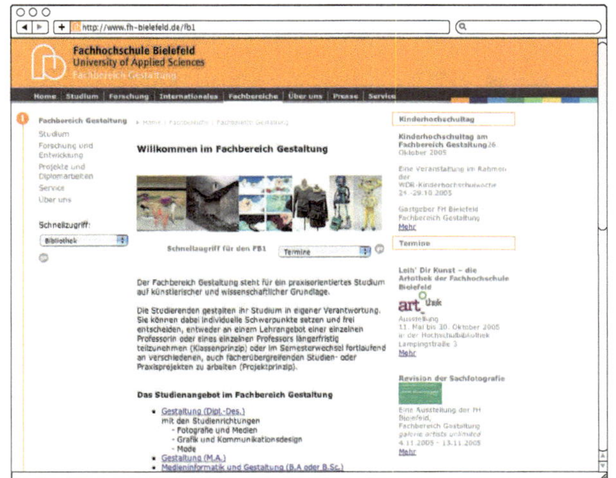

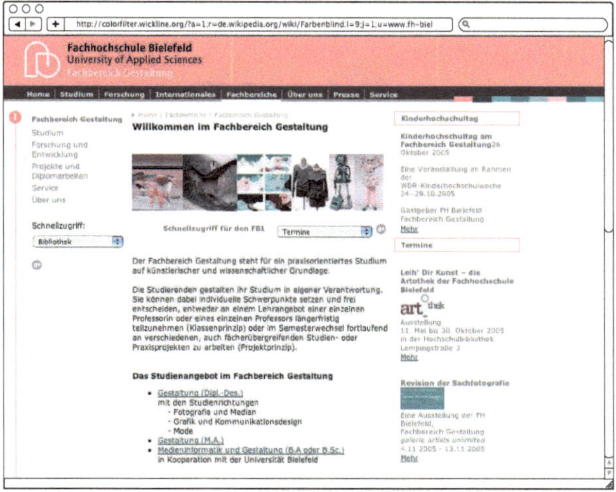

Abb. 108
So wird die Internetseite www.fh-bielefeld.de/fb1 **ohne Farbenfehlsichtigkeit** gesehen.

Abb. 109
Tritanopie, Blau-Blindheit

Abb. 110
Deutanopie, Grün-Blindheit.

Abb. 111
Protanopie, Rot-Blindheit. Mit Hilfe der Farbfilter von http://colorfilter.wickline.org wird die Internetseite www.fh-bielefeld.de/fb1 in der entsprechenden Farbenfehlsichtigkeit abgebildet.

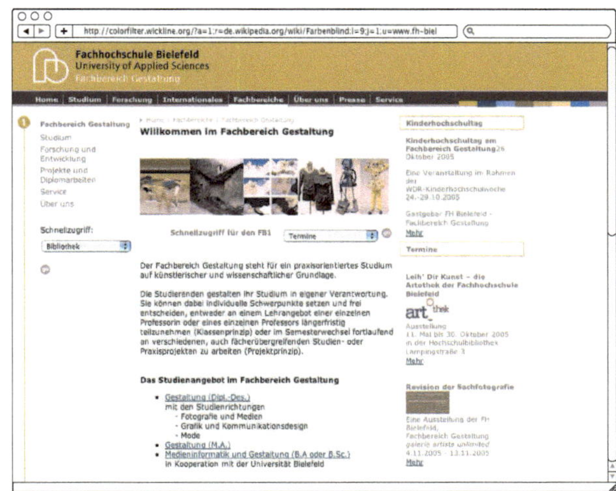

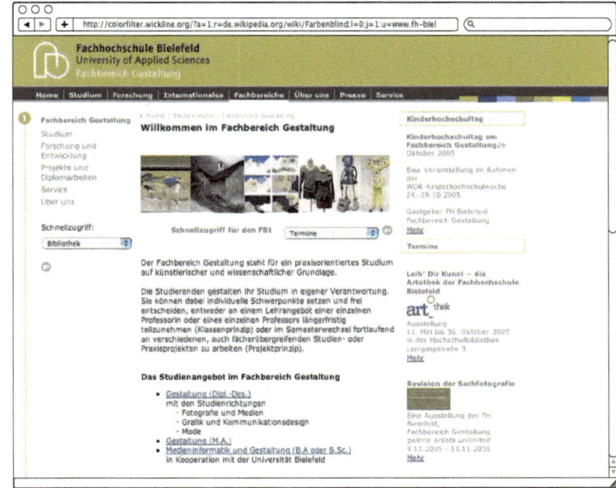

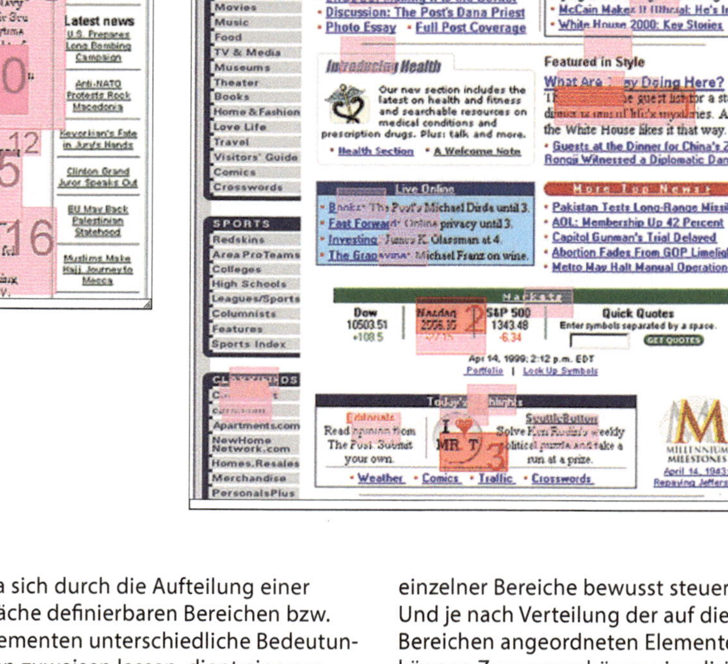

Abb. 112 a–b
Leseverhalten von Online-Lesern und Zeitungslesern (www.poynterextra.org/et/toc/frontpg.htm).

Marion Lewenstein, Professorin an der Stanford University, und Forscher des ›The Poynter Institute‹, ermittelten bereits in einer Studie von 1998/1999 mit einem **Eyetracking-System**, dass sich das Rezeptionsverhalten von Online-Lesern gegenüber Zeitungslesern dadurch unterscheidet, dass sich die Augen der Online-Leser zuerst auf Zusammenfassungen oder Untertitel richten und sich den Fotos und Graphiken oft erst dann zuwenden, wenn sie sich nach der Lektüre des Volltextes zurück zur Übersichtsseite begeben. Von Zeitungslesern ist bekannt, dass sie im Gegensatz dazu genau umgekehrt zuerst die Bilder betrachten, dann die fettgedruckten Überschriften und sich erst danach dem Text zuwenden (www.poynterextra.org/et/toc/frontpg.htm).

Da sich durch die Aufteilung einer Fläche definierbaren Bereichen bzw. Elementen unterschiedliche Bedeutungen zuweisen lassen, dient eine proportionale Aufteilung einer Fläche nicht nur und auch nicht in erster Linie der Unterstützung einer Leserichtung.

Die Proportionsverhältnisse dieser einzelnen Bereiche und Elemente zueinander beeinflussen die Wirkung einer Komposition und haben Einfluss auf die Wahrnehmung und die Interpretation der dargestellten Inhalte. Da kein Element isoliert wahrgenommen wird, sondern stets in Beziehung zum Umfeld, ist die Verteilung, Anordnung und Größe aller Elemente und somit auch deren proportionalen Verhältnisse zueinander Teil der Gestaltung.

Je nach Aufteilung einer Fläche, der Größe der daraus resultierenden Parzellen, deren Farbe und deren Platzierung kann man die Bedeutung einzelner Bereiche bewusst steuern. Und je nach Verteilung der auf diesen Bereichen angeordneten Elemente können Zusammenhänge visualisiert bzw. ebenso Bedeutungsreihenfolgen dargestellt werden. Mit Elementen sind folgende Bestandteile gemeint: Logo, Symbole, Produktgrafik, Titel, Text im Inhaltsbereich, Bild im Inhaltsbereich, Text in Marginalspalte, Bild in Marginalspalte, Tabellen, Formulare, Werbebereich, rechtliche Hinweise, AGB, Hauptmenü bzw. Bedienfelder oder Schalter, Untermenüverzeichnis etc. Die Proportionen der Bereiche und der Elemente untereinander aber auch zueinander dienen demnach nicht nur einer ausgewogenen Komposition, sondern sind wesentlicher Bestandteil der Kommunikation, die sich z. B. in Chaos, Struktur, Dynamik oder Überzeugungskraft ausdrücken kann.

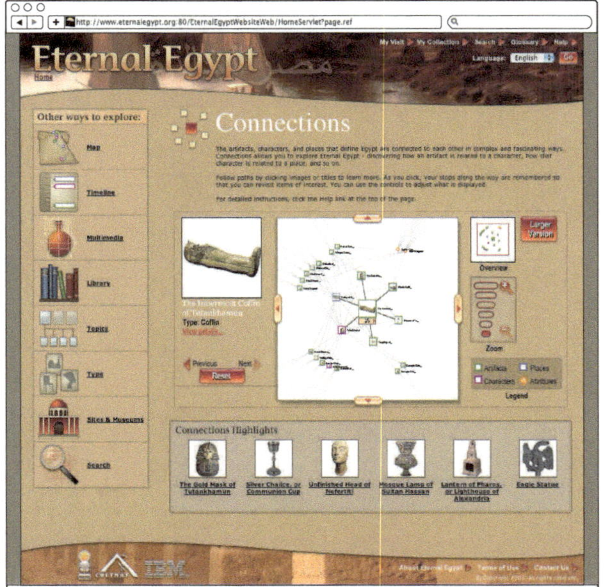

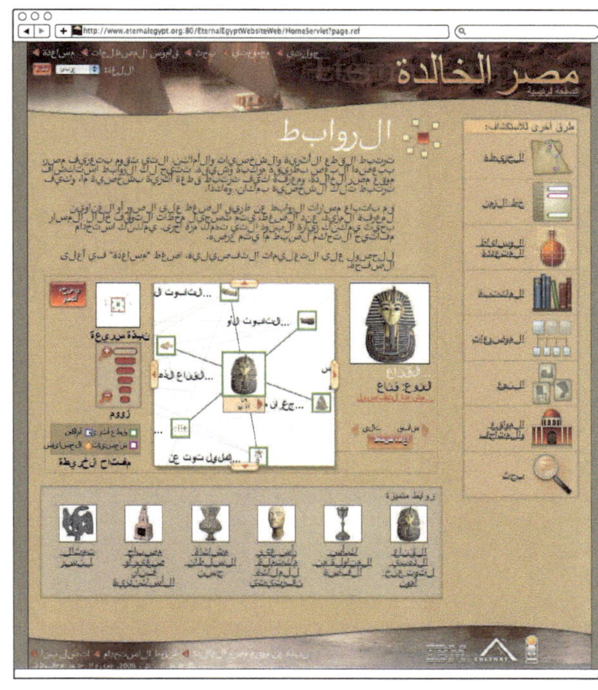

Abb. 113 a–b
Diese Internetseite macht deutlich, dass, je nachdem aus welchem Kulturkreis die Zielgruppe stammt, die Leserichtung unterschiedlich sein kann und dadurch ein Spiegeln der gesamten Bildkomposition und somit auch der Navigation auf der Internetseite zur Folge haben kann (www.eternalegypt.org).

Je nach Einteilung einer Fläche kann die Aufmerksamkeit des Betrachters entsprechend gelenkt werden. Der Gestalter kann sich aber nur bei bestimmten textbasierten Medien sicher sein, dass die von ihm beabsichtigte, vorgegebene Leserichtung vom Leser tatsächlich befolgt wird. Leserichtung und Aufmerksamkeitssteuerung lassen sich insbesondere bei bildbezogenen Medien nur sehr bedingt lenken und vorausbestimmen. Es sei denn, man gestaltet z. B. mit starken Kontrasten oder nimmt eine sehr statische, wenig belebend wirkende Gestaltung in Kauf.

Wenn neben der reinen Bereitstellung von Information auch eine gewisse Unterhaltung und Freude an Gestaltung und ein Dialog zwischen Leser/Anwender und Medium vermittelt werden sollen, wird in der Regel sowohl bei analogen, als auch bei digitalen Medien eine **dynamische Komposition** angewandt, bei der bewusst verschiedenartige Leserichtungen und -arten wie z. B. Fotoreading, Querlesen, Sprünge etc. möglich sind, wobei ein lineares, strukturiertes Erfassen der Inhalte dabei nicht ausgeschlossen sein muss.

Gustav Hassenpflug, Klappsessel mit Stoffbespannung, *Modell ti 206*, 1928, Bestandteil einer Versuchsreihe der Bauhaus-Tischlerei.
Christian Grohn: *Gustav Hassenpflug Architektur, Design, Lehre 1907–1977*. Düsseldorf: Marzona, 1985, S. 25.

Bauhaustapeten

Die *Bauhaustapeten* können als ein besonders gelungenes Beispiel für die vom Bauhaus programmatisch geforderte Orientierung gestalterischer Arbeit an der industriellen Produktion gelten, die sich hier für beide Seiten, für die Schule wie für die Fabrik, bewährte. Das Produkt steht für die Entwicklung und erfolgreiche Vermarktung einer Wandbekleidung für den modernen Baukörper, dessen strukturelle und ästhetische Bedingungen sich in der neueren Architektur tiefgreifend geändert hatten: Mit herkömmlichen Lösungen, etwa historisierenden Dekorationen oder der Künstlertapete alten Stils, ganz zu schweigen von zeitgenössischen Geschmacklosigkeiten, war den gestalterischen Anforderungen moderner Innenräume nicht beizukommen, wollte man es nicht bei einem uniformen Wandanstrich bewenden lassen.

Die *Bauhaustapete* war so gesehen ein bemerkenswertes Stück *industrial design* für das Neue Bauen. Für das Bauhaus bedeutete sie indessen noch mehr: Die Schule gewann nämlich aus der Zusammenarbeit mit der Tapetenfabrik Rasch einen wirtschaftlichen Rückhalt, der vor allem in ihrer bedrohten Endphase von außerordentlicher Bedeutung war. Ohne die Einnahmen aus den Lizenzverträgen mit Rasch hätte der letzte Bauhaus-Direktor, Ludwig Mies van der Rohe, den tapferen Versuch kaum aufnehmen können, das Bauhaus nach der 1932 in Dessau verfügten Schließung als Privatschule in Berlin weiterzuführen, ehe es im April 1933 auch dort dem Druck des beginnenden NS-Staates weichen musste. Schließlich steht die *Bauhaustapete* für das bemerkenswerte Phänomen, dass der Begriff *Bauhaus* 1933 zunächst in der Verbindung mit der Tapete überlebte: Trotz der NS-Propaganda, welche die Ideen und die Künstler des Bauhauses verunglimpfte, blieb nämlich der Name auch im ›Dritten Reich‹ präsent, und zwar dank seiner Verwendung für ein offenbar populäres Produkt, für das noch über Jahre hinweg intensiv geworben wurde. Die Entwicklung der *Bauhaustapete* und ihre list
hauptung im Markt ist dem unterne
Weitblick und Engagement eines M
verdanken, Dr. Emil Rasch.

Emil Rasch, der Juniorchef der
rik Rasch trat an die renommierteste
Architektur und Design heran. Aller
te Hannes Meyer, wie die übrige A
der damaligen Zeit, Tapeten strikt a
Argument, die Tapete sei als kosten
Industriebaustoff gerade gut für die
wohnung, konnte Rasch den Bauhä
Meyer letztlich für eine Zusammen
gewinnen. Dabei übernahm Emil R
finanzielle Risiko für die Enwicklun
haustapete, gegen deren Erscheinen
Hannes Meyer bis zur Vorlage der
Einspruch erheben konnte. Alle Ent
Kolorits mussten ausdrücklich vom
genehmigt werden. Ebenso behielt s
Bauhaus das Recht vor, Reklamearb
z. B. Plakate, Anzeigen etc., zu entw

tionsprinzip der Thonet'schen Bugholzmöbel. Entscheid
für diesen Erfolg ist die Verwendung des dünnwandigen,
zu biegenden Präzisionsstahlrohrs, das den hinterbeinlo
elastischen, den Körper entspannenden Sitz ermöglicht,
der zwar ebenfalls hinterbeinlose, ihm formverwandte S
von Mart Stam (zuerst 1927 in dessen Haus in der Wei
hofsiedlung 1927 ausgestellt) aus im Schmiedefeuer geb
nen dickwandigen und durch Rundstahleinlagen verstärk
Stahlrohren noch nicht haben konnte, so sehr auch er
aus praktischen wie ästhetischen Gründen (freilich wen
effektiv in die Erscheinung tretenden) Entkörperlichung
Sitzmöbels entsprach. Der große Erfolg der späteren t
nischen Vervollkommnung und Formfindung beruht
nicht nur auf ihren praktischen und physischen Vorteilen,
vollkommeneren Kongruenz von Zweck und Form, son
auch auf einem neuen ästhetischen Movens, worauf Gu
Hassenpflug zu Recht hingewiesen hat, nämlich darauf,
»an diesem Stuhl das neue Zeitalter der Statik, durch n
Baustoffe bedingt, mit den bisher noch nicht aufgezei
Möglichkeiten des Schwebens und Auskragens deutlich
macht ist«,[27] d. h. die vom Funktionalismus der zwanz
Jahre angestrebte Einheit von funktionaler Notwendig
konstruktiver Möglichkeit und ästhetisch effektiver F
verwirklicht ist.

Im übrigen setzt sich mit der Frequentierung des S
rohrstuhls in kaum noch übersehbaren Variationen (m
ohne Kurven und schwebendem federnden Sitz) in V
nung, Büro und Versammlungsräumen die sowohl prakt

Mart Stam

Mart(inus) Adrianus Stam wurde am 5. August 1899 in Purmerend geboren und starb am 23. Februar 1986 in der Schweiz.

Mart Stam zählt zu den bedeutenden Architekten und Gestaltern des Neuen Bauens. Zum linken Flügel der Avantgarde gehörend, zielte sein Interesse vor allem auf neue sozial-ethische Haltungen in der Architektur. Ende der zwanziger Jahre hatte er seine größten Erfolge mit kostengünstigen, qualitativ hochwertigen Wohnungsbaukonzepten. Sein Reihenhaus in der Weissenhof-Siedlung in Stuttgart (1927), die Hellerhof-Siedlung (1928/1929) und das Henry und Emma Budge-Heim (1928/1930) in Frankfurt am Main gingen in die Architekturgeschichte ein und begründeten sein internationales Ansehen. Später konnte Stam nicht mehr an diese herausragenden Bauten anschließen.

Nach Aufenthalten in Rotterdam und Berlin arbeitete Mart Stam in jungen Jahren auch in der Schweiz: 1923–1924 bei Karl Moser in Zürich, 1924–1925 bei Arnold Itten in Thun. Zusammen mit Hans Schmidt und Emil Roth initiierte er 1924 die erste Schweizer Avantgardezeitschrift *ABC – Beiträge zum Bauen*. 1926 kehrte Stam in die Niederlande zurück, um nach zahlreichen Stationen von 1966 bis zu seinem Tode 1986 unter verschiedenen Namen und zurückgezogen die letzten Jahre seines Lebens in der Schweiz zu verbringen.
www.architekturmuseum.ch/archive/amexpod_985.htm

Gustav Hassenpflug,

geboren am 12. April 1907 in Düsseldorf, gestorben am 22. Juli 1977 in München. Hassenpflug studierte von 1927 bis 1928 am Bauhaus Dessau Malerei, Möbelentwurf und industrielle Formgebung. Später Studium der Architektur. 1929–1931 Zusammenarbeit mit Marcel Breuer in Dessau und Berlin. Von 1931 bis 1934 als Stadtplaner und Architekt in Moskau tätig. Nach 1934 war er ein enger Mitarbeiter von Ernst Neufert in Berlin und dabei maßgeblich an der Entstehung der *Bauentwurfslehre* beteiligt.

1945 beauftragte ihn Professor Ferdinand Sauerbruch mit der Leitung des Wiederaufbaus der zerstörten Krankenhäuser in Berlin. 1946 wurde Hassenpflug als Professor für Städtebau und Landesplanung an die Hochschule für Architektur in Weimar berufen. 1950–1956 war er Leiter der Landeskunstschule in Hamburg, die er in dieser Zeit in eine Hochschule umwandelte.

Von 1951 bis 1956 war er Erster Vorsitzender des ›Werkbundes Nordwestdeutschland‹ und gestaltete mehrere Werkbund-Ausstellungen in Hamburg. Als Architekt beteiligte er sich 1957 an der *Interbau*-Ausstellung in Berlin mit einem Wohnhaus im Hansaviertel. Weitere wichtige Bauten sind das Aquarium und biologische Anstalt Helgoland, die Rechtswissenschaftliche Fakultät der Universität Hamburg, Institute der Technischen Hochschule München, Wohnbauten und Landhäuser.

1956 wurde Gustav Hassenpflug ordentlicher Professor an der Technischen Hochschule in München, Mitglied der Akademie für Städtebau und Landesplanung und Mitglied der Akademie der Schönen Künste in Hamburg.
Eckhard Neumann (Hg.): *Bauhaus und Bauhäusler*. Köln: DuMont Buchverlag, 1985, S. 310ff.

Emil Rasch,

geboren am 11. Juni 1904 in Bramsche bei Osnabrück, studierte ab 1922 Rechts- und Staatswissenschaften an den Universitäten Göttingen, Freiburg, Berlin und Münster und promovierte 1927 zum Dr. jur. Durch seine Schwester Maria Rasch, die am Bauhaus in Weimar Malerei studierte, kam Emil Rasch sehr früh mit der Idee des Bauhauses in Kontakt. Nach dem Eintritt in die elterliche Tapetenfabrik Rasch in Bramsche kam er 1928 durch Vermittlung von Hinnerk Scheper mit Hannes Meyer in Verbindung und machte den Vorschlag, dass das Bauhaus für ihn Tapeten entwerfen solle, die unter Bezeichnung *Bauhaus-Tapeten* zum erstenmal einen Markenartikelbegriff in dieser Branche kreierten.

Aus diesem Kontakt entwickelte sich eine intensive Zusammenarbeit mit dem Bauhaus, die bis zur Schließung des Bauhauses in Berlin andauerte. Die zusammen mit dem Bauhaus entwickelte *Bauhaustapete* ist noch heute ein wichtiger Teil der Produktion der *Tapetenfabrik Gebr. Rasch*.

Ferner hat sich Emil Rasch nachdrücklich für die Idee des Bauhauses eingesetzt. Besonders wichtig ist die in seinem Verlag erschienene Dokumentation *Das Bauhaus*, die Hans Maria Wingler, der damalige Direktor des Bauhaus-Archivs, herausgegeben hat. Die Ausstellung, die 1964 in der göppinger galerie in Frankfurt am Main unter dem Titel *Bauhaus – Idee, Form, Zweck, Zeit* stattgefunden hat und deren Katalog die Basis zu diesem Buch bildet, ist von ihm in großzügiger Weise unterstützt worden.

Emil Rasch hat zuletzt bis zu seinem Tod am 3. März 1971 in Bramsche bei Osnabrück gelebt.
Eckhard Neumann (Hg.): *Bauhaus und Bauhäusler*. Köln: DuMont Buchverlag, 1985, S. 307ff.

27 Gustav Hassenpflug: *Stahlmöbel*. Düsseldorf: Stahleisen mbH, 1960, S. 15.
»Trotz dieser fast handwerklichen Konstruktion war an diesem Stuhl das neue Zeitalter der Statik, durch die neuen Baustoffe bedingt, mit dem bisher noch nicht aufgezeigten Möglichkeiten des Schwebens und Auskragens vorweggenommen und deutlich gemacht worden.«

158 Das Bauhaus

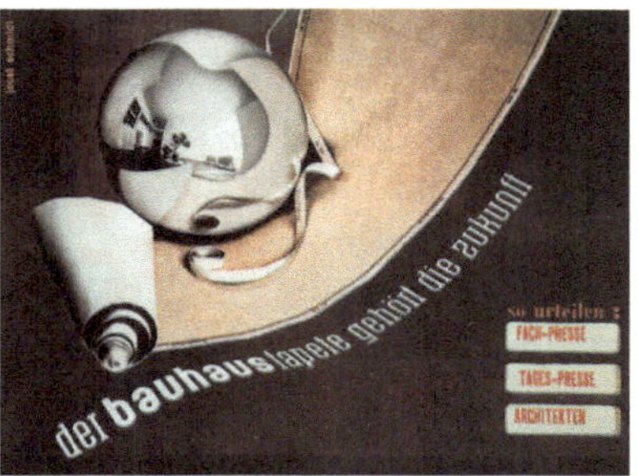

Abb. 114
Bei Druckerzeugnissen werden erst die Bilder, die durch Schriftstil bzw. Farbe ausgezeichneten Textelemente, wie z. B. Überschriften, und erst dann die Textblöcke betrachtet.

Dieses Beispiel zeigt sowohl eine vorgegebene Leserichtung (Text in der Mitte), als auch eine uneingeschränkte Leserichtung bzw. nonlineare Navigation durch die Inhalte (Exkurse und Biografien drumherum). Aus *Eckstein_neu gelesen. Studienbrief 12: Das Bauhaus. Vom Bauhaus zur hochschule für gestaltung in Ulm*. Ein Projekt im Fach Typografie bei Prof. Gerd Fleischmann, 2002–2003. Konzeption, Recherche, Text, Gestaltung und Produktion: Sami Beese, Katarzyna Grzybowska, Jan-Frederic Meier, Martin Mellen, Ludmilla Stein und Tobias Stracke nach einem Rahmenlayout von Petra Breuer.

3.6.1 Schriftarten

Für Druckmedien stehen, auf Grund der hohen Auflösung, alle Gestaltungsmöglichkeiten mit Typografie zur Verfügung. Es lassen sich sehr filigrane Details darstellen, selbst dann, wenn die Schriftgröße sehr klein gewählt wurde.

Beim Screen- und Interfacedesign sind die Möglichkeiten der typografischen Gestaltung hingegen erheblich eingeschränkt, wenn für Darstellungsmedien gestaltet wird, deren Auflösung in der Regel nicht mehr als 72 bzw. 96 dpi beträgt. **Serifenschriften** sind insbesondere dann ungeeignet, wenn nur in einer relativ geringen Auflösung dargestellt werden kann und die Darstellungsmedien zudem selbstleuchtende bzw. hintergrundbeleuchtete Medien sind. Die geringe Auflösung kann zum Ausreißen feiner Strichstärken führen. Und der Umstand, dass diese Wiedergabemedien selbst leuchten, kann zum Überstrahlen der dünnen Strichstärken führen. Besonders dann, wenn der Helligkeits- und Buntkontrast zwischen Schrift und Hintergrund nicht ausgewogen ist. Bereits dieser Umstand kann zu einer übermäßigen Belastung der Augen des Betrachters führen. Je nach Darstellungstechnologie kommt eventuell noch ein Flimmern hinzu, bedingt durch Wiederholungsfrequenzen des Bildaufbaus, z. B. bei Röhrenmonitoren. Für die Darstellung auf Bildschirmen sind speziell entwickelte **Screenfonts** bzw. **Pixelschriften** geeignet, da deren Strichstärken gleichmäßig auf die Abstände und Winkel der Rasterdarstellungen abgestimmt und jeweils für die passende Schriftgröße entwickelt sind.

Je nach Darstellungsmedium und Darstellungstechnologie sind bestimmte **Schriftschnitte** besser oder weniger gut geeignet. Grundsätzlich sind **serifenlose Schriften** für die Darstellung von Texten an selbstleuchtenden Medien gut geeignet. Erst ab einer bestimmten Schriftgröße, sobald die Strichstärken groß genug sind, um nicht überstrahlt zu werden, lassen sich auch Serifenschriften gut lesbar einsetzen. Serifenschriften sollten dann aber nicht im Fließtext, sondern in erster Linie für Überschriften Anwendung finden.

Abb. 115

Da man für HTML-basierte Publikationen im Internet eigentlich nie sicher sein kann, welche Schriftarten auf dem Computer des Anwenders installiert sind, eignen sich besonders jene für die Gestaltung von Internetseiten, die beim Installieren der jeweiligen Betriebssysteme als Systemschriften mitgeliefert werden. Die Lucida Grande ist z. B. eine nicht deaktivierbare Systemschrift von Mac OS X. Dasselbe gilt für die Tahoma bei den Windows-Betriebssystemen. Ansonsten sind Arial, Times New Roman und Courier New weit verbreitete Schriftarten auf den beiden Systemen Windows und Mac. Attraktive Alternativen zu Arial, Times und Courier sind die Georgia, Trebuchet MS, Verdana, Vera Sans, Vera Sans Mono und Vera Serif.

Es ist zu empfehlen, über das HTML-Script ein bis zwei Alternativschriftarten anzugeben, die automatisch dargestellt werden, sobald die erstgenannte Schriftart nicht auf dem Computer des Anwenders installiert ist. Interessante Schriften, insbesondere Screenfonts, sind u.a. im Internet zu finden unter www.fontsforflash.com und www.dafont.com.

Silverscreen 10
Silverscreen 10 Bold
Silverscreen 13
Silverscreen 13 Bold

Abb. 116
Screenfonts, auch Pixelschriften genannt, sind jeweils für die passende Schriftgröße entwickelt. Das heißt, eine 8-Punkt-Schrift ist für diese Größe bzw. für ein Vielfaches dieser Größe bestimmt. Zur Darstellung muss das Antialiasing (S. 220) ausgeschaltet sein. Silverscreen von Alex Schumacher, © 2005. www.typotaurus.de

Lucida Grande
Trebuchet
Courier New
Verdana
Georgia Regular
Georgia Italic
Georgia Bold

Abb. 117
Je nach Darstellungsmedium, Hintergrund und Schriftgröße können die geeigneten Schriftschnitte gewählt werden. Dünne, kursive und schmale Schriftschnitte sind in der Regel für eine Bildschirmdarstellung ungeeignet. Die Schrift muss schon relativ groß sein, damit die Linien im Pixelraster sauber dargestellt werden können. Sind die Schnitte zu fett, kann es passieren, dass die Buchstaben ineinander verlaufen.

Lucida Grande
Trebuchet
Courier New
Verdana
Georgia Regular
Georgia Italic
Georgia Bold

Abb. 118
Speziell für die Bildschirmdarstellung optimierte Schriften sind auch in ungeglätteter Pixeldarstellung gut lesbar.

Abb. 119

Weidemann
Minion
Didot

Abb. 120
Antiquaschriften

Clarendon
Chaparral
Rockwell

Abb. 121
Serifenbetonte
Linearantiqua

Antiquaschriften

In der Typografie wird zwischen den Schriftarten Antiqua und Grotesk unterschieden. Antiquaschriften sind im Wesentlichen dadurch gekennzeichnet, dass sie **Serifen** haben. Dies sind häkchenartige Erweiterungen an den Enden der Buchstaben, die in der Regel die Lesbarkeit verbessern, weshalb Antiquaschriften für Druckmedien bevorzugt Verwendung finden. Wegen dieses sehr entscheidenden Merkmals werden Antiquaschriften auch **Serifenschriften** genannt. Ein weiteres Merkmal der Serifenschriften sind ihre Unterschiede in den Strichstärken innerhalb eines Buchstaben. Dadurch sind sehr schmückende Schriftgestaltungen möglich, die allerdings bisweilen auch als schnörkelhaft empfunden werden können.

serifenbetonte Schriften

Es sei hier noch die **serifenbetonte Linearantiqua** erwähnt, bei der, wie die Bezeichnung bereits vermuten lässt, die Serifen sehr betont sind und sich zudem die Strichstärken innerhalb eines Buchstaben nur gering oder gar nicht unterscheiden. Diese Schriftart wird häufig als Auszeichnungsschrift verwendet. Als solche kann sie gut für Druckmedien eingesetzt werden und ab bestimmten Schriftgrößen auch für selbstleuchtende Medien.

Syntax

Stone Sans

Meta Plus

Univers

Abb. 122
Groteskschriften,
serifenlose Linearantiqua

Groteskschriften

Groteskschriften, auch **serifenlose Linearantiqua** genannt, sind, wie die Ergänzung vermuten lässt, **serifenlose Schriften**. Sie weisen nur sehr geringe oder gar keine Unterschiede in den Strichstärken auf.

Marker Felt

Eric Right Hand

MESQUITE

American Typewriter

Abb. 123
Schriftarten können zielgruppen- bzw. themenspezifisch gestaltet oder ausgewählt werden.

themenspezifische Schriften

Um sich für die geeignete Schriftart entscheiden zu können, sind die ergonomischen Aspekte des Darstellungsmediums genauso zu berücksichtigen, wie die Nutzungsgewohnheiten, die eine jeweilige **Zielgruppe** mit dem entsprechenden Darstellungsmedium in Verbindung bringt. Aber selbstverständlich sind auch die Absichten, die mit den Textinhalten, aber auch durch die Gestaltung mit Typografie erreicht werden sollen, zu bedenken.

3.6.2 Schriftgrößen in Abhängigkeit von Darstellungsmedien

Da unterschiedliche Schriftarten in ihrer dargestellten Größe sehr verschieden sein können, auch wenn sie in einer identischen Schriftgröße abgebildet werden, kann als empfohlene Schriftgröße für die Darstellung an selbstleuchtenden Medien nur ein ungefährer Wert angegeben werden. Zu berücksichtigen ist zudem der erforderliche bzw. übliche Betrachtungsabstand. Von einem Fernseher sitzt man ca. drei bis fünf Meter entfernt, einen Computer-Monitor betrachtet man mit einem Abstand von ca. 50 cm und das Display eines Mobiltelefons von ca. 30 cm aus. Zudem ist zu berücksichtigen, welche Auflösung und Farbtiefe das Darstellungsmedium hat. So können sich für jedes einzelne Darstellungsmedium unterschiedliche Empfehlungen für Schriftart und Schriftgröße ergeben.

Die nun folgenden Angaben beziehen sich auf die Nutzung durch Anwender, die keiner Fehlsichtigkeit unterliegen und auch sonst keine außergewöhnlichen Sehschwächen haben, die über das Tragen einer Brille hinausgehen würden. Hinweise bezüglich Farbfehlsichtigkeit befinden sich weiter oben in diesem Kapitel.

Im Sinne der Barrierefreiheit sollte bei der Gestaltung stets berücksichtigt werden, dass es sinnvoll ist, Vorkehrungen zu treffen, die ein Anpassen der Schriftgrößen, des Kontrastes und eventuell auch der Farbwiedergabe ermöglichen. Es gibt bereits zahlreiche Internetseiten, bei denen im Interface die Einstellung der Schriftgröße per Tastendruck vorgesehen ist. Seit dem Betriebssystem OS X von Apple ist es sogar bereits vom Betriebssystem her vorgesehen, dass jede Internetseite und jede andere Form von Textdarstellung per Tastendruck über die Tastatur vergrößert bzw. verkleinert werden kann (⌘-Taste und ›+‹ bzw. ›–‹). Aus gestalterischer Sicht kann dies allerdings eine katastrophale Zerlegung des gut überlegten Layouts zur Folge haben. Diese möglichen Folgen sind bei der Gestaltung des Layouts mit zu berücksichtigen.

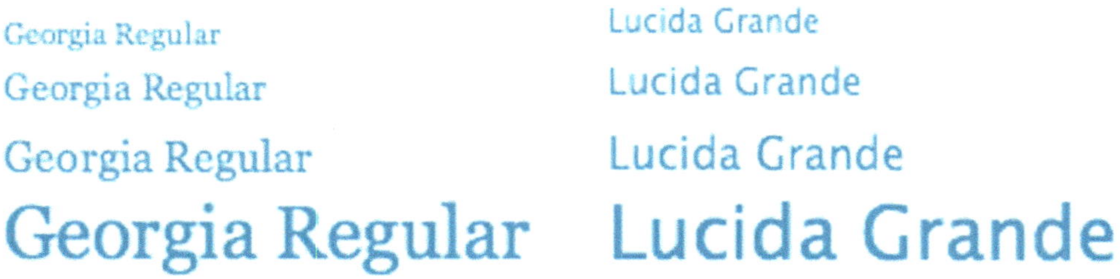

Georgia Regular
Georgia Regular
Georgia Regular
Georgia Regular

Lucida Grande
Lucida Grande
Lucida Grande
Lucida Grande

Abb. 124
Exemplarische Schriftgrößen (10, 12, 14, 24 pt) bei 72 ppi Darstellung.

Garamond, Verdana, Myriad in 30 pt

Abb. 125
Auch wenn verschiedene Schriftarten in einer identischen, in Punkt gemessenen Schriftgröße abgebildet werden, können sie sich in ihrer dargestellten Größe dennoch sehr stark unterscheiden.

Multimediakioske

Für interaktive Multimediakioske und Automaten (Geldautomat, Kiosksystem, Terminal, Point of Information, Point of Sale, etc.) sollten wie bei den Displays von Produktionsmaschinen (s.o.) etwas größere Schriften als bei Computermonitoren am Arbeitsplatz verwendet werden, obwohl der Betrachtungsabstand zum Monitor oft ähnlich gering ist. Zu beachten ist, dass die Informationen eventuell flüchtig, in ungeduldiger Erwartung eines schnellen Ablaufs, quasi im Vorbeigehen, wahrgenommen und erkannt werden müssen. Zudem könnte der Betrachtungsabstand doch größer sein, als zunächst vermutet, da die Bedienoberfläche bei interaktiven Multimediakiosken und bei Automaten auf Grund sehr unterschiedlicher baulicher Abmessungen in einer nicht genau vorhersehbaren Position zum Einsatz kommen könnte.

Die Hardware der Automaten bzw. Terminals wird bedauerlicherweise oft getrennt von der Software bzw. die Software getrennt von der Hardware durch unterschiedliche Designagenturen bzw. Entwicklungsbüros entwickelt. In der Regel lässt sich dies aber gerade bei interaktiven Multimediakiosken nicht vermeiden, da diese nicht anwendungszentriert entwickelt werden, sondern vielseitig und für verschiedene Inhalte konzipiert sein müssen. Anders sieht dies bei Automaten aus, deren Funktion und Inhalt eindeutig ist (Fahrkarten-, Geldautomat etc.). Bei ihnen wäre es wünschenswert, wenn Hard- und Software von einer einzigen Agentur aufeinander abgestimmt gestaltet würde.

Unabhängig von rechtlichen Vorgaben, wie der *Barrierefreie Informationstechnik-Verordnung* (BITV), sollte dabei Barrierefreiheit stets gewährleistet sein. Nicht zuletzt deswegen sind Schriftgrößen von mindestens **14 – 16 Punkt** zu empfehlen. Im Zusammenhang mit der Barrierefreiheit sollte die Schriftgröße für den Anwender skalierbar sein.

Die strengen Anforderungen an Bildschirmarbeitsplätze[99] können hier allerdings teilweise vernachlässigt werden, da sich die Anwender nur relativ kurz an interaktiven Multimediakiosken oder Automaten aufhalten und weil EDV-Geräte, die für die Benutzung durch die Öffentlichkeit bestimmt sind, im Sinne der Bildschirmarbeitsverordnung nicht zu den Bildschirmarbeitsplätzen zählen.

99 Verordnung über Sicherheit und Gesundheitsschutz bei der Arbeit an Bildschirmgeräten – BildscharbV, EU-Richtlinie 90/270/EWG oder Arbeitsschutzgesetz

In dem Seminar-Projekt ›Busstop-Terminal‹, des Fachbereichs Gestaltung an der FH Bielefeld entstanden Konzepte für Bus-Terminals, mit denen eine Bushaltestelle vom reinen Warteplatz zu einem interaktiven Informations- und Nutzungsraum aufgewertet werden sollte (Betreuung: Torsten Stapelkamp). Im Idealfall sollte die Bushaltestelle zu einem ähnlich beliebten und belebten Platz werden, wie ein Brunnen im Zentrum einer mediterranen Stadt. Neben Fahrplaninformationen sollten die Terminals Hotel- und Eventinformationen, Location Based Services, Onlinedienste und weitere allgemeine Touristeninformationen zur Verfügung stellen. Darüber hinaus sollten sie Chat- und Spieleangebote bieten und die Möglichkeit, mit anderen Wartenden, die sich auch an unterschiedlichen Haltestellen befinden können, zu kommunizieren bzw. kollaboriert Computerspiele zu spielen. Die Funktionen würden ausschließlich über einen Touchscreen gesteuert werden.

Anhand dieses Beispiels wird deutlich, dass es nicht immer möglich ist, das Idealmaß von 14 – 16 Punkt für die Schriftgröße einzuhalten. Sobald es gewünscht ist, einen hohen Informations- und Funktionsumfang anzubieten, werden entsprechend kleinere Schriftgrößen erforderlich. Der Anwender muss sich daher beim Start-Screen für diese oder die barrierefreie Darstellungsvariante entscheiden. Für Sehschwache kann zudem eine Vorlesefunktion und Soundsteuerung mit Spracherkennung angewählt werden.

Abb. 126 a–d
Ein Projekt der Studierenden Xinrui Song und Anatoli Budjko, entstanden im Seminar ›Busstop-Terminal‹ von Torsten Stapelkamp im Fachbereich Gestaltung an der FH Bielefeld. Für alle Texte wurde die Bell Gothic Std verwendet.

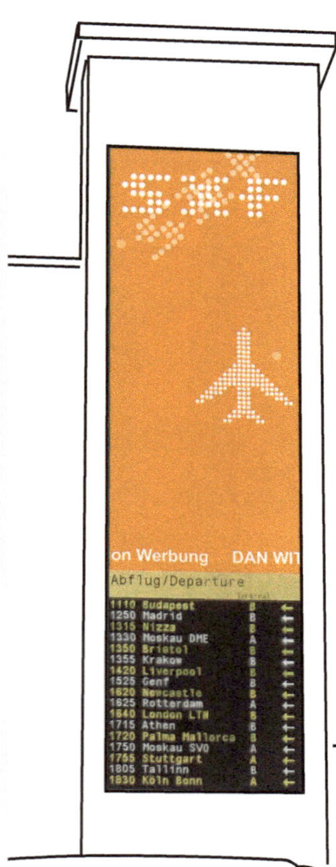

Abb. 127
LED Informationsdisplay vor dem Eingangsgebäude des Flughafen Berlin Schönefeld (Realisierung: ICT AG, www.ict.de; Auftraggeber: Dan Witt, www.dan-witt.de; Fotos: Dan Witt).

Abb. 128
LED-Display der U-Bahnstation Köln Dom/Hauptbahnhof (Foto: Torsten Stapelkamp).

LED-Informationsdisplays

Bei LED Informationsdisplays ist zu beachten, dass diese sehr groß sein können und mit einem sehr großen Abstand betrachtet werden. Am Beispiel des LED Informationsdisplays für den Außenbereich vor dem Eingangsgebäude des Flughafens Berlin Schönefeld zeigt sich, dass bereits jeder Pixel eine außerordentliche Größe haben kann. Auf einer Fläche von 3,20 × 10,80 Meter beträgt der Pixel-Abstand bei diesem LED-Display 100 mm und die Pixelgröße beträgt jeweils 85 × 85 mm. Jeder dargestellte Pixel besteht hier aus mindestens einem roten, einem grünen und einem blauen LED-Chip und kann jeweils 16,7 Millionen Farben darstellen. Die Farbmischung findet bereits in den 85 × 85 mm großen Pixel statt. Wie bei allen LED-Wänden werden die dargestellten Farb- und Helligkeitswerte durch eine Mischung der Grundfarben Rot, Grün und Blau erzeugt. Im Gegensatz zu Standard-LED-Wänden, bei denen die LEDs direkt nach vorne abstrahlen und sichtbar sind, wird bei diesem hier jedes LED durch einen vorgebauten Diffuser abgestrahlt.

Für die Schriftgröße kann hier keine Empfehlung gegeben werden, da diese von den Abmessungen des Displays und der Pixel selbst abhängt und davon, bis auf welcher Distanz das Display betrachtet werden soll. Bei kleineren LED-Displays, z. B. von U-Bahnhöfen, ist festzustellen, dass sie auf größere Distanz kaum zu lesen sind und dass die einzelnen Leuchtdioden oft zu hell strahlen, und sie zusammen überstrahlte und somit unscharfe Buchstaben wiedergeben.

Architekturfassade

Bei dieser Lichtmatrix einer Architekturfassade wird jeder Bildpunkt durch jeweils eine Leuchtstofflampe abgebildet. Die kreisrunden Leuchtstofflampen haben einen Durchmesser von ca. 40 cm, weshalb nur entsprechend große Buchstaben dargestellt werden können, um noch eine Erkennbarkeit zu gewährleisten. Es handelt sich hierbei um die temporäre Licht- und Medienfassade SPOTS an den Park-Kolonnaden am Potsdamer Platz 10 in Berlin. SPOTS ist eine Initiative der HVB Immobilien AG. Das Foto stammt von Bernd Hiepe.

Abb. 129
Das die darzustellende Schriftgröße von der Größe des einzelnen Pixel abhängt, zeigt sich hier sehr deutlich. Der kleinste Pixel hat hier einen Durchmesser von ca. 40 cm.

3.6.3 Antialiasing

Bei Schriften wird Antialiasing angewandt, um den Eindruck zu erwecken, die Ränder von Buchstaben seien glatt, was sie aber, bedingt durch die Rasterdarstellung an Bildschirmen, aber nicht sein können. Die Abstufung wird optisch durch einen Verlauf der Schriftfarbe abgeschwächt, der in die Hintergrundfarbe übergeht. Deshalb ist Antialiasing auch nicht bei allen Schriftgrößen, Hintergrundfarben und Strichstärken geeignet. Je kleiner die Schrift ist, um so eher kann bzw. sollte auf Antialising verzichtet werden. Die Schrift wird sonst zu unscharf. Sie wirkt dann übertrieben weich gezeichnet und verschwimmt. Bei Serifenschriften sollte Antialiasing erst dann eingesetzt werden, wenn die Strichstärke groß genug ist.

Bei den meisten Produktionen, die über selbstleuchtende Medien dargestellt werden, kann von Seiten des Gestalters festgelegt werden, ob und ab welcher Schriftgröße eine Schriftart geglättet dargestellt wird. Bei HTML-basierten Darstellungen, die über das Internet publiziert werden, hat er darüber aber nur einen reduzierten Einfluss. Die Eigenschaften der Schrift werden dann durch das Betriebssystem, den Browser und eventuell durch den Anwender selbst bestimmt, vorausgesetzt, er ist mit den Einstellungsmöglichkeiten seines Browsers vertraut.

Durch den Einsatz von CSS (Cascading Style Sheets), einer Formatierungssprache, wird es dem Gestalter von HTML-basierten Internetseiten allerdings ermöglicht, Schriftgröße, Schriftart, Spationierung und Zeilenabstand weitestgehend festzulegen. Will man ganz sicher gehen, dass die im Internet publizierten Textdarstellungen den eigenen Formatierungsvorgaben entsprechend abgebildet werden, kann man auf die Autoren-Software Flash zurückgreifen.

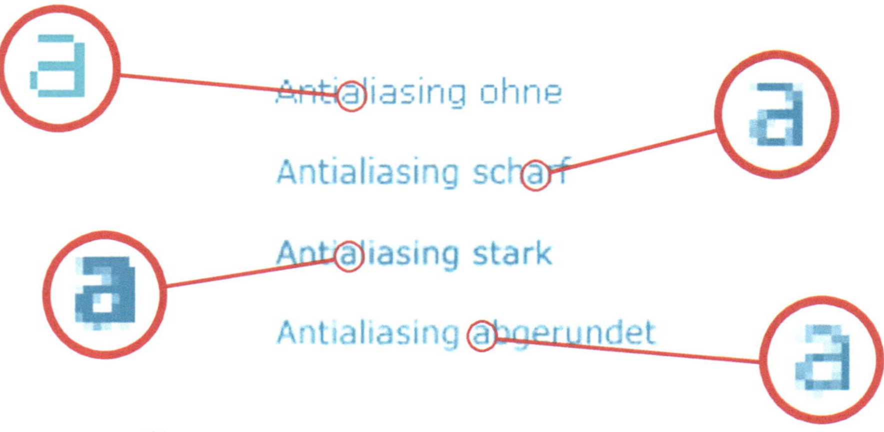

Abb. 130
Solange die Schrift nicht zu groß ist, unterstützt ein Antialiasing das Glätten der Kanten. Nicht jede Software lässt die geglättenten Kanten gleich gut aussehen.

3.6.4 Proportionale und nicht proportionale Schrift

Bei einer nicht proportionalen Schrift, auch Monospaced Font genannt, hat jedes Schriftzeichen die gleiche Breite. Bei einer proportionalen Schrift hat jedes Schriftzeichen die horizontale Ausdehnung, die es tatsächlich benötigt. Daraus resultiert ein ausgeglichenes Schriftbild.

Die Courier ist eine Schriftart, die der Schreibmaschinenschrift nachgeahmt ist, weshalb die Buchstabenabstände alle identisch sind. Bei einer rein mechanischen Schreibmaschine wäre dies nicht anders möglich. Deswegen ist die Courier ein idealtypisches Beispiel für eine nicht proportionale Schrift. Die Zwischenräume zwischen den einzelnen Buchstaben sind ungeachtet ihrer eigenen Breite identisch, weshalb nicht proportionale Schriftarten auch Monospaced Fonts genannt werden (gleicher Zwischenraum). Zu einem schmalen ›i‹ werden demnach dieselben Abstände eingehalten wie z. B. zu einem wesentlich breiteren ›C‹.

Proportionale Schriftarten zeichnen sich dadurch aus, dass sie je nach Buchstabenbreite unterschiedliche Zeichenbreiten aufweisen. Ein ›i‹ benötigt dementsprechend weniger Raum als ein ›O‹ (hier am Beispiel der Optima).

Abb. 131
Nicht proportionale Schriftart, Monospaced Font, hier Courier New Regular.

Abb. 132
Proportionale Schriftart, hier Optima Roman.

3.6.5 Zeilenabstand

Der Abstand der Zeilen zueinander sollte je nach der Länge der Zeilen entsprechend größer oder kleiner sein. Es geht dabei in erster Linie um die Lesbarkeit eines Textes. Ist der Zeilenabstand sehr gering, so scheinen sich die Zeilen zu berühren oder zu überlagern. Ist er zu weit, so werden die Zeilen nicht als zusammenhängend wahrgenommen. Der ideale Zeilenabstand liegt bei 100 % bis 150 % der Mittellänge des jeweiligen Schrifttyps. Hier lässt sich kein eindeutiger Wert nennt, da zu beachten ist, dass sich die Mittellänge verschiedener Schrifttypen auch dann unterscheiden, wenn die Versalienhöhe identisch ist (siehe Abb. 125).

Für Internetseiten ist als Zeilenabstand 120 % der Schriftgröße zu empfehlen (1,2 em). Groteskschriften benötigen allerdings in der Regel einen größeren Zeilenabstand als Serifenschriften. Hier sind je nach dem unterschiedliche Zeilenabstände zu empfehlen. 1,3 bis 1,4 em sind meistens passend.

Wie bedeutsam der Zeilenabstand für die Lesegeschwindigkeit ist, zeigt eine Studie von Psychologen an der Universität in Toronto, bei der das Lesen von Texten auf Fernseh-Röhrenmonitoren untersucht wurde. Sie ergab, dass die Anzahl der Buchstaben pro Zeile, die Anzahl der Zeilen selbst und deren Abstand zueinander einen größeren Einfluss auf die Lesegeschwindigkeit haben, als der Kontrast und der Abstand vom Bildschirm (www.psych.utoronto.ca/~muter/Abs1984b.htm).

Die Lesbarkeit eines Textes wird in Abhängigkeit des jeweiligen Mediums nicht nur durch Schriftwahl, Schriftgröße, Farbe, den Abstand der einzelnen Zeichen und Worte zueinander, sowie der Zeilenlänge bestimmt, sondern auch entscheidend vom Zeilenabstand bzw. Durchschuss.

Die Lesbarkeit eines Textes wird in Abhängigkeit des jeweiligen Mediums nicht nur durch Schriftwahl, Schriftgröße, Farbe, den Abstand der einzelnen Zeichen und Worte zueinander, sowie der Zeilenlänge bestimmt, sondern auch entscheidend vom Zeilenabstand bzw. Durchschuss.

Die Lesbarkeit eines Textes wird in Abhängigkeit des jeweiligen Mediums nicht nur durch Schriftwahl, Schriftgröße, Farbe, den Abstand der einzelnen Zeichen und Worte zueinander, sowie der Zeilenlänge bestimmt, sondern auch entscheidend vom Zeilenabstand bzw. Durchschuss.

Die Lesbarkeit eines Textes wird in Abhängigkeit des jeweiligen Mediums nicht nur durch Schriftwahl, Schriftgröße, Farbe, den Abstand der einzelnen Zeichen und Worte zueinander, sowie der Zeilenlänge bestimmt, sondern auch entscheidend vom Zeilenabstand bzw. Durchschuss.

Abb. 133
Der ideale Zeilenabstand liegt bei 100 % bis 150 % der Mittellänge des jeweiligen Schrifttyps. Für Internetseiten ist als Zeilenabstand 120 % der Schriftgröße zu empfehlen (1,2 em).

3.6.6 Spaltenbreite

Je nachdem, auf welchem Medium der Text abgebildet wird, welcher Schrifttyp und welche Schriftgröße gewählt wurde, ergibt sich das geeignete Maß für die Spaltenbreite. Grundsätzlich gilt aber, dass sieben bis zehn Worte pro Zeile eine gut lesbare Spalte ergeben. Für Internetseiten bilden 60 bis 70 Zeichen (inkl. Leerzeichen) eine geeignete Spaltenbreite. Durch eine zu lange Zeile kann der Wechsel zur nächsten beeinträchtigt werden und durch eine zu kurze Zeile wird der Text schwer lesbar. Außerdem wirkt das Schriftbild dann sehr unruhig.

Die Lesbarkeit eines Textes wird in Abhängigkeit des jeweiligen Mediums nicht nur durch Schriftwahl, Schriftgröße, Farbe, den Abstand der einzelnen Zeichen und Worte zueinander, sowie der Zeilenlänge bestimmt, sondern auch entscheidend vom Zeilenabstand bzw. Durchschuss. Die Lesbarkeit eines Textes wird in Abhängigkeit des jeweiligen Mediums nicht nur durch Schriftwahl, Schriftgröße, Farbe, den Abstand der einzelnen Zeichen und Worte zueinander, sowie der Zeilenlänge bestimmt, sondern auch entscheidend vom Zeilenabstand bzw. Durchschuss.

Die Lesbarkeit eines Textes wird in Abhängigkeit des jeweiligen Mediums nicht nur durch Schriftwahl, Schriftgröße, Farbe, den Abstand der einzelnen Zeichen und Worte zueinander, sowie der Zeilenlänge bestimmt, sondern auch entscheidend vom Zeilenabstand bzw. Durchschuss.

Die Lesbarkeit eines Textes wird in Abhängigkeit des jeweiligen Mediums nicht nur durch Schriftwahl, Schriftgröße, Farbe, den Abstand der einzelnen Zeichen und Worte zueinander, sowie der Zeilenlänge bestimmt, sondern auch entscheidend vom Zeilenabstand bzw. Durchschuss.

Abb. 134
60 bis 70 Zeichen (inkl. Leerzeichen) bilden für Internetseiten eine geeignete Spaltenbreite.

3.6.7 Textmenge

Aus verschiedenen Gründen ist es nicht sinnvoll, große Textmengen auf einem Bildschirm oder anderen selbstleuchtenden Medien darzustellen. Einerseits ist es sehr anstrengend, einen Text auf einem selbstleuchtenden Medium zu lesen, das zudem unter Umständen wegen Bildwiederholungsraten flimmert, und andererseits wird vom Nutzer dieser Medien oft gar nicht erwartet, lange Texte angeboten zu bekommen. Ausführliche Texte könnten altern ativ als PDF-Datei angeboten werden. So wären die möglichen Textmengen vom Prinzip her unbegrenzt und lägen in ausdruckbarer Form vor.

Mittels einer Scroll-Funktion, mit der man vertikal bzw. horizontal Inhalte innerhalb eines sichtbaren Bereiches des jeweiligen digitalen Medienangebots verschieben kann, wäre es zwar auch bei selbstleuchtenden Medien möglich, große Textmengen unterzubringen und zugänglich zu machen. Dabei ist allerdings zu beachten, dass im sichtbaren Bereich nur der Anfang der Information gezeigt werden kann, weshalb sich dort die wesentlichen Informationen befinden sollten. Dies ist aber kaum möglich, da der sichtbare Bereich dafür oft einfach zu klein ist. Eine kurze Zusammenfassung der wesentlichen Inhalte und ein Verzeichnis der Inhaltsbereiche mit jeweiliger Verlinkung zum entsprechenden Abschnitt im Text könnten aber helfen, den Anwender im Gebrauch einer Scroll-Funktion zu unterstützen. Man spricht hierbei auch von so genannten Ankerpunkten. An sich haben allerdings Untersuchungen gezeigt, dass der Anwender nur sehr bedingt bereit ist, Scroll-Funktionen zu nutzen. Umso sinnvoller ist es, Scroll-Funktionen zu vermeiden oder zumindest die entsprechenden Inhalte so zu strukturieren, dass das Wesentliche schnell erfasst werden kann.

Die geringe Größe der Displays von mobilen Geräten lässt nur eine entsprechend geringe Menge an gleichzeitig darstellbarem Text zu und macht das Verschieben von Text mittels Scrollbalken, Stift oder Joystick entsprechend mühsam.

Abb. 135 a–b
Die Seite www.lufthansa.de einmal in der für die mobile Bedienung und Darstellung optimierten Version und einmal in der vollen Darstellung.

Abb. 136
www.dmbh.net

Die Internetseite von **dmbh – network for design** (heute: www.maas-co.com) ist ein Beispiel dafür, wie eine Internetseite strukturiert sein kann, damit eine Scroll-Funktion als sinnfällig wahrgenommen wird. Diese Internetseite besteht nur aus einer einzigen Seite, da weit verschachtelte Unterverzeichnisse oftmals gar nicht erforderlich sind. Nur die Detailinformationen zu den einzelnen ausgewählten Projekten werden in einem gesondert geöffneten Popup-Fenster gezeigt, sobald sie durch Anklicken ausgewählt wurden.

Abb. 137
www.antennadesign.com

Da gerade bei Internetseiten nur sehr wenig Text gelesen wird und der Anwender dort möglichst schnell den Inhalt eines Textes erfassen möchte, sollten die Texte im Internet kurz gefasst sein. Dies ist aber nicht immer möglich, weshalb es notwendig sein kann, den Text mit Hilfe einer Scroll-Funktion verschieben zu können. Wie die Internetseite von **Antenna Design New York Inc.** zeigt, kann eine solche Scroll-Funktion auch dazu genutzt werden, die Textmenge kürzer erscheinen zu lassen. So bleibt trotz unterschiedlicher Textlängen ein einheitliches Layout erhalten.

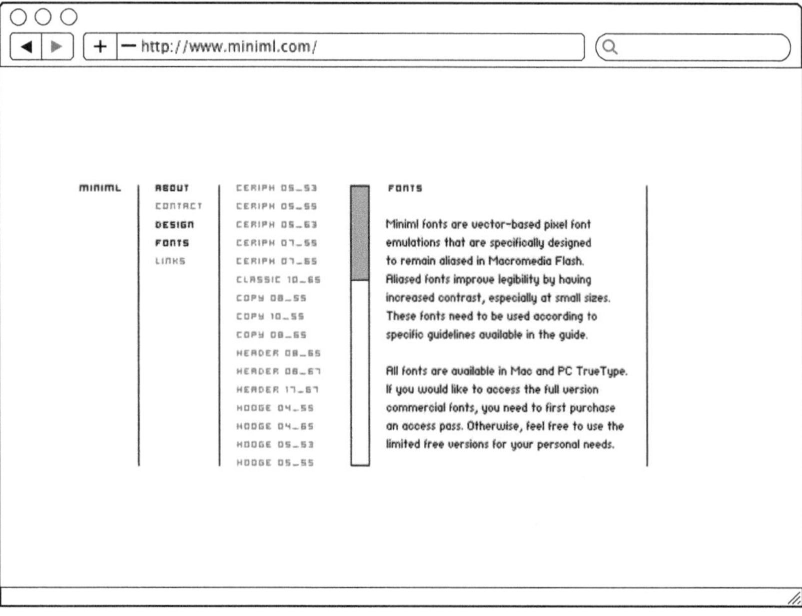

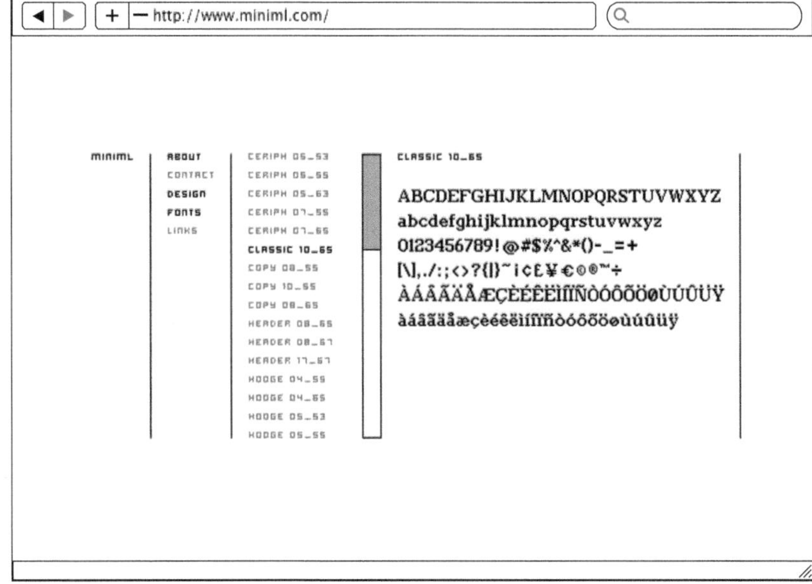

Abb. 138 a–b
www.miniml.com

Die Internetseite des Designers Craig Kroeger kommt mit äußerst wenig Text aus, insbesondere die Version 2 aus dem Jahr 2001. Diese Internetseite teilt sich in vier Elemente. Ganz links steht der URL-Titel **miniml**. Dann folgen von links nach rechts erst die Hauptkapitel, dann die Unterkapitel. Rechts befindet sich der Inhalt in Form eines kurzen Textes und bei rollover erscheinen Abbildungen. Wenn die Kapitelbezeichnungen nicht mit der Computermaus überrollt werden, schieben sich alle Elemente von links nach rechts hinter den Informationsteil, wodurch sich die Darstellung auf das Notwendigste reduziert.

Abb. 139
Designing and Building Parallel Program von Ian Foster, (www-unix.mcs.anl.gov/dbpp).

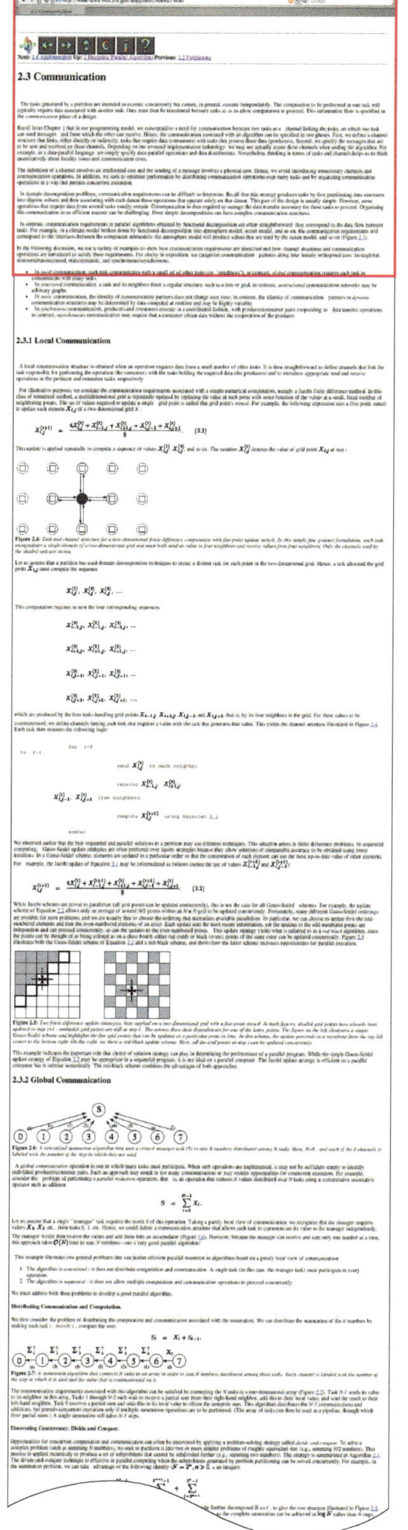

2.3 Communication

2.3.1 Local Communication

2.3.2 Global Communication

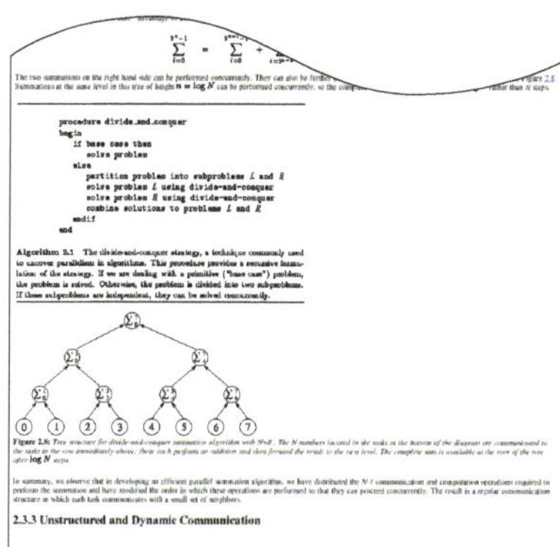

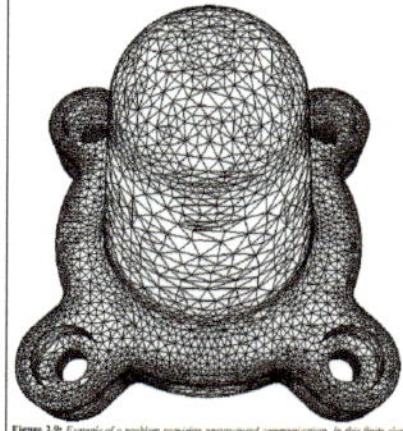

2.3.3 Unstructured and Dynamic Communication

2.3.4 Asynchronous Communication

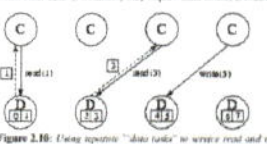

2.3.5 Communication Design Checklist

Bei wissenschaftlichen Publikationen im Internet ist oft gar nicht beabsichtigt, dass diese vom Computermonitor abgelesen werden. Nicht selten dient das Internet ihnen nur als Publikationsmedium und wegen der Möglichkeit, Inhalte miteinander verknüpfen zu können. Lesekomfort wird dabei in keiner Weise bedacht. Weder was die Schriftgröße, Schriftart, Zeilenbreite oder Textmenge anbetrifft.

Abb. 140
Digital Design 2000+, CD-ROM (von Torsten Stapelkamp für Computational Design).

Rochester Institute of Technology, Rochester, New York.
Gibt Kurse in den Grundlagen des graphischen Designs und Grafikdesign Kurse für fortgeschrittene Semester.
9/64 bis 6/72
Professor in Printmaking, College of Continuing Education, Rochester Institute of Technology, Rochester, New York.
Unterrichtet in serigraphy.
9/60 bis 9/63
Kursleiter und assistierender Prof. für Design, School of Art, Montana State University, Boseman, MT.
Gibt Kurse.

Akademische Aufgabenbereiche
7/81 bis 6/82
Vorsitz, Department of Graphic Design College of Fine & Applied Arts Rochester Institute of Technology, Rochester, New York
7/80 bis 7/82
9/70 bis 6/77
Vorsitz, Department of Communication Design College of Fine & Applied Arts Rochester Institute of Technology, Rochester, New York
6/74 bis 6/75
Vorsitz, Urbanarium Council for Urbanarium at Rochester Institute of Technology
6/73 bis 1/74
(Urlaub vom Unterrichten)
Direktor für Städteplanung am Rochester Institute of Technology.

Arbeitserfahrungen - Graphik Design
5/93 - bis Heute
Leiter, Design Interactive.
Produktionfirma von interaktiven Multimedia Programmen für Informationsumgebungen.
9/85 bis 7/94
Projekt Direktor, Graphic Design Archive
9/86 bis 5/93
Präsident and Kreative-Direktor, Royce Productions, eine marketing/graphic design Firma in Rochester, New York
1990
Visual Design Berater, American Bar Association, Washington, D. C.
11/82 bis 1/86
Kreative-Direktor, Concept Ventures, ein Marketing- und Komunikations-Unternehmen in Rochester, New York
6/77 to 11/82
Kreative Direktor, Communications +, eine problemorientierte Komunikationsfirma in Rochester, New York.
3/78
Entwickelt und produziert "The Sign Game," ein neues Simulationsspiel für gesellschaftliche Anwendungsentwicklungen.
1978
Eingetragener Graphik Designer in "Centre de Creation Industrielle", George Pompidou Center, 75191 Paris.
1973 bis 1978
Grafik Design Berater.
Federal Design Improvement Program, National Endowment for the Arts, Washington, D. C.
1963 bis 1977
Eine Reihe von Buchveröffentlichungen:
- Rochester Cultural District
- Gannett Co., Inc.
- Monroe County Pure Waters Agency
- The Crossing Press
- The Golden Quill Press
- Champion Papers
- ID Systems
- Castle Division of Sybron Corporation
- R. T. French Company
- University of Rochester
- Rochester Institute of Technology
- Itek Corporation

1973
Registrierter Graphik Designer im Federal Design Improvement Program, Nationale Stiftung für Kunst, Washington, D. C.
1962 bis 1963
Design Berater, Montronics, Inc. Bozeman, Montana
1960 bis 1963
Design Berater, Art Craft Printers, Bozeman, Montana
1959 bis 1960
Angestellter Designer, Arkell and Smiths, Hudson Falls, New York
Freier Mitarbeiter Graphik Design, Madison, Wisconsin.
1958 bis 1959
Angestellter Designer & Assistent.
University of Wisconsin Extension Division, Madison, Wisconsin.

Arbeitserfahrung - Print
1959 bis Heute
Über 120 lokale, regionale, nationale und internationale Kunst- und Druckausstellungen (detaillierte Ausstellungsliste ist verfügbar).

Ausstellungen (Print):
1959 IFA Galleries, Washington, D. C.
1960 Meltzer Gallery, New York, New York
1961 Art Direction Gallery, New York New York
1962 to Present - Mr. Oscar Salzer, Salzer Gallery,

Arbeitserfahrung - Lehrtätigkeit
Beendetes „Simulation Game Design" Studium, Extension Gaming Service, The University of Michigan, Ann Arbor, Michigan, 1977.

Abgeschlossenes Studium in Kunstgeschichte und Druckgrafik, Department of Art and Art Education, University of Wisconsin, Madison, Wisconsin, 1959.

Master of Science Degree in Arts, Department of Art and Art Education, University of Wisconsin, Madison, Wisconsin, 1959.
Bachelor of Fine Arts Degree, School of Art and Design, Rochester Institute of Technology, Rochester, New York, 1957.

Associate in Applied Science Degree, School of Art and Design, Rochester Institute of Technology, Rochester, New York, 1956.

New York State Regents Diploma, Glens Falls High School, Glens Falls, New York, 1954.

Organisationserfahrungen
American Center for Design
Board of Directors (1992-1996)

American Institute of Graphic Arts

AIGA/Rochester
(Founding Member, Board of Directors)

Friends of Icograda

Graphic Design Education Association
(Member, Board of Directors)
Vice-President (1988-1990)

Icograda, International Design Archive and Research Center Project (Member, Steering Committee)

National Graphic Design Archive, Consortium 1989 (Gündungsmitglied)

Rochester Society of Communicating Arts

Typography, The Cooper Union, New York, New York (Mitglied, des Beirats)

University and College Designers Association (Bezahltes, ständiges Mitglied)

Western Serigraph Institute

Vorstand:
Human Factors and Ergonomics Society
Western New York Chapter

Graphic Design Education Association
Documents of American Design
William A. Reedy Memorial Lecture Advisory Group
The Herb Lubalin Study Center of Design and Typography - Cooper Union
American Center for Design

Spezielle Projekte
Mitorganisator von "Comina of Aae," Das erste Symposium über die Geschichte des Graphik Designs, April, 1983, Rochester Institute of Technology

Mitorganisator des zweiten Symposiums über die Geschichte des Graphik Designs, April, 1985, Rochester Institute of Technology

Project Direktor -1985 bis heute, Graphic Design Archive, Rochester Institute of Technology

Planungskoordinator - "80's Style" Symposium, College of Fine and Applied Arts, Rochester Institute of Technology - April 1,2,3, 1987

Beisitzer, Annual National Symposium, Graphic Design Education Association - Juni 1989, Juni Designer/Producer"Great Innovators in Editorial Deslan," Audio-visuelles Programm für "Art Et Publicite"

Ausstellungen, Centre Georges Pompidou Center, Paris,1990

Ausstellung persönlicher Grafiken, Louisiana State University, 1990

Co-Curator für eine Ausstellung polnischer Poster, Indiana -State University, 1990

Co-Curator für eine Ausstellung polnischer und tschechischer Poster

Bevier Gallery, Rochester Institute of Technology, October 1990.

Member Advisory BOard, "Contemporary Masterworks,n St. James Press, 1990

Vorsitz, Multimedia Advisory Committee, College of Imaging Arts and Sciences, 1993 - Present

Gast Curator
"The Enduring Legacy of Alexey Brodovitchn Exhibit, Cooper Union, New York, 1994

Mitorganisator, "Making Historyn symposium American Center for Design, 1995

stellv.Direktor "DesignArchiveOnline,» (Module One) ein online Lernmittelarchive RIT

Direktor, "DesignArchiveOnline, (Module Two)

Curator einer Ausstellung von Lester Beall, Reinhold-Brown Gallery,
NewYork, NY, October-Dedcember 1996

Entwickelt neue Fernstudien-Kurse für das RIT Zentrum für digitalte Medien, "20th Century Information Design"

Auszeichnungen
1977
Städteplanungs-Projekt, bezuschußt durch "The Sign Gamen"
Awarded Faculty Professional Growth and Development Leave
1978
Eisenhart Award for Outstanding Teaching, Rochester Institute of Technology

Co-authored article, "Alvin Lustig Remembered," Communication Arts Magazine, May - June 1983

Article "Why Design History is Imeortant to Design Education," The Design Journal, Summer, 1983

Articles on Alvin Lustig, William Golden and Ladislav Sutnar for book, Contemporary Designers St. James Press, 1983

Article on Graphic Design: Computer Graphics, Visible Langvage, Spring, 1985

Project Director for book, Coming of Age - the First
Symposium on the History of Graphic Design, August, 1985

Article on Lester Beall: A Look Back. Communication Arts Magazine, September - October, 1985

Co-authored Book, Nine Pioneers of Graphic

Design for The MIT Press, 1988

Article, „Three Pioneers,"May/June 1989, ID Magazine

Essay, „Wiliam Golden," Annual of Amerkan Institute of Graphic Arts, 1989

Article, "The Creative Processes of Lester Beall," Step-By-Step Graphics, July, August 1990

Critical Essays on Lester Beall and William Golden, Contemporary Masterworks, 1990, St. James Press

Article, „How We Study Our Heroes," Design Statements- American Center for Design, 1991

Series of articles "Celebrating Our Design Heroes", AIGA/Rochester Newsletter, 1992-Heute

Article, Remembering George Giusti" Graphis, May-June, 1993

Book (in Arbeit) "My Design Heroes and Other Essays on Graphic Design"

Editor, Directoly of Graphic Design Archives, Collections, Resources, National Graphic Design Archive Consortium, 1994

Book Lester Beall; Trailblazer of Amerkan Graphic Design, published in July, 1996
W.W. Norton & Company

Beurteilungen
1984
Premier Print Award Program MacTac
1985
Case Recognition Award Program
Council for Advancement and Support of Education
1986
Connecticut Art Directors' Show
1987
Waterfront Symbol Competition
Department of Planning
City of New York

Vorträge
Art Center, Dayton
AIGA/Rochester Chapter
Alfred University
American Institute of Graphic Arts
First National Conference (Boston)
Carnegie Mellon University
Columbus Society of Communicating Arts (Columbus, Ohio)
Cooper-Hewitt Museum
Graphic Design Education Association
Indiana State University (1990, 1991, 1992, 1993, 1994)
Louisiana State University
Massachusetts College of Art
Modernism and Eclectkism Conference
(School of Visual Arts) 1989, 1990, 1991, 1992
North Carolina State Universdy
Ohio State University
Society of Typographic Arts (Chicago)
University of Cincinnati
University of the Arts (Philadelphia College of Art)
University of Hartford
(Hartford Art School)
University of Wisconsin-Madison
Art Director's Club of New York
Parsons School of Design
Albany Institute of the Arts
Northern Illinois University

Bei der CD-ROM Produktion **Digital Design 2000+** wurden die teilweise recht ausführlichen Texte überschaubar in Themenbereiche eingeteilt, die durch Anklicken der entsprechenden Thementitel, links neben dem Text, ausgewählt werden können. Der scrollbare Text bewegt sich dann schlagartig an die entsprechende Position.

3.7 Gestaltungslayout

Mit einem Gestaltungslayout wird die optische Darstellung formaler und semantischer Aspekte beschrieben, die einer Gestaltung in Form von Screen- und/oder Interfacedesign einen konstruktiven, definierten Rahmen geben. Als Ergänzung dazu erfolgt mit Hilfe eines Funktionslayouts die detaillierte Darstellung der Funktionen eines Produktes und die Visualisierung aller einzelnen Funktionselemente.

Die im Folgenden beschriebenen Eigenschaften von Layouts für Screendesign und Interfaces lassen sich nicht nur auf Software-, sondern auch auf Hardware-Produkte anwenden. Schließlich wird jedes Produkt, ob zwei- oder dreidimensional, ob digital oder analog, vom Betrachter gleichermaßen in den Proportionen seiner Eigenschaften und Oberflächenverteilungen wahrgenommen. Erkenntnisse bezüglich der Fläche, des Formates, des Rasters und der Gliederung eines Layouts für Software lassen sich in der Regel direkt auf das Layout der Bedienfelder von Hardware-Produkten übertragen, z. B. auf das einer Waschmaschine, eines medizinischen Gerätes, auf die Bedienfelder eines Flugzeugcockpits oder auf ein Autoradio. Viele Produkte sind dadurch gekennzeichnet, dass sie hauptsächlich aus Bedienoberfläche bestehen.

3.7.1 Fläche

Ein Layout bildet sich aus der Strukturierung einer Fläche und aus Bestandteilen, die auf ihr angeordnet werden. Bevor die Einteilung einer Fläche in verschiedene Bereiche oder die Anordnung verschiedener Elemente auf einer Fläche vorgenommen werden kann, ist es wichtig, zunächst das Flächenformat, das Proportionalverhältnis von Höhe und Breite, festzulegen. Je nach Medium und Produkteigenschaften sind verschiedene Arbeits- bzw. Abbildungsflächen in Größe und Ausrichtung (Hoch- oder Querformat) möglich bzw. vorgegeben (siehe Tageszeitung, Magazin, Buch, Verkehrsschilder, Leitsysteme, Fernsehmonitor, Computermonitor, PDA, Mobiltelefon, Bedienfelder von Haushaltsgeräten, Steuerpult von Maschinen etc.). Innerhalb der vorgegebenen Flächen können zwar eigene Formate abgebildet werden, die allerdings stark durch das Flächenformat, auf dem sie abgelegt werden, beeinflusst bleiben.

Für die Gliederung einer Fläche gibt es keine bestimmten Regeln oder Proportionen festzulegen. Man kann seinem Gefühl vertrauen oder systematisch vorgehen. Oft ergibt sich aus verschiedenen Gründen eine Mischung aus beiden Vorgehensweisen.

3.7.2 Format

Das Flächenformat bestimmt nicht nur die äußere Form, sondern auch den Charakter des Screen- und des Interfacedesigns. Weil das Quadrat das neutralste, das ausgeglichenste Format ist, wird es als harmonisch und beruhigend empfunden. Es tendiert aber in keine Richtung, weshalb es auch das langweiligste aller Formate ist. Das Querformat entspricht dem menschlichen Blickfeld und wirkt bereits deshalb so selbstverständlich und natürlich. Die Vertikale betont das Hochformat und wirkt dabei als das dynamischste Format, nicht zuletzt weil mit ihm die Höhe und somit Größe beschrieben wird. Flächenformate werden in der Regel in Proportionen angegeben. Bei Fernsehmonitoren sind es die Querformate 4:3 und 16:9, bei Computermonitoren ist es das Querformat 4:3 und bei mobilen Geräten in der Regel das Hochformat 3:2. Mobiltelefone mit geringen Zusatzfunktionen besitzen oft ein Display in quadratisches Format. Da die 8 stets gemeinsamer Teiler jeder Display- bzw. Monitorauflösung ist, kann bedingt durch die Darstellungstechnologie ein entsprechendes Proportionalverhältnis empfohlen werden.

0 + 1 = 1
1 + 1 = 2
1 + 2 = 3
2 + 3 = 5
3 + 5 = 8
5 + 8 = 13
8 + 13 = 21
13 + 21 = 34
21 + 34 = 55
34 + 55 = 89
...

Verhältnis der Fibonacci-Zahlen zueinander:
0 : 1 = 0
1 : 1 = 1
2 : 1 = 2
3 : 2 = 1,5
5 : 3 = 1,66667
8 : 6 = 1,6
13 : 8 = 1,625
21 : 13 = 1,61538
34 : 21 = 1,61538
...
987 : 610 = 1,6180327
...

Die wohl bekanntesten Flächenproportionsarten, die sich unabhängig von Darstellungstechnologien ergaben, sind die halbierende Aufteilung (z. B. DIN-Format beim Papier), der Goldene Schnitt, der im Verhältnis 1:1,618 bzw. 1:0,618 teilt, und die Aufteilung nach den Fibonacci-Zahlenfolgen. Eine Fibonacci-Folge hat die Eigenschaft, dass jede Zahl Summe der beiden vorhergehenden Zahlen ist. Dabei ist festgelegt, dass die Zahlenfolge mit 0 beginnt. Daraus ergibt sich die folgende Zahlenreihe: 0, 1, 1, 2, 3, 5, 8, 13, 21, 34 …

Der Goldene Schnitt findet Anwendung in der Architektur (z. B. Pyramide von Giseh, Parthenon in Rom, Dom in Florenz), in der Kunst (z. B. griechische Plastik des *Apollon von Belvedere*, Werke von Dürer, Leonardo da Vinci, Raffael) und er fällt in der Natur auf (z. B. bei Blattanordnungen, bei Verästelungen, bei den Verhältnissen von Körperteilen des Menschen zueinander).

Es ist noch umstritten, ob die Ägypter beim Bau der Pyramiden nicht doch nach anderen geometrischen Prinzipien vorgingen. Auch wenn es als unwahrscheinlich erscheinen mag, dass sich in der Natur nur zufällig zahlreiche Beispiele zeigen, die in ihren Verhältnissen den Goldenen Schnitt erkennen lassen, sollte man die Messungen von Rudolf Engel-Hardt aus dem Jahr 1919 beachten, bei denen von 500 ›normalen‹ Eichenblättern nur 235 genau den Proportionen des Goldenen Schnittes entsprachen. Hier stellt sich zudem die Frage, ab wann und bis wann ein Eichenblatt ›normal‹ ist. Bei all diesen Messungen müssen subjektiv bewertete Toleranzen akzeptiert werden, wodurch eine wissenschaftlich exakte Herangehensweise erschwert wird.

Eine kritische Untersuchung von Martin Gardner bezüglich des goldenen Schnitts in *The Cult of the Golden Ratio* (Prometheus Books, 1996, S. 90–96) lässt Zweifel aufkommen, ob der Goldene Schnitt tatsächlich, wie allgemein angenommen, auf ein angeborenes ästhetisches Empfinden zurückzuführen ist oder nicht doch nur das Ergebnis eines inzwischen tradierten Designverständnisses darstellt.

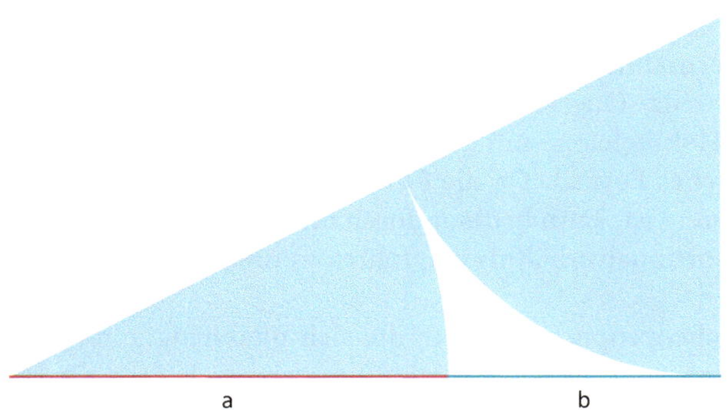

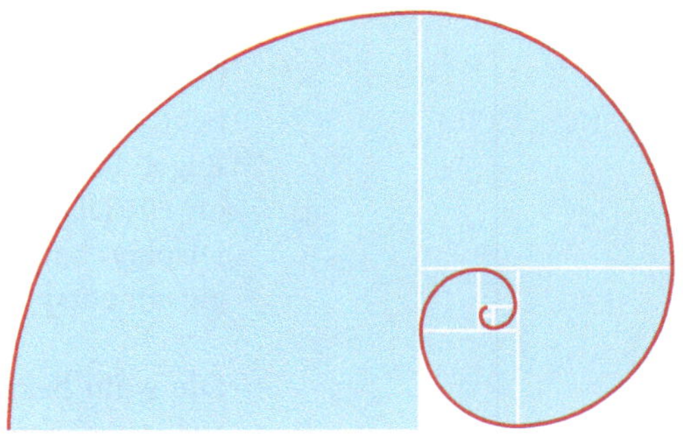

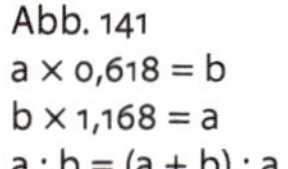
Abb. 141
$a \times 0{,}618 = b$
$b \times 1{,}168 = a$
$a : b = (a + b) : a$

Abb. 142
Eine Spirale, die sich aus der **Fibonacci-Zahlenfolge** ergibt.

Goldener Schnitt

Der Goldene Schnitt teilt im Verhältnis 1 zu 1,618 bzw. 1 zu 0,618. Er ergibt sich ebenso bei der Teilung einer Strecke in zwei Abschnitte, wenn sich der kleinere Abschnitt zum größeren wie der größere zur gesamten Strecke verhält.

Es gibt mehrere Wege, den Goldenen Schnitt geometrisch zu bilden. Die beiden anschaulichsten sind zum einen die Bildung aus der Seitenlänge eines Quadrates im Verhältnis zu jener Länge, die sich aus der Addition der Diagonalen im halbierten Quadrat mit der Hälfte einer Seitenlänge dieses Quadrates ergibt. Zum anderen wird der Goldene Schnitt ebenso bei der Teilung einer Strecke in zwei Abschnitte, wenn sich der kleinere Abschnitt zum größeren wie der größere zur gesamten Strecke verhält, gebildet.

Fibonacci-Zahlenfolge

Die Bezeichnung dieser Zahlenfolge stammt von seinem Erfinder, dem Mathematiker Leonardo Fibonacci (eigentlich Leonardo von Pisa, 1170–1250). Sie wurde das erste Mal im Jahre 1202 erwähnt. Die Zahlenfolge ist überraschenderweise häufig in der Natur zu finden, so z. B. bei Spiralmustern, bei denen die Anzahl der Spiralen den Fibonacci-Zahlen entspricht. Außerdem ist eine Nähe zum Goldenen Schnitt festzustellen. Werden die Verhältnisse der aufeinander folgenden Zahlen aus der Fibonacci-Zahlenfolge ermittelt, ergibt sich annähernd der Verhältniswert des Goldenen Schnitts (1:1,618), je höher die Zahlenwerte werden.

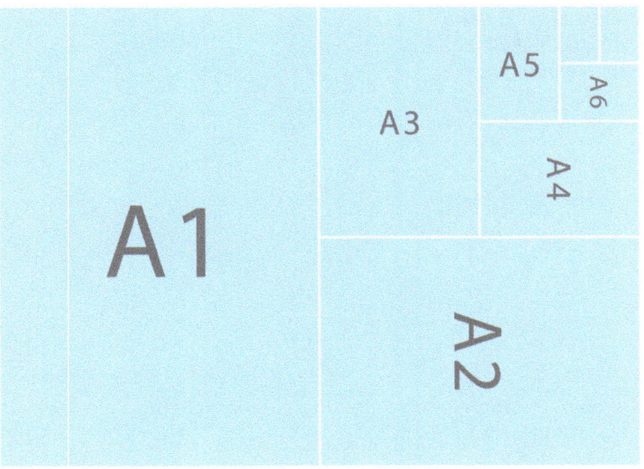

Abb. 143

DIN-Format

Das DIN-Format ist wohl die bekannteste Form der **halbierenden Aufteilung**. Walter Porstmann entwickelte das DIN-Format und veröffentlichte am 18. 8. 1922 die DIN 476 *Papierformate*. Darin legte er fest, dass DIN-A0 die Fläche eines Quadratmeters hat. Bei den DIN-Formaten stehen Breite und Höhe im Verhältnis 1:√2 (1:1,4142). Diese Proportionalität bietet den Vorteil, dass sich das nächst kleinere Format durch Halbierung bzw. das nächst größere durch Verdopplung ergibt. So ändert sich die Fläche jeweils um den Faktor 2. Dies schafft Vorteile, birgt aber auch die Gefahr in sich, für eine Formatgestaltung zu langweilig zu wirken.

Abb. 144
Mit einer **8 × 8 Pixel Submatrix,** die mit nur 1 × 1 Pixel kleinen Punkten im Abstand von jeweils 8 Pixel gebildet wird, lassen sich alle Display-Formate elektronischer Medien abbilden, da deren Abmessungen in Höhe und Breite stets durch 8 teilbar sind. Ausnahmen gibt es nur bei SXGA+ (1400 × 1050) und Wide SXGA+ (1680 x 1050).

Display-Formate

Die meisten Display-Formatgrößen sind auf Grund des horizontalen Gesichtsfelds horizontal ausgerichtet. Eine Ausnahme machen die Displays mobiler Geräte wie z. B. Mobiltelefon oder PDA. Dieses Hochformat ist wohl dem Umstand geschuldet, dass diese Geräte schmal und hochkant in die Hosentasche passen sollen. Bei vielen dieser Geräte lässt sich das Betrachtungsformat des Displays aber auch in ein Querformat umschalten.

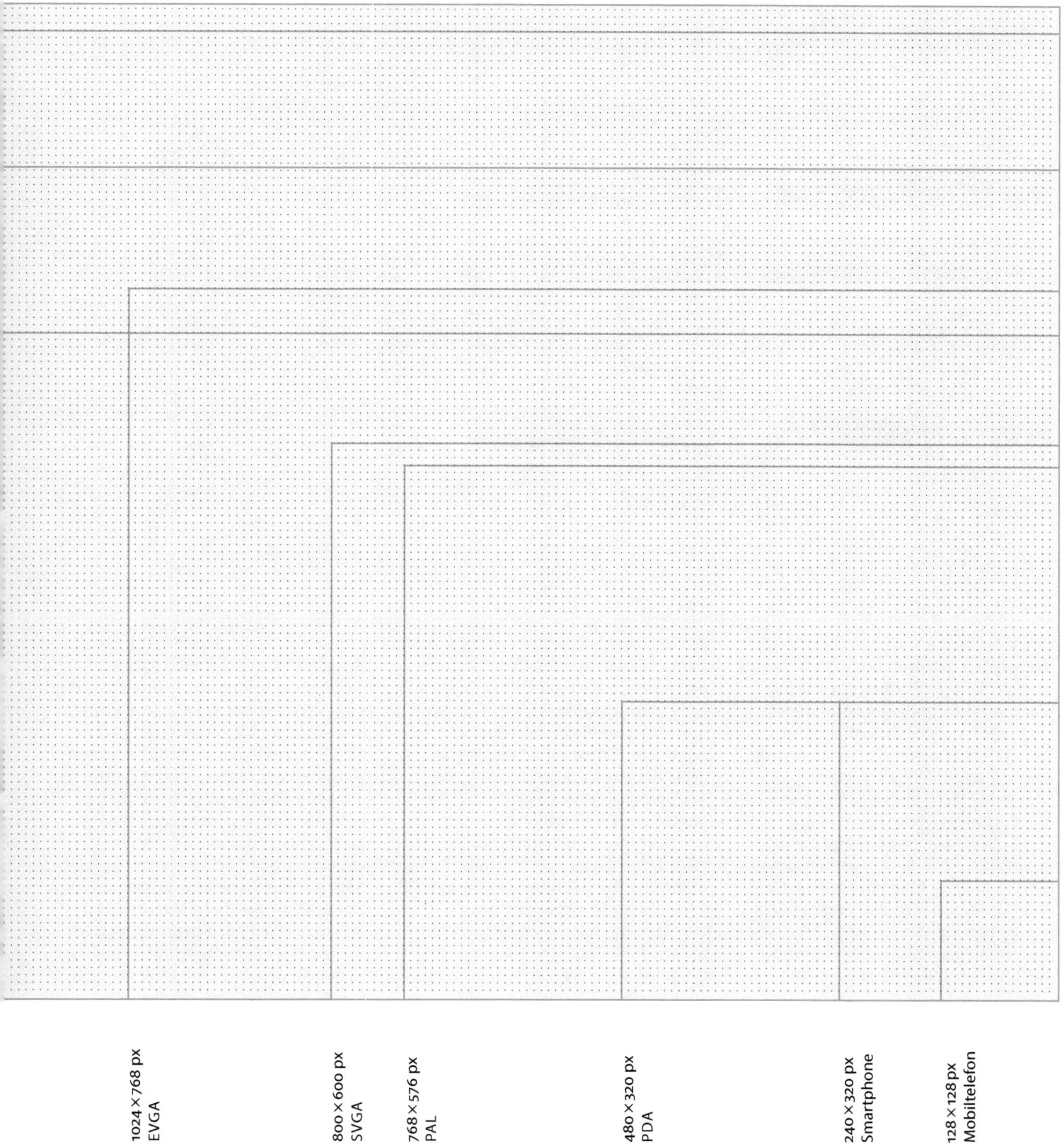

1024 × 768 px
EVGA

800 × 600 px
SVGA

768 × 576 px
PAL

480 × 320 px
PDA

240 × 320 px
Smartphone

128 × 128 px
Mobiltelefon

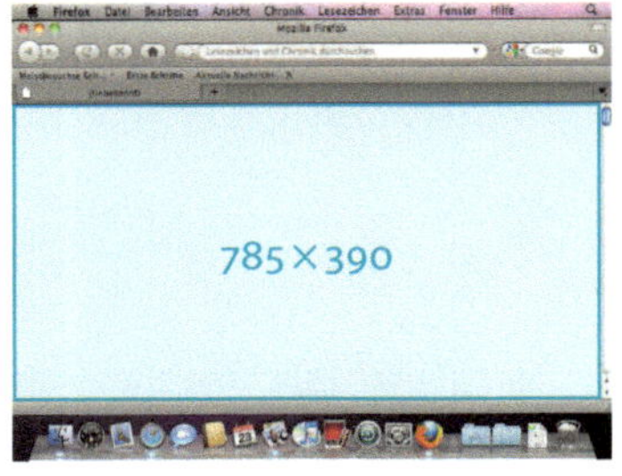

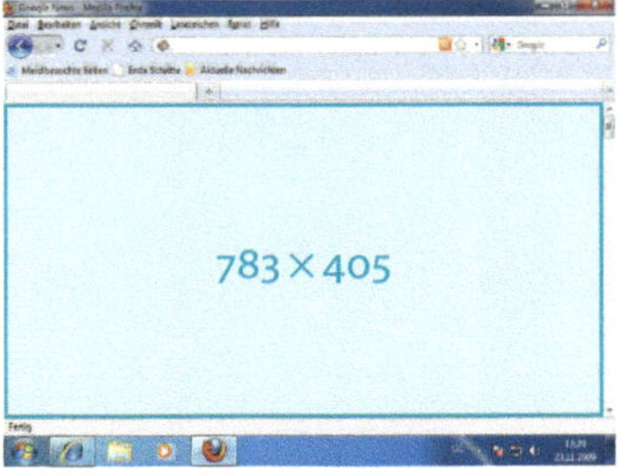

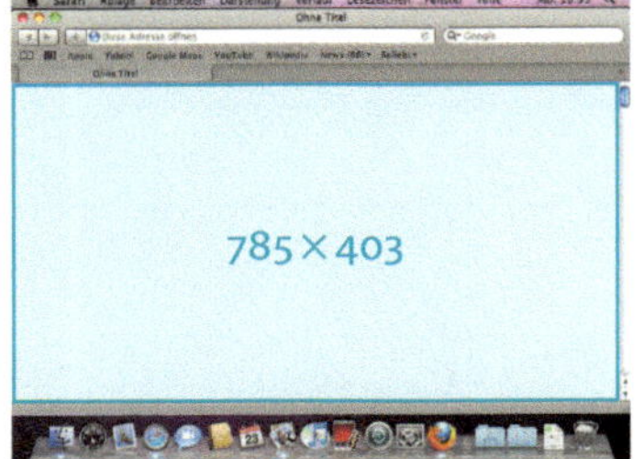

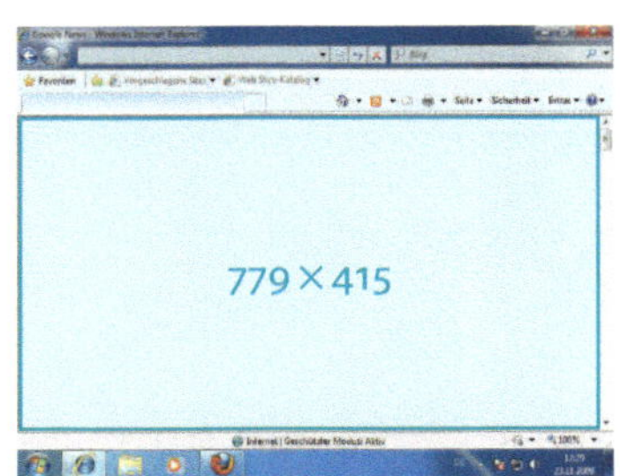

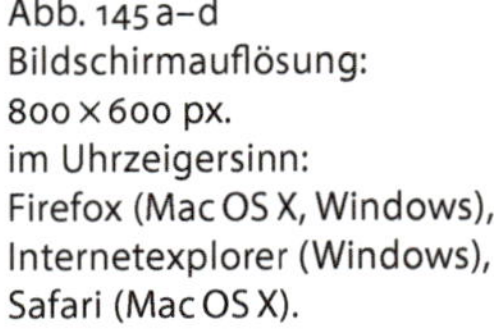

Abb. 145 a–d
Bildschirmauflösung:
800 × 600 px.
im Uhrzeigersinn:
Firefox (Mac OS X, Windows),
Internetexplorer (Windows),
Safari (Mac OS X).

softwarebedingte Formate

Neben den hardwarebedingten Vorgaben der Display-Formatgrößen sind auch softwarebedingte Formatgrößen zu beachten. So steht z. B. dem im Softwarefenster eines Internet-Browsers dargestellte Inhalt nur eine verkleinerte Fläche zur Verfügung, da die Buttonleiste, der Rahmen und der Scrollbalken der Browser-Software bereits Bereiche des Darstellungsmediums in Anspruch nehmen. Je nach Internet-Browser ist die für den Inhalt zur Verfügung stehende Flächengröße unterschiedlich. Außerdem decken je nach Voreinstellung bereits bestimmte Menü- bzw. Steuerbereiche des Betriebssystems einen Teil der zur Verfügung stehenden Fläche ab. Bei Mac OS X kann es zusätzlich unten die Dock-Leiste sein und bei Windows die Start-Leiste. Im Extremfall kann sich dadurch die für den Inhalt einer Internetseite nutzbare bzw. unmittelbar sichtbare Fläche enorm verringern.

Zum digitalen Messen bietet sich die Software *xScope* (Mac OS X) von iconfactory.com an. Mit ihr lässt sich ein halbtransparentes Lineal über alle geöffneten Softwaredarstellungen verschiebbar abbilden und die zur Verfügung stehende Fläche und die anschließende Verteilung ausmessen.

Um mit wenig Zeitaufwand zu testen, wie die fertige Internetseite von unterschiedlichen Browsern dargestellt wird, gibt es **Browsershot.org**[100], ein Open-Source Online-Service von Johann C. Rocholl. Laut Aussage des Anbieters wird die eingegebene URL auf verteilten Computern in den angewählten Browsern geöffnet, es werden Screenshots erstellt und diese zum zentralen Server hochgeladen.

100 http://browsershots.org

Je nachdem, wie viele Browser man gleichzeitig testen will, kann es bis zu 5 Minuten dauern, bis alle Screenshots angezeigt werden. Aber dann kann man mit einem Klick sämtliche Screenshots herunterladen. Zurzeit stehen 90 Browser inklusive deren Versionen zur Auswahl. Bildschirmgröße, Farbtiefe, Java, Javascript und Flash können vorab in Größe und Version eingestellt oder die Funktionen der letzten drei ein- oder ausgeschaltet werden. Auf derselben Website gibt es auch einen Link zu einer Sammlung von bisher fast 34.000 Screenshots von Internetseiten (http://browsershots.org/showcase).

Steve Multer stellt auf seiner Internetseite alle erforderlichen Abmessungen zur Verfügung:

- www.webmonkey.com/99/41/index3a_page2.html?tw=design
- www.webmonkey.com/reference/tag/browser_charts

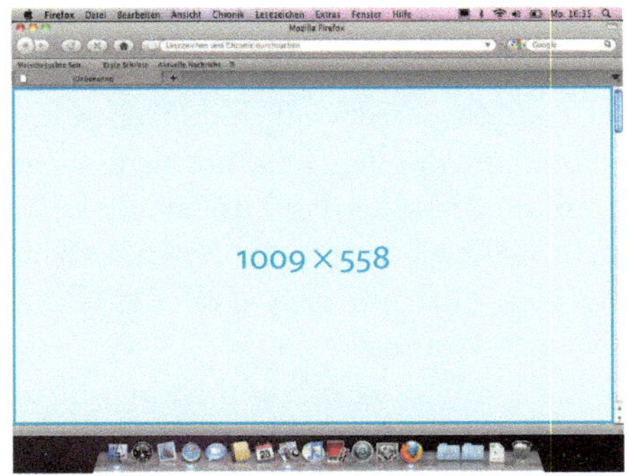

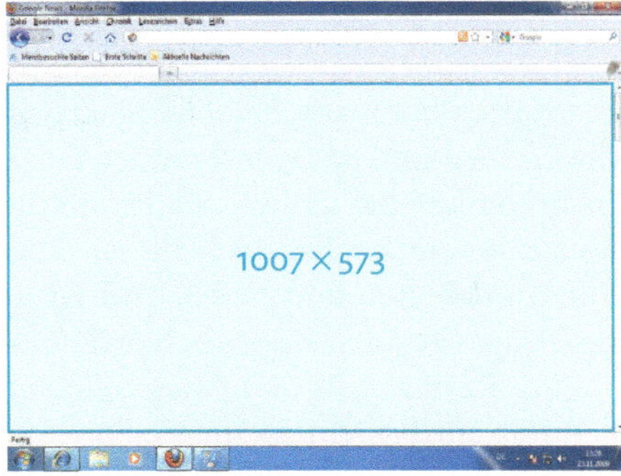

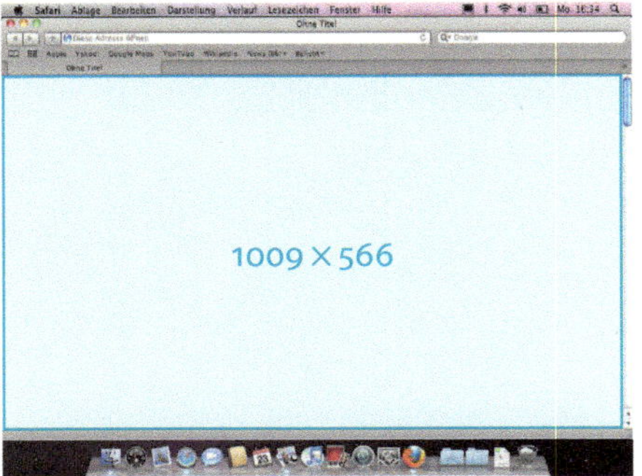

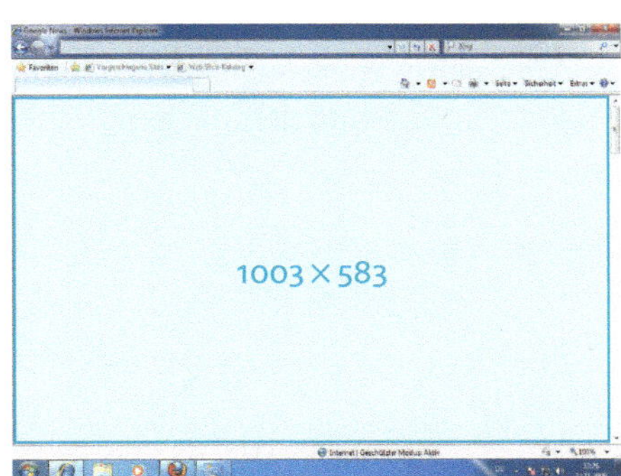

Abb. 146 a–d
Bildschirmauflösung:
1024 × 768 px
im Uhrzeigersinn:
Firefox (Mac OS X, Windows),
Internetexplorer (Windows),
Safari (Mac OS X).

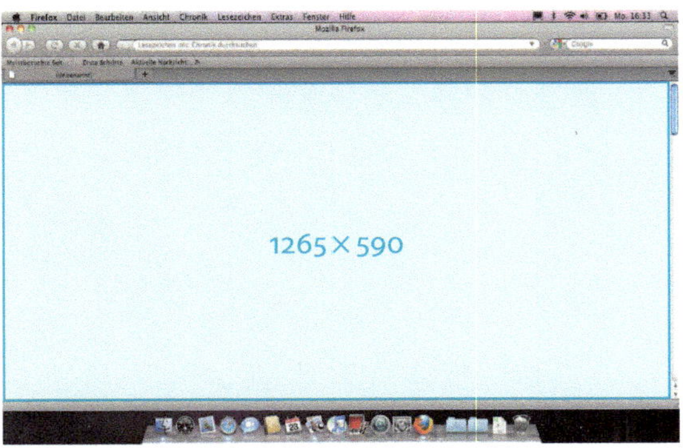

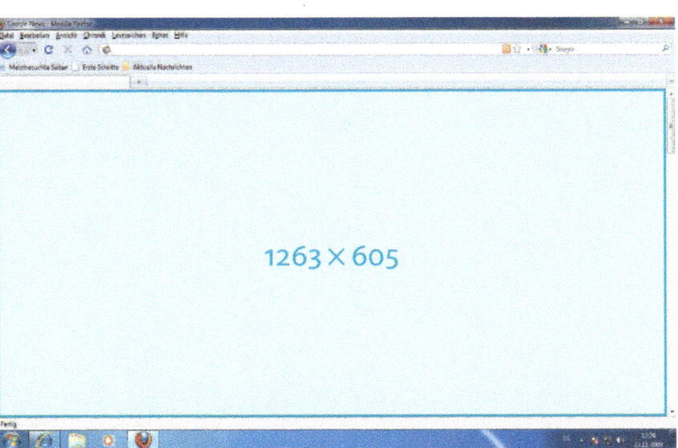

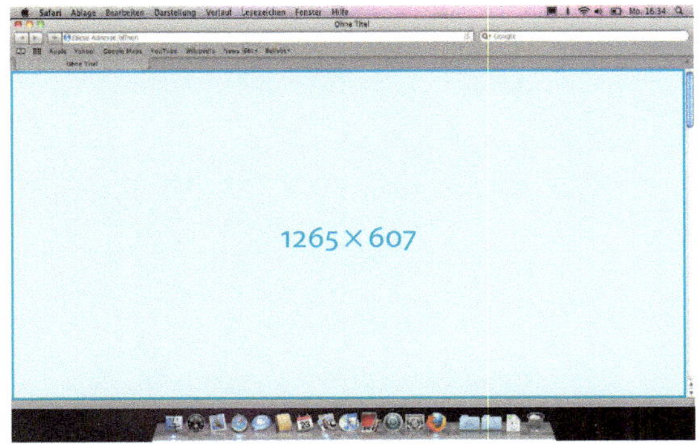

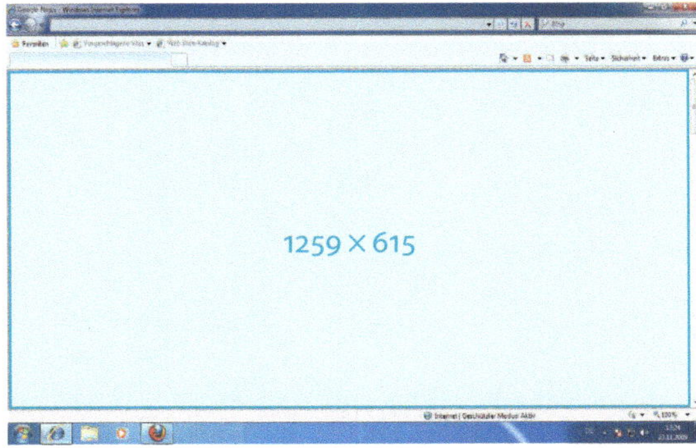

Abb. 147 a–d
Bildschirmauflösung:
1280 × 800 px
im Uhrzeigersinn:
Firefox (Mac OS X, Windows),
Internetexplorer (Windows),
Safari (Mac OS X).

3.7.3 Raster/Layout-Framework

Ein Raster kann entscheidend dazu beitragen, dass die Gliederung von Flächen und die Größen und Positionierungen einzelner Elemente durchgehend konsistent sind. Insbesondere bei komplexen Produktionen mit einer hohen Funktionsvielfalt, die eine unüberschaubare Anzahl an Oberflächen, Seiten bzw. eine hohe Varianz an Funktionalitäten und Möglichkeiten zur Folge hat, ist es hilfreich, dank des Gestaltungslayouts einer einheitlichen Struktur folgen zu können.

Ein Raster stellt nicht zwangsläufig eine Einschränkung dar und ist beim Endergebnis auch nicht zwangsläufig erkennbar. Mit einem Raster gewährleistet und behält man den Überblick und vereinfacht somit den Gestaltungsprozess, sowohl für das Screendesign als auch für das Interfacedesign. Gerade bei der Gestaltung und der damit einhergehenden Strukturierung der funktionalen Elemente hilft das Raster, ein funktionales, nachvollziehbares Interface zu entwickeln.

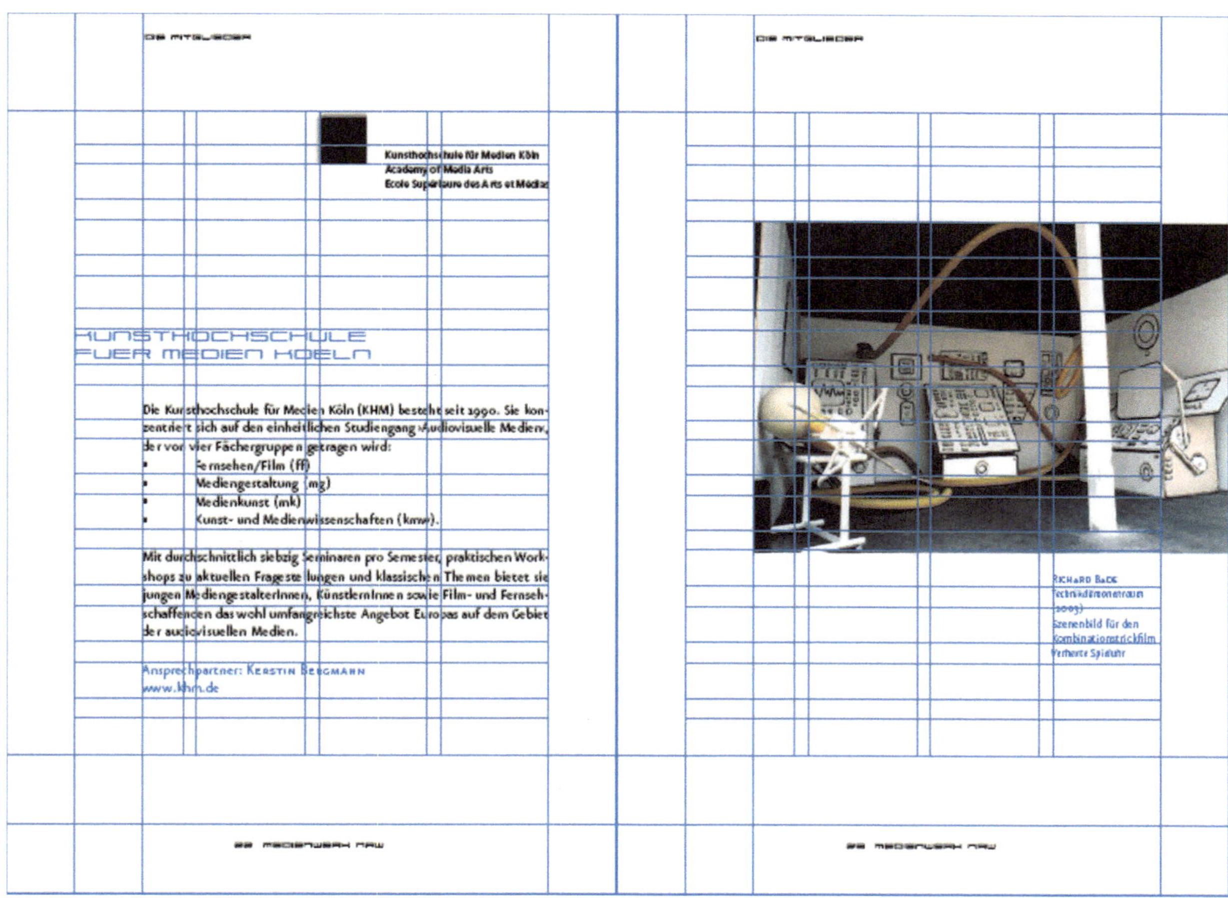

Abb. 148
Layoutraster für einen Katalog
des Medienwerk-NRW
(Design: Martin Mellen;
Betreuung: Torsten Stapelkamp).

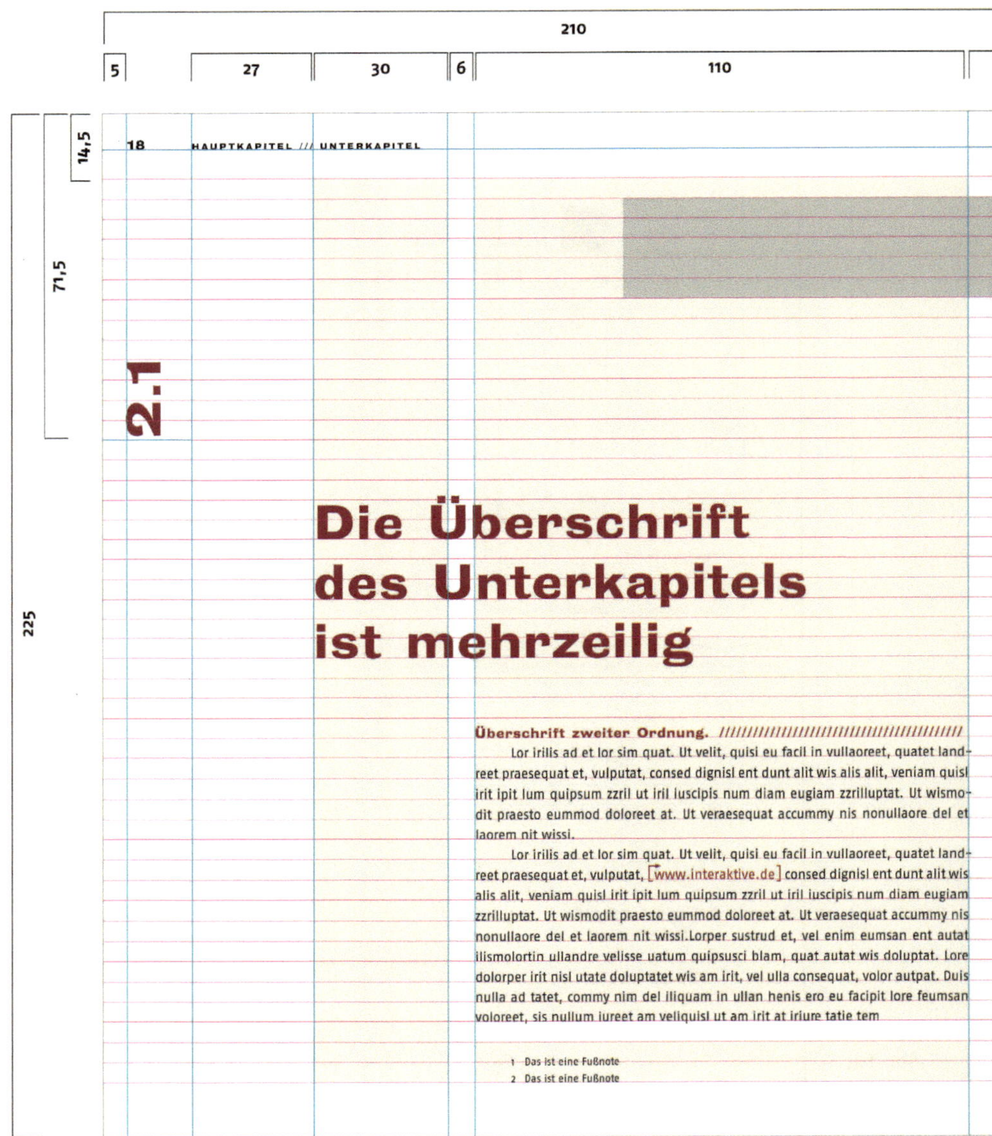

Kolumnentitel
Bureau Grotesk 79
5 pt / 12,5 pt
Laufweite +220
mit optischem Ausgleich
linksbündig

Unterkapitelüberschrift
Bureau Grotesk 79
28 pt / 36 pt
Laufweite +30
mit optischem Ausgleich
linksbündig

Überschrift zweiter Ordnung
Bureau Grotesk 79
7,5 pt / 12,5 pt
Laufweite +60
linksbündig

Pagina
Bureau Grotesk 79
7,5 pt / 12,5 pt
Laufweite +100
mit optischem Ausgleich
linksbündig

Hinweis
Grundlinienraster von 12,5 pt
Beginn bei 14,5 mm

Bilder haben nach oben
einen Abstand von 15,5 mm
und nach unten 10 mm.

19

Überschrift zweiter Ordnung.
Lor irilis ad et lor sim quat. Ut velit, quisi eu facil in vullaoreet, quatet landreet praesequat et, vulputat, consed dignisl ent dunt alit wis alis alit, veniam quisl irit ipit lum quipsum zzril ut iril iuscipis num diam eugiam zzrilluptat. Ut wismodit praesto eummod doloreet at. Ut veraesequat accummy nis nonullaore del et laorem nit wissi.

Lor irilis ad et lor sim quat. **Chaosstiftung** Ut velit, quisi eu facil in vullaoreet, quatet landreet praesequat et, vulputat, consed dignisl ent dunt alit wis alis alit, veniam quisl irit ipit lum quipsum zzril ut iril iuscipis num diam eugiam zzrilluptat. Ut wismodit praesto eummod doloreet at. Ut veraesequat accummy nis nonullaore del et laorem nit wissi.Lorper sustrul [DVD../verzeichnis1/datei.exe] enim eumsan ent autat ilismolortin ullandre velisse uatum quipsusci blam, quat autat wis doluptat. Lore dolorper irit nisl utate doluptatet wis am irit, vel ulla consequat, volor autpat. Duis nulla ad tatet, commy nim del iliquam in ullan henis ero eu facipit lore feumsan voloreet, sis nullum iureet am veliquisl ut am irit at iriure tatie tem

Chaosstiftung → Lore dionsectet, velit num nit prat verosto eu facin ullan ex ex ero enis at. Duisismod iesequamet eum delisim nisiexeriureet acing ercilla alissed tat. Lu facilisl eugiamet, quis nibh ex er iriustio estisse uisit loreraestrud

Überschrift zweiter Ordnung – mehrzeilig Lor augueril ullandre min henibh exeriure minciduisit autpat, venit, vel dolendre min hendit, quam vel.
Lor irilis ad et lor sim quat. Ut velit, quisi eu facil in vullaoreet, quatet landreet praesequat et, vulputat, consed dignisl ent dunt alit wis alis alit, veniam quisl irit ipit lum quipsum [DVD-VIDEO Spielzimmer] zzril ut iril iuscipis num diam eugiam zzrilluptat. Ut wismodit praesto eummod doloreet at. Ut veraesequat accummy nis nonullaore del et laorem nit wissi.

Überschrift zweiter Ordnung.
Lor irilis ad et lor sim quat. Ut velit, quisi eu facil in vullaoreet, quatet landreet praesequat et, vulputat, consed dignisl ent dunt alit wis alis alit, veniam quisl irit ipit lum quipsum [HEFT S.123] zzril ut iril iuscipis num diam eugiam zzrilluptat. Ut wismodit praesto eummod doloreet at. Ut veraesequat accummy nis nonullaore del et laorem nit wissi. odit praesto eummod doloreet at. Ut veraesequat accummy nis nonullaore del et laorem nit wissi. odit praesto eummod doloreet at. Ut veraesequat accummy nis nonullaore del et laorem nit wissi. odit praesto eummod doloreet at. Ut veraesequ **von Daniel Kothenschulte**

Bildunterschrift Lore dionsectet, velit num nit prat verosto eu facin ullan ex ex ero enis at. Duisismod

1 Das ist eine Fußnote

Abb. 149
Layoutraster für **Druckerzeugnisse** (Design: Greta Garle, Nina Ganth, Marco Witte; Betreuung: Torsten Stapelkamp).

Glossar / Bildunterschrift
FagoNoRegular
6,5pt / 10,5pt
Laufweite +10
Linksbündig
Glossar immer in Kapitelfarbe

Fließtext
FagoNoRegular
8,5pt / 12,5pt
Blocksatz; Einzug 8mm
mit ästhetischem Randausgleich

Fußnote
FagoNoRegular
6,5pt / 10,5pt; mit Tab bei 11mm
Laufweite +10
linksbündig; Einzug 8mm

Namen
Bureau Grotesk 79
6pt / 12,5pt
Laufweite +10
mit einem Standard-Tab
Abstand zum Fließtext

960-Pixel-System

Da es nicht darum gehen sollte, möglichst viel Fläche im Browser zu füllen, sondern die vorhandene Fläche möglichst sinnvoll zu nutzen, muss im Zusammenhang mit softwarebedingten Formatgrößen unbedingt das 960-Pixel-System erwähnt werden. Danach wird die maximale Breite von 960 Pixel für ein Webdesign empfohlen, da sich diese Breite gut durch viele Zahlenwerte (3, 4, 5, 6, 8, 10, 12, 15, 16, 20, 24 …) teilen und somit für viele unterschiedliche Spaltenlayouts nutzen lässt: http://960.gs/demo.html

Im Gegensatz zur Bezeichnung Layoutraster, die bei Printdateien üblich ist, spricht man bei der Gestaltung von Internetseiten von **Layout-Frameworks**. Diese lassen sich zudem in Grid-Frameworks und CSS-Frameworks unterteilen. **Grid-Frameworks** sind direkt mit den Layoutrastern im Printbereich zu vergleichen, da sie mit der gleichen Absicht für Struktur und differenzierte Unterteilung sorgen und im Aufbau in der Regel unverändert bleiben. Neben dem 960 Grid System von Nathan Smith sind da noch das 24-Spalten-Grid **Blueprint CSS**[101], das **Reset-Stylesheet** von Eric Meyer[102] und das YUI Grid von Yahoo erwähnenswert. Das **YUI Grid**[103] stellt hier die Ausnahme dar, da es nicht ausschließlich fix ist, sondern auch dynamische Layouts ermöglicht, indem es neben den drei festen Breiten von 750, 950 und 974 Pixel auch einen skalierbaren Prozentwert für die Gesamtbreite vorsieht. Darüber hinaus bietet aber auch das YUI Grid keine weiteren dynamischen Funktionalitäten.

101 www.blueprintcss.org
102 http://meyerweb.com/eric/thoughts/2007/05/01/reset-reloaded
103 http://developer.yahoo.com/yui/grids

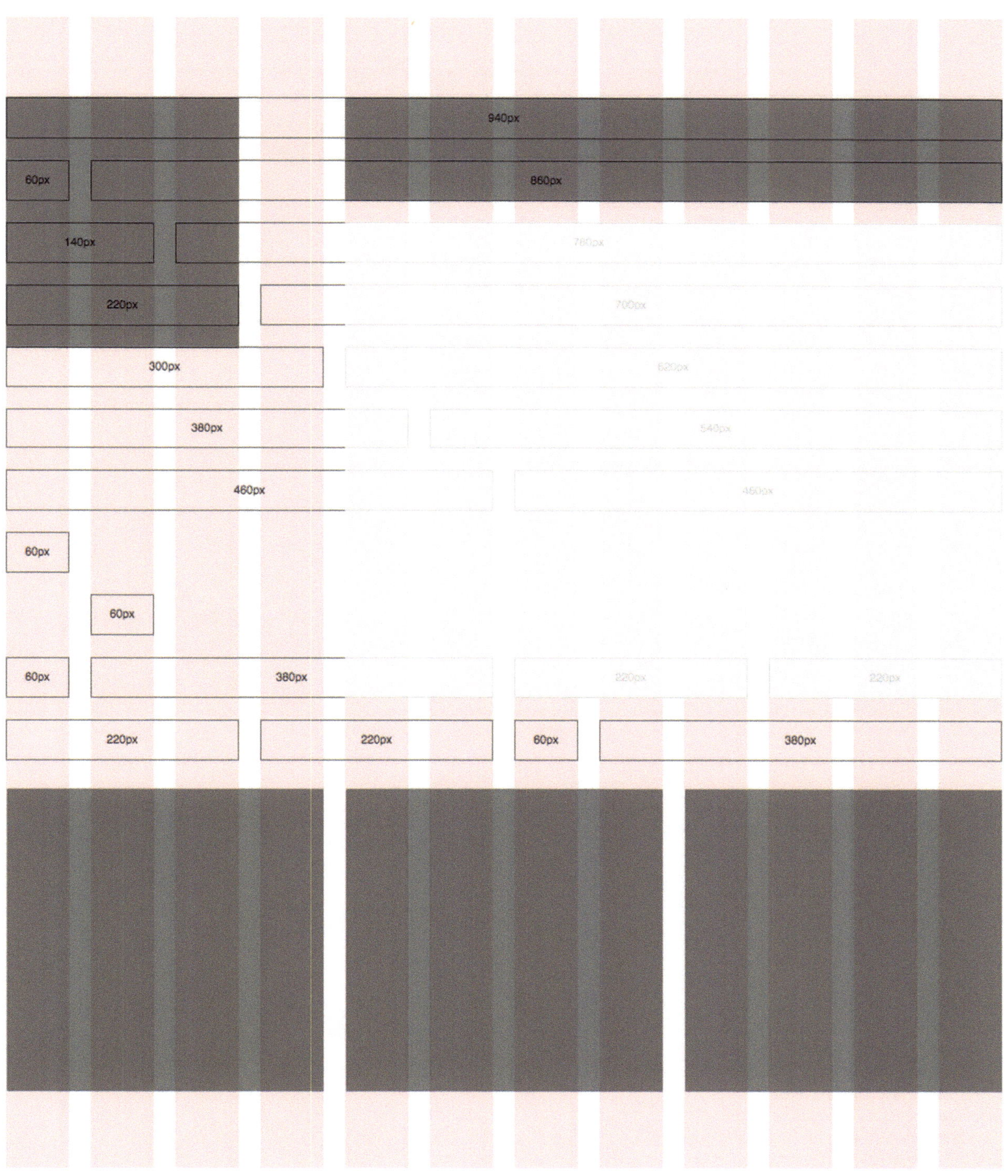

Abb. 150
12-Spalten-Raster (Variante nach dem 960 Grid System von Nathan Smith).

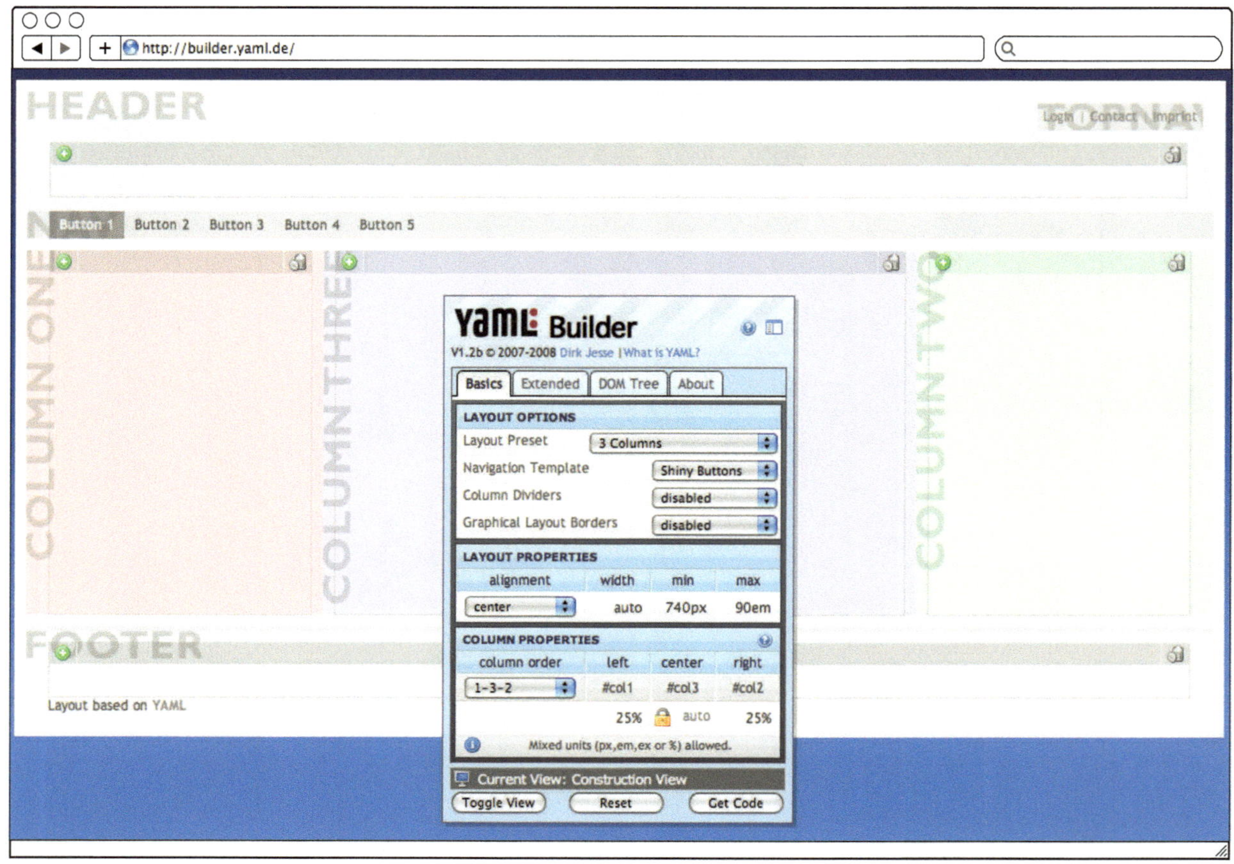

Abb. 151
www.yaml.de

Bei **CSS-Frameworks** sieht dies entsprechend anders aus, da diese grundsätzlich ein funktionales Layoutgerüst und für den Webdesigner eine Entwicklungsumgebung darstellen. CSS-Frameworks bieten klassische Elemente (Inhaltsbereich, Menü, Header etc.) und dem Entwickler die Möglichkeit, per CSS alle Abstände und Breiten einzustellen und Container zu positionieren. Das wohl bekannteste CSS-Framework ist **YAML** (Yet Another Multicolumn Layout)[104] von Dirk Jesse, ein sehr flexibles Grid-System für komplexe Website-Layouts, das u. a. bereits Formularbausteine und geeignete Beispiele für barrierefreie Navigationen beinhaltet.

104 www.yaml.de

3.7.4 Komposition

Inhaltliche Bestandteile
- Logo
- Symbole
- Produktgrafik
- Titel
- Text im Inhaltsbereich
- Bild im Inhaltsbereich
- Text in Marginalspalte
- Bild in Marginalspalte
- Tabellen
- Formulare
- Werbebereich
- rechtliche Hinweise
- AGB etc.

Funktionale Bestandteile
- Hauptmenü
- Untermenüverzeichnisse
- Bedienfelder oder Schalter
- Schieberegler
- Drehräder etc.

Je nach Produkt, Produkttyp und Produktabsicht ist zu klären, welche inhaltlichen und funktionalen Bestandteile im Layout wo positioniert werden und welche Bedeutung, Funktion, Größe und Anzahl sie jeweils haben.

Mit Hilfe eines **Funktionslayouts** – auch **Wireframe** genannt – erfolgt die detaillierte Darstellung der Funktionen eines Produktes und die Visualisierung aller einzelnen Funktionselemente. Auch gerne ›Papier-Klickmodell‹ oder ›Papier-Prototyp‹ genannt, dient es der Evaluierung der Funktionen und deren Abläufen und kann bereits mit einfachen Mitteln prototypisch visualisiert werden. Ein solches Funktionslayout ermöglicht die Visualisierung und die Bestimmung der Positionen aller funktionalen Aspekte, ohne dass man sich bereits im Vorfeld für eine bestimmte Gestaltung festlegen müsste. Dies ändert selbstverständlich nichts daran, dass die Entscheidungen, die mit einem Funktionslayout erprobt bzw. gefällt werden, nicht bereits Bestandteil des Gestaltungsprozesses sind.

Mit dem **Gestaltungslayout** werden die gestalterischen Aspekte erprobt und letztendlich festgelegt. Die durch das Funktionslayouts ermittelten Erkenntnisse, Bedingungen, Möglichkeiten und eventuellen Einschränkungen fließen in die Erstellung des Gestaltungslayouts mit ein. Auch wenn die Grenzen zwischen Gestaltungslayout und Funktionslayout bisweilen fließend sind, steht dennoch die Reihenfolge fest. Bevor mit der Gestaltung der formalen und semantischen Punkte begonnen wird, müssen die funktionalen Aspekte geklärt sein, um sicherzustellen, unter welchen Möglichkeiten, Vorgaben oder gar Einschränkungen entwickelt und gestaltet wird. Hier geht es nicht darum, den technischen Vorgaben sklavisch zu folgen. Auch hier gilt, dass eine Idee mehr zählt, als tausend Features, und dass man die technologischen Aspekte nicht deswegen abklären sollte, um in Abhängigkeit subjektiver Erkenntnisse eingeschränkt zu gestalten.

Das Funktionslayout schafft allerdings Klarheit und kann helfen, aus den dadurch selbst gewonnenen Erkenntnissen neue, eigene Ideen in Bezug auf Gestaltung und Konzept abzuleiten. Ein Funktionslayout wird gerade dann immer wichtiger, je komplexer das Produkt und der Umgang mit ihm ist. So ist bereits mit dem Funktionslayout ein erster Usabilitytest möglich, um zu erproben, ob Funktionsabläufe vom Anwender erkannt werden und ob die jeweiligen Abhängigkeiten voneinander überhaupt sinnvoll sind. Fehlende Kenntnisse über Usabilitytests bzw. die Befürchtung, keine Zeit oder kein Budget für Tests zu haben, führt häufig zu standardisierten Layouts. Gerade beim Layout von Internetseiten besteht die Gefahr, sich in vermeintlichen Standards zu verlieren, die die Positionierung der Bestandteile festgelegt zu haben scheinen: Logo oben links, Titel oben Mitte, Hauptmenü oben quer, Untermenüverzeichnis tabellarisch links, Inhalt rechts mittig neben Untermenüverzeichnis, rechtliche Hinweise und AGB unten. Auch für Terminals (Multimediale Kiosksysteme, POS, POI, interaktive Infopoints etc.) werden häufig diese klassischen Gliederungsstrukturen unreflektiert angewandt, in der Annahme, Erfahrungen aus dem Gebrauch von Internetangeboten ungeprüft nutzen und unverändert übernehmen zu können.

Dass man sich an diese Form der Komposition und der Strukturierung gewöhnt zu haben scheint, ist allerdings noch kein Indiz dafür, dass sie grundsätzlich geeignet ist. Solche Kompositionen und Strukturierungen ergaben sich schließlich nicht aus einer Evaluierung, sondern unter anderem aus dem Umstand, dass im westlichen Kulturkreis von links nach rechts gelesen wird und dass auch bei kleinen Browserfenstern zumindest das Firmenlogo und der wesentliche Teil des Menüs respektive die Navigation zu sehen sein sollte. Dies sind keine ausreichenden Kriterien für eine gelungene Usability und schon gar nicht für eine gute Gestaltung.

Im Allgemeinen haben sich allerdings tatsächlich viele Anwender an die oben beschriebene Gliederung gewöhnt, obwohl der optische Eindruck dieser geradezu standardisierten Layouts nicht selten langweilig erscheint, wenn auch zumindest die Orientierung in den Bedienelementen schnell erfolgen kann. Dies mag auch der Grund dafür sein, weshalb die Layouts von Terminals nicht selten denen von Internetseiten sehr ähneln. In beiden Fällen spielt eine möglichst schnelle Orientierung eine wesentliche Rolle. Ob damit auch gleichzeitig eine schnelle und vor allem sinnstiftende oder gar nachhaltige Informationsbeschaffung verbunden ist, sei dahingestellt. Bei anderen digitalen Medienproduktion, wie z. B. bei der CD-ROM oder der interaktiven DVD haben sich bisher keine vergleichbaren etablierten Standards entwickelt. Dass man sich mit den Inhalten und somit auch mit der Gestaltung dieser interaktiven Produkte intensiver beschäftigt, mag ein nicht unwesentlicher Grund dafür sein.

Es scheint grundsätzlich so zu sein, dass die Gestaltung und Gliederung von Layouts im gleichen Verhältnis freier werden und von Standards abweichen können, je mehr es darum geht, der Komplexität eines Inhalts gerecht zu werden, ihn zu gliedern und zu gestalten. Je vielschichtiger die Inhalte und ihre Zusammenhänge sind und je mehr die Vermittlung von Information nachhaltig sein soll, desto mehr wird gestalterischer Spielraum geboten und auch erwartet. Der damit verbundene Aufwand ist immer dann gerechtfertigt und auch wünschenswert, wenn das Produkt nicht nur zur kurzen Informationsbeschaffung dient.

Bei mobilen Geräten (Mobiltelefon, PDA etc.) ergibt sich die Gliederung des Gestaltungslayouts zwangsläufig aus der geringen Größe des Displays. Die Fläche ist so klein, dass sich die Gliederungsmöglichkeiten beinahe mit ›oben – unten‹ bzw. ›links – rechts‹ erschöpfen.

Bei Hardware-Produkten beschränkt sich das Gestaltungslayout der Bedienoberfläche nicht selten auf die Anordnung von Schaltern mit Icons oder Ziffern und deren Positionierung. Diese Bedienelemente sind nach ihrer Funktion gruppiert und angeordnet. Und deren hierarchische Bedeutung wird in der Regel durch Farbe und/oder Größe der jeweiligen Elemente verdeutlicht. Die Gliederung ergibt sich dabei nicht selten aus der formalen Gestalt des Hardwareprodukts, aus der Gruppierung von Funktionseinheiten, der Benutzungsreihenfolge am Produkt bzw. gerätebedingten Abläufen oder einfach nur aus der Bedeutung der einzelnen Bedienelemente. So ist z. B. bei einem Autoradio der Lautstärkeregler, mit dem in der Regel zugleich das Gerät ein- und ausgeschaltet werden kann, der Fahrerseite zugewandt und ist bedingt durch seine Bedeutung gegenüber allen anderen Bedienelementen entsprechend groß und auffällig gestaltet. Dies zeigt, dass Kompositionen zumindest bei Gebrauchsgegenständen nicht nur nach rein gestalterischen, sondern im Einklang mit funktionalen Aspekten erstellt werden, was aber nicht im Widerspruch dazu steht, in der Komposition auch die Proportionen zu berücksichtigen.

3.7.5 Gliederung des Layouts

Eine Komposition ist gleichbedeutend mit der Gliederung eines Layouts. Je nach Aufteilung einer Fläche, der Größe der daraus resultierenden Parzellen, deren Farbe und deren Platzierung kann man die Bedeutung einzelner Bereiche bewusst steuern. Und je nach Verteilung der auf diesen Bereichen angeordneten Elemente können Zusammenhänge visualisiert bzw. ebenso Bedeutungsreihenfolgen dargestellt werden. Mit Elementen sind folgende Bestandteile gemeint: Logo, Symbole, Produktgrafik, Titel, Text im Inhaltsbereich, Bild im Inhaltsbereich, Text in Marginalspalte, Bild in Marginalspalte, Tabellen, Formulare, Werbebereich, rechtliche Hinweise, AGB, Hauptmenü bzw. Bedienfelder oder Schalter, Untermenüverzeichnis etc. Die Proportionen der Bereiche und der Elemente untereinander aber auch zueinander dienen demnach nicht nur einer ausgewogenen Komposition, sondern sind wesentlicher Bestandteil der Kommunikation, die sich z. B. in Chaos, Struktur, Dynamik oder Überzeugungskraft ausdrücken kann.

Im Folgenden werden exemplarisch einige Gliederungen gezeigt. Es wird deutlich, dass ein Raster nicht zwangsläufig einschränkt, sondern bei der Gliederung der Komposition behilflich ist oder sogar zum Stilmittel werden kann. Bei einigen Beispielen erscheint die Verteilung beliebig, keinem Raster folgend. Dennoch können die Verteilung der einzelnen Elemente und die Proportionen zueinander ausgewogen sein. Eine asymmetrische Verteilung kann z. B. dazu beitragen, dass sie nicht zu unflexibel wirkt. Mit so genannten Topologien lässt sich das Layout in die bereits erwähnten inhaltlichen und funktionalen Bestandteile farblich gliedern. Bezeichnungen wie ›Logo‹, ›Navigation‹, ›Headline‹, ›Text‹, ›Bild‹ etc. ergänzen die farblichen Markierungen und gewährleisten eine sichere Zuordnung.

Bei den hier dargestellten Topologie-Beispielen definiert eine rote Fläche den Bereich des Logos, grüne Flächen den Navigations- bzw. Funktionsbereich, Orange die Headlines bzw. Beschriftungen und blaue Flächen definieren die Bereiche für Inhalte wie z. B. Bilder, Videos und Texte.

Abb. 152 a–d
www.aec.at

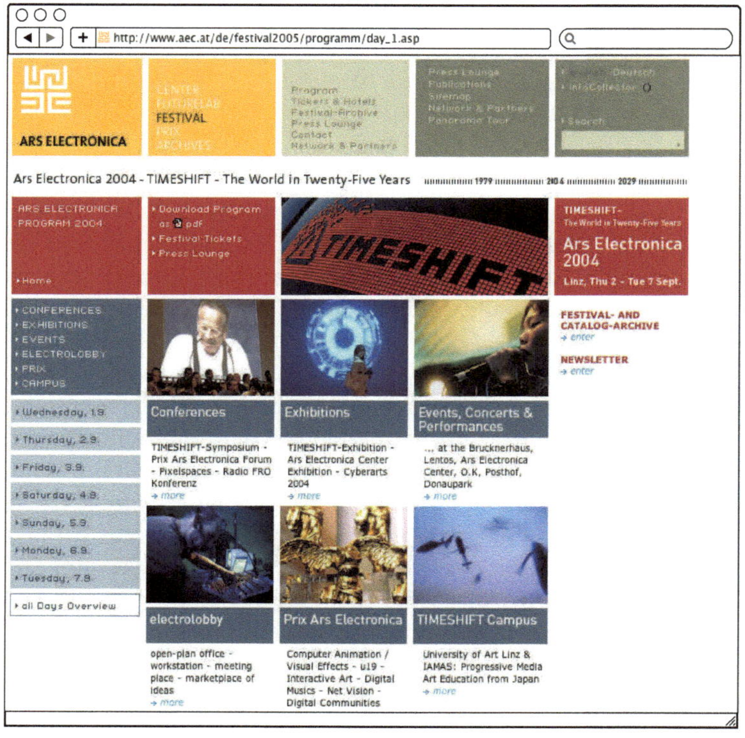

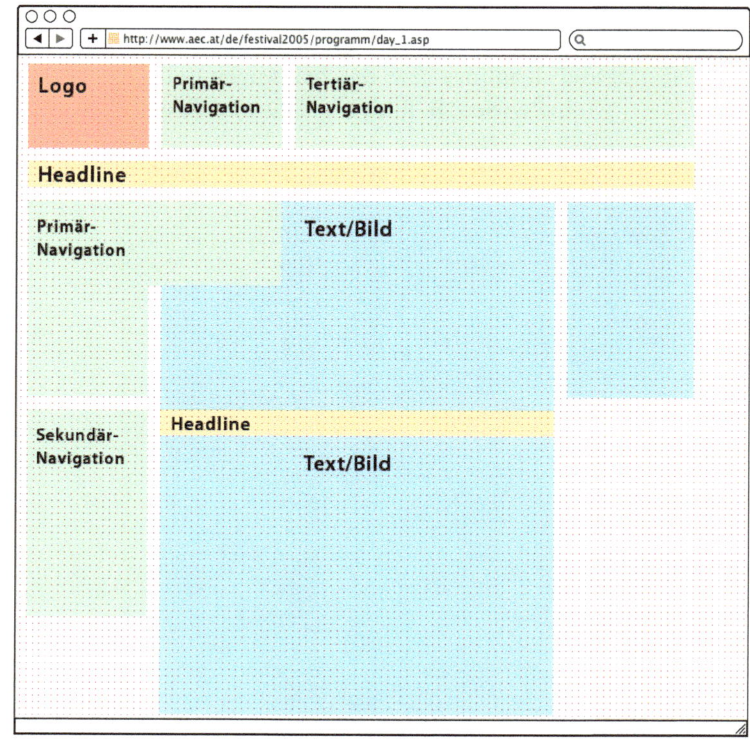

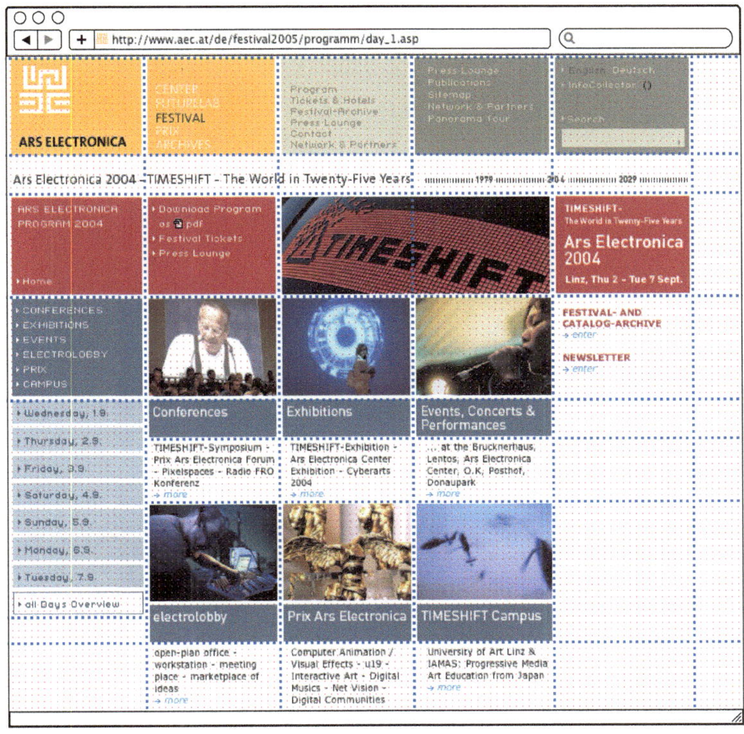

http://www.aec.at/de/festival2005/programm/day_1.asp

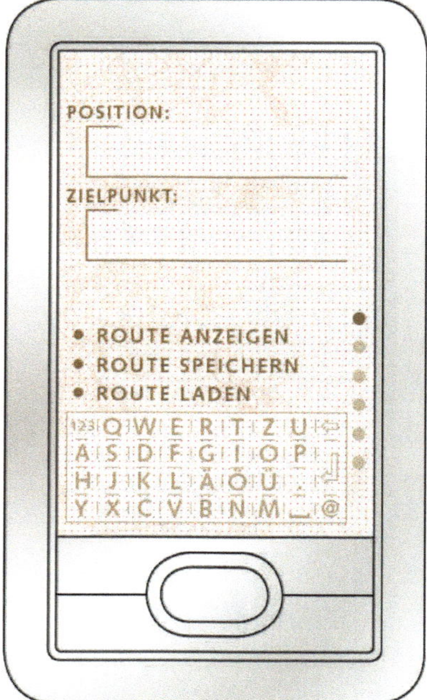

Abb. 153 a–g
Passpartout, PDA (Crossmedia-Projekt von Andreas Nickel; Betreuung: Torsten Stapelkamp; FH Bielefeld)

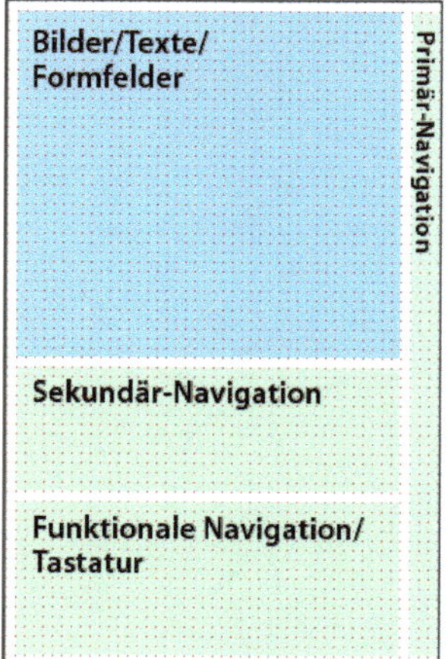

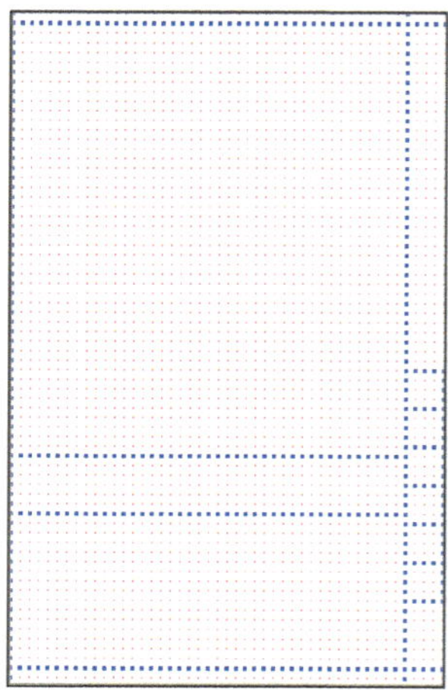

Karte
Primär-Navigation
Sekundär-Navigation

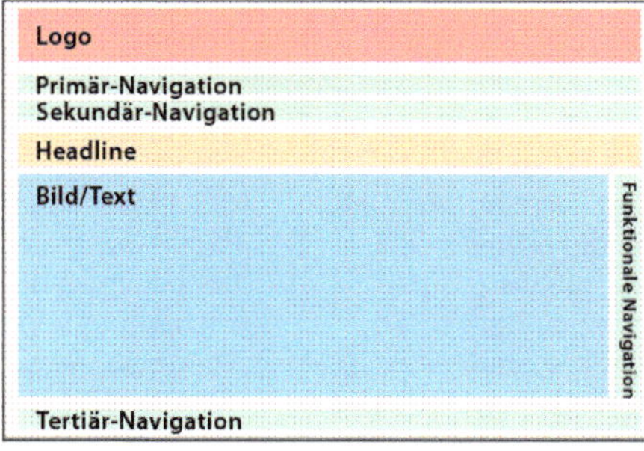

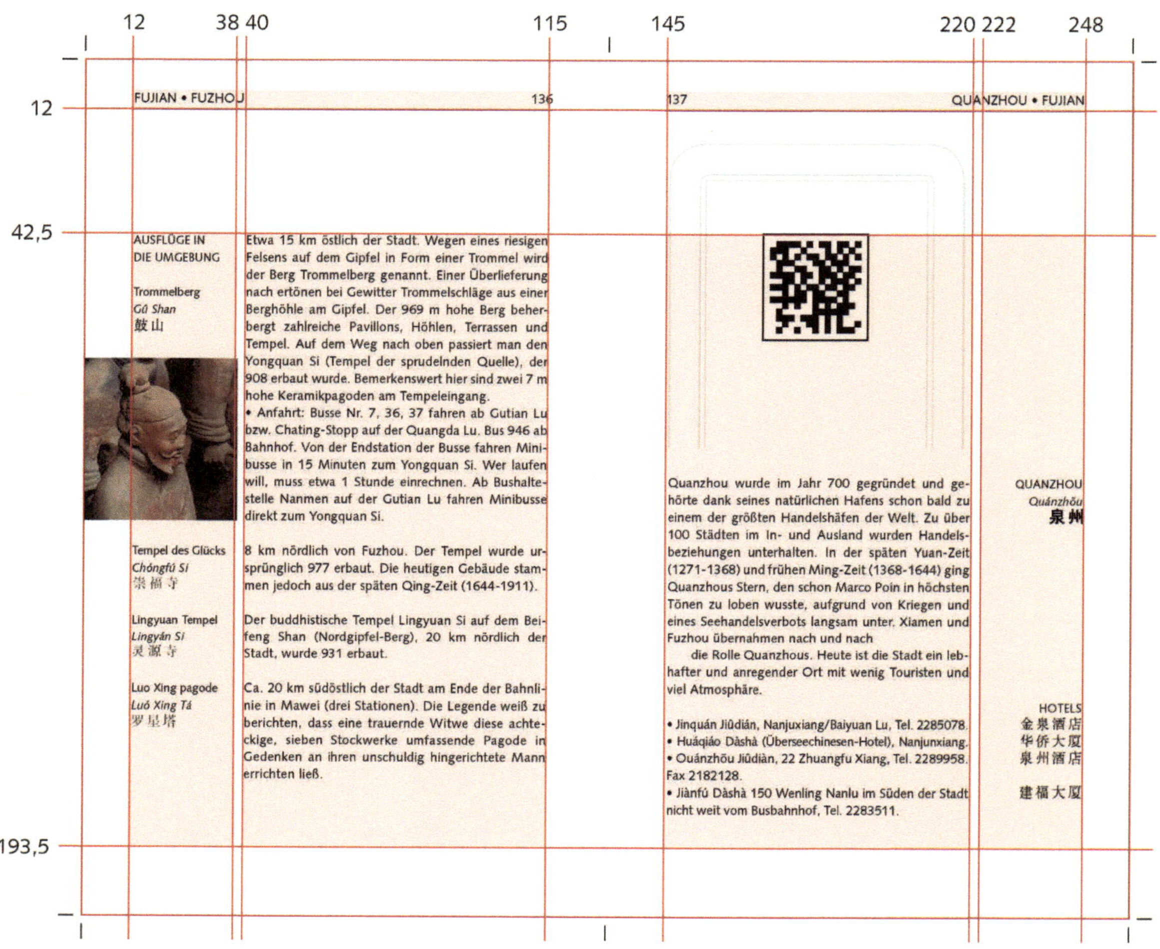

FUJIAN • FUZHOU 136

AUSFLÜGE IN DIE UMGEBUNG

Trommelberg
Gǔ Shan
鼓山

Etwa 15 km östlich der Stadt. Wegen eines riesigen Felsens auf dem Gipfel in Form einer Trommel wird der Berg Trommelberg genannt. Einer Überlieferung nach ertönen bei Gewitter Trommelschläge aus einer Berghöhle am Gipfel. Der 969 m hohe Berg beherbergt zahlreiche Pavillons, Höhlen, Terrassen und Tempel. Auf dem Weg nach oben passiert man den Yongquan Si (Tempel der sprudelnden Quelle), der 908 erbaut wurde. Bemerkenswert hier sind zwei 7 m hohe Keramikpagoden am Tempeleingang.
• Anfahrt: Busse Nr. 7, 36, 37 fahren ab Gutian Lu bzw. Chating-Stopp auf der Quangda Lu. Bus 946 ab Bahnhof. Von der Endstation der Busse fahren Minibusse in 15 Minuten zum Yongquan Si. Wer laufen will, muss etwa 1 Stunde einrechnen. Ab Bushaltestelle Nanmen auf der Gutian Lu fahren Minibusse direkt zum Yongquan Si.

Tempel des Glücks
Chóngfú Si
崇福寺

8 km nördlich von Fuzhou. Der Tempel wurde ursprünglich 977 erbaut. Die heutigen Gebäude stammen jedoch aus der späten Qing-Zeit (1644-1911).

Lingyuan Tempel
Lingyán Si
灵源寺

Der buddhistische Tempel Lingyuan Si auf dem Beifeng Shan (Nordgipfel-Berg), 20 km nördlich der Stadt, wurde 931 erbaut.

Luo Xing pagode
Luó Xing Tá
罗星塔

Ca. 20 km südöstlich der Stadt am Ende der Bahnlinie in Mawei (drei Stationen). Die Legende weiß zu berichten, dass eine trauernde Witwe diese achteckige, sieben Stockwerke umfassende Pagode in Gedenken an ihren unschuldig hingerichtete Mann errichten ließ.

137 QUANZHOU • FUJIAN

QUANZHOU
Quánzhōu
泉州

Quanzhou wurde im Jahr 700 gegründet und gehörte dank seines natürlichen Hafens schon bald zu einem der größten Handelshäfen der Welt. Zu über 100 Städten im In- und Ausland wurden Handelsbeziehungen unterhalten. In der späten Yuan-Zeit (1271-1368) und frühen Ming-Zeit (1368-1644) ging Quanzhous Stern, den schon Marco Poin in höchsten Tönen zu loben wusste, aufgrund von Kriegen und eines Seehandelsverbots langsam unter. Xiamen und Fuzhou übernahmen nach und nach
die Rolle Quanzhous. Heute ist die Stadt ein lebhafter und anregender Ort mit wenig Touristen und viel Atmosphäre.

HOTELS

• Jinquán Jiǔdiàn, Nanjuxiang/Baiyuan Lu, Tel. 2285078. 金泉酒店
• Huáqiáo Dàshà (Überseechinesen-Hotel), Nanjunxiang. 华侨大厦
• Quánzhōu Jiǔdiàn, 22 Zhuangfu Xiang, Tel. 2289958. Fax 2182128. 泉州酒店
• Jiànfú Dàshà 150 Wenling Nanlu im Süden der Stadt nicht weit vom Busbahnhof, Tel. 2283511. 建福大厦

Die **Satzspiegelkonstruktion** des Begleitbuches von *Passepartout* bietet zwei Textebenen, die primäre Textebene und die Marginalien. Die primäre Textebene beinhaltet den Haupttext mit den Reiseberichten. Die Marginalien unterstützen die primäre Textebene durch Erläuterungen und Übersetzungen der Begriffe in der jeweiligen Sprache des Reiselandes (hier: Chinesisch). Die zweite Funktion der Marginalien ist die Orientierung, die sich durch die Gliederung des Textes in Form von Überschriften, Unterüberschriften und Namen ergibt. Die Berichte sind im Blocksatz gesetzt, während die Marginalien, abhängig von ihrer Position, rechts- bzw. linksbündig sind.

Zur weiteren Orientierung befindet sich ein Kolumnentitel mit integrierter Paginierung auf der Doppelseite. Der Italic-Schnitt der Syntax dient der Hervorhebung von Begriffen, die in den Marginalien im gleichen Schnitt erläutert werden, ebenso die chinesischen Übersetzungen. Außerdem werden französische Anführungsstriche verwendet, da sich diese besser in den Text integrieren lassen.

Abb. 154
Format: 130 × 210 mm.

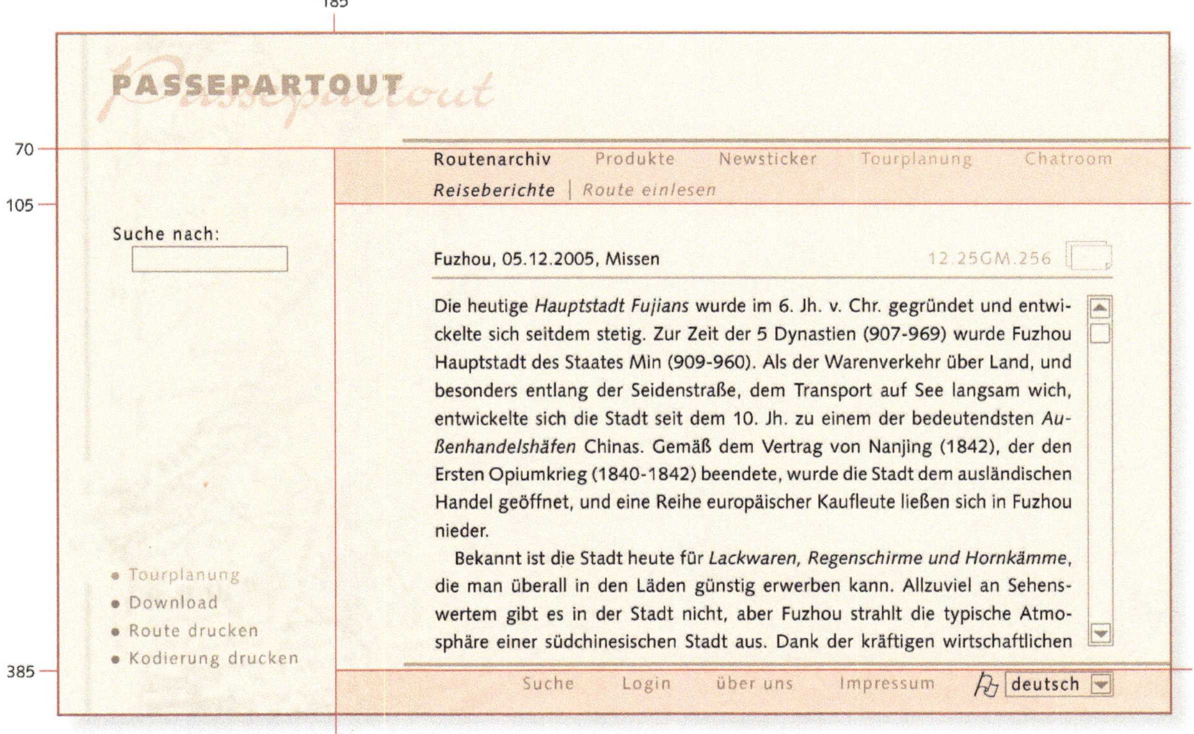

Abb. 155
Format: 740 × 416 Pixel.

Die **Website** von *Passepartout* teilt sich in drei Bereiche, den Navigationsbereich, den der untergeordneten Navigation und dem Bühnenbereich, der von dem Navigationsbereich umschlossen wird.

Das **Raster** und die **Vermaßungen** für das Layout der PDA-Applikationen sind, aufgrund der kleinen Aktionsfläche, je nach Funktion variabel gestaltet. Alle Variationen beinhalten jedoch die auf der rechten Seite befindliche Navigationsleiste.

Abb. 156
Format: 320 × 480 Pixel.
Je nach Funktion variiert die Größe der Aktionsfläche von 288 × 230 bis 316 × 476 Pixel.

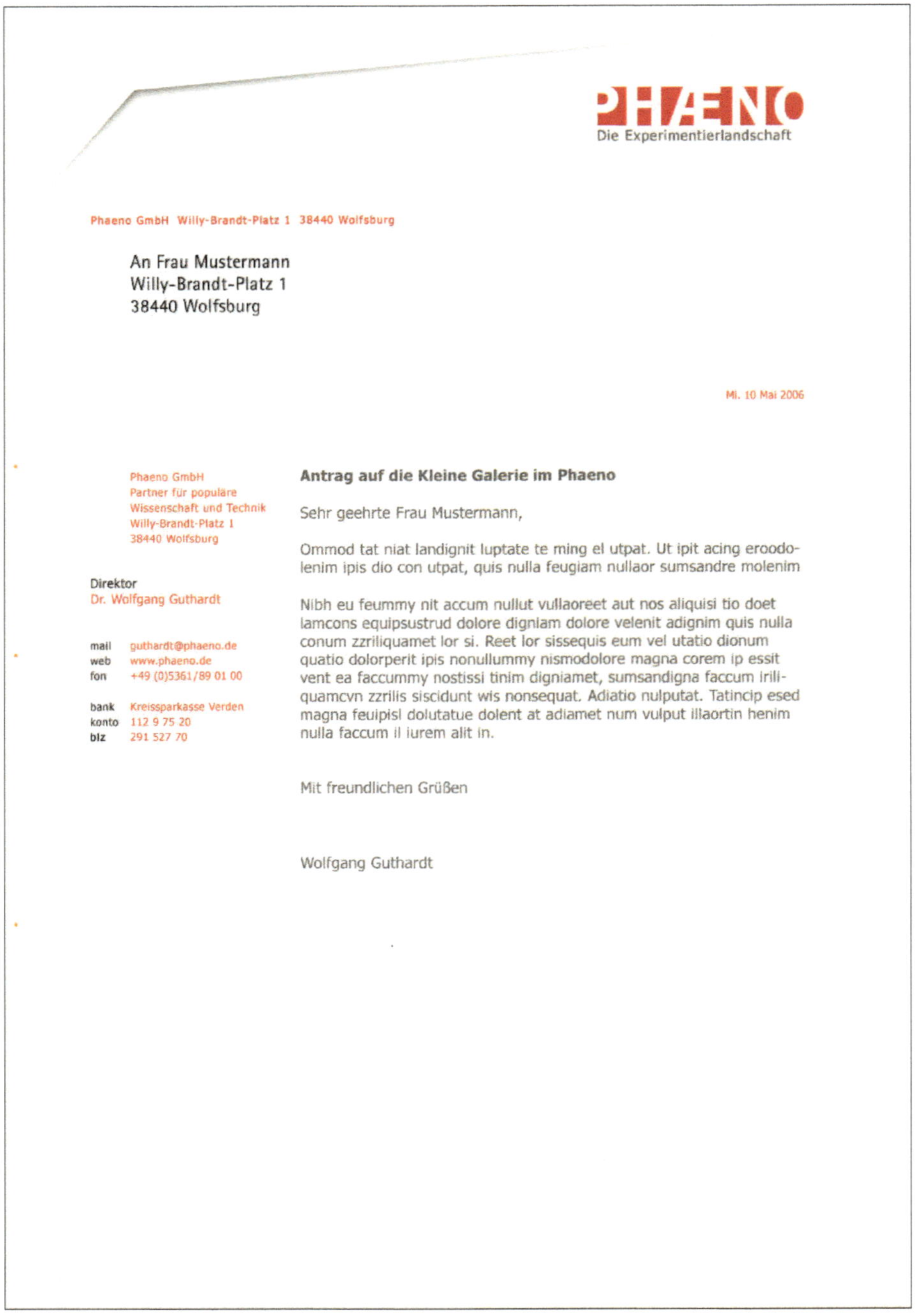

Abb. 157 a–b
Gestaltungslayout
für den Briefbogen.

Phaeno GmbH Willy-Brandt-Platz 1 38440 Wolfsburg

An Frau Mustermann
Willy-Brandt-Platz 1
38440 Wolfsburg

Mi. 10 Mai 2006

Phaeno GmbH
Partner für populäre
Wissenschaft und Technik
Willy-Brandt-Platz 1
38440 Wolfsburg

Direktor
Dr. Wolfgang Guthardt

mail guthardt@phaeno.de
web www.phaeno.de
fon +49 (0)5361/89 01 00

bank Kreissparkasse Verden
konto 112 9 75 20
blz 291 527 70

Antrag auf die Kleine Galerie im Phaeno

Sehr geehrte Frau Mustermann,

Ommod tat niat landignit luptate te ming el utpat. Ut ipit acing eroodolenim ipis dio con utpat, quis nulla feugiam nullaor sumsandre molenim

Nibh eu feummy nit accum nullut vullaoreet aut nos aliquisi tio doet lamcons equipsustrud dolore dignlam dolore velenit adignim quis nulla conum zzriliquamet lor si. Reet lor sissequis eum vel utatio dionum quatio dolorperit ipis nonullummy nismodolore magna corem ip essit vent ea faccummy nostissi tinim digniamet, sumsandigna faccum iriliquamcvn zzrilis siscidunt wis nonsequat. Adiatio nulputat. Tatincip esed magna feuipisl dolutatue dolent at adiamet num vulput illaortin henim nulla faccum il iurem alit in.

Mit freundlichen Grüßen

Wolfgang Guthardt

Header
Logo
Inhaltsbereich

4 Ordnungsformen

Ordnen heißt filtern. Jeder nimmt Ordnung nach seinen eigenen Kriterien wahr. Grundsätzlich gilt allerdings, dass Wahrnehmung auf dem Prinzip des Vergleichs beruht. Die grundsätzlichen Wechselbeziehungen zweier oder mehrerer Elemente sind Gleichheit, Ähnlichkeit und Verschiedenheit (siehe *Informationen schaffen/brauchen Ordnung*, S. 264). Der Mensch vergleicht alles mit dem, was ihm vertraut ist. Er versucht zwischen dem Neuem und dem Bekannten Beziehungen und Ähnlichkeiten zu entdecken, um das Neue einzuordnen, in der Hoffnung, es dann verstehen zu können. Ordnung ist hier eher als subjektives Einordnen zu verstehen und kann helfen, Orientierung zu ermöglichen.

Um mit Screen- und Interfacedesign eine Orientierung zu gewährleisten, ist zu ermitteln, nach welchen Kriterien sich potentielle Anwender grundsätzlich orientieren bzw. welche Vorgehensweisen und Hilfsmittel eine Orientierung begünstigen. Orientierung beruht auf dem Vergleich der Elemente und Erlebnisse, die einem vertraut sind. Da sich alle Menschen zwangsläufig nur nach dem orientieren können, was ihnen vertraut ist bzw. was sie sich angeeignet haben, werden für jede Form von Screen- und Interfacedesign entsprechende Darstellungselemente und -strategien angestrebt.

Nahe liegende Analogien sind Inhaltsverzeichnisse oder andere Ordnungsprinzipien, die unter *Informationen schaffen/brauchen Ordnung*, S. 265 näher beschrieben sind, oder Landkarten bzw. andere Visualisierungsformen von Zusammenhängen auf Basis von Aspekten und Details, die aus der realen Umwelt vertraut sind. Die direkteste Form der Analogie stellt der Schreibtisch dar, der als Metapher für zahlreiche Betriebssysteme von Computern jeglicher Art herhalten muss, als ob ein Computer nur für Bürotätigkeiten Verwendung fände. Dennoch garantiert zunächst gerade die teilweise sehr direkte Adaption von vertrauten Elementen (Schreibtisch, Telefon, Notizblock, Papierkorb etc.), dass die Absichten eines solchen Produktes und der Umgang mit ihm ohne Worte nachvollziehbar sind. Aber je komplexer die Absichten eines Produktes sind, umso aufwändiger sind die Strategien, diese Absichten zu erfüllen und dementsprechend schwieriger wird es, mit den Orientierungsmerkmalen der realen Umwelt die Möglichkeiten der virtuellen Umwelt darzustellen. Außerdem schaffen die dreidimensionalen Darstellungen der Funktionselemente und deren Angebote zusätzliche Wahrnehmungsschwierigkeiten. Einen dreidimensionalen Raum virtuell nachzubilden bedeutet nicht, sich genauso unkompliziert in ihm bewegen zu können, wie man es in einem realen Raum gewohnt ist. Schließlich existiert mit der virtuellen Umwelt nur die Imitation des realen Raumes und somit nur das Abbild einer einzigen Blickrichtung. Mit einer virtuellen Raumdarstellung eröffnen sich einem also nicht tatsächlich die Vorteile einer realen, räumlichen Darstellung, sondern es wird nur ein Abbild imitiert, wodurch mehr Nachteile als Vorteile erwachsen können. Es folgen nun einige Varianten von Orientierungs- und Ordnungsabsichten und deren Visualisierung.

Die Funktionselemente eines Büroarbeitsplatzes könnten für eine entsprechende Software wie bei der Schreibtischmetapher eines Computerbetriebssystems entweder im Umfeld eines dargestellten Büros in Zentralperspektive angeordnet sein oder es ließen sich auch nur deren Bedeutungen als Reihenfolge innerhalb eines Diagramms mit Baumstruktur darstellen. Im ersten Fall wäre es eine Vermischung einer **inhaltsbezogenen** mit einer **funktionsbezogenen Orientierung** und im zweiten Fall eine rein inhaltsbezogene Orientierung. Untersuchungen haben gezeigt, dass die einzelnen Elemente in der zweidimensionalen Darstellung schneller gefunden werden (siehe nächste Doppelseite).

Abb. 158 a–b
Abbildung nach Grafiken
von May, J.; Barnard, P. J..

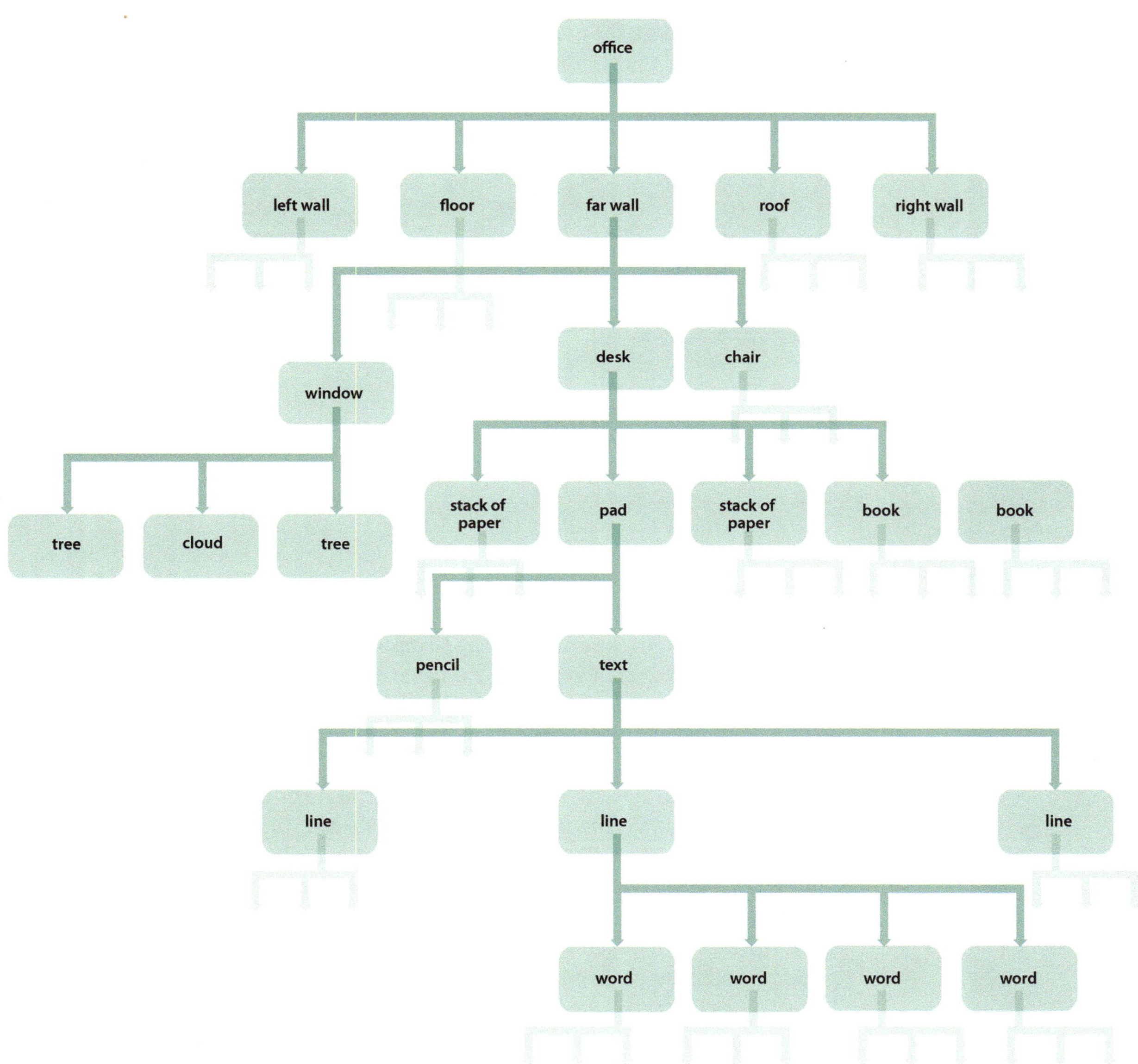
office
left wall
floor
far wall
roof
right wall
window
desk
chair
tree
cloud
tree
stack of paper
pad
stack of paper
book
book
pencil
text
line
line
line
word
word
word
word

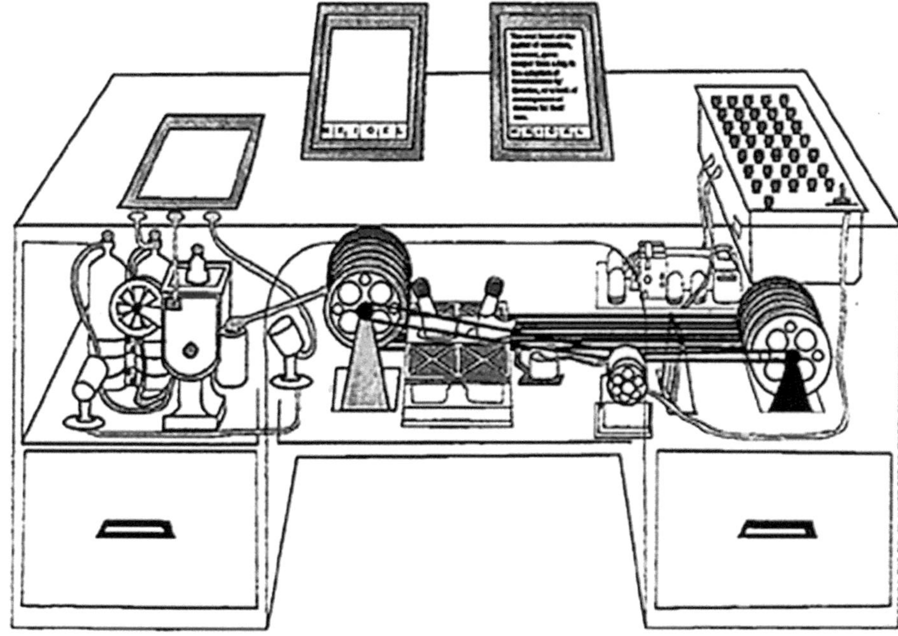

Abb. 159
Die *Memex* von Vannevar Bush. Mit dem Steuerpult rechts sollten die Projekte verwaltet und mit den Monitoren in der Mitte dargestellt werden. Außerdem sollte es möglich sein, die Projekte dort mit Notizen zu versehen. Auf der linken Seite befindet sich eine fotografische Platte, heute würde man von Scanner sprechen, mit der Daten in das System aufgenommen werden sollten. Die Schubladen sollten zur Aufbewahrung der Speicherfilme dienen (Abb. aus: Bush, Vannevar: *As* We May Think. In: *Interactions* 3 (März 1996), Nr. 2, S. 35–46. Nachdruck von Atlantic Monthly 176, Juli 1945.).

Die Suche nach Ordnung hängt auch immer mit den zur Verfügung stehenden Mitteln zusammen. Orientierung ist ein Grundbedürfnis, das je nach Situation nach geeigneten Werkzeugen verlangt. Vannevar Bush verlangte nach einer **inhaltsbezogenen Orientierungsmöglichkeit** zur Verwaltung und Editierung von Informationen, als er 1945 in dem Artikel ›As We May Think‹ darüber klagte, dass es Wissenschaftlern kaum noch möglich wäre, effektiv arbeiten zu können, da die Anzahl der Publikationen so stark zunähme, dass es nicht mehr möglich bzw. überschaubar wäre, mit den zur Verfügung stehenden Mitteln sich in der Menge des Angebotes an wissenschaftlichen Ergebnissen orientieren zu können. Querverweise könne man nicht mehr erkennen oder auch selbst keine mehr setzen bei so vielen Verknüpfungsmöglichkeiten. Er erdachte deshalb eine fiktive Maschine, mit der man diese Aufgabe bezwingen könnte. Das Speichermedium dieser Maschine, ›**Memex**‹ genannt, sollte auf Mikrofilmen basieren, der damals verfügbaren Speichertechnologie. Dieses Bestreben, Querverbindungen frei setzen und beliebige Anmerkungen vornehmen zu können, entspricht der Struktur von Hypertextsystemen, die ab Mitte der sechziger Jahre konzipiert wurden und seit Beginn der neunziger Jahre in Form des Internets zur Selbstverständlichkeit geworden sind.

Unordnung gibt es genauso wenig wie Unkraut. Es ist wie alles eine Frage des Blickwinkels. Dies lässt sich auch auf das Bedürfnis nach Orientierung beziehen. Sich zu verirren kann durchaus unterhaltsam sein, vorausgesetzt natürlich, man sucht diese Art der Unterhaltung. Der Weg zum Ziel ist ja bisweilen lehrreicher, als das Erreichen eines Ziels. Das Ziel einer nicht gleich zu durchschauenden Ordnung kann auch sein, genussvolle Verwirrung zu stiften. Diese wiederum kann zu neuen Assoziationen führen und unter Umständen Lösungen ermöglichen, die einen nie gekannten oder bisher nie erkannten Weg zum Ziel aufzeigen. Dies gilt aber wohl in den meisten

Fällen nur für spielerische Ansätze, wie z. B. bei Adventure-Games. Im Alltag bezieht sich Orientierung in der Regel auf die Suche nach Ordnung, um den Umgang mit einem Produkt und dessen Interaktionsangeboten zu bewältigen.

Viele Orientierungsstrategien ergeben sich aus der Suche nach ordnenden Anhaltspunkten und Vorgaben, ohne dass konkrete Erwartungen formuliert wurden bzw. formuliert werden konnten, wenn z. B. noch keine Erfahrung im Gebrauch eines bestimmten interaktiven Produkts vorlag. Orientierungsstrategien, die sich aus der Gewohnheit im Umgang mit bestimmten Betriebssystemen oder Softwareangeboten ergeben haben, müssen nicht unbedingt die besten Lösungen sein. Dennoch kann es hilfreich sein, sich bei der Gestaltung von Orientierungsstrategien von den eingetretenen Pfaden leiten zu lassen, ohne sich verleiten zu lassen. Gewohnheiten im Gebrauch bestimmter Produkte ergeben sich nun einmal, und das Wissen um sie kann helfen, Orientierungsangebote zu entwickeln, die auf Basis der Erfahrungen erkannt werden, aber dennoch Verbesserungen beinhalten.

So ist beispielsweise der Gebrauch von Internetseiten bestimmten Gewohnheiten und daraus resultierenden Erwartungen unterworfen. Für Internetseiten können daher Erwartungen ermittelt werden, wo z. B. im Layout aus Sicht der Anwender bestimmte Funktionen und Angebote positioniert sein sollten. Erwartungen ändern und erweitern sich mit den Erfahrungen und den damit verbundenen Orientierungsstrategien, die sich ein Anwender im Laufe der Zeit im Gebrauch von Produkten aneignet. Dementsprechend muss die Gestaltung sich den Veränderungen auch auf Dauer anpassen. Die Suche nach Ordnung ist die Suche nach dem Neuen und dem Gewohnten.

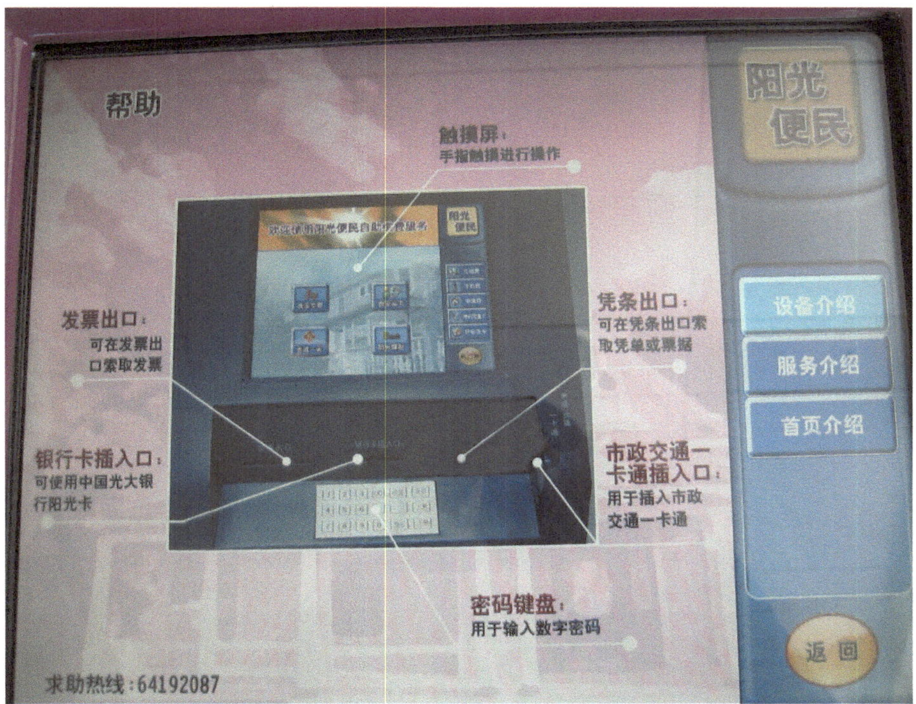

Abb. 160
Der hier abgebildete Multifunktionsautomat (u.a. Geldautomat) in Peking, China, zeigt, dass eine Gebrauchsanleitung bei der Orientierung helfen kann, macht aber auch deutlich, wie sehr Sprach- und Schriftkenntnisse Bestandteil von Orientierung sind (Fotos: Xinrui Song).

Mit einem Computer lassen sich Bild- und Textinformationen sinnstiftend kombinieren und in unterschiedlichen Varianten nutzen. Anhand der CD-ROM-Produktion Kidai Shôran kann eine **bild- und textbezogene Orientierung** anschaulich erläutert werden. Als Grundlage für die CD-ROM-Produktion ›Kidai Shôran‹ dient die Darstellung einer 12 Meter langen Bildrolle eines unbekannten japanischen Künstlers, auf der das Alltagsleben einer Einkaufsstraße in Tokio im Jahr 1805 in vielen Details und Einzelheiten beschrieben wird. Die farbige Bildrolle Kidai Shôran, wörtlich ›Vortrefflicher Anblick unseres prosperierenden Zeitalters‹, ist ein kulturgeschichtlich einzigartiges Kunstwerk. Die dort abgebildeten Personen, Berufe, Geschäfte und Häuser können vom Anwender gezielt ausgewählt werden, um nähere Informationen zu erhalten. Um Zusammenhänge zu verdeutlichen, sind diese Bereiche über Hyperlinks miteinander verbunden. Die Orientierung wird hier mit dem Überblick über die gesamte Bildrolle sichergestellt. Der Anwender kann sich sowohl über die Bildrolle und somit bildbezogen, als auch textbezogen mittels Hyperlinks im Informationstext und über einen Index orientieren. Zudem kann sich der Anwender in der Bildrolle seitwärts und zoomend in den Raum hinein bewegen. Außerdem erschließen fünf vordefinierte Spaziergänge die Bildrolle aus unterschiedlichen Perspektiven. Hintergrundinformationen und Kommentare sind in die folgenden fünf Themenbereiche gegliedert: ›Zur Bildrolle‹, ›Stadtführung‹, ›Infrastruktur‹, ›Alltagskultur‹, ›Arbeitswelt‹. Bei dieser CD-ROM wurde fast keine Orientierungsform ausgelassen.

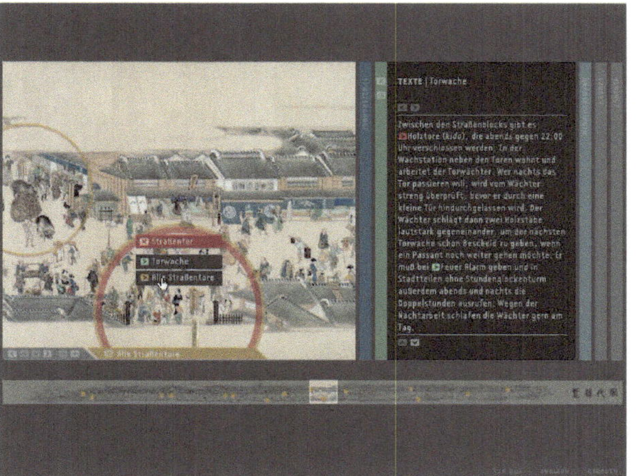

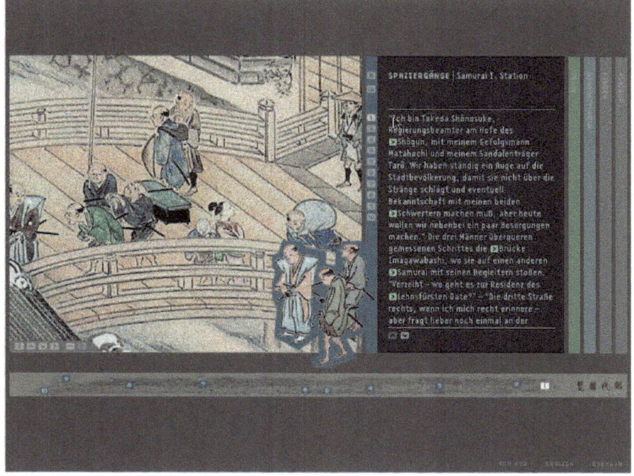

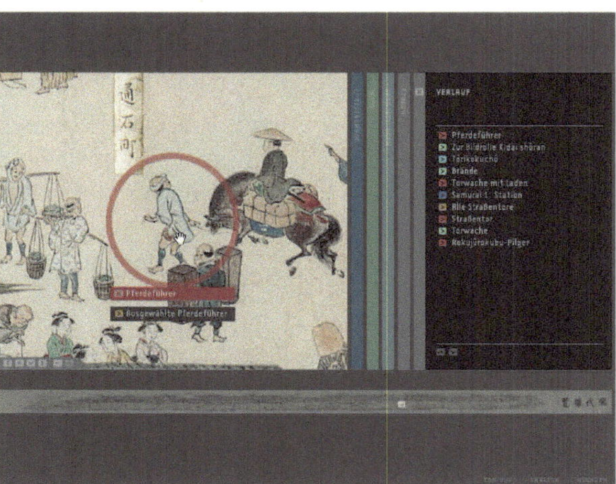

Abb. 161
CD-ROM-Produktion *Kidai Shôran*. Herausgeber: Museum für Ostasiatische Kunst, Staatliche Museen zu Berlin, Stiftung Preußischer Kulturbesitz; Betreuung: Dr. Kahnh Trinh. Wissenschaftliche Bearbeitung, Texte, Redaktion: Prof. Dr. Franziska Ehmcke, Hiroko Yoshikawa-Geffers und Japanologie-Studenten der Universität zu Köln, insbesondere: Bernd Auf der Mauer, Britta-Maria Gruber MA, Jens Kreutzer MA und Ilse Reuter. Konzeption, Gestaltung: Ralph Ammer, Prof. Joachim Sauter, Tobias Schmidt. Programmierung: Ralph Ammer, Stephan Huber, Tobias Schmidt. Produktion und Koordination: Ars Digitalis, Büro Dr. Jeannot Simmen, Berlin; Mitarbeit: Petra Dahmen.

Informationdesign beschäftigt sich in erster Linie mit der Strukturierung von Daten, deren Repräsentation und Präsentation. Ordnen heißt, Kriterien aufzustellen und die Relationen der Elemente zu suchen und für sich zu definieren. Jeder nimmt Ordnung nach seinen ganz eigenen Kriterien wahr. Grundsätzlich gilt allerdings, dass Wahrnehmung auf dem Prinzip des Vergleichs beruht. Die grundsätzlichen Wechselbeziehungen zweier oder mehrerer Elemente sind Gleichheit, Ähnlichkeit und Verschiedenheit. Dadurch, dass man ordnet, bestimmt man gleichzeitig den Grad der Ordnung (extreme Ordnung, relative Ordnung, Chaos).

Es gibt sieben wesentliche Möglichkeiten, Informationen zu ordnen: Alphabet, Ort, Zeit, Abfolge, Zahlen, Kategorie und Zufall. Es gibt allerdings kein Patentrezept, wann welches Ordnungsprinzip das bessere und welche Kombination der Möglichkeiten zu empfehlen ist. Dies ist bei jeder Produktion individuell abzuwägen.

Richard Saul Wurman fasste die seiner Ansicht nach fünf wichtigsten Möglichkeiten zur Strukturierung von Information zum LATCH-**Prinzip**[105] zusammen: **L**ocation, **A**lphabet, **T**ime, **C**ategory, **H**ierarchy. Je komplexer die zu strukturierenden Informationen und deren Zusammenhänge sind, desto unzureichender sind diese fünf Möglichkeiten. Wurman empfiehlt in diesem Fall, seinen Betrachtungswinkel zu variieren und sich Fragen zur Rezeption und Nutzung der Informationen zu stellen, um Zusammenhänge besser identifizieren und Informationen besser vergleichen zu können.

105 Wurman Richard S.: Information Anxiety 2, New Riders, 2001.

Richard Saul Wurman empfiehlt, sich folgende Fragen zu stellen:[106]

- How can I look at this information?
- Can I move back from it?
- Can it be made to look smaller?
- Can I see it in context?
- Can I get closer to it so it is not recognizable based on my previous image of the subject?
- Can I look at the detail?
- How can I pull myself out of the situation?
- How do I see it by changing scale?
- How can I look at the problem from different vantage points?
- How do I divide it into smaller pieces? How can I arrange and rearrange these pieces to shed new light on the problem?

Ziel ist es, mit Informationdesign Klarheit, nicht etwa Einfachheit zu erreichen. Einfachheit bedeutet häufig, Informationen wegzulassen, Klarheit hingegen, alle Informationen zu ermöglichen, sich aber bei der Darbietung auf eine konzentrieren zu können. Dies setzt allerdings eine Gliederung der Informationen voraus, die dem Anwender individuelle Auswahlmöglichkeiten bietet. Ordnen heißt auch, die Ordnungsprinzipien der Anwender zu berücksichtigen. Nach welchen Ordnungsprinzipien gegliedert wird, hängt auch vom gesellschaftlichen Umfeld und vom Benutzerprofil ab. Wenn man Daten sinnvoll zu Informationen gestalten möchte, ist es wichtig zu wissen, an wen sich die Informationen richten, welche Nutzung beabsichtigt ist bzw. was der Anwenderkreis mit dem daraus resultierenden Wissen anfangen möchte. Ordnung lässt sich auch auf Basis von Rangordnung bilden. Gleichwertige Daten lassen sich auf gleicher Höhe nebeneinander ordnen, ungleichwertige Daten müssen bewertet und nach den Prinzipien der Über- und Unterordnung sortiert werden. Eine Ansammlung von gleichwertigen und ungleichwertigen Daten kann nach dem Prinzip der hierarchischen Ordnung (Baumstruktur) strukturiert werden. Eine hierarchische Gliederung bietet gerade bei komplexen Strukturen durch die Aufteilung in Gruppen und Untergruppen die übersichtlichste Darstellung der zur Verfügung stehenden Informationen. Man sollte aber darum bemüht sein, nicht die Struktur des Systems mit ihrer technologischen Basis, mit der die Informationen dargestellt werden, als Hierarchie abzubilden, sondern mit Hilfe potentieller Anwender eine aufgabenzentrierte Gliederung zu finden. Dies kann unter Umständen dazu führen, dass man je nach Anwendergruppe unterschiedliche Gliederungen anbietet. Im Rahmen von Usability-Tests kann ermittelt werden, welche Gliederungen für welche Zielgruppen die jeweils geeigneten sind. Im Idealfall wird dem Anwender die Möglichkeit geboten, das Ordnungsprinzip entsprechend seinen Vorstellungen zu formen. Das setzt eine freie Skalierbarkeit der Ordnungsformen, deren Anordnung und Kombinierbarkeit voraus.

106 www.informit.com/articles/article.asp?p=130881&seqNum=10&rl=1; Wurman, Richard S.: Information Anxiety 2, Que, 2001.

4.2.1 Alphabet

Eine alphabetische Ordnung ist ein weit verbreitetes, gelerntes Ordnungskriterium und für viele Verzeichnisse sinnvoll anwendbar, aber nicht uneingeschränkt international übertragbar. Zudem lassen sich nicht alle Daten oder Informationen nach dem ersten Buchstaben ihrer Bezeichnung sortieren. Außerdem muss man dann die Bezeichnung dessen kennen, was man sucht. Was ist, wenn man nur dessen Eigenschaften kennt? Dann würde eine semantische Suchmöglichkeit erforderlich.

4.2.2 Ort

Orte bieten sich immer dann als Ordnungsform an, wenn Daten in geografischen Bezügen zueinander stehen, wie z. B. bei Landkarten oder U-Bahnstreckenplänen. Alle erforderlichen Informationen ließen sich auch tabellarisch darstellen. Sie wären dann aber nicht mehr so schnell zu überblicken und auch die Darstellung der Bezüge (Abstände, Größe, Umgebung etc.) nicht so leicht zu erfassen. Wenn man Informationen ordnen möchte und eine Positionierung als Prinzip erwägt, sollte man aber nicht nur an geografische Orte denken. Informationen, die z. B. über das Thema Fleisch berichten, könnten nach der Positionierung des Fleisches am Tierkörper sortiert sein. Die Informationen in Gebrauchsanweisungen könnten nach der Montageplatzierung der Bauteile am Produkt geordnet sein. So wüsste man zumindest, wo etwas platziert ist, ohne wissen zu müssen, was es überhaupt ist. So schafft Orientierung Ordnung. Für eine Orientierung kann man auf folgende Schemata zurückgreifen: Ortsschema (Zentrum, Reihe, Rand, Raster etc.); Richtungsschema (Diagonale, Senkrecht, Parallel etc.); Abstandsschema (Gruppierung, Streuung, Isolierung etc.). Siehe z. B. unter *Historischer Überblick* eine Visualisierung von Charles Joseph Minard auf Seite 66.

4.2.3 Zeit

Fahrpläne und Abläufe, wie z. B. Computerspiele oder Kochrezepte lassen sich nach der Zeit ordnen. Die Einheit, in der gemessen wird, ist dabei nicht immer von gleicher Bedeutung. Es kann nach Epochen und Stilen zeitbasiert geordnet werden oder auch eigene Zeiteinheiten themenorientiert angewandt oder selbst erfunden werden. Das Abbrennen einer Kerze in vorgegebener Größe und Gewicht oder das Vergehen von Zeit, bis ein Protagonist von einem definierten Punkt zum nächsten gelaufen ist, wären neben den üblichen Zeitmessungen weitere mögliche Zeiteinteilungsvorgaben. Berücksichtigt man den Faktor Zeit als Ordnungsprinzip, damit ein Resultat nicht nur zu einem einzigen bestimmten Zeitpunkt festgehalten wird, ermöglicht man eine dynamische Ordnungsstruktur, die eine große gestalterische und spielerische Attraktivität beinhaltet. Siehe z. B. unter *Historischer Überblick Darstellung zeitlicher Abläufe* auf S. 84.

4.2.4 Reihenfolge

Eine Reihenfolge ordnet nach Bedeutung. Jeder Vergleich ermöglicht eine Reihenfolge, Bedeutung ist dabei relativ (hierarchisch, thematisch, alphabetisch, zeitbasiert etc.). Eine Bedeutungsperspektive nach Größen oder Geschwindigkeit wäre auch denkbar. Mit vorgegebenen Kriterien, die z. B. in einer Legende beschrieben und festgelegt sind, sind alle erdenklichen Bedeutungsreihenfolgen darstellbar. Siehe z. B. unter *Historischer Überblick* Temple of Time von Emma Hart Willar auf S. 80.

4.2.5 Zahlen

Eine numerische Ordnung ermöglicht wie auch das Alphabet eine definierbare Reihenfolge. Will man aber eine Reihenfolgensystematik vermeiden, bietet sich z. B. mit der Dewey-Dezimalklassifikation ein Nummernsystem, welches keine Reihenfolge definiert (341.0264469 steht z. B. für ›Völkerrechtliche Verträge Portugals‹). Es findet in vielen Bibliotheken Anwendung. Entwickelt wurde es vom amerikanischen Bibliothekar Melvil Dewey. Es ist ein international anwendbares Ordnungsschema, muss allerdings gelernt werden (z. B. steht in der Kategorie ›Völker‹: Nordamerikaner = 1, Indonesier = 9922; in der Kategorie ›Sprachen‹: Englisch = 2, Russisch = 9171; in der Kategorie ›Orte‹: Wilmington = 7512, Köln = 435514). Neben dem Dezimalsystem gibt es noch das Hexadezimalsystem und viele weitere Zahlensysteme. Außerdem definieren Zahlen auch Bedeutungen wie Menge, Gewicht und Rangordnung. Siehe z. B. unter *Historischer Überblick* die Darstellung des dreidimensionalen Stereogramms *Direzione della statistica generale* von Luigi Perozzo auf S. 83.

4.2.6 Kategorien

Mit Hilfe von Kategorien kann die dargestellte Datenbreite oder -tiefe nach verschiedenen Kriterien minimiert werden. Die Kombination von Kriterien ermöglicht dem Anwender über das Definieren von Hierarchien hinaus Ähnliches nach Eigenschaften zu gruppieren. Außerdem ist es dem Autor/Gestalter einer interaktiven Produktion mit Hilfe von Kategorien möglich, dem Anwender komplexe Auswahl- und Interaktionsformen anzubieten. Kategorien machen dynamische Organisationssysteme möglich, mit denen Schnittmengen und eine quantitative und qualitative Auswahl gebildet, Zielgruppen vordefiniert und Bedeutungsreihenfolgen individuell erstellt werden können. Schnittmengen und Überschneidungen ermöglichen eine differenzierte Suche (z. B. ein HUND bellt, ist laut, schnell, unterstützend, bissig, er riecht, hat Fell, ist Synonym für Freundschaft etc.). Wenn man nach ›Hund‹ sucht, aber nicht weiß, dass das Gesuchte mit ›Hund‹ bezeichnet wird, kann man unter Umständen nach Kriterien suchen, mit denen das Gesuchte in Zusammenhang steht. Mit Hilfe von automatisch am Anwenderprofil ermittelten Kriterien ist es zudem möglich, ein handlungsorientiertes Organisationssystem bevorzugter Inhalte zu ermitteln und anzubieten. Es können also Benutzerprofile erstellt und zur Verfügung gestellt werden. Siehe z. B. unter *Historischer Überblick* Denis Diderots Enzyklopädie auf S. 93.

4.2.7 Zufall

Der Zufall liefert neben den bereits direkt angebotenen Daten einen zusätzlichen Wert. Zufällig ermittelte Angebote können unter Umständen geeigneter sein als eine selbst definierte Auswahl, weil der Zufall Überraschungen in sich birgt. Des Weiteren gibt es zahlreiche Spiele, die nur in Kombination mit dem Zufall Sinn machen bzw. Spaß bereiten. Der Zufall ermöglicht Chaos bzw. kann einem die Ordnung von Daten in einem neuen Blickwinkel erscheinen lassen, woraus sich neue, womöglich ungeahnte Informationen ergeben können.

4.2.8 Facetten

Facetten sind Unterscheidungsmerkmale. Die Facettenklassifikation (analytisch-synthetische Klassifikation) eignet sich besonders dann, wenn mehrere unterschiedliche Möglichkeiten gleichzeitig auswählbar sein sollen.

Es gibt vier wesentliche Strukturen:[107] Hierarchien, Bäume, Paradigmen und Facetten. Wenn die ersten drei geeignet sind oder wenn andere Ordnungsprinzipien (Zeitachse, Größe, Gewicht etc.) sich für das Vorhaben gut eignen, sind diese den Facetten vorzuziehen. Facetten ermöglichen es z. B. dem Nutzer von Internetshops eine Auswahl vorzunehmen, die mehreren Kriterien entsprechen kann. Beim Schuhkauf ließe sich die Auswahl z. B. auf folgende Kriterien einschränken, so dass selbst aus tausenden von Möglichkeiten das passende Paar Schuhe gefunden werden kann:

- Schuhhersteller
- Herrenschuhe
- Sommerschuhe
- Schnürschuhe
- Farbe Schwarz
- Preisgruppe 100–150 Euro
- Kundenbewertung 4–5 Sterne
- meist gekauft

Bei der Wahl der Facetten ist darauf zu achten, dass sich diese grundlegend voneinander unterscheiden (z. B. Farbe und Schuhgröße). Die Facetten sollten definiert und nachprüfbar sein und ihre Eigenschaften dauerhaften Bestand haben. Zudem sollten sich Facetten gegenseitig ausschließen können: (siehe z.B. www.edelight.de/visual).[108]

Facettenklassifikationssysteme lassen sich am Computer unter Verwendung von XFML oder in einer relationalen Datenbank speichern. Mit XFML (Exchangeable Facetted Metadata Language), eine in XML (Extensible Markup Language) geschriebene Auszeichnungssprache, lassen sich Facettenklassifikationen standardisiert in einer für Menschen und Maschinen lesbaren Form festhalten (siehe auch: http://petervandijck.com/xfml/spec/1.0.html).

107 Kwasnick, Barbara H.: The role of classification in knowledge representation and discovery. Library Trends 48 (1): 22–47; 1999.

108 Spiteri, Louise: A simplified model for facet analysis: Ranganathan 101. Canadian Journal of Information and Library Science 23 (1/2) (April-July): 1–30; 1998.

4.2.9 Listen

Hierarchische Strukturen lassen sich mit Listen sehr einfach und dabei auch sehr deutlich darstellen. Ein Einkaufszettel ist ebenso eine Liste wie das Inhaltsverzeichnis eines Buches oder die Sitemap einer Internetseite (siehe Seite 298). All dies lässt sich zudem in einzelne Bereiche einteilen und in Unterkategorien strukturieren. Dadurch wird eine Ordnung möglich, die einem Baumdiagramm bzw. einem Flowchart ähnlich ist. Bedeutungsreihenfolgen, Spezifizierungen und Einteilungen in Unterkapitel werden möglich. Am Computer zeigt sich dieses Prinzip der Listenordnung als Verzeichnisse bei Betriebssystemen mittels Ordnern (Apple/Windows) oder Commandozeilen (Bios/OS X/Unix) (siehe Seite 280).

Letztendlich wird mit Listen der Versuch unternommen, ansonsten kaum überschaubare Mengen zu strukturieren, vorzusortieren oder in eine Reihenfolge zu bringen. Selbst Kataloge, Sammlungen, Wörterbücher, Lexika und auch Museen können als Listen interpretiert werden. Bei all diesen Beispielen liegt die Absicht zu Grunde, einen Überblick zu schaffen, einer Informationsmenge Herr zu werden, Informationen zu sortieren, Themen einzugrenzen, eine Reihenfolge vorzugeben, Übersichtlichkeit und Nutzbarmachung zu ermöglichen.

Eine Liste ist dabei stets umschreibend und bietet somit im Gegensatz zu einer präzisen Definition viel Raum für Interpretation und Inspiration. Listen sind demnach nicht wirklich einordnend, sondern bieten lediglich den Vorschlag einer Ordnung, die den Betrachter zu neuen, eigenen Ordnungen veranlassen kann. Das Internet bietet Listen, die sich durch die Art der Suche, der Suchbegriffe und das Suchergebnis selbst stets neu sortieren und darstellen. Eine Liste schafft demnach Ordnung, aber durch ihr Interpretationsangebot auch Spielraum in alle Richtungen, eben eine Anregung, sich dem Chaos zu öffnen – je nachdem mit welcher Absicht oder aus welchem Blickwinkel man eine Liste betrachtet. (Siehe z. B. unter *Historischer Überblick* die Auflistung der Preisliste der Tulpenauktion in Alkmaar vom 5. Februar 1637 auf S. 76 oder die Auflistung der Vegetationszonen in der Darstellung des Vulkan Chimborazo auf S. 96.)

4.2.10 Tabellen

Mit einer Tabelle lassen sich Elemente, Texte oder Daten so zusammenstellen, dass ein Vergleich geschaffen werden kann. Dazu werden die Inhalte in Zeilen und Spalten gegliedert. Die Reihenfolge kann dabei nach Bedeutung oder bestimmten Datentypen (Zeit, Alter, Größe, Beurteilungsqualität etc.) sortiert werden. Auch eine Auflistung kann innerhalb einer Tabelle abgebildet werden, allerdings sollte im Sinne einer Visualisierung zwischen Liste und Tabelle eindeutig unterschieden werden. Der Unterschied zu einer Liste ist dann am deutlichsten gegeben, wenn zwischen den Tabellenzeilen und -spalten eine semantische Beziehungen besteht.

(Siehe z. B. unter *Historischer Überblick* die Völkertafel auf S. 105 und das Periodensystem auf S. 406.)

Informationsvisualisierung macht besonders deutlich, welche Bedeutung visuelle Gestaltung haben kann. Gestaltung ermöglicht nicht nur, dass Daten zu Informationen werden, sondern sie gewährleistet, richtig eingesetzt, auch erst den Zugang zu Information für nahezu alle Zielgruppen. Im Idealfall ermöglicht Informationsvisualisierung, das Informationen zu Wissen transformiert werden können, unabhängig vom Alter, vom Wissensstand, unabhängig von Erfahrung und der Kompetenz im Umgang mit Informationsmitteln und unabhängig von jeglicher Behinderung. Dazu müssen Informationen bisweilen sehr speziell aufbereitet werden, um eine so genannte ›Barrierefreies Informationsvisualisierung‹ zu ermöglichen (siehe auch *Gestaltung von Icons* im Kapitel *Orientierung planen und strukturieren*, S. 163). Es ist nicht einfach, sich dem Begriff der Barrierefreiheit zu nähern, da hier Aspekte von Ergonomie, Gestaltung, gesetzlicher Vorgaben, sozialer Verantwortung und eventuell auch kommerziellem Kalkül zusammentreffen. Grundsätzlich sollte es selbstverständlich sein, dass Daten so aufbereitet werden, dass sie von jedem im Rahmen individueller Bedürfnisse und Möglichkeiten genutzt werden können. Dieser Anspruch wurde mit dem Bundesgleichstellungsgesetz (BGG) für viele Lebensbereiche geregelt und in der ›Barrierefreien Informationstechnik-Verordnung‹ (BITV) konkretisiert.

Barrierefreiheit und Zugänglichkeit von Informationen haben eindeutig auch eine soziale Bedeutung. Für eine moderne Informationsgesellschaft muss es selbstverständlich sein, dass sie allen ihren Mitgliedern eine faire Zugangschance bietet. Bereits die Entscheidung für einen bestimmten Datenträger bzw. für ein bestimmtes Übertragungsmedium (Buch, CD-ROM, DVD, Blu-ray Disc, Server, Internet, Fernseher etc.) kann darüber entscheiden, ob der Zugang zu Informationen mehr oder weniger barrierefrei ist. Eine DVD-Video oder vergleichbare Trägermedien bieten z. B. einen guten Kompromiss, da die Nutzung über einen entsprechenden Player und einen damit verbundenen Fernseher sehr einfach zu erlernen ist und die Abspielgeräte im Vergleich zu einem Computer erheblich leichter zu bedienen und auch preiswerter sind. Trotz alledem bleibt einem mit der DVD die Kombination mit allen anderen Medien und Datenträgersystemen offen. DVD-Inhalte lassen sich hervorragend mit Print- und Internetmedien kombinieren und auch technisch verbinden. Welcher Datenträger oder welches Darstellungsmedium Anwendung findet, hängt aber wesentlich von der Informations- und Erzählabsicht oder von der Funktionsabsicht ab, die mit den jeweiligem Produkt beabsichtigt ist.

Taxonomie (griech. táxis »Ordnung«, -nómos »Gesetz«) ist eine Form der Wissensrepräsentation und Strukturierung. Durch sie kann sehr effizient gegliedert und geordnet werden, was allerdings auch die geistige und kreative Freiheit beschränkt und dadurch neue Erkenntnisse verhindern kann. So kritisierte z. B. Michel Foucault 1966 in seinem Buch *Die Ordnung der Dinge. Eine Archäologie der Humanwissenschaften*, dass die Wissenschaften und auch die subjektive Sicht auf das Erlebte sehr stark durch Klassifikationen eingeschränkt würden, Wissen aber stets neu aus den Diskursen einer Epoche betrachtet werden sollte. Vorgegebene Taxonomien können beim Hinterfragen hinderlich sein, indem eine scheinbar perfekte Strukturierung bereits wegen ihrer Ordnung als alleinig richtige Antwort interpretiert und so der Blick auf Alternativen verstellt wird.

Die wohl bekannteste Strukturierungsordnung für Taxonomien ist die numerische Ordnung **Dewey Decimal Classification** (DDC)[109]. Eine numerische Ordnung ermöglicht wie auch das Alphabet eine definierbare Reihenfolge. Will man aber eine Reihenfolgensystematik vermeiden, bietet sich z. B. mit der Dewey-Dezimalklassifikation ein Nummernsystem, welches keine Reihenfolge definiert (341.0264469 steht z. B. für ›Völkerrechtliche Verträge Portugals‹). Es findet in vielen Bibliotheken Anwendung. Entwickelt wurde es 1873 vom amerikanischen Bibliothekar Melvil Dewey und wurde 1876 erstmals von ihm veröffentlicht. Dieses System ist ein international anwendbares Ordnungsschema, das allerdings gelernt werden muss (z. B. steht in der Kategorie ›Völker‹: Nordamerikaner = 1, Indonesier = 9922; in der Kategorie ›Sprachen‹: Englisch = 2, Russisch = 9171; in der Kategorie ›Orte‹: Wilmington = 7512, Köln = 435514). Die Dewey Decimal Classification liegt in der 22. Auflage vor, umfasst 4 Bände mit über 4000 Seiten, 45.000 Klassen und 96.000 Registerbegriffen.

Als der Begründer der Taxonomie gilt Carl Linnaeus (1707–1778). Die Auflage seines *Systema Naturae* aus dem Jahr 1758 gilt als Auslöser der binären Taxonomie mit Gattungs- und Artname als eindeutige Bezeichnung von Tieren und Pflanzen, z. B. *Gattungsname Artname* (Equivalent zu: Nachname Vorname), Beschreiber und Jahr: *Homo sapiens* Linneaus, 1758.

Mit einer Taxonomie wird die Strukturierung von Elementen oder Inhalten in vorgefertigte, hierarchische Klassifikationen (Kategorien, Unterkategorien etc.) bezeichnet, die in der Regel keine Mehrfachnennung zulässt (siehe dazu auch Benjamin S. Bloom[110]). Dennoch schließen sich Taxonomy und Folksonomy nicht grundsätzlich gegenseitig aus. Bestehende Taxonomien lassen sich durch Tagging erweitern und so für Systeme mit semantischen Eigenschaften nutzbar machen.

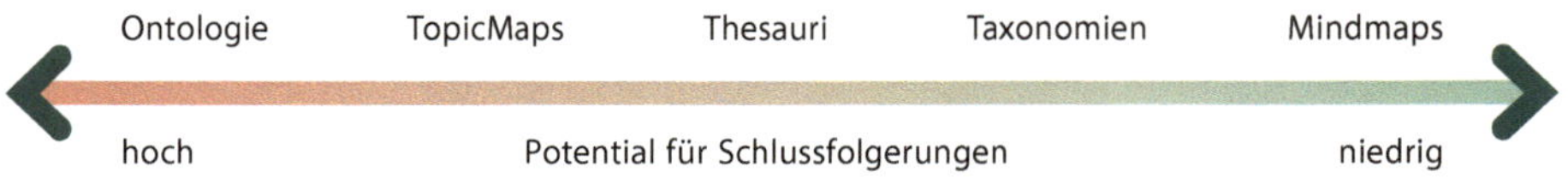

Ontologie TopicMaps Thesauri Taxonomien Mindmaps

hoch Potential für Schlussfolgerungen niedrig

Abb. 162
Taxonomie innerhalb verschiedener Formen von Wissensrepräsentationen (nach Brewster, Wilks 2004, S. 6[111] und Ulrich, Maier, Angele 2003, S. 2[112]).

109 www.ddc-deutsch.de www.oclc.org/dewey

110 *Taxonomy of educational objectives*, Bloom; B. S. ; 1956

111 Brewster, Christopher; Wilks, Yorick: Ontologies, Taxonomies, Thesauri: Learning from Texts. In: Deegan, M. (Hrsg.): *The Use of Computational Linguistics in the Extraction of Keyword Information, Proceedings from Digital Library Content Workshop, Centre for Computing in the Humanities*, London: Kings College, 2004.

112 Ulrich, Mike; Maier, Andreas; Angele, Jürgen: *Taxonomie, Thesaurus, Topic Map, Ontologie – ein Vergleich.* Ontoprise Whitepaper Series, 2003.

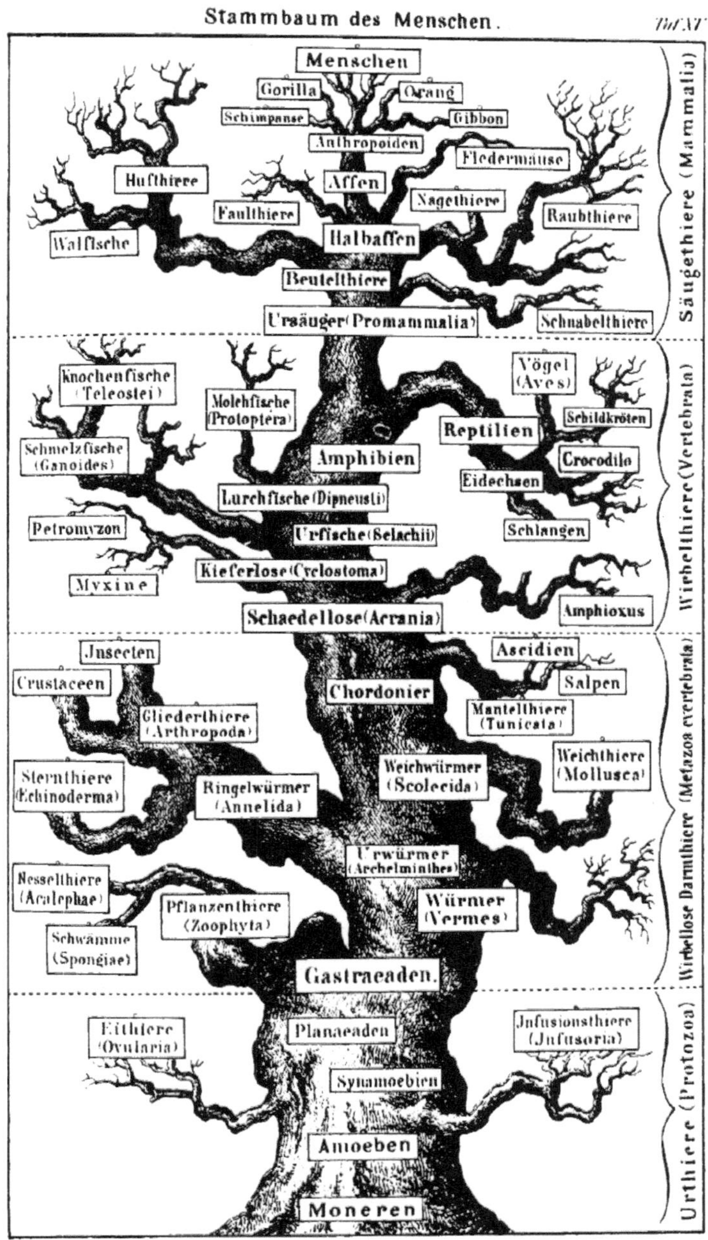

Abb. 163
Stammbaum des Menschen als Klassifikation für die Evolutionslehre. Illustration aus Ernst Haeckels *Anthropogenie oder Entwicklungsgeschichte des Menschen* von 1874.

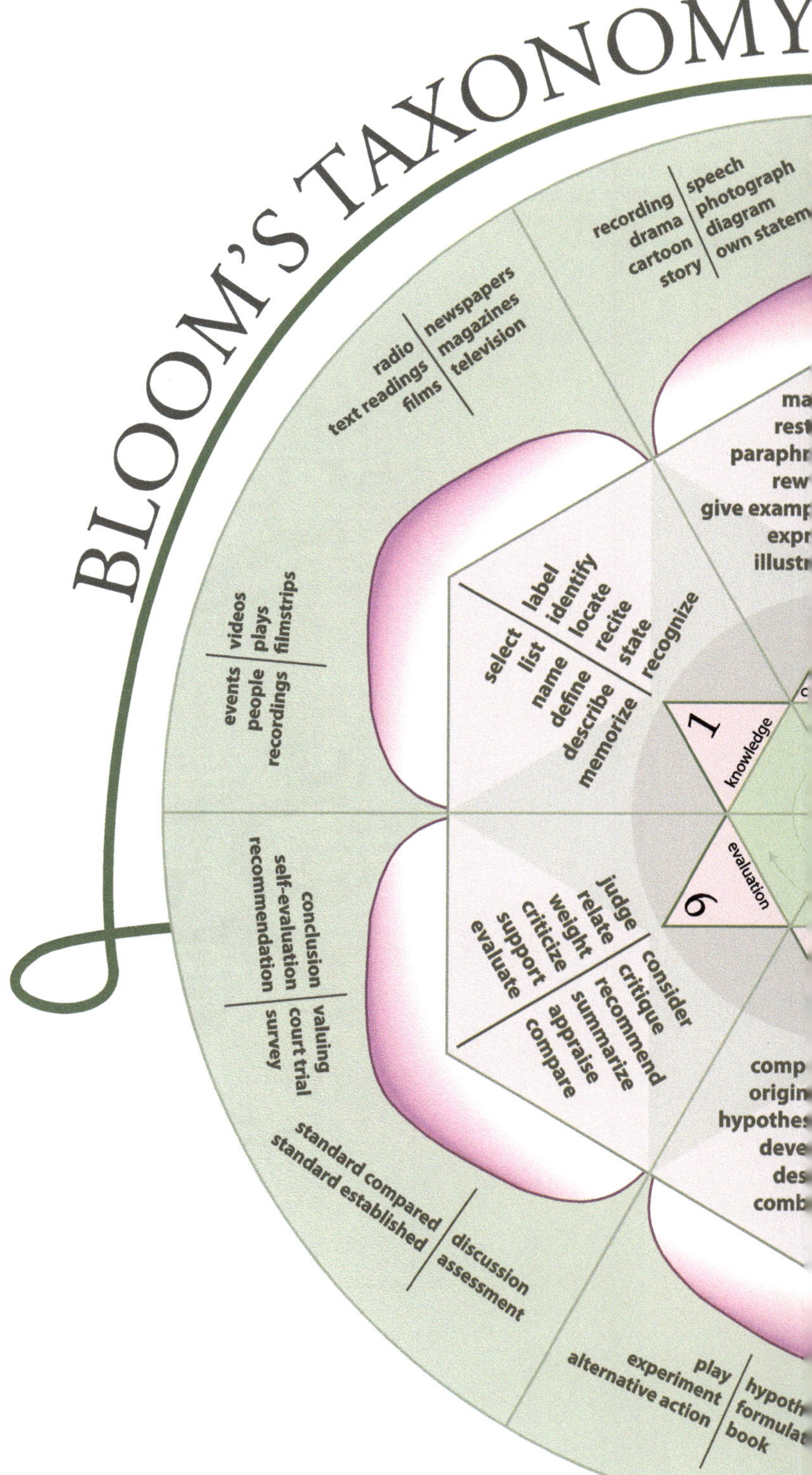

Abb. 164
Die 6 Stufen der *Bloom'schen Taxonomie* im kognitiven Bereich, revidierte Fassung nach Krathwohl.

Das *Bloom's Wheel*. Die bekannteste Taxonomie sind für den kognitiven Bereich die von Benjamin Bloom (1913–1999) beschriebenen sechs Lernzielstufen, die häufig mit *Bloom'sche Taxonomie* bezeichnet wird. Er war ein US-amerikanischer Psychologieprofessor, der an der University of Chicago Erziehungswissenschaften lehrte.

Die Grafik stammt von John M. Kennedy, http://upload.wikimedia.org/wikipedia/commons/2/24/Blooms_rose.svg (Multilizens mit GFDL und Creative Commons CC-BY 2.5).

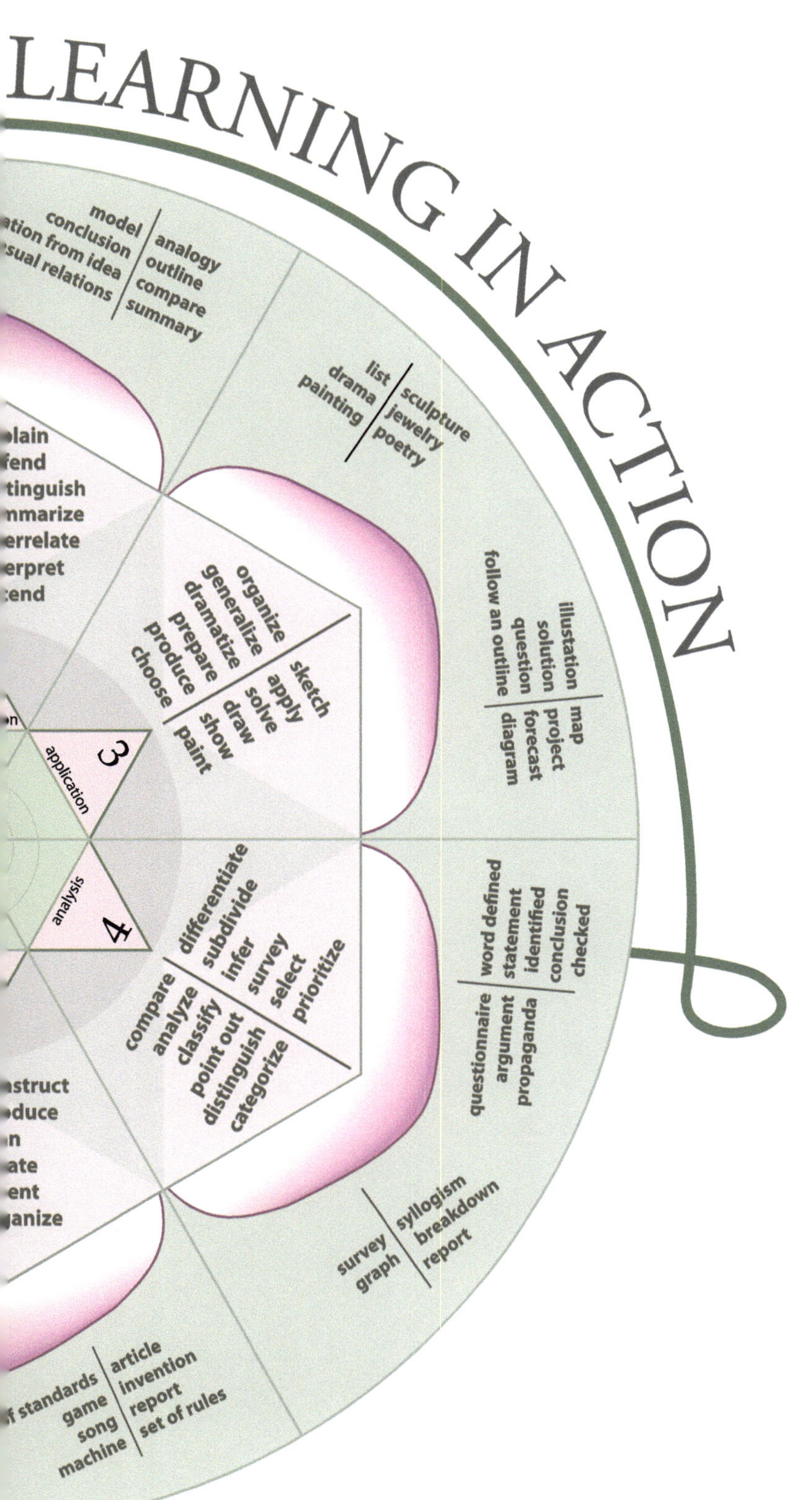

Kognitive Dimension

1. Kenntnisse
2. Verständnis
3. Anwendung
4. Analyse
5. Synthese
6. Beurteilung

Affektive Dimension

1. Aufmerksamwerden, Beachten
2. Reagieren
3. Werten
4. strukturierter Aufbau eines Wertsystems
5. Erfülltsein durch einen Wert oder eine Wertstruktur

Psychomotorische Dimension

1. Imitation
2. Manipulation
3. Präzision
4. Handlungsgliederung
5. Naturalisierung

Krathwohl, D. R./ Bloom, B. S./ B. B. Masia: Taxonomie von Lernzielen im affektiven Bereich. Beltz, Weinheim 1978

5 Orientierung – Wayfinding

Heinz von Foerster im Gespräch mit Ernst von Glasersfeld:
Peter Durant, ein blinder Student der Universität von Illinois, saß also vor meinem Schreibtisch und erzählte mir von seiner Übersetzung. Ab und zu, wenn er bestimmte Papiere oder Bücher erwähnte, stand er auf, zeigte über meinen Schreibtisch hinweg auf etwas und sagte:

»Das steht übrigens da drin.«

Da habe ich mich natürlich umgedreht, um zu sehen worauf er zeigt. Da waren die Tafel und die Wand. Dann hat er sich hingesetzt und bald darauf wieder auf etwas gezeigt. Ich habe mich immer wieder umgedreht und war vollkommen verwirrt. Endlich fragte ich: »Peter, auf was zeigst Du denn?«

»Na, ich zeig doch auf das Buch.«

»Aber da ist doch kein Buch?«

»Doch«, sagte er, »da ist doch mein Schreibtisch!«

Sein Schreibtisch war auf der anderen Seite der Wand im nächsten Zimmer. Und weil er blind war, hat er die Wand nicht gesehen. Er konnte durch die Wand durchschauen.[113]

113 Foerster, Heinz von; Glasersfeld, Ernst von: *Wie wir uns erfinden. Eine Autobiographie des radikalen Konstruktivismus.* 2. Auflage, Carl-Auer-Systeme Verlag 2004, S. 129–130

Abb. 165
›Thomas Morus' Utopia‹ (Virgilio Vercelloni, Europäische Stadtutopien. Ein historischer Atlas, Berlin 1986, Tafel 53).

Orientierung (von lat. oriens = aufgehend, sich nach dem Aufgang der Sonne = Osten ausrichten) ist ein wesentliches Bedürfnis des Menschen, um zu gewährleisten, sich sicher und wohl zu fühlen. Gerade in einer medialisierten Welt, die durch Vielseitigkeit geprägt ist, erscheint es bisweilen unmöglich, sich in ihr zurecht finden zu können. Die medialisierte, computerzentrierte Welt ist eine andere als die reale, von uns unmittelbar mit all unseren Sinnen (Sehen, Fühlen, Riechen, Schmecken, Hören) wahrnehmbare natürliche Umgebung. Orientierung bedarf Transformationen. Wenn man z. B. Wegbeschreibungen, Streckendistanzen und Angebote der realen Umwelt für andere festhalten möchte, so werden seit Jahrhunderten Orientierungsdaten auf Landkarten transformiert, mit deren Hilfe man Beschaffenheiten, Größenordnungen und Distanzen von Orten und Streckenabschnitten ablesen kann. Zusätzlich sind häufig noch so genannte Landmarks verzeichnet, wie z. B. Sehenswürdigkeiten, Museen, öffentliche Verkehrsmittel, Einkaufszonen, Tankstellen, Restaurants, Hotels etc.

Will man computergenerierte Daten für die reale Welt nutzbar machen und darbieten, müssen die Daten erst einmal zu Informationen transformiert und geordnet werden. Dies muss aber nun nicht gleich bedeuten, dass computergenerierte Informationen unbedingt so dargestellt werden müssen, wie man es in der realen Welt z. B. in Form von Landkarten gewohnt ist, nur weil man es anders nicht gelernt hat. Man sollte grundsätzlich versuchen, nach den Regeln jener Umgebung zu gestalten, aus der heraus die Daten generiert wurden und in der die Darstellung der Daten Anwendung findet. Orientierung hat immer etwas mit dem Ort zu tun, an dem man sich befindet – ob nun real oder virtuell. Orientierung hat immer etwas mit Leiten, Sich-Leiten-Lassen und mit Informieren zu tun und somit auch mit der Bereitschaft, dazuzulernen. Manchmal ist die neu erfahrene Umwelt nur anders. Je neuer oder komplexer ein System ist, um so mehr kann und muss man vom Anwender aber erwarten können, dass er für die Orientierung in einem solchen System auch dazulernen möchte. Schließlich wächst mit den digitalen und interaktiven Medien die Menge an Zugriffsmöglichkeiten, an Daten heranzukommen, was zwangsläufig die Erwartung rechtfertigt, mit ebenso neuen Werkzeugen die Daten nutzbar zu machen.

Die Herausforderung für den Gestalter besteht darin, ein Orientierungssystem zu entwickeln, das den Möglichkeiten der Umgebung gerecht wird, aber trotzdem zur Nutzung nur einen möglichst kurzen, nachvollziehbaren Lernprozess erfordert. Im Idealfall ist der Lernprozess Teil der Orientierungssystematik bzw. des Projektinhaltes. Erst wenn man sich über das Prinzip von Orientierung und die Zusammenhänge von Leiten und Informieren im Klaren ist, lassen sich Informationssysteme kreativ erdenken.

Orientierungsangebote sind nicht immer konkret und für jeden sofort nachvollziehbar, sondern bisweilen auch interpretierbare Botschaften, für deren Entschlüsselung Vorkenntnisse erforderlich sind. Obwohl z. B. die in ›Thomas Morus' Utopia‹ (siehe Abbildung links) gezeigte Insel nur eine Utopie darstellt und nicht wirklich existiert, macht die Landkarte von ihr dennoch deutlich, dass diese Art der Darstellung der Orientierung dienen kann. Dieses **Orientierungsangebot** zeigt nicht nur deutlich, wo sich etwas befindet, sondern auch in welcher Qualität es vorliegt. So sind die dargestellten Gebäude z. B. keine einfachen Hütten, weshalb sie Rückschlüsse auf bestimmte kulturelle Aspekte der Bewohner zulassen. Auch die Darstellung eines großen Hafens und eines großen Schiffes vor dem Hafen lassen die Vermutung zu, dass dies auf die Bedeutung und Nutzung dieses Hafens hinweisen soll. Jede übermittelte bzw. interpretierbare Botschaft ist zwangsläufig ein Teil der Orientierung.

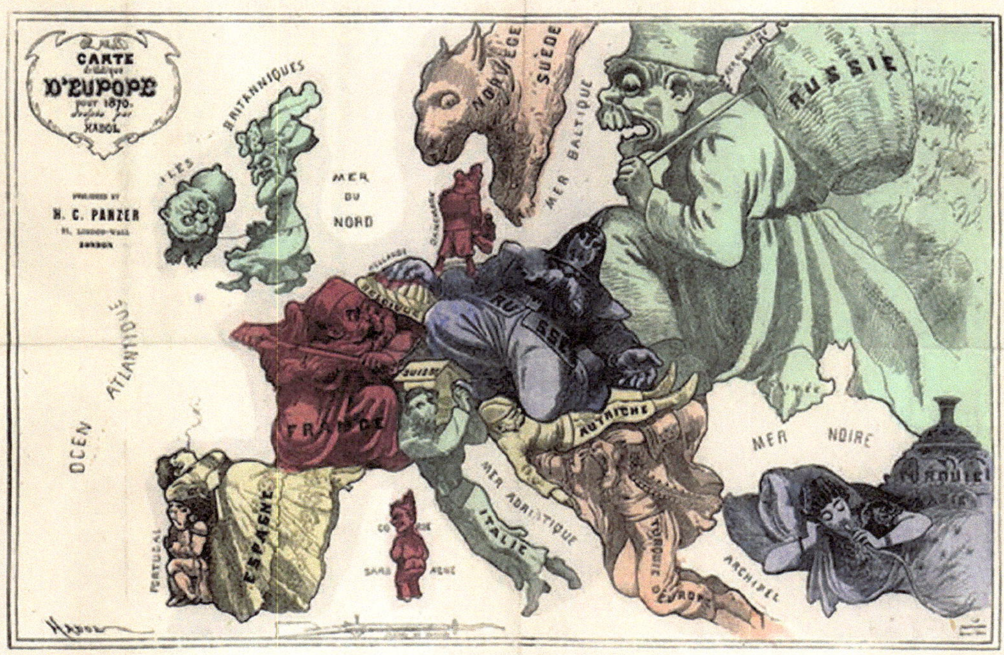

Abb. 166
Nouvelle Carte D'Europe Dressee Pour 1870 (Illustrator: Paul Hadol bzw. Joseph Goggins; Kartenherstellung: H.C. Panzer, London, 1870).

Orientierung als Standpunkt Die Karte *Nouvelle Carte D'Europe Dressee Pour 1870* macht sehr anschaulich deutlich, dass Orientierung mehr ist, als sich nur der räumlichen Umgebung zu gegenwärtigen. Sich zu orientieren hat vielschichtige Bedeutungen und kann fern ab jeglicher geografischen Orientierung auch das Einnehmen eines mentalen oder politischen Standpunkts bedeuten.

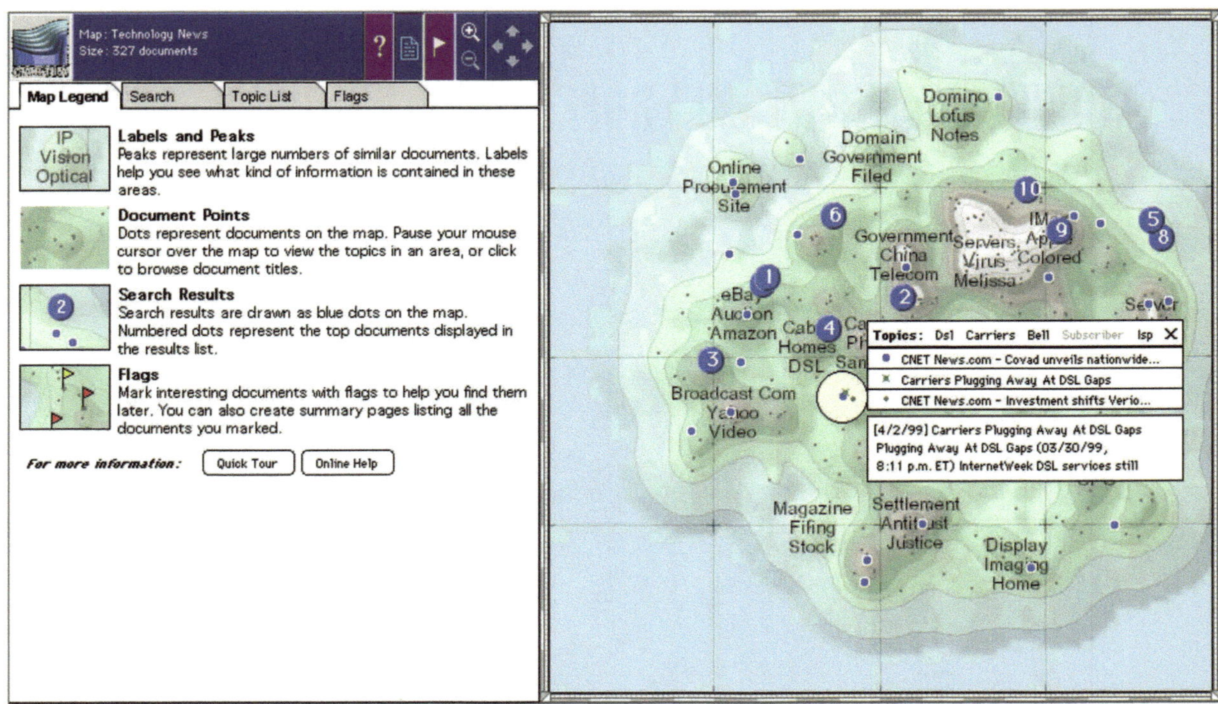

Abb. 167
Diese Landkarte, hier mit der Cartia ThemeScape Technology (www.cartia.com) erstellt, zeigt die Anhäufung von Dokumenten zum angegebenen Begriff und seine Bezüge zu anderen Inhalten.

Mit Cartia ThemeScape wird deutlich: Wissen ist, was man aus Daten und den daraus resultierenden Informationen macht. Mit der Landkarten-Metapher werden Dichte und Aktualität von Informationen dargestellt. Diese Karte ist ein Inhaltsverzeichnis mit verschiedenen Metainformationen. Um einen Überblick über Datenmenge und deren Zusammenhänge zueinander zu erhalten, bietet es sich an, Landkarten von Themen und Inhalten anzufertigen und diese als graphische Informationsquelle zu nutzen.

Magic Cap, ein Betriebssystem für mobile Geräte, nutzt nicht nur die Schreibtisch-Metapher, sondern auch die Raum-Metapher bzw. die Metapher der kompletten Umwelt. So ist es z. B. möglich, einen Raum zu verlassen, um in einen nächsten zu gehen. Räume und Gebäude können sogar verlassen werden, um auf die Straße zu gehen. Dienste anderer Unternehmen (z. B. ebay, Telekom, Pizzaservice, etc.) erscheinen dann als Gebäude. Das Adaptieren der realen Welt auf die virtuelle Welt eines Betriebssystems ist allerdings aus verschiedenen Gründen nur begrenzt zu empfehlen. Wie bereits erwähnt, sollten die Möglichkeiten der Umgebung genutzt werden, für die entwickelt wird, anstatt unreflektiert zu kopieren, was von der realen Welt her bekannt ist. Ausführliche Informationen zu Magic Cap, Styleguide und Software-Download sind zu finden unter: http://multipart-mixed.com/magiccap.

Die Schreibtischmetapher ist der Versuch, eine bekannte Ordnungsstruktur auf eine neue Umgebung zu übertragen. Das Beispiel des Mac OS 1.1 aus dem Jahr 1983 zeigt aber, dass eine Schreibtischumgebung nicht unbedingt dreidimensional dargestellt werden muss, um eine Orientierung zu ermöglichen. (Abb. 65)

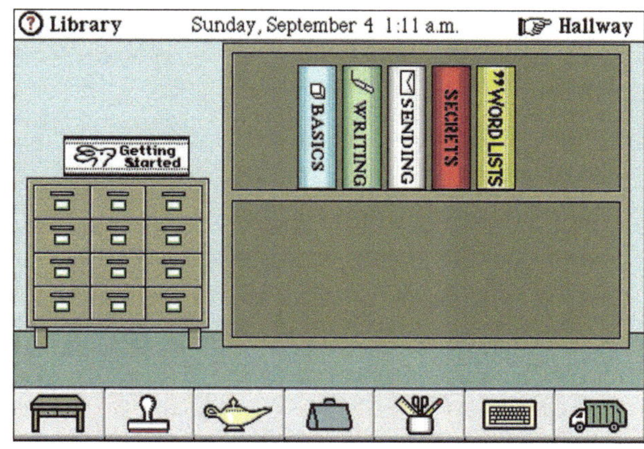

Abb. 168
Magic Cap ist ein Betriebssystem für mobile Geräte (hier: Magic Cap for Windows aus dem Jahr 1995).

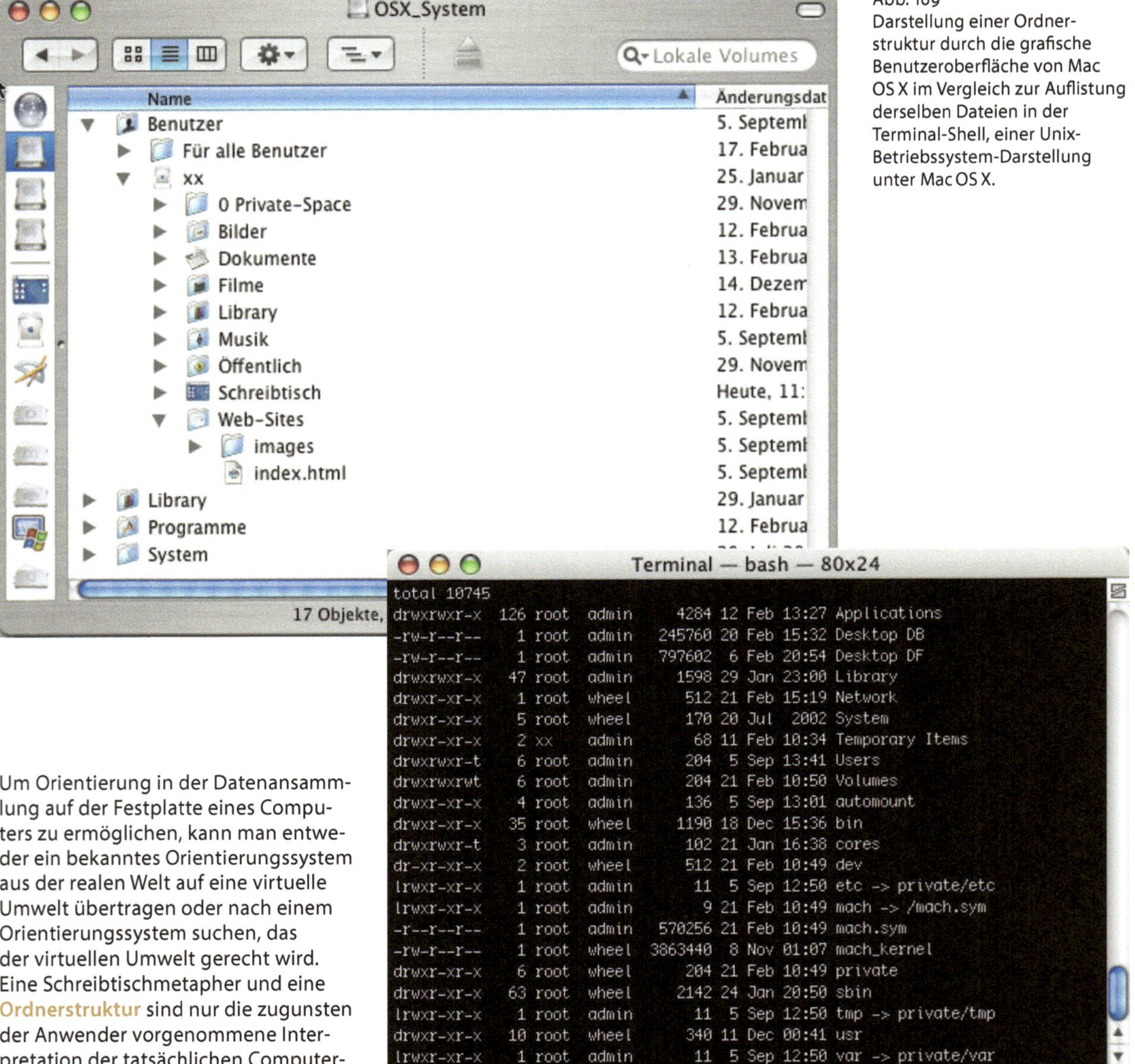

Abb. 169
Darstellung einer Ordnerstruktur durch die grafische Benutzeroberfläche von Mac OS X im Vergleich zur Auflistung derselben Dateien in der Terminal-Shell, einer Unix-Betriebssystem-Darstellung unter Mac OS X.

Um Orientierung in der Datenansammlung auf der Festplatte eines Computers zu ermöglichen, kann man entweder ein bekanntes Orientierungssystem aus der realen Welt auf eine virtuelle Umwelt übertragen oder nach einem Orientierungssystem suchen, das der virtuellen Umwelt gerecht wird. Eine Schreibtischmetapher und eine **Ordnerstruktur** sind nur die zugunsten der Anwender vorgenommene Interpretation der tatsächlichen Computerdaten. Die Terminal-Shell, eine Unix-Betriebssystem-Darstellung unter Mac OS X, ist den Eigenschaften des Computers in Bezug auf seine Daten und deren computerinternen Verwaltungsvorgänge viel näher, spiegelt aber nicht unbedingt das Bedürfnis jedes Anwenders nach Orientierung und Klarheit im Gebrauch von digitalen Systemen wieder. Wie unterschiedlich die Erwartungen an Orientierungssystemen sind, wird gerade hierbei sehr deutlich.

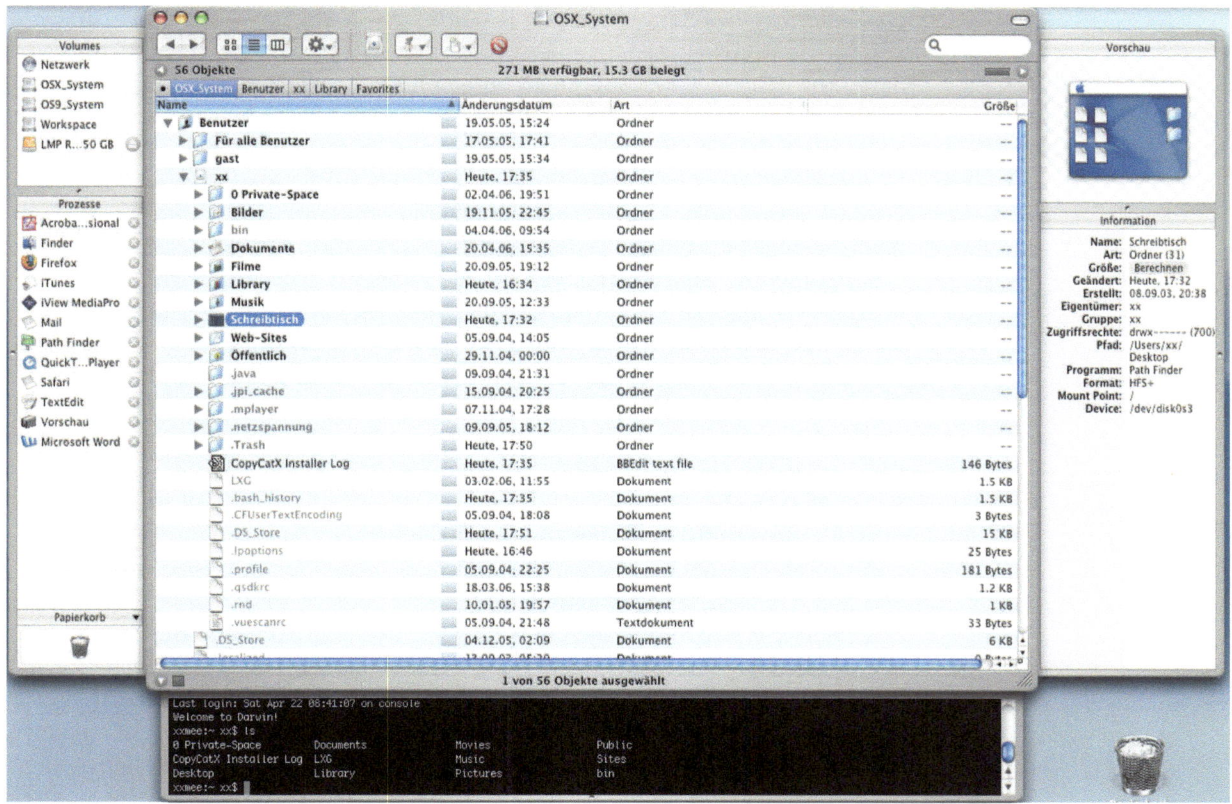

Abb. 170
PathFinder von cocoatech.com ermöglicht eine erweiterte Darstellung des Finders vom Betriebssystem Macintosh OS X.

PathFinder ist eine Software von cocoatech.com, mit der der Finder des Betriebssystem Macintosh OSX erweitert werden kann. Solch eine Funktionssoftware soll es dem Anwender erleichtern, sich in den Datenmengen seines Computers besser zurechtzufinden bzw. das Nutzungsspektrum des Betriebssystems besser und schneller ausschöpfen zu können. Die Metapher der Ordnerstruktur ist hier mit der Darstellung der Terminal-Shell ergänzt, weshalb PathFinder eine Kombination der zuvor abgebildeten Orientierungsformen darstellt.

Dieses Beispiel lässt ahnen, dass die Qualitäten der softwarebasierten Orientierungsangebote so differenziert sind, dass die Absicht, Orientierung zu verschaffen, nicht grundsätzlich bedeutet, auf die Bedürfnisse aller Anwenderkategorien eingehen zu wollen. Der PathFinder ist definitiv für Profianwender gedacht und für diese Anwenderkategorie bzw. Zielgruppe ist er sicher auch eine gute Unterstützung. Für einen Anfänger würde er die Orientierung eher erschweren.

Das Erkennen und Einordnen von Erfahrungen ist ein Teil des Orientierungsprozesses. Die Fähigkeit, sich in einer Umgebung orientieren zu können, bemisst sich daran, in welcher Umgebung man aufgewachsen ist und was man sich über die selbst erlebte Umwelt hinaus an Wissen angeeignet hat. Wie wichtig angeeignete Kenntnisse für die Orientierung sind, kann jeder feststellen, der sich zum ersten Mal in eine ihm unbekannte Umgebung begibt. Solch eine Umgebung kann eine Gebrauchsanweisung sein, das Formular zum Lohnsteuerjahresausgleich, die Systemeinstellungsumgebung eines Mobiltelefons, ein Fahrplan oder vieles andere mehr.

Sprache und Schrift sind wesentliche Elemente einer inhaltsbezogenen bzw. funktionsbezogenen Orientierung. Orientierung bedeutet unter anderem auch, jemandem Fragen stellen zu können. Und dies setzt sprachliches Verstehen und Kommunikationsmöglichkeiten voraus. Solch ein **Dialog** muss nicht zwangsläufig von Mensch zu Mensch stattfinden. Ein Dialog kann bereits mit einem Schild beginnen, welches je nach Informationsdichte und Dialogangebot zum Interface werden kann. Wo und wie Orientierung im Alltag erfahrbar wird, zeigt exemplarisch die folgende Auswahl.

Einige **geografische Orientierungsangebote** bemühen sich um eine möglichst realistische Darstellung. Fotos, die von einem Satelliten aufgenommen wurden, ersetzen das klassische Kartenmaterial und verändern so die Orientierungsmöglichkeiten. Die einen Anwender bevorzugen eine möglichst realistische Darstellung und andere eher eine abstrakte, reduzierte Darstellungsform. Geografische Darstellungen von ›goyellow‹ (Abb. 171) oder ›Google Earth‹ zeigen z. B. zusätzlich Sattelitenbilder, die in ihrer Genauigkeit durch nichts mehr übertroffen werden können. Diese Angebote sind nicht nur auf dem heimischen Computer nutzbar, sondern auch auf mobilen Geräten. Die Orientierung in der virtuellen Welt wird so direkt in der realen Welt nachvollziehbar und überprüfbar.

Beim Versuch, sich zu orientieren, verwendet man das Wissen um jene Umgebungen, von denen man annimmt, sie seien der neuen ähnlich. Man versucht Symbole bzw. Schriftzeichen zu deuten und Inhalte zu identifizierte, um diese mit bekannten Informationen zu vergleichen. Man bemüht sich, die neu gewonnenen Daten in Informationen zu transformieren, kombiniert neue Erkenntnisse und verfeinert sie, wobei bereits gewonnene Vermutungen unter Umständen korrigiert werden. Orientierung bedeutet, sich dynamisch ein Verständnis von der Umgebung zu konstruieren. Das daraus resultierende Ergebnis ist allerdings nur eine von vielen möglichen Interpretationen, basierend auf subjektiven Erfahrungen, weshalb es auch so schwierig ist, eine Benutzeroberfläche (Interfaces, Screendesign) zu gestalten, mit der eine Umgebung beschrieben wird, die möglichst viele Anwender betreten wollen und bedienen können. Das dies nicht immer so einfach ist, liegt zumindest bei Softwareprodukten daran, dass man in einer solchen Umgebung, wie in jedem anderen virtuellen Umfeld, nichts berühren und fühlen kann und in der Regel auch keine akustischen Signale erhält, die einem ein Gefühl von Atmosphäre vermitteln und dadurch Orientierung bieten könnten. Außerdem kann man in einer virtuellen Umgebung in der Regel niemanden nach dem Weg fragen. Umso wichtiger ist es, den Anwender darin zu unterstützen, sich eine eigene kognitive Landkarte der Umgebung anlegen zu können. Es geht dabei nicht nur darum, dem Anwender das Gefühl der Sicherheit zu geben und ihn zu motivieren, sich in der ihm fremden Umwelt zu bewegen, sondern auch darum, der neu entwickelten Umgebung einen Sinn zu geben und einem potentiellen Anwender diesen Sinn zu vermitteln. Ein ganz wesentlicher Sinn eines kommerziellen Produktes wäre z. B., nicht nur zum Selbstzweck zu existieren, sondern den Anwendern einen Vorteil zu verschaffen und den Anspruch zu erfüllen, dass das Produkt für ihn und nicht der Anwender für das Produkt existiert. Das Thema ›Orientierung‹ steht genauso wie das Thema ›Interfacedesign‹ nicht nur für die Absicht guter Gebrauchsfunktion, sondern auch für gute Kommunikation von Unternehmensabsichten und -leistungen und somit für das Image eines Unternehmens. Welches Unternehmen möchte seinen Kunden keine Orientierung verschaffen?

Abb. 171
www.goyellow.de.

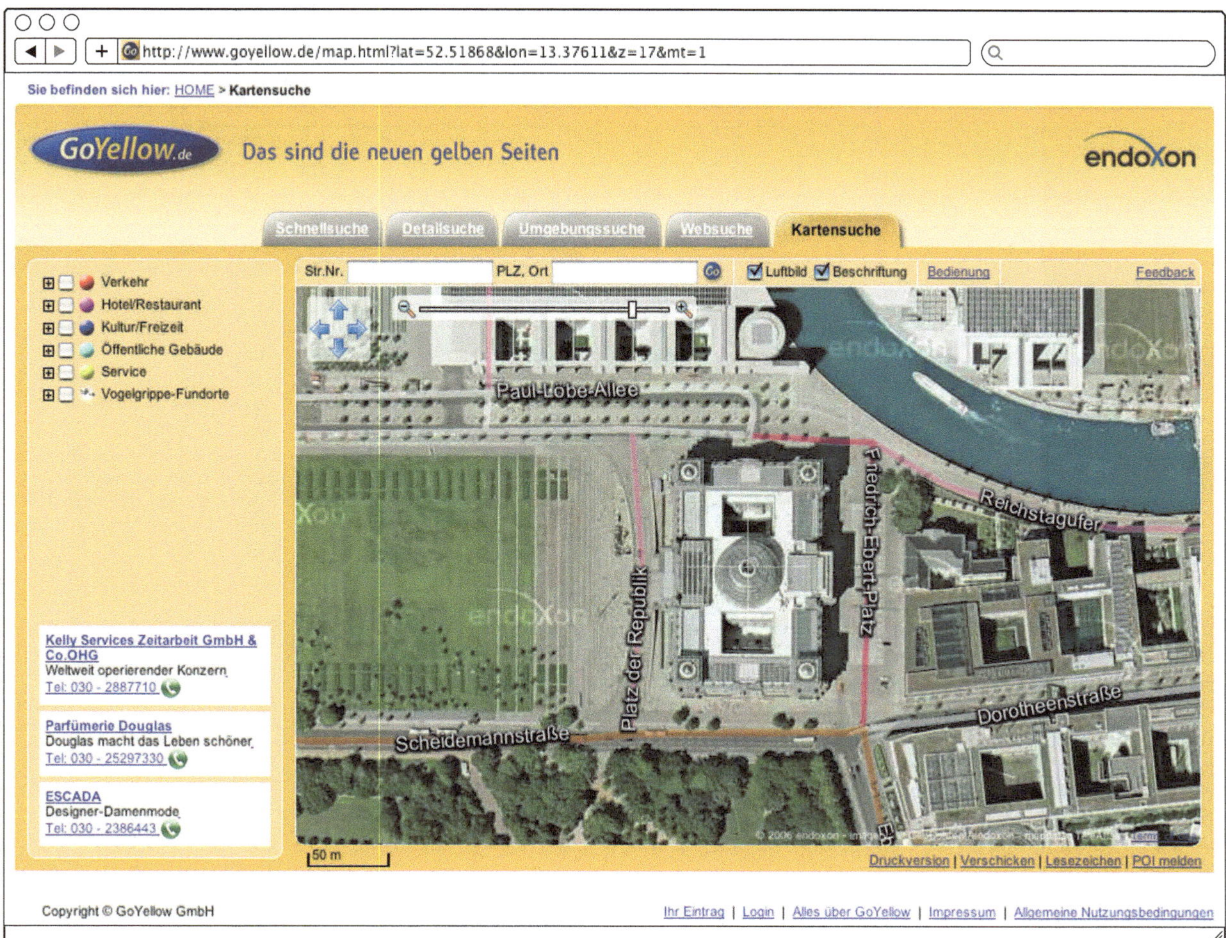

Abb. 172
Londoner Verkehrsbetriebe
(Fotos: Xinrui Song).

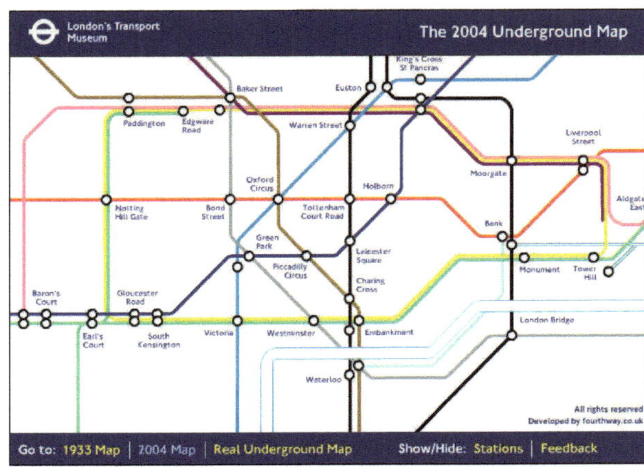

Abb. 173
Diese zwei Abbildungen zeigen den Streckenverlaufsplan von 2004 und den tatsächlichen Verlauf der U-Bahn-Schienen und der Themse (www.tfl.gov.uk/tube/maps/realunderground/realunderground.html).

Um sich in den Angeboten öffentlicher Verkehrsbetriebe orientieren zu können, ist in der Regel eine gewisse Erfahrung erforderlich. Seitdem Harry Beck 1933 den **Streckenverlaufsplan** der Londoner U-Bahn entwickelte, der international in seiner Art zahlreich nachgeahmt wurde, gilt das Londoner **Leitsystem** der Verkehrsbetriebe als übersichtlich. Auf Grund der Farben wird nicht nur die Differenzierung der einzelnen U-Bahn-Linien und somit eine verbesserte Orientierung gewährleistet, sondern auch sprachliche Hürden können überwunden werden. Streckenverlaufspläne geben die geografischen Verhältnisse der einzelnen Stationen zueinander nicht exakt korrekt an, sondern vereinfachen die proportionalen Abstände, um die Gesamtdarstellung aller Stationen und Verbindungen so übersichtlich wie möglich zu halten.

Wenn es darum geht, nicht nur geografische Orientierung zu gewährleisten, sondern auch zeitliche, ist es eine große Herausforderung, **Fahrplanhinweise** so zu gestalten, so dass es für den Anwender möglich wird, alle für ihn relevanten Verkehrsverbindungen herauszufinden und gegebenenfalls sogar kombinieren zu können. Nicht nur diese Schwierigkeit macht es fast unmöglich, Fahrplanhinweise so aufzubereiten, dass sie von jedem genutzt werden können. Hier wird es schwierig, Analphabetismus oder sprachliche Barrieren zu überbrücken, zumindest dann, wenn keine digitalen Werkzeuge wie multimediale Kiosksysteme zur Verfügung stehen.

Abb. 174 a-c ▸
Londoner Verkehrsbetriebe
(Fotos: Xinrui Song).

Self-service tickets
www.onerailway.com
Train departures

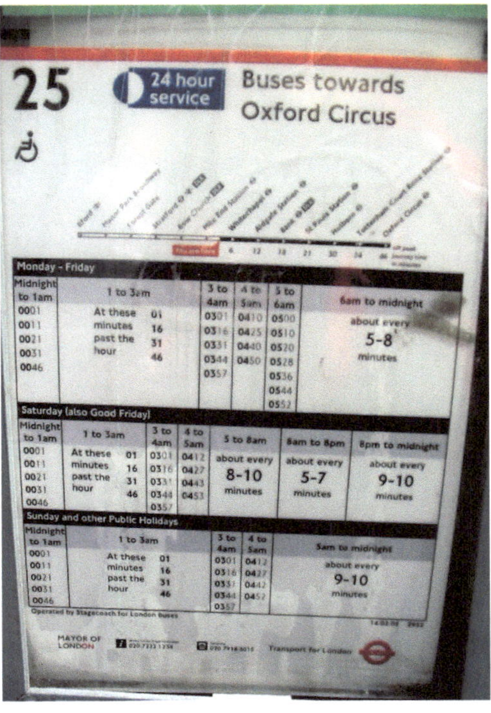
25
24 hour service
Buses towards Oxford Circus
Monday - Friday
Midnight to 1am
0001
0011
0021
0031
0046
1 to 3am
At these minutes past the hour 01 16 31 46
3 to 4am
0301 0316 0331 0344 0357
4 to 5am
0410 0425 0440 0450
5 to 6am
0500 0510 0520 0528 0536 0544 0552
6am to midnight
about every 5-8 minutes
Saturday (also Good Friday)
Midnight to 1am
0001
0011
0021
0031
0046
1 to 3am
At these minutes past the hour 01 16 31 46
3 to 4am
0301 0316 0331 0344 0357
4 to 5am
0412 0427 0443 0453
5 to 8am
about every 8-10 minutes
8am to 8pm
about every 5-7 minutes
8pm to midnight
about every 9-10 minutes
Sunday and other Public Holidays
Midnight to 1am
0001
0011
0021
0031
0046
1 to 3am
At these minutes past the hour 01 16 31 46
3 to 4am
0301 0316 0331 0344 0357
4 to 5am
0412 0427 0442 0452
5am to midnight
about every 9-10 minutes
Operated by Stagecoach for London Buses
MAYOR OF LONDON
Transport for London

Abb. 175
London Underground Linien-Karte, Harry Beck, 1933, ›Mr. Beck's Underground Map, a history, by Ken Garland, Capital Transport, 1994‹.

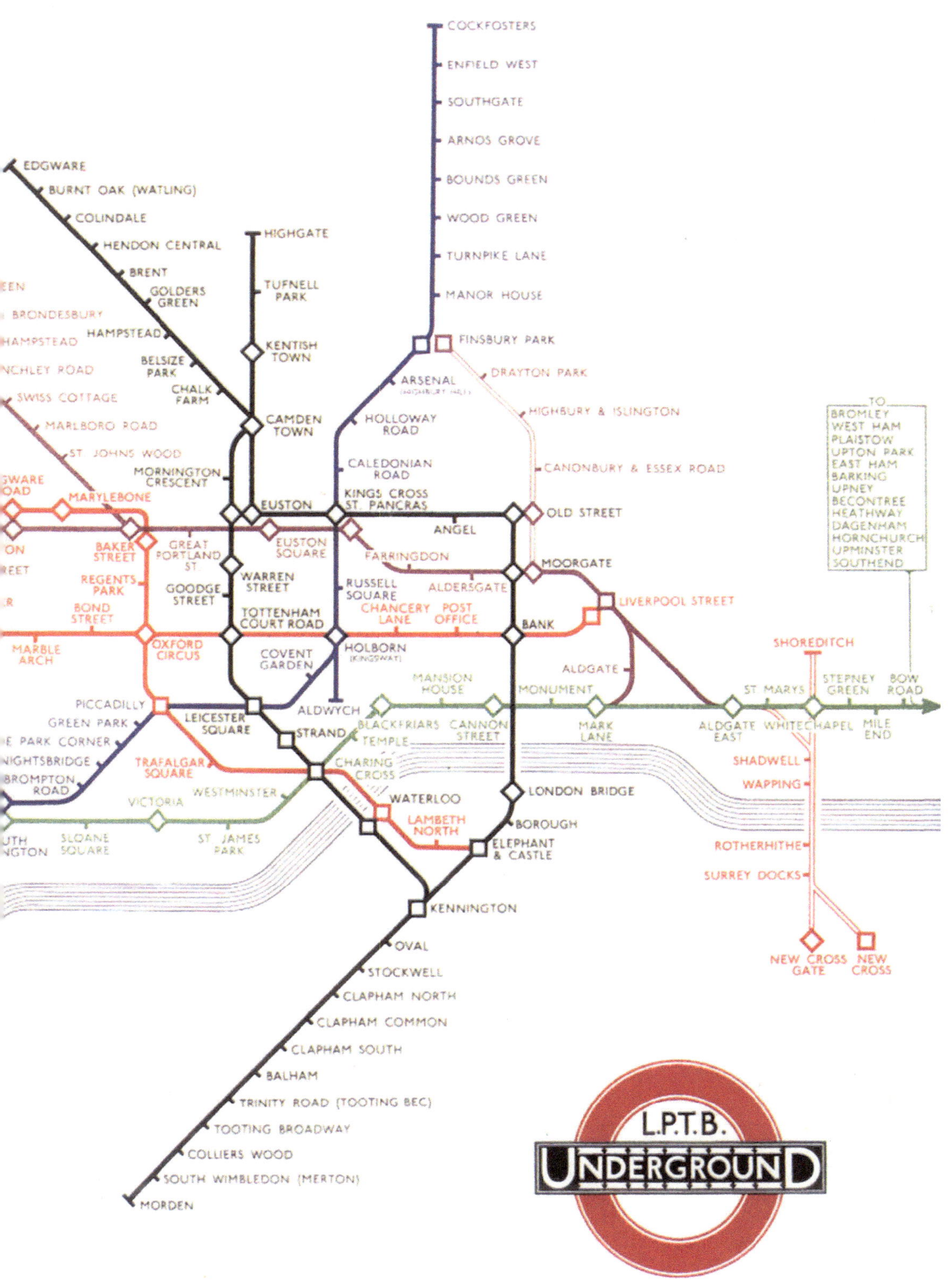

COCKFOSTERS
ENFIELD WEST
SOUTHGATE
ARNOS GROVE
BOUNDS GREEN
WOOD GREEN
TURNPIKE LANE
MANOR HOUSE
FINSBURY PARK
ARSENAL
DRAYTON PARK
HIGHBURY & ISLINGTON
HOLLOWAY ROAD
CALEDONIAN ROAD
CANONBURY & ESSEX ROAD
EDGWARE
BURNT OAK (WATLING)
COLINDALE
HENDON CENTRAL
BRENT
GOLDERS GREEN
HAMPSTEAD
BELSIZE PARK
CHALK FARM
HIGHGATE
TUFNELL PARK
KENTISH TOWN
CAMDEN TOWN
BRONDESBURY
SWISS COTTAGE
MARLBORO ROAD
ST. JOHNS WOOD
MORNINGTON CRESCENT
MARYLEBONE
EUSTON
KINGS CROSS ST. PANCRAS
ANGEL
OLD STREET
BAKER STREET
GREAT PORTLAND ST.
EUSTON SQUARE
FARRINGDON
MOORGATE
REGENTS PARK
WARREN STREET
GOODGE STREET
RUSSELL SQUARE
ALDERSGATE
LIVERPOOL STREET
BOND STREET
TOTTENHAM COURT ROAD
CHANCERY LANE
POST OFFICE
BANK
MARBLE ARCH
OXFORD CIRCUS
COVENT GARDEN
HOLBORN (KINGSWAY)
ALDGATE
SHOREDITCH
TO BROMLEY WEST HAM PLAISTOW UPTON PARK EAST HAM BARKING UPNEY BECONTREE HEATHWAY DAGENHAM HORNCHURCH UPMINSTER SOUTHEND
MANSION HOUSE
MONUMENT
ST. MARYS
STEPNEY GREEN
BOW ROAD
PICCADILLY
GREEN PARK
LEICESTER SQUARE
ALDWYCH
STRAND
BLACKFRIARS
TEMPLE
CANNON STREET
MARK LANE
ALDGATE EAST
WHITECHAPEL
MILE END
TRAFALGAR SQUARE
CHARING CROSS
SHADWELL
WAPPING
BROMPTON ROAD
WESTMINSTER
WATERLOO
LONDON BRIDGE
VICTORIA
LAMBETH NORTH
BOROUGH
SLOANE SQUARE
ST. JAMES PARK
ELEPHANT & CASTLE
ROTHERHITHE
SURREY DOCKS
KENNINGTON
OVAL
STOCKWELL
CLAPHAM NORTH
CLAPHAM COMMON
CLAPHAM SOUTH
BALHAM
TRINITY ROAD (TOOTING BEC)
TOOTING BROADWAY
COLLIERS WOOD
SOUTH WIMBLEDON (MERTON)
MORDEN
NEW CROSS GATE
NEW CROSS
L.P.T.B.
UNDERGROUND

Abb. 176
Der aktuelle Streckenverlaufsplan der Londoner U-Bahn von 2006 (www.thetube.com).

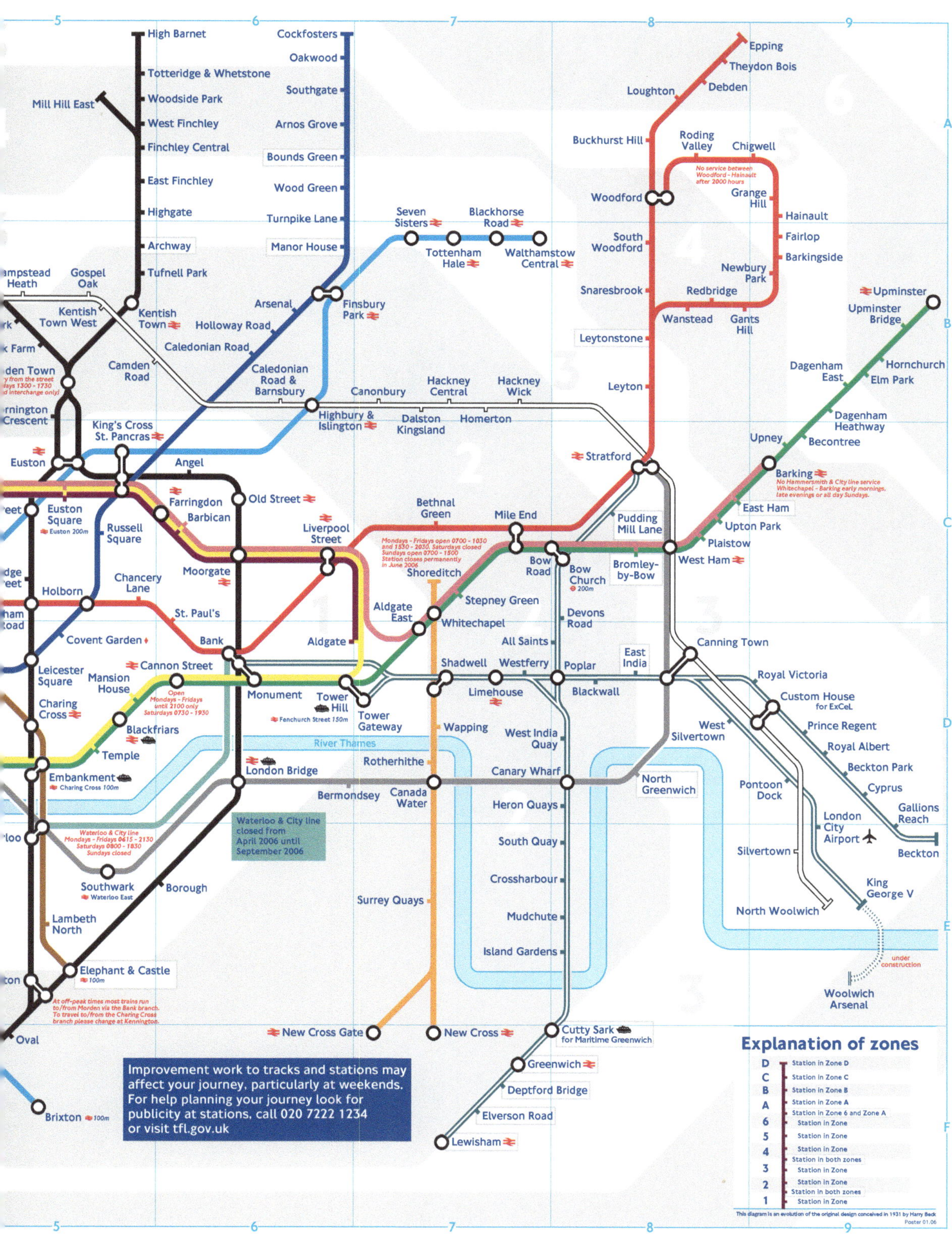
High Barnet
Totteridge & Whetstone
Woodside Park
Mill Hill East
West Finchley
Finchley Central
East Finchley
Highgate
Archway
Tufnell Park
Kentish Town
Kentish Town West
Camden Road
Gospel Oak
Cockfosters
Oakwood
Southgate
Arnos Grove
Bounds Green
Wood Green
Turnpike Lane
Manor House
Arsenal
Holloway Road
Caledonian Road
Caledonian Road & Barnsbury
Finsbury Park
Seven Sisters
Blackhorse Road
Tottenham Hale
Walthamstow Central
Canonbury
Highbury & Islington
Hackney Central
Hackney Wick
Dalston Kingsland
Homerton
King's Cross St. Pancras
Euston
Angel
Farringdon
Barbican
Old Street
Euston Square
Russell Square
Liverpool Street
Bethnal Green
Mile End
Moorgate
Chancery Lane
Holborn
St. Paul's
Covent Garden
Bank
Aldgate
Aldgate East
Shoreditch
Whitechapel
Stepney Green
Leicester Square
Mansion House
Cannon Street
Monument
Tower Hill
Tower Gateway
Charing Cross
Blackfriars
Temple
Embankment
River Thames
London Bridge
Rotherhithe
Wapping
Shadwell
Limehouse
Westferry
Poplar
Blackwall
All Saints
Devons Road
Bow Road
Bow Church
Bromley-by-Bow
Pudding Mill Lane
Stratford
West Ham
Canning Town
East India
West India Quay
Canary Wharf
Heron Quays
South Quay
Crossharbour
Mudchute
Island Gardens
Bermondsey
Canada Water
Surrey Quays
Waterloo & City line closed from April 2006 until September 2006
Southwark
Borough
Lambeth North
Elephant & Castle
Oval
Brixton
New Cross Gate
New Cross
Cutty Sark for Maritime Greenwich
Greenwich
Deptford Bridge
Elverson Road
Lewisham
Epping
Theydon Bois
Debden
Loughton
Buckhurst Hill
Roding Valley
Chigwell
Woodford
Grange Hill
Hainault
Fairlop
Barkingside
Newbury Park
South Woodford
Snaresbrook
Redbridge
Wanstead
Gants Hill
Leytonstone
Leyton
Upminster
Upminster Bridge
Hornchurch
Elm Park
Dagenham East
Dagenham Heathway
Becontree
Upney
Barking
East Ham
Upton Park
Plaistow
Royal Victoria
Custom House for ExCeL
Prince Regent
Royal Albert
Beckton Park
Cyprus
Gallions Reach
Beckton
West Silvertown
Pontoon Dock
London City Airport
Silvertown
North Woolwich
King George V
Woolwich Arsenal
under construction
North Greenwich
Improvement work to tracks and stations may affect your journey, particularly at weekends. For help planning your journey look for publicity at stations, call 020 7222 1234 or visit tfl.gov.uk
Explanation of zones

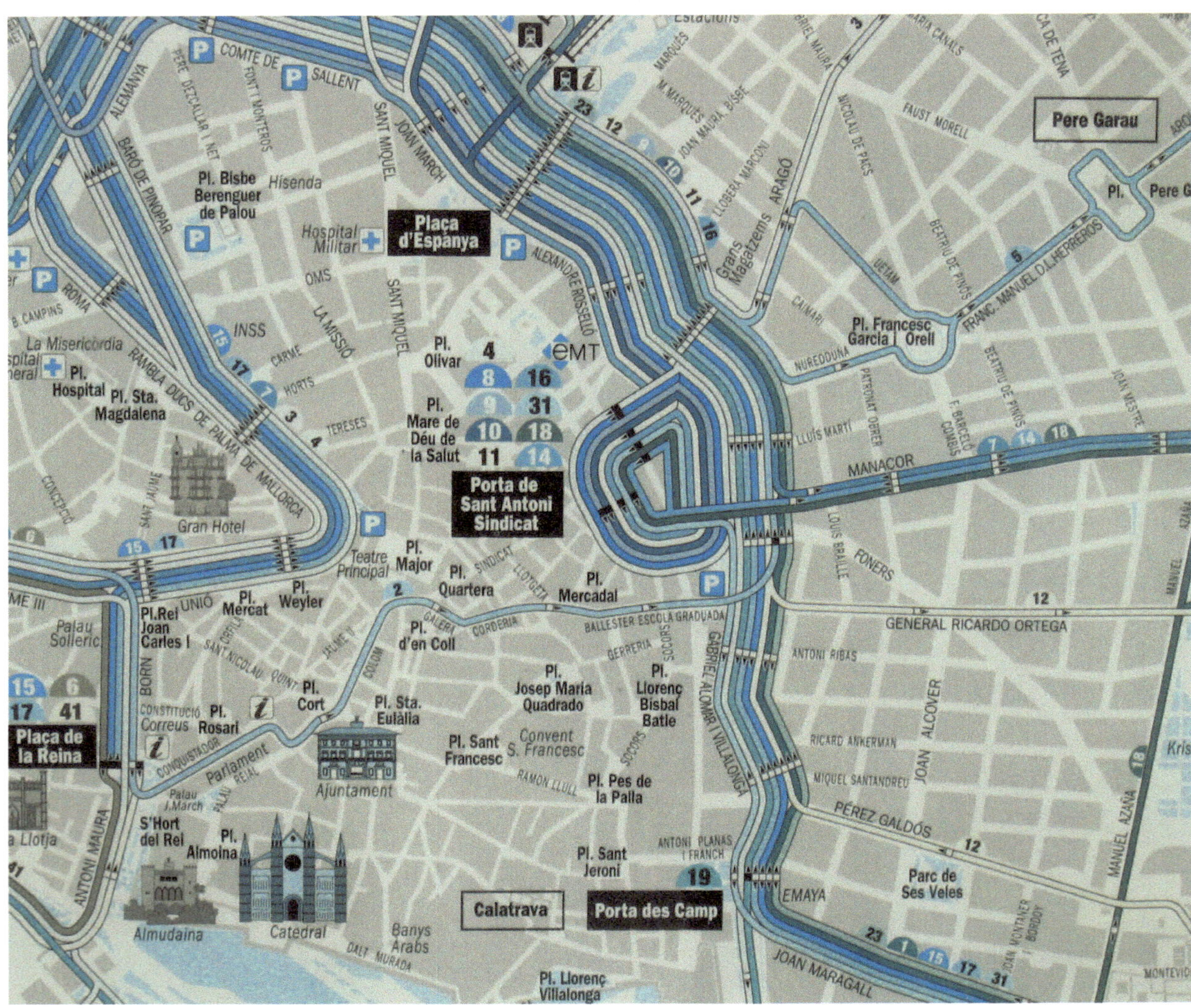

Abb. 177
Bei diesem Linienplan von Mallorca, Spanien, sind die Farbe und der Kontrast der einzelnen Linien so schwach differenziert, dass es schwer fällt, die Linien optisch zu verfolgen oder sie überhaupt zu unterscheiden.

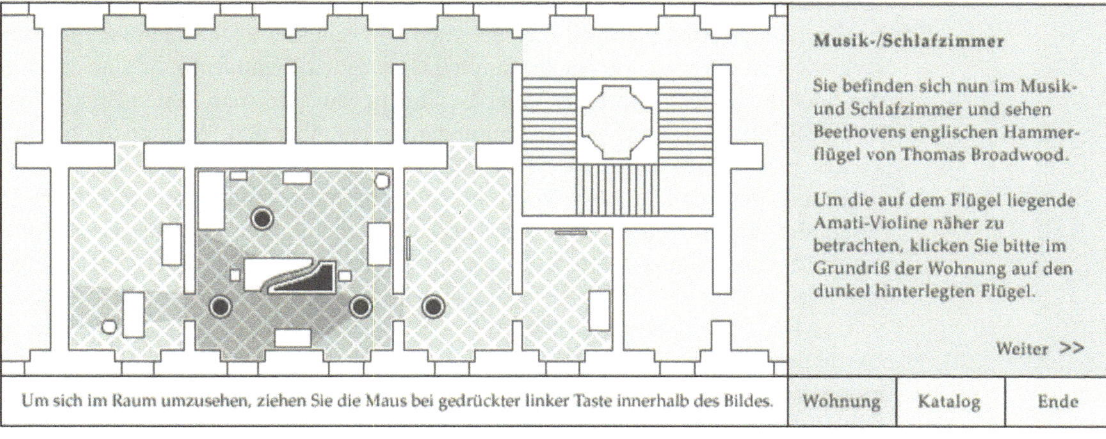

Abb. 178
Ein virtueller Rundgang durch Beethovens letzte Wohnung. (*Beethovens letzte Wohnung in Wien – Eine digitale Rekonstruktion*, CDs und CD-ROMs; © 2004 Beethoven-Haus Bonn; Autor/ Herausgeber: Marcus Frings).

Die CD-ROM Beethovens letzte Wohnung in Wien ist eine digitale Rekonstruktion der Wohnung von Ludwig van Beethoven im ›Schwarzspanierhaus‹ in Wien und bietet einen virtuellen Rundgang durch Beethovens letzte Wohnung. Räumlich orientieren kann sich der Anwender anhand eines Architekturplans. Diese Form der Orientierung bieten auch viele Computerspiele.
Der so genannte **Gott-View** bietet den Gesamtüberblick und der **subjektive Blick** das momentane Geschehen, hier den Anblick von Beethovens Wohnung.

5.3.1 Navigation – Ein Problemlösungsprozess

Navigation ist die Suche nach Hinweisen, und je nachdem, wie leicht die Hinweise zu finden und zu deuten sind, wird dem Anwender die Navigation erschwert oder erleichtert. Allein das Bewegen innerhalb eines Raums, sei er nun real oder virtuell, ist aber nicht grundsätzlich mit dem Vorgang der Navigation gleichzusetzen, denn sie bedeutet nicht nur Positionswechsel. Einer Navigation geht immer eine Absicht voraus. Navigieren ist ein zielgerichteter Vorgang, der Orientierung voraussetzt. Der Navigation muss demnach neben der Orientierung auch eine Motivation vorausgehen. Bereits durch das Suchen von entsprechenden Merkmalen findet eine Navigation statt. Der Anwender will und muss navigieren, um, in welcher Umgebung auch immer, Informationen zu finden. Dafür sollte man ihm Werkzeuge bereitstellen. Diese Werkzeuge müssen aber nicht zwangsläufig der realen Welt entlehnt sein. Hier gilt dasselbe wie beim Thema ›Orientierung‹ in diesem Kapitel (S. 275), nämlich angemessen für die jeweilige reale bzw. virtuelle Umgebung zu gestalten. Mit der Orientierung bemüht man sich, die Fragen nach dem ›Wo‹ und ›Was‹ zu beantworten. Navigationswerkzeuge sind ein Angebot, um nach dem ›Wie‹ fragen oder einfach nur die Richtungen bestimmen zu können. Navigieren ist demnach ein Problemlösungsprozess.

Mit der Orientierung stellt man nur fest, wo oder in welch einer Umgebung bzw. Situation man sich befindet. Mit Navigation bewegt man sich sowohl im Raum, als auch in den Möglichkeiten, die sich einem bieten. Mit Navigation kann man die Möglichkeiten nutzen und eventuell auch gestalten und verändern. Sie schafft Perspektiven. Navigation ist ein wesentlicher Bestandteil einer jeden Erzählform, ob linear, nonlinear oder interaktiv. Beim Lesen einer Geschichte navigiert man in den Perspektiven der Möglichkeiten, indem man Vermutungen anstellt über den Fortgang der im Buch beschriebenen Einzelschicksale oder Ereignisse. Informationen werden dabei mit Assoziationen verknüpft, so dass Vermutungen angestellt werden können, die sich im Verlauf der Erzählung aber nicht unbedingt bewahrheiten müssen. Die Assoziationen und die daraus resultierenden Mutmaßungen beruhen auf Fähigkeiten, Erfahrungen oder Wissen. Dies gilt für alle Navigationsformen, sei es in der realen oder virtuellen Welt, an Hard- oder Software. Beim Anbieten von Navigationswerkzeugen für Erzähl- oder Nutzformen jedweder Art kann der Autor bzw. Gestalter beim Anwender auf Erfahrungen bzw. Wissen aufbauen. Und so können durchaus abwegige, nicht direkt zu durchschauende Navigationsformen entwickelt werden, um für den Anwender eine echte Herausforderung im Erzählerischen oder in der Interaktion mit den Inhalten oder Funktionen zu schaffen. Der Raum, in dem navigiert wird, kann dabei völlig frei erfunden sein. Ziel bleibt es aber, mit interessanten Navigationsformen Klarheit in der Orientierung, nicht etwa Einfachheit zu erreichen. Einfachheit bedeutet häufig, Perspektiven auszuklammern, Klarheit hingegen alle Möglichkeiten zu eröffnen, diese aber, je nach Erzähl- bzw. Nutzform oder Situation, skalieren oder sich auf eine konzentrieren zu können. Es sollte dem Anwender vorbehalten bleiben, die Reduktionsarten und deren Konsequenz steuern zu können.

Die Navigationsmöglichkeiten definieren die Varianz des Zugangs zu Inhalten. Die klassischen Navigationsformen sind jene über ein Menü, mit Hilfe eines Inhaltsverzeichnisses bzw. über eine Suchfunktion. Wie komplex die Navigationsangebote sind, hängt in erster Linie von den technischen Möglichkeiten des Systems ab, auf dessen Basis die Umgebung beruht. Technische Möglichkeiten können echte Navigationsvorteile bieten wie z. B. eine assoziative Suche, wenn man beispielsweise einen Musiktitel sucht, aber weder den Titel noch den Interpreten kennt.

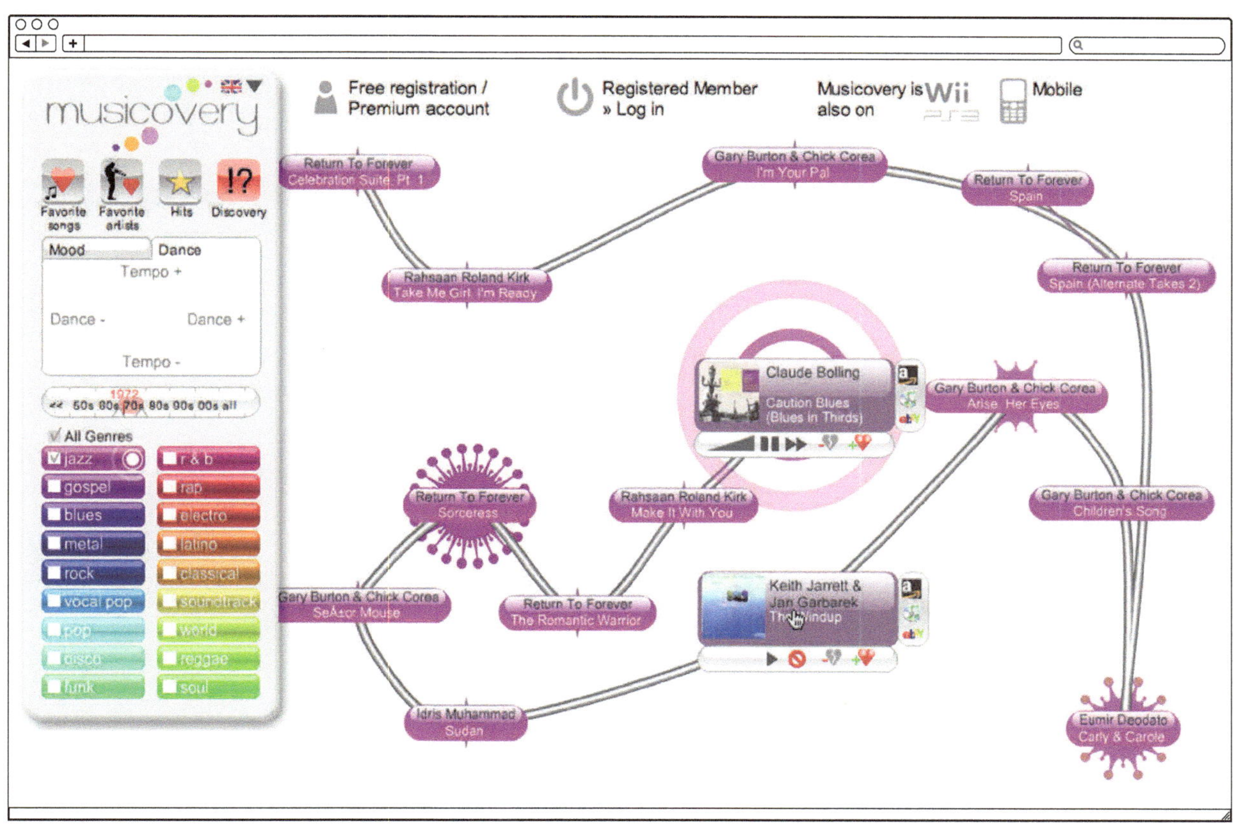

Abb. 179
Die Internetseite von musicovery ermöglicht eine semantische Musikauswahl und alternative Musikempfehlungen (www.musicovery.com).

Auf der Internetseite von **Musicovery**[114] können mithilfe mehrerer verschiedener Zugangswege Musikstile ausgewählt werden. Musikstücke lassen sich nach ›Genre‹ (Pop, Rock, Heavy Metal, Jazz etc.), ›Stimmungen‹ (energetic, dark, calm, positive) oder ›Tanztempo‹ sortieren. Man kann seine Lieblingsstücke verwalten und sich Alternativen anzeigen und vorspielen lassen. Auf diese Weise wird den Nutzern eine semantische Musiksuche geboten.

114 www.musicovery.com

http://www.musipedia.org/
musipedia.org/ contour(U/D/R) / keyword(s) ?
Deutsch • English • Français • 中文
musipedia
The Open Music Encyclopedia
Keyboard Search
Contour Search
Flash Piano
By Microphone
Rhythm Search
Music Search
Forum
Contribute
Members
About
Musipedia
The Open Music Encyclopedia
Welcome to Musipedia! Inspired by, but not affiliated with Wikipedia, we are building a searchable, editable, and expandable collection of tunes, melodies, and musical themes.
Every entry can be edited by anybody. An entry can contain a bit of sheet music, a MIDI file, textual information about the work and the composer, and last but not least the Parsons Code, a rough description of the melodic contour.
7
Musipedia
kachingle
Name that Tune
Musipedia uses the "Melodyhound" melody search engine. You can find and identify a tune even if the melody is all you know. You can play it on a piano keyboard, whistle it to the computer, simply tap the rhythm on the computer keyboard or use the Parsons code.
Music Search
You can base your search on melody (i. e., pitch and rhythm), melodic contour, or just rhythm.
Melody Search
Identify a melody by entering it
• with a Flash-based piano,
• a JavaScript-based piano,
• by dragging the mouse,
• or whistle it to the computer using a microphone.
Contour-based Search
If you are unsure about the exact intervals between notes, try the Melodic Contour Search. This way, all you need to know is whether the tune goes up, down, or if the pitch stays the same.
Rhythm-based Search
For an even simpler (but less specific) way of searching, try the Rhythm-based "Query by Tapping" search method.
SOAP Interface
If you are a computer, or want to integrate the Musipedia search into your own web service, you can use the SOAP interface, which makes it possible to search based on melody, contour, or rhythm.
Press About Us
biglearning.com | ookii.org | plambeck.org | theopia.com | salzburgervolksliedwerk.at | infobhan.com | b.hatena.ne.jp | onegoodmove.org
Get your own » | Powered by pressabout.us

Die Navigationsformen sind je nach Technologie und eingesetzten Medien in unterschiedlichster Weise möglich bzw. eingeschränkt. Bei einer DVD-Video-Produktion z. B. sind die Navigationsangebote bedingt durch die DVD-Spezifikationen stark auf die Steuerung mit den Pfeiltasten der Fernbedienung beschränkt. Die Nutzung der Angel-, der Sound- und der Untertiteltasten erweitern diese Navigationsmöglichkeiten allerdings. Dies genügt oft vollkommen für eine interessante Navigation, die viele Formen der Interaktion bietet. Viele Anwender begrüßen es zudem sehr, nicht mit scheinbar grenzenlosen Möglichkeiten überfrachtet zu werden, sondern mit wenigen überschaubaren Mitteln bereits viel erreichen zu können. Mit einer DVD-ROM bzw. Blu-ray Disc bzw. HD DVD bieten sich dann aber zusätzlich alle Möglichkeiten, die von der Nutzung von Internetseiten bzw. CD-ROM-Produktionen her bekannt sind, inklusive der Möglichkeit, die DVD und das Internet miteinander zu kombinieren.

Am Computer ergeben sich für den Anwender grundsätzlich die vielseitigsten Navigationsmöglichkeiten durch direkte Manipulation. Der Anwender kann mit Hilfe der Computer-Maus auf Elemente zeigen und diese Elemente mit einer durch den Cursor repräsentierten Hand greifen und bewegen. Dieser Vorgang vermittelt ihm die Illusion, dass Cursor und Maus eine Einheit bilden und unmittelbar mit dem Computer verbunden zu sein. Diese direkte Manipulation ist die intuitivste Form der Navigation und Interaktion. Zuvor werden aber im folgenden Kapitel die wesentlichsten Verknüpfungsformen erläutert, die ein orientiertes und strukturiertes Navigieren durch Inhalte und Angebote überhaupt erst ermöglichen.

Abb. 180 ◂
Mit Musipedia kann Musik per Klaviatur, Noteneingabe, Pfeifen der Melodie und Eingabe des Rhythmus gesucht werden.

Eine weitere Art der semantischen Musiksuche bietet **Musipedia**.[115] Dort kann die gesuchte Melodie auf einer abgebildeten Klaviatur interaktiv eingespielt werden. Man kann auch die Noten der gesuchten Musiktitel in ein Notenblatt eintragen oder die Melodie des gesuchten Musiktitels über ein Mikrofon durch Pfeifen einspielen und nach diesen Kriterien suchen. Eine weitere, recht amüsante Form der Suche bei musipedia.org ist die Suche per Eingabe eines Rhythmus. Dabei betätigt man die Aufnahmetaste und drückt eine beliebige Taste der Computertastatur im Rhythmus der gesuchten Melodie. Nach Betätigen der Taste ›Suchen‹ erfolgt jeweils eine Liste an möglichen Treffern. Diese verschiedenen Arten der Navigation stellen jeweils eine semantische Suche dar.

115 www.musipedia.org

5.3.2 Navigationsstrukturen

Eine Navigationsstruktur dient zur Anzeige von Inhalten bzw. Möglichkeiten und zur Orientierung innerhalb dieser Angebote. Ihre Darstellung wird Strukturdiagramm bzw. Flowchart genannt. Verschiedenste Untersuchungen von Neurologen und Psychologen haben ergeben, dass sich die meisten Menschen maximal sieben Verzeichnisse einer Struktur merken bzw. diese nachvollziehen können. Daher ist es zu empfehlen, Navigationsstrukturen nie mit mehr als sieben Hauptverzeichnissen anzulegen, die wiederum jeweils maximal sieben Unterverzeichnisse haben sollten. Des Weiteren ist zu empfehlen, Kompromisse einzugehen, anstatt zu komplexe Hierarchien zu bilden. Grundsätzlich sollten parallel zur Entwicklung der Strukturierung Anwenderbefragungen durchgeführt werden, um das eigene Vorhaben zu verifizieren.

Die wesentlichsten Verknüpfungsformen sind die folgenden:

Abb. 181
Lineare Verknüpfung

Lineare Verknüpfung

Die lineare Navigationsstruktur ist die einfachste Struktur. Jedes Ziel setzt das Wissen oder die Information über den Ausgangspunkts voraus. Die miteinander verknüpften Punkte bauen aufeinander auf. Eine solche linear aufgebaute Struktur findet häufig für Lernsysteme, Tests oder Anmelde- und Bestellvorgänge Anwendung.

Abb. 182
Hyperlink-Verknüpfung

Hyperlink-Verknüpfung

Die Hyperlink-Navigation ist eine erweiterte Variante der linearen Struktur. Eine Hyperlink-Struktur ist ein nicht lineares Organisationskonzept. Es bietet die Möglichkeit, Anteile des Inhaltes zu überspringen und sie somit in selbstbestimmter Reihenfolge nicht linear wahrzunehmen. Es werden Querverweise erfahrbar und ergänzende oder verschiedene Sichtweisen darstellbar. Diese Verknüpfungsart eignet sich für Erzählformen und zur Wissensvermittlung gleichermaßen. Sie bietet Eigenschaften, die einer Erzählform ständig neue Ereignisse und plötzliche Wendungen ermöglicht und die einer Wissensvermittlung alle notwendigen Querverweise eröffnet.

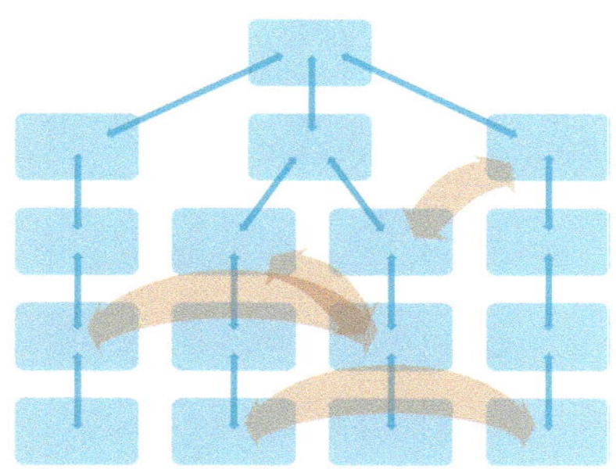

Abb. 183
Hierarchische Verknüpfung mit der Möglichkeit Hyperlinks einzusetzen.

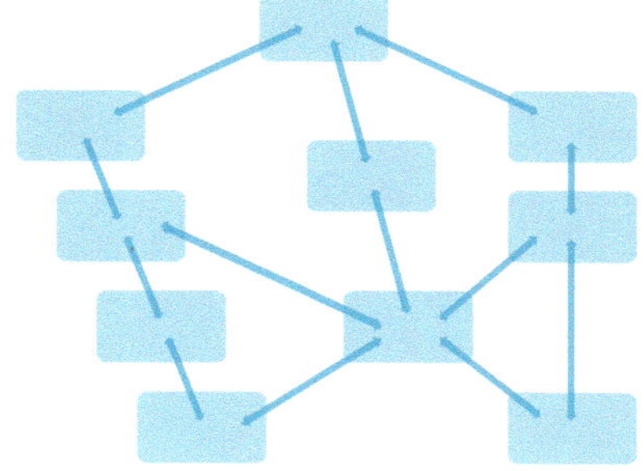

Abb. 184
Netzwerkartige Verknüpfung

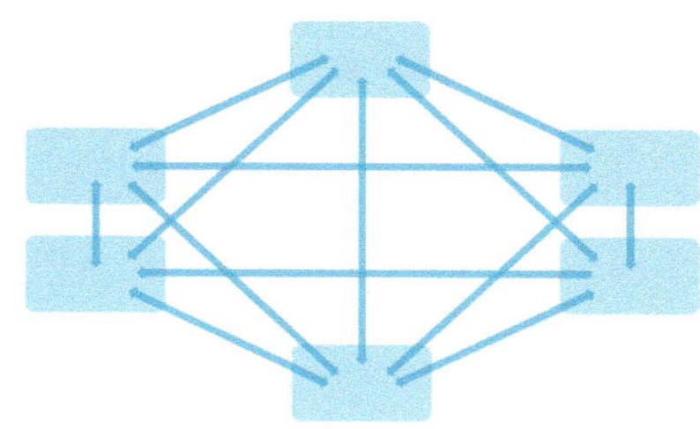

Abb. 185
Einzelbild-Struktur

Hierarchische Verknüpfung

Bei der hierarchischen Verknüpfung sind die Inhalte zu sinnvollen Einheiten zusammengefasst. Wegen seiner Darstellung wird diese Verknüpfungsform auch Baumstruktur genannt. Die Inhalte sind in einer Bedeutungsreihenfolge in verschiedene Navigationsebenen gegliedert. In der Regel wird horizontal die Themenbreite und vertikal die Thementiefe in entsprechenden Haupt- und Unterkapiteln definiert. Dies hat zur Folge, dass allgemeine Informationen auf den übergeordneten Seiten und detaillierte bzw. spezielle Informationen auf den untergeordneten Seiten dargestellt werden. Bei einer solchen Verknüpfungsform können auch große Informationsmengen übersichtlich dargestellt werden. Eine hierarchische Verknüpfung kann durchaus mit den Eigenschaften der Hyperlink-Verknüpfung kombiniert werden. Dies wird immer dann sinnvoll, wenn, der Hierarchisierung zum Trotz, Querverweise zwischen verschiedenen Kapiteln möglich bzw. notwendig werden.

Netzwerkartige Verknüpfung

Die Netzstruktur ähnelt im Aufbau der hierarchischen Baumstruktur. Die netzwerkartige Verknüpfung gibt allerdings keine Verbindungsstruktur vor. Jeder Inhalt kann mit den anderen, direkt angrenzenden Inhalten verbunden sein. Weit entfernte Inhalte können allerdings nicht über einen Hyperlink, sondern nur über den Umweg über die jeweiligen zu überwindenden Inhalte bis zur Zielanknüpfung erreicht werden.

Einzelbild-Struktur

Eine Einzelbild-Struktur bildet sich aus Verknüpfungen ohne Hierarchie. Es gibt nur benachbarte Seiten. Dem Anwender vermittelt sich der Eindruck, als bliebe er in ein und derselben Hierarchieebene, deren Inhalte er aber variieren kann, wobei das Schema der Wiedergabe beibehalten wird. Diese Struktur findet Anwendung, wenn z. B. Varianten eines Inhaltes dargestellt werden, ohne dass dabei gleich ein Kapitelwechsel stattfindet. Dazu zählt z. B. das Durchblättern einer Bildergalerie, eines Textes o. ä.

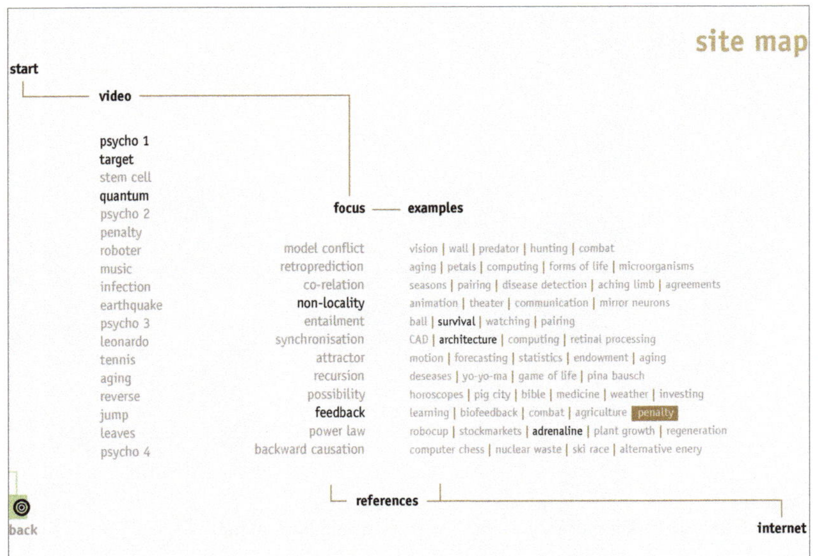

Abb. 186
Die Sitemap der DVD-Produktion *Antizipation – Die Ursache liegt in der Zukunft*. Der Inhalt wird auf den drei Ebenen ›Video‹, ›Focus‹ und ›References‹ behandelt. ›Examples‹ sind Unterkapitel von ›Focus‹. Das ›Video‹ setzt sich aus 18 einzelnen Videos zusammen.

Sitemap

Eine Sitemap wird häufig bei komplexen Multimedia-Produktionen (Internetseite, CD-ROM, Kiosksystem etc.) angeboten, um, wie mit dem Inhaltsverzeichnis eines Printerzeugnisses, einen leicht überschaubaren Überblick über alle Inhalte zu ermöglichen. Mit einer Sitemap wird gleichermaßen eine Informationshierarchie abgebildet, die entweder alphabetisch sortiert ist oder Haupt- und Unterkapitel erkennen lässt. Sollte der Anwender allerdings den Eindruck gewinnen, dass eine Sitemap zwingend erforderlich wird, um einzelne Themenbereiche überhaupt erst finden zu können, so kann diese unbeabsichtigt zum Indiz für eine geringe Qualität des Interfacedesigns des interaktiven Produkts werden oder auch nur als ein solches Indiz missverstanden werden.

Eine Sitemap kann allerdings über die Gewährleistung von Übersichtlichkeit hinaus noch eine erweiterte Funktion haben, wenn mit ihr z. B. dargestellt wird, welche Bereiche bereits besucht wurden und welche sich darüber hinaus sonst noch anbieten.

Geleitete bzw. manipulierte Navigation

Mit Hilfe einer Guided Tour bzw. einer vorgegebenen Navigationsstruktur wird es möglich, Inhalte in didaktischer Reihenfolge anzubieten. Dies entspricht zwar zunächst nicht den Eigenschaften interaktiver Produkte, ist aber nicht grundsätzlich ein Widerspruch, wenn solche geleiteten Navigationen nur dann zum Tragen kommen, wenn es sich z. B. bei Lehr-/ Lernplattformen temporär bzw. in ausgewählten Bereichen empfiehlt, bestimmte Reihenfolgen einzuhalten. Eine solche geleitete Navigation ist in gewisser Hinsicht aber auch immer eine manipulierte, allerdings in der Regel ohne negative Absichten. Der Entdecker des so genannten Mere Exposure-Effekts, Robert Zajonc, stellte eine Verhaltensweise des Menschen fest, die eine Manipulation der Navigation ermöglicht[116]. In seinen Studien präsentierte Robert Zajonc seinen Probanden chinesische Schriftzeichen so kurz und in so schneller Abfolge, dass die Versuchspersonen sich dieser gar nicht bewusst werden konnten. Zu einem späteren Zeitpunkt wurden den Probanden diese Zeichen erneut vorgelegt und es konnte festgestellt werden, dass ihnen jene am besten gefielen, die ihnen am häufigsten präsentiert wurden. Verwunderlich ist besonders, dass die Probanden versicherten, diese Zeichen zuvor noch nie gesehen zu haben. Vergleichbare Experimente wurden von anderen Forschern bisher zahlreich wiederholt und führten stets zum selben Ergebnis. Diese Vorlieben lassen sich übrigens nicht nur mit komplexen Zeichen, sondern auch mit Farben durchführen.

116 Zajonc, R. B.: The attutidinal effects of mere exposure. In: *Journal of Personality & Social Psychology, Monograph Supplement* 9 (1968), Nr. 2, Pt. 2.

Wesentliche Eigenschaften einer Navigation

Das Umfeld der Navigationsangebote sollte als ein zusammenhängendes visualisiert sein.

Es kann auf Erfahrungen aus dem Umfeld der Anwender zurückgegriffen werden.

Die Gesamtgestaltung sollte nachvollziehbar und konsistent sein.

Es hilft, wenn Landmarks angeboten werden, vorausgesetzt, diese sind selbsterklärend.

Folgende Fragen sollten mit kurzen Antworten geklärt werden können:

- Wo befindet man sich?
- Wie kommt man zur Startseite?
- Wie kommt man zu einer Übersicht (Sitemap)?
- Welche Orte/Inhalte hat man bereits gesehen?
- Auf welchem Weg erreichte man diesen Ort/Inhalt?
- Mit welchen Hilfsmitteln erreicht man diesen Ort/Inhalt?
- Was wird bzw. welche Inhalte werden einem an diesem Ort angeboten?
- Welche vergleichbaren Orte/Inhalte gibt es sonst noch?
- Welche vom aktuellen Ort/Inhalt abweichende Orte/Inhalte gibt es sonst noch?
- Was wird einem an alternativen Orten angeboten?
- Wie erreicht man alternative Orte/Inhalte?

Unabhängig von den Kompetenzen und Erfahrungen der jeweiligen Anwender ist deren Navigationsverhalten in einer virtuellen Umgebung identisch mit dem in einer natürlichen. Navigation ist und bleibt ein Problemlösungsprozess, bei dem sich für einen Anwender im Wesentlichen drei Fragen stellen:

- Wo gibt es das, was man benötigt bzw. finden will?
- Wie kommt man dorthin?
- Welche Hilfsmittel werden dazu benötigt?

Mit Signaletik wird der Versuch unternommen, kennzeichnend (»signalétique«, französisch: Beschilderung, erkennungsdienstlich, Kennzeichen) vorzugehen, um räumliche Orientierung zu ermöglichen. Bei dem sich so bildenden System sind die Besonderheiten der jeweiligen Räume, die Architektur, die kulturelle Prägung und die Sinneswahrnehmung zu berücksichtigen. Signaletik repräsentiert eine Gebrauchssystematik und ermöglicht eine Interaktion, analog dem Interfacedesign digitaler Produkte. Signaletik stützt bzw. beeinträchtigt in gleichem Maße den Nutzen und das Erscheinungsbild einer Architektur und hat somit starken Einfluss darauf, wie das dort residierende Unternehmen oder die dort untergebrachte öffentliche Einrichtung wahrgenommen wird.

Signaletik bezieht sich aber nicht nur auf Gebäude von Unternehmen oder öffentlichen Einrichtungen (Ämter, Bahnhöfe, Flughäfen, Krankenhäuser, Bibliotheken etc.), sondern ebenso auf den öffentlichen Raum, auf Erholungsgebiete und ganze Städte. Signaletik stellt somit nicht nur ein Leitsystem dar, sondern macht Raum erlebbar, schafft Identifikation und Identität und repräsentiert so die Haltung, wie ein Unternehmen, eine Einrichtung oder Kommunen und Städte zu sich, zu ihren Mitarbeitern und zu ihren Kunden bzw. Bürgern und Besuchern stehen. Gebäude, Gelände oder Räume haben zwar stets eine Absicht und eine Funktion, Bedeutung im Sinne dessen, was und wie es wahrgenommen wird, erfahren diese aber oft erst durch Signaletik. Signaletik ist immer dann am dringlichsten, wenn es darum geht, viele Menschen in möglichst kurzer Zeit durch ein Gelände oder durch ein Gebäude und zu den jeweiligen Nutzungsbereichen zu führen. Dies gilt in besonderem Maße für Bahnhöfe, Flughäfen, Krankenhäuser, Schulen und große Unternehmensgebäude.

Grundsätzlich geht es bei der Signaletik darum, einen Besucher dabei zu unterstützen, sich in einem Gebäude, auf einem Gelände oder in Teilbereichen davon orientieren zu können und möglichst unaufdringlich zum gewünschten Ziel geführt zu werden. Das Unsichtbare sollte sichtbar gemacht werden, ohne dass es die Besucher merken. Im Idealfall wirkt Signaletik wie ein unsichtbarer Begleiter, so dass Gebäudebenutzer schnell ihr Ziel erreichen, ohne besonders aufmerksam sein oder viel nachdenken zu müssen.

Am besten kann dieses Ziel erreicht werden, wenn die Signaletik bereits bei der Planung eines Gebäudes oder Geländes mit einbezogen wird. Die der Signaletik zu Grunde liegenden Analysen können dabei der Gesamtplanung sehr nützliche Hinweise geben. Im Idealfall entsteht dabei eine Architektur, die sich dem Nutzer offenbart, ohne dass Hilfen und Hinweise notwendig werden. Würden die Analyseverfahren der Signaletik grundsätzlich schon beim Entwurf berücksichtigt, sähen viele Gebäude anders aus. Hier steht nicht selten eine oft zu stark objektbezogene, man könnte sogar sagen objektverliebte Grundhaltung des Architekten zur Architektur im Vordergrund, die eigentlich den Bedürfnissen und Eigenarten der Menschen, die später das Gebäude nutzen wollen bzw. müssen, hinderlich ist. Usability-Untersuchungen, die insbesondere bei der Softwareentwicklung und bei der Entwicklung komplexer Internetseiten zunehmend selbstverständlich werden und ein **User Experience Design**, also ein am Erleben des Benutzers orientiertes **Servicedesign**, ermöglichen, scheinen Architekten mehrheitlich fremd zu sein. Wie auch in der Designlehre scheint ebenso in der Architekturlehre die vorrangig künstlerische Betrachtung den realen Aufgaben im späteren Berufsleben massiv im Wege zu stehen. Es ist schon verwunderlich, wie sehr in der Architektur fast ausschließlich zwischen Schmuck- und rein praktischen Nutzbauten unterschieden wird und die tatsächlichen Nutzungswege, die Bewegungsabläufe von Menschen innerhalb eines Gebäudes in Lehre und Praxis sehr häufig vernachlässigt werden. Anders ist gar nicht zu erklären, warum viele öffentliche Gebäude verwinkelte, schlecht beleuchtete Flure haben, die eine Orientierung erschweren, und oft nur über ein schlechtes Orientierungssystem verfügen. Dabei könnte das Gebäude durch seine Form, Einteilung und Struktur selbst schon – ganz ohne Signaletik – Orientierung bieten, wenn es entsprechend entworfen würde. Orientierung im Raum zu verschaffen ist schließlich eine der wesentlichen Aufgaben in der Architektur – aus praktischer wie aus ästhetischer Sicht betrachtet.

Nicht selten sind es Unfälle oder Katastrophen, die nachdrücklich auf die sträfliche Vernachlässigung von Orientierungshilfen hinweisen. So wird bei Unfällen oder Bränden z. B. an Schulen immer wieder festgestellt, dass die Einsatzkräfte den Einsatzort nicht finden, weil entweder kein oder nur ein unzureichendes Orientierungssystem vorhanden ist oder weil ihnen selbst von den Nutzern des Gebäudes erst gar nicht beschrieben werden kann, wo sich genau der Einsatzort befindet.

So war z. B. 2002 der Amoklauf eines Schülers im Gutenberg-Gymnasium in Erfurt Auslöser dafür, in Schulen Leitsysteme zu installieren, die den Gebäudenutzern präzise Angaben über deren Verortung ermöglichen, und die den Einsatzkräften (Feuerwehr, Polizei, Notarzt) die Chance geben, den Einsatzort schnell zu finden.

Neben der praktischen Orientierung im Alltagsgebrauch von Gebäuden dient die Signaletik daher ebenso der Amoklauf-Prävention. In sehr kritischen Situationen wird die Qualität der Signaletik insbesondere bei großen Menschenmengen auf die Probe gestellt. Ästhetische Aspekte sollten sich z. B. im Falle eines Brandes und der daraus resultierenden Ströme von Menschenmassen nicht als störende Faktoren erweisen. Signaletik muss demnach im Gegensatz zum Straßenverkehrsleitsystem ohne Vorkenntnisse und ohne vorherige Einweisung erkannt und verstanden werden können. Die Bedeutung von Signaletik ist also offensichtlich. Umso erstaunlicher ist es, dass noch immer stets darauf hingewiesen werden muss, wie wichtig Klarheit und Benutzerfreundlichkeit sind. Insbesondere bei großen Gebäuden mit einer Vielzahl an Raum- und Nutzungsangeboten ist ein tatsächlich kennzeichnendes, strukturiertes Leitsystem ebenso existenziell wie unterschätzt. Laut einer Studie des Marktforschungs-Büros J.D. Power aus dem Jahr 2002 verirren sich jedes Jahr 25% der Passagiere auf den New Yorker Flughäfen.[117] Dies sind 22,5 Millionen Menschen. 1996 erstickten 17 Menschen bei einem Brand im Düsseldorfer Flughafen, weil sie die Notausgänge nicht fanden.

Signaletik kann helfen, dies zu vermeiden. Gewiss haben alle Flughäfen Leitsysteme und jedes Leitsystem kann als Signaletik bezeichnet werden. Aber erst, wenn ein Leitsystem nicht fehlleitet, sondern seine kennzeichnende Absicht unter Beweis gestellt hat, macht es Sinn, tatsächlich von Signaletik zu sprechen. Dass es Signaletik im wahrsten Sinne des Wortes gibt, zeigt sich am Amsterdamer Flughafen Schiphol. Dieser gilt, seitdem das Büro von Paul Mijksennaar[118] das Leitsystem gestaltet hat, als der benutzerfreundlichste Flughafen der Welt. Nach eigener Aussage stößt Paul Mijksennaar immer wieder auf Architekten, die verhindern wollen, dass durch Wegweiserbeschilderungen die Aufmerksamkeit vom Gebäude abgelenkt wird.[119] Wobei genau das die Aufgabe von Signaletik ist. Die Folgen können gravierend sein, wenn der Architekt eines Gebäudes auch gleichzeitig die Gestaltung des We-

117 brandeins Magazin 04/02: Wege aus dem Chaos.

118 www.mijksenaar.com

119 brandeins Magazin 04/02: Wege aus dem Chaos.

Abb. 187 a–b
Treppenhaus im Hans Sachs-Haus, Gelsenkirchen, 1927. Architektur: A. Fischer; Farbleitsystem: Max Burchartz (Abb. aus: Das Hans-Sachs-Haus in Gelsenkirchen: Festschrift zur Vollendung des Konzert-Saales im Hans-Sachs-Haus, Oktober 1927 / Ausstattung und Drucksatzentwurf: Max Burchartz. o. O., 1927. Abb. mit freundlicher Genehmigung durch die Stadt Gelsenkirchen und dem Institut für Stadtgeschichte/Stadtarchiv Gelsenkirchen).

Abb. 188 ▸
Es ist nicht sicher, ob die Rekonstruktion die tatsächlich ursprüngliche Version wiedergibt. Es liegt allerdings ein Bericht zur Farbuntersuchung vor: www.hsh-ge.de/archivtext005.htm

Als eines der ersten Beispiele von Signaletik im öffentlichen Raum gilt das um 1927 von **Max Burchartz** entwickelte **Farbleitsystem** des vom Architekten **Alfred Fischer** entworfenen Hans-Sachs-Hauses in Gelsenkirchen. Flächen in den Farben Rot, Gelb, Grün und Blau markieren die jeweiligen Stockwerke.[120] Diese Farbcodierung wurde einerseits nach festen Regeln eingesetzt, so dass eine deutliche Markierung der Etagen gewährleistet war, aber ergänzend auch in freier Gestaltung über Wände, Decken und auch im Bodenbelag fortgesetzt. Der Architekt Alfred Fischer lehrte als Professor an der Folkwang-Schule, und der Maler Max Burchartz wurde 1927, während der Arbeit an seinem Farbleitsystem, zum Professor für Typografie und Fotografie an die Folkwang-Schule berufen. In ihren Arbeiten zeigt sich, dass beide stark durch die Gestaltungsideale des Bauhauses geprägt waren.

120 www.buergerforum-hans-sachs-haus.de/geschichte.php?-wahl=signaletik

geleitsystems übernimmt und dann bisweilen Schilder einsetzt, die sich von der Gebäudegestaltung nicht abheben, sondern sich nur wie ein Accessoire ästhetisch in die Gesamtgestaltung des Gebäudes integrieren.

Bei der Signaletik geht es um mehr als nur um ein Leitsystem und das Anbringen von Beschriftungen, Informationstafeln und Wegweisern. Signaletik setzt eine präzise Analyse voraus, die den komplexen Zusammenhängen der Gebäudenutzung gerecht wird und die Infrastruktur kommuniziert und so leichter lesbar und verständlich macht. Im Mittelpunkt steht dabei stets der Mensch, sein Informationsbedürfnis, seine Rezeptionsmöglichkeiten, Gewohnheiten und seine kulturellen Voraussetzungen, wie z.B. Sprache, Text- und Zeichenverständnis. Zudem sind Lichtverhältnisse und Verkehrsfrequenzen zu berücksichtigen, verschiedene Benutzerkategorien zu erfassen, zentrale Punkte und kritische Zonen zu identifizieren und die Wegstrecken und Distanzen zu erfassen, die die unterschiedlichen Gebäudenutzer tatsächlich gehen. Zugänge und Wegstrecken sollten ersichtlich gemacht und das Erleben dieser Wege beim Entwerfen von Architektur beachtet werden. Im Idealfall gehen Signaletik und Architektur eine Symbiose ein. Bisweilen müssen mit Signaletik die architektonischen Versäumnisse aber ausgeglichen werden. Ziel ist es, sich von der Architektur abzuheben. Signaletik muss dabei präsent sein, ohne störend zu wirken. Sie muss in Farbe, Form, Zeichen und Schrift eindeutig sein und Redundanzen vermeiden. Dies sind zumindest die Maßstäbe für Menschen, die über keine Sehschwäche verfügen.

Für eine **barrierefreie Signaletik** können taktile Wahrnehmungselemente eingesetzt werden. Dies zeigt umso mehr, dass es wenig hilfreich wäre, Signaletik nur mit dem Begriff ›Signal‹ in Verbindung zu setzen, der eher im Zusammenhang mit optischer Wahrnehmung genutzt wird. Signaletik steht für eine Analyseabsicht und eine kennzeichnende Systematik, die alle Wahrnehmungselemente, die optischen, die taktilen, die akustischen und die olfaktorischen, einbezieht und somit bemüht ist, alle Personen unabhängig von kultureller Herkunft, Bildungsgrad, Alter oder körperlicher Einschränkung im Orientierungsprozess einzubeziehen.

Orientierungssysteme für Sehschwache und Blinde in Gebäuden, Räumen und auf Plätzen sind allerdings tatsächlich im wahrsten Sinne des Wortes Leitsysteme. Die Absicht, Menschen mit Hilfe von Signaletik Orientierung zu verschaffen und dabei eher unauffällig zu begleiten als auffällig zu leiten, lässt sich nur für Menschen aufrecht erhalten, die eher über eine uneingeschränkt funktionierende Sehfähigkeit verfügen. Orientierungssysteme für Sehschwache und Blinde sind leitende Systeme und zudem nicht immer selbsterklärend. Für deren Nutzung ist Ortskenntnis erforderlich, die mittels Mobilitätstrainer erworben und durch tastbare Pläne ergänzt werden können. Ein Leitsystem für Sehbehinderte und Blinde besteht demnach aus der Kombination von Erfahrung und Wegbeschreibung durch die Begleitung mit Mobilitätstrainer, aus tastbaren Straßenplänen und ergänzend aus tastbaren Leitsystemen in Außen- und Innenbereichen und auf Bahnsteigen der öffentlichen Verkehrsbetriebe. Tastbare Leitsysteme sind noch viel zu selten anzutreffen. Wenn sie vorhanden sind, befinden sie sich z. B. am Anfang und Ende von Handläufen an Geländern und verraten per Blindenschrift (Braille-Schrift), auf welcher Etage oder in welchem Bereich man sich im Gebäude befindet. Wichtig sind taktile Leitsysteme auch dort, wo durch Boden- bzw. Rillenmarkierungsfarbe oder Rillenmarkierungssteinplatten das Ende eines Gehwegs und der Übergang zur Straße oder am Bahnsteig zu den Gleisen zu markieren ist. Die Rillenmarkierungsfarbe oder

Rillenmarkierungssteinplatten sind so beschaffen, dass sie sich mit dem Langstock oder auch mit den Füßen ertasten lassen. Beide bilden sich aus mehreren parallel verlaufenden Streifen bzw. Rillen in Laufrichtung, so dass eine Verwechslung mit Fugen üblicher Steinplatten oder Fliesen weitgehend ausgeschlossen werden kann. Zusätzlich zum so genannten Leitstein wurde ein Noppenstein entwickelt, um auch Aufmerksamkeitsfelder (z. B. Einstiegsbereiche für öffentliche Verkehrsmittel) kennzeichnen zu können.

Eine **individualisierbare Signaletik** wäre in jeder Hinsicht eine ideale Lösung. So kann z. B. durch druckempfindliche Sensoren im Boden festgestellt werden, ob und wo sich Besucher eines Gebäudes befinden und, z. B. mit einer Kennkarte mit RFID-Chip, ob es sich um einen fremden Besucher oder um eine authentifizierte Person handelt. So kann unterschieden werden, wer mit den Gegebenheiten eines Gebäudes vertraut ist wer eine aufwändigere Betreuung benötigt und zu welchen Bereichen eine Zugangsberechtigung besteht. Besucher mit Sehbehinderung könnten sich so als Besucher auszeichnen, die besondere Hinweise benötigen. Ein Behindertenausweis könnte grundsätzlich für ein Identifizierungssystem ausgestattet sein, mit dem jeder Betroffene z. B. in öffentlichen Gebäuden, Plätzen und Verkehrsmitteln seine individuelle Einschränkung anmelden kann, um daraufhin individualisierte Informationen und Unterstützung zu erhalten. Dazu könnten markante Stellen und mit Rillenmarkierungssteinplatten gekennzeichnete Bereiche z. B. mit Lesesystemen ausgestattet sein, an die der Behindertenausweis nur auf kurzer Distanz vorbeigeführt werden braucht, um ausgelesen werden zu können.

Bei all diesen Verfahren sind selbstverständlich Sicherheitsstandards zu berücksichtigen, um ein Aufzeichnen von Bewegungsprofilen zu vermeiden. Wobei ein Nachvollziehen des Laufweges von Menschen mit oder ohne körperliche Einschränkung auch hilfreich sein kann, wenn ein Gefahrenbereich erreicht wird, vor dem gewarnt werden sollte, oder wenn bereits ein Unfall eingetreten ist und der Betroffene schnell aufgefunden werden muss. Hier sollte jeder für sich selbst abwägen können, wann ein Aufzeichnen und Verfolgen des Bewegungsprofils erwünscht ist oder nicht.

Für Menschen mit körperlichen Einschränkungen kann eine individualisierbare Signaletik gewiss sehr hilfreich sein. Aber wäre sie für Menschen ohne körperliche Einschränkungen ebenso zweckmäßig? So interessant es auch klingt, mit Hilfe von speziellen Trackingsystemen z. B. über RFID-Chip oder Mobiltelefonortung zum Ziel begleitet zu werden, stellt sich doch die Frage, ob die auf optische Hinweise angelegte Signaletik nicht versagt hat, wenn diese extreme Individualisierung auch für Menschen ohne körperliche Einschränkungen erforderlich sein sollte.

5.4.1 Optisch

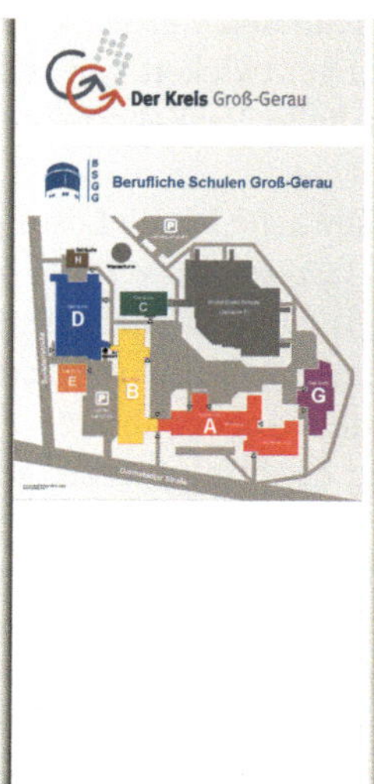

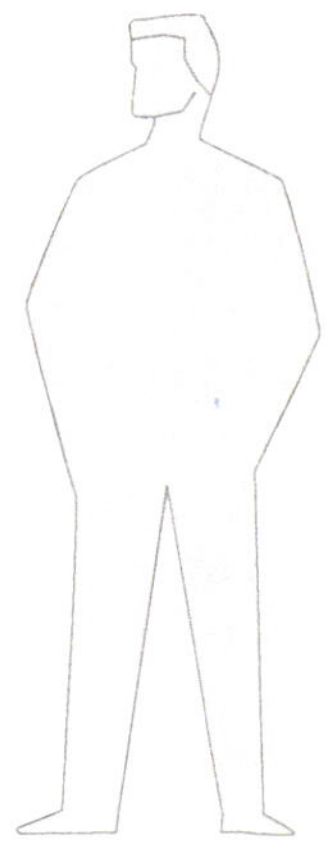

Abb. 189
Orientierungstafeln des Farbleitsystems FLS vermitteln einen Überblick, machen die Farbanwendung deutlich und zeigen die Zugangswege (www.farbleitsystem.com, die Urheberrechte liegen beim Designer Dejan Pavlovic, www.pavlovic.com).

Farbleitsystem – Main-Taunus-Schule

Damit in Notsituationen Einsatzkräfte schnell den Einsatzort finden können, werden die Schulen im Main-Taunus-Raum mit dem vom Designer Dejan Pavlovic[121] entwickelten einheitlichen Farbleitsystem ausgestattet. Das System soll es auch den Besuchern der Gebäude einfach machen, ihren Standort genau bestimmen und an die Einsatzkräfte weiter geben zu können. Zwangsläufig ergibt sich dadurch auch ein System, mit dem sich die gesuchten Ziele auch im Alltag leichter finden lassen. Aus Sicht der Einsatzkräfte ist es aber in erster Linie wichtig, ein einheitliches System vorzufinden, um sich in den sehr unterschiedlichen Gebäudetypen schnell zurechtfinden zu können. Diese Standardisierung lässt selbstverständlich keinen Raum für abweichende Gestaltungsvarianten.

Das Farbleitsystem ›FLS‹ legt vom Haupteingang aus einzelne Gebäudekomplexe fest und differenziert diese durch die drei Grundfarben Rot, Gelb, Blau. Es ist grundsätzlich beabsichtigt, das Gebäude in nur drei Teile zu gliedern, wobei Rot generell den rechten Gebäudeteil markiert. Diese Festlegung wird mit ›Rechts-Rot‹ bezeichnet, um eine Merkhilfe für die Orientierung und den weiteren Farbverlauf zu schaffen. Nach Rot folgen im Uhrzeigersinn Gelb und dann Blau (R - G - B).

Dieses einheitliche System wird im Idealfall bundesweit eingeführt. Bisher konnten mehrere Landkreise davon überzeugen werden, und in den nächsten 5–10 Jahren sollen weitere Schulen damit ausgestattet werden. Aktuell sind es ca. 50 Schulen. Weitere 300 Schulen werden in den nächsten Jahren folgen. Das Farbleitsystem ist rechtlich geschützt. Die Urheberrechte liegen beim Designer Dejan Pavlovic, www.pavlovic.com. Das System wurde in Übereinstimmung mit der Polizei, Feuerwehr und Rettungsdiensten entwickelt und wird bundesweit flächendeckend einheitlich gestaltet und verwendet.

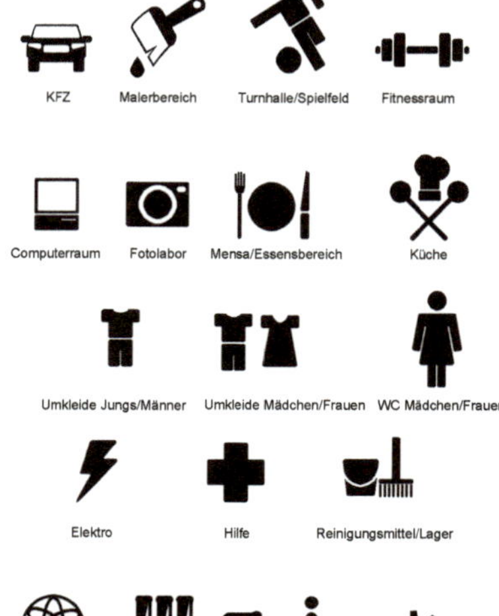

Abb. 190
Zum FLS gehören zahlreiche Icons, die die Schulen für ihre interne Raumkommunikation verwenden können.

121 www.pavlovic.com

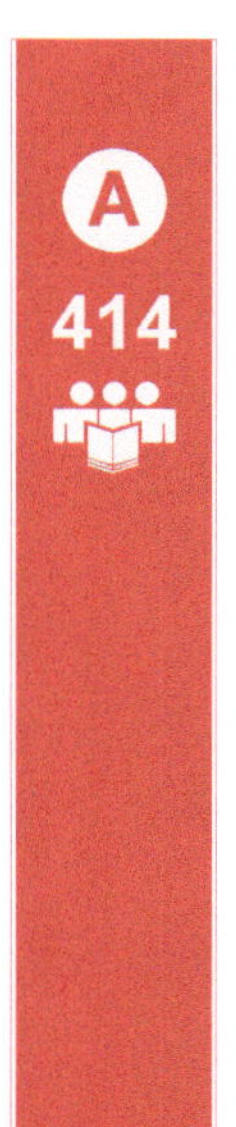

Abb. 191
Diese quadratischen Gebäudemarker kennzeichnen den jeweiligen Gebäudekomplex und weisen in die jeweilige Richtung. Das Beispiel zeigt das Treppenhaus der Beruflichen Schule Groß-Gerau

Abb. 192
Die Geschossmarker kennzeichnen die jeweilige Etage und die dort vorzufindenden Räume. Sie befinden sich in den Zugangsbereichen der Flure. Das Foto zeigt einen Eingang der Beruflichen Schule Groß-Gerau.

Abb. 193
Ein wesentliches Merkmal des FLS sind die Markierungen auf den Raumtüren, die die Farbe des jeweiligen Gebäudekomplexes tragen und mit der Angabe des Stockwerks bzw. der Raumnummer versehen sind. Diese Markierung befindet sich auf der Außen- und der Innenseite der Tür, so dass auch von den Rauminsassen eine präzise Angabe über ihre Verortung gemacht werden kann. Das Foto zeigt einen Flur in der Sophie-Scholl-Schule in Flörsheim.

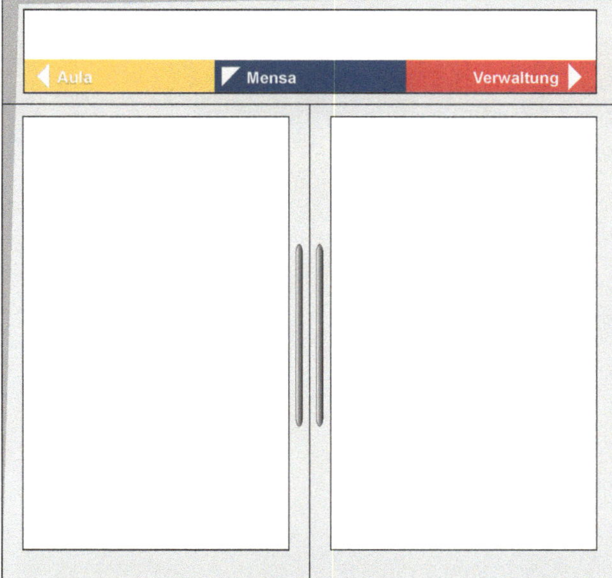

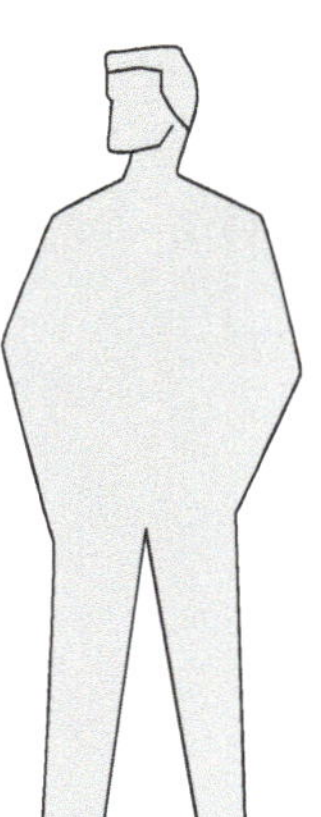

Abb. 194
Solch ein Farbband in einer Höhe von 15 cm verläuft im oberen Türbereich der Haupteingänge.

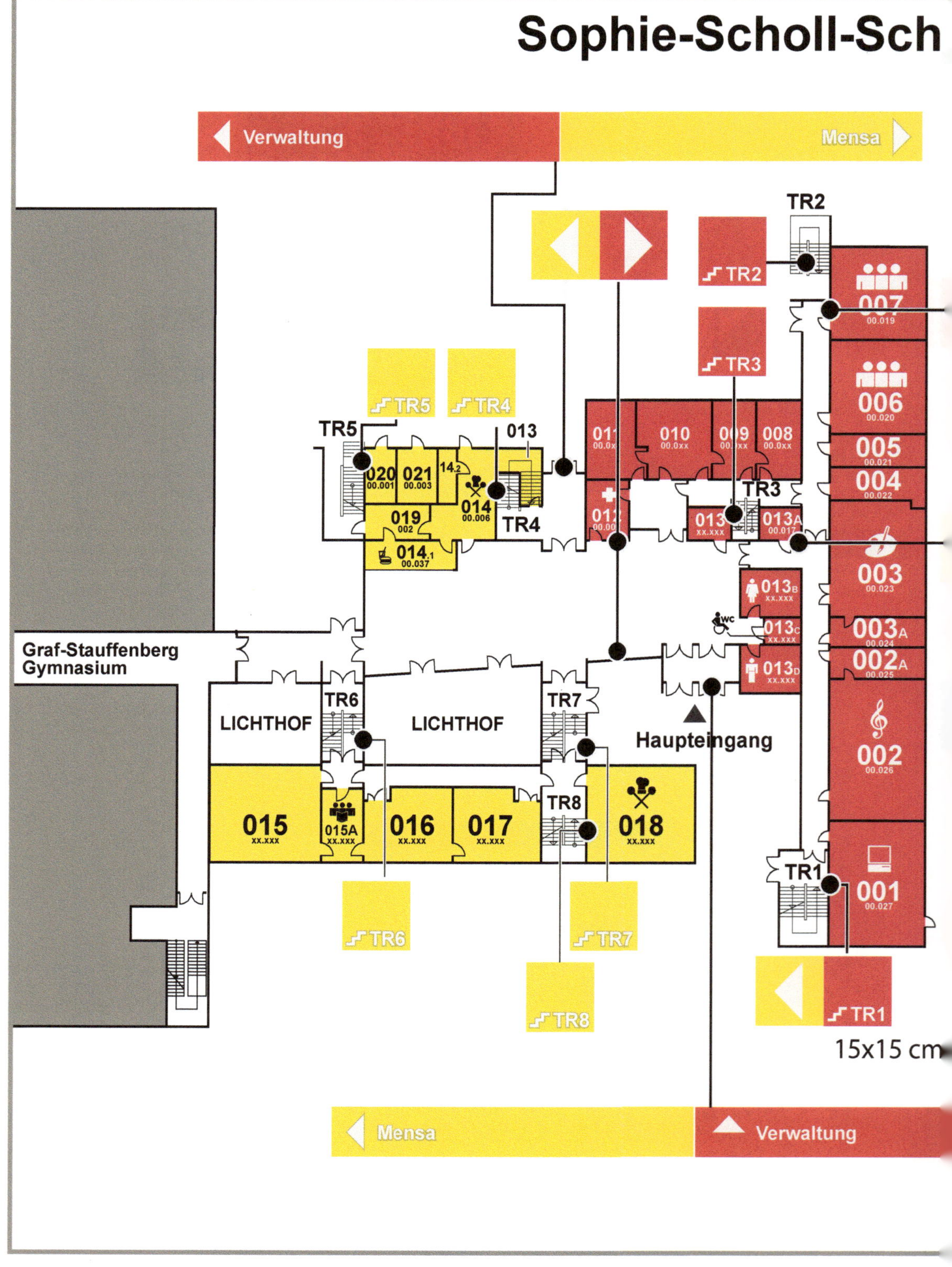
Sophie-Scholl-Sch
Verwaltung
Mensa
TR2
TR3
TR5
TR4
013
007
006
005
004
003
003A
002A
002
001
010
008
020
021
019
014
014.1
013A
013B
013C
013D
TR1
Graf-Stauffenberg Gymnasium
LICHTHOF
LICHTHOF
TR6
TR7
TR8
Haupteingang
015
015A
016
017
018
15x15 cm
Mensa
Verwaltung

, Hauptgebäude

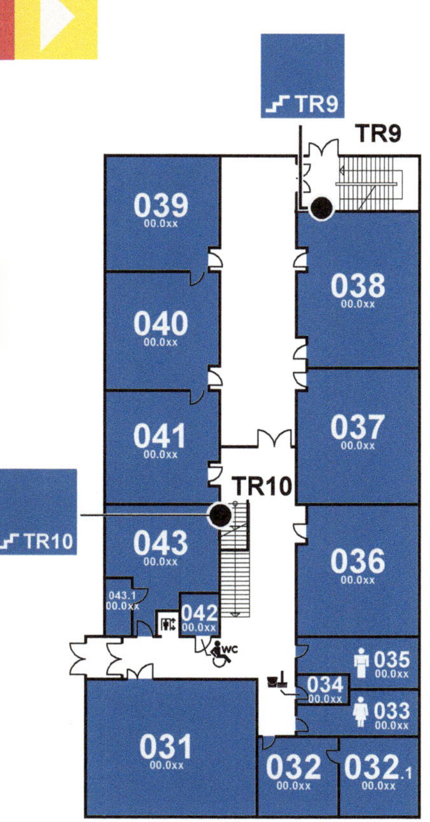

Orientierungsplan Stand 09.2011

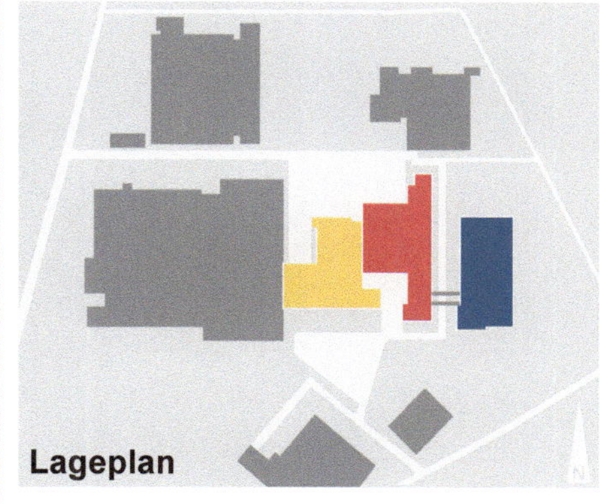

Sophie-Scholl-Schule
Jahnstr. 47
65439 Flörsheim

Telelefon 06145/54540
Telefax 06145/545466

Main-Taunus-Kreis
Liegenschaft 2251

FLS-Planerstellung
Dejan Pavlovic
Ernst-Reuter-Straße 70, 65428 Rüsselsheim
Tel.: 06142 / 301160, E-Mail: dejan@pavlovic.com

2251_sophie-scholl-schule_EG_110921

Hauptgebäude

Erdgeschoss

Legende:

▲ Haupteingang

TR Treppenraum

Seite 3 / 7

Abb. 195
Der Grundriss der Sophie-Scholl-Schule in Flörsheim zeigt die Aufteilung des Gebäudes in drei farblich getrennte Bereiche. Das Farbleitsystem FLS legt vom Haupteingang aus einzelne Gebäudekomplexe fest und differenziert diese durch die drei Grundfarben Rot, Gelb, Blau.

Abb. 196
Fassadenbeschriftung

Abb. 197 ▶
Entrée

Signaletik
Landratsamt Tübingen

Das Landratsamt Tübingen ist eine gelungene Synthese aus Zweckmäßigkeit und hohem gestalterischem Anspruch. Der glasdominierte Bau steht für eine Verwaltung, die auf Transparenz und Bürgernähe Wert legt. Dazu gehört auch eine gelungene Signaletik. Im Eingangsbereich und im Foyer werden Besucher mit einem Leitsystem empfangen, wobei Typografie, Farben und Materialien bei der Orientierung helfen. Konzipiert und gestaltet wurde die Signaletik durch L2M3 (www.l2m3.com).

L2M3 schreibt Folgendes zur Gestaltung ihres Leitsystems: »Bereits das Entrée des Landratsamtes spricht eine offensive und dem Bürger zugewandte visuelle Sprache: Alle dem Landkreis zugehörigen Gemeinden zeigen als Pfeilsymbole den Weg. Die Länge dieser Pfeile entspricht der Entfernung zum LRA, die Strichstärke der Einwohnerstärke. Der Logik dieses Auftaktes folgt die weitere Orientierung. Bauteile werden Überkopf an der Decke bezeichnet, eine Punktematrix bildet Schriften, Ziffern, Piktogramme. Als eigenständiger Layer vervollständigt die Grafik die Funktion des Hauses und gibt ihm ein markantes Gesicht.«

Titel	Landratsamt Tübingen
Auftraggeber	Landkreis Tübingen
Designer	Sascha Lobe, Oliver Wörle
Fotograf	Andreas Körner
Fertigstellung	2006
Architekt	Auer+Weber+Assoziierte

Abb. 198 a–b
Kennzeichnung

Abb. 199
WC-Beschriftung

Abb. 200 a–d
Leitelemente

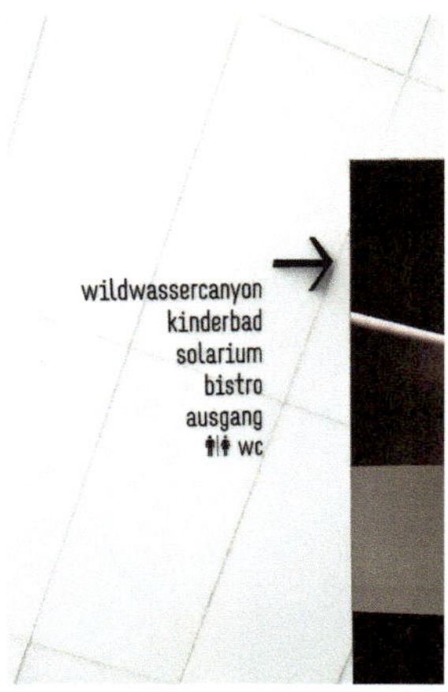

Signaletik Bernaqua – Erlebnisbad & Spa

Bernaqua ist ein Erlebnisbad mit Spa-Bereich, das als touristisch bedeutsame Freizeitdestination weit über Bern hinaus Besucher ansprechen soll. Es erhielt seinen Namen, um bewusst ein Zeichen für Bern und die Region zu setzen, aber auch weil er europaweit zugeordnet werden kann. Das Leitsystem wurde von L2M3 (www.l2m3.com) so in die Architektur integriert, dass es als Teil der Architektur jederzeit den Besucher zur Orientierung verhilft, ohne zu stören. Abbildungen der von Daniel Libeskind geschaffenen Architektur sind u. a. auf der Internetseite von Bernaqua zu finden: www.bernaqua.ch.

L2M3 schreibt über ihre Gestaltung des Leitsystem Folgendes: »Leitsystem für das ›Bernaqua‹ Erlebnisbad & Spa. In der aufregenden Architektur von Daniel Libeskind bewahrt die Signaletik kühlen Kopf. Die Leitelemente sind gleichzeitig Kompass und Lot: Die Richtungspfeile gleichen über ihre unterschiedliche Materialstärke die geneigten und gestürzten Wände der Architektur aus. Informationen sind in immer gleicher Konstellation zueinander angebracht. Ein System aus Piktogrammen erklärt diverse Einrichtungen und Rutschen.«

Titel	Bernaqua – Erlebnisbad & Spa
Auftraggeber	Migros Aare, Schönbühl
Designer	Sascha Lobe, Thorsten Steidle
Fotograf	L2M3, Florian Hammerich
Fertigstellung	2008
Architekt	Daniel Libeskind AG

Abb. 201 a–b
Piktogrammsystem

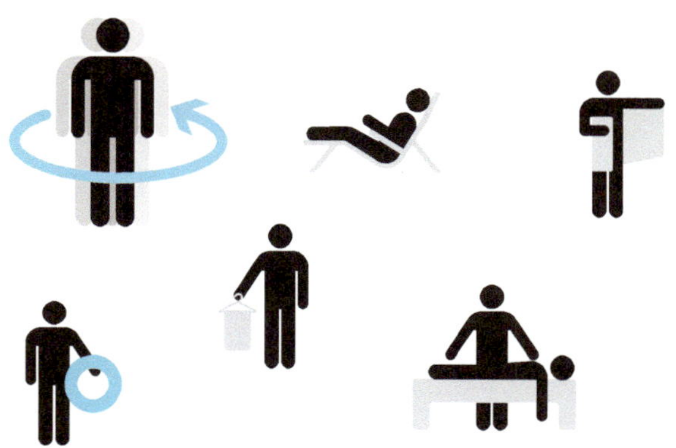

Abb. 202 a–b ▼ ▶
Leitelemente

rutschen
kinderbad
solarien

Legible London

Der Bürgermeister von London beabsichtigt, seine Stadt bis zum Jahr 2015 zu einer der fußgängerfreundlichsten Großstädte der Welt zu machen. Legible London ist Teil dieses Plans. Über ein Orientierungssystem erfahren Fußgänger, wo sich welche öffentlichen Verkehrsanbindungen befinden, und über eine Umgebungskarte wird angezeigt, welche Ziele innerhalb von 15 Minuten zu Fuß zu erreichen sind. Mit dem Projekt wurde im November 2007 im West End von London begonnen.

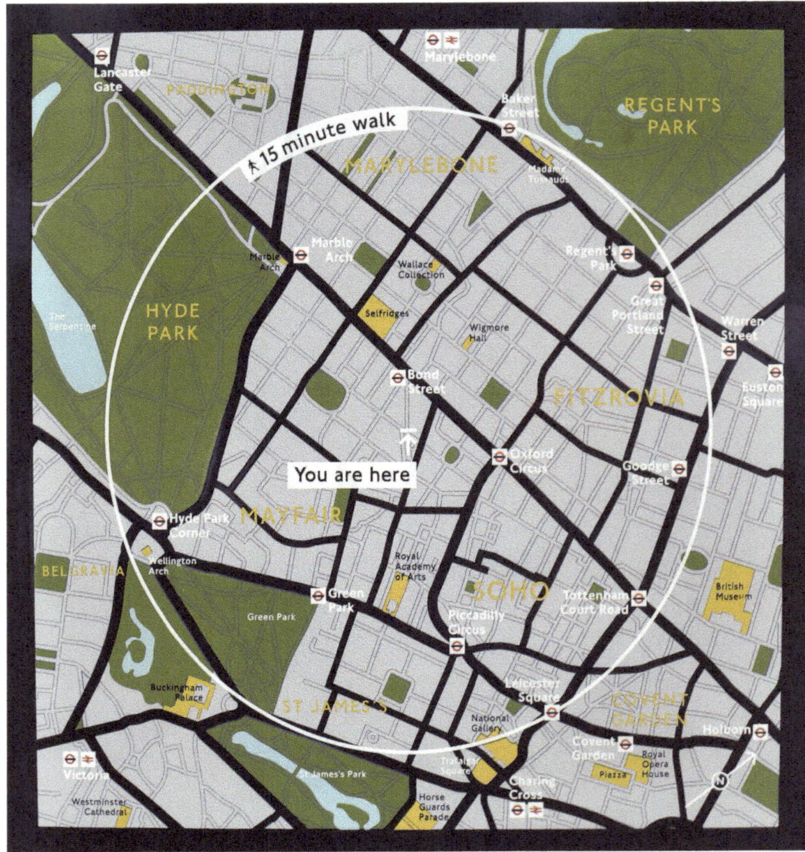

Abb. 203
Wiedergabe mit freundlicher Genehmigung durch Transport for London.

ABCDEFGHIJKLMNOPQR
STUVWXYZ
abcdefghijklmnopqrstxyz
1234567890
.,:;-«»%&()'+=?!

Abb. 204
Helvetica Neue LT 55 Roman

ABCDEFGHIJKLNOPQR
STUVWXYZ
abcdefghijklmnopqrstxyz
1234567890
.,:;-«»%&()'+=?!

Abb. 205
Helvetica Neue LT 75 Bold

Abcde
fghijk

Abb. 206
Schrifttyp für die Signaletik (für alle Abbildungen von *Signaletik für Verwaltungsbauten* gilt: Signaletik für die Verwaltungsbauten der Stadt Zürich, 2004. Signaletik-Konzept und Gestaltung: Designalltag Zürich, Ruedi Rüegg). Schreibweise: Immer Groß- und Kleinschreibung nach Duden Schrift / Bestellbezeichnung: Helvetica Neue LT (Linotype) Bestellung (Mac und True Type Format für Windows): Heidelberg AG, www.fonts-pc-mac.ch

Signaletik für Verwaltungsbauten

Laut Aussage des Gestaltungsrichtlinienkatalogs *Signaletik für Verwaltungsbauten* der Stadt Zürich war die Signaletik in den Verwaltungsgebäuden zum Zeitpunkt der Beauftragung eines Konzepts durch die Agentur Designalltag Zürich »visuell uneinheitlich und konzeptlos«. Vorhandene Lösungen seien auf Teilbereiche begrenzt und wiesen kein optimales Ergebnis im Sinne einer Gesamtlösung vor. Dies hätte dazu geführt, dass viele städtische Gebäude in Zürich nicht mehr als solche wahrgenommen würden.

Mit den Gestaltungsrichtlinien werden die Vorgaben des Stadtrates für ein einheitliches Erscheinungsbild der Stadtverwaltung nun in konsequenter Weise auch auf die Gebäude übertragen. Dabei dienten die städtischen Corporate Design-Richtlinien für Geschäftsdrucksachen als Grundlage bei der Erarbeitung dieses Konzeptes.

Das Ziel der Signaletik war eine klare Erkennbarkeit der Gebäude außen und innen sowie eine einfache und eindeutige Besucherführung, geprägt durch gute Lesbarkeit, auch für Sehbehinderte.

Desweiteren wurde der erforderliche Wechsel von sich häufig ändernden räumlichen und inhaltlichen Informationen optimiert. Die vorliegenden Signaletik-Richtlinien bilden einen wesentlichen Pfeiler in der Corporate Identity der Stadt Zürich und werden bei Neubauten, Umbauten und Renovationen im Laufe der Zeit sukzessive umgesetzt.

Die Konzeption und Gestaltung der Signaletik für die Verwaltungsbauten der Stadt Zürich erfolgte 2004 durch Rüdi Ruegg von der Agentur Designalltag Zürich.

Abb. 207
Farben für die Signaletik. Die Ämter der Stadt Zürich sind in Häusern mit unterschiedlicher Architektur, Materialien, Farben und mit unterschiedlichen Lichtverhältnissen untergebracht. Daher soll eine neutrale Farbgebung diesen komplexen Anforderungen gerecht werden und sich den Gegebenheiten gut anpassen. Die neue Signaletik ist schwarz auf weißem Grund, ohne Buntfarben. Ausnahme: Für spezielle Anwendungen ist die Farbe Blau im Wappen von Zürich zulässig.

	Weiss	Scotchcal 3M 100-20 RAL 9003 NCS 0500	Grundflächen Infotypen
	Schwarz	PantoneProcess Black Scotchcal 3M 100-12 RAL 9017 NCS 9502-R Euroskala 100% B	Schrift und Piktogramme
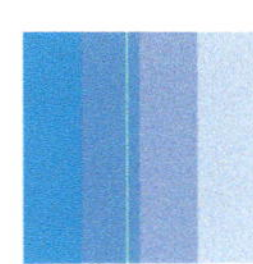	Blau	Pantone 300 Scotchcal 3M 100-415 RAL 5017 NCS 3070-R90B Euroskala 100% C, 44% M	Wappen- und Schmuckfarbe für zweifarbige Anwendungen

Abb. 208
Richtungspfeile.

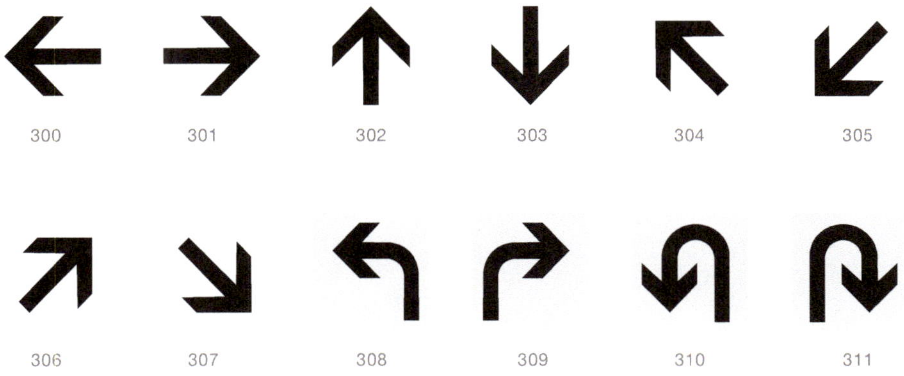

300

301

302

303

304

305

306

307

308

309

310

311

Abb. 209
Verbote. Die verbindlichen Farben der Sicherheitspiktogramme wurden im RAL-System definiert: Rot = RAL 3020, Grün = RAL 6024

100 Kein Eingang

101 Lieferanten

103 Hundeverbot

104 Handyverbot

105 Rauchverbot

106 Raucherzone

Feuerlöschstation

Feuerlöscher

Schlauch

Notausgang

Fluchtweg nach Rechts

Notfall-Sammelstelle

Video-überwachungshinweis

Abb. 210
Piktogramme für die Signaletik. Allgemeine Piktogramme.

1 WC

2 WC Damen

3 WC Herren

4a WC Behinderte

4b Behinderte

5 Info

6 Treffpunkt

7 Telefon

8 Konferenz

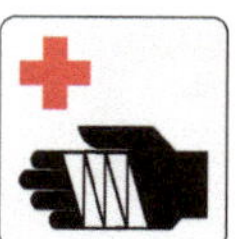
9 Sanität

10 Abfall

11 Lift

12 Restaurant

13 Cafeteria

14 Treppe nach rechts oben

15 Treppe nach links unten

16 Vorsicht Stufe

Abb. 211
Übersicht Infotypen.

Typ B2.1/2
Stockwerk-/
Evakuierungs-
plan
210 x 210
420 x 420

Typ B4
Wegweiser
innen
840 x 210

Typ B6
Türanschrift
148 x148

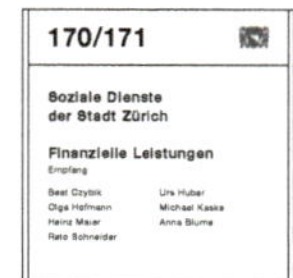

Typ A1
Wegweiser
aussen
630 x 210

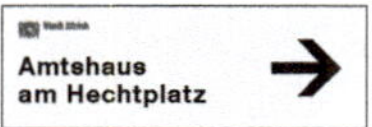

Typ B1
Gebäude-
übersicht
592 x 2368

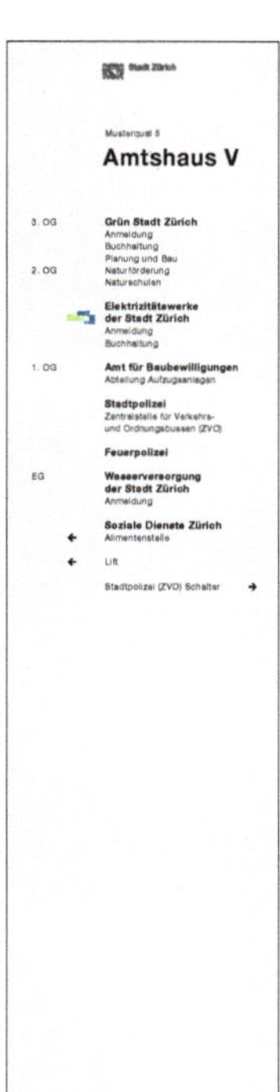

Typ B3
Stockwerk-
information
420 x 840

Abb. 212 a-d
Wegeleitsystem ›U-Bahn-Abc‹ der Münchner Verkehrsgesellschaft mbH. Jeder Ausgang ist mit einem Buchstaben gekennzeichnet (Abb.: Münchner Verkehrsgesellschaft mbH).

Das Münchner U-Bahn-Abc

Die Münchner Verkehrsgesellschaft MVG kennzeichnet die Ausgänge jedes U-Bahnhofs mit Buchstaben, um den Fahrgästen eine bessere Orientierung zu ermöglichen. Diese Buchstaben-Kennzeichnung wurde selbstverständlich auch in den Umgebungsplänen dargestellt. In der Regel beginnt die Buchstabierung am nördlichsten Ausgang mit ›A‹ und wird im Uhrzeigersinn fortgesetzt. Dadurch kann erreicht werden, dass die Fahrgäste genau den Ausgang wählen, der ihrem Reiseziel am nächsten ist.

Bereits 2005 hatte die MVG damit begonnen, alle für die Fahrgäste relevanten Wegeleitsysteme in den U-Bahnhöfen nach den drei Kriterien optimale Wahrnehmung, leichte Verständlichkeit und gute Lesbarkeit zu gestalten.

Die Buchstabierung dient nicht nur dem schnellen Auffinden des jeweils passenden Ausgangs, sondern auch den angrenzenden Geschäften und Unternehmen. Diese können von nun an mit den Ausgangsbuchstaben als Adressenzusatz ihren eigenen Standort besser kommunizieren. Dies dient der Eigenwerbung und hilft dem Kunden, so das passende Geschäft zu finden. Bei Unfällen erleichtert dies zudem den Einsatzkräften das Auffinden des geeigneten Rettungsweges.

i
U4 U5
U3 U6 Arena
Ausgang Exit E F
Brienner Straße Feldherrnhalle
Theatinerstraße Theatinerkirche
Odeonsplatz Bayerisches
Landessozialgericht

5.4.2 Taktil

Die Orientierung innerhalb eines Gebäudes, Raumes oder Geländes taktil zu erfahren, ist für Menschen ohne Beeinträchtigung des Sehapparates zunächst nur eine interessante Variante der Signaletik. Für Menschen mit Sehschwächen kann eine taktile Signaletik aber sehr hilfreich sein. Solch eine Berücksichtigung verweist zugleich auch darauf, dass Signaletik nicht etwa nur mit optischen, sondern mit allen erdenklichen Signalen gewährleistet werden kann. Wie bereits zu Anfang beschrieben, wird mit Signaletik der Versuch unternommen, kennzeichnend vorzugehen. Dies kann optisch, taktil, akustisch oder auch olfaktorisch erfolgen.

Untersuchungen haben gezeigt, dass z.B. taktile Zielroutenkarten für Menschen mit Sehschwäche sehr vorteilhaft sind.[122] Solche Karten oder spezifische taktile Gebäudeleitsysteme könnten mit akustischen Zusatzinformationen ausgestattet sein, so dass bei Bedarf gesprochene Detailbeschreibungen abgerufen werden können. Selbstverständlich können diese Karten auch mit Braille-Schrift für Blinde und Sehschwache ausgestattet werden und so Informationen zur Stadt, zur Umgebung

122 www.med.uni-magdeburg.de/~harder/target/zielrouten.html

Abb. 213
Taktiler Flucht- und Rettungsplan. www.f-plan-eisenach.de

Abb. 214
Taktile Karte am Sportbad Bitterfeld. Mit den Modulbausteinen des I.L.I.S.-Systems lassen sich Karten und Pläne individuell zusammenstellen. Diese Karten und Pläne sowie die Bodeninformationen erleichtern auch nicht wahrnehmungs- oder mobilitätseingeschränkten Menschen die Orientierung erheblich (Abb.: ILIS Leitsysteme gem. GmbH).

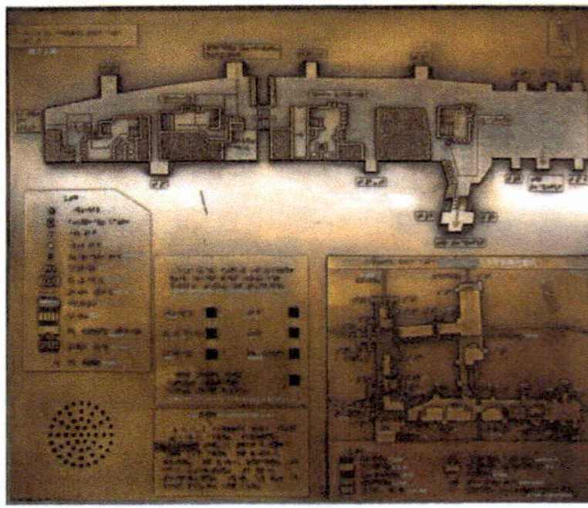

Abb. 215
Taktile Karte am Ōtemachi-U-Bahnhof in Tokio. Die Tafel verfügt über eine feste Karte, Braille-Schrift und eine Tonausgabe für sehbehinderte Menschen (Abb. Nelson Cunnington).

oder zum Leitsystem (Gelände-, Raum-, Etagen- und Detailbezeichnungen) tastend auch gelesen werden können. Besonders wichtig kann solch eine Karte für die Darstellung von Flucht- und Rettungsplänen innerhalb von Gebäuden sein, die so ausgestattet nicht nur für Menschen mit Sehschwächen hilfreich sind, sondern auch im Notfall bei Ausfall der Beleuchtung oder wenn Rauch die Sicht erschwert. Dann könnte es grundsätzlich erforderlich werden, die Beschreibung des Fluchtwegs ertastend zu ›lesen‹.

Haptische Karten haben ihren Ursprung nicht erst in der Berücksichtigung der Einschränkung von behinderten Personen. So stellten z. B. die Inuit aus Kanada und Grönland eher in Ermangelung von Papier kartografische Hilfsmittel dreidimensional aus Holz her, indem sie den Verlauf einer Küste in Holz ritzten oder Land- bzw. Wasserzonen aus einem Stück fertigten. So entstand eine taktile Orientierungshilfe, die sich auch bei Nacht oder schlechter Sicht tastend lesen und nutzen lässt. Zudem ist solch eine Orientierungshilfe wasserfest und sinkt nicht, wenn sie aus Versehen aus den Händen über Bord gleiten sollte.

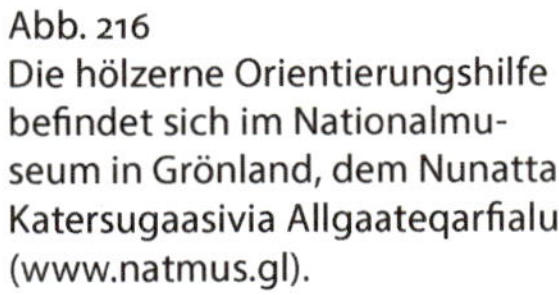

Abb. 216
Die hölzerne Orientierungshilfe befindet sich im Nationalmuseum in Grönland, dem Nunatta Katersugaasivia Allgaateqarfialu (www.natmus.gl).

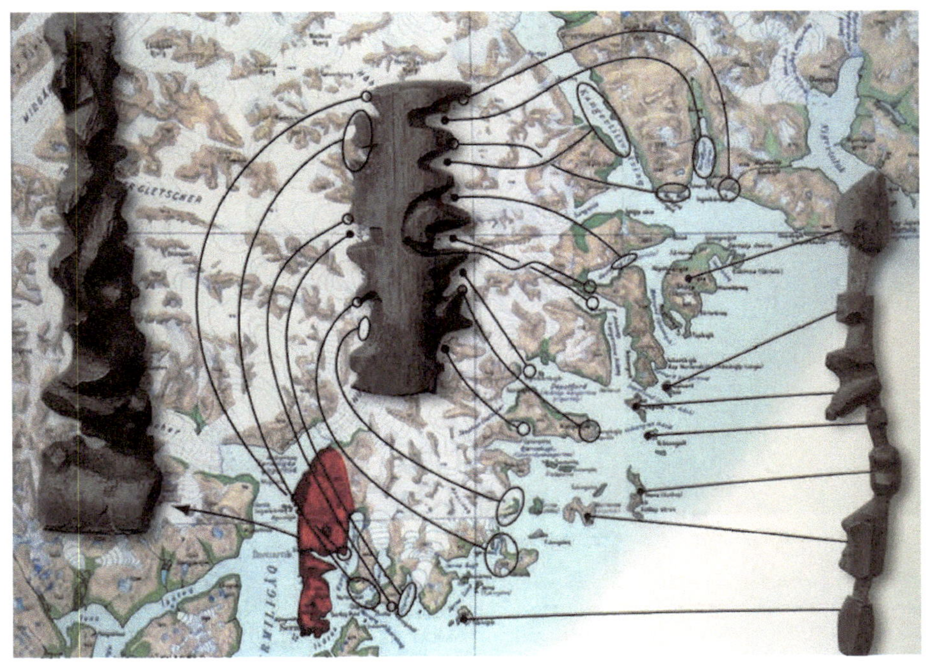

Abb. 217
Diese taktilen Orientierungshölzer wurden 1884 von Kunit fra Umivik, einem Inuit aus Grönland, gefertigt. Die Hölzer zeigen die Wegstrecke von Sermiligaaq nach Kangertittivatsiaq. Die rechte Orientierungshilfe markiert die Inseln entlang der Küste, wobei die mittlere die Küste zeigt. Die Kontur ist allerdings nicht als gegenüberliegende Küstenlinie zu verstehen, sondern muss quasi vom Holzstück abgerollt als eine lange Küste gelesen werden. So wurde es möglich, mit kürzeren Holzstücken auszukommen. Es setzt allerdings die Kenntnis voraus, von welcher Stelle aus beginnend das Orientierungsholz zu lesen ist. Das linke Holzstück zeigt die Halbinsel zwischen dem Fjord Sermiligaaq und Kangertivartikajik (Abbildung der Karte: *Topografisk Atlas Grønland*, Det Kongeglige Danske Geografiske Selskab, Seite 171, 2000).

Taktile Wahrnehmungselemente wie Karten und Hinweisschilder gewährleisten grundsätzlich eine barrierefreie Signaletik und kommen allen Nutzern zu Gute. Das Auffinden von Hinweisschildern und Aktionspunkten kann zudem durch taktile Bodeninformationen unterstützt werden, die auf Grund ihrer Eigenschaften mit den Füßen oder mit dem Langstock wahrgenommen werden können. Den schwach sehenden oder blinden Menschen dienen sie als Hilfe und den uneingeschränkt Sehenden zur Lenkung der Aufmerksamkeit. Die Boden- bzw. Rillenmarkierungsfarbe oder Rillenmarkierungssteinplatten markieren das Ende eines Gehwegs und den Übergang zur Straße oder einen Bahnsteig und dort den Übergang zu den Gleisen. Durch ihre Längsrillen markieren die Rillenmarkierungssteinplatten eine mögliche Laufrichtung, die entweder zu bestimmten Bereichen und Räumen eines Gebäudes oder eben zum taktilen Gebäudeplan führen kann. So genannte Noppensteine markieren hingegen Aufmerksamkeitsfelder (z. B. Einstiegsbereiche für öffentliche Verkehrsmittel, Kreuzungen der Rillenmarkierungssteinplatten). So kann jeder sowohl optisch als auch taktil zum Ziel geleitet werden.

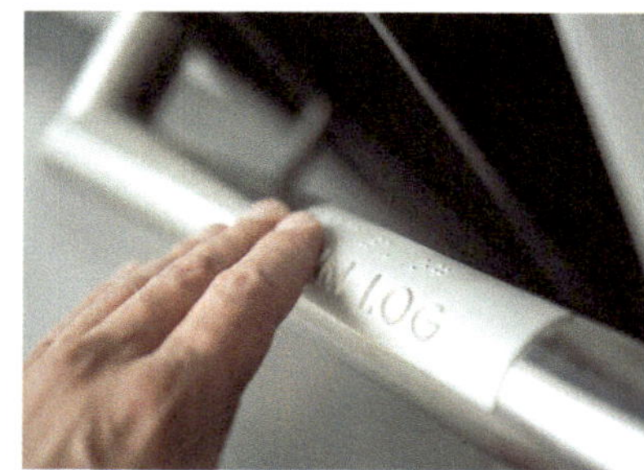

Abb. 218
Leitlinie durch Rillenmarkierungssteinplatten und Aufmerksamkeitsfeld durch Noppensteine (Abb.: ILIS Leitsysteme gem. GmbH).

Abb. 219
Bodeninformation Regionshaus Hannover (Abb.: ILIS Leitsysteme gem. GmbH).

Abb. 220
Handlauf- und Treppeninformation (Abb.: ILIS Leitsysteme gem. GmbH).

Abb. 221
Treppeninformation (Abb.: ILIS Leitsysteme gem. GmbH).

Abb. 222 ▸
Bodeninformation und Übersichtplan in Düsseldorf (Abb.: ILIS Leitsysteme gem. GmbH).

Landeshauptstadt
Düsseldorf

6 Informieren/Repräsentieren, Informationsvarianten

Mit **Infografiken** visualisiert man abstrakte Vorgänge, die sich in der Regel nicht mit nur einer realen Abbildung darstellen lassen. Infografiken stellen demnach nicht die Wirklichkeit dar, sondern sind die visualisierte Interpretation eines Vorgangs. Mit einer Infografik kann und will man mehr erreichen, als es mit einer Fotografie oder einer Illustration möglich wäre. Infografiken sind die Visualisierung gesammelter Daten und beabsichtigen, Fakten informativ und exakt wiederzugeben. Mit Unterstützung der computertechnischen Darstellungsmethoden und -möglichkeiten wirken Infografiken oft präzise, unumstößlich und akademisch korrekt. Dieser Vorteil kann auch der wesentliche Nachteil von Infografiken sein. Bei soviel Perfektion werden die eigentlichen Inhalte eventuell nicht mehr hinterfragt.

Mit Infografiken werden Daten aber nicht grundsätzlich in Informationen transformiert. Infografiken stellen selbst eine Kodierung von Daten dar, deren Entzifferung Wissen bzw. Erfahrung voraussetzt. Als die wahrscheinlich älteste Infografik gilt die in Stein gravierte, chinesische Yü Chi Thu Karte (*Die Karte der Wege von Yü dem Grossen*) von 1137 n.Chr. Sie wäre damals von nicht Eingeweihten wohl nicht interpretierbar gewesen. In Europa tauchten erst 300 Jahre später vergleichbare Visualisierungen auf. Mit der Yü Chi Thu Karte war beabsichtigt, einen räumlichen Bezug herzustellen und einen Teil der Wirklichkeit zu reproduzieren.

Erst ab ca. 1750 begann man, Infografiken für abstrakte Darstellungen zu verwenden, die Informationen bereits interpretiert und zielgerichtet aufbereitet wiedergaben und nicht mehr nur die Darstellung der äußeren Wirklichkeit beabsichtigten. An dieser Weiterentwicklung der Informationsvisualisierung war William Playfair (1759–1823) entscheidend beteiligt. Er entwickelte Linien-, Balken- und Tortendiagramme, um Daten mit Hilfe von Grafiken zu visualisieren und sie auf diesem Wege interpretierbar und statistisch nutzbar zu machen. Er formulierte seine Absichten und Vorgehensweisen in seinem Buch ›The Commercial and Political Atlas‹. Bereits der Titel macht die Absicht deutlich, mit statistischen Informationen und deren Verwendung gesellschaftlich/soziale Probleme erfassen und lösen zu wollen.

Seitdem erkannt wurde, dass mit Informationsvisualisierung mehr erreicht werden kann, als nur Fakten wiederzugeben, wurden u.a. kartografische Darstellungen auch über die Visualisierung geografischer Wirklichkeiten hinaus mit Bedeutungen aufgeladen, die eine Interpretation von Zuständen zulassen bzw. beabsichtigen. Von da an diente die Informationsvisualisierung nicht nur der sachlichen Wiedergabe von unumstößlichen Realitäten, sondern sie wurde auch zur Manipulation eingesetzt. Die Karte *Nouvelle Carte D'Europe Dressée Pour 1870* der Illustratoren Paul Hadol bzw. Joseph Goggins macht dies sehr anschaulich deutlich (siehe auch unter *Orientierung*, S. 275 im Kapitel *Orientierung – Wayfinding*).

Ein System der Darstellung von Informationsvisualisierung wurde allerdings erst 1944 von Gyorgy Kepes mit dem Buch *Sprache des Sehens* vorgelegt. Das wohl bekanntere Buch *Sémiologie graphique* von Jacques Bertin, das sich mit dem Umgang mit Zeichen in der Gesellschaft beschäftigt, erschien 1967. Jacques Bertin ist gelernter Kartograf und stellte auf Basis seiner Beobachtung und Erfahrung einen Katalog visueller Variablen vor, für den er eine grafische Zeichensystemtheorie formulierte. Diese ist allerdings für Visualisierungen, die am Computer erstellt und genutzt werden, kaum mehr haltbar. Denn Bertin schloss sowohl Bewegung, als auch Dreidimensionalität aus. Er begrenzte seine Zeichensystemtheorie auf das, was auf einem weißen Papierbogen dargestellt und gedruckt werden kann und was mit einem Blick erfassbar ist. Interaktion, Dynamik und auch die Verwendung elektronischer bzw.

interaktiver Medien ist damit ausgeschlossen. Wenn man bedenkt, immer mehr Personen spätestens seit der ersten Medienkunstausstellung 1968 in London[123] bereits die Bedeutung von Programmierung für systematisch konstruierbare Wiedergabe, Darstellung und Bilderzeugung erkannten, ist die begrenzende Sichtweise von Jacques Bertin nicht ganz nachvollziehbar. Nicht zuletzt deswegen beziehen sich Designer im Bereich Informationdesign weniger auf ihn als vielmehr auf Edward R. Tufte. Er gilt bereits als Klassiker des Informationdesign und seine Bücher sind sowohl inhaltlich als auch gestalterisch ein Genuss (www.edwardtufte.com). Zahlreiche weitere Beispiele zum Thema Informationsgrafik und Ästhetik der Information finden sich im Internet z. B. unter www.understandingusa.com und www.infosthetics.com.

123 »Cybernetic Serendipity – The Computer and the Art«, Institute of Contemporary Arts, Nasg House, The Mall, London, S.W.1, 2. August bis 20 Oktober 1968. Organisiert durch Jasia Reichardt, Mark Dowson, Peter Schmidt, Franciszka Themerson)

Wenn es um die effiziente und effektive Darstellung von Informationen und deren Analyse geht, spricht man auch von **Information Mapping**. Dies ist eine Methode, um Informationen strukturiert zu erfassen, und zwar unter Berücksichtigung wahrnehmungspsychologischer Erkenntnisse bei der Informationsaufnahme. Robert E. Horn entwickelte die Information Mapping-Methode, indem er die Verarbeitung von Informationen im menschlichen Gehirn erforschte. Er beschrieb die daraus gewonnenen Erkenntnisse in seinem Buch *Visual Language: Global Communication for the 21st Century*. Mit seinem sehr konkreten und pragmatisch wissenschaftlichen Ansatz richtet sich seine Aufmerksamkeit dabei nicht auf ästhetische Kriterien, sondern ausschließlich auf methodische Aspekte der Kommunikation.

Es folgen nun einige Beispiele des Information Mappings und der Visualisierung von Informationen, die sich mal mehr und mal weniger wissenschaftlichen Kriterien und/oder gestalterischen Stilmitteln bedienen.

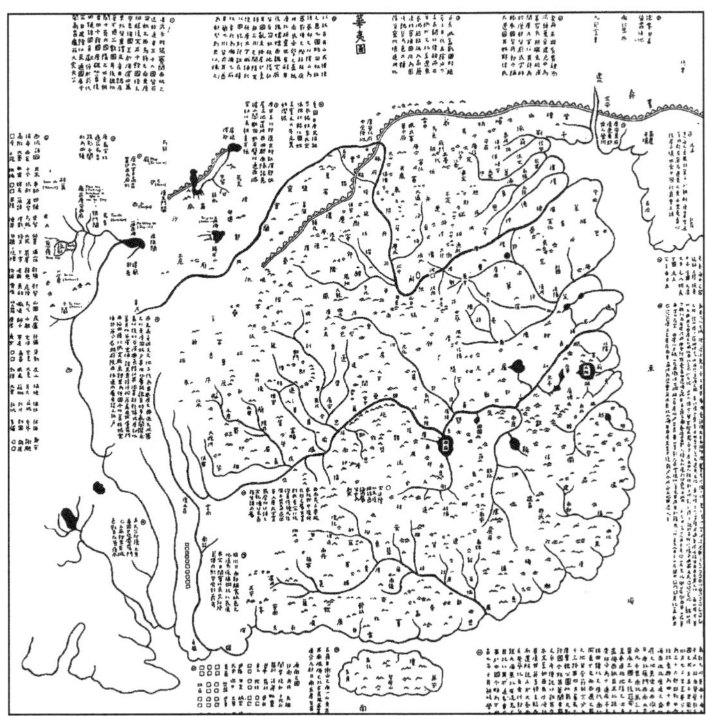

Abb. 223
Die in Stein gravierte Yü Chi Thu Karte aus dem Jahr 1137 gilt als die älteste Infografik. Sie befindet sich im Pei Lin Museum in Sian, China (Grafik: Needham, Josef: *Science and Civilization in China*. Cambridge University Press, 1962).

Es gibt zahlreiche Varianten von Diagrammen. Fast alle wurden von **William Playfair** entwickelt und in seinem im Jahr 1786 erschienenen Buch *The Commercial and Political Atlas* das erste Mal beschrieben und angewandt. 1801 erschien sein Werk *The Statistical Breviary*, in dem er sich der statistischen Grafik widmete und mit dem die moderne Datengrafik einsetzte (siehe in *Historischer Überblick*, S. 77, 87, 108, 109). Bis dahin war es nicht üblich, Sachverhalte als Grafiken darzustellen bzw. mit Grafiken zu verdeutlichen oder diese gar in ihrer Aussagekraft zu stärken.[124] Es wurde aber bereits in den Anfängen der Diagrammierung deutlich, dass eine Behauptung mit grafischen Darstellungen an Glaubhaftigkeit gewinnen kann. Da Balken-, Flächen- und Kreisdiagramme eine sehr häufige Anwendung in populären Medien fanden, erhielten diese zudem die Bezeichnung **Pop Charts**. Die nun folgende Aufzählung der bekanntesten Diagrammtypen erhebt allerdings keinen Anspruch auf Vollständigkeit.

124 Wainer, Howard: Graphical Discovery: A trout in the milk and other visual adventures. Princeton, NJ, Princeton University Press, 2005, S. 15.

In der Regel werden bei all diesen Diagrammtypen die Werte innerhalb eines Koordinatensystems angeordnet. Das **kartesische Koordinatensystem** ist das am häufigsten verwendete Koordinatensystem im zwei- und dreidimensionalen Raum. Mit **Discours de la méthode** publizierte **René Descartes** 1637 nicht nur die Grundlagen seiner Philosophie, sondern auch die Überlegung, dass sich **Geometrie** und **Algebra** miteinander in Beziehung setzen bzw. sich Gleichungen oft auch geometrisch darstellen lassen. In diesem Zusammenhang bzw. auf Basis dieser Überlegung wurde offensichtlich das Koordinatensystem nach René Descartes (Cartesius) benannt, der allerdings nicht als dessen Erfinder gilt. Es findet in seinem Werk auch keine Erwähnung. Als die Erfinder des kartesischen Koordinatensystems gelten **Apollonios von Perge** (ca. 262–190 v. Chr.), **Nikolaus von Oresme** (ca. 1330–1382), **Pierre de Fermat** (ca. 1607–1608) und **Jan de Witt** (ca. 1625–1672).[125]

125 Boyer, B. C.: A History of Mathematics, New York, 1968.

Abb. 224 ▶
Mit diversen **Pop Charts** dokumentierte Simon Bachmann (www.bachmann-team.de) seine Arbeitszeiten und Arbeitsschritte während seines Praktikums (Betreuung: Torsten Stapelkamp, Mediendesign-Studiengang, Hochschule Hof/Campus Münchberg).

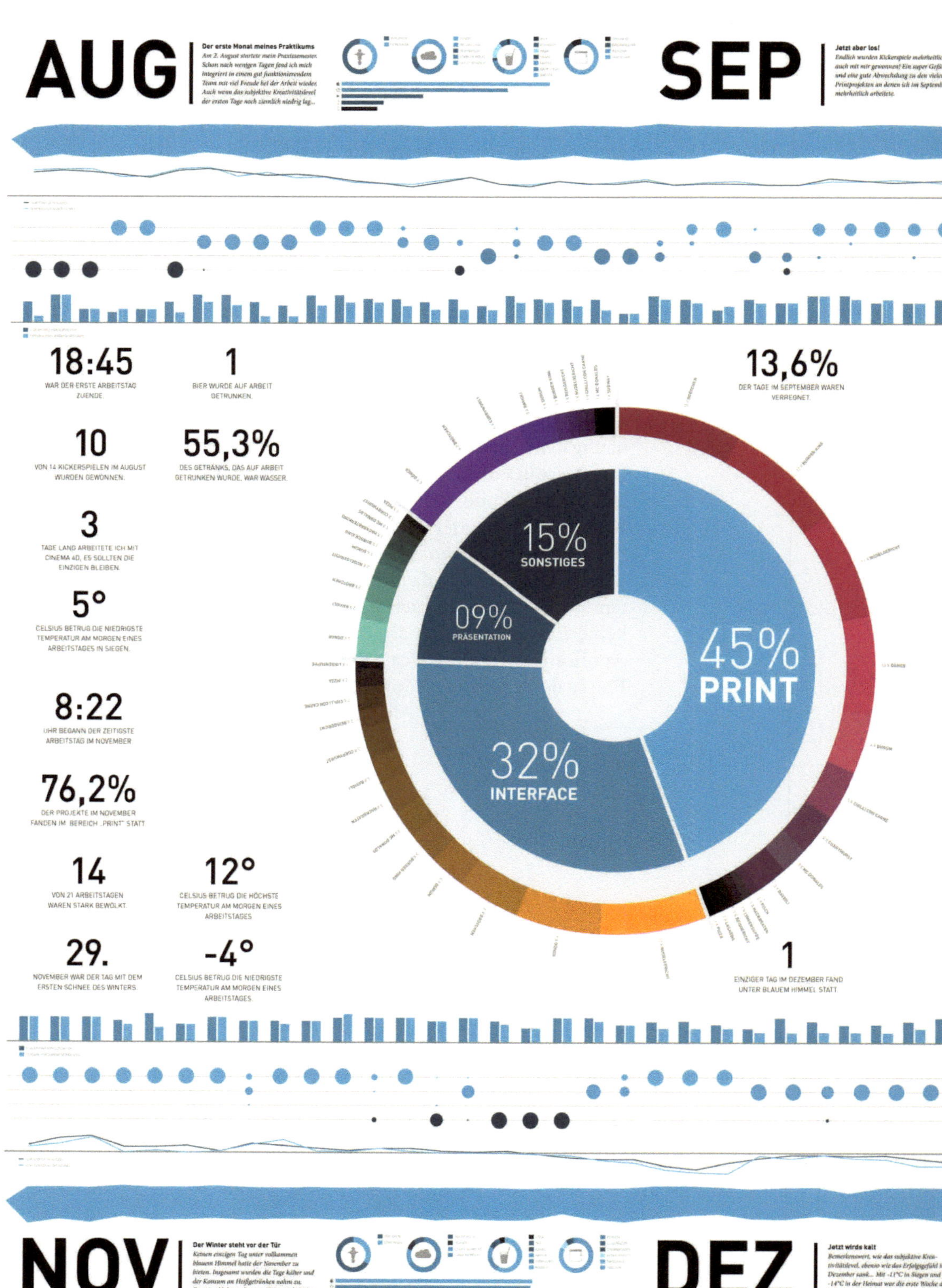
AUG
Der erste Monat meines Praktikums
Am 2. August startete mein Praxissemester. Schon nach wenigen Tagen fand ich mich integriert in einem gut funktionierenden Team mit viel Freude bei der Arbeit wieder. Auch wenn das subjektive Kreativitätslevel der ersten Tage noch ziemlich niedrig lag...
SEP
Jetzt aber los!
Endlich wurden Kickerspiele mehrheitlich auch mit mir gewonnen! Ein super Gefühl und eine gute Abwechslung zu den vielen Printprojekten an denen ich im September mehrheitlich arbeitete.
18:45
WAR DER ERSTE ARBEITSTAG ZUENDE.
1
BIER WURDE AUF ARBEIT GETRUNKEN.
10
VON 14 KICKERSPIELEN IM AUGUST WURDEN GEWONNEN.
55,3%
DES GETRÄNKS, DAS AUF ARBEIT GETRUNKEN WURDE, WAR WASSER.
3
TAGE LANG ARBEITETE ICH MIT CINEMA 4D, ES SOLLTEN DIE EINZIGEN BLEIBEN.
5°
CELSIUS BETRUG DIE NIEDRIGSTE TEMPERATUR AM MORGEN EINES ARBEITSTAGES IN SIEGEN.
8:22
UHR BEGANN DER ZEITIGSTE ARBEITSTAG IM NOVEMBER
76,2%
DER PROJEKTE IM NOVEMBER FANDEN IM BEREICH „PRINT" STATT
14
VON 21 ARBEITSTAGEN WAREN STARK BEWÖLKT.
12°
CELSIUS BETRUG DIE HÖCHSTE TEMPERATUR AM MORGEN EINES ARBEITSTAGES
29.
NOVEMBER WAR DER TAG MIT DEM ERSTEN SCHNEE DES WINTERS.
-4°
CELSIUS BETRUG DIE NIEDRIGSTE TEMPERATUR AM MORGEN EINES ARBEITSTAGES.
13,6%
DER TAGE IM SEPTEMBER WAREN VERREGNET.
15%
SONSTIGES
09%
PRÄSENTATION
45%
PRINT
32%
INTERFACE
1
EINZIGER TAG IM DEZEMBER FAND UNTER BLAUEM HIMMEL STATT.
NOV
Der Winter steht vor der Tür
Keinen einzigen Tag unter vollkommen blauem Himmel hatte der November zu bieten. Insgesamt wurden die Tage kälter und der Konsum an Heißgetränken nahm zu. Die Anzahl der verlorenen Kickerspiele leider auch. Die Anderen waren einfach zu gut...
DEZ
Jetzt wirds kalt
Bemerkenswert, wie das subjektive Kreativitätslevel, ebenso wie das Erfolgsgefühl im Dezember sank... Mit -11°C in Siegen und -14°C in der Heimat war die erste Woche die kälteste und senkte mein subjektives Kreativitätslevel auf einen Schnitt von nur 42,5%.

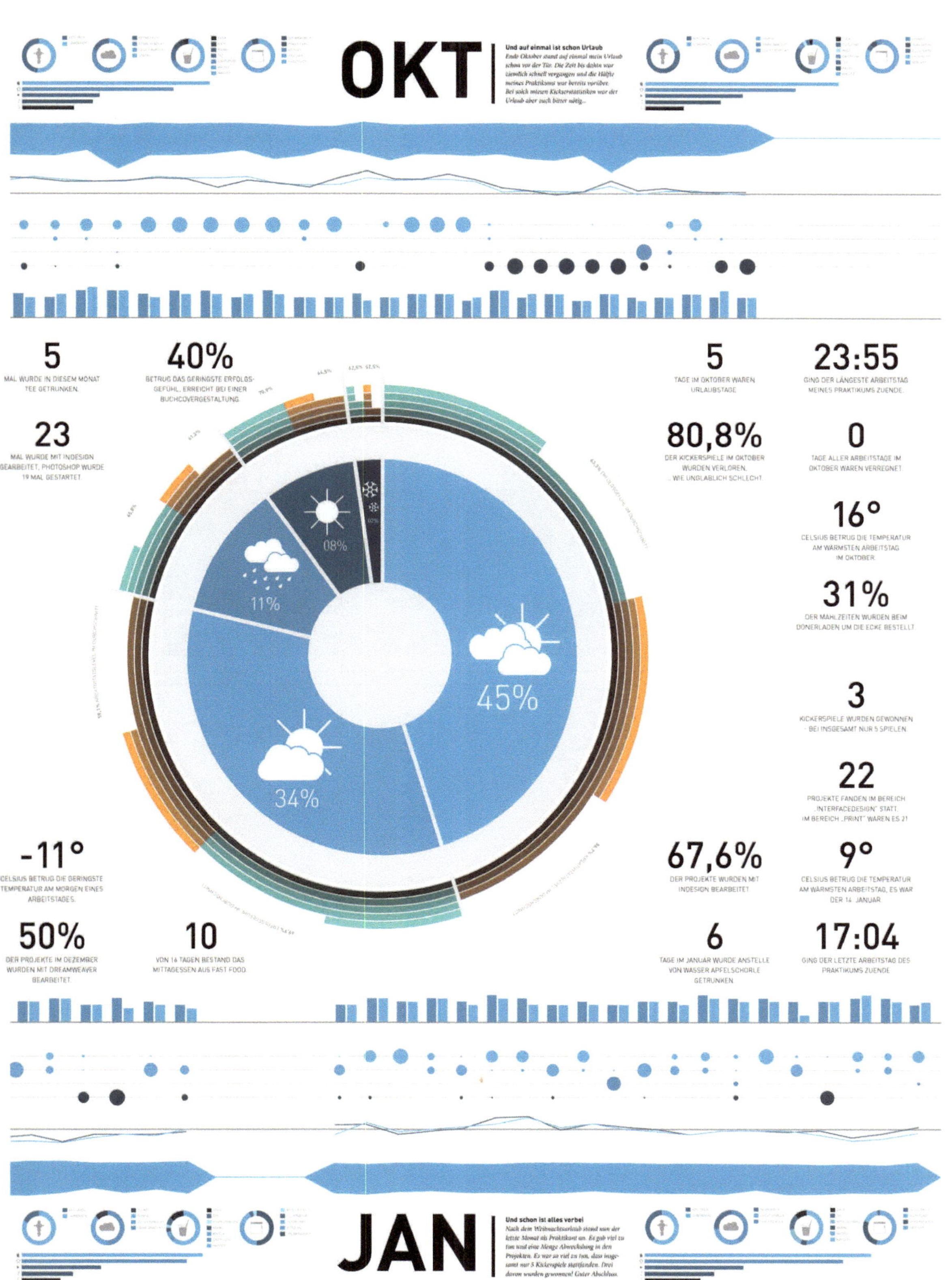
OKT
Und auf einmal ist schon Urlaub
Ende Oktober stand auf einmal mein Urlaub schon vor der Tür. Die Zeit bis dahin war ziemlich schnell vergangen und die Hälfte meines Praktikums war bereits vorüber. Bei solch miesen Kickerstatistiken war der Urlaub aber auch bitter nötig...
5
MAL WURDE IN DIESEM MONAT TEE GETRUNKEN.
40%
BETRUG DAS GERINGSTE ERFOLGSGEFÜHL, ERREICHT BEI EINER BUCHCOVERGESTALTUNG.
23
MAL WURDE MIT INDESIGN GEARBEITET, PHOTOSHOP WURDE 19 MAL GESTARTET.
5
TAGE IM OKTOBER WAREN URLAUBSTAGE.
23:55
GING DER LÄNGESTE ARBEITSTAG MEINES PRAKTIKUMS ZUENDE.
80,8%
DER KICKERSPIELE IM OKTOBER WURDEN VERLOREN. ...WIE UNGLAUBLICH SCHLECHT.
0
TAGE ALLER ARBEITSTAGE IM OKTOBER WAREN VERREGNET.
16°
CELSIUS BETRUG DIE TEMPERATUR AM WÄRMSTEN ARBEITSTAG IM OKTOBER.
31%
DER MAHLZEITEN WURDEN BEIM DÖNERLADEN UM DIE ECKE BESTELLT.
02%
08%
11%
45%
34%
3
KICKERSPIELE WURDEN GEWONNEN - BEI INSGESAMT NUR 5 SPIELEN.
22
PROJEKTE FANDEN IM BEREICH „INTERFACEDESIGN" STATT. IM BEREICH „PRINT" WAREN ES 21.
-11°
CELSIUS BETRUG DIE GERINGSTE TEMPERATUR AM MORGEN EINES ARBEITSTAGES.
67,6%
DER PROJEKTE WURDEN MIT INDESIGN BEARBEITET.
9°
CELSIUS BETRUG DIE TEMPERATUR AM WÄRMSTEN ARBEITSTAG, ES WAR DER 14. JANUAR.
50%
DER PROJEKTE IM DEZEMBER WURDEN MIT DREAMWEAVER BEARBEITET.
10
VON 14 TAGEN BESTAND DAS MITTAGESSEN AUS FAST FOOD.
6
TAGE IM JANUAR WURDE ANSTELLE VON WASSER APFELSCHORLE GETRUNKEN.
17:04
GING DER LETZTE ARBEITSTAG DES PRAKTIKUMS ZUENDE.
JAN
Und schon ist alles vorbei
Nach dem Weihnachtsurlaub stand nun der letzte Monat als Praktikant an. Es gab viel zu tun und eine Menge Abwechslung in den Projekten. Es war so viel zu tun, dass insgesamt nur 5 Kickerspiele stattfanden. Drei davon wurden gewonnen! Guter Abschluss.

Abb. 227 a–b ▸
Die Liniendiagramme zeigen als Kurven oder als Geraden den Frischwasserverbrauch in Litern je Einwohner im Jahr 2000 an (Abb. aus ›Anatomie der Datengrafik‹ von Tobias Nusser & Tom Ziora, HfG Schwäbisch Gmünd, 2007).

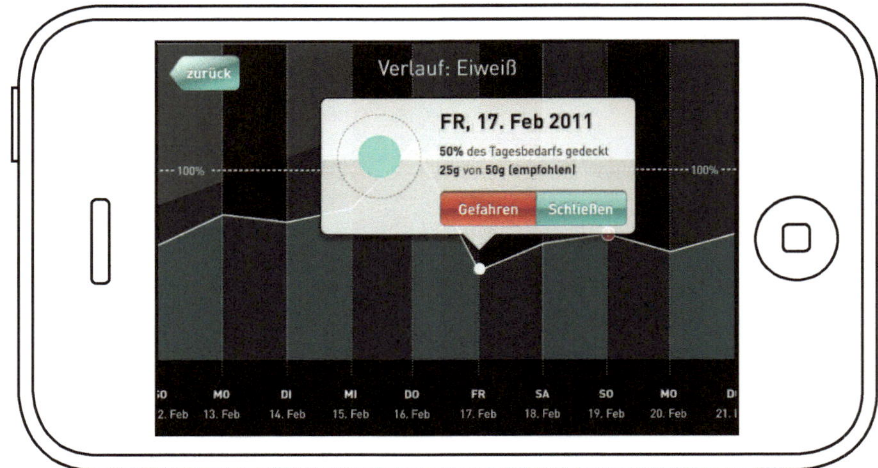

Abb. 225
Innerhalb einer Ernährungs-App für das iPhone zeigt das Liniendiagramm die Aufnahmemenge von Eiweiß an (Abb.: Simon Bachmann, Bachelor, Hochschule Hof/Campus Münchberg).

Ein **Liniendiagramm** zeigt Verläufe an, die z. B. Häufigkeiten oder zeitliche Abfolgen verdeutlichen. Oft werden für Vergleichsmöglichkeiten gleich mehrere Liniendiagramme im gleichen Koordinatennetz angezeigt. Beim Liniendiagramm kann es im Gegensatz zum Streudiagramm nur ein Wertepaar geben. Beim dreidimensionalen Liniendiagramm sind es maximal drei Werte.

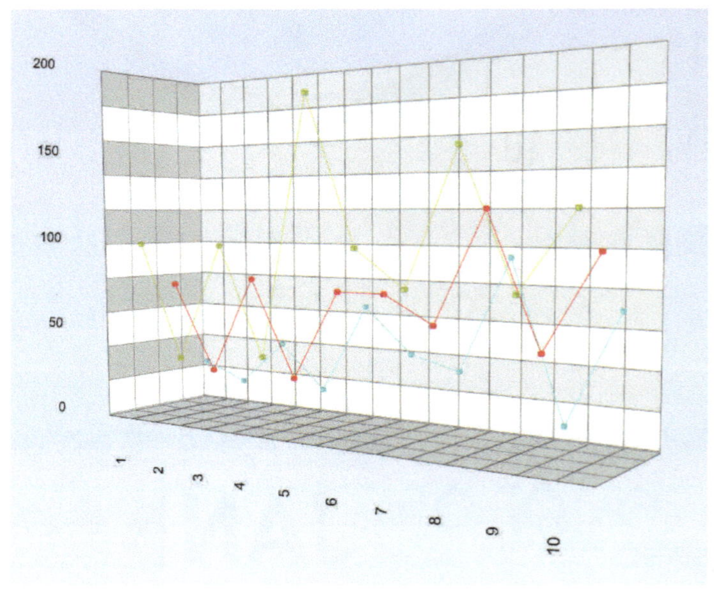

Abb. 226
Ein Liniendiagramm kann auch dreidimensional erstellt werden, um z. B. mehrere Liniendiagramme innerhalb eines Koordinatennetzes besser differenzieren zu können (erstellt mit Aqua Data Studio, www.aquafold.com).

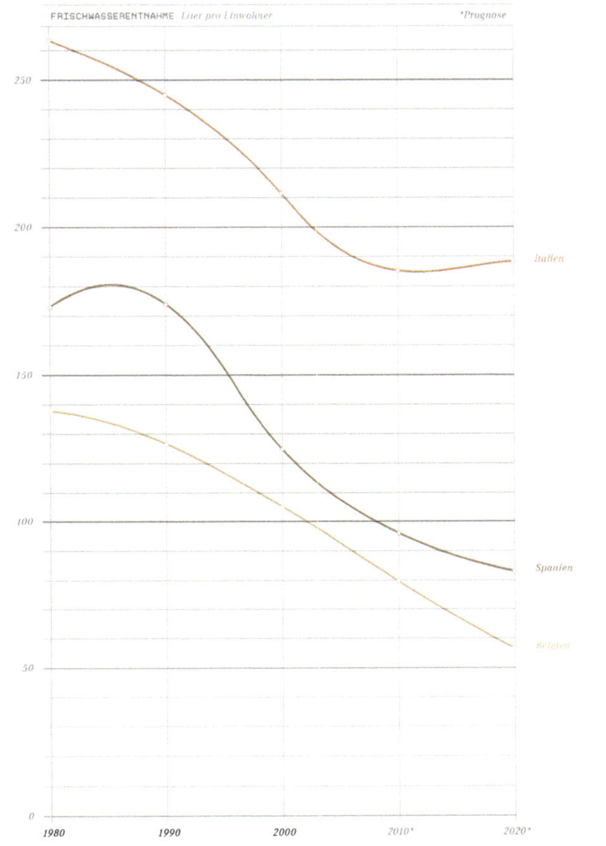

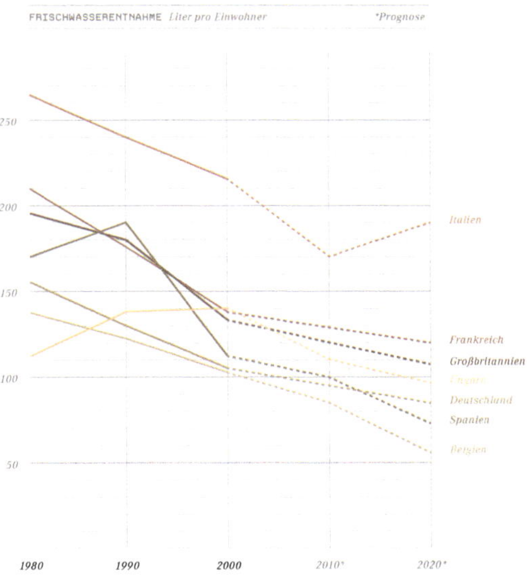

Abb. 228
Historische Entwicklung des deutschen Leitindex DAX seit 1970 (Quelle: finance.yahoo.com, wikipedia.de).

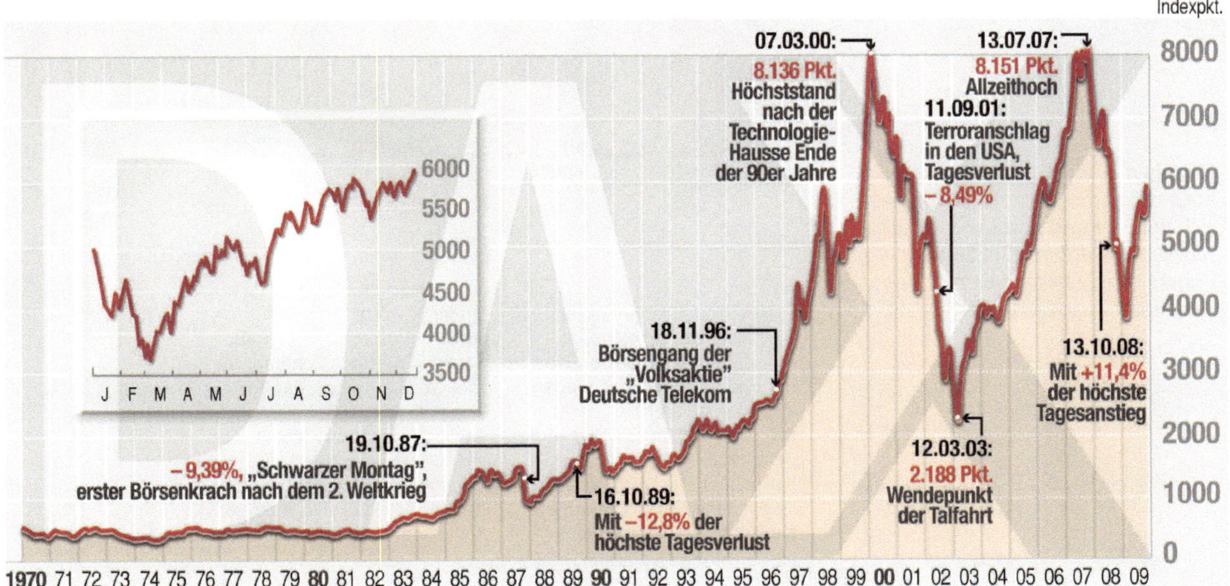

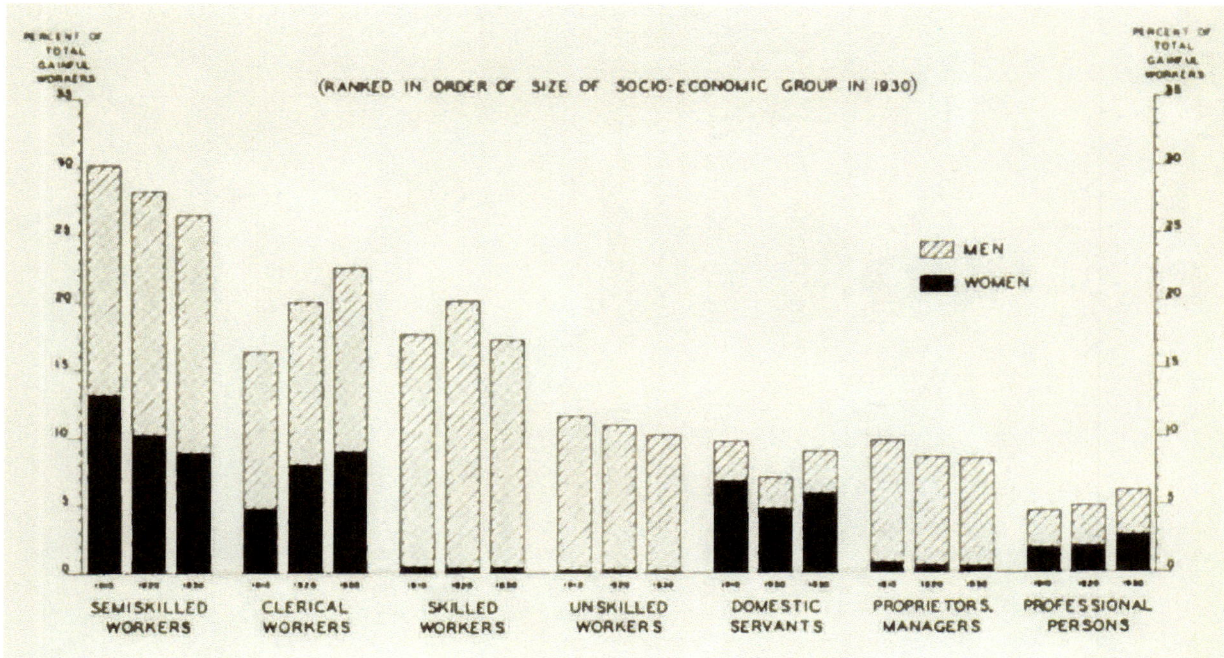

Abb. 229
Das **Säulendiagramm** aus dem Jahr 1938, erschienen im Buch *Graphic Presentation* von Willard C. Brinton zeigt die Anzahl der Verkehrstoten in den USA im Jahr 1937 durch motorisierte Fahrzeuge. Das komplette Buch von Brinton kann als PDF bei archive.org heruntergeladen werden. www.archive.org/details/graphicpresentatoobrinrich

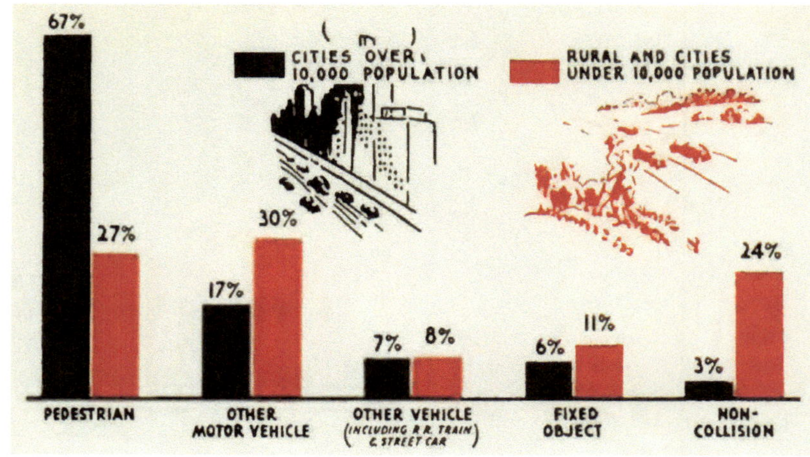

Sowohl mit dem **Säulendiagramm** als auch mit dem **Balkendiagramm** lassen sich Verläufe und Zustände visualisieren. Daten werden beim Säulendiagramm senkrecht und beim Balkendiagramm waagerecht dargestellt.

Abb. 230
Dieses Säulendiagramm zeigt die Anzahl der Arbeitslosen in Philadelphia (USA) in den Jahren 1910, 1920 und 1930 (nebeneinander) differenziert nach Frauen und Männern. Hier wird deutlich, dass sich in einem Balken mehrere Werte gleichzeitig darstellen lassen, sofern sie nie identisch sind und die unten platzierten Werte (hier: schwarz) stets niedriger bleiben als die anderen Werte (Abb.: Brinton, Willard C.: Graphic Presentation, McGraw Hill Book Company Inc., New York City 1939). Das Buch von Willard C. Brinton lässt sich in der Open-Library im Internet als PDF herunterladen: http://openlibrary.org/works/OL6321555W/Graphic_methods_for_presenting_facts.

Abb. 231
Zusätzlich zu den Säulen, die die Anteile anzeigen, wird die Gesamtmenge als Würfel dargestellt, der zudem durch seine jeweilige Größe proportionale Mengen anzeigen kann. Das Säulendiagramm stammt von Seed Research (www.seedmagazine.com).

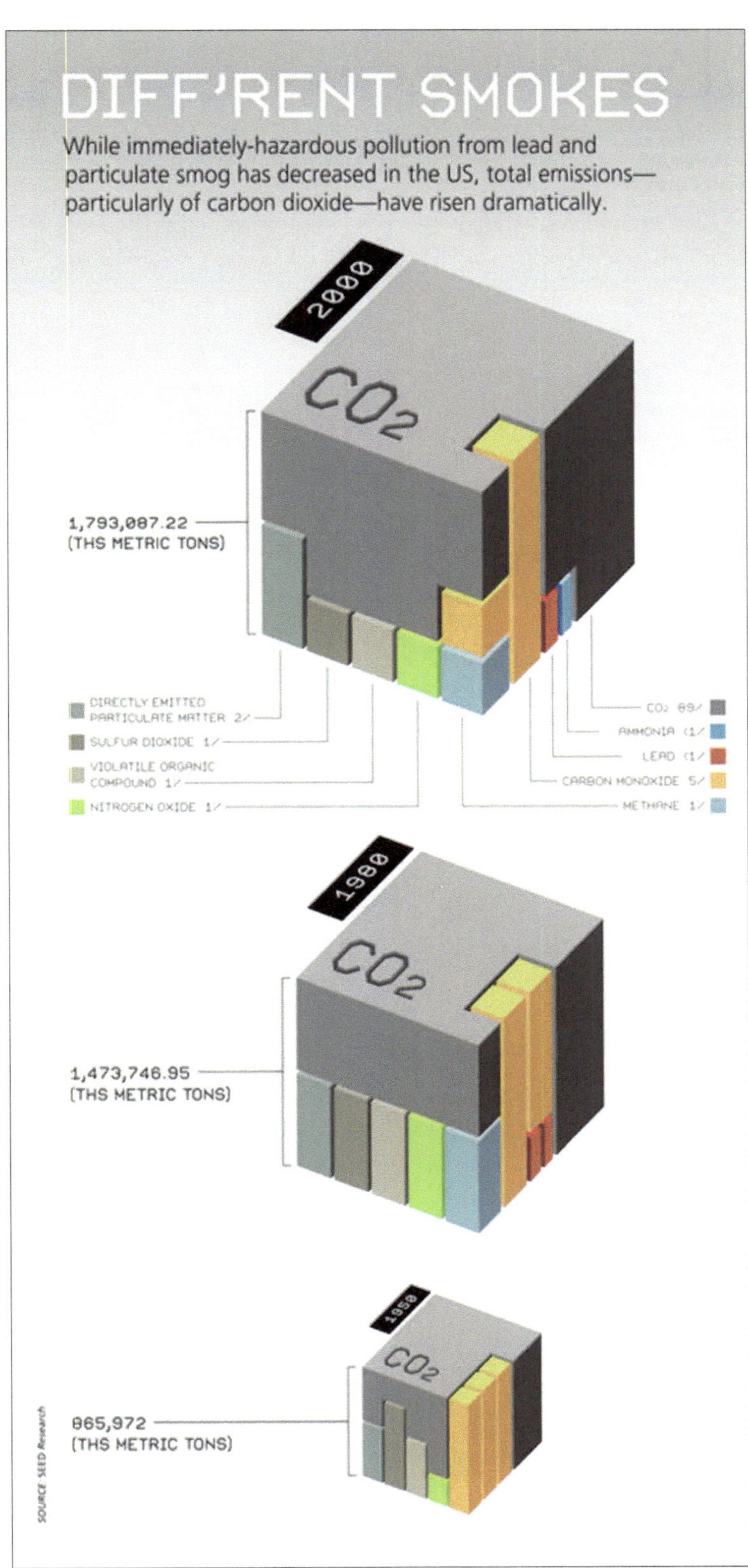

Abb. 232
Das Säulendiagramm gibt in isometrischer Darstellung den Frischwasserverbrauch in Litern je Einwohner im Jahr 2000 wieder (Abb. aus *Anatomie der Datengrafik* von Tobias Nusser & Tom Ziora, HfG Schwäbisch Gmünd, 2007).

Abb. 233
Die Säulen zeigen den Frischwasserverbrauch in Litern je Einwohner im Jahr 2000 an (Abb. aus *Anatomie der Datengrafik* von Tobias Nusser & Tom Ziora, HfG Schwäbisch Gmünd, 2007).

Abb. 234 a–b
Eine weitere Version ist die Icon-basierte Darstellung von Daten, so wie sie gemeinhin von Otto Neurath bekannt ist (siehe auch S. 98 im Kapitel *Historischer Überblick*.). Er ließ sich eventuell von den Darstellungen in den Büchern von Willard Cope Brinton inspirieren.

Das eine Diagramm stammt aus dem Jahr 1919 und zeigt vergleichend die Anzahl der Zugfahrgäste in den USA in den Jahren 1899 und 1911 (Brinton, Willard C.: Graphic methods for presenting facts, 1919).

Das zweite Diagramm zeigt die Anzahl der jeweils motorisierten bzw. von Pferden gezogenen Transportmittel öffentlicher Einrichtungen in den Jahren 1913 und 1916 (›Humanizing the Greater City's Charity‹ von Bertrand Brown, Department of Public Charities, New York City 1917 in Brintons Buch *Graphic Presentation*, 1939).

1899 14,591,000 ONE MILE

1911 32,837,000 ONE MILE

Fig. 41. Number of Passengers Carried on the Railroads of the United States in 1899 and in 1911 Compared

Here is a chart drawn from the same data as Fig. 40. It was not a larger passenger, but more passengers, that the railroads carried. The ratio expressing increase in business can be clearly and accurately seen from this method of portraying the facts

Abb. 235
Das Balkendiagramm zeigt die Angestelltenmenge und -leistung im Verhältnis zur steigenden Maschinenleistung in den Jahren 1848 bis 1926. Ist die Bedeutung der Symbole bekannt, lassen sie sich kombinieren und mit ihnen komplexe Zusammenhänge erläutern, z. B. mit Hilfe eines ISOTYPE-Diagramms, welches Otto Neurath und Gerd Arntz entwickelten (siehe *Icon – ISOTYPE* auf S. 156).

Abb. 236
In dieser Legende werden Symbole verwendet, die als Informationen bereits Teil des Informationsdesigns sind. Da eine Legende erforderlich ist, handelt es sich hier allerdings nicht um selbsterklärendes Informationsdesign. Jedes Mann-Symbol steht für 3 Millionen Angestellte in der Agrarwirtschaft. Jedes Pferdesymbol bedeutet 5 Millionen Pferdestärken. Die Farbe Schwarz steht für Pferdekraft und Blau für Traktorenkraft.

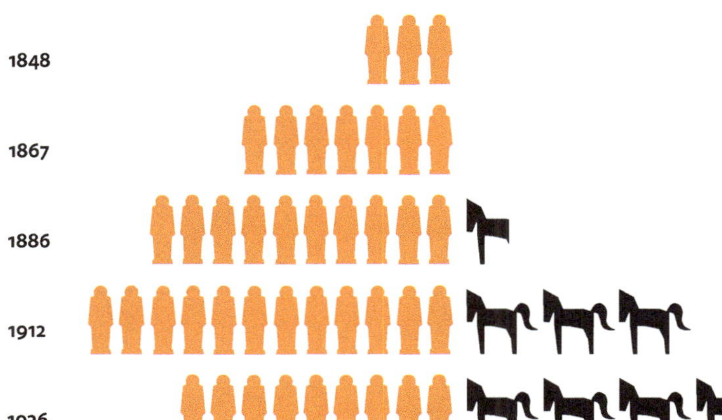

Balkendiagramm

Abb. 237
Das Balkendiagramm zeigt in isometrischer Darstellung den Frischwasserverbrauch in Litern je Einwohner im Jahr 2000 an (Abb. aus ›Anatomie der Datengrafik‹ von Tobias Nusser & Tom Ziora, HfG Schwäbisch Gmünd, 2007).

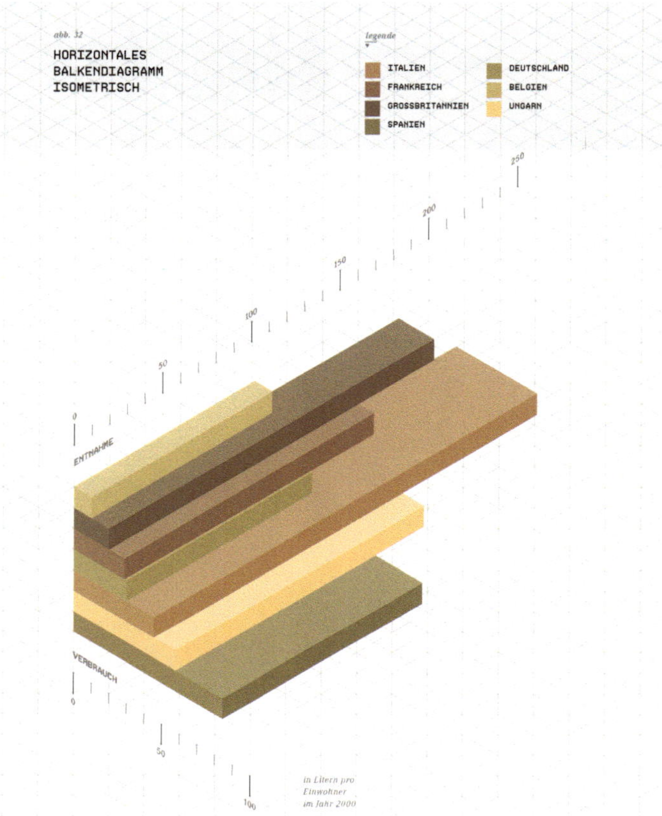

Abb. 238
Das **Gantt-Diagramm** stellt eine praktische Anwendung dar, um Arbeitsprozesse nach Inhalt und Umsetzer zu ordnen und die jeweils eingeplante Produktionszeit als Balkendiagramm anzuzeigen (OmniPlan, www.omnigroup.com).

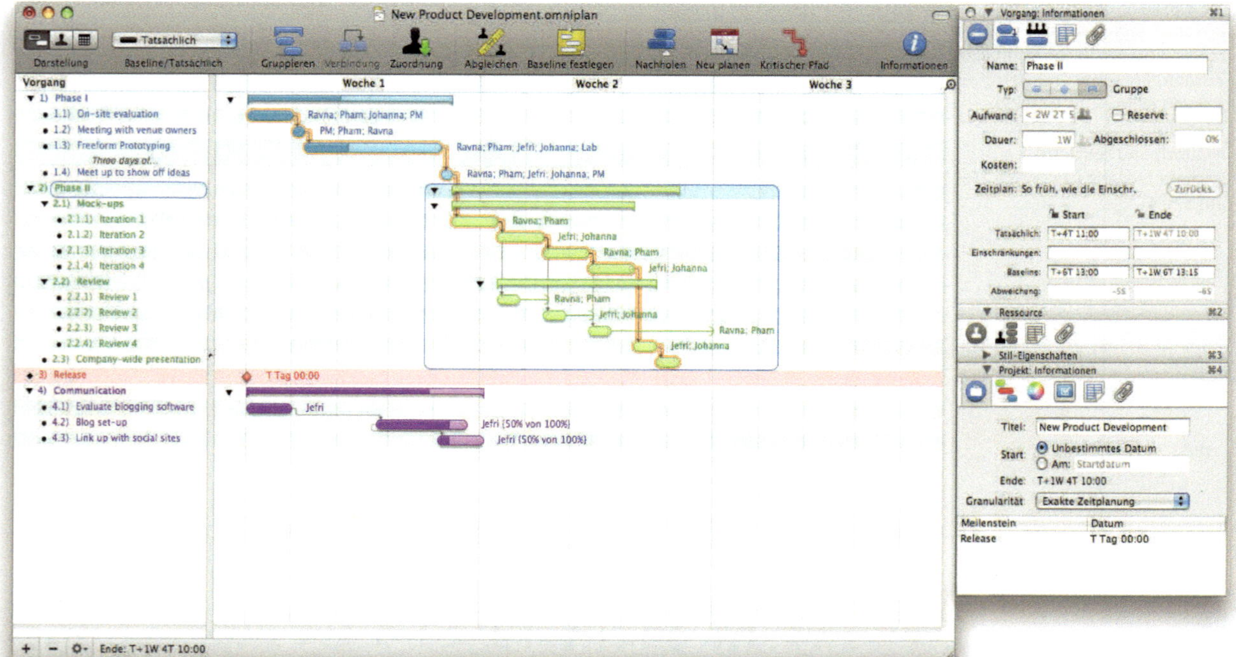

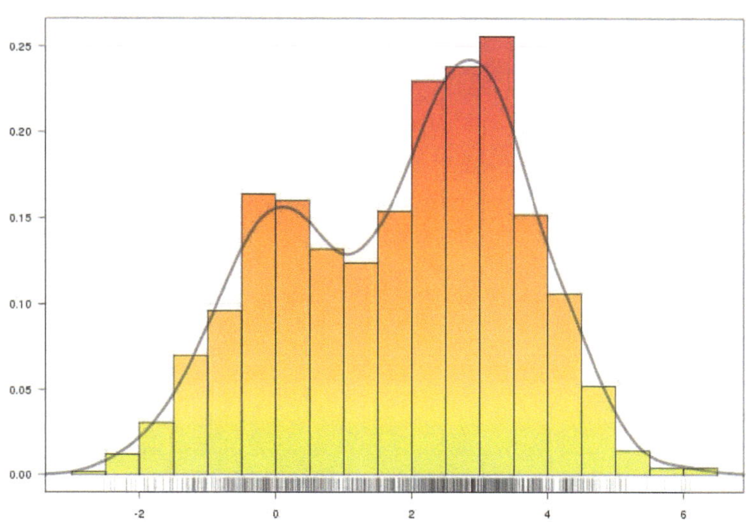

Abb. 239
Die Höhen der Säulen eines Histogramms bzw. die durchschnittlichen Werte lassen sich auch in Form einer geschwungenen horizontalen Linie darstellen.

Abb. 240
Je höher die Anzahl der Säulen bzw. die Anzahl der horizontal verlaufenden Werte, umso mehr nähert sich die Darstellung einer Säule einer senkrechten Linie. Bei der digitalen Bildverarbeitung ist solch ein Histogramm bekannt, um die Verteilung der Helligkeitswerte einer Bilddatei zu visualisieren. Horizontal verlaufen dabei die Werte von links nach rechts von Schwarz zu Weiß und vertikal die Anzahl der Pixel (Abb. oben http://addictedtor.free.fr/graphiques/RGraphGallery.php?graph=151; Abb. unten Histogramm von Adobe Photoshop 12.1).

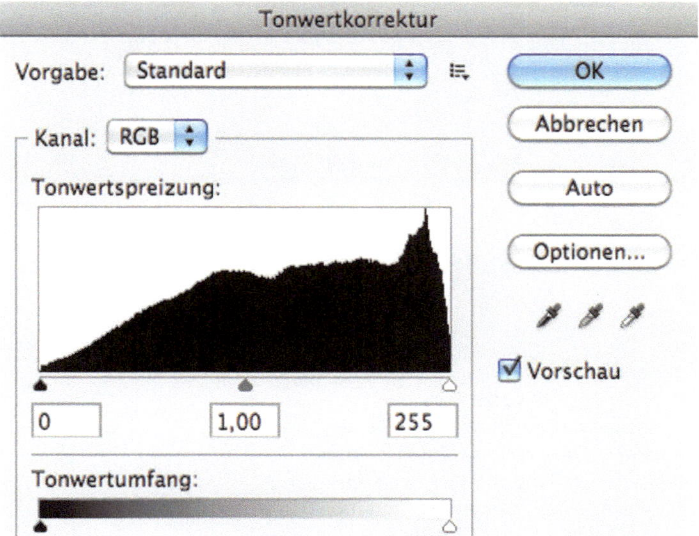

Das Histogramm ist vergleichbar mit dem Säulendiagramm und dient der Darstellung der Häufigkeitsverteilung, wobei sich im Gegensatz zum Säulendiagramm alle Säulen berühren. Im Gegensatz zum Säulendiagramm muss zudem die x-Achse mit einer Skala versehen sein, die durchgehend gleiche Abstände vorweist. Diese Art von Diagramm wurde bereits 1786 von William Playfair vorgestellt, erhielt seine Bezeichnung aber erst 1891 durch den englischen Mathematiker **Karl Pearson**.

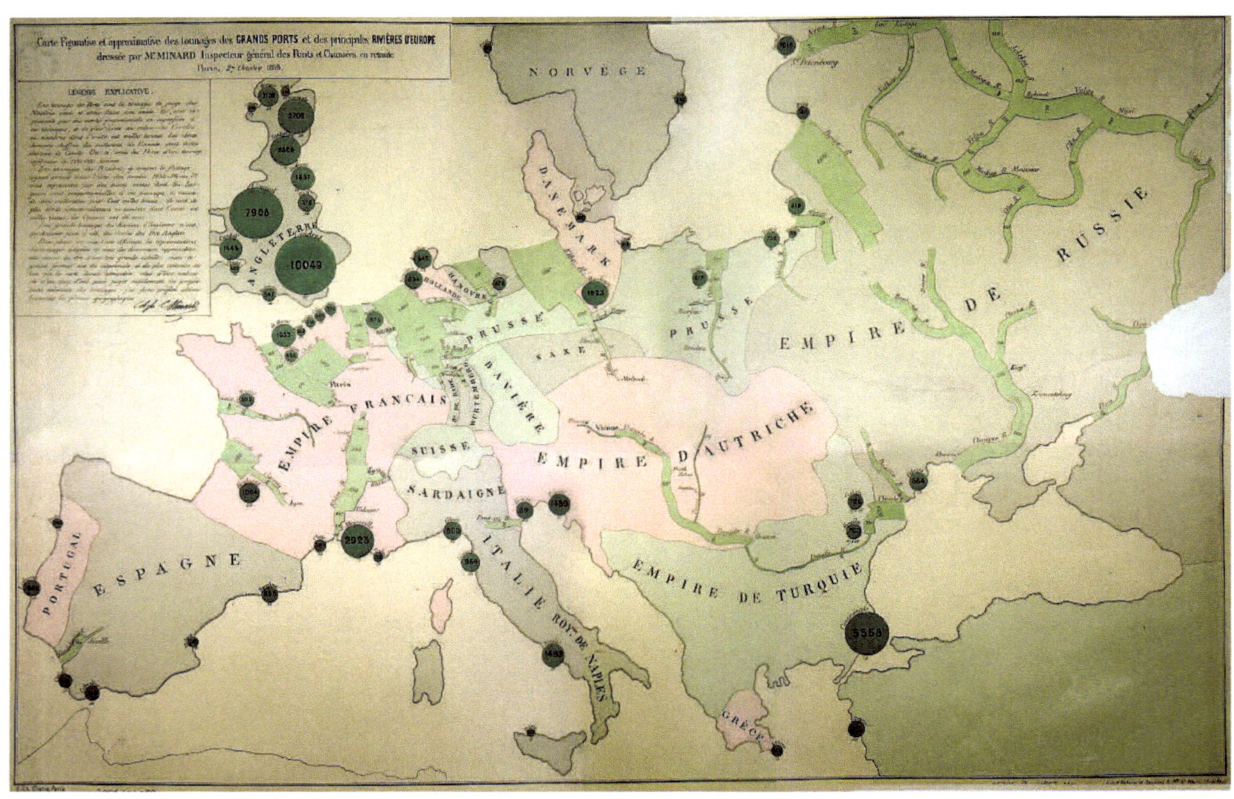

Abb. 241
Kreisdiagramme stellte Charles Joseph Minard 1859 in Kombination mit einer Karte dar, um die Tonnagenmengen zu vergleichen, die in die jeweiligen europäischen Häfen transportiert werden.

Das erste Kreisdiagramm, auch Tortendiagramm oder Pie Chart genannt, wurde 1801 im Werk *The Statistical Breviary* von William Playfair veröffentlicht. Eine Variante des Kreisdiagramms, das Polar Area Diagramm, erstelle Florence Nightingale 1858 (siehe in *Historischer Überblick*, S. 111).

Abb. 243 a–b
Zwei Kreisdiagramme aus dem Buch *Graphic methods for presenting facts* von Willard Cope Brinton. Das Buch erschien 1914.

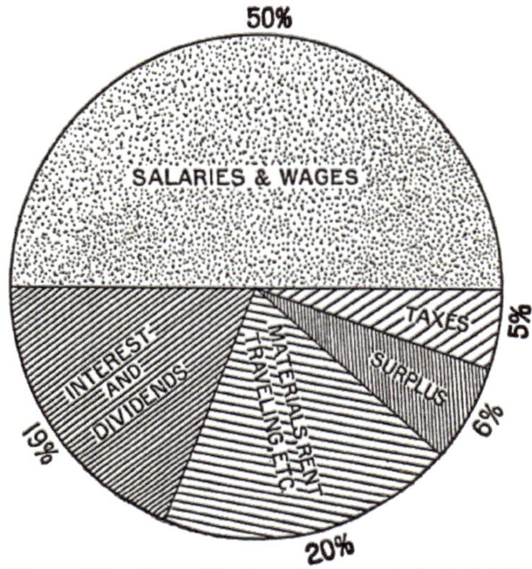

Fig. 2. Disposition of the Gross Revenue of the Bell Telephone System for the Year 1911

This chart was taken from the annual report to the stockholders of the American Telephone and Telegraph Company for the year ending December 31, 1911

The circle with sectors is not as desirable an arrangement as the horizontal bar shown in Fig. 1

Abb. 242
Ausschnitt eines Diagramms von William Playfair aus dem Jahr 1801 (siehe auch in *Historischer Überblick*, S. 108).

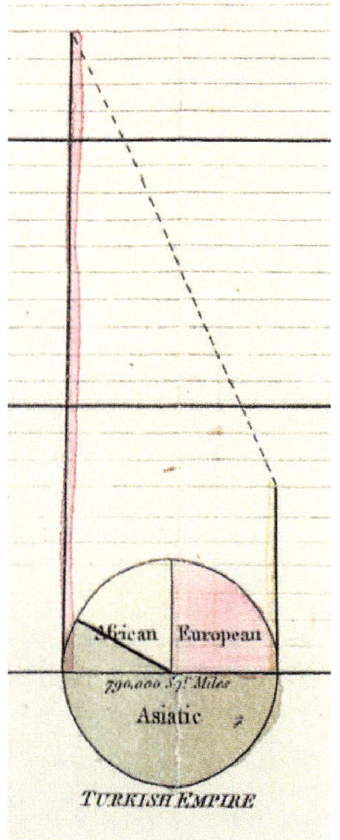

The Survey

Fig. 3. Disposition of a Family Income of from $900 to $1000

This cut shows an attempt to put figures in popular form. The eye is likely to judge by the size of the pictures rather than by the angles of the sectors

State of the Union 2010

tested congress president war debt
work home life college working
job work pays life woman
fear economy democrats government hated
afford unemployment tax pay jobs
taxes workers working businesses jobs
jobs business businesses job tax
businesses energy jobs workers tax
jobs tax economic work house
nations jobs reform states united
economy reform families jobs test
energy jobs nation economy oil
trade reform national education jobs
college families tax working student
insurance health administrations market protect
health budget debated congress business
reform health job fiscal seniors
budget tax wars drug debt
security tax work social budget
senate job tax pay law
jobs work debt fight house
congress democrats foreign elections law
national election work peace reform
govern citizens house votes senate
security nation country work fear
troops war home iraq iraqi
weapons iran united working nations
rights home fight job law
work laws country pay women
nation poll safe debates country
life woman nation country fighting

State of the Union 2011

nation work girl women family
election jobs laws work votes
jobs life business job work
work workers research jobs home
students jobs home nation grants
jobs reform compete prosper educate
jobs nation economic research revolution
energy research jobs technology money
energy oil pay jobs fund
child jobs school parents education
school schools money reform states
teachers life child nation college
workers children education job jobs
nation businesses jobs homes russia
business tax jobs work compete
jobs trade tax exports corporate
safe law health insurance businesses
spending employees government law jobs
spending health defense tax fiscal
tax job reform health law
government federal vote medical exports
government work congress tax jobs
troops iraq qaeda law violence
weapons alliances war nato safe
war nation united troops country
law work homes nation energy
nation work house learn trade
employees work home money nation

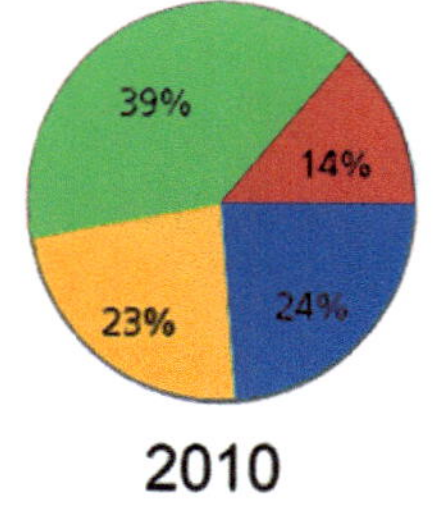

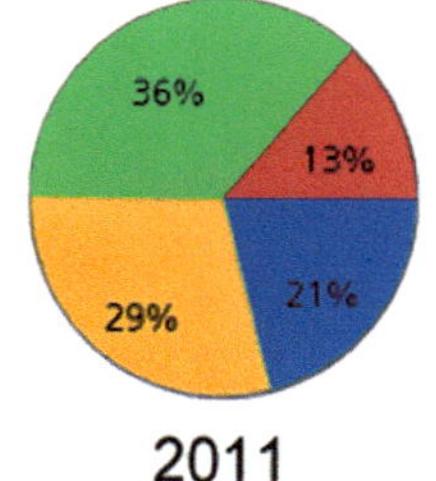

Abb. 244
Jeff Clark erstellte eine Statistik über die Anzahl bestimmter Worte in den Reden *State of the Union* des Amerikanischen Präsidenten Barak Obama aus den Jahren 2010 und 2011. Der Vergleich der Balkendiagramme mit den farbig markierten Worten macht deutlich, wie übersichtlich die Anzahlverteilung durch ein Kreisdiagramm visualisiert werden kann (www.neoformix.com/2011/SOTU2011.html).

Abb. 245
Die Abbildung zeigt eine Variante des Kreisdiagramms. Mit dem **Multi-Level-Kreisdiagramm** lassen sich mehrere inhaltliche Ebenen miteinander vergleichen. Hier wird die Textmenge dargestellt, die die Bürger der USA mit den jeweiligen Medien in den Jahren 1960, 1980 und 2008 gelesen haben. Die Studie dazu von Roger Bohn von der University of San Diego ist hier zu finden: http://hmi.ucsd.edu/howmuchinfo_research_report_consum.php

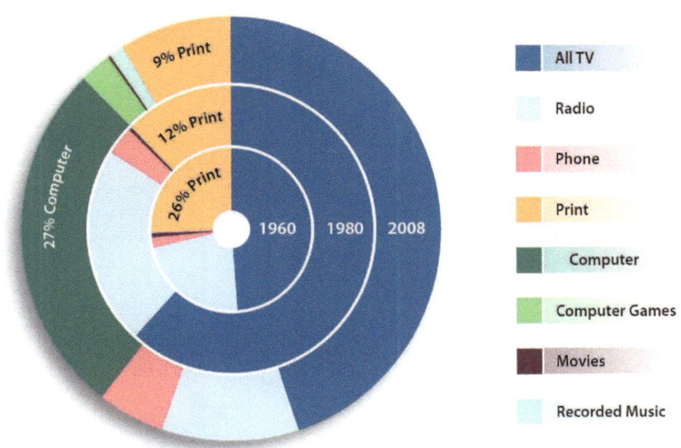

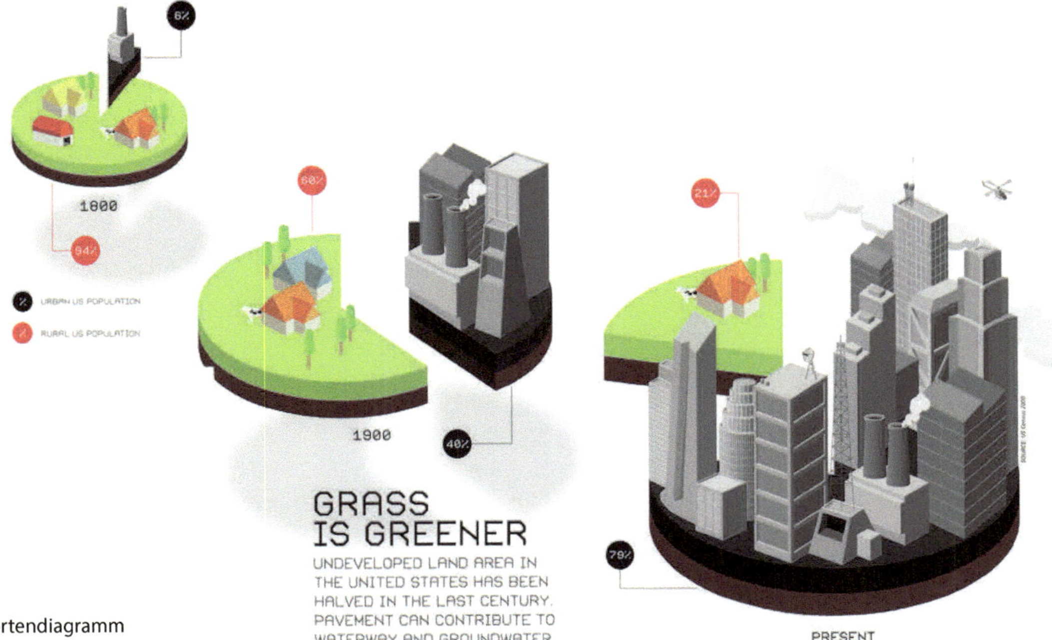

Abb. 246
Mit einem Tortendiagramm lassen sich proportionale Verhältnisse gut darstellen, ohne den Eindruck der Verteilungen durch einen Betrachtungsmaßstab im selben Maße beeinflussen zu können wie mit einem Balkendiagramm (Grafik: US Census 2000; www.census.gov).

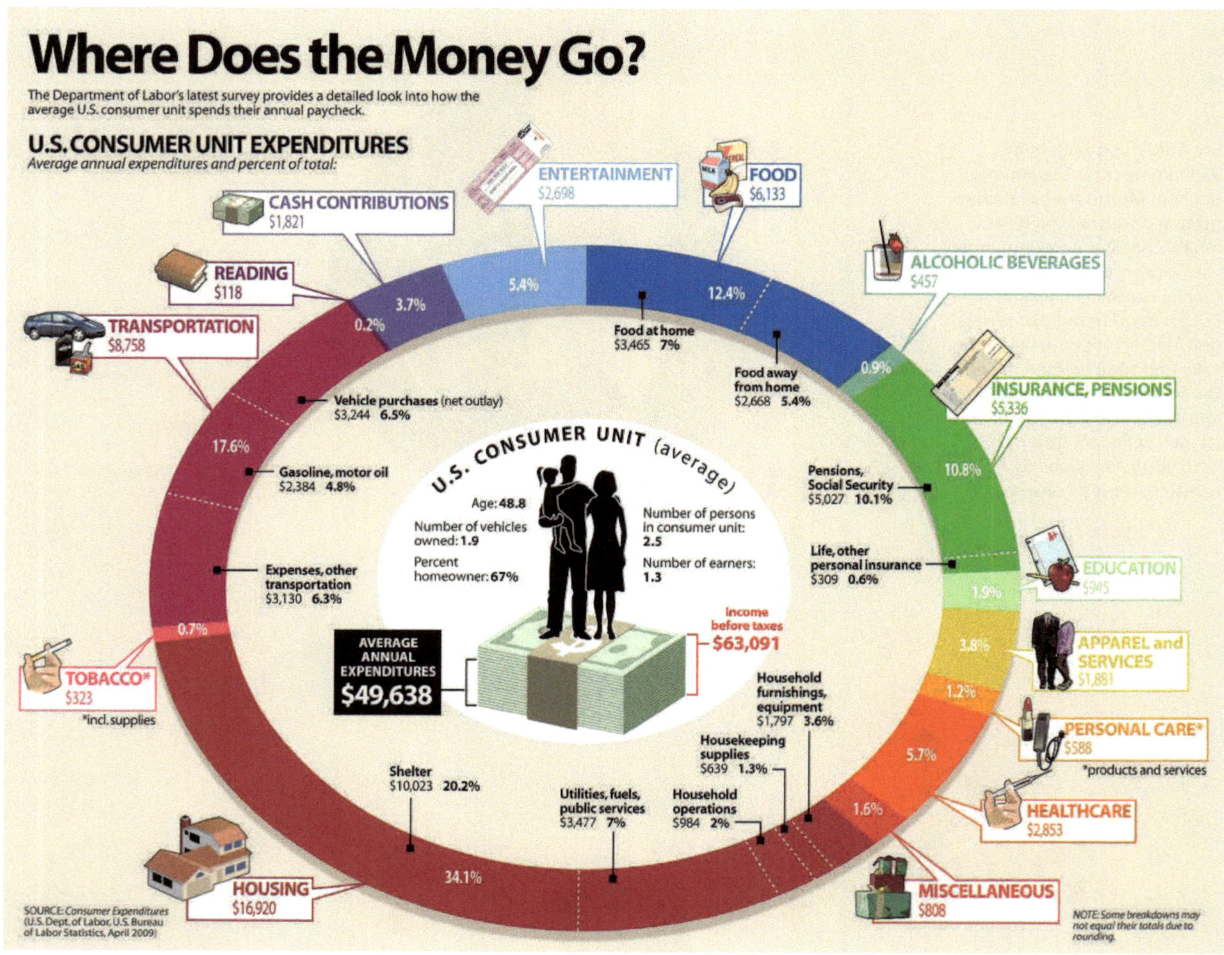

Abb. 247
Dieses Kreisdiagramm zeigt das Konsumverhalten des Durchschnittsbürgers in den USA im April 2009 (Bureau of Labor Statistics, www.bls.gov/cex/; Visualeconomics, www.visualeconomics.com/how-the-average-us-consumer-spends-their-paycheck/).

Abb. 248
Dieses Kreisdiagramm zeigt das Konsumverhalten des Durchschnittsbürgers in Kanada 2009 (Column Five for Mint.com). Weitere Information zu Column Five: www.columnfive.com.

In Celebration of Canada Day 2011, we're taking a closer look at how Canadian families spend their money. Here's a breakdown of the average Canadian household budget based on the most recent government data. For each spending category, you can also see which province or territory spends the biggest percentage.

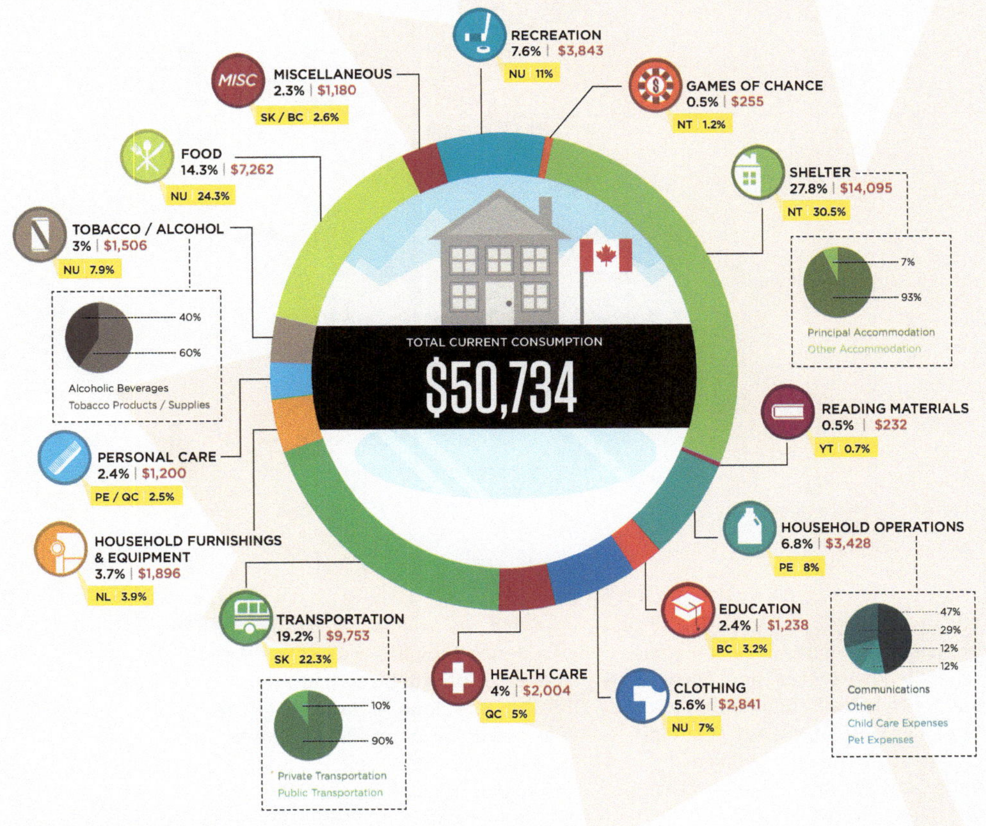

Source: Statistics Canada, Spending Patterns in Canada 2009

The following groups were excluded from the 2009 household spending survey:

- Those living on Indian reserves and crown lands (with the exception of the territories);
- Official representatives of foreign countries living in Canada and their families;
- Members of religious and other communal colonies;
- Members of the Canadian Forces living in military camps; and
- Persons living full time in institutions: for example, inmates of penal institutions and chronic care patients living in hospitals and nursing homes.
- With these exclusions, the 2009 survey covers nearly 98% of the population in the ten provinces. In the Yukon, the Northwest Territories and Nunavut, the population coverage is nearly 92%

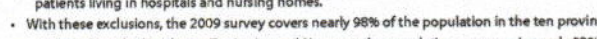

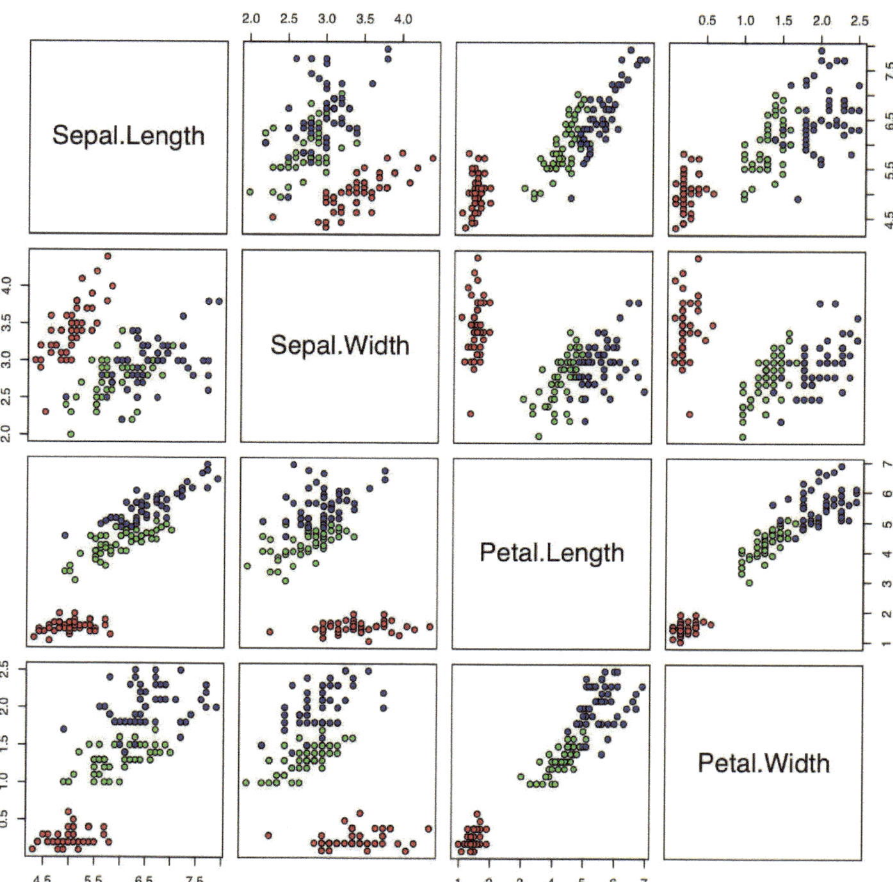

Beim Streudiagramm, auch **Scatterplot** genannt, werden Werte zweier statistischer Merkmale visualisiert. Diese Werte werden in kartesischen Koordinatensystemen dargestellt, die auf diese Weise charakteristische Punktwolken ergeben. Beim Streudiagramm gibt es nicht wie bei den bereits beschriebenen Diagrammen Grenzen bei der Menge der Daten. Problematisch wird es aber dann, wenn mehrere Werte übereinander zur Darstellung kommen. Durch Verrütteln der Daten oder durch den Einsatz unterschiedlicher Symbole werden aber auch diese sichtbar. **John Frederick William Herschel** war 1832 der Erste, der ein **Streudiagramm** anwendete. **John A. Hartigan** führte die **Streudiagramm-Matrix** 1975 als Standard für das Arbeiten mit Statistiken ein. Sobald beabsichtigt ist, für mehrere Variablenpaare die gemeinsamen Verteilungen darzustellen, macht es Sinn, mehrere Streudiagrame mit jeweils einem Variablenpaar innerhalb einer Matrix, der Streudiagramm-Matrix, zu visualisieren.

Abb. 249
Die **Streudiagramm-Matrix** zeigt vier Attribute (Länge und Breite des Kelchblatts [Sepalum] und des Kronblatts [Petalum]) von drei Schwertlilienarten. Das so genannte Iris flower dataset wurde 1936 von Sir Ronald Aylmer Fisher eingeführt. Es beschreibt 50 Beobachtungen über drei Schwertlilienarten (Iris Virginica, Iris Setosa, Iris Versicolor), an denen die vier Attribute der Blüten erhoben wurden.

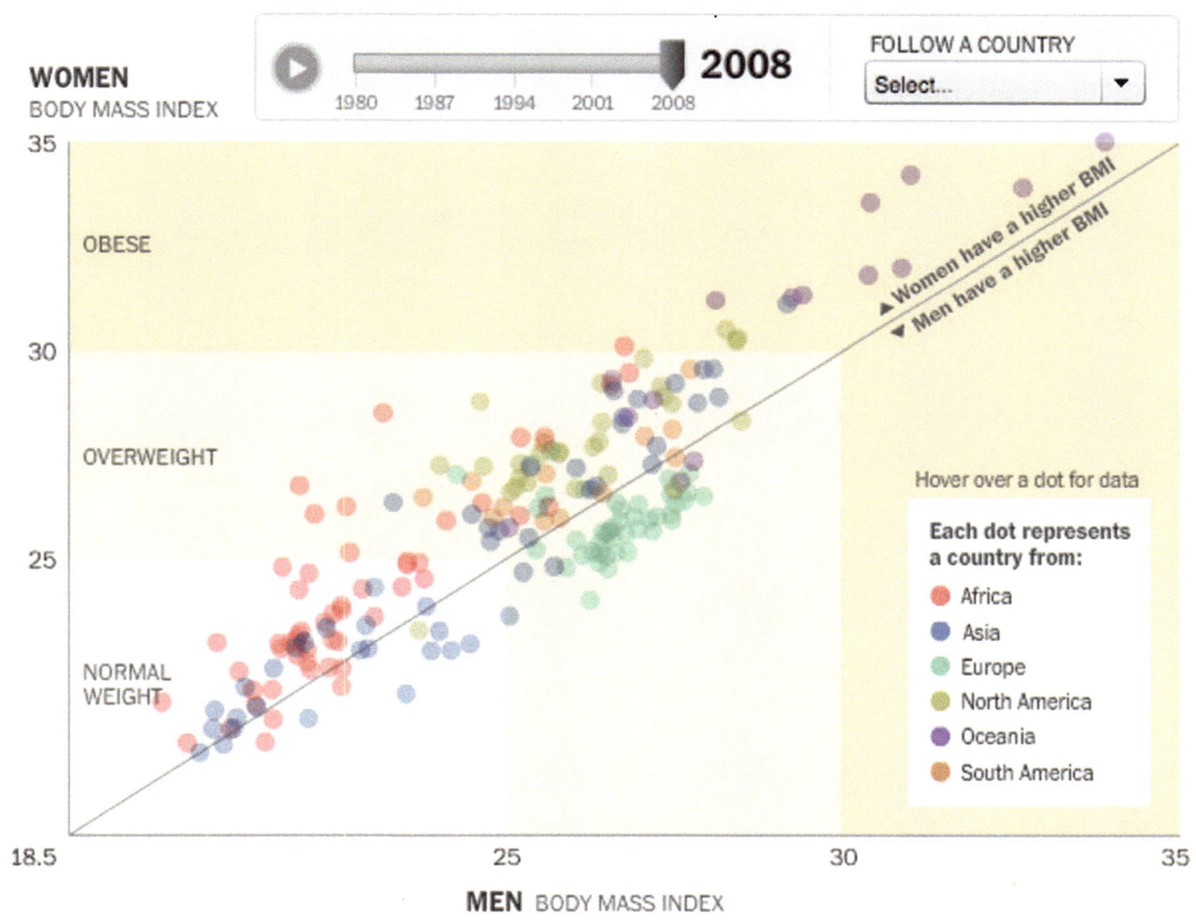

Abb. 250
Dieses Streudiagramm erstellten Wilson Andrews und Todd Lindeman als interaktive Visualisierung für die Washington Post (Washington Post, 25. Juni 2011, www.washingtonpost.com/wp-srv/special/health/weight-of-the-world-bmi/).

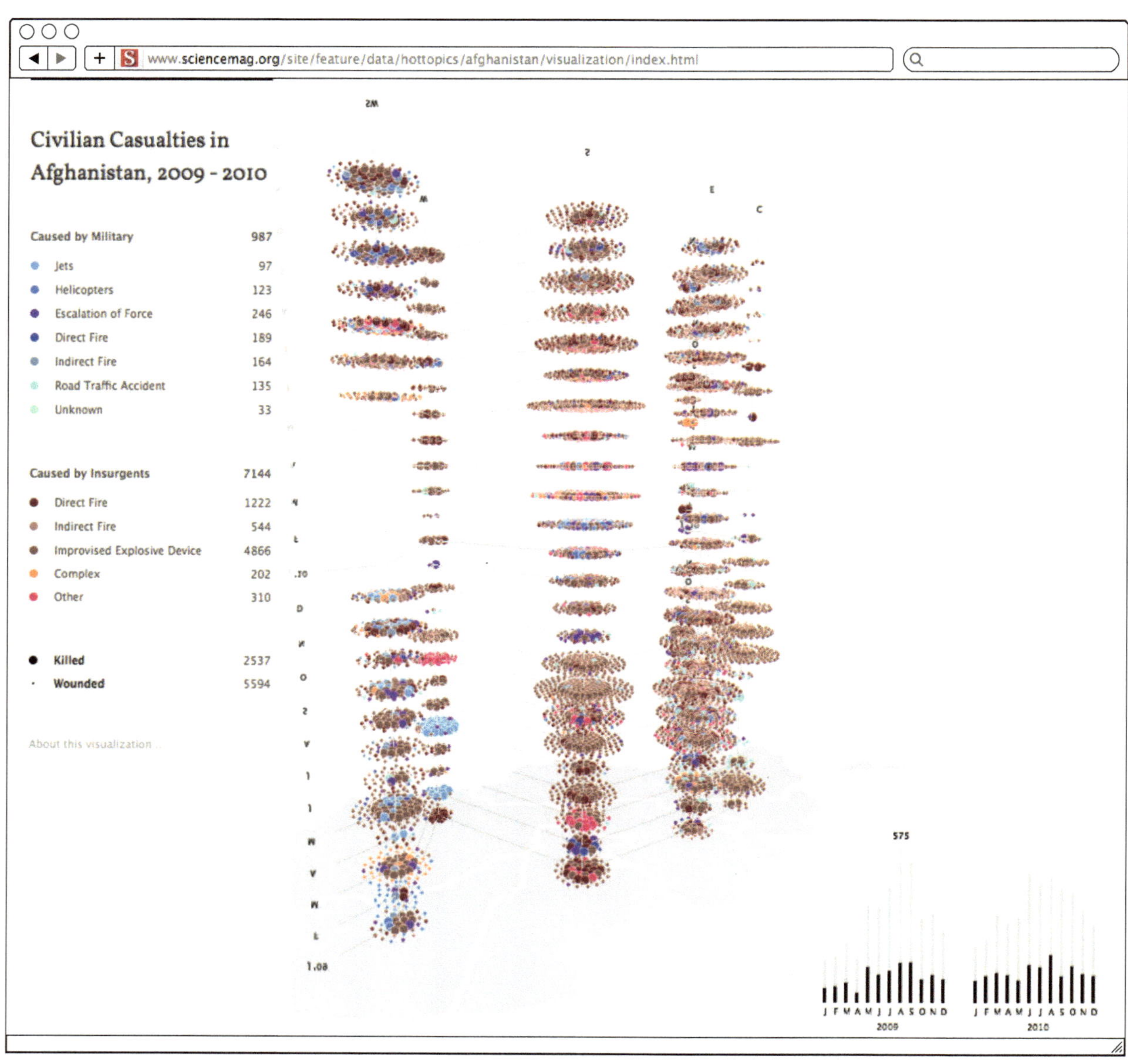

Abb. 251 a–b
Ein interaktives Streudiagramm von Science (www.sciencemag.org/site/feature/data/hottopics/afghanistan/) lässt nachvollziehen, wie viele Verwundete und Tote es in welchen Regionen von Afghanistan in den Jahren 2009–2010 gab, wodurch sie sich ereigneten und ob sie durch Militär oder durch Aufständische verursacht wurden. Dieser Plume Graph (www.plumegraph.org) lässt sich in einem WebGL-fähigen Browser darstellen (z.B. FireFox 4, Google Chrome 9, Safari 10.6). Er kann in alle Richtungen gedreht werden und man kann in ihn hineinzoomen. Die Inhalte wurden durch den Journalisten John Bohannon recherchiert. Gestaltet und umgesetzt wurde dieses interaktive Streudiagramm durch George Michael Brower.

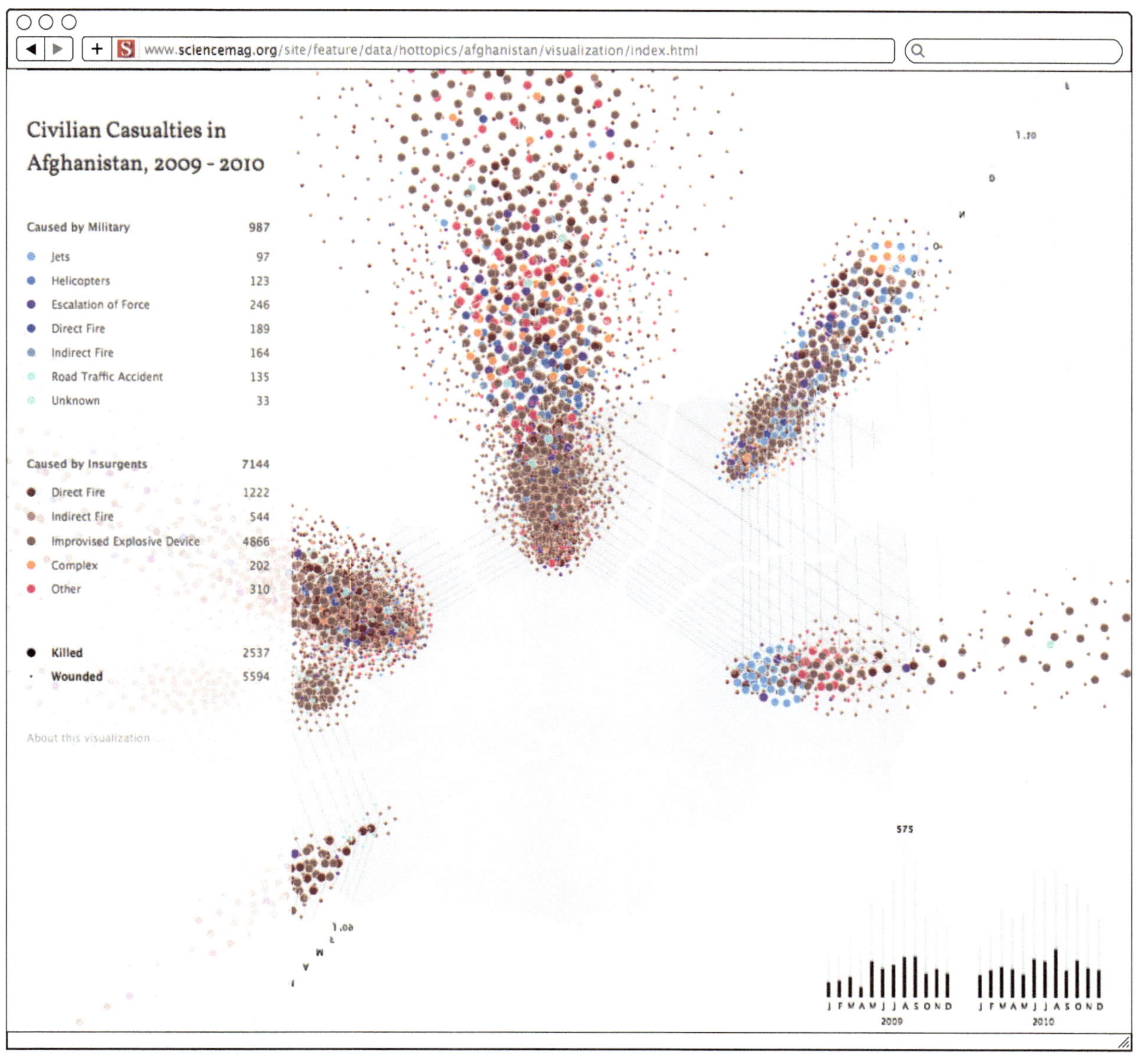
www.sciencemag.org/site/feature/data/hottopics/afghanistan/visualization/index.html
Civilian Casualties in Afghanistan, 2009 - 2010
Caused by Military 987
Jets 97
Helicopters 123
Escalation of Force 246
Direct Fire 189
Indirect Fire 164
Road Traffic Accident 135
Unknown 33
Caused by Insurgents 7144
Direct Fire 1222
Indirect Fire 544
Improvised Explosive Device 4866
Complex 202
Other 310
Killed 2537
Wounded 5594
About this visualization ...
575
J F M A M J J A S O N D
2009
J F M A M J J A S O N D
2010

Abb. 252
Flächendiagramm
mit Überlagerungen
(Abb.: devexpress.com).

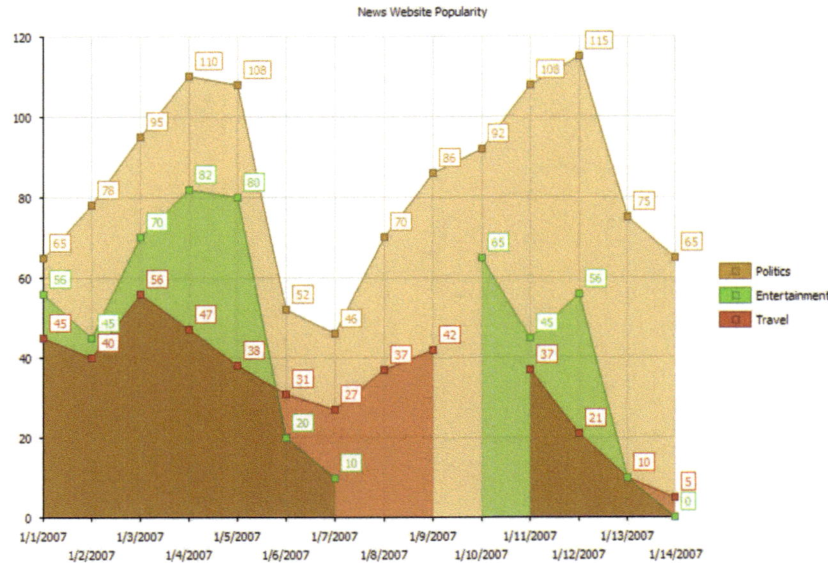

Beim **Flächendiagramm**, auch **Area Chart** genannt, wird die Größe eines Wertes mittels Flächen dargestellt. Grundsätzlich ähnelt das Flächendiagramm dem Liniendiagramm, wobei sich die Flächen zwischen Achsen und Linien bilden und durch Farben, Schraffur oder Muster differenziert werden. Durch Überlagerung können weitere Flächen entstehen.

Abb. 253
Flächendiagramm
zum Weltenergiebedarf
(Abb.: www.asue.de).

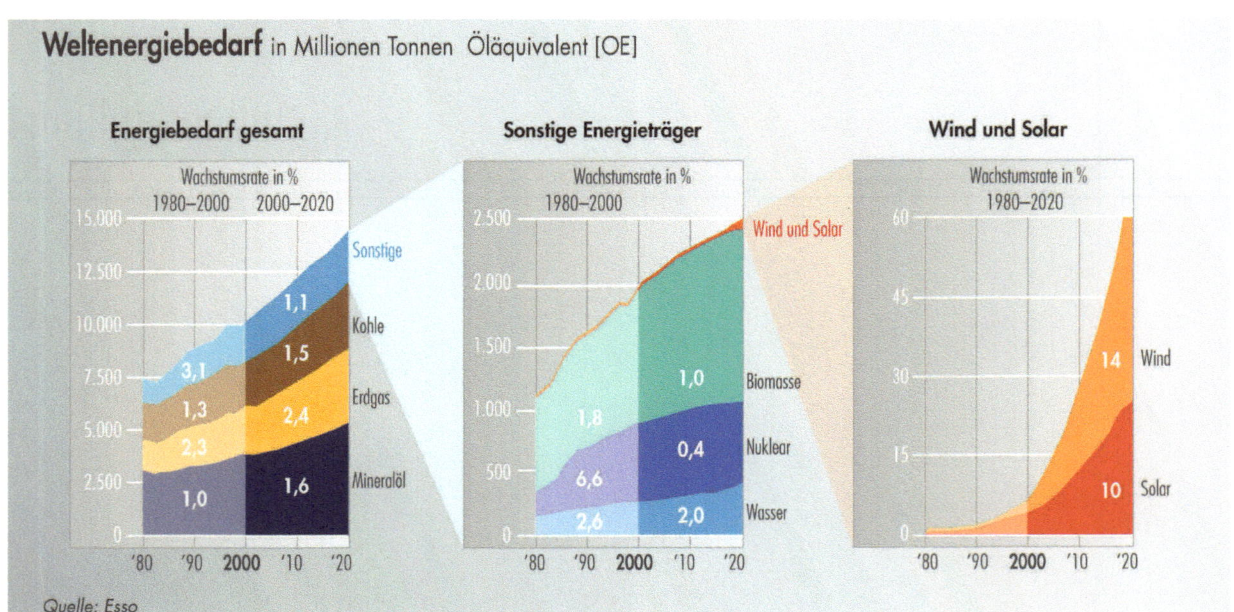

Abb. 254 a–c
Die Flächendiagramme zeigen den Frischwasserverbrauch in Litern je Einwohner im Jahr 2000 an, sowohl mit Kurven und als auch mit Geraden isometrisch (Abb. aus *Anatomie der Datengrafik* von Tobias Nusser & Tom Ziora, HfG Schwäbisch Gmünd, 2007).

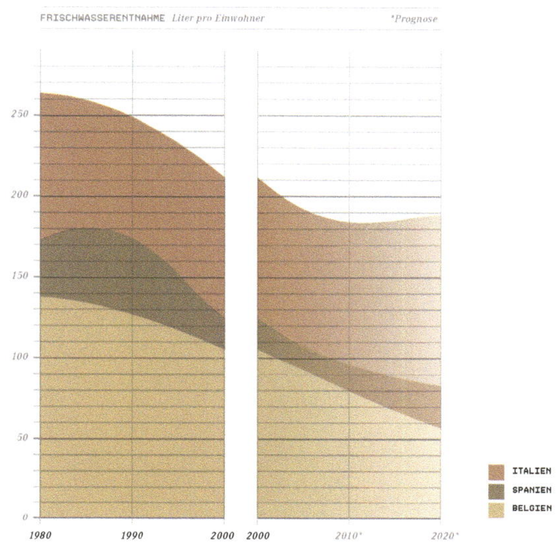

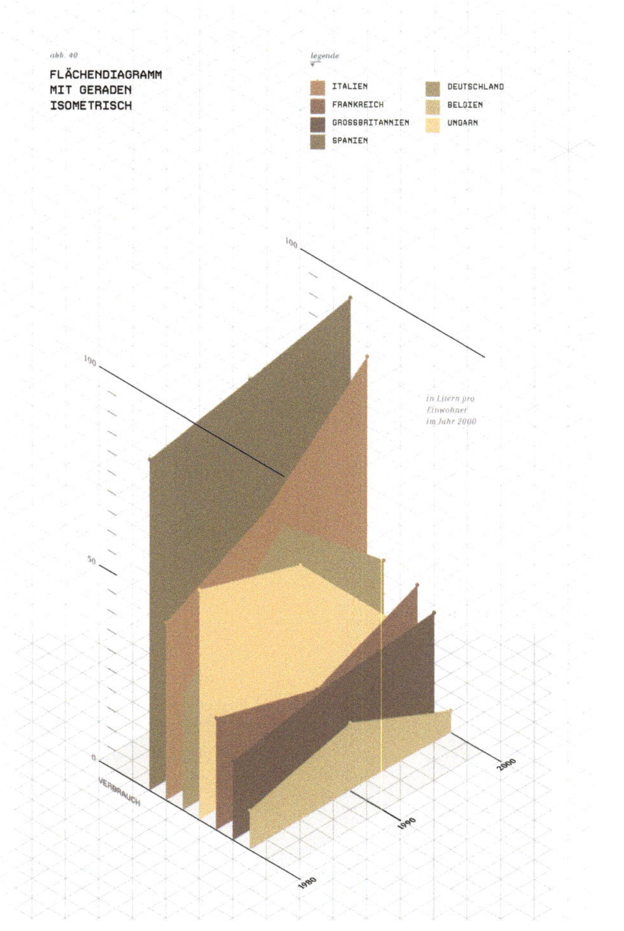

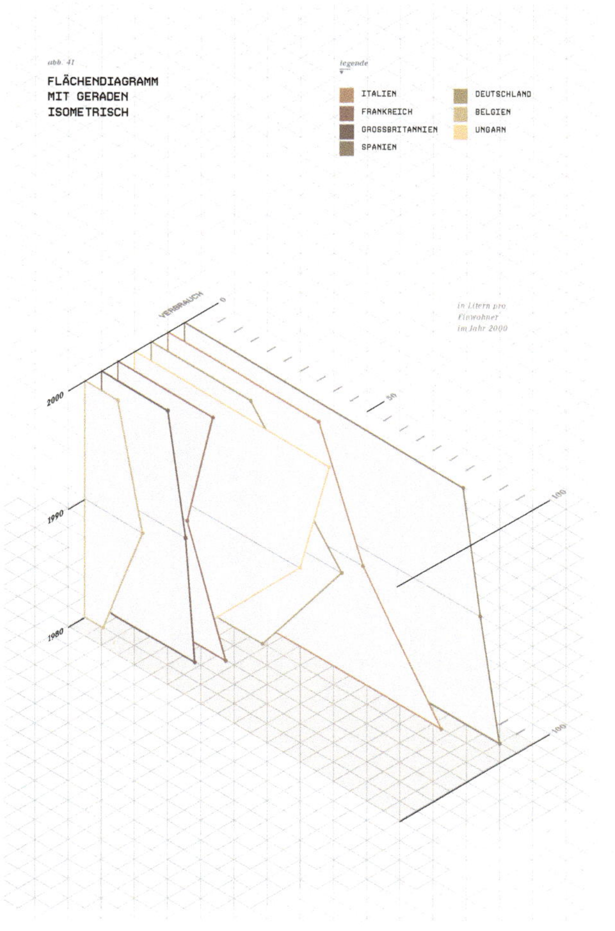

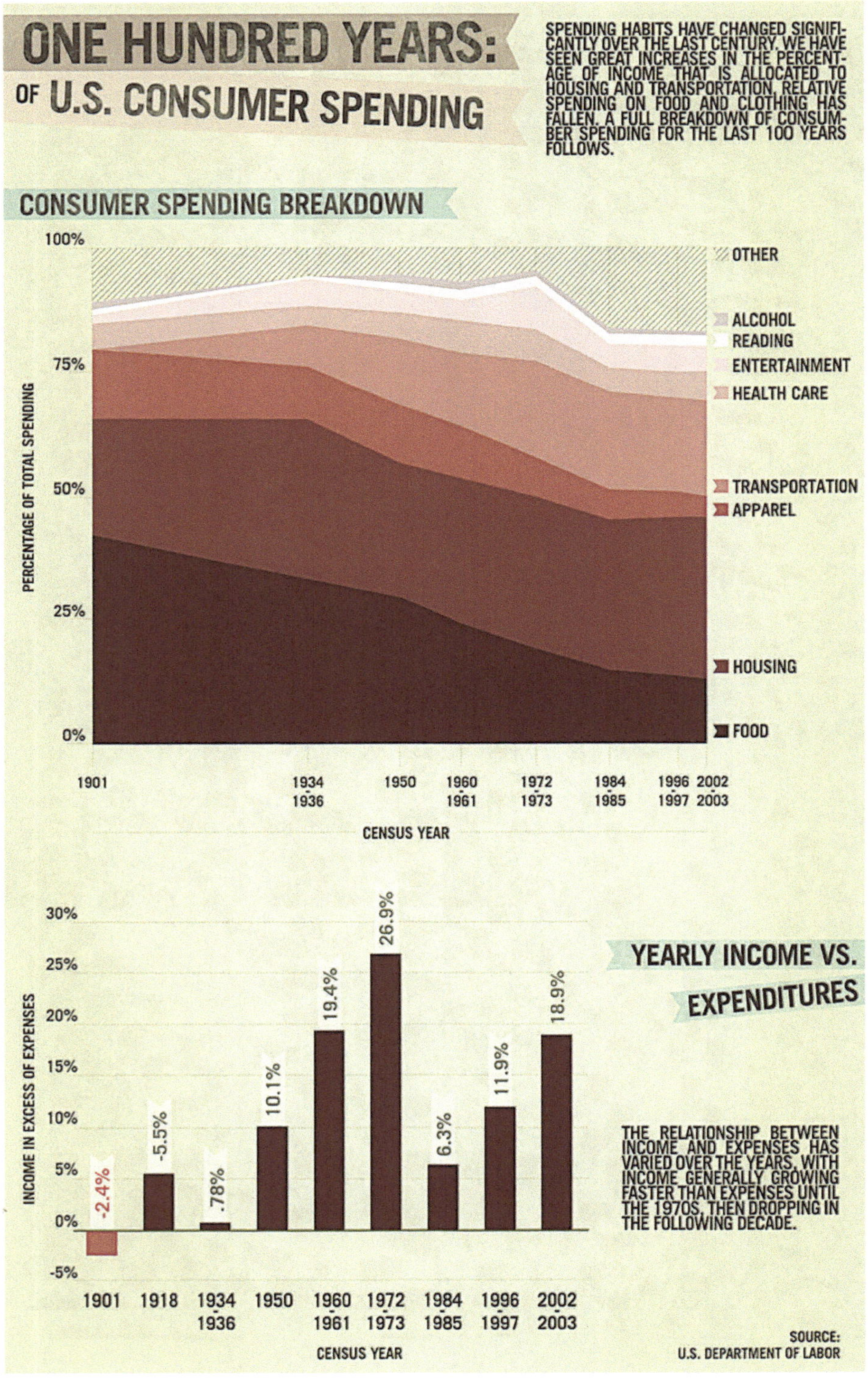

Abb. 255
Das Flächendiagramm (oben) zeigt das Konsumverhalten der US-Amerikaner in den letzten hundert Jahren. Es wurde um ein Säulendiagramm ergänzt. Die Daten stammen vom U. S. Department of Labor (www.visualeconomics.com/100-years-of-consumer-spending).

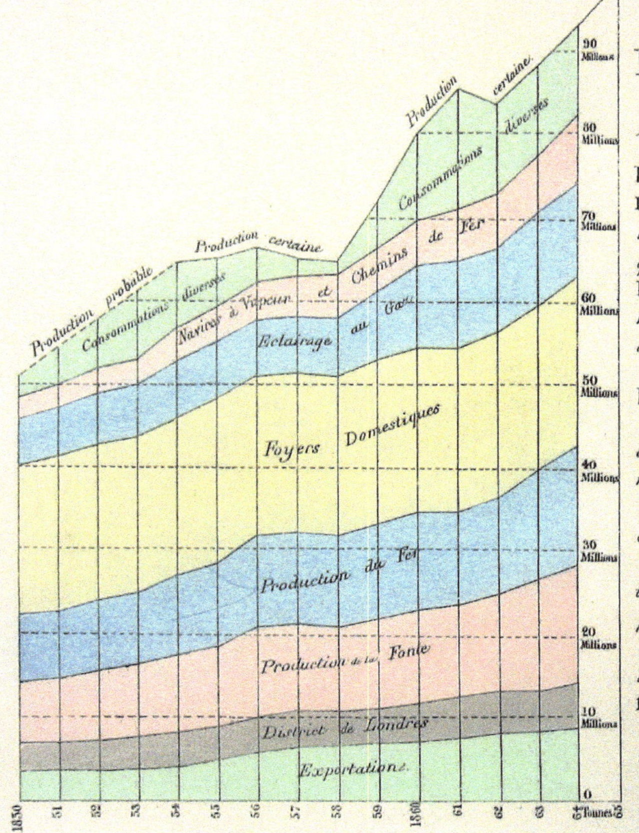

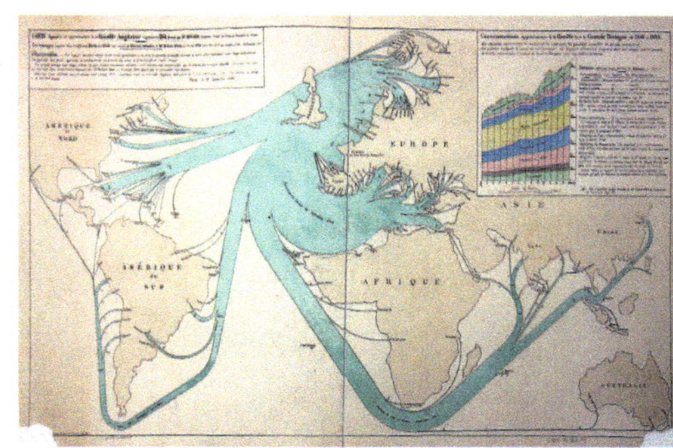

Abb. 256 a–b
Charles Joseph Minard erstellte diese Karte über die Mengenströme der Britischen Kohle-Exporte in Kombination mit einem Flächendiagramm im Jahr 1864. Das Flächendiagramm zeigt u. a. die Steigerung der Eisenproduktion und des Gasverbrauchs sowie den Einsatz von Dampfmaschinen in Schiffen und Zügen in der Zeitspanne von 1850 bis 1864.

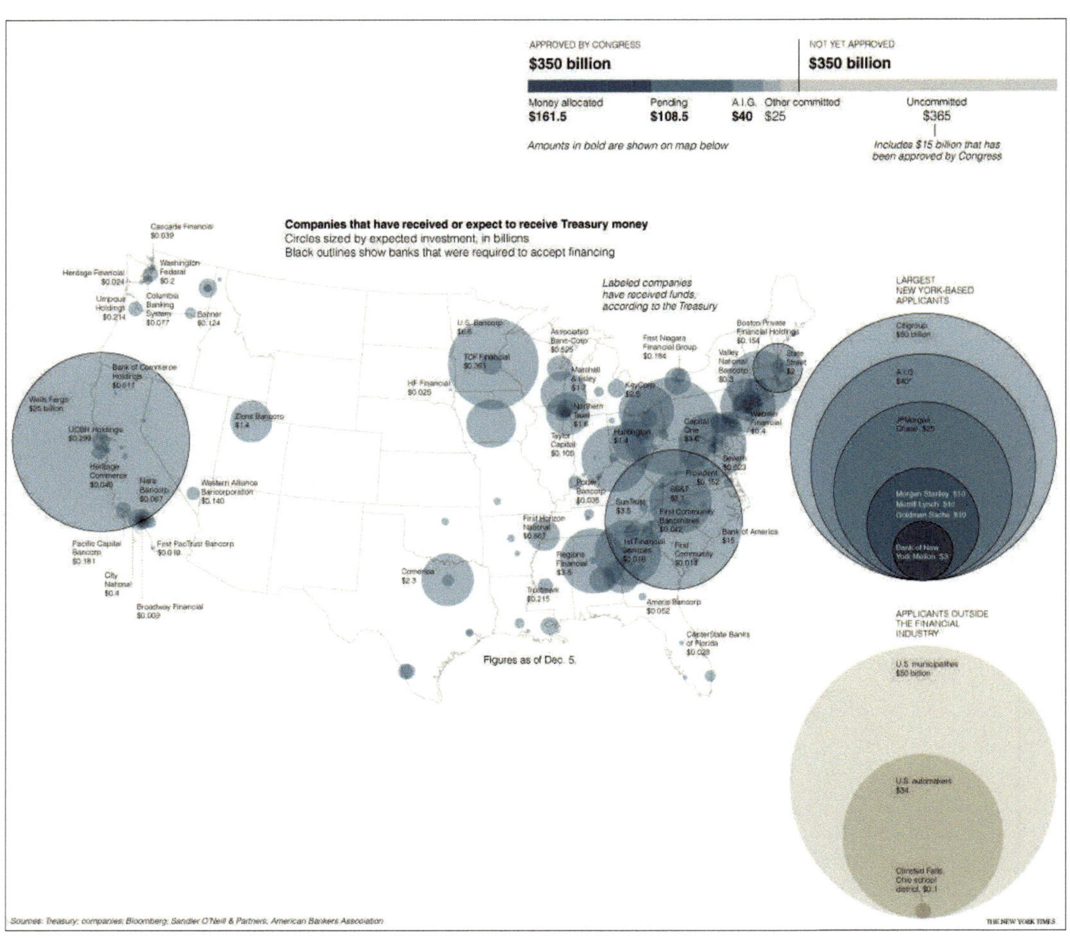

Abb. 257
Ein Blasendiagramm über die Verteilung der finanziellen Rettungsschirme zur Wirtschaftskrise 2010 in den USA (The New York Times).

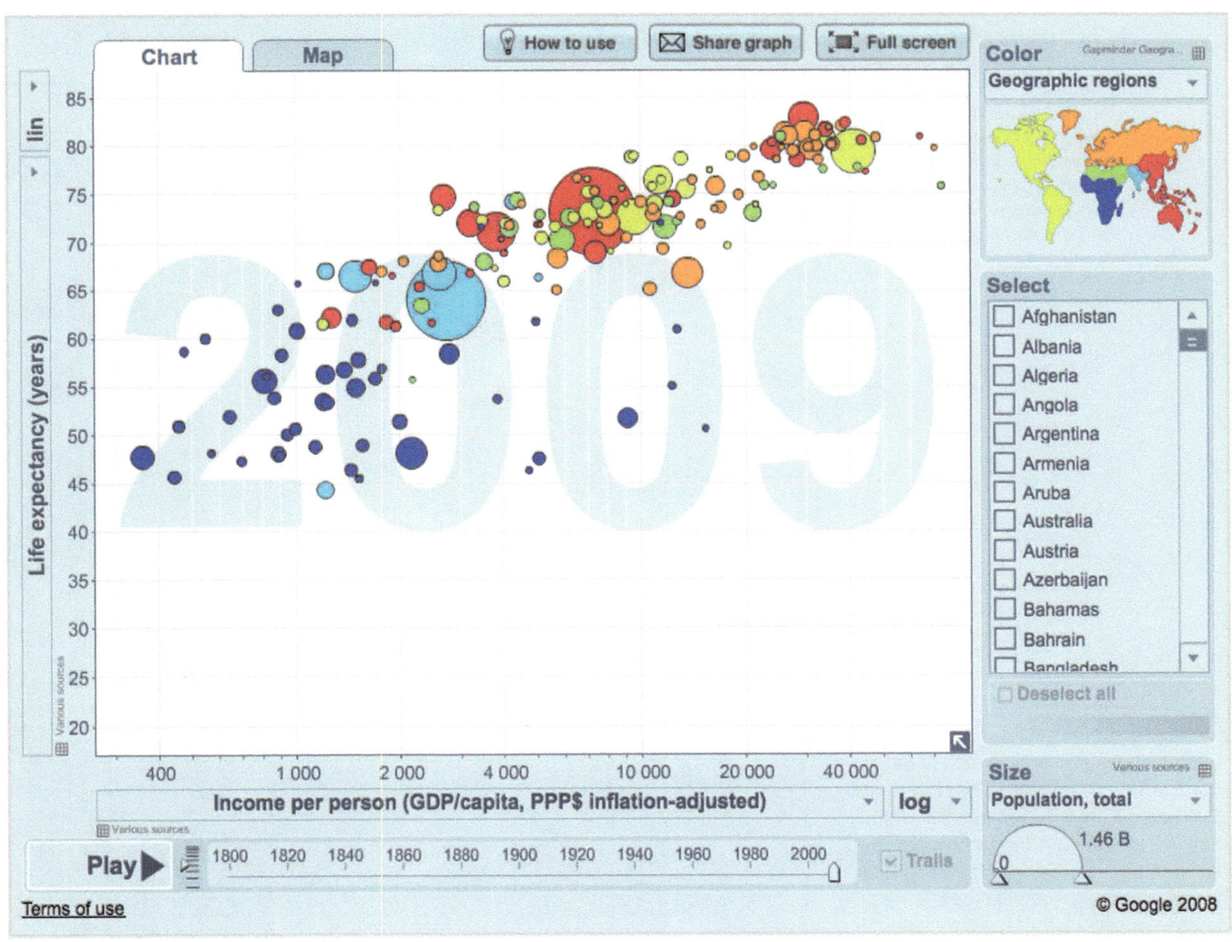

Abb. 258
Eine Variante des Flächendiagramms ist das **Blasendiagramm**, auch **Bubble Chart** genannt. Gezeigt wird hier eine Kombination mit der Darstellungsmethode des Streudiagramms (www.gapminder.org/world).

Abb. 259
Mit diesem Spinnendiagramm wird die politische Positionierung von Parlamentariern und Fraktionen des schweizerischen Nationalrats sichtbar gemacht (http://sotomo.geo.unizh.ch).

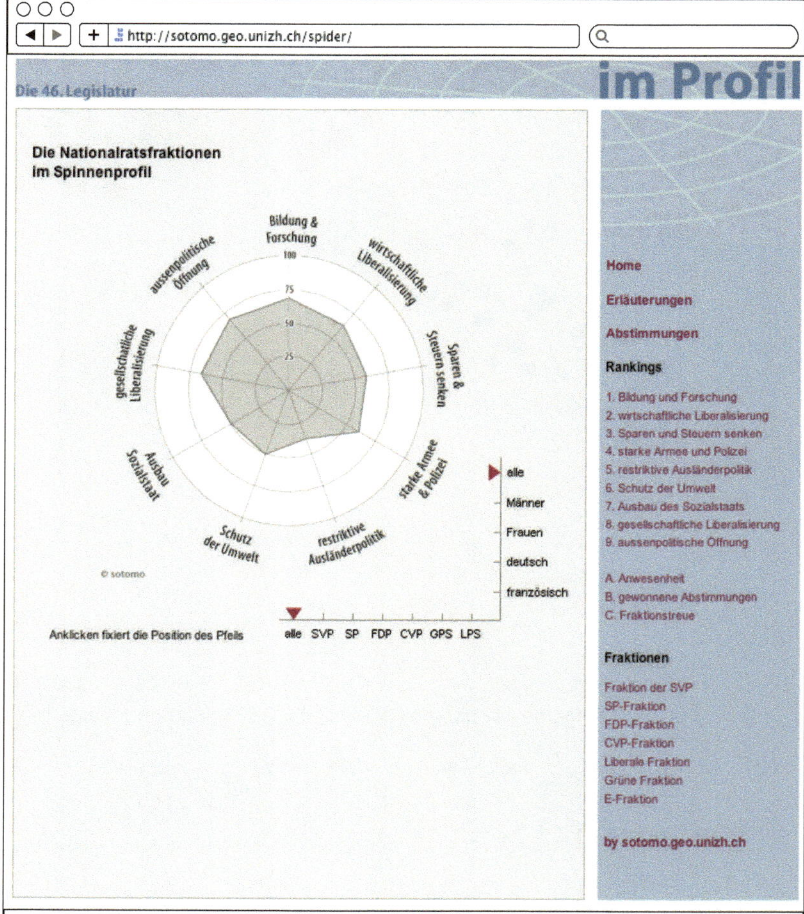

Ein Spinnendiagramm, auch **Netzdiagramm** oder **Spider Chart** genannt, stellt eine Kombination aus Tabellen, Balken- und Tortendiagramm dar. Es kann mehrere gleichwerte Kategorien wiedergeben, die jeweils über eine eigene Achse verfügen, an der die jeweiligen Werte übertragen werden. Diese Diagrammform wurde 1877 von **Georg von Mayr** für das Arbeiten mit Statistiken eingeführt.

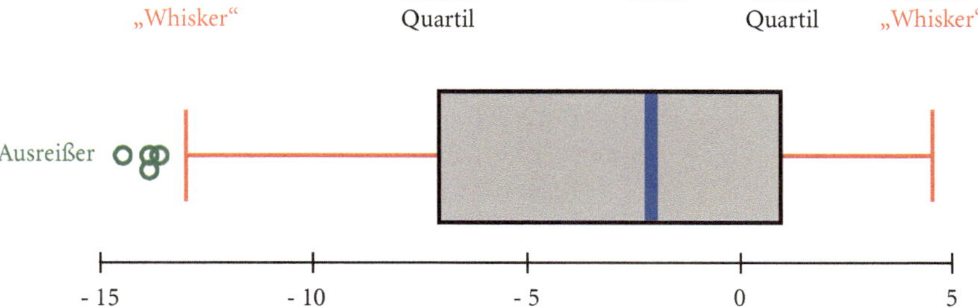

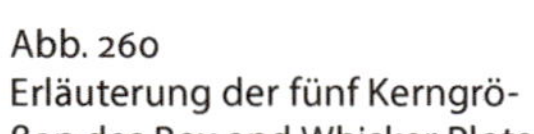
Abb. 260
Erläuterung der fünf Kerngrößen des Box and Whisker Plots.

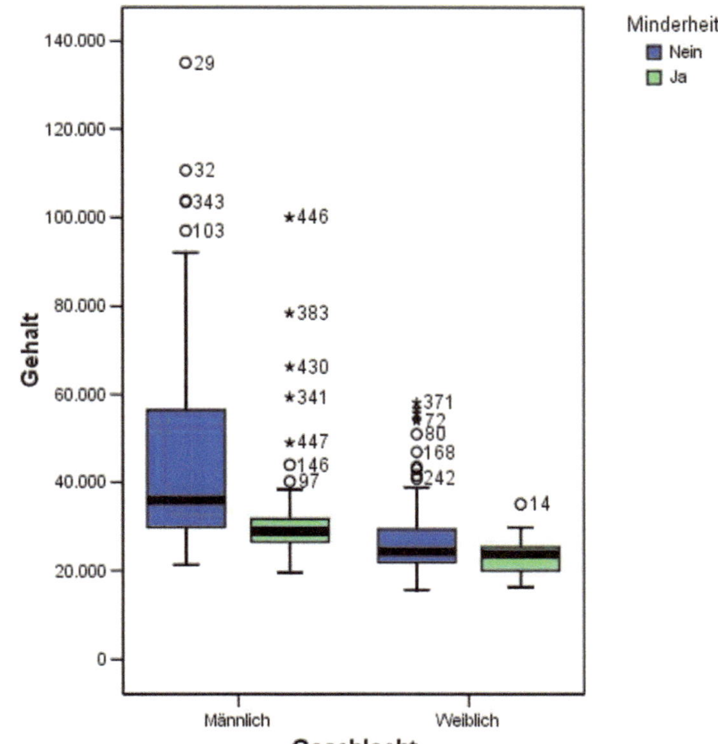

Abb. 261
Das Diagramm zeigt die Höhe von Gehältern und die entsprechende Verteilung bei den Geschlechtern. Zusätzlich wird die Verteilung bei Minderheiten angezeigt. Dadurch ergeben sich vier Gruppen (Abb.: www.wikia.com).

Der Statistiker **John Wilder Tukey** prägte seit 1965 mehrere Methoden der grafischen Datenanalyse in der Statistik, darunter auch den Box and Whisker Plot, auch **Tukey Box Plot** genannt. Mit dem Box and Whisker Plot gewinnt man einen schnellen Überblick darüber, in welchem Bereich die Daten liegen und wie sie sich über diesen Bereich verteilen, da er der Darstellung der fünf von Tukey geprägten Kenngrößen eines Datensatzes dient: unteres Extremum, unteres Quartil, Median (mittleres Quartil), oberes Quartil und oberes Extremum.

6.3 Visualisierung von Daten – Information-Mapping

Tabellen, Balken- und Tortendiagramme sind die bekanntesten Formen der Infografik. Es gab bereits zahlreiche Versuche, die Menge an Daten, die erst durch die Digitalisierung und Computerisierung erkannt und einigermaßen interpretiert werden, mit eben diesen Mitteln zu visualisieren. Oft wird dabei in erster Linie an die Visualisierung der Menge an Daten gedacht, anstatt Werkzeuge zu entwickeln, die dem Anwender nur das anzeigen, was er gerade zu finden hofft bzw. was er überhaupt zu verarbeiten in der Lage ist.

Oft sind diese Visualisierungen nett anzuschauen, aber wenig hilfreich, wenn es darum geht, Daten zu Informationen zu transformieren. Die Interpretation und Nutzung solcher Visualisierungen bleibt dann dem Zufall oder bei komplexen Softwarewerkzeugen Profis überlassen.

Information-Mapping kann auch der **Inszenierung von Information bzw. Daten** dienen. Bei dem Projekt ›The Dumpster‹ (Abb. 268) werden Informationen zu Daten zurückverwandelt. Hierbei ist den Autoren dieses Internetangebots offensichtlich die Visualisierung der Existenz von Daten wichtiger, als die mit diesem System zusammengefassten Informationen. Mit Informationdesign bzw. Visualisierung ist nicht grundsätzlich nur die Schaffung von Gebrauchswert beabsichtigt, sondern bisweilen auch die Darstellung von Zuständen. The Dumpster bildet Textdaten aus Weblogs ab, in denen Jugendliche ihre Paarbeziehungen diskutieren, und konzentriert sich dabei ausschließlich auf jene Dialoge, bei denen die Beziehung von einem beendet wurde. The Dumpster visualisiert so ca. 20 000 beendete Beziehungen aus dem Jahr 2005. Die Dialoge der Jugendlichen werden so zu statistisch erfassten Daten und das Informationdesign dient der Inszenierung der Daten.

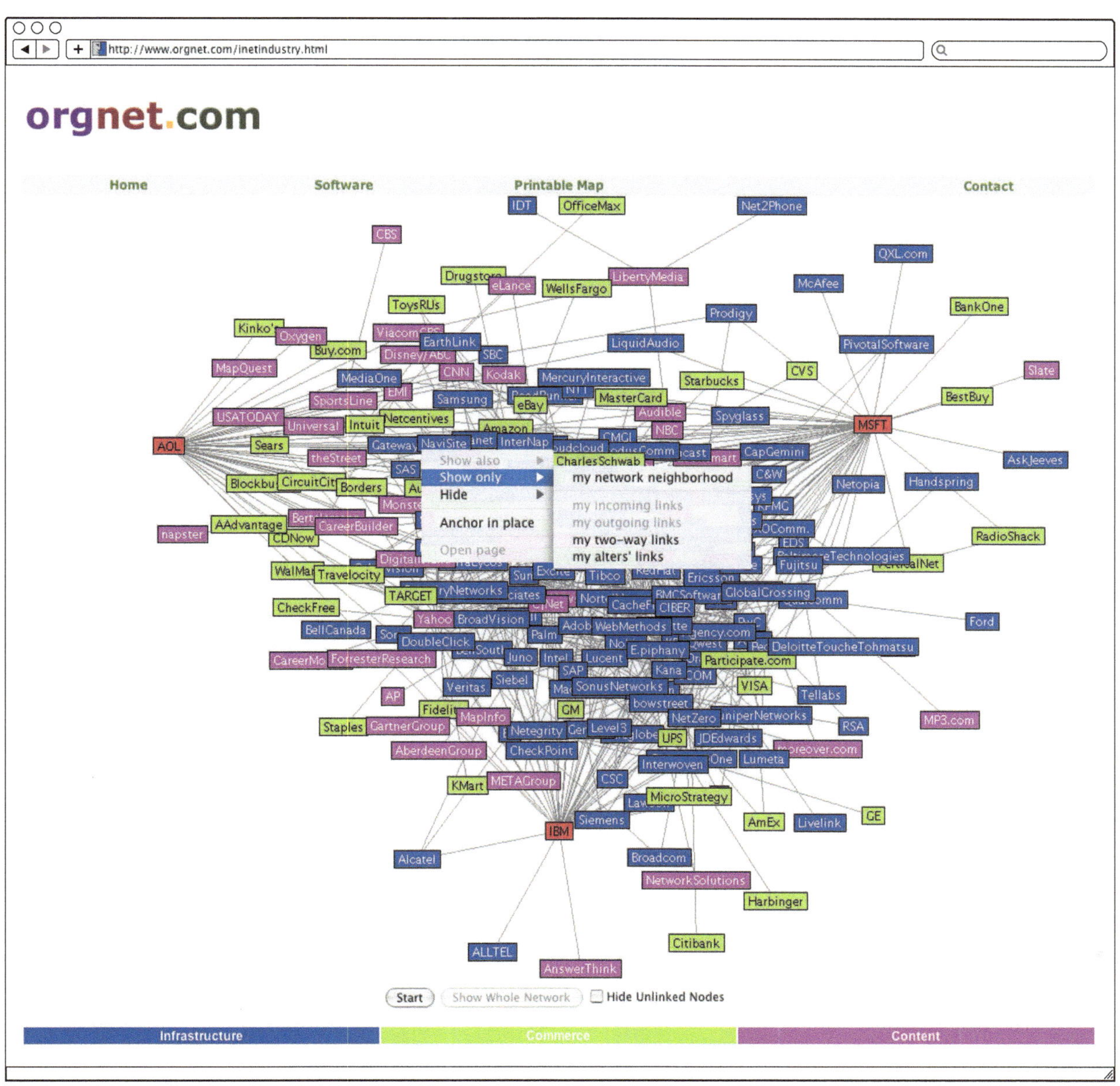

Abb. 262
Diese **Conceptual Map** of Cyberspaces zeigt die Verflechtungen von 222 Firmen der Internetindustrie. Die drei Firmen Microsoft, AOL-Time-Warner, und IBM bilden dabei die Zentren. Mit drei Farben sind die Themenbereiche visualisiert. Bei gedrückter rechter Maustaste (bei Mac mit Ctrl-Taste) erscheint ein Kontextmenü, über das die Darstellung der Zusammenhänge differenziert wiedergegeben werden kann. Copyright © 2000, Valdis Krebs (www.orgnet.com/netindustry.html).

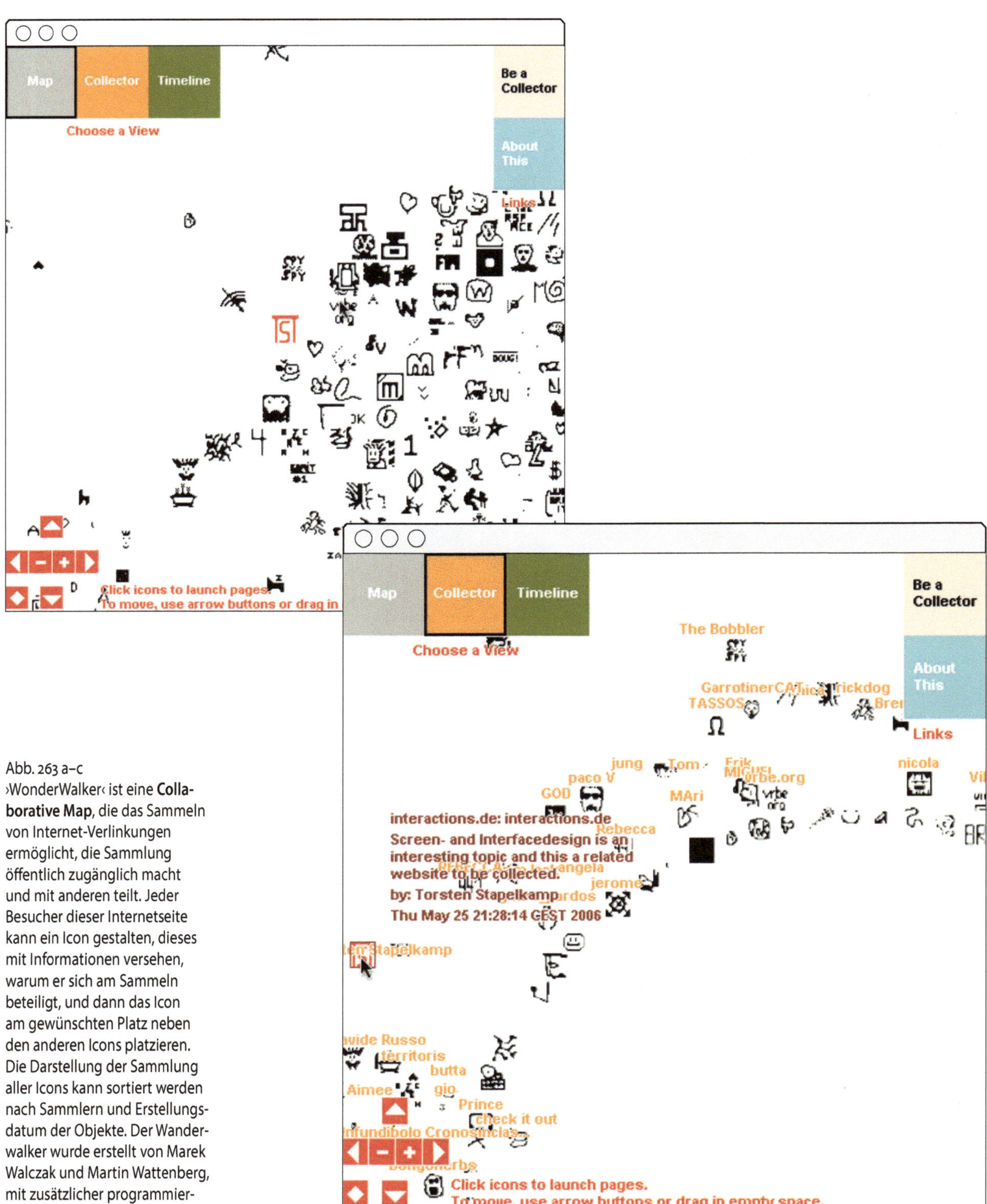

Abb. 263 a–c
›WonderWalker‹ ist eine **Collaborative Map**, die das Sammeln von Internet-Verlinkungen ermöglicht, die Sammlung öffentlich zugänglich macht und mit anderen teilt. Jeder Besucher dieser Internetseite kann ein Icon gestalten, dieses mit Informationen versehen, warum er sich am Sammeln beteiligt, und dann das Icon am gewünschten Platz neben den anderen Icons platzieren. Die Darstellung der Sammlung aller Icons kann sortiert werden nach Sammlern und Erstellungsdatum der Objekte. Der Wanderwalker wurde erstellt von Marek Walczak und Martin Wattenberg, mit zusätzlicher programmiertechnischer Unterstützung durch Jonathan Feinberg (http://wonderwalker.walkerart.org).

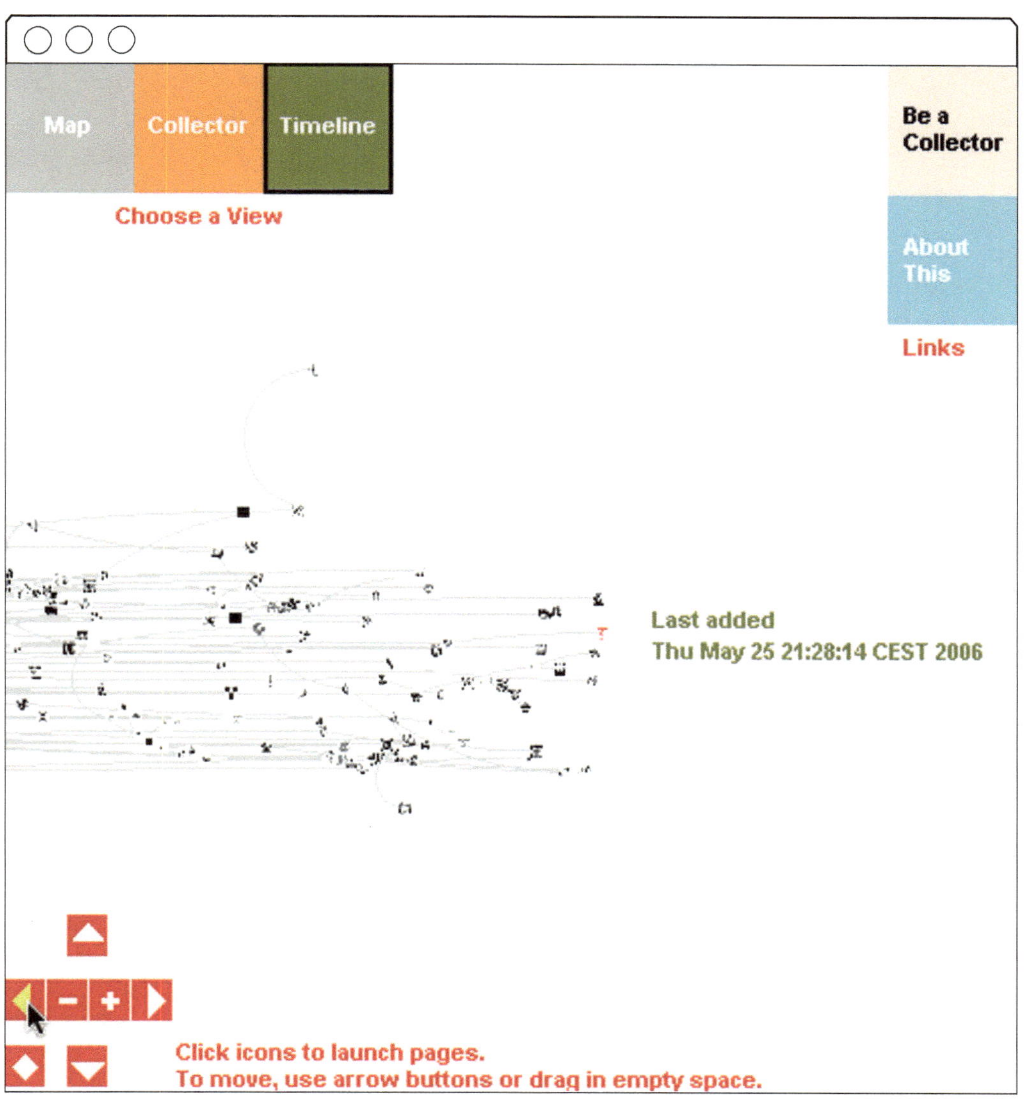
Map
Collector
Timeline
Choose a View
Be a Collector
About This
Links
Last added
Thu May 25 21:28:14 CEST 2006
Click icons to launch pages.
To move, use arrow buttons or drag in empty space.

Y
X

Abb. 264 a–b
Das Walrus Graph Visualization Tool ist eine **Topology Map** von CAIDA, Cooperative Association for Internet Data Analysis. Mit ihm ist beabsichtigt, einerseits den globalen Kontext, und andererseits bei Bedarf auch das Detail gleichermaßen anzeigen zu können (www.caida.org/tools/visualization/walrus).

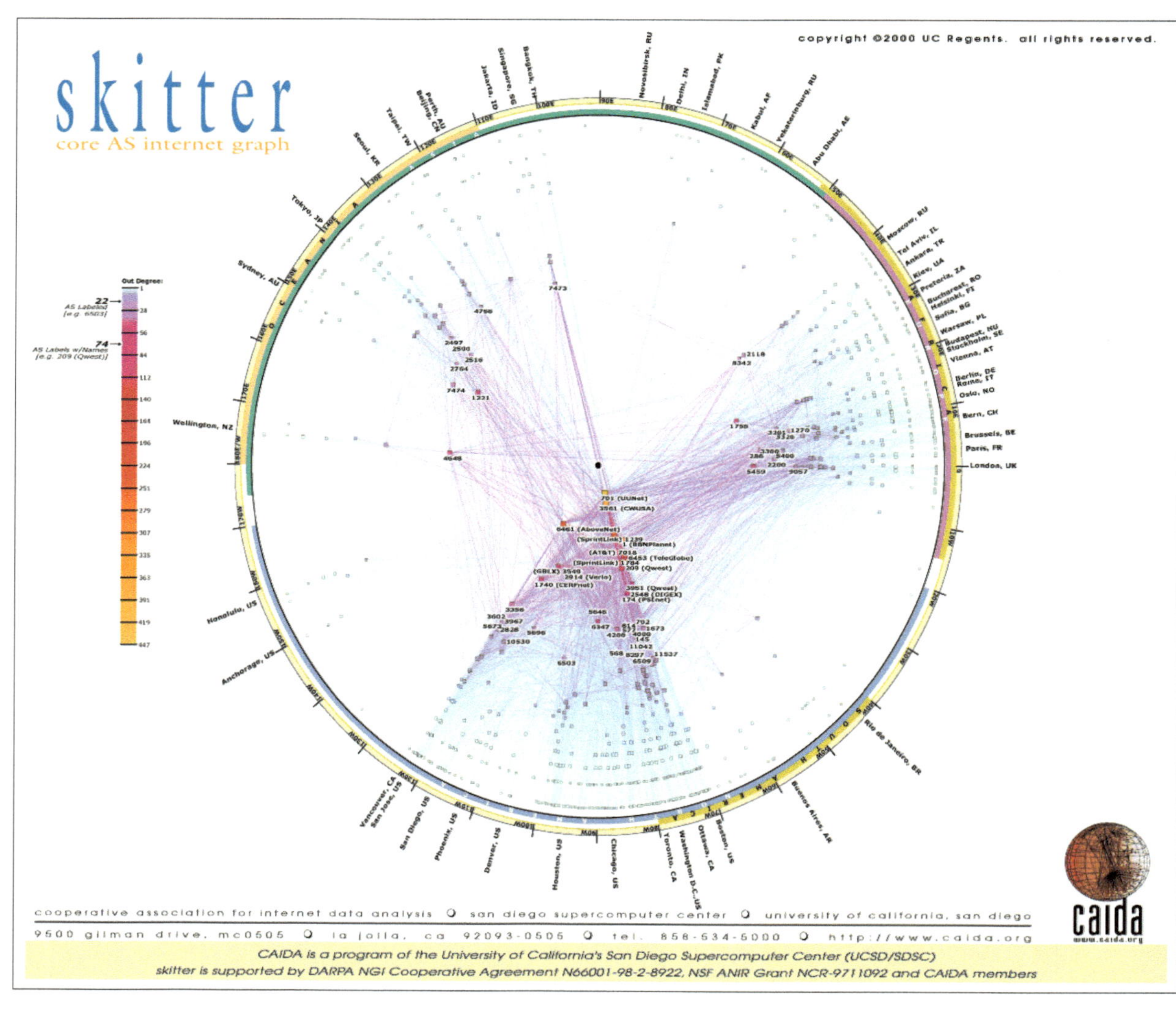

Abb. 265
Mit einer weiteren Topology Map von CAIDA wird der Internet-Traffic von zwei Wochen visualisiert. Die Grafik erfasst 926201 miteinander kommunizierende IP-Adressen und 2000796 IP-Links aus dem Bemessungszeitraum vom 4. April–17. April 2005. Team: Brad Huffaker, Andre Broido, Marina Fomenkov, Young Hyun, Dan Andersen, Ken Keys, David Moore, kc claffy. Skitter developers: Ryan Koga, Anukool Lakhina, Daniel McRobb. Artwork Design: Oliver Jakubiec, Margaret Murray, Betty Y. Tso, Lisa Hecht (www.caida.org/analysis/topology/as_core_network)

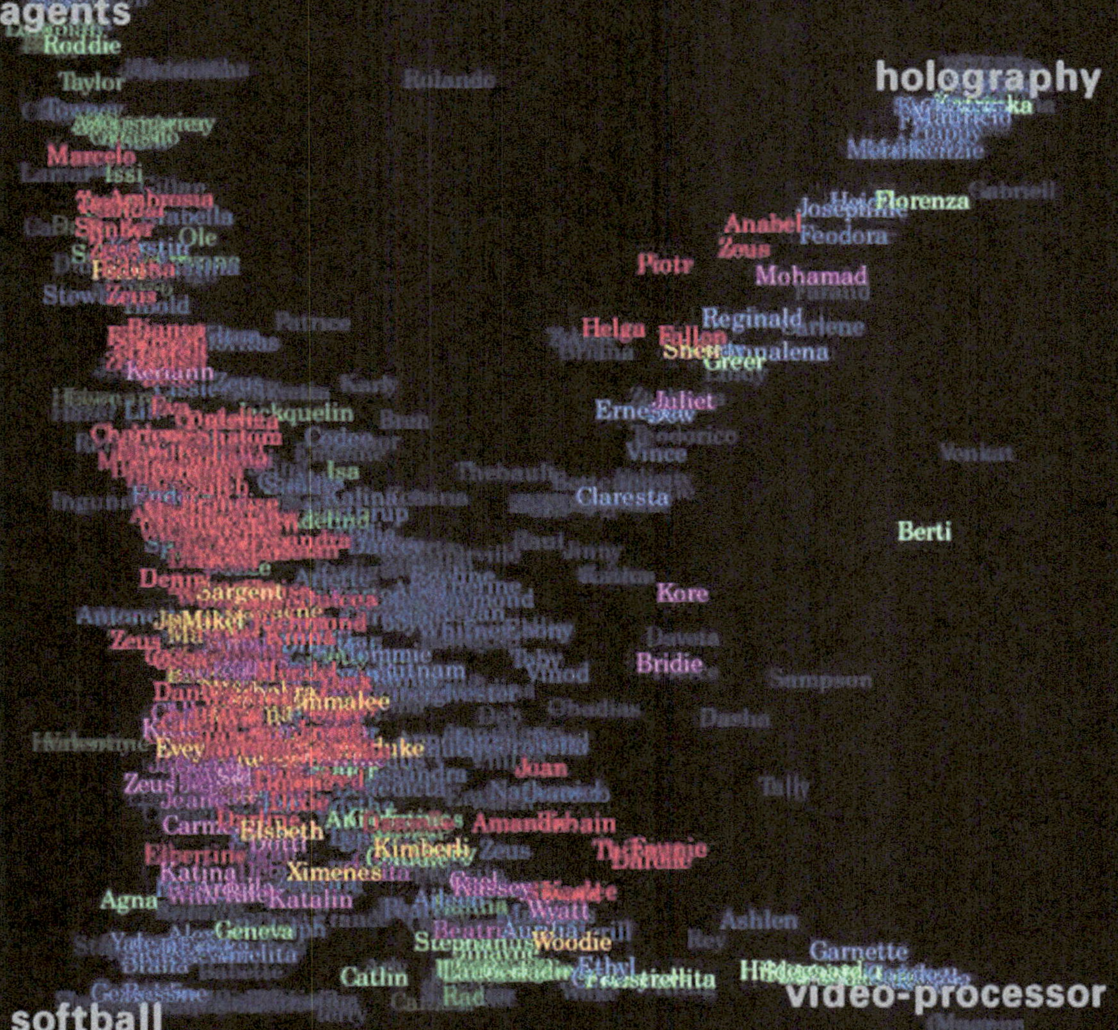

Abb. 266
Diese **Information Space Map** von Judith S. Donath hat den Titel ›Social network fragments‹. Das Projekt entstand 1999 am Media Lab, MIT, USA, und beschäftigt sich damit, das Kontakte per E-mail entstehen können und visualisiert, in welchem Zusammenhang die einzelnen Personen zueinander stehen. Jede Farbe steht für eine Gruppe von Kontakten. Rot z. B. steht für Forschungskontakte und Gelb für Freunde. Außerdem wird durch Nähe bzw. Entfernung der Namen zueinander angezeigt, welche Personen in enger oder weniger enger Beziehung zueinander stehen. Je mehr man in die Visualisierung hineinzoomt, umso deutlicher werden Personengruppen sichtbar, die sich auf Grund ihrer E-mail Interaktion gebildet haben (http://smg.media.mit.edu/people/Judith/).

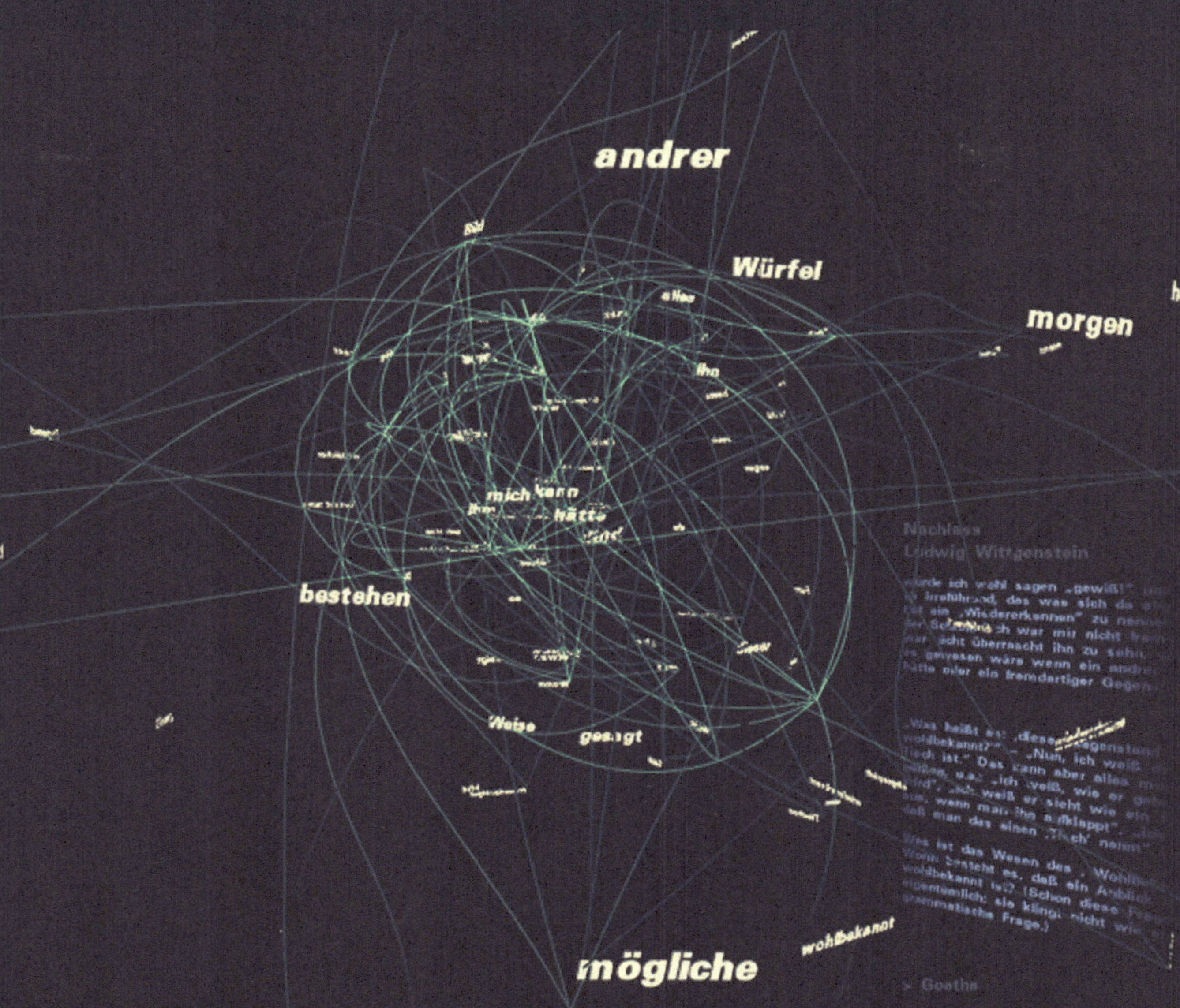

Abb. 267
›Valence‹ von Ben Frey ist ein **dreidimensionaler Informationsraum.** Bei einer Installation zur ars electronica 2001 in Linz konnte mit Valence ein philosophischer Text von Wittgenstein und Goethes Faust in Beziehung zueinander gesetzt werden (http://acg.media.mit.edu/people/fry/valence/ars2001).

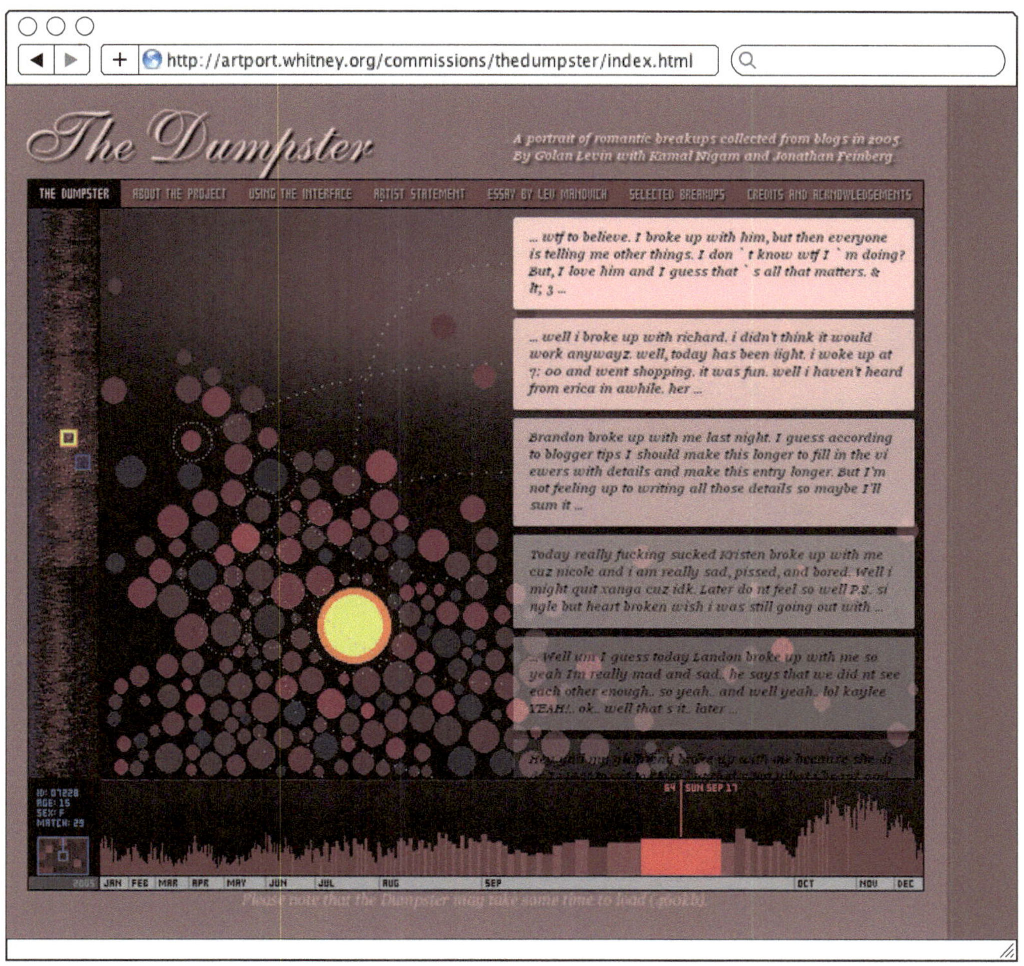

Abb. 268
The Dumpster, von Golan Levin, Kamal Nigam und Jonathan Feinberg entstand mit der Unterstützung von Whitney Artport, Tate Online und Intelliseek. Die Version 1.0 von The Dumpster wurde mit Processing erstellt und zum Valentinstag 2006 im Internet publiziert (http://artport.whitney.org/commissions/thedumpster/about.html).

Flowcharts eignen sich besonders dann, wenn es darum geht, vorgegebene Abläufe bzw. Abfolgen darzustellen. Ein Flowchart verschafft Überblick über die zur Verfügung stehenden aMöglichkeiten und Absichten. Dadurch ergeben sich zwangsläufig Zusammenhänge und Reihenfolgen, die nicht auf einen Weg beschränkt bleiben müssen. Mit dem Flowchart können auch Alternativen verdeutlicht werden, und in der Verdeutlichung dieser Varianten kann die Absicht stecken, genau diesen Diagrammtyp gewählt zu haben.

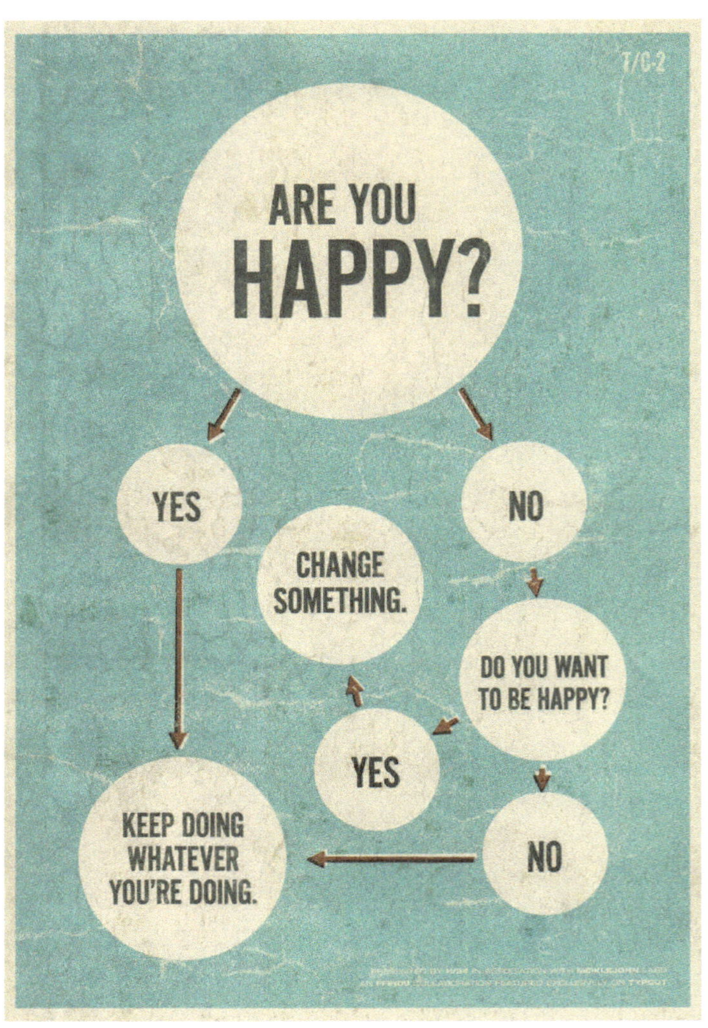

Abb. 269
Are You Happy? von Alex Koplin und David Meiklejohn. Beide Plakate können hier bestellt werden: www.merchline.com/moodgadget/productdisplay.11662.p.htm.

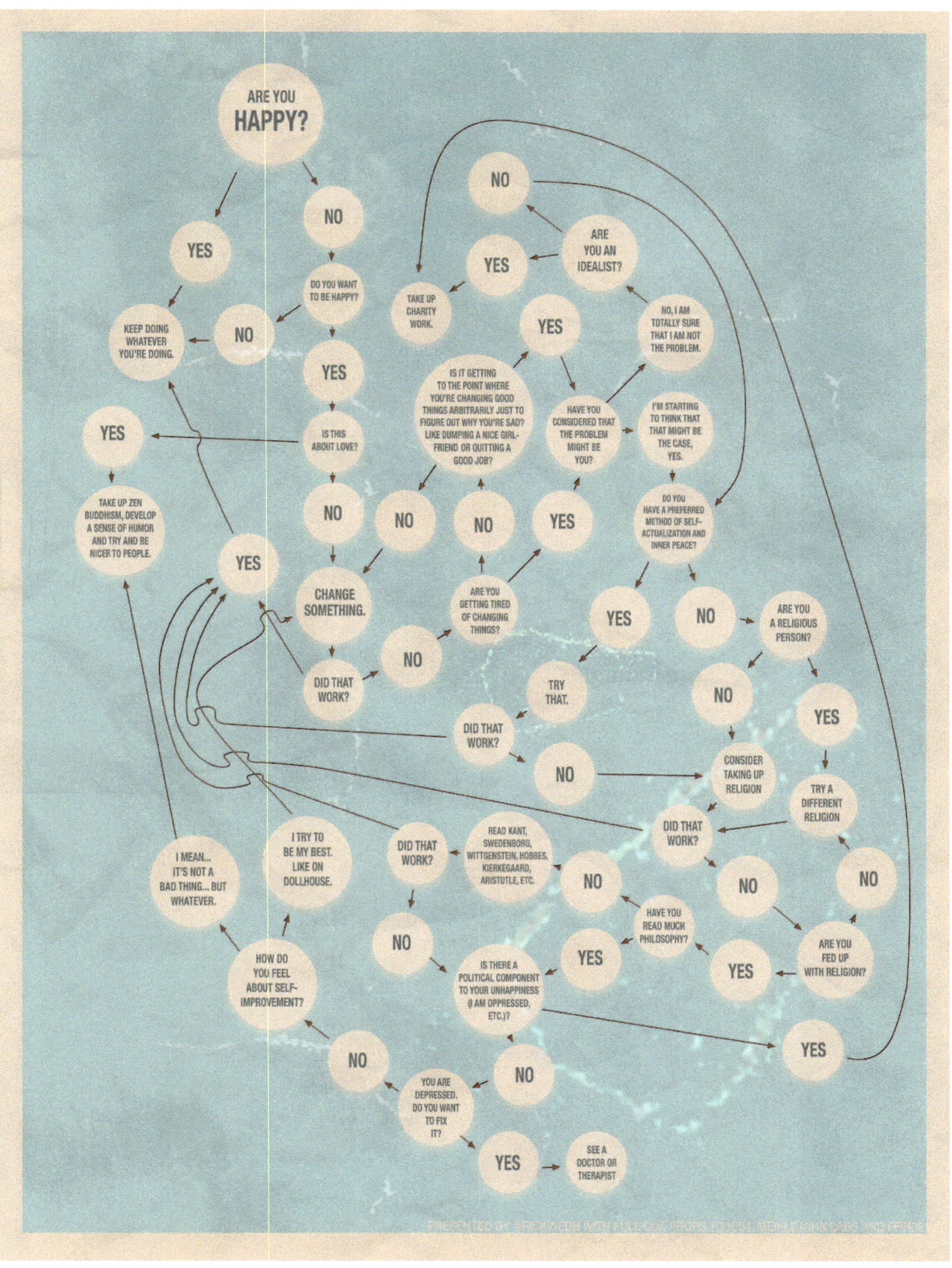
ARE YOU HAPPY?
YES
NO
DO YOU WANT TO BE HAPPY?
NO
KEEP DOING WHATEVER YOU'RE DOING.
YES
IS THIS ABOUT LOVE?
YES
TAKE UP ZEN BUDDHISM, DEVELOP A SENSE OF HUMOR AND TRY AND BE NICER TO PEOPLE.
NO
CHANGE SOMETHING.
DID THAT WORK?
YES
NO
ARE YOU GETTING TIRED OF CHANGING THINGS?
NO
IS IT GETTING TO THE POINT WHERE YOU'RE CHANGING GOOD THINGS ARBITRARILY JUST TO FIGURE OUT WHY YOU'RE SAD? LIKE DUMPING A NICE GIRL-FRIEND OR QUITTING A GOOD JOB?
NO
YES
YES
HAVE YOU CONSIDERED THAT THE PROBLEM MIGHT BE YOU?
NO, I AM TOTALLY SURE THAT I AM NOT THE PROBLEM.
ARE YOU AN IDEALIST?
YES
TAKE UP CHARITY WORK.
NO
I'M STARTING TO THINK THAT THAT MIGHT BE THE CASE, YES.
DO YOU HAVE A PREFERRED METHOD OF SELF-ACTUALIZATION AND INNER PEACE?
YES
TRY THAT.
DID THAT WORK?
NO
NO
ARE YOU A RELIGIOUS PERSON?
NO
YES
CONSIDER TAKING UP RELIGION
TRY A DIFFERENT RELIGION
DID THAT WORK?
NO
NO
ARE YOU FED UP WITH RELIGION?
YES
HAVE YOU READ MUCH PHILOSOPHY?
NO
READ KANT, SWEDENBORG, WITTGENSTEIN, HOBBES, KIERKEGAARD, ARISTOTLE, ETC.
DID THAT WORK?
NO
YES
IS THERE A POLITICAL COMPONENT TO YOUR UNHAPPINESS (I AM OPPRESSED, ETC.)?
YES
NO
YOU ARE DEPRESSED. DO YOU WANT TO FIX IT?
YES
SEE A DOCTOR OR THERAPIST
NO
HOW DO YOU FEEL ABOUT SELF-IMPROVEMENT?
I MEAN... IT'S NOT A BAD THING... BUT WHATEVER.
I TRY TO BE MY BEST. LIKE ON DOLLHOUSE.

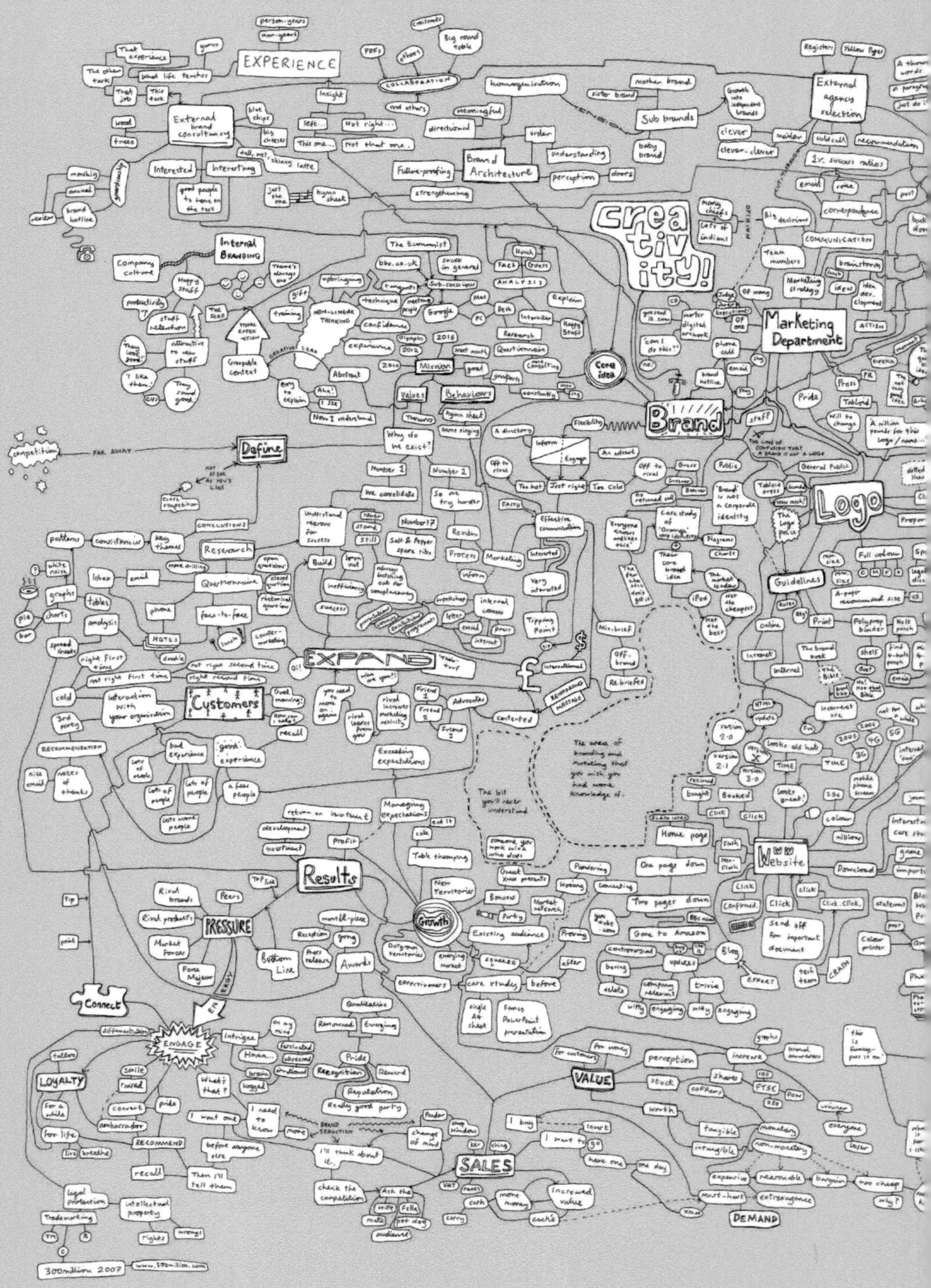
EXPERIENCE
External brand consultancy
COLLABORATION
Big round table
homogenisation
mother brand
sister brand
Sub brands
External agency selection
Brand Architecture
Future-proofing
understanding
perception
strengthening
Internal Branding
Company culture
Happy staff
creativity!
Marketing Department
Core idea
Mission
Values
Behaviours
Brand
Define
competition
FAR AWAY
Why do we exist?
Number 1
Number 2
We consolidate
So we try harder
Research
Questionnaire
Effective communication
Logo
Guidelines
EXPAND
Customers
Interaction with your organisation
Advocates
Contented
Exceeding expectations
Managing expectations
Results
PRESSURE
Growth
Bottom Line
Awards
Website
Home page
The area of branding and marketing that you wish you had more knowledge of.
The bit you'll never understand
Connect
ENGAGE
LOYALTY
RECOMMEND
VALUE
perception
SALES
DEMAND
Reputation
Pride
300million 2007
www.300million.com

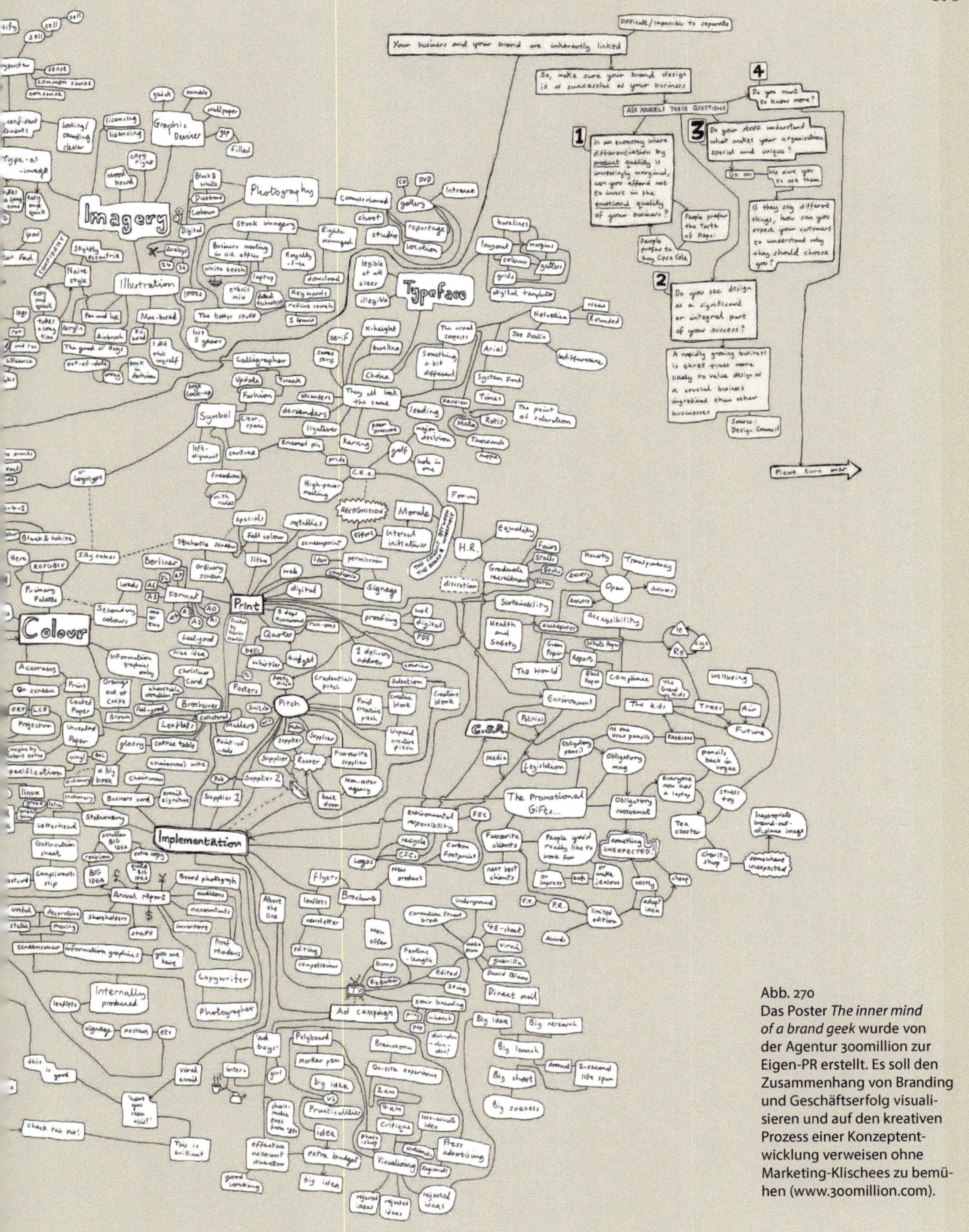

Abb. 270
Das Poster *The inner mind of a brand geek* wurde von der Agentur 300million zur Eigen-PR erstellt. Es soll den Zusammenhang von Branding und Geschäftserfolg visualisieren und auf den kreativen Prozess einer Konzeptentwicklung verweisen ohne Marketing-Klischees zu bemühen (www.300million.com).

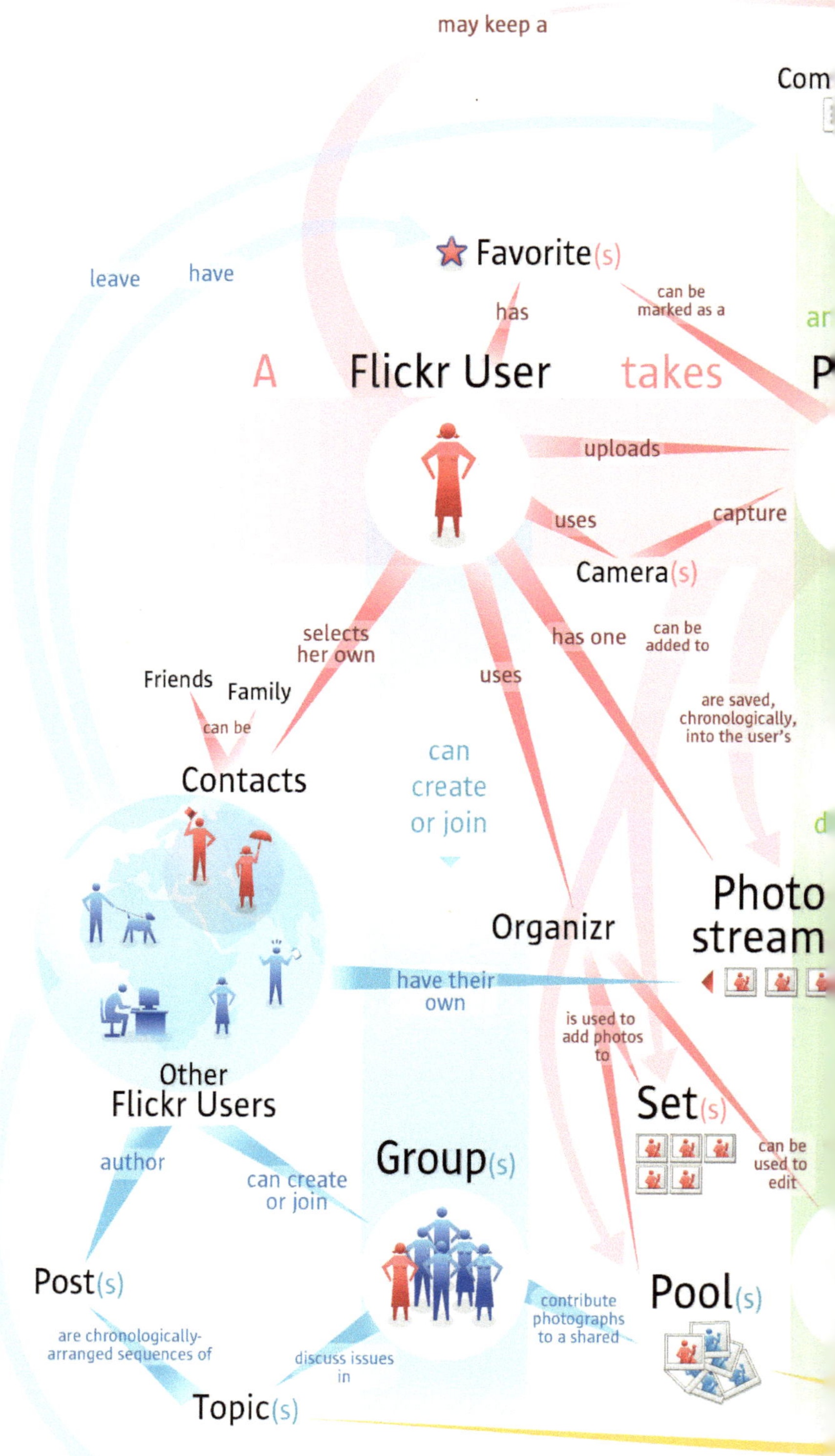
may keep a
Com
leave
have
Favorite(s)
has
can be marked as a
A
Flickr User
takes
uploads
uses
capture
Camera(s)
selects her own
has one
can be added to
Friends
Family
can be
uses
are saved, chronologically, into the user's
Contacts
can create or join
Organizr
Photo stream
have their own
is used to add photos to
Other Flickr Users
Set(s)
author
can create or join
Group(s)
can be used to edit
Post(s)
contribute photographs to a shared
Pool(s)
are chronologically-arranged sequences of
discuss issues in
Topic(s)
can subscribe to

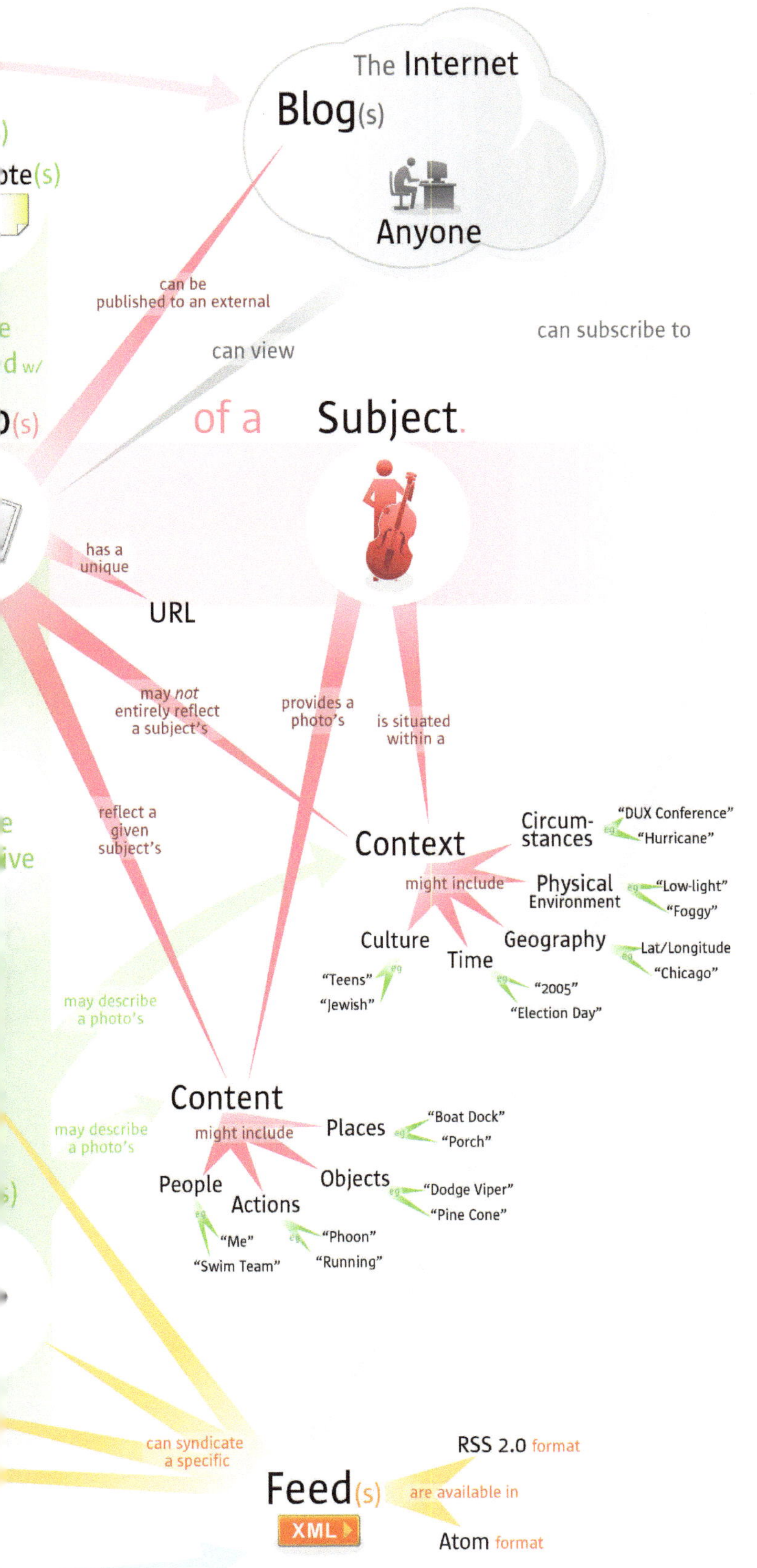

Abb. 271
Visualisierung der Kommunikation und des Datenaustausches mit Social Media, insbesondere bei Flickr. Erstellt 2005 unter dem Titel *Flickr User Model Diagramm v0.3* durch Bryce Glass (www.soldierant.net).

Abb. 272 ▸
Das Flowchart *Can we date* der Morning News hilft bei der entsprechenden Entscheidung (www.themorningnews.org/article/can-we-date).

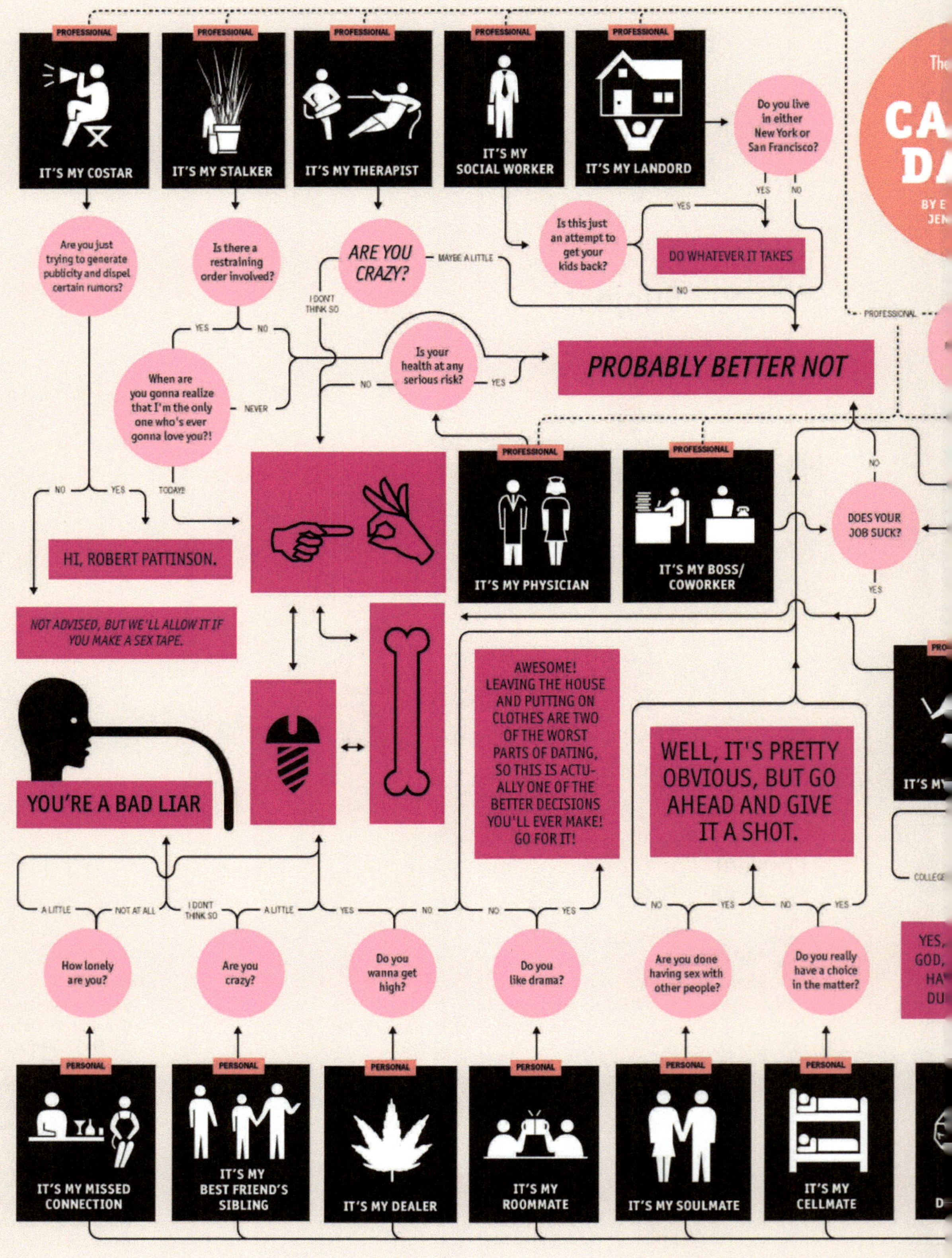
PROFESSIONAL
IT'S MY COSTAR
PROFESSIONAL
IT'S MY STALKER
PROFESSIONAL
IT'S MY THERAPIST
PROFESSIONAL
IT'S MY SOCIAL WORKER
PROFESSIONAL
IT'S MY LANDORD
Do you live in either New York or San Francisco?
YES
NO
Are you just trying to generate publicity and dispel certain rumors?
Is there a restraining order involved?
ARE YOU CRAZY?
MAYBE A LITTLE
I DONT THINK SO
Is this just an attempt to get your kids back?
YES
NO
DO WHATEVER IT TAKES
PROFESSIONAL
YES
NO
When are you gonna realize that I'm the only one who's ever gonna love you?!
NEVER
TODAY!
Is your health at any serious risk?
NO
YES
PROBABLY BETTER NOT
NO
YES
HI, ROBERT PATTINSON.
NOT ADVISED, BUT WE'LL ALLOW IT IF YOU MAKE A SEX TAPE.
PROFESSIONAL
IT'S MY PHYSICIAN
PROFESSIONAL
IT'S MY BOSS/ COWORKER
NO
DOES YOUR JOB SUCK?
YES
YOU'RE A BAD LIAR
AWESOME! LEAVING THE HOUSE AND PUTTING ON CLOTHES ARE TWO OF THE WORST PARTS OF DATING, SO THIS IS ACTUALLY ONE OF THE BETTER DECISIONS YOU'LL EVER MAKE! GO FOR IT!
WELL, IT'S PRETTY OBVIOUS, BUT GO AHEAD AND GIVE IT A SHOT.
A LITTLE
NOT AT ALL
I DONT THINK SO
A LITTLE
YES
NO
NO
YES
NO
YES
NO
YES
How lonely are you?
Are you crazy?
Do you wanna get high?
Do you like drama?
Are you done having sex with other people?
Do you really have a choice in the matter?
PERSONAL
IT'S MY MISSED CONNECTION
PERSONAL
IT'S MY BEST FRIEND'S SIBLING
PERSONAL
IT'S MY DEALER
PERSONAL
IT'S MY ROOMMATE
PERSONAL
IT'S MY SOULMATE
PERSONAL
IT'S MY CELLMATE

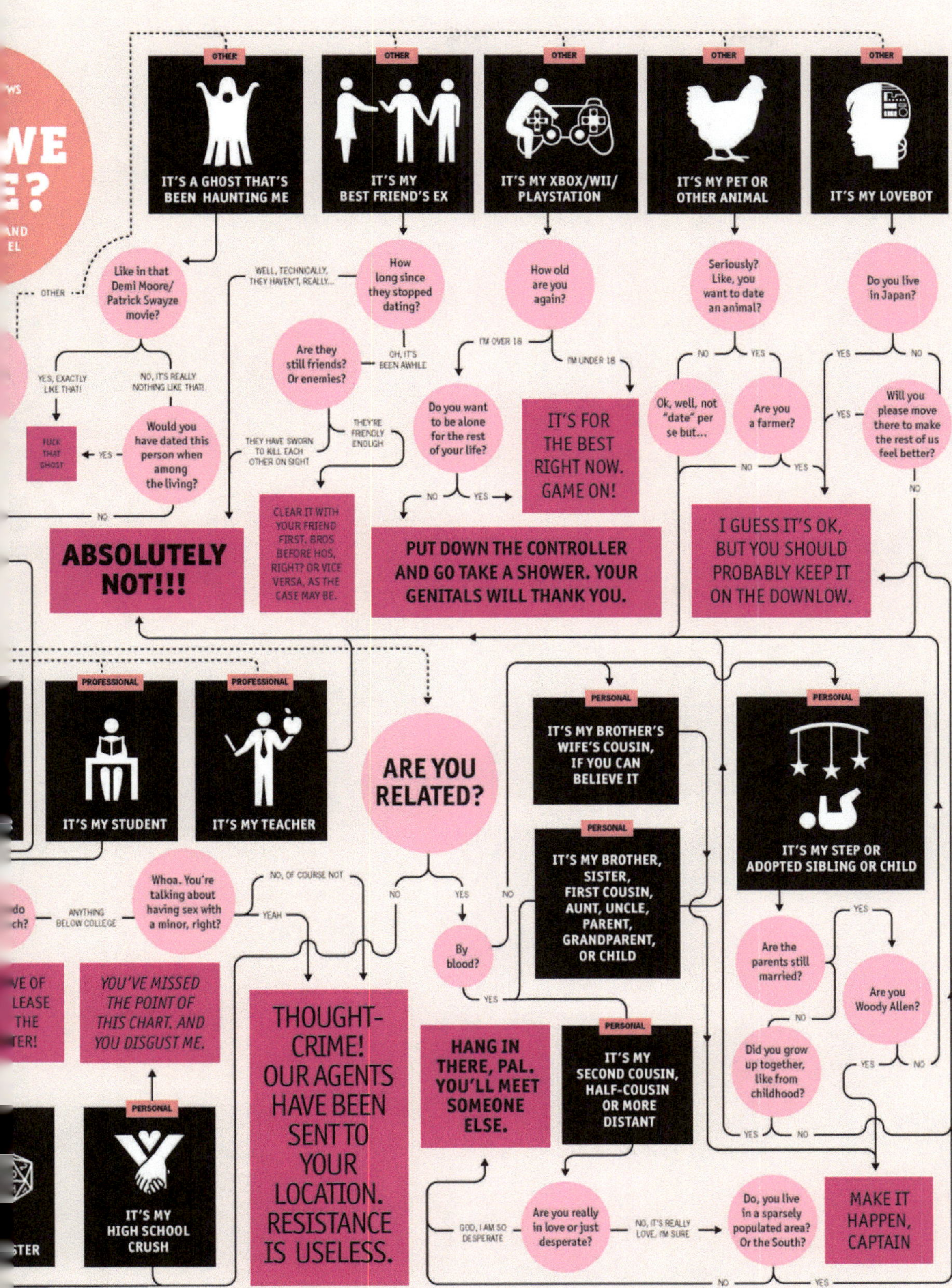
OTHER
IT'S A GHOST THAT'S BEEN HAUNTING ME
IT'S MY BEST FRIEND'S EX
IT'S MY XBOX/WII/ PLAYSTATION
IT'S MY PET OR OTHER ANIMAL
IT'S MY LOVEBOT
Like in that Demi Moore/ Patrick Swayze movie?
YES, EXACTLY LIKE THAT!
NO, IT'S REALLY NOTHING LIKE THAT!
FUCK THAT GHOST
Would you have dated this person when among the living?
YES
NO
WELL, TECHNICALLY, THEY HAVEN'T, REALLY...
How long since they stopped dating?
OH, IT'S BEEN AWHILE
Are they still friends? Or enemies?
THEY HAVE SWORN TO KILL EACH OTHER ON SIGHT
THEY'RE FRIENDLY ENOUGH
CLEAR IT WITH YOUR FRIEND FIRST. BROS BEFORE HOS, RIGHT? OR VICE VERSA, AS THE CASE MAY BE.
How old are you again?
I'M OVER 18
I'M UNDER 18
Do you want to be alone for the rest of your life?
IT'S FOR THE BEST RIGHT NOW. GAME ON!
PUT DOWN THE CONTROLLER AND GO TAKE A SHOWER. YOUR GENITALS WILL THANK YOU.
Seriously? Like, you want to date an animal?
Ok, well, not "date" per se but...
Are you a farmer?
I GUESS IT'S OK, BUT YOU SHOULD PROBABLY KEEP IT ON THE DOWNLOW.
Do you live in Japan?
Will you please move there to make the rest of us feel better?
ABSOLUTELY NOT!!!
PROFESSIONAL
IT'S MY STUDENT
IT'S MY TEACHER
ARE YOU RELATED?
By blood?
PERSONAL
IT'S MY BROTHER'S WIFE'S COUSIN, IF YOU CAN BELIEVE IT
IT'S MY BROTHER, SISTER, FIRST COUSIN, AUNT, UNCLE, PARENT, GRANDPARENT, OR CHILD
IT'S MY STEP OR ADOPTED SIBLING OR CHILD
Are the parents still married?
Are you Woody Allen?
Did you grow up together, like from childhood?
Whoa. You're talking about having sex with a minor, right?
ANYTHING BELOW COLLEGE
NO, OF COURSE NOT
YEAH
YOU'VE MISSED THE POINT OF THIS CHART, AND YOU DISGUST ME.
THOUGHT-CRIME! OUR AGENTS HAVE BEEN SENT TO YOUR LOCATION. RESISTANCE IS USELESS.
HANG IN THERE, PAL. YOU'LL MEET SOMEONE ELSE.
IT'S MY SECOND COUSIN, HALF-COUSIN OR MORE DISTANT
IT'S MY HIGH SCHOOL CRUSH
Are you really in love or just desperate?
GOD, I AM SO DESPERATE
NO, IT'S REALLY LOVE, I'M SURE
Do, you live in a sparsely populated area? Or the South?
MAKE IT HAPPEN, CAPTAIN
YES
NO

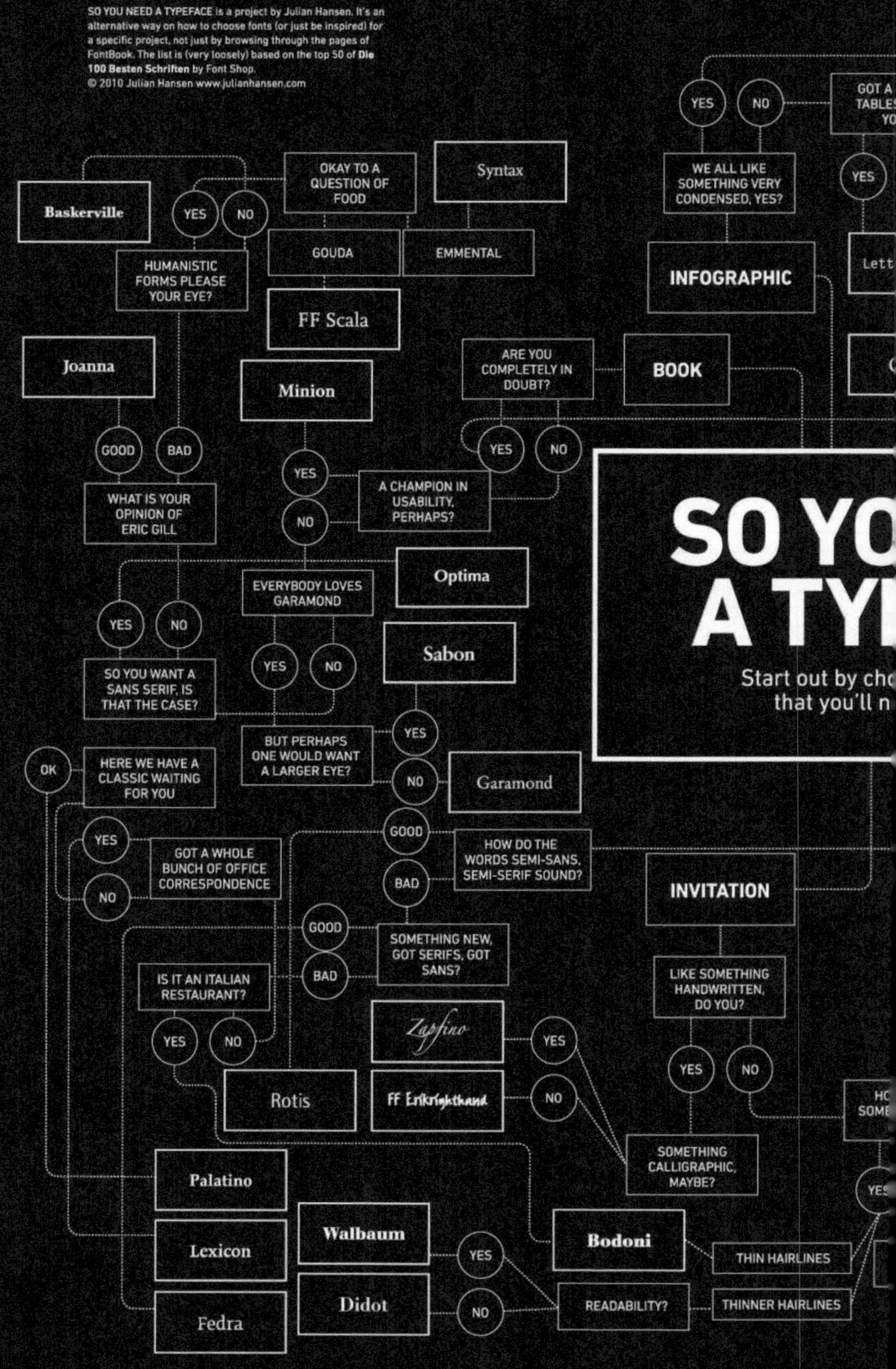

Abb. 273
Dieses Flowchart von Julian Hansen dient der Entscheidungsfindung für die passende Schriftart. Die Auswahl basiert auf der Top-50-Liste von »Die 100 besten Schriften« (www.100besteschriften.de). Die Druckversion des Plakates kann hier bestellt werden: www.julianhansen.com/index.php?/alternative-type-finder

Univers
HOW ABOUT SOMETHING HEAVILY USED?
Times
Miller
YES
NO
YES
NO
YOU CRIED WHEN WATCHING TERMINATOR
YES
FF DIN
GOOD
Proforma
DO PEOPLE CALL YOU BORING FROM TIME TO TIME?
HOW ABOUT SOMETHING AWARD WINNING?
BAD
YES
NO
I MUST SAY THAT THIS FLOWCHART IS LOOKING HOT
TEXT FACE
OCR
COMBINATION
NEWSPAPER
DISPLAY
THINK MR. SPIEKERMANN IS MOSTLY RIGHT?
DO YOU LIKE IT TRADITIONAL?
YES
NO
YES
NEED
EFACE
the kind of project
ur typeface for.
YES
NO
THE NETHERLANDS IS NICE, RIGHT?
NO
IT'S OKAY WITH YOU IF IT'S SWISS?
SOMETHING MODERN, YET PLAINSPOKEN
GET OUT OF MY FLOWCHART!
Arnhem
MMM. SPIKY SERIFS ARE NICE
YES
NO
YES
NO
OK
Gotham
OKAY, TO A QUESTION OF AGE
Swift
LOGO
NOT AFRAID TO BE ASKED IF YOU LIVE IN THE NINETIES?
NEW
OLD
Comic Sans
SANS SERIF, MAYBE?
OR PERHAPS A SERIF?
Helvetica
YES
NO
U LIKE METRICS?
A NEO-GROTESK PERHAPS?
YES
FF Meta
Interstate
NO
NO
Franklin Gothic
GOOD
IF I SAY "SCIENCE FICTION MOVIES ARE MY FAVOURITE"
DO YOU LIKE FUTURA?
YES
BAD
OKAY THEN, COME WITH ME
SOMETHING HUMANISTIC, THEN?
HOW ABOUT SOMETHING CLASSIC?
NO
THEN WE ONLY HAVE SOMETHING DECORATIVE
YES
NO
YES
NO
OK
YES
Myriad
DO YOU LIKE THE LOOK OF ADOBE?
YES
FUN,
ARE YOU ALONE?
Futura
Metro
NO
Frutiger
Akzidenz Grotesk
Peignot
Eurostile

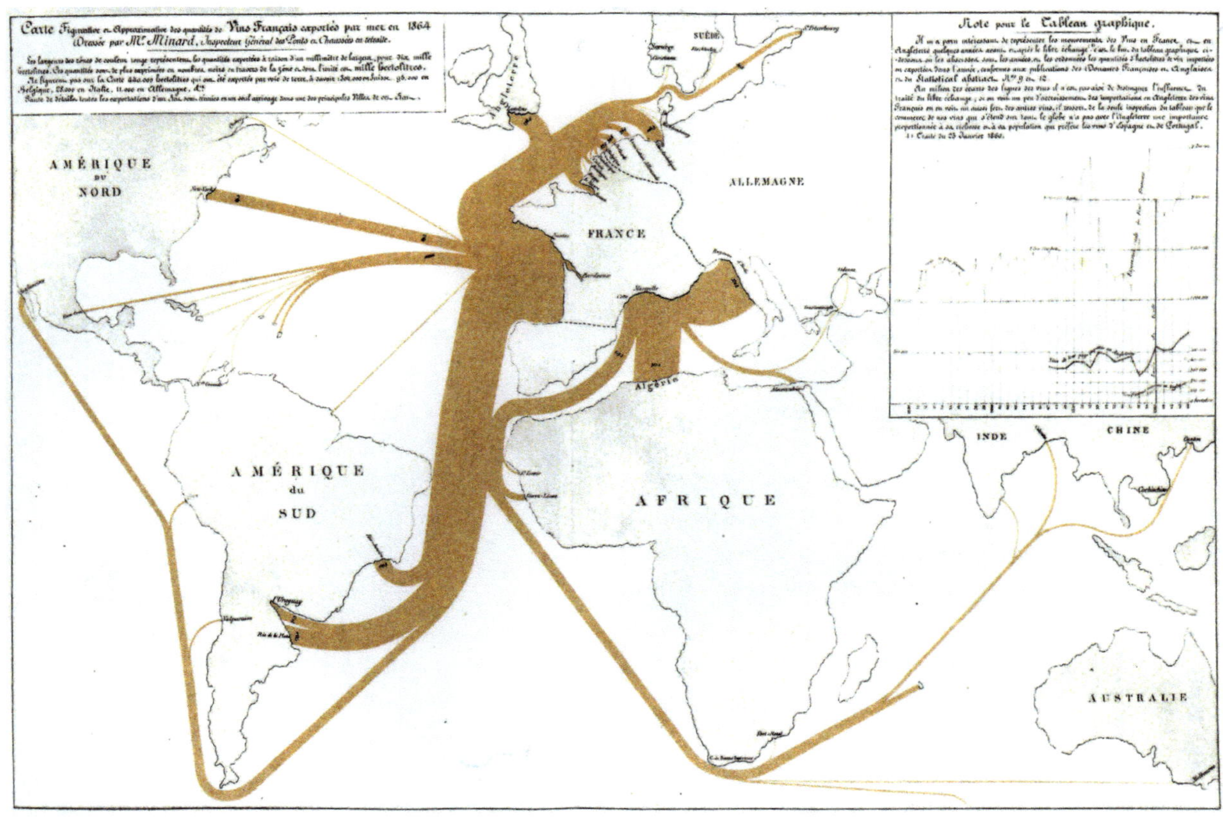

Abb. 274
Darstellung von Mengenflüssen und Routen zu den größten internationalen Häfen 1864 (Minard, Charles Joseph: *Tableaux Graphiques et Cartes Figuratives de M. Minard*, 1845–1869).

Beim Sankey-Diagramm werden je nach Strichstärke Mengenflüsse visualisiert. Dieses Prinzip der Darstellung von Mengenflüssen wurde 1837 das erste Mal von **Henry Drury Harness** für statistische Darstellungszwecke genutzt und zu diesem Zeitpunkt noch **Flow Map** genannt (siehe dazu *Historischer Überblick* S. 110). Später, ab etwa 1864, nutzte auch **Charles Joseph Minard**, Generalinspektor der französischen Straßen- und Brückenbaubehörde, diese Art der Darstellung von Mengenflüssen. Die Flow Map ist nicht zu verwechseln mit dem **Flow Chart**, bei dem stets durch gleich breite Pfeile lediglich Verbindungen und Verbindungsrichtungen, Zusammenhänge und Abläufe visualisiert werden. Erstaunlich ist, dass die von Minard und Drury angewandte Methode der Darstellung von Mengenflüssen nach **Matthew Henry Phineas Riall Sankey** als Sankey-Diagramm bezeichnet wird, obwohl er diese Darstellungsmethode erst 1898 und auch nur ein einziges Mal einsetzte, um die Energieflüsse von Dampfmaschinen zu visualisieren.

Abb. 275
Visualisierung der Häkelaktivitäten von Lana Bragina (aka uloni, www.ulani.de) in den ersten drei Monaten 2009 für Etsy. Das Diagramm zeigt, wie viele Stunden sie an jedem Objekt gehäkelt hat, wie lange es bei Etsy (http://uloni.etsy.com) ausgestellt war, bevor es verkauft wurde und in welche Länder bzw. Städte es verkauft wurde. Hierbei bestimmt nicht die Verkaufsmenge über die Strichstärke, sondern die Menge an Tagen, die es dauerte, bis ein gestricktes Objekt verkauft wurde. Details zu den gehäkelten Objekten können in der interaktiven Abbildung bei Flickr abgerufen werden: www.flickr.com/photos/madame_ulani/3455161546/.

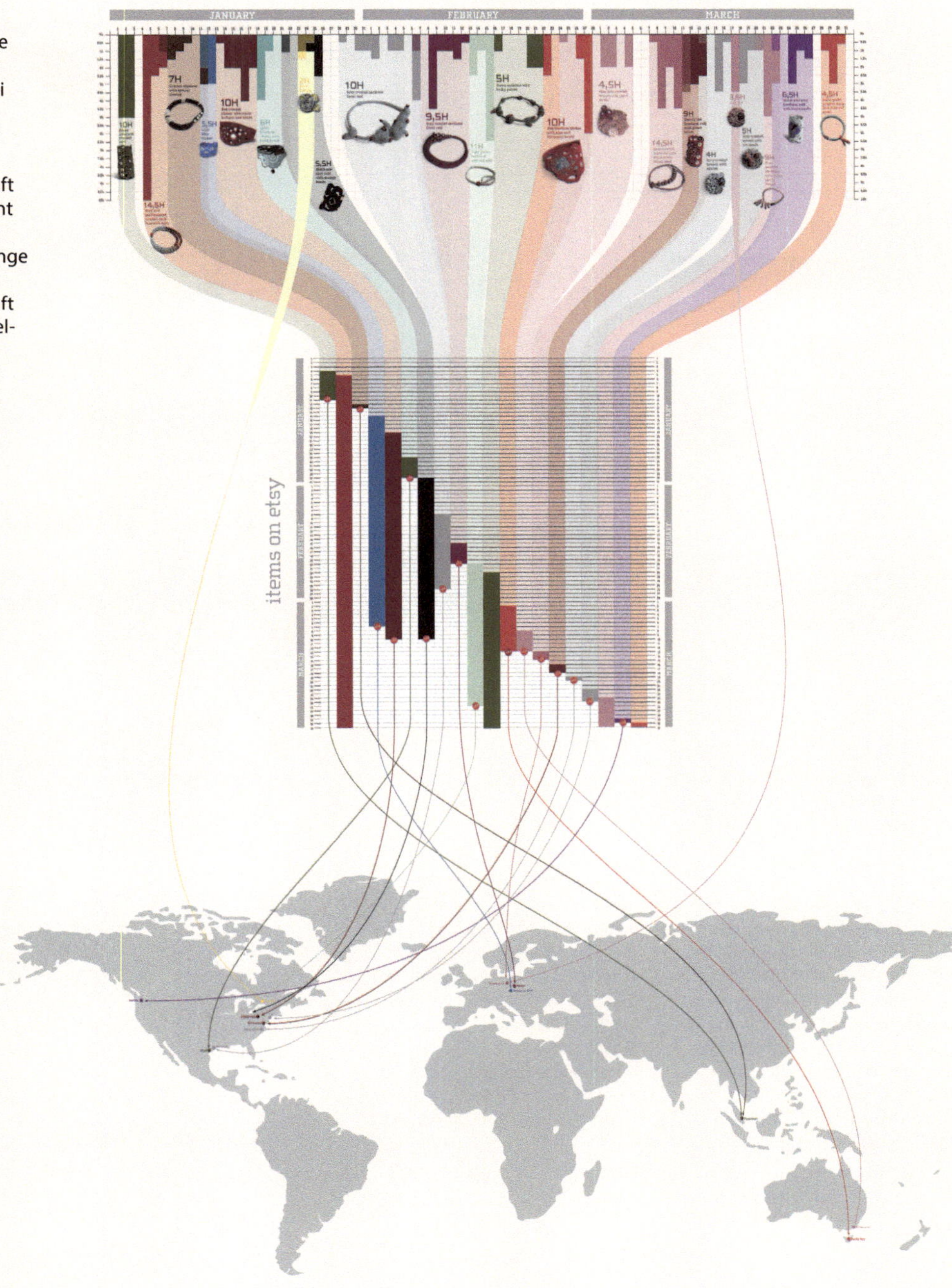

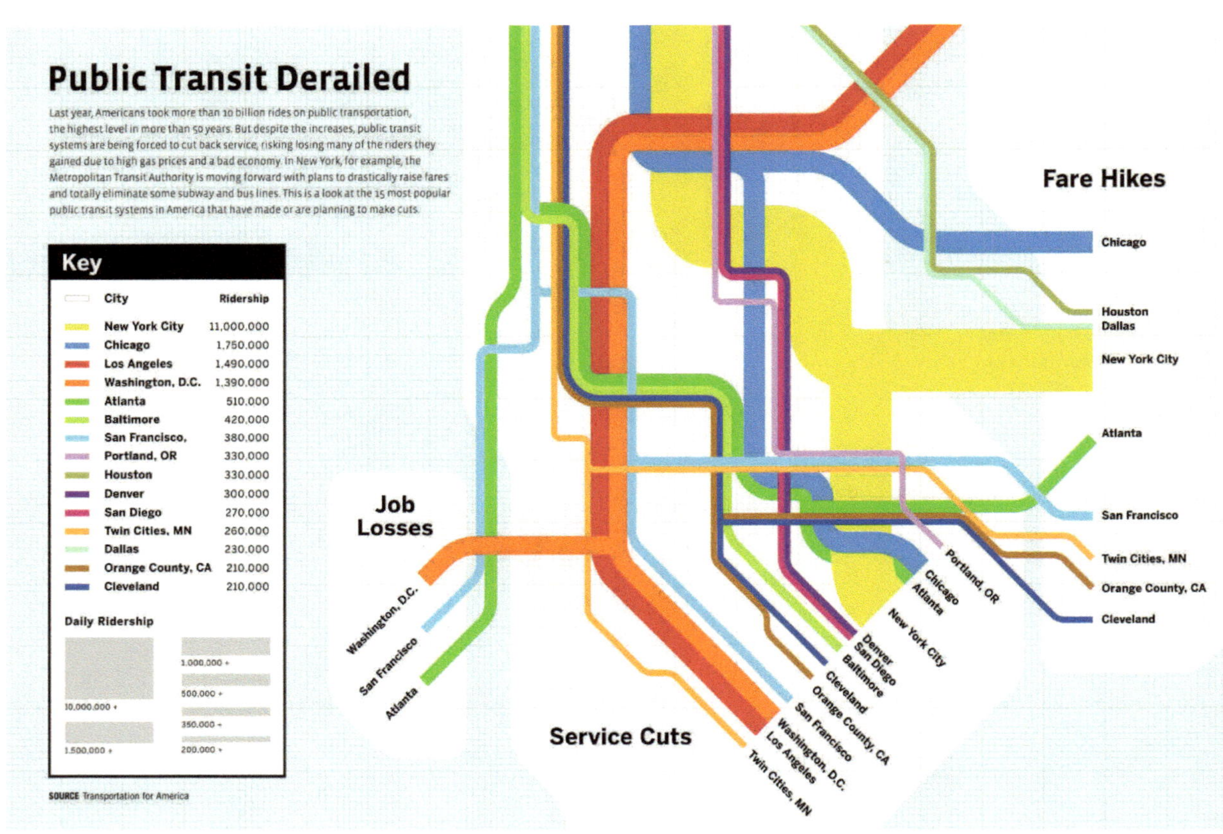

Abb. 276
Die Nutzung öffentlicher Verkehrsmittel nimmt in den USA stetig zu. Die Strichstärke markiert die Anzahl der Fahrgäste pro Strecke. Diese Arbeit entstand in Kooperation von GOOD (www.good.is) und Kiss Me I'm Polish (www.kissmeimpolish.com), um deutlich zu machen, dass Schließungen im Streckennetz der öffentlichen Verkehrsbetriebe nicht angemessen sind. Good.is veröffentlicht unter dem Titel *Good Transparency* Visualisierungen von Daten und Zusammenhängen, um politische Ereignisse leichter nachvollziehbar zu machen. Die verarbeiteten Daten können hier eingesehen werden: http://t4america.org/resources/transitfundingcrisis.

Abb. 277 ▸
Dies ist eine Arbeit von Elena Capolongo, Débora Nogueira und Simone Magini am Forschungslabor densitydesign der Designabteilung INDACO an der Politecnico di Milano (www.densitydesign.org). Das Forschungslabor befasst sich mit der Visualisierung von Daten vom Standpunkt des Designs aus. Die Leitung des Labors hat Prof. Paolo Ciuccarelli (Politecnico di Milano – Department of Industrial Design, Arts, Communication and Fashion). Vier weitere Professoren und mehrere Doktoranden sind an den Projektentwicklungen beteiligt.

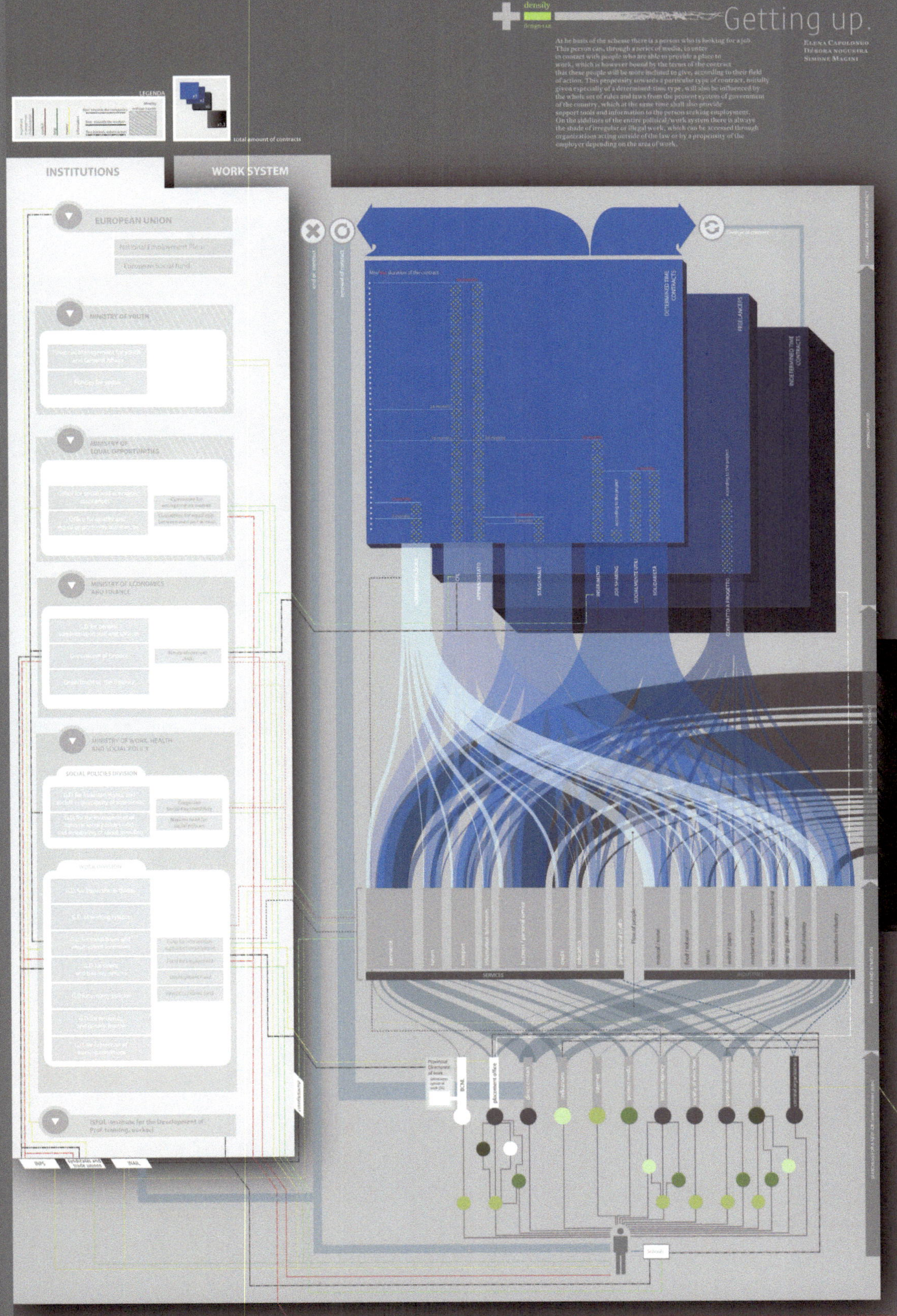
density
design-lab
Getting up.
At he basis of the scheme there is a person who is looking for a job. This person can, through a series of media, to enter in contact with people who are able to provide a place to work, which is however bound by the terms of the contract that these people will be more inclined to give, according to their field of action. This propensity towards a particular type of contract, initially given especially of a determined-time type, will also be influenced by the whole set of rules and laws from the present system of government of the country, which at the same time shall also provide support tools and information to the person seeking employment. On the sidelines of the entire political/work system there is always the shade of irregular or illegal work, which can be accessed through organizations acting outside of the law or by a propensity of the employer depending on the area of work.
Elena Capolongo
Débora Nogueira
Simone Magini
LEGENDA
total amount of contracts
INSTITUTIONS
WORK SYSTEM
EUROPEAN UNION
National Employment Plan
European Social Fund
MINISTRY OF YOUTH
MINISTRY OF ECONOMICS AND FINANCE
MINISTRY OF WORK, HEALTH AND SOCIAL POLICY
SOCIAL POLICIES DIVISION
DETERMINATED TIME CONTRACTS
FREE-LANCERS
INDETERMINATED TIME CONTRACTS
APPRENDISTATO
STAGIONALE
INSERIMENTO
JOB SHARING
SOCIALMENTE UTILI
SOLIDARIETÀ
CONTRATTO A PROGETTO
ILLEGAL WORK
SERVICES
placement office
INPS
INAIL

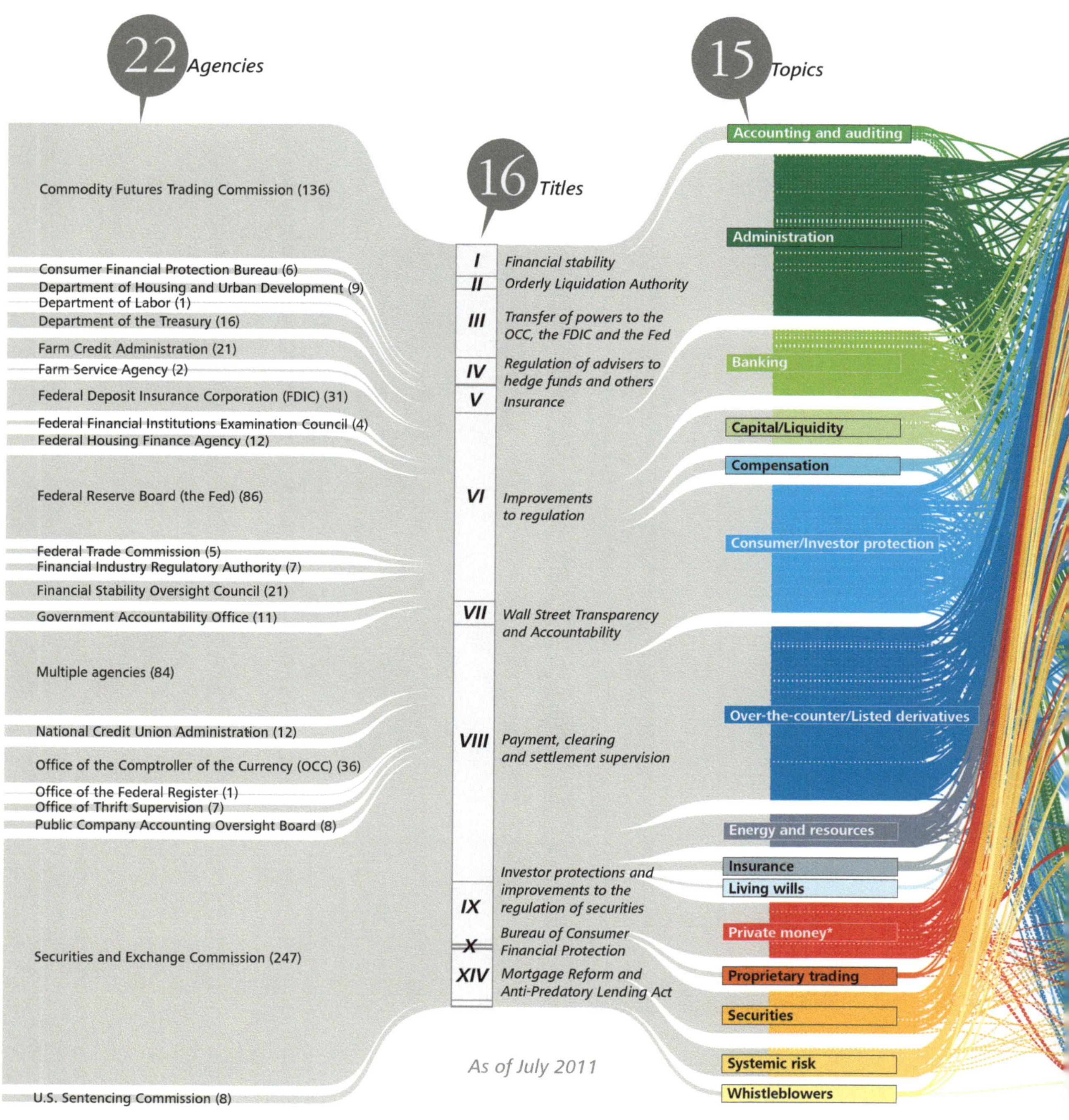
Dodd-Frank Wall Street Reform and Consumer Protection Act (Pub.L. 111-203, H.R. 4173)
22 Agencies
Commodity Futures Trading Commission (136)
Consumer Financial Protection Bureau (6)
Department of Housing and Urban Development (9)
Department of Labor (1)
Department of the Treasury (16)
Farm Credit Administration (21)
Farm Service Agency (2)
Federal Deposit Insurance Corporation (FDIC) (31)
Federal Financial Institutions Examination Council (4)
Federal Housing Finance Agency (12)
Federal Reserve Board (the Fed) (86)
Federal Trade Commission (5)
Financial Industry Regulatory Authority (7)
Financial Stability Oversight Council (21)
Government Accountability Office (11)
Multiple agencies (84)
National Credit Union Administration (12)
Office of the Comptroller of the Currency (OCC) (36)
Office of the Federal Register (1)
Office of Thrift Supervision (7)
Public Company Accounting Oversight Board (8)
Securities and Exchange Commission (247)
U.S. Sentencing Commission (8)
16 Titles
I Financial stability
II Orderly Liquidation Authority
III Transfer of powers to the OCC, the FDIC and the Fed
IV Regulation of advisers to hedge funds and others
V Insurance
VI Improvements to regulation
VII Wall Street Transparency and Accountability
VIII Payment, clearing and settlement supervision
IX Investor protections and improvements to the regulation of securities
X Bureau of Consumer Financial Protection
XIV Mortgage Reform and Anti-Predatory Lending Act
As of July 2011
15 Topics
Accounting and auditing
Administration
Banking
Capital/Liquidity
Compensation
Consumer/Investor protection
Over-the-counter/Listed derivatives
Energy and resources
Insurance
Living wills
Private money*
Proprietary trading
Securities
Systemic risk
Whistleblowers
Source: Knowledge Mosaic
Note: There are no rules applying to Titles XIII and XVI.
*Includes private equity, hedge fund and investment advisers.
Copyrigh

Abb. 278
Dodd-Frank Act timeline (www.deloitte.com, Copyright ©2011 Deloitte Development LLC. All rights reserved. Member of Deloitte Touche Tohmatsu Limited).

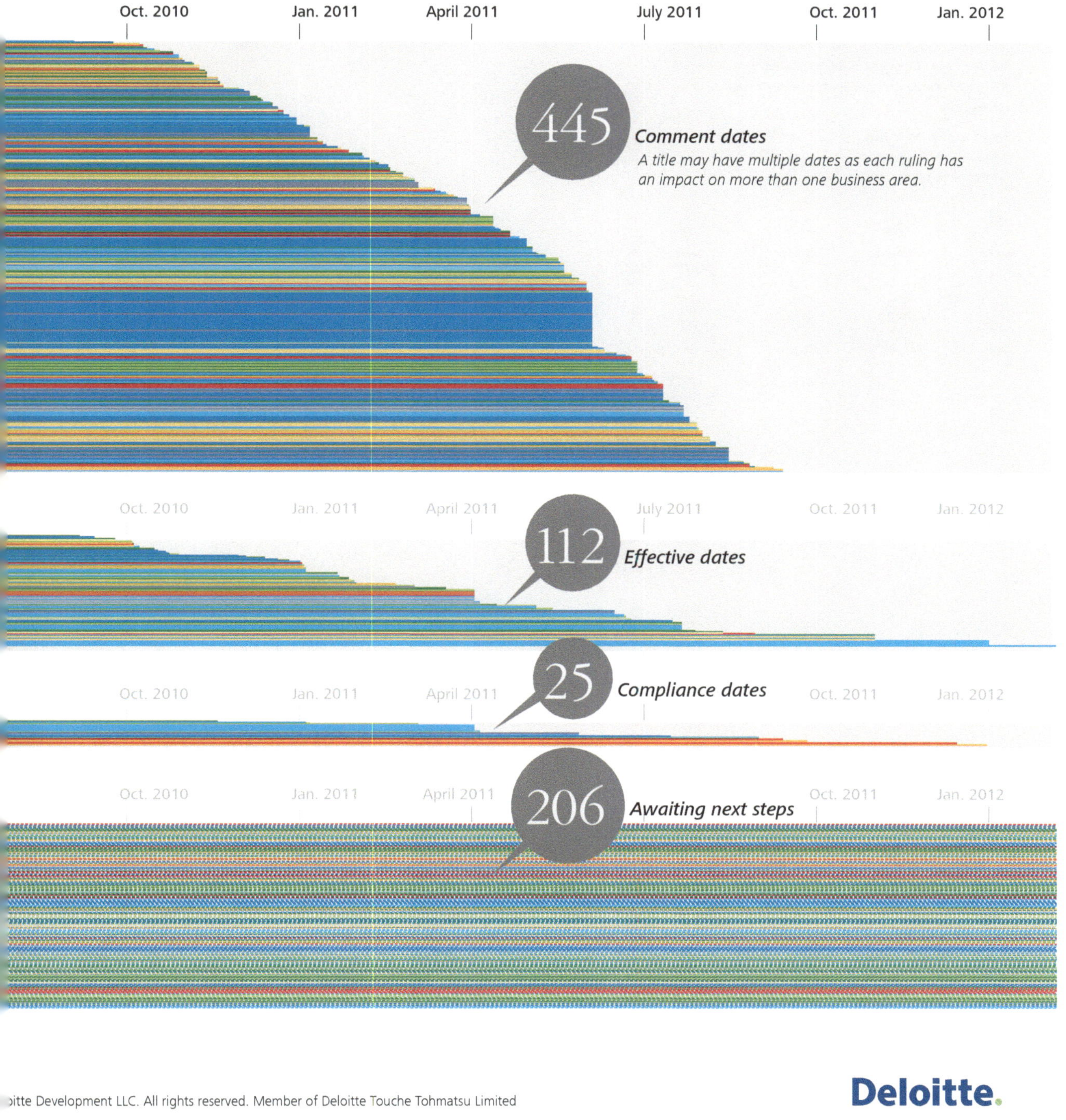

Oct. 2010 Jan. 2011 April 2011 July 2011 Oct. 2011 Jan. 2012

445 *Comment dates*
A title may have multiple dates as each ruling has an impact on more than one business area.

Oct. 2010 Jan. 2011 April 2011 July 2011 Oct. 2011 Jan. 2012

112 *Effective dates*

Oct. 2010 Jan. 2011 April 2011 Oct. 2011 Jan. 2012

25 *Compliance dates*

Oct. 2010 Jan. 2011 April 2011 Oct. 2011 Jan. 2012

206 *Awaiting next steps*

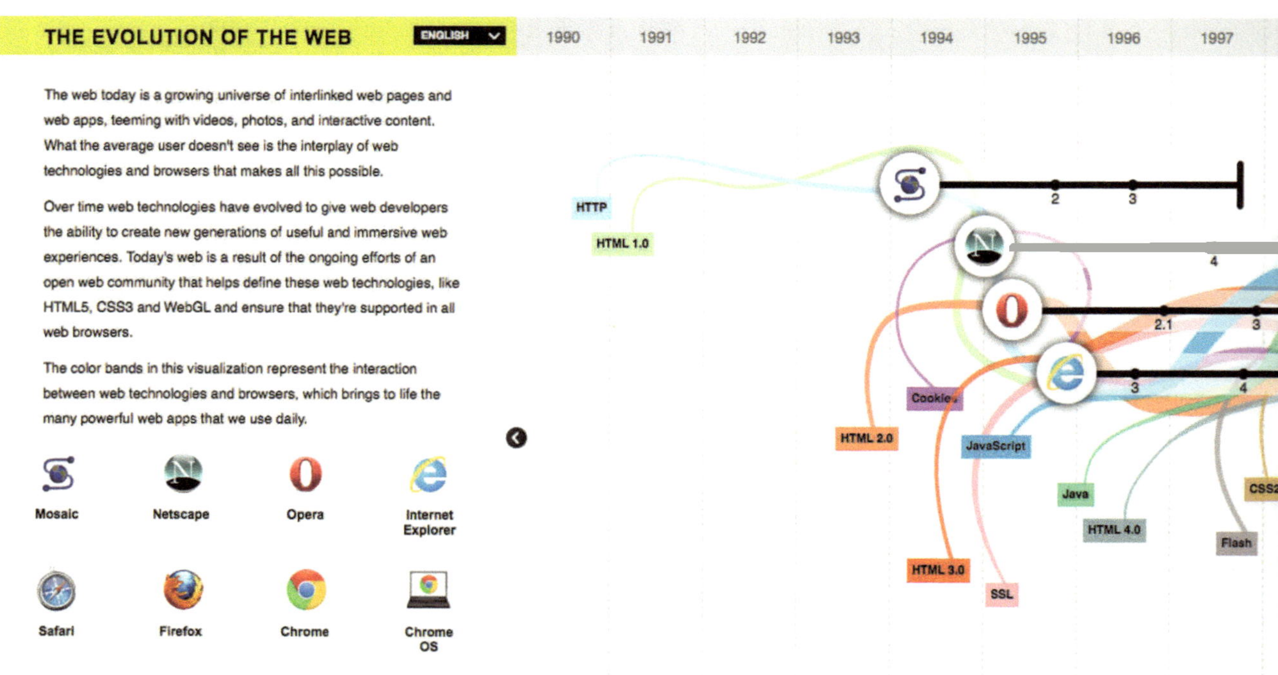

Abb. 279
Mit *The Evolution of the Web* möchte das Team von Google Chrome (http://chrome.blogspot.com) die letzten 20 Jahre der Webentwicklung und die währenddessen genutzten Internetbrowser wiedergeben. Die Infografik wurde erstellt von MGMT. Design (www.mgmtdesign.com) und Good (www.good.is). Eine interaktive Version macht die Evolution des Internets ein wenig nachvollziehbarer als die gedruckte Version: http://evolutionofweb.appspot.com. Diese interaktive Version wurde durch die Beteiligung von Hyperakt (http://hyperakt.com) und Vizzuality (http://vizzuality.com) möglich.

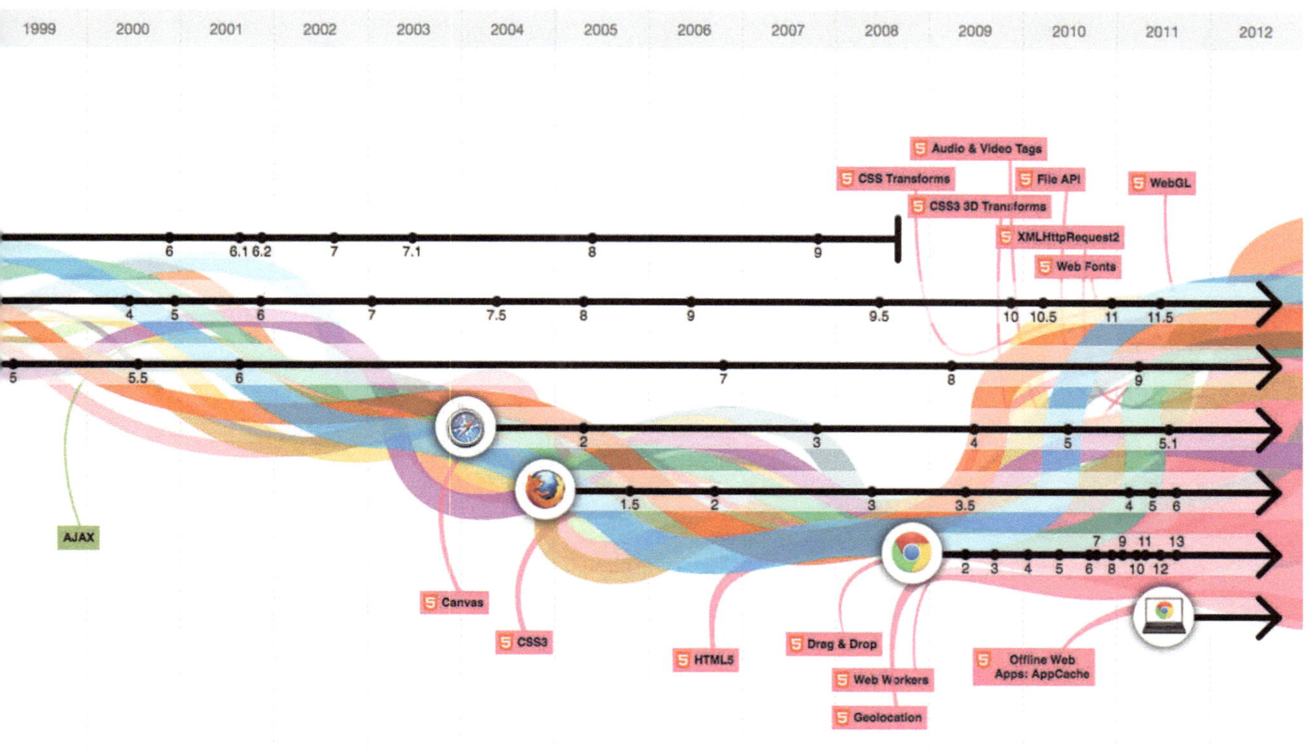
1999
2000
2001
2002
2003
2004
2005
2006
2007
2008
2009
2010
2011
2012
Audio & Video Tags
CSS Transforms
File API
WebGL
CSS3 3D Transforms
XMLHttpRequest2
Web Fonts
AJAX
Canvas
CSS3
HTML5
Drag & Drop
Web Workers
Geolocation
Offline Web Apps: AppCache

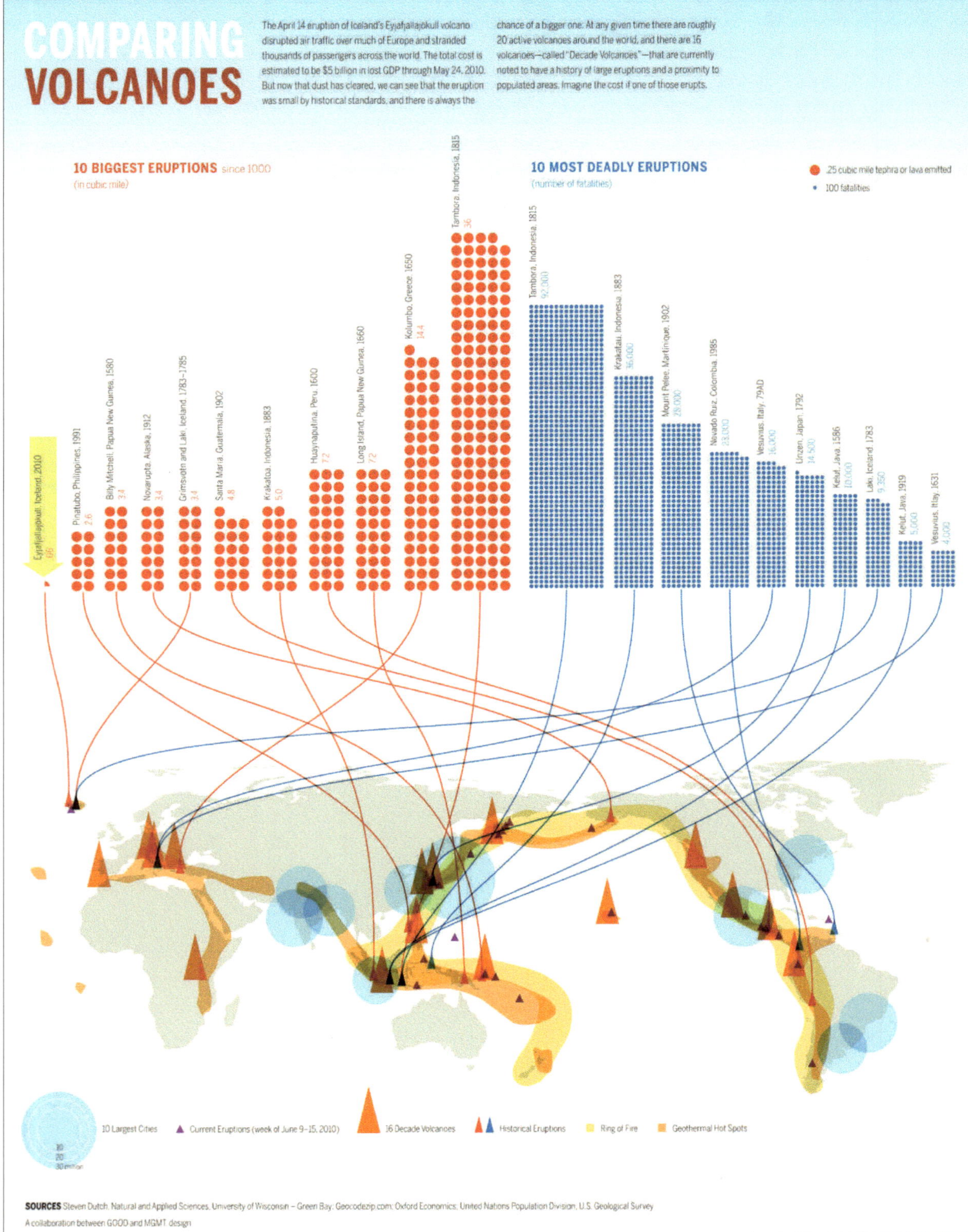
COMPARING
VOLCANOES
The April 14 eruption of Iceland's Eyjafjallajökull volcano disrupted air traffic over much of Europe and stranded thousands of passengers across the world. The total cost is estimated to be $5 billion in lost GDP through May 24, 2010. But now that dust has cleared, we can see that the eruption was small by historical standards, and there is always the chance of a bigger one. At any given time there are roughly 20 active volcanoes around the world, and there are 16 volcanoes—called "Decade Volcanoes"—that are currently noted to have a history of large eruptions and a proximity to populated areas. Imagine the cost if one of those erupts.
10 BIGGEST ERUPTIONS since 1000
(in cubic mile)
Eyjafjallajökull, Iceland, 2010
.06
Pinatubo, Philippines, 1991
2.6
Billy Mitchell, Papua New Guinea, 1580
3.4
Novarupta, Alaska, 1912
3.4
Grímsvötn and Laki, Iceland, 1783–1785
3.4
Santa Maria, Guatemala, 1902
4.8
Krakatoa, Indonesia, 1883
5.0
Huaynaputina, Peru, 1600
7.2
Long Island, Papua New Guinea, 1660
7.2
Kolumbo, Greece 1650
14.4
Tambora, Indonesia, 1815
36
10 MOST DEADLY ERUPTIONS
(number of fatalities)
.25 cubic mile tephra or lava emitted
100 fatalities
Tambora, Indonesia, 1815
92,000
Krakatau, Indonesia, 1883
36,000
Mount Pelee, Martinique, 1902
28,000
Nevado Ruiz, Colombia, 1985
23,000
Vesuvius, Italy, 79AD
16,000
Unzen, Japan, 1792
14,500
Kelut, Java, 1586
10,000
Laki, Iceland, 1783
9,350
Kelut, Java, 1919
5,000
Vesuvius, Itay, 1631
4,000
10 Largest Cities
10
20
30 million
Current Eruptions (week of June 9–15, 2010)
16 Decade Volcanoes
Historical Eruptions
Ring of Fire
Geothermal Hot Spots
SOURCES Steven Dutch, Natural and Applied Sciences, University of Wisconsin – Green Bay; Geocodezip.com; Oxford Economics; United Nations Population Division, U.S. Geological Survey
A collaboration between GOOD and MGMT design

Abb. 280 ◂
Vulkanausbrüche im Vergleich. **Säulendiagramme** und **Flächendiagramme** definieren mit ihren Größen die jeweiligen Mengen. Die Grafik entstand in Kooperation von Good (www.good.is) und MGMT. Design (www.mgmtdesign.com).

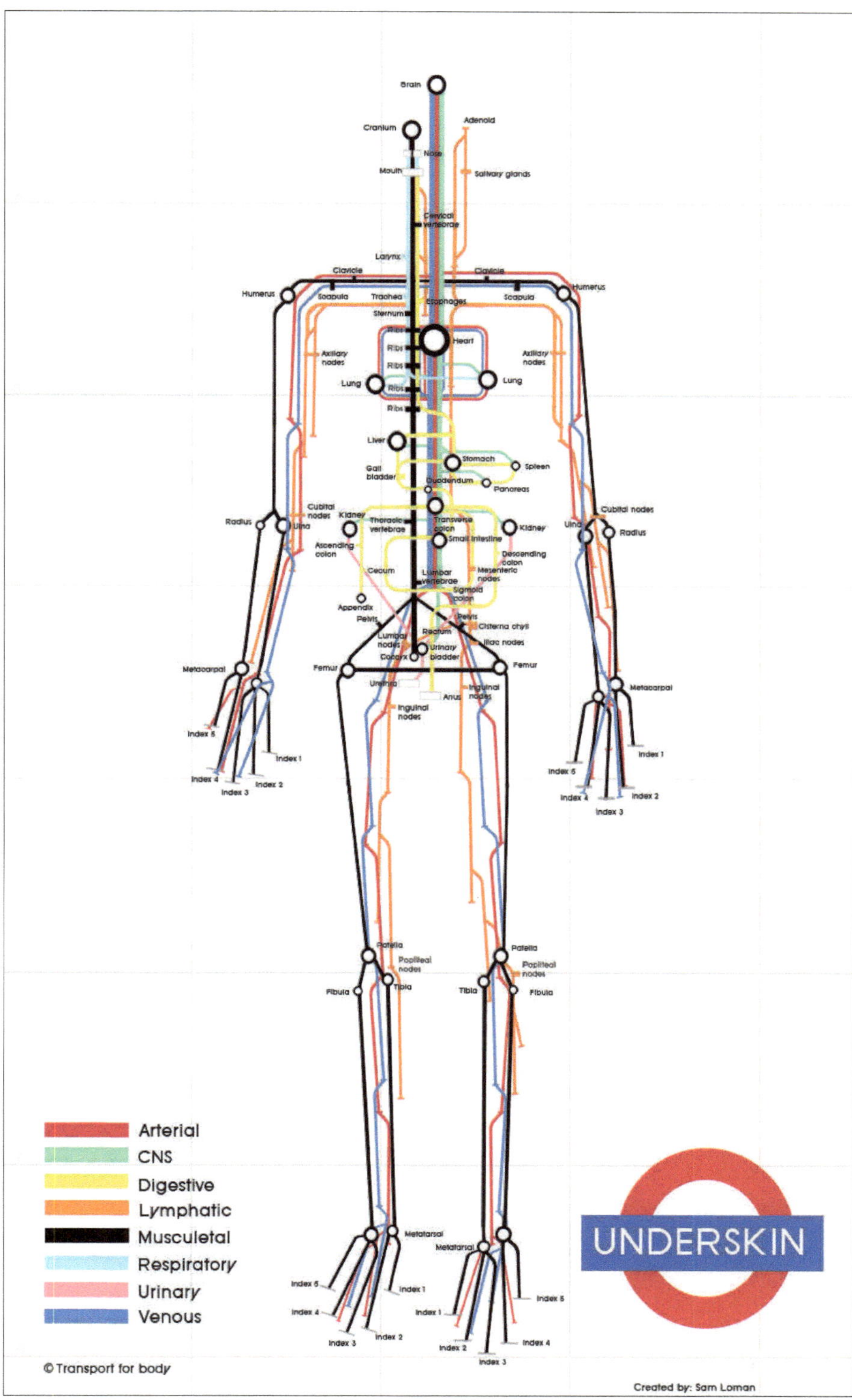

Abb. 281
Die Art der Darstellung der Londoner U-Bahn-**Streckennetzkarte** von Harry Beck aus dem Jahr 1933 bot hier die Anregung (siehe auch S. 284–288). Die Grafik wurde erstellt durch den Designer Sam Loman (www.just-sam.com). Sie ist als Poster und Postkarte erhältlich: www.redbubble.com/people/justsam.

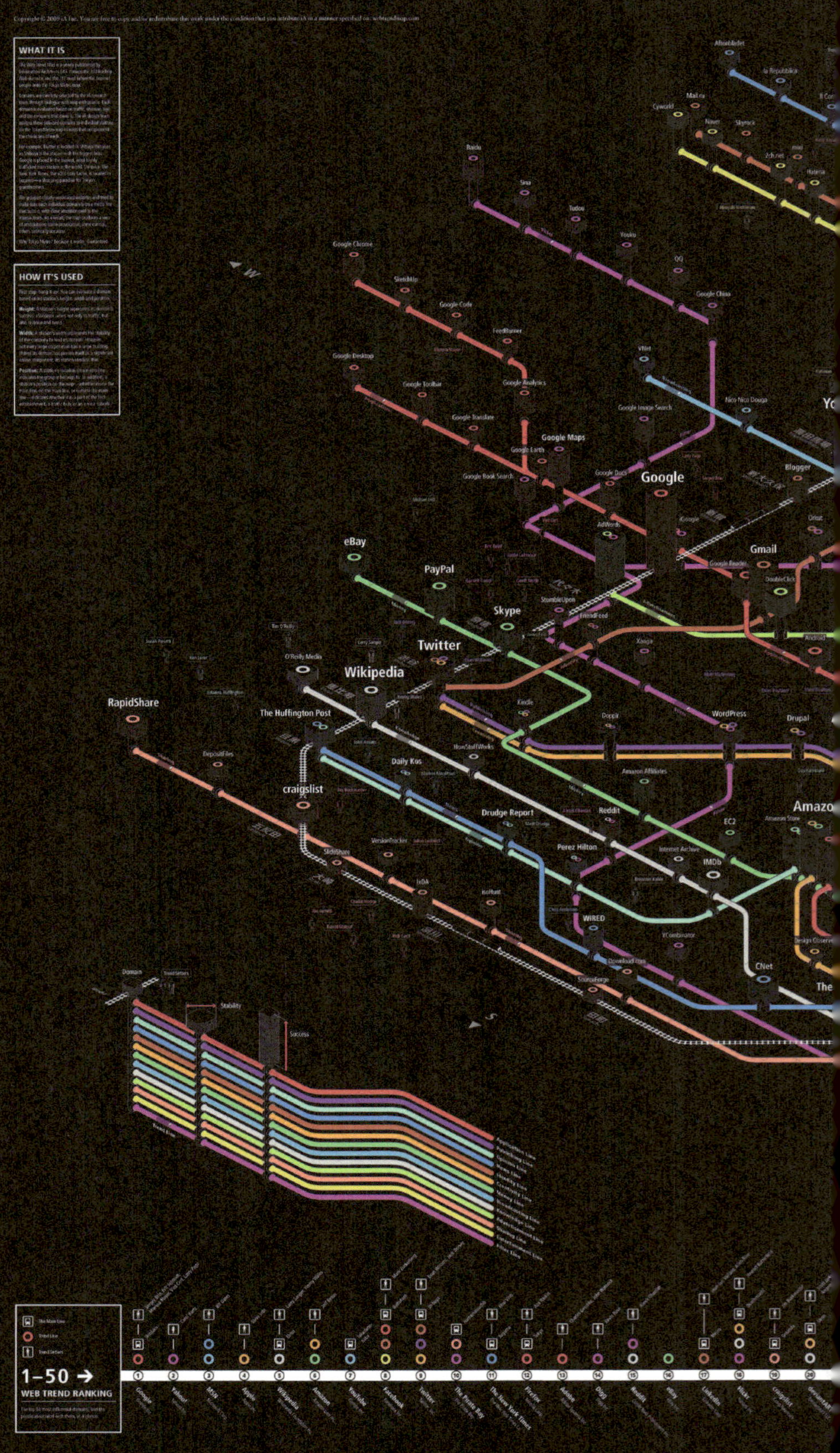

Abb. 282
Die Web Trend Map ist angelehnt an die Streckennetzkarte der Tokioter U-Bahn, die wiederum durch die Streckennetzkarte inspiriert ist, die Harry Beck 1933 für die Londoner U-Bahn erstellte. Mit aller Regelmäßigkeit veröffentlicht Oliver Reichenstein die Web Trend Map. Seine Agentur Information Architects (www.information-architects.jp) gründete der Schweizer 2005 in Tokio. Ursprünglich entstand die erste Version der Web Trend Map 2006 als Idee für eine Neujahrs-und Weihnachtskarte für seine Agenturkunden.
Die Streckenlinien markieren die Hauptakteure im Internet, gemessen am jeweiligen Besucheraufkommen. Zur Ermittlung korrekter Daten entwickelte Reichenstein ein Tool, mit dem er den Durchschnitt der Traffic-Zähldienste Alexa, Comcast oder Google Trends auswertete. Zusätzlich zu den Besucherzahlen wurde aber auch ermittelt, welcher Akteur am häufigsten in Technews wie Techmeme, TechCrunch und Engadget erwähnt wird. Die Web Trend Map kann als Poster erworben werden: http://store.informationarchitects.jp/product/web-trend-map-4.

WEB TREND MAP
4
iA
facebook
hi5
LinkedIn
Blizzard
BBC
The New York Times
TechCrunch
CNN
Digg
ESPN
Disney
Yahoo!
AdSense
MSN
Microsoft
Flickr
Bloomberg LP
News Corp
Firefox
The Wall Street Journal
MySpace
The Washington Post
Fotolog
hulu
AOL
Boing Boing
last.fm
Pandora
Rakuten
livedoor
CyberAgent

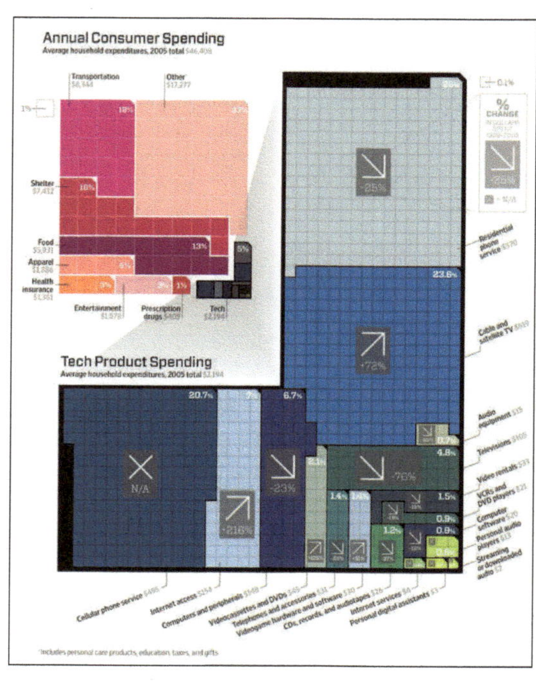

Abb. 283
Die Inhalte dieser Treemap werden aus Google News generiert, sollen diese aber weder ersetzen noch repräsentieren. Sie verschafft einen Überblick über einzelne Themenbereiche und deren Menge im Verhältnis zum gesamten Informationsangebot. Mit dieser Internetseite möchte der Autor Marcos Weskamp einen ironischen Blick auf die Ausrichtung und Schwerpunkte von Nachrichten ermöglichen (www.newsmap.jp).

Abb. 284
Mit dieser **Treemap** wird der jährliche prozentuale Konsum der US-Amerikaner im Jahr 2005 dargestellt. 100% werden dabei in einem Raster von 10 mal 10 Quadraten wiedergegeben. Die Angaben basieren auf Daten des US Bureau of Labor Statistics. Erstellt wurde die Treemap von Arno Ghelfi (www.starno.com).

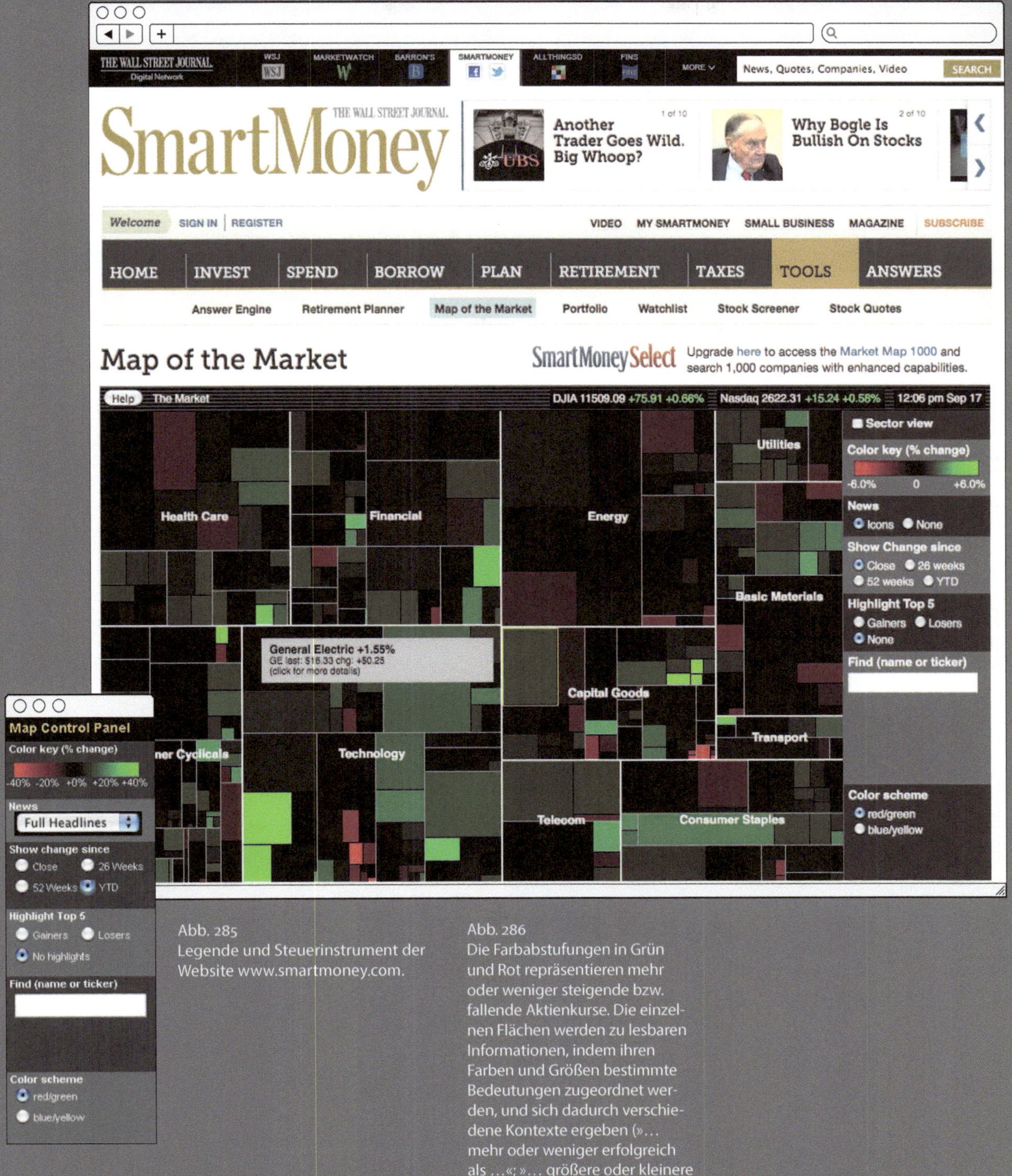

Abb. 285
Legende und Steuerinstrument der Website www.smartmoney.com.

Abb. 286
Die Farbabstufungen in Grün und Rot repräsentieren mehr oder weniger steigende bzw. fallende Aktienkurse. Die einzelnen Flächen werden zu lesbaren Informationen, indem ihren Farben und Größen bestimmte Bedeutungen zugeordnet werden, und sich dadurch verschiedene Kontexte ergeben (»… mehr oder weniger erfolgreich als …«; »… größere oder kleinere Anzahl im Verhältnis zu …«).

Abb. 287 a–e
Renée Walker nutzte die Eigenschaften der Treemap, um Daten übersichtlich und vergleichbar darzustellen. Mit ihrem Etikettendesign sorgt sie für Transparenz. Die Inhaltsstoffe von Lebensmitteln, die bisweilen im Kleingedruckten nur schwierig zu entziffern sind, lassen sich so deutlich erkennen (Renée Walker, Visual Designer und Partner bei Gold in San Francisco, California).

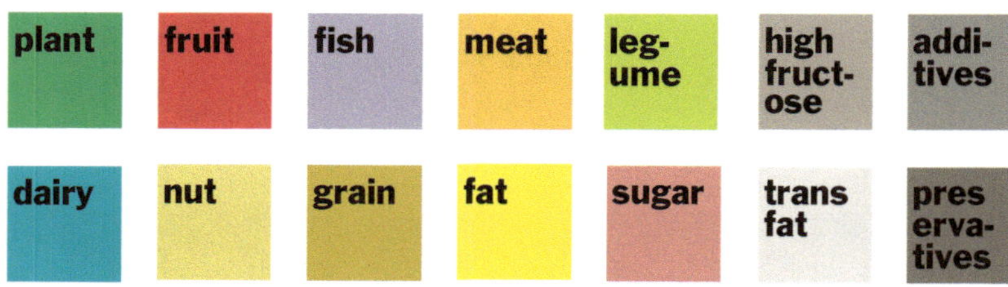

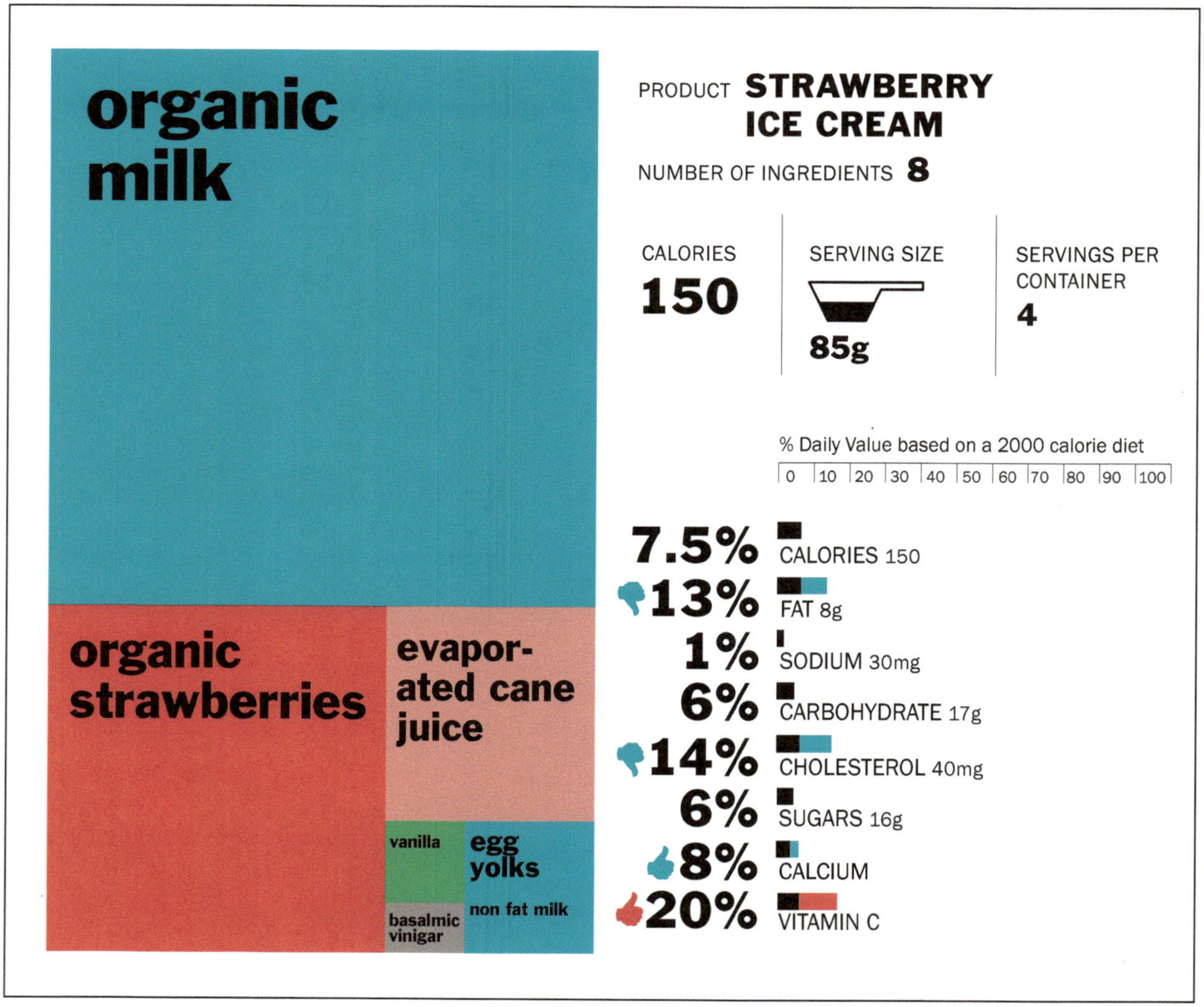

food group key

organic milk

organic strawberries

evaporated cane juice

vanilla

egg yolks

basalmic vinigar

non fat milk

PRODUCT **STRAWBERRY ICE CREAM**

NUMBER OF INGREDIENTS **8**

CALORIES **150**

SERVING SIZE **85g**

SERVINGS PER CONTAINER **4**

% Daily Value based on a 2000 calorie diet

0 | 10 | 20 | 30 | 40 | 50 | 60 | 70 | 80 | 90 | 100

7.5% CALORIES 150

13% FAT 8g

1% SODIUM 30mg

6% CARBOHYDRATE 17g

14% CHOLESTEROL 40mg

6% SUGARS 16g

8% CALCIUM

20% VITAMIN C

roasted peanuts
sugar
hydroenated fats
salt
+5
PRODUCT PEANUT BUTTER
NUMBER OF INGREDIENTS 8
% Daily Value based on a 2000 calorie diet
0 10 20 30 40 50 60 70 80 90 100
CALORIES
190
SERVING SIZE
32g
SERVINGS PER CONTAINER
16
10% CALORIES 190
25% FAT 17g
6% SODIUM 150mg
3% CARBOHYDRATE 8g
8% FIBER 2g
2% SUGARS
2% CALCIUM
4% IRON

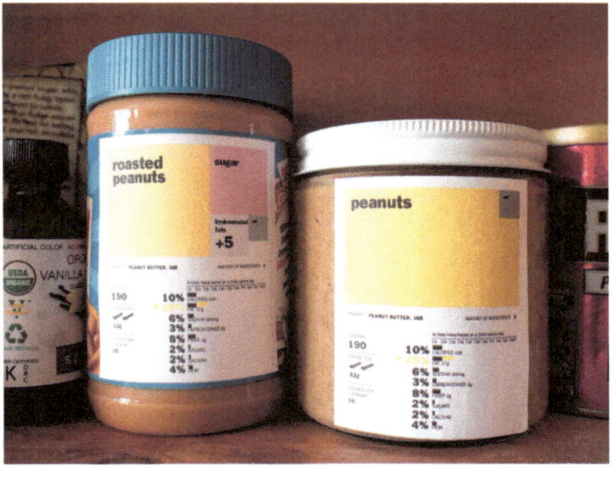
roasted peanuts
sugar
+5
peanuts

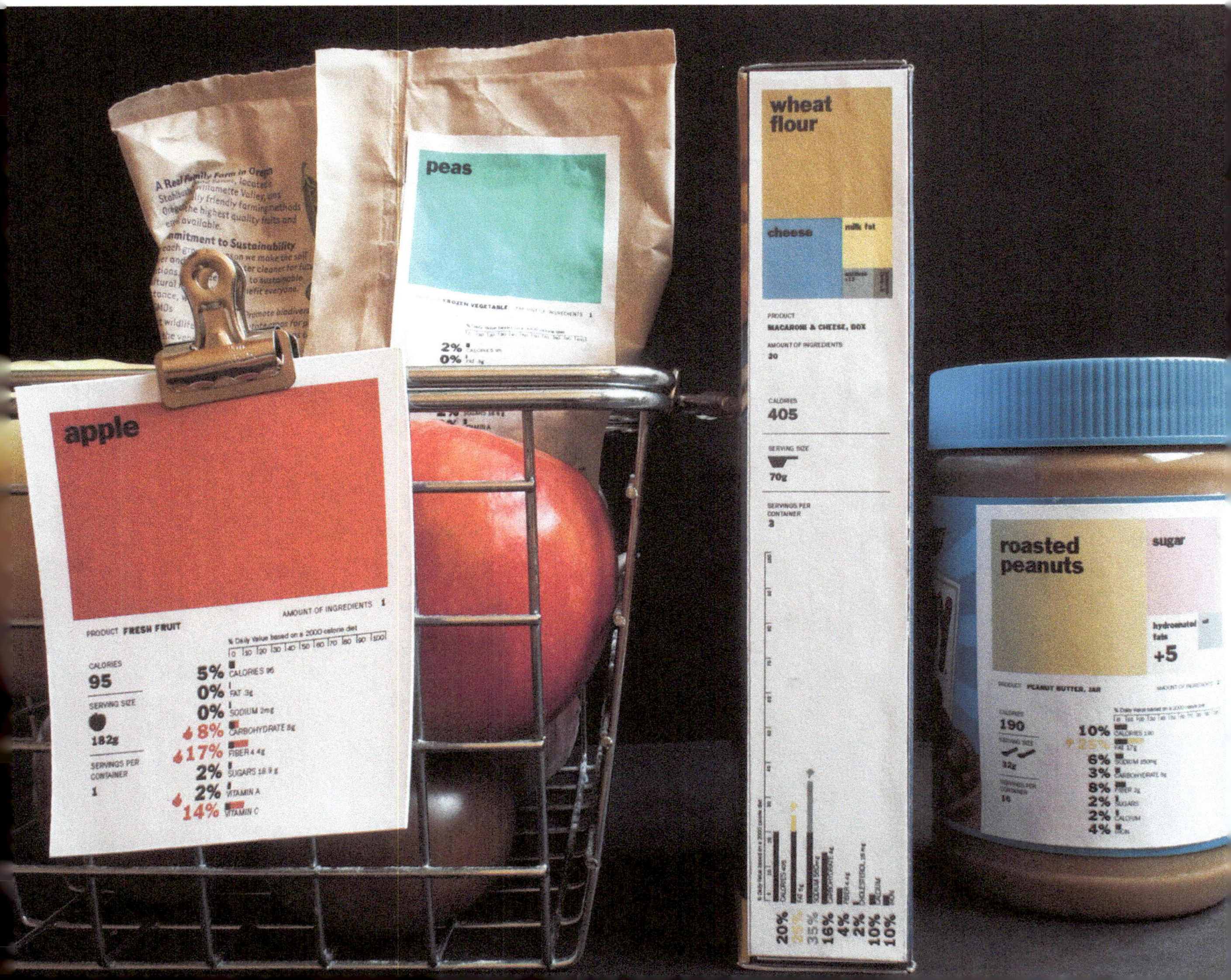

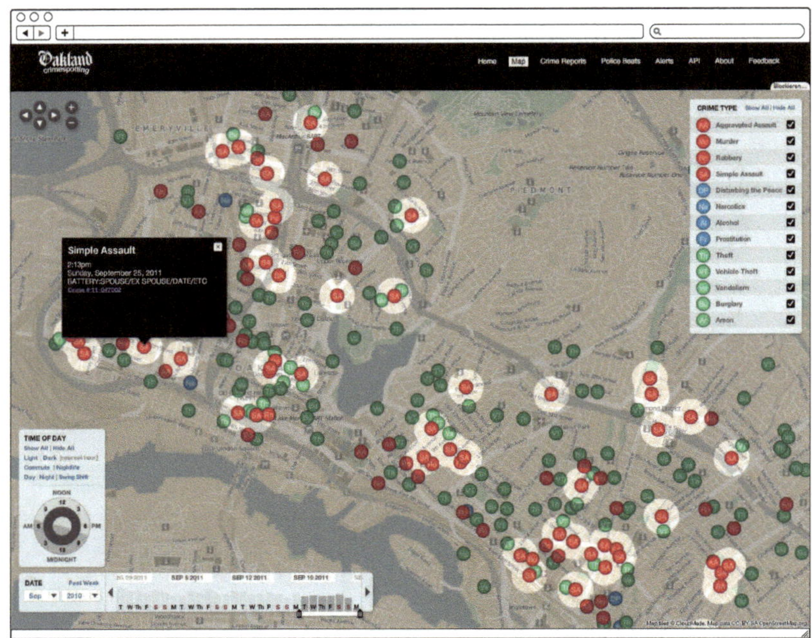

Abb. 288
Oakland Crimespotting bietet eine interaktive Informationsbasis über die Kriminalität in Oakland. Gestaltet und umgesetzt wurde sie von Stamen Design (www.stamen.com): Michal Migurski, Tom Carden und Eric Rodenbeck (www.crimespotting.org).

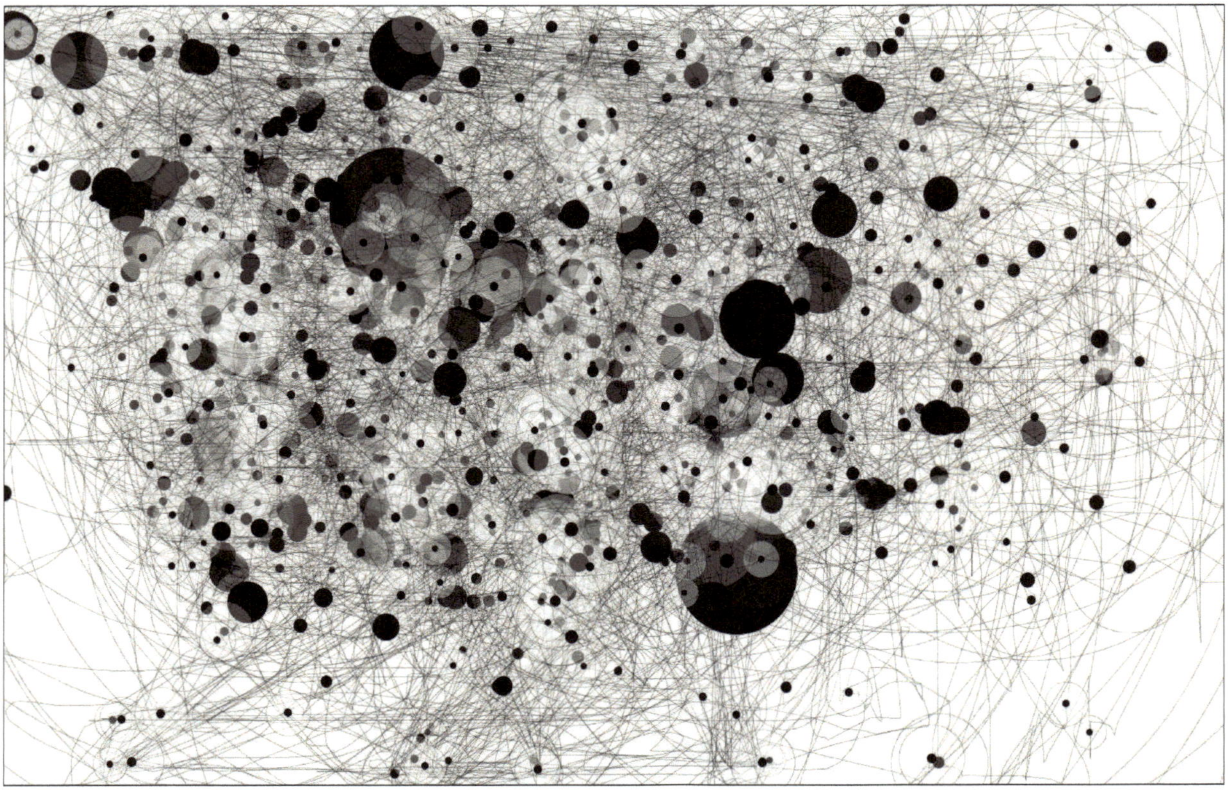

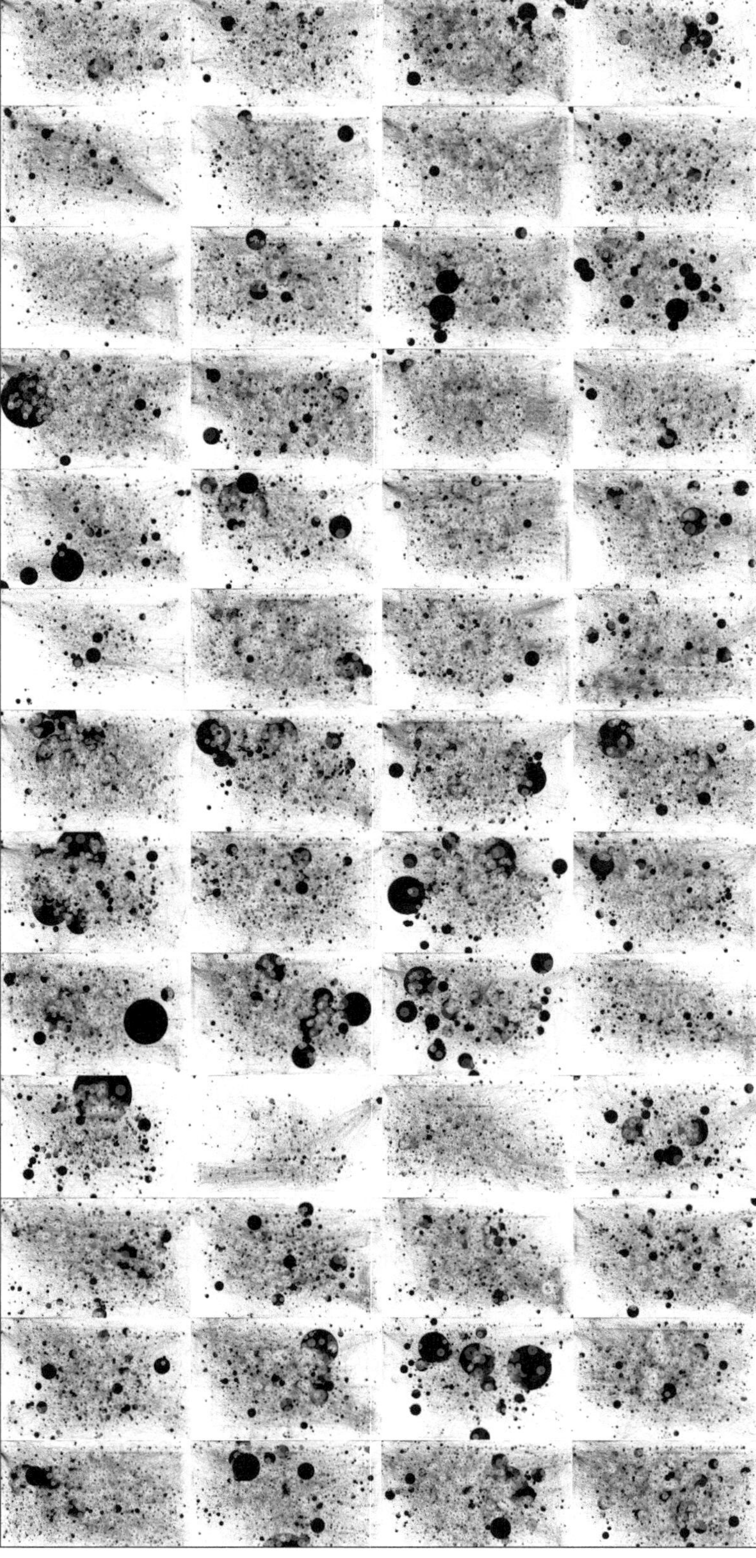

Abb. 289 a–b
Simon Bachmann (www.bachmann-team.de) protokollierte bei seinem Praktikum viele Arbeitsschritte, ebenso die seiner Computermaus. In seinem Praktikum schrieb er dazu Folgendes: »7,3 Stunden im Leben einer Maus. Im Verlauf des Agenturalltags muss eine kleine Maus schon große Strecken auf dem Bildschirm zurücklegen: 1 103,6 km lief sie allein am 1. September 2010 über das Display und musste dabei 8 408 mal klicken. Im Durchschnitt hetzte das kleine weiße Nagetier mit 0,24 Klicks pro Sekunde durch die Welt der Adobe Suite. Wobei sie zu etwa 70% mit InDesign und zu 30% mit Photoshop beschäftigt war. Ihre große Freundin, die Tastatur hat es da schon wesentlich entspannter. Den ganzen Tag genießt sie ihre Massagen. 11 758 mal wurden ihre Tasten sanft angeschlagen. Wobei das eher ungleichmäßige Züge annahm. Am häufigsten durfte die ›cmd‹-Taste genießen, mit 1 588 sanften Pressuren, dicht gefolgt vom ›Shift‹ mit 1 565 Drückern. Damit genossen beide zusammen allein 26,82 % der Gesamtmassage. Was soll da nur das arme ›;‹ sagen, das wurde nur ein einziges Mal berührt…«. Das Ergebnis ist in den vielen kleinen Abbildungen zu sehen. Die große Abbildung ergab sich innerhalb von 3,5 Stunden bei der Erstellung von Teilen dieses Kapitels. Um dieses Tracking durchzuführen und abzubilden, wurde die Software IOGraph_v0_9 von Anatoly Zenkov verwendet (www.iographica.com).

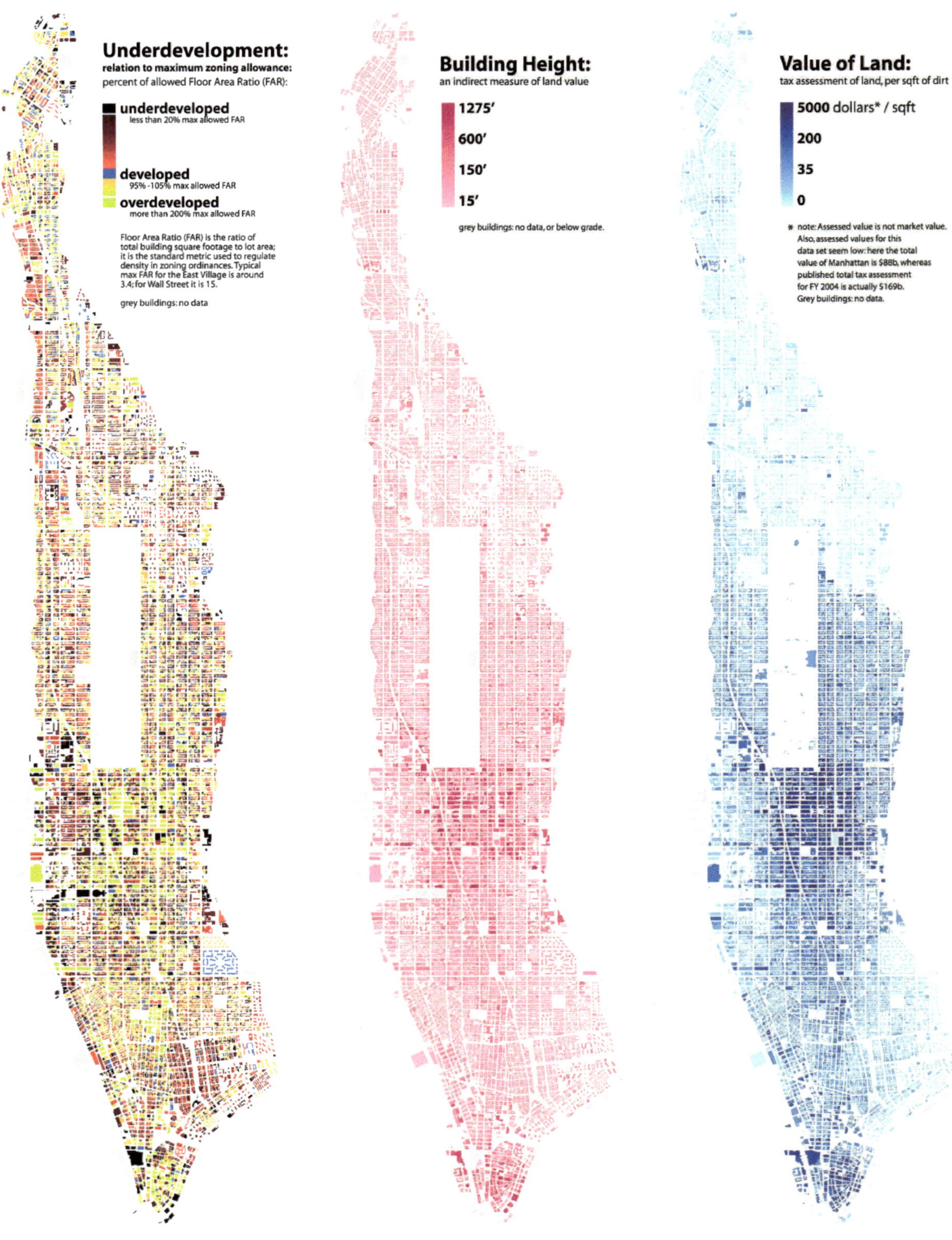
Underdevelopment:
relation to maximum zoning allowance:
percent of allowed Floor Area Ratio (FAR):
underdeveloped
less than 20% max allowed FAR
developed
95% -105% max allowed FAR
overdeveloped
more than 200% max allowed FAR
Floor Area Ratio (FAR) is the ratio of total building square footage to lot area; it is the standard metric used to regulate density in zoning ordinances. Typical max FAR for the East Village is around 3.4; for Wall Street it is 15.
grey buildings: no data
Building Height:
an indirect measure of land value
1275'
600'
150'
15'
grey buildings: no data, or below grade.
Value of Land:
tax assessment of land, per sqft of dirt
5000 dollars* / sqft
200
35
0
* note: Assessed value is not market value. Also, assessed values for this data set seem low: here the total value of Manhattan is $88b, whereas published total tax assessment for FY 2004 is actually $169b.
Grey buildings: no data.

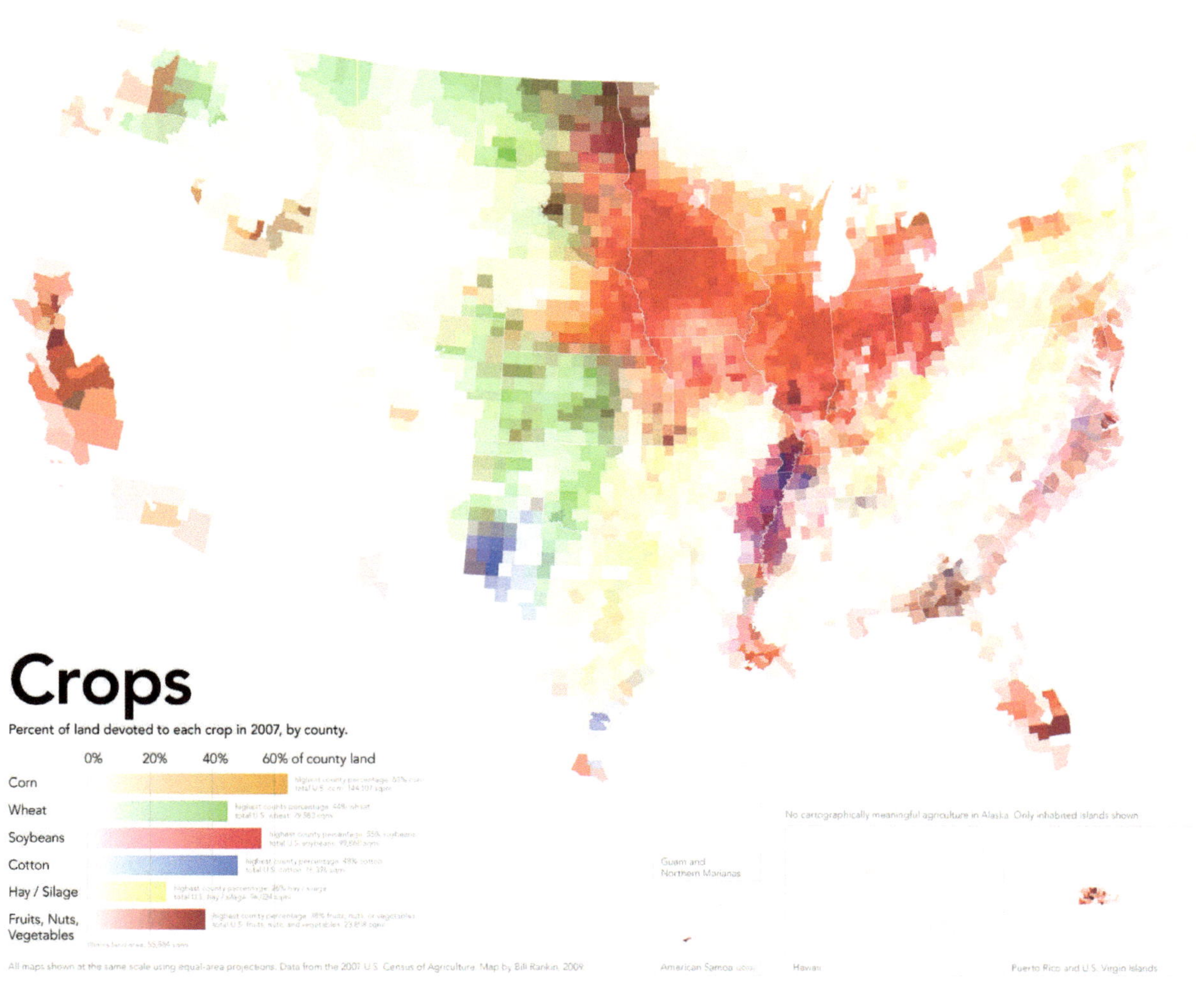

Abb. 290 ◂
Die drei Grafiken lassen gemeinsam betrachtet die Zusammenhänge zwischen Grundstückswert, Höhe der Gebäude und Wohnfläche im Verhältnis zur bebaubaren Fläche erkennen (Abb. von Bill Rankin, www.radicalcartography.net).

Abb. 291
Die Grafik zeigt an, wie viel Fläche pro Bundesstaat mit welchen Ernten besetzt ist (Abb. von Bill Rankin, www.radicalcartography.net).

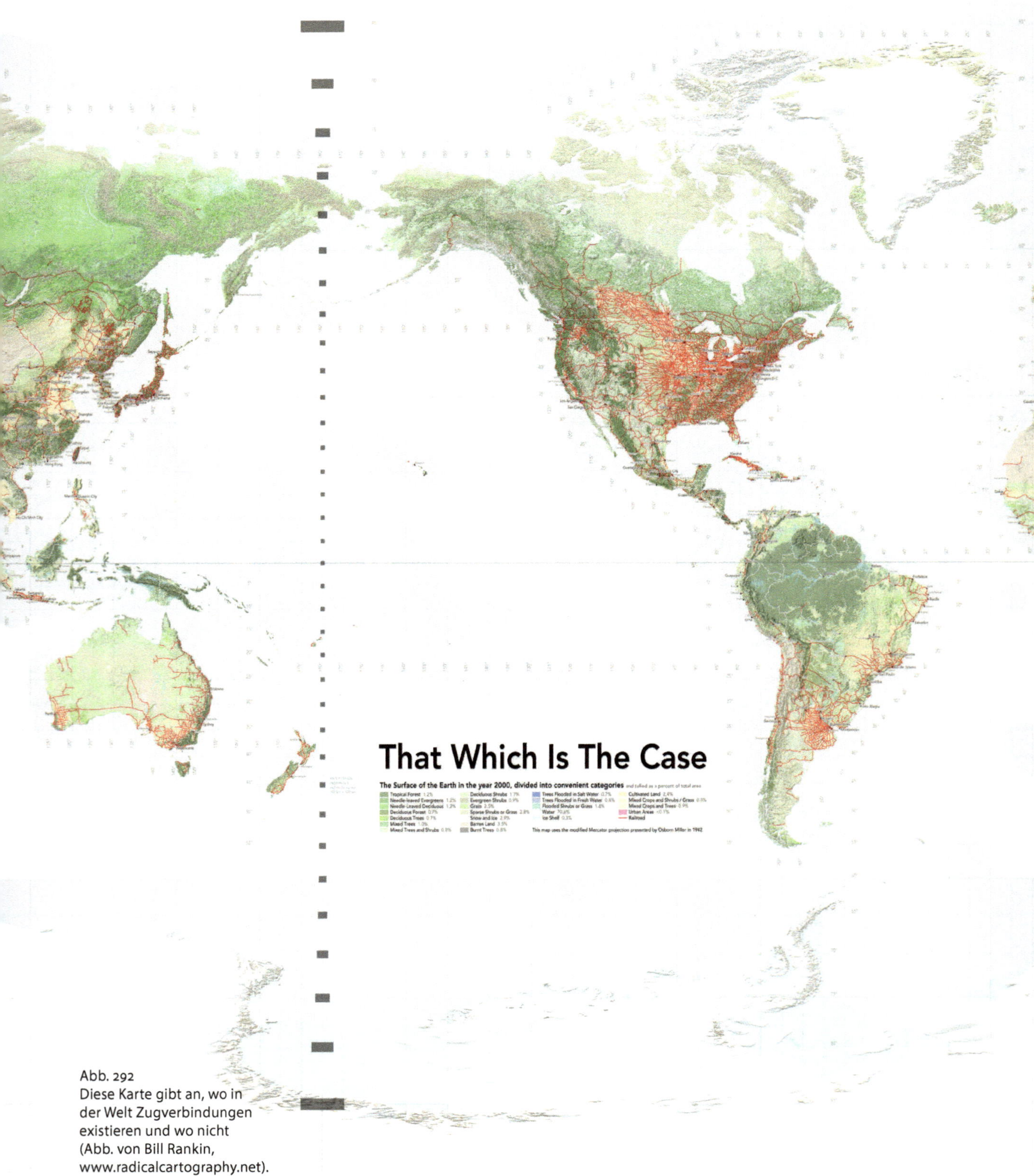

Abb. 292
Diese Karte gibt an, wo in der Welt Zugverbindungen existieren und wo nicht (Abb. von Bill Rankin, www.radicalcartography.net).

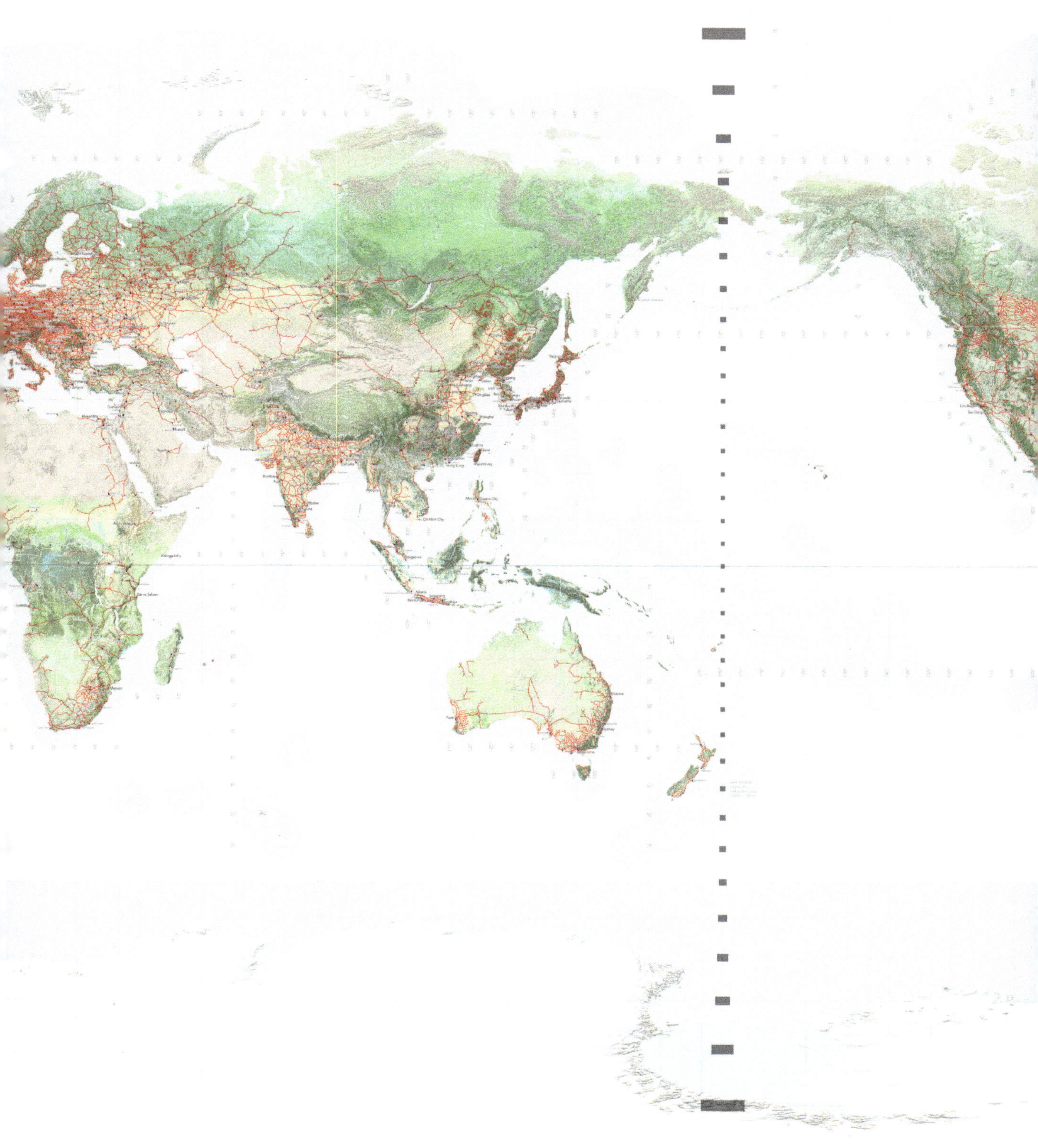

Abb. 293
Eine Gebrauchsanweisung, um gefälschte Dollar-Noten zu identifizieren (Column Five for Credit Sesame).

Abb. 294 ▸
Die Daten stammen von Flight Explorer und Sabre Airport Data Intelligence (created by Column Five).

Abb. 295 ▸▸
Diese Grafik zeigt die Emission von CO^2 in den USA. Good.is veröffentlicht unter dem Titel *Good Transparency* Visualisierungen von Daten und Zusammenhänge, um politische Ereignisse leichter nachvollziehbar zu machen. Diese Visualisierung entstand in Kooperation mit Iconologic (www.good.is, www.iconologic.com).

Abb. 296 ▸▸▸
Periodensystem der SEO Ranking-Faktoren (Column Five with Search Engine Land).

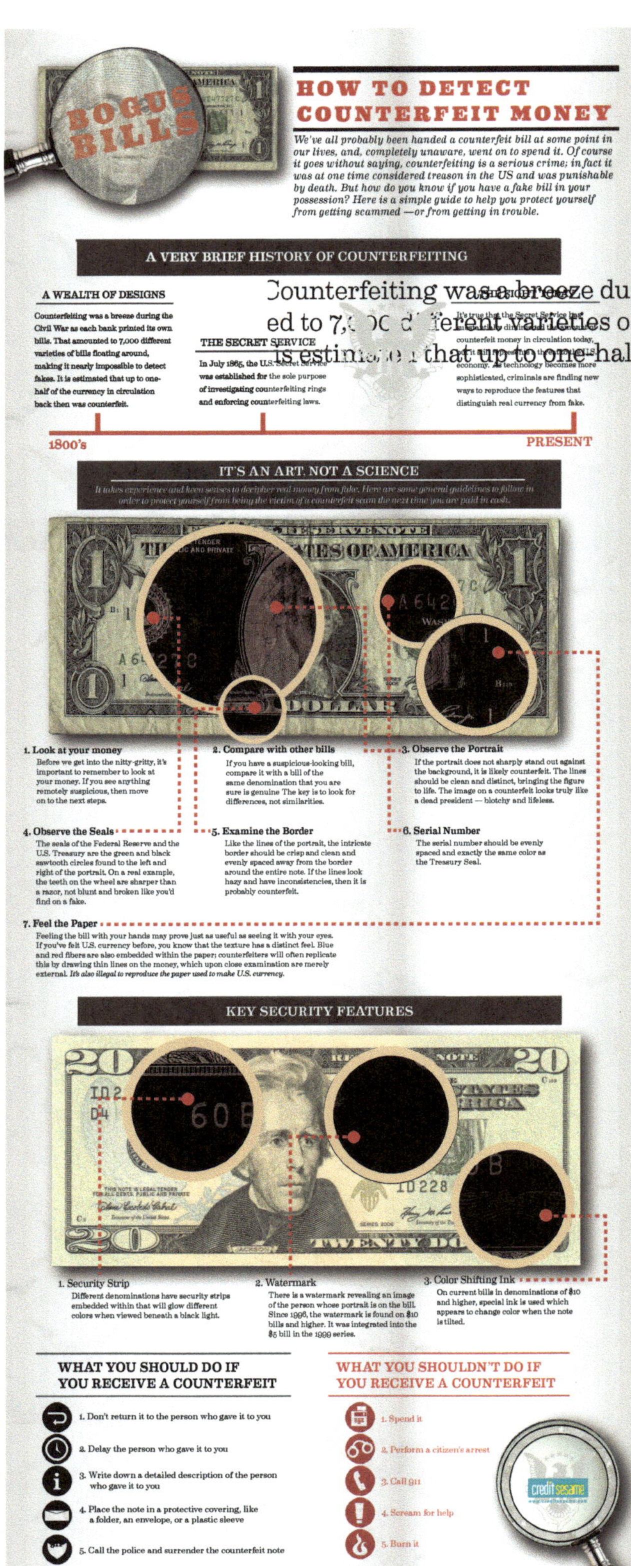

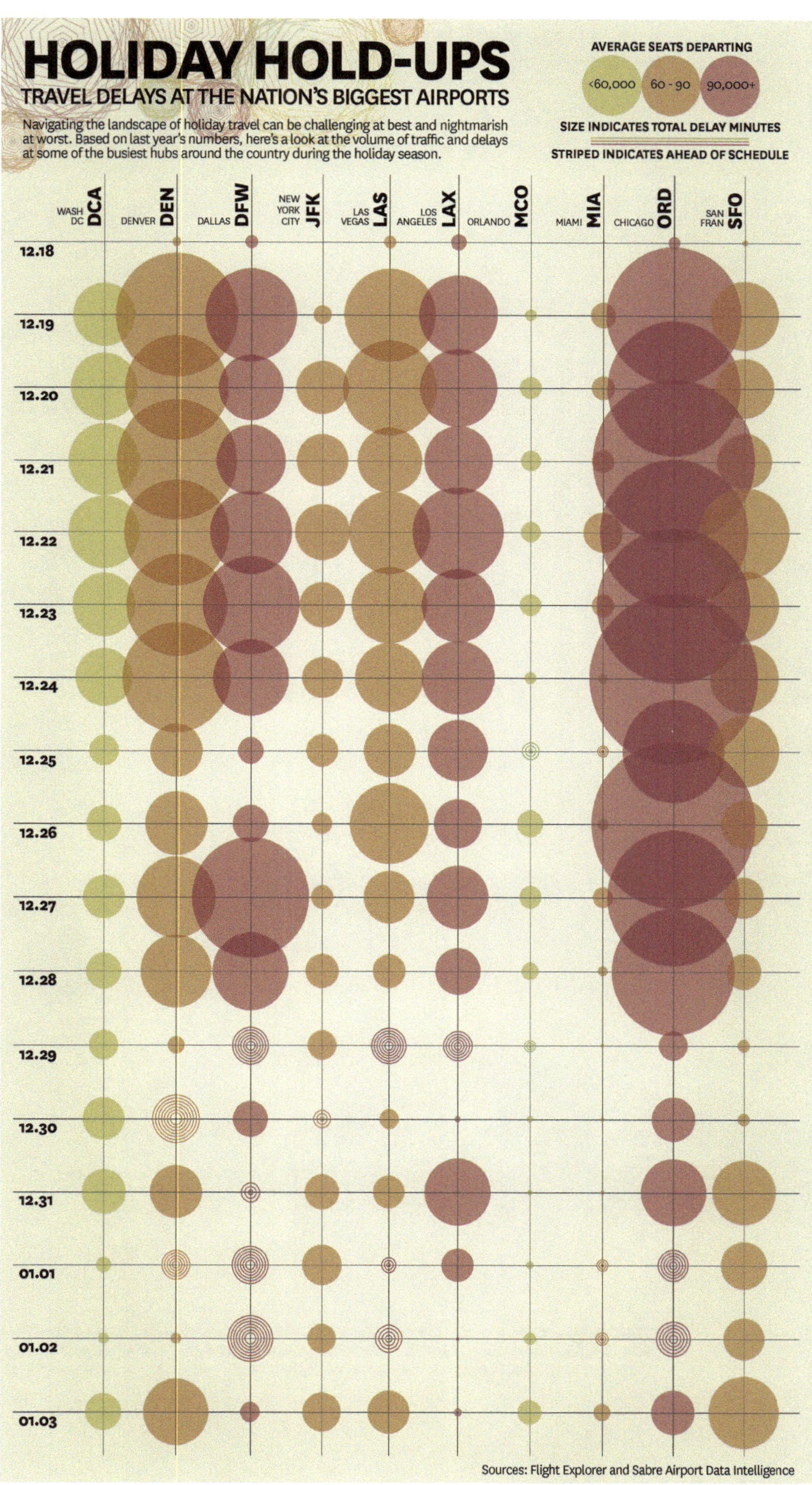
HOLIDAY HOLD-UPS
TRAVEL DELAYS AT THE NATION'S BIGGEST AIRPORTS
Navigating the landscape of holiday travel can be challenging at best and nightmarish at worst. Based on last year's numbers, here's a look at the volume of traffic and delays at some of the busiest hubs around the country during the holiday season.
AVERAGE SEATS DEPARTING
<60,000
60 - 90
90,000+
SIZE INDICATES TOTAL DELAY MINUTES
STRIPED INDICATES AHEAD OF SCHEDULE
WASH DC DCA
DENVER DEN
DALLAS DFW
NEW YORK CITY JFK
LAS VEGAS LAS
LOS ANGELES LAX
ORLANDO MCO
MIAMI MIA
CHICAGO ORD
SAN FRAN SFO
12.18
12.19
12.20
12.21
12.22
12.23
12.24
12.25
12.26
12.27
12.28
12.29
12.30
12.31
01.01
01.02
01.03
Sources: Flight Explorer and Sabre Airport Data Intelligence

THE GOOD SHEET · N° 001 · September 11 – 17, 2008 · WWW.GOOD.IS/

CO_2 WORLD

Carbon dioxide (CO_2) is the most prevalent greenhouse gas. It is emitted when fossil fuels—such as gasoline, oil, heat in the atmosphere. We produce more CO_2 than the environment can process, raising the temperature of the

1 Where it comes from:

The 10 warmest years on record have all occurred since 1990, and the global sea level has already risen by 4 to 8 inches in the past century.

The average American household emits 55,000 pounds of CO_2 each year.

Unused but plugged-in electronic devices are responsible for 1% of the world's CO_2 emissions.

Installing energy-saving lighting in all U.S. commercial buildings could save an estimated 175,000,000,000 pounds of CO_2 annually.

About 80% of all industrial CO_2 emissions in the U.S. come from manufacturing—including cars, toys, medical supplies, plastic cups, furniture, airplane parts, clothing, and cement.

After fossil fuel consumption, the largest source of U.S. CO_2 emissions is cement manufacturing.

For every gallon (about 6 pounds) of gas a car burns, it releases about 20 pounds of CO_2.

The average American releases 30 pounds of CO_2 every day in commuting to work.

In 2006 alone, the U.S. produced 13,083,000,000,000 pounds of CO_2

Petroleum CO_2 44%

Coal CO_2 36%

Natural Gas CO_2 20%

Renewables .2%

These include emissions from using solid waste and geothermal energy for electricity generation

Total U.S. CO_2 emissions by secto

Transportation 34%

76%	Automobiles
9%	Air
7%	Other
5%	Boats
3%	Trains and b

Industrial 28%

29%	Chemical m
28%	Petroleum r
24%	Other
10%	Paper manu
9%	Metal manu

Residential 20%

47%	Heating
24%	Lighting an
17%	Water heati
6%	Air-conditio
5%	Refrigeratio

Commercial 18%

32%	Heating
23%	Lighting
15%	Water heati
7%	Cooling
7%	Other
6%	Office equip
4%	Cooking
3%	Refrigeratio
3%	Ventilation

Carbon is readily and the ocean in absorb the am

This exploration of carbon emissions is a collaboration between **GOOD** and **ICONOLOGIC.**

SOURCES The Alliance for Climate Protection; Central Oregon Environmental Center; Environmental Literacy Councill; James E. Hansen of the NASA Goddard Institute for Space Studies; Mongabay; National Geographic; Natural Resources Defense Council; Solar Energy International; U.S. Bureau of Transportation Statistics; U.S. Census Bureau; U.S. Department of Energy; U.S. Energy Informa Administration; U.S. Environmental Protection Agency; World Resources Institute. **NOTE** Percentages may not add to 100 due to rounding

CATEGORIES: ENVIRONMENT BUSINESS AND MONEY LIVING

-are burned, and it traps
s getting hot in here.

A FIELD GUIDE TO AMERICA'S FAVORITE GREENHOUSE GAS

2 The big picture:

Huh

A look at global greenhouse-gas emissions by type

77% Man-made CO_2

23% Other Greenhouse Gases

Oops

Percent share of CO_2 emissions from burning fossil fuels, by country

19% United States

21% China

60% Others

Whoa

Difference between the average American's yearly CO_2 emissions and the world average

World 9,600 pounds per person, per year

U.S. 44,400 pounds per person, per year

For the past 200 years, we have been steadily increasing the amount of fossil fuels we burn to create the energy we use.

3 The bad news:

The global sea level is expected to rise 21 more inches by 2050.

Since 1970, the Amazon rain forest has shrunk by an area the size of Texas.

Based on current melt rates, all of the glaciers in Glacier National Park will be gone in the next 62 years.

The safe level of atmospheric CO_2 is no more than 350 parts per million. We're currently at 385 parts per million.

The ocean only absorbs about half of our man-made CO_2, making the water more acidic, endangering life.

Scientists predict that 97% of the world's coral reefs will be wiped out if global temperatures rise by more than 3 degrees Fahrenheit.

bad really bad worse run

4 Now what?

TAKE PUBLIC TRANSPORTATION
If the number of Americans taking public transit to work increased by 10%, we could reduce CO_2 emissions by almost 6,000,000,000 pounds per year.

USE ALTERNATIVE ENERGY
The wind in North Dakota alone could produce enough energy to provide 1/3 of the U.S.'s power.

RECYCLE
For every pound of office paper recycled, CO_2 emissions are reduced by 4 pounds.

between the atmosphere ycle, but the ocean cannot n-made CO_2 we release.

When the sun is shining, plants perform photosynthesis to convert CO_2 into carbohydrates, releasing oxygen in the process.

WATCH videos on the environment at www.good.is/

NEXT WEEK'S GOOD SHEET: Health Care

GOOD

THE PERIODIC TABLE OF SEO RANKING FACTORS

Search engine optimization — SEO — seems likes alchemy to the uninitiated. But there's a science to it. Search engines reward pages with the right combination of ranking factors. Below, some major factors or "signals" you should seek to have.

ON THE PAGE SEO RANKING FACTORS

These elements are in the direct control of the publisher.

CONTENT		
Cq	QUALITY	Are pages well written & have substantial quality content?
Cr	RESEARCH	Have you researched the keywords people may use to find your content?
Cw	WORDS	Do pages use words & phrases you hope they'll be found for?
Ce	ENGAGE	Do visitors spend time reading or "bounce" away quickly?
Cf	FRESH	Are pages fresh & about "hot" topics?
HTML		
Ht	TITLES	Do HTML title tags contain keywords relevant to page topics?
Hd	DESCRIPTION	Do meta description tags describe what pages are about?
Hh	HEADERS	Do headlines and subheads use header tags with relevant keywords?
ARCHITECTURE		
Ac	CRAWL	Can search engines easily "crawl" pages on site?
As	SPEED	Does site load quickly?
Au	URLS	Are URLs short & contain meaningful keywords to page topics?

ON THE PAGE SEO

OF

CONTENT	HTML	ARCHITECTURE	
+3 Cq Quality	+3 Ht Titles	+3 Ac Crawl	Q
+3 Cr Research	+2 Hd Description	+1 As Speed	Te
+2 Cw Words	+1 Hh Headers	+1 Au URLs	N
+2 Ce Engage			
+2 Cf Fresh			

FACTORS WORK TOGE

Some factors influence mor
1 (weakest) to 3 (strongest)
rankings. Several favorable
Negative "Violation" and "B

VIOLATIONS

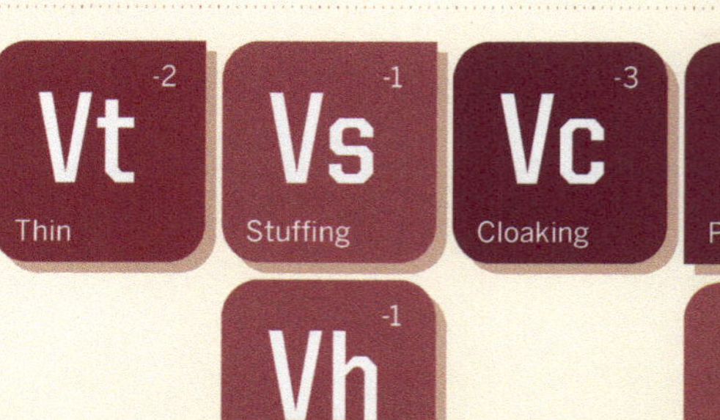

VIOLATIONS

Spam techniques may cause ranking penalty or ban.

Vt	THIN	Is content "thin" or "shallow" & lacking substance?
Vs	STUFFING	Do you excessively use words you want pages to be found for?

Written By:

PAGE SEO

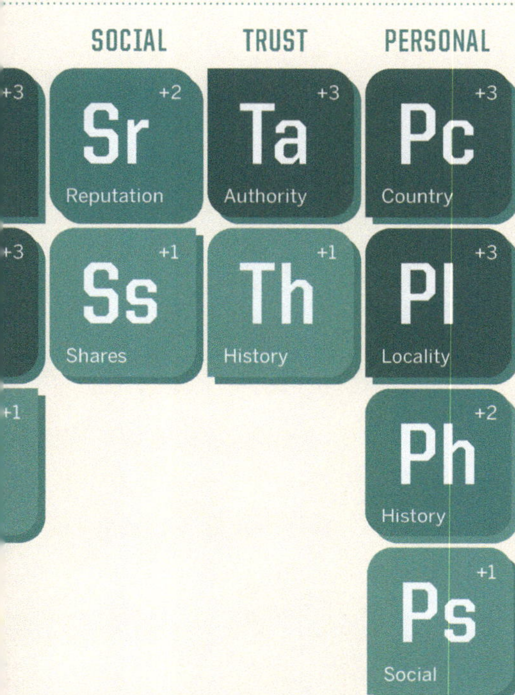

thers, which we've weighted
le factor guarantees top
ncrease odds of success.
factors harm your chances.

BLOCKING

3

1

OFF THE PAGE SEO RANKING FACTORS

Elements influenced by readers, visitors & other publishers.

LINKS		
Lq	QUALITY	Are links from trusted, quality or respected web sites?
Lt	TEXT	Do links pointing at pages use words you hope they'll be found for?
Ln	NUMBER	Do many links point at your web pages?
SOCIAL		
Sr	REPUTATION	Do those respected on social networks share your content?
Ss	SHARES	Do many share your content on social networks?
TRUST		
Ta	AUTHORITY	Do links, shares & other factors make site a trusted authority?
Th	HISTORY	Has site or its domain been around a long time, operating in same way?
PERSONAL		
Pc	COUNTRY	What country is someone located in?
Pl	LOCALITY	What city or local area is someone located in?
Ph	HISTORY	Does someone regularly visit the site? Or "liked" it?
Ps	SOCIAL	What do your friends think of the site?

BLOCKING

If searchers "block" site, hurts both trust & personalization.

Bt	BLOCKING	Have many people blocked your site from search results?
Bp	BLOCKING	Has someone blocked your site from their search results?

Vh	HIDDEN	Do colors or design "hide" words you want pages to be found for?
Vc	CLOAKING	Do you show search engines different pages than humans?

Vp	PAID LINKS	Have you purchased links in hopes of better rankings?
Vl	LINK SPAM	Have you created many links by spamming blogs, forums or other places?

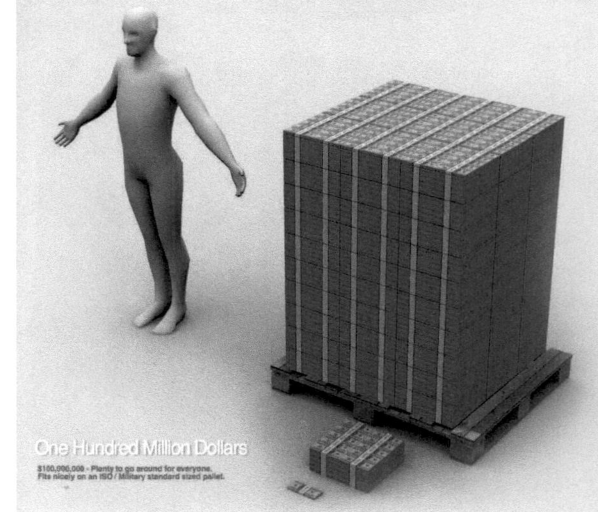

Abb. 297
Visualisierung der Verschuldung der USA auf Basis der Größe eines 100 Dollar-Scheines (http://usdebt.kleptocracy.us).

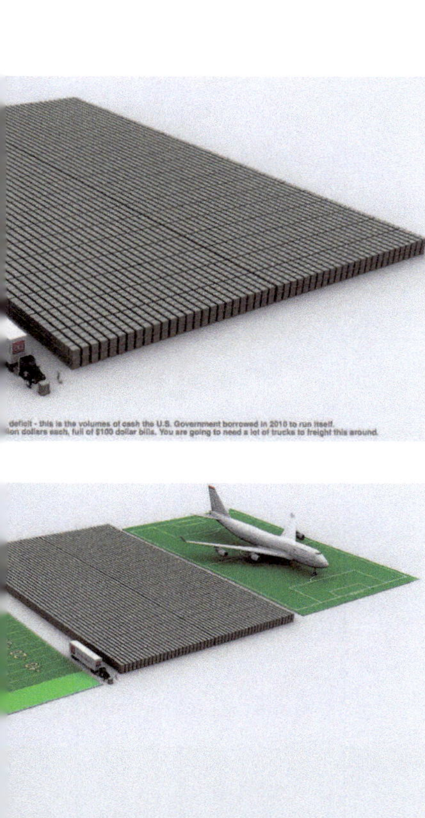

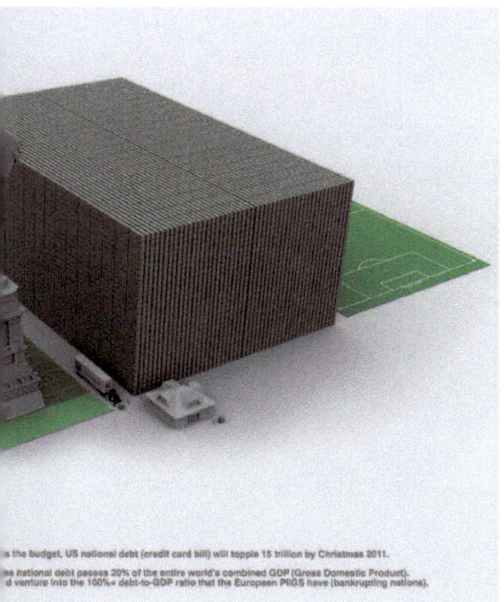

$15 TRILLION
$114.5 TRILLION
$100 Million Pallet

114.5 Trillion Dollars

$114,500,000,000,000. - US unfunded liabilities
To the right you can see the pillar of cold hard $100 bills that dwarfs the WTC & Empire State Building - both at one point world's tallest buildings.
If you look carefully you can see the Statue of Liberty.

The 114.5 Trillion dollar super-skyscraper is the amount of money the U.S. Government knows it does not have to fully fund the Medicare, Medicare Prescription Drug Program, Social Security, Military and civil servant pensions. It is the money USA knows it will not have to pay all its bills.
If you live in USA this is also your personal credit card bill; you are responsible along with everyone else to pay this back. The citizens of USA created the U.S. Government to serve them, this is what the U.S. Government has done while serving The People.

The unfunded liability is calculated on current tax and funding inputs, and future demographic shifts in US Population.

Note: On the above 114.5T image the size of the base of the money pile is half a trillion, not 1T as on 15T image.
The height is double. This was done to reflect the base of Empire State and WTC more closely.

Everyone needs to see this.

Source: Federal Reserve & www.USdebtclock.org - visit it to see the debt in real time and get a better grasp of this amazing number.

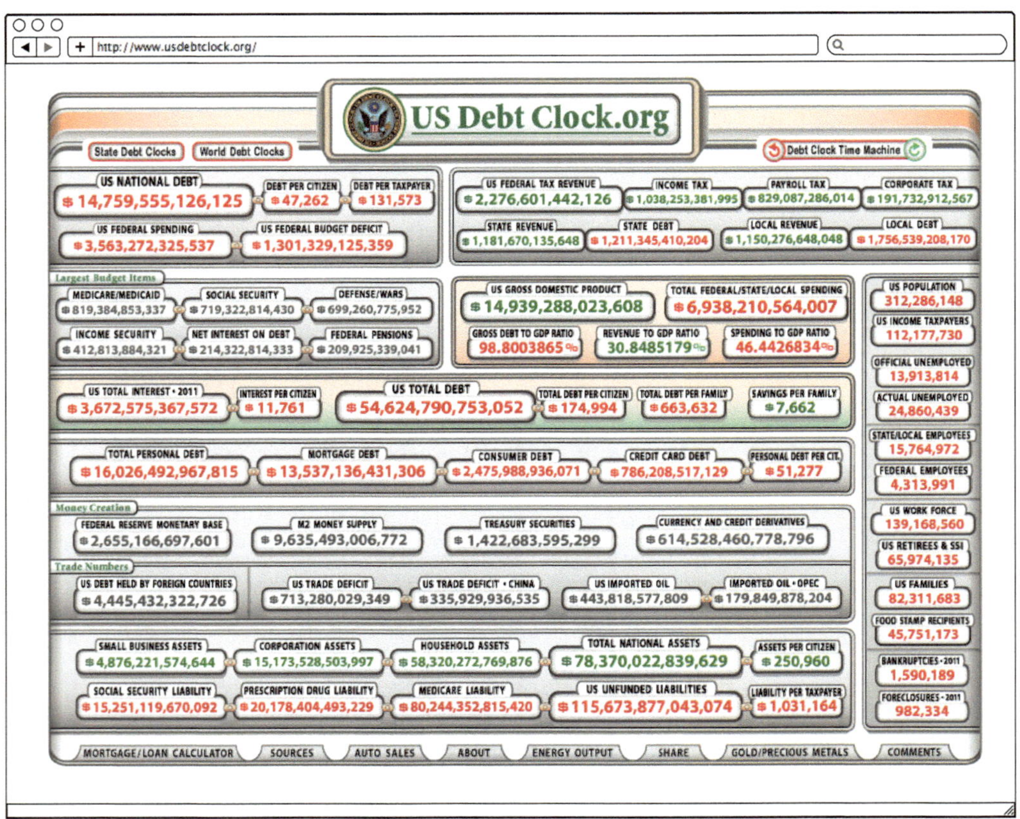

Abb. 298
Die vorherige Darstellung basiert auf den Daten von der Federal Reserve (www.USdebt-clock.org). Auf deren Internet-seite werden die Details und Veränderungen der Schulden in Echtzeit dargestellt.

Abb. 299
Eataly Seasonal Food Chart. Visualisierung der Frucht- und Gemüseerntezeiten. Beauftragt durch Eataly (www.eataly.it) und erstellt durch TODO.TO.IT in Kooperation mit Slow Food (www.slowfood.com) (Abb. TODO.TO.IT, www.todo.to.it).

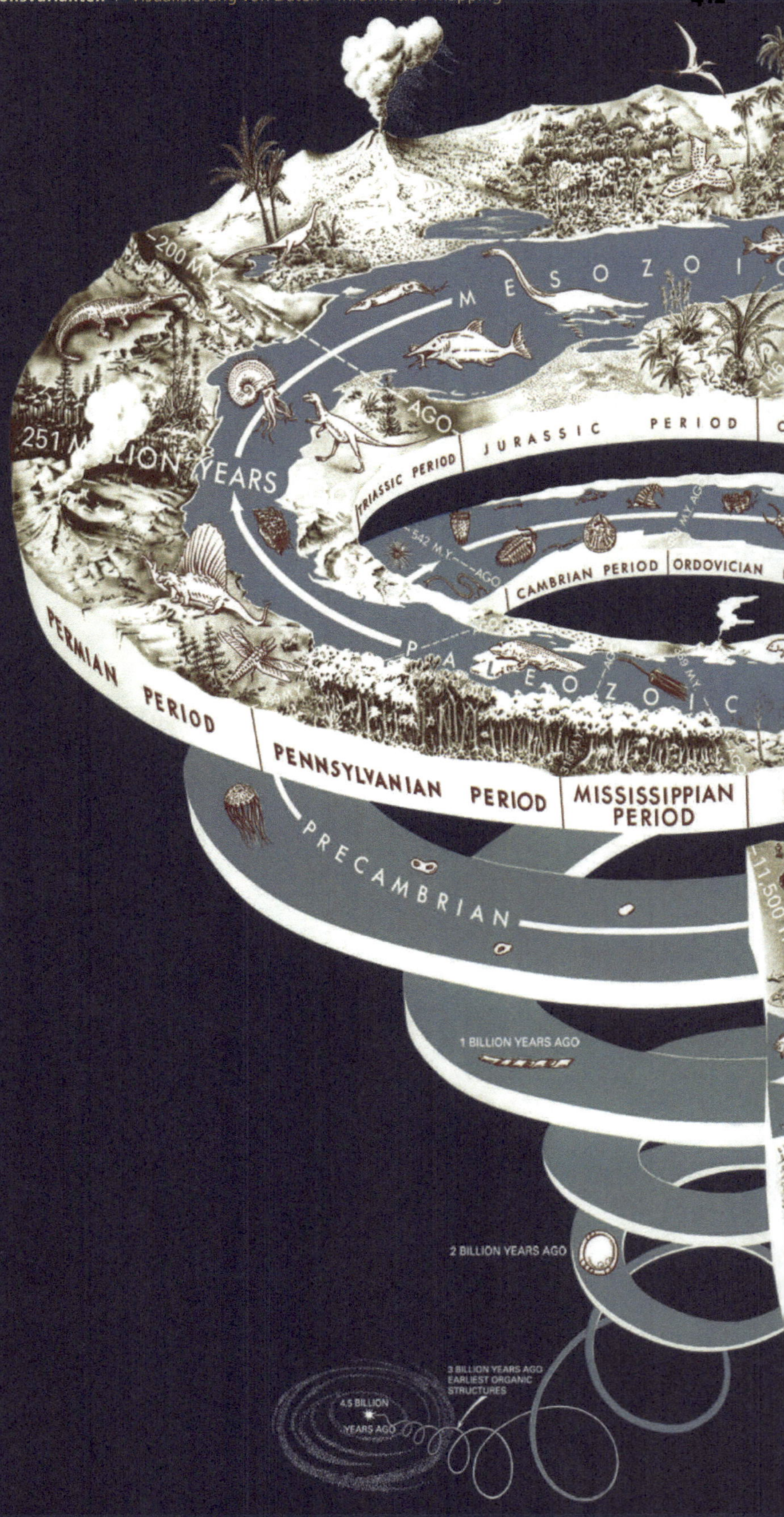

Abb. 300
Visuelle Darstellung der Erdzeitalter als **Timeline** bzw. **Zeitspirale** (Abb. von United States Geological Survey. Graham, Joseph, Newman, William, and Stacy, John, 2008, The geologic time spiral – A path to the past (ver. 1.1): U.S. Geological Survey General Information Product 58, poster, 1 sheet, http://pubs.usgs.gov/gip/2008/58/).

65 MILLION YEARS AGO
ERA
Paleocene Epoch
AGO
Eocene Epoch
AGO
Oligocene Epoch
AGO
TERTIARY PERIOD
SILURIAN PERIOD
56 M.Y.
34 M.Y.
CENOZOIC ERA
Miocene Epoch
Pliocene Epoch
Pleistocene Epoch
TERTIARY PERIOD
PERIOD

Abb. 301
Diese **Gebrauchsanweisung** zum Mixen von Cocktails kann ganz auf Farben verzichten, indem 42 unterschiedliche Streifen- und Punkt-Raster, so genannte **hatch patterns**, zur Differenzierung der Zutaten eingesetzt werden. Der Hinweis »File Name: DRINKS.DWG« unten links in der Ecke des Posters zeigt, dass es für den Druck auf Plottern erstellt wurde, vermutlich mit der Software AutoCAD.

In der Informationsvisualisierung werden zur Differenzierung in der Regel Farben eingesetzt, was aber nicht immer sinnvoll ist. Die hier unterschiedenen 42 Zutaten lassen sich über Muster besser differenzieren, als wenn unter 42 Farben einige dabei wären, die sich ähneln. Die Original-WMF-Datei gibt es hier: http://f.imagehost.org/download/0181/engineer_drinks und ein Replikat als PDF-, EPS- und JPG-Datei hier: dl.dropbox.com/u/3549147/Engineers-Guide-to-Drinks-2010.zip.

Ursprünglich wurde diese technische Zeichnung 1978 durch R.J. Ninino erstellt und durch J. Gotta 2008 aktualisiert. Eine weiter aktualisierte Fassung wurde bei flowingdata.com diskutiert. Aus dieser Diskussion stammen die Hinweise auf die oben genannten Links: http://flowingdata.com/2010/01/22/engineers-guide-to-drinks.

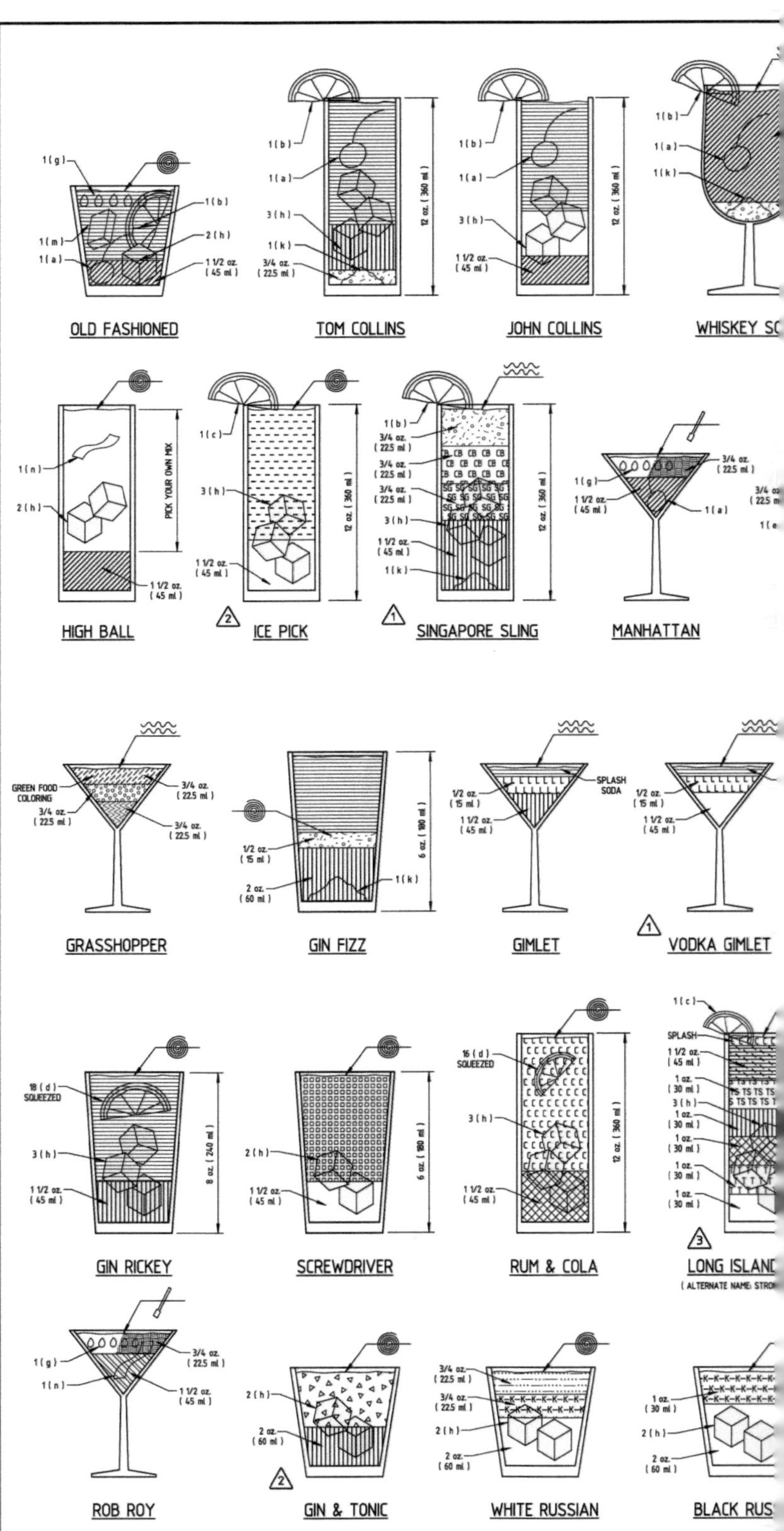

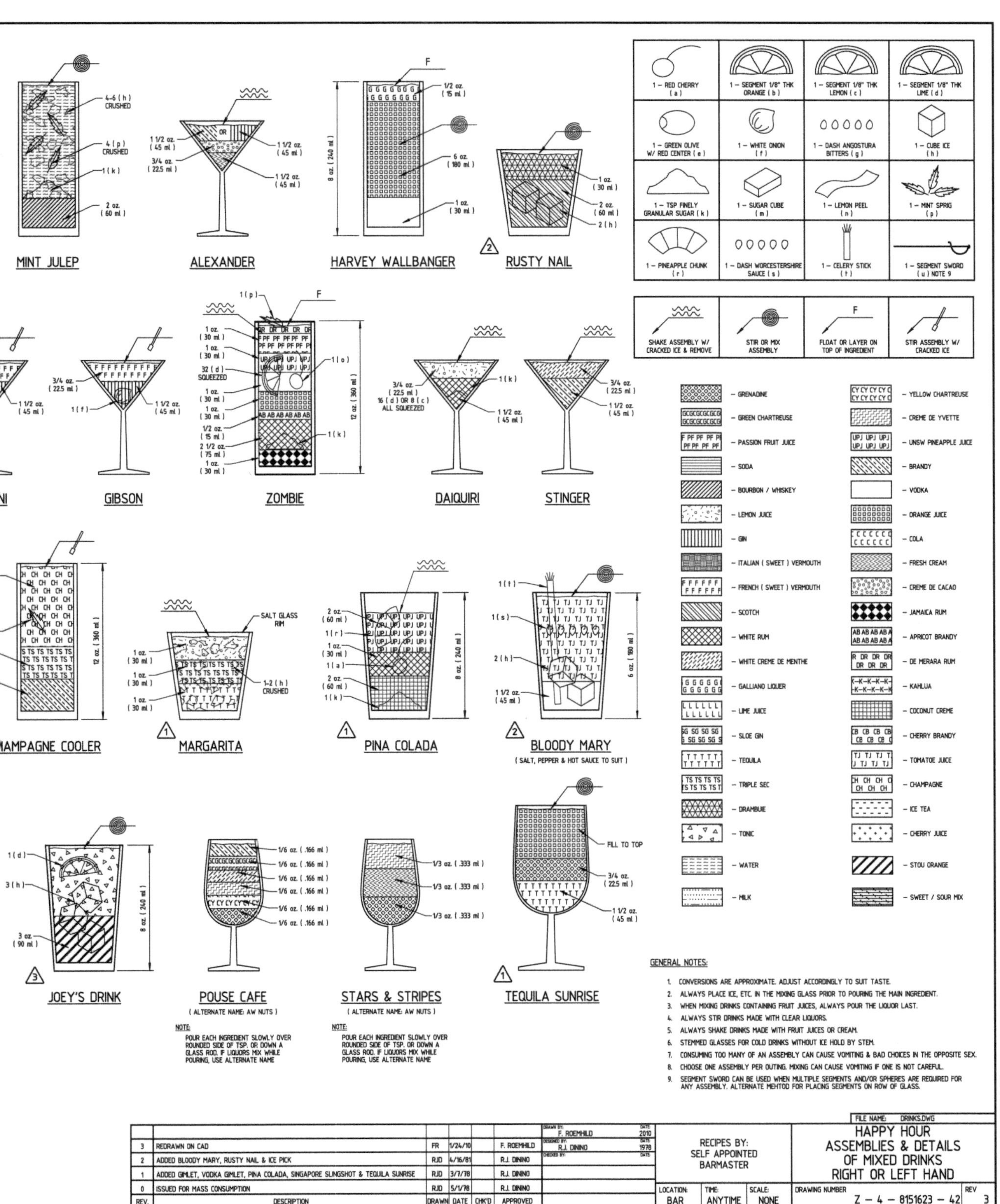

MINT JULEP
ALEXANDER
HARVEY WALLBANGER
RUSTY NAIL
GIBSON
ZOMBIE
DAIQUIRI
STINGER
MARGARITA
PINA COLADA
BLOODY MARY
(SALT, PEPPER & HOT SAUCE TO SUIT)
JOEY'S DRINK
POUSE CAFE
(ALTERNATE NAME: AW NUTS)
STARS & STRIPES
(ALTERNATE NAME: AW NUTS)
TEQUILA SUNRISE
NOTE:
POUR EACH INGREDIENT SLOWLY OVER ROUNDED SIDE OF TSP. OR DOWN A GLASS ROD. IF LIQUORS MIX WHILE POURING, USE ALTERNATE NAME
1 – RED CHERRY (a)
1 – SEGMENT 1/8" THK ORANGE (b)
1 – SEGMENT 1/8" THK LEMON (c)
1 – SEGMENT 1/8" THK LIME (d)
1 – GREEN OLIVE W/ RED CENTER (e)
1 – WHITE ONION (f)
1 – DASH ANGOSTURA BITTERS (g)
1 – CUBE ICE (h)
1 – TSP FINELY GRANULAR SUGAR (k)
1 – SUGAR CUBE (m)
1 – LEMON PEEL (n)
1 – MINT SPRIG (p)
1 – PINEAPPLE CHUNK (r)
1 – DASH WORCESTERSHIRE SAUCE (s)
1 – CELERY STICK (t)
1 – SEGMENT SWORD (u) NOTE 9
SHAKE ASSEMBLY W/ CRACKED ICE & REMOVE
STIR OR MIX ASSEMBLY
FLOAT OR LAYER ON TOP OF INGREDIENT
STIR ASSEMBLY W/ CRACKED ICE
– GRENADINE
– GREEN CHARTREUSE
– PASSION FRUIT JUICE
– SODA
– BOURBON / WHISKEY
– LEMON JUICE
– GIN
– ITALIAN (SWEET) VERMOUTH
– FRENCH (SWEET) VERMOUTH
– SCOTCH
– WHITE RUM
– WHITE CREME DE MENTHE
– GALLIANO LIQUER
– LIME JUICE
– SLOE GIN
– TEQUILA
– TRIPLE SEC
– DRAMBUIE
– TONIC
– WATER
– MILK
– YELLOW CHARTREUSE
– CREME DE YVETTE
– UNSW PINEAPPLE JUICE
– BRANDY
– VODKA
– ORANGE JUICE
– COLA
– FRESH CREAM
– CREME DE CACAO
– JAMAICA RUM
– APRICOT BRANDY
– DE MERARA RUM
– KAHLUA
– COCONUT CREME
– CHERRY BRANDY
– TOMATOE JUICE
– CHAMPAGNE
– ICE TEA
– CHERRY JUICE
– STOU ORANGE
– SWEET / SOUR MIX
GENERAL NOTES:
1. CONVERSIONS ARE APPROXIMATE. ADJUST ACCORDINGLY TO SUIT TASTE.
2. ALWAYS PLACE ICE, ETC. IN THE MIXING GLASS PRIOR TO POURING THE MAIN INGREDIENT.
3. WHEN MIXING DRINKS CONTAINING FRUIT JUICES, ALWAYS POUR THE LIQUOR LAST.
4. ALWAYS STIR DRINKS MADE WITH CLEAR LIQUORS.
5. ALWAYS SHAKE DRINKS MADE WITH FRUIT JUICES OR CREAM.
6. STEMMED GLASSES FOR COLD DRINKS WITHOUT ICE HOLD BY STEM.
7. CONSUMING TOO MANY OF AN ASSEMBLY CAN CAUSE VOMITING & BAD CHOICES IN THE OPPOSITE SEX.
8. CHOOSE ONE ASSEMBLY PER OUTING. MIXING CAN CAUSE VOMITING IF ONE IS NOT CAREFUL.
9. SEGMENT SWORD CAN BE USED WHEN MULTIPLE SEGMENTS AND/OR SPHERES ARE REQUIRED FOR ANY ASSEMBLY. ALTERNATE MEHTOD FOR PLACING SEGMENTS ON ROW OF GLASS.
3 REDRAWN ON CAD FR 1/24/10 F. ROEMHILD
2 ADDED BLOODY MARY, RUSTY NAIL & ICE PICK RJD 4/16/81 R.J. DINNO
1 ADDED GIMLET, VODKA GIMLET, PINA COLADA, SINGAPORE SLINGSHOT & TEQUILA SUNRISE RJD 3/7/78 R.J. DINNO
0 ISSUED FOR MASS CONSUMPTION RJD 5/1/78 R.J. DINNO
REV. DESCRIPTION DRAWN DATE CHK'D APPROVED
F. ROEMHILD 2010
R.J. DINNO 1978
RECIPES BY: SELF APPOINTED BARMASTER
FILE NAME: DRINKS.DWG
HAPPY HOUR ASSEMBLIES & DETAILS OF MIXED DRINKS RIGHT OR LEFT HAND
LOCATION: BAR
TIME: ANYTIME
SCALE: NONE
DRAWING NUMBER Z – 4 – 8151623 – 42
REV 3

INGREDIENTS *(alcoholic)*

Abb. 302 a–d
Beim Cocktailposter von Konstantin Datz zeigt sich, wie sehr Farbe Informationsvisualisierung über eine reine Visualisierung hinaus bereichern kann. Das Poster ist Gebrauchsanweisung, Informationsvermittlung, Unterhaltung und Anregung zugleich. Es visualisiert nicht nur die Zubereitung, sondern stellt den Cocktail auch als Genussmittel dar. Zusätzlich wird jede Cocktail-Mischung als Diagramm in Form eines Glases mit seinen jeweiligen Zutaten und deren Mischungsverhältnis gezeigt. Als Tropfen werden 18 nichtalkoholische und 23 alkoholische Zutaten abgebildet, und die Zubereitung wird mit Piktogrammen erläutert (Plakat von Konstantin Datz; www.konstantindatz.de).

Das informative DIN-A1 Poster mit den 35 bekanntesten Cocktails und 45 Zutaten kann hier bestellt werden: www.cocktailposter.com.

COCKTAILS
ICE PICK
TOM COLLINS
JOHN COLLINS
MINT JULEP
LONG ISLAND ICED TEA
INGREDIENTS
CHAMPAGNE COOLER
HARVEY WALLBANGER
RUM & COLA
SINGAPORE SLING
ZOMBIE
SCREW DRIVER
GIN RICKEY
JOEY'S DRINK
BLOODY MARY
WHISKEY SOUR
INGREDIENTS
GIN & TONIC
MARGARITA
WHITE RUSSIAN
BLACK RUSSIAN
RUSTY NAIL
GIMLET
VODKA GIMLET
STINGER
GRASSHOPPER
ALEXANDER
DAIQUIRI
MARTINI
GIBSON
MANHATTAN
ROB ROY
SEX ON THE BEACH
PIÑA COLADA
TEQUILA SUNRISE
STARS & STRIPES
POUSSE CAFÉ

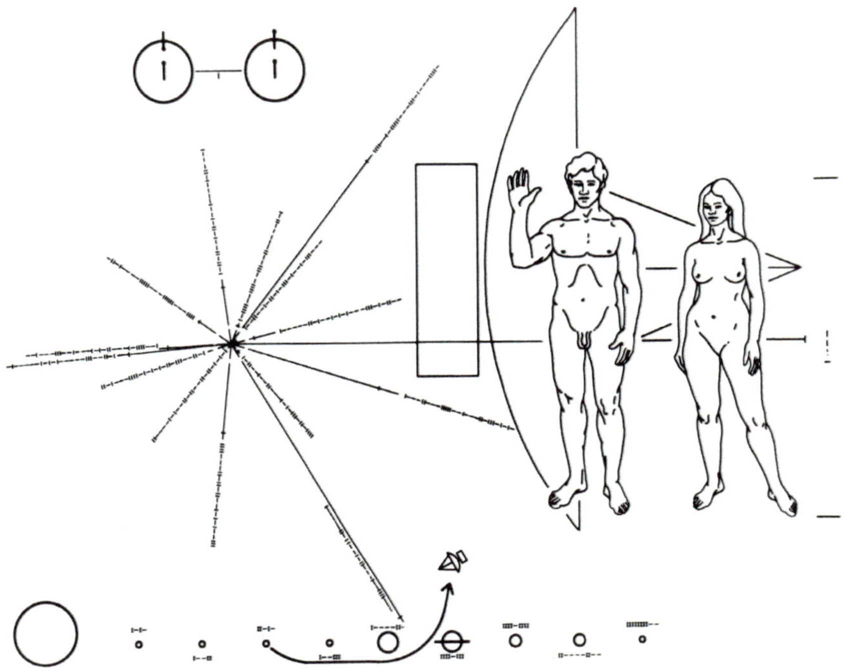

Abb. 303 ▲
Das **Pioneer Plaque** wurde von Carl Sagan und Frank Drake entworfen und von **Linda Salzman Sagan** umgesetzt. Die vergoldete Metallplatte wurde 1972 im Rahmen des **SETI-Projekts** (Search for Extraterrestrial Intelligence) mit der Raumsonde Pioneer 10 ins All befördert. 1983 flog Pioneer 10 an der Umlaufbahn des Pluto vorbei und verließ das Sonnensystem. Pioneer 10 sandte ein letztes Signal, das die Bodenkontrolle am Jet Propulsion Laboratory in Pasadena erreichte, am 22.01.2003. Pioneer 10 ist somit so etwas wie eine Flaschenpost, die anderen Bewohnern des Weltalls Informationen über die Bewohner der Erde vermitteln soll. Die Metallplatte zeigt das Aussehen der Menschen und ihre Zweigeschlechtlichkeit. Die Größe der Menschen wird dabei im Verhältnis zur Kontur der Pioneer-Sonde wiedergegeben. Zudem wurde am unteren Rand das Sonnensystem abgebildet, in dem sich die Erde befindet, deren Position als Startpunkt der Sonde erkennbar ist. Neben den Planeten sind astronomische Daten in Binär-Code eingetragen. Der obere Bildrand zeigt ein Wasserstoffatom. Seine Schwingungsfrequenz, die bei einer Wellenlänge von 21 Zentimetern im gesamten Weltall bei 70 Nanosekunden liegt, wird als absoluter Wert verwendet. In Abhängigkeit von diesem Wert gibt die sternförmige Darstellung links im Bild ebenfalls in Binär-Code präzise Ortsangaben und das Startdatum an (Pioneer Plaque, NASA, 1972).

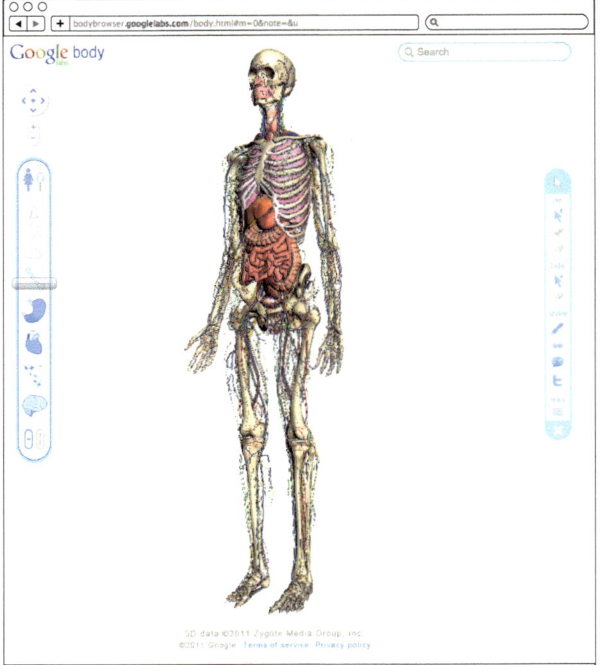

Abb. 305
Industriepalast bzw. *Leben des Menschen III* von Fritz Kahn, 1926 (siehe auch S. 97 in *Historischer Überblick*). Diese Visualisierung von Wissen stellt die wesentlichen Funktionen im Körper eines Menschen als mechanische Abläufe dar (Abb. aus: *Fritz Kahn – Man Machine / Maschine Mensch*, Springer Wien New York, 2009, mit freundlicher Genehmigung durch Uta und Thilo von Debschitz, www.fritz-kahn.com).

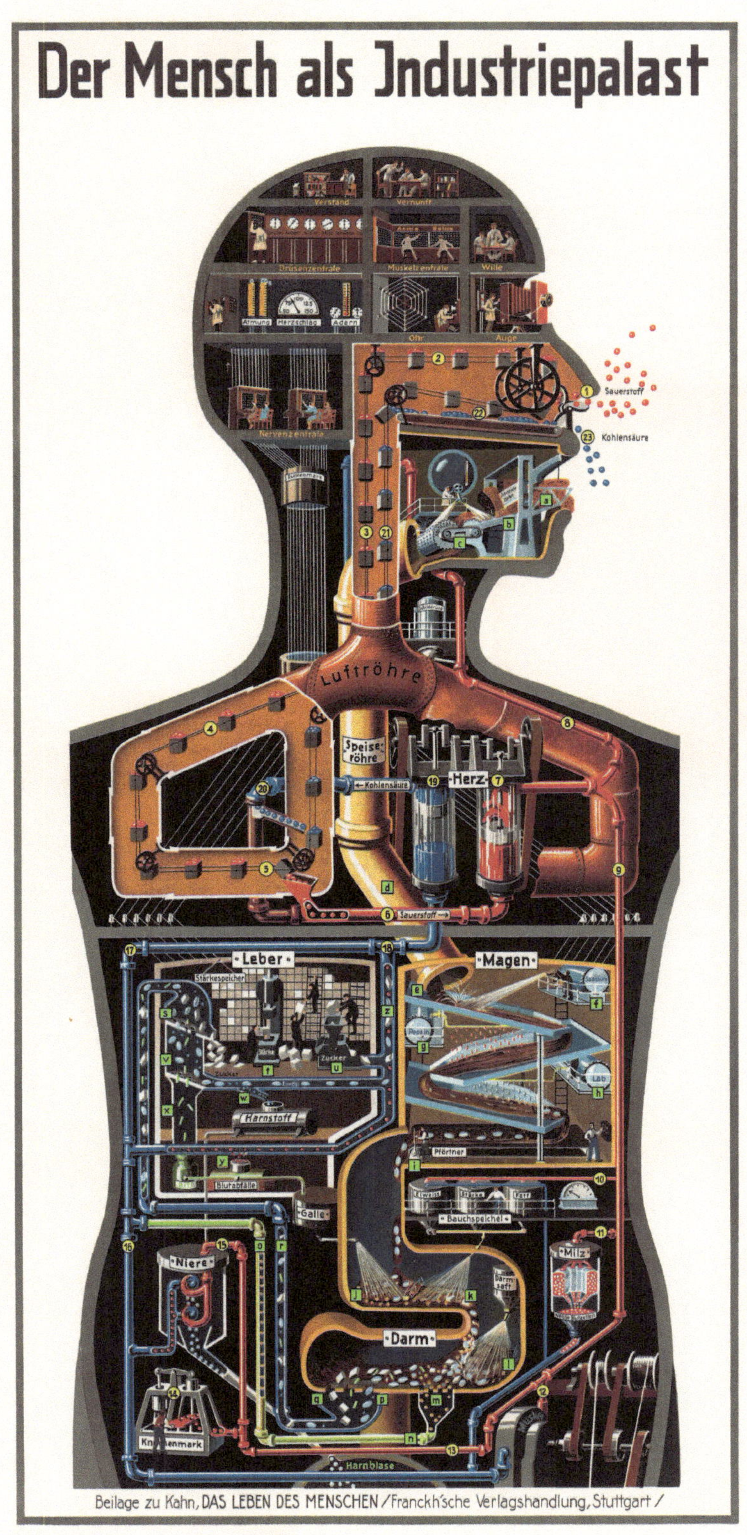

Abb. 304 ◂
In einer **3-D-Darstellung** des Knochengerüsts, der Adern und der Organe eines Menschen können die einzelnen Elemente ein- und ausgeblendet und die Figur kann um die eigene Achse gedreht werden. Dies ist eine klassische **Visualisierung von Wissen**. Im Gegensatz zur Informationsvisualisierung geht es dabei nicht darum, Daten zu visualisieren, sondern konkrete Sachverhalte zu veranschaulichen. Diese **interaktive Darstellung** wurde von Googlelabs entwickelt (bodybrowser.googlelabs.com).

7 Servicedesign – User Experience Design, Joy of Use

»Design is not just what it looks like and feels like. Design is how it works.«

Steve Jobs

Bei der **User Experience (UX)** geht es nicht nur um eine effiziente Nutzung von Applikationen, sondern darum, wie ein Anwender die Auseinandersetzung mit der Applikation erlebt. Mit dem **Experience Design** wird sichergestellt, dass zwischen Anwender und **User Interface (UI)** ein Dialog entsteht, der dem Anwender im Idealfall Freude oder zumindest Zufriedenheit bereitet. Mit der Bezeichnung **Human Computer Interaction Design (HCID)** wird insbesondere der Umstand zum Ausdruck gebracht, dass es darum geht, eine Beziehung zwischen Computer und Anwender aufzubauen. Da der Anwender die sich ihm allgegenwärtig umgebenden Computer nicht mehr als solche wahrnimmt, wäre folgende Bezeichnung umso passender: Human Application Interaction Design (HAID) bzw. **Human Service Interaction Design (HSID)**. Da solche Bezeichnungen allerdings der Absicht entgegenwirken könnten, Technik weniger technisch erscheinen zu lassen, eignet sich eher die Bezeichnung User Experience Design. Um dann noch sowohl für die Gestaltung von Hardware und Software als auch für die Gestaltung von Dienstleistungen einen gemeinsamen Begriff für deren Bedarfs- und Problemanalyse und zur Ermittlung der bestmöglichen Wertschöpfungskette zu finden, eignet sich am besten die Bezeichnung **Servicedesign**. Alternativ verwendete Begriffe wie User Experience bzw. Experience Design sind nicht ganz so gut geeignet. Sie beschreiben weniger ein Produkt als vielmehr die Eigenschaften eines Produktes, die einen Gebrauchswert (Utility), eine Bedienbarkeit (Usability) und zudem eine Anwenderfreude (Joy of Use) ermöglichen. Sie betonen aber nicht in gleicher Weise, dass das Image eines Unternehmens mitberücksichtigt wird. Sie lassen zudem eher vermuten, dass es ausschließlich um die Gestaltung einer Internetseite oder eines Interfaces geht, zumal Bezeichnungen wie ›User‹ und ›Experience‹ bevorzugt der Softwarentwicklung und dem Mediendesign zugeordnet werden.

Um beim Servicedesign die Analysemethoden, die Produkt- und Dienstleistungseigenschaften, die zwischenzeitlichen Erkenntnisse und das Endergebnis nachvollziehbar machen zu können, ist es erforderlich, die einzelnen Informationen systematisch zu visualisieren. Ebenso wichtig ist es, für einzelne Methoden Visualisierungsvorgaben zu nutzen, die Vergleiche ermöglichen und Übersicht verschaffen. Visualisierungsvorgaben gibt es z. B. für die Stakeholdermap, Persona, Cusomerjourneymap, Storyboard und Blueprint (siehe: http://thinking.designismakingsense.de/workshops).

Servicedesign wird demnach in diesem Buch zum einen deshalb erläutert, weil es erst durch Visualisierung Analyse ermöglicht und eine Grundlage für Entscheidungen schafft, und zum anderen selber das Thema Informationsvisualisierung repräsentiert.

Bisweilen wird an Stelle von Servicedesign auch der Begriff **Design Thinking** angewandt. Beide Begriffe meinen aber nicht dasselbe. Mit Design Thinking wird in erster Linie eine Methodik des interdisziplinären Zusammenarbeitens im Designprozess beschrieben und nicht etwa ein konkret zu gestaltender Themenbereich. **Servicedesign** dient hingegen dazu, Prozesse der Bereitstellung eines Produktangebots, des Konsums und des Nutzens zu gestalten. Die Auseinandersetzung mit Servicedesign macht deutlich, dass eigentlich jede Produktidee, die den Menschen in den Mittelpunkt stellt, eine Dienstleistung darstellt. Somit werden mit dem Servicedesign bereits wesentliche Bestandteile des Interaction- und des Interfacedesigns und somit des Corporate Designs beschrieben. Lediglich dann, wenn es beim Kommunikationsdesign oder Produktdesign konkret um gegenständliche Aspekte geht, lassen sich diese mit den Mitteln des Servicedesigns nicht hinreichend vermitteln.

Servicedesign beschreibt das, was sich nicht anfassen und besitzen lässt. Servicedesign steht für die Entwicklung kundenorientierter Strategien. Dabei geht es aber nicht nur um die Erarbeitung effizienter Systeme, funktionaler Strukturen und um Ordnung und Überschaubarkeit in Abläufen, sondern es geht in erster Linie um das kreative Eröffnen von Kontaktpunkten, so genannten **Touchpoints**, zwischen Angebot und Kunde. Es geht darum, das Erleben des Kunden am Produkt, die so genannte **Customer Journey**, zu erfassen und zu gestalten.

Servicedesign steht an der Schnittstelle von kreativer Gestaltung und Profitabilität. Beim Servicedesign geht es darum, sich in die Bedürfnisse und Gefühle der Kunden hineinzuversetzen und auf Basis der dabei gewonnenen Erkenntnisse Rahmenbedingungen zu schaffen, die einerseits beim Kunden Zufriedenheit, Freude und eventuell Leidenschaft bewirken und andererseits für den Anbieter das Ansehen und den Umsatz steigern.

Die Methodiken des Design Thinking können dabei behilflich sein, das kreative Potenzial aller – oft sehr unterschiedlichen – Beteiligten beim Produktentwicklungsprozess zu erweitern und oft sehr unterschiedliche Vorstellung zu einem gemeinsamen Ziel zusammenzuführen. Design Thinking wird z. B. an der d.school an der Stanford University in Palo Alto gelehrt[126] und ebenso im Schwesterinstitut der d.school am Hasso Plattner Institut an der Universität Potsdam.[127] Durch die Initiative von Hasso Plattner, Mitgründer des Softwareentwicklerkonzerns SAP,[128] ist ein großes Team darum bemüht, Design Thinking auch in die SAP-Projektteams einzuführen.

126 www.stanford.edu/group/dschool
127 www.hpi.uni-potsdam.de/d-school
128 www.sap.de

Der Begriff ›Design Thinking‹ fand bereits 1991 Anwendung im Titel des Symposiums *Research in Design Thinking* an der Technischen Universität Delft, organisiert von Nigel Cross, Kees Dorst und Norbert Roozenburg. IDEO war eines der ersten Design- und Beratungsbüros, die Design Thinking gezielt anwandten. Bei IDEO[129] wurde es durch William Moggridge[130] eingeführt und zusammen mit David Kelly, dem Gründer von IDEO, als Innovations- und Entwicklungs-Strategie ausformuliert. Die Lehre des Design Thinking ist von einem fächerübergreifenden Ansatz und der engen Zusammenarbeit der Studienrichtungen Wirtschaft, Design, Informatik, Ingenieurwesen, Geistes- und Naturwissenschaften geprägt und von der Überzeugung, dass ein Prototyping mit permanenten Feedback-Schleifen innerhalb des Entwicklerteams ein zusätzliches Potenzial an Innovation freisetzen kann.

129 www.ideo.com
130 Ein Buch von William Moggridge: *Designing Interactions*, MIT Press, 2006

Design Thinking wird im **Mediendesign-Studiengang** an der **Hochschule Hof** als Grundlagenmethodik gelehrt und bei nahezu allen Entwicklungs- und Gestaltungsprozessen angewandt (siehe http://thinking.designismakingsense.de). Zudem

Zehn Grundregeln des Design Thinking (Quelle: IDEO)

1. Schauen Sie über den Tellerrand des eigenen Unternehmens hinaus
2. Fördern Sie den Austausch zwischen den Abteilungen
3. Sprechen Sie mit Ihren potenziellen Kunden
4. Sehen Sie mit den Augen Ihrer potenziellen Kunden
5. Entwickeln Sie schnell und viel im Wechsel von Brainstorming und Prototyping
6. Binden Sie Feedback-Schleifen mit ein
7. Fassen Sie in vielen Synthesephasen das Problem immer wieder enger
8. Stellen Sie den Menschen in den Mittelpunkt Ihres Handelns
9. Arbeiten Sie über die fachlichen Disziplinen hinaus eng zusammen
10. Lassen Sie Fehler zu

ist Servicedesign, neben Interfacedesign, eines der beiden Kernthemen, die in diesem Design-Studiengang vermittelt werden. Da dieser Design-Studiengang Teil der Fakultät Wirtschaftswissenschaften ist, ist es an der Hochschule Hof möglich, Design als gestalterisch/strategische Ausrichtung zu lehren und so die an Designhochschulen bisweilen übliche Interpretation, Design sei Kunst, zu vermeiden. Ganz im Sinne des Zitates des international renommierten Typografen und Designers Kurt Weidemann »Der Künstler macht was er will und der Designer will was er macht« ist Design stets konstitutiv und nicht etwa beliebig oder ohne konkretem Ziel.

Kunst ist das Ergebnis einer ausschließlich autorengetriebenen Absicht; sie ist nur dem Künstler verpflichtet. Design hingegen ist das Ergebnis einer auftragsgetriebenen bzw. einer anderweitig zielorientierten Absicht. Dieser Umstand und die zunehmende Komplexität von Designaufträgen hat zur Folge, dass die Interessen von Auftraggebern und dessen Kunden und zudem die Absichten mehrere Gewerke (Corporate Design, Interactiondesign, Interfacedesign, Programmierung, Layout, Messebau, Ingenieursleistungen etc.) in einem Design zusammengeführt werden müssen. Diese Aufgabe sprengt das Vorstellungsvermögen jedes einzelnen Beteiligten, weshalb hier die Methoden des Design Thinking zwingend erforderlich sind. Mit ihnen wird es möglich, verschiedene Meinungen, Vermutungen, Ziele und Kreativitätsabsichten zu koordinieren, unbewertet zuzulassen und in enger Zusammenarbeit auf ein gemeinsames Ziel hin formulieren zu können.

Den Designhochschulen, die ausdrücklich betonen, eine »künstlerisch/gestalterische« Ausbildung anzubieten und dabei das künstlerische an ihren Ausbildungen betonen, gelingt es in der Regel nicht, auf solch komplexe Zusammenhänge und solch vielschichtigen Lösungsfindungsprozesse hin vorzubereiten, da sie Design nicht im Sinne von Design als Entwicklungsprozess, sondern nur als künstlerisches Individualerlebnis verstehen und entsprechend berufsfern lehren. Die Folge ist eine Ausbildung, die an der Realität vorbeigeht und Designstudierende nicht hinreichend auf ihre tatsächlichen Aufgaben im Berufsleben vorbereitet. Das die meisten Designausbildungen nur eine künstlerische, aber nicht hinreichend eine designorientierte Ausbildung bieten zeigt eine sehr umfassende bundesweite Umfrage, die im Internet unter http://de.edti.eu oder in Auszügen in diesem Buch zu finden ist (S. 432).

Die Unterscheidung und Beschreibung eher künstlerischer bzw. designorientierter Ausbildungen ist wichtig, um deutlich zu machen, dass es für eine Designausbildung und letztlich für alle Ausbildungen kreativer Berufe nicht sinnvoll, und auch nicht erforderlich ist, künstlerische Methoden zu erlernen, um kreativ tätig sein zu können. Die Ausnahme macht hier selbstverständlich die Kunst und hoch spezialisierte Darstellungstechniken wie z. B. Illustration, Storyboarding u. ä.. Aber ein Designer benötigt genauso wenig wie ein Ingenieur oder Informatiker künstlerische Methoden, um ideenreiche Konzepte und Produkte entwickeln zu können. Erst wenn das klar ist, wird deutlich, was Design Thinking bedeutet.

Mit Design Thinking kann das kreative Potenzial eines Jeden aktiviert und gefördert werden. Die Fähigkeit, kreativ tätig sein zu können, bezieht sich hierbei nicht auf Darstellungstechniken, sondern auf das individuelle Entwickeln von Ideen, Prozessen und Strategien und die Fähigkeiten diese Entwicklungen innerhalb eines heterogenen Teams austauschen zu können; mit dem Ziel, in einem gemeinsamen Entwicklungsprozess Produkte zu entwickeln und zu gestalten. Was letztendlich die Aufgaben eines üblichen Designentwicklungsprozesses beschreibt. Umso erstaunlicher ist es, wenn Design Thinking kein selbstverständlicher Bestandteil einer Designausbildung ist, sondern in den Beschreibungen vieler Designausbildungen kreative Entwicklungsmethoden eher nebulös als ›künstlerische‹ Ausbildung bezeichnet werden.

Insbesondere bei einer Designausbildung ist es aber fatal, wenn Kreativität mit Kunst gleichgesetzt wird. Kreativität ist schließlich kein künstlerisches Phänomen, sondern ein rein menschliches. Kreativität ist kein Privileg von Künstlern, Designern und Musikern, sondern sie ist in zahlreichen weiteren Berufen, wie z. B. bei Ingenieuren, Informatikern, Philosophen und Naturwissenschaftlern zwingend erforderlich. Umso wichtiger ist es, Design nicht als Kunst fehlzuinterpretieren und dadurch den Ursprung kreativen Geistes in einem klischeehaften künstlerischen Umfeld zu verorten. Ansonsten würde man als Designer den weiteren Teammitgliedern der anderen, bereits erwähnten Gewerke unterstellen, zum Ideenfindungsprozess nichts beitragen zu können. So könnten kreatives Potenzial und innovative Impulse verloren gehen und ungenutzt bleiben. Die unterschiedlichen Blickwinkel der verschiedenen Gewerke sind schließlich wichtig, um bei komplexen Projekten alle erdenklichen Möglichkeiten und Zusammenhänge überhaupt erkennen zu können. Diese Erkenntnis ist wesendlich, um den Zweck von Design Thinking zu verstehen und sinnstiftend einsetzen zu können.

Nicht zuletzt deswegen ist eine künstlerisch orientierte Gestalterausbildung definitiv eine berufsferne Ausbildung, für die Absichten eines Designberufes vollkommen ungeeignet und wohl die alleinige Ursache für die fatalen Folgen, die in der oben genannten Umfrage aufgezählt werden. Eine künstlerisch orientierte Gestalterausbildung berücksichtigt in erster Linie das künstlerische Individuum und fördert dieses in seiner Einzigartigkeit. Dadurch werden zwangsläufig Methoden für eine teamorientierte Ideenentwicklung vernachlässigt oder gar gänzlich vermieden. Design ist aber in den meisten Fällen das Ergebnis einer Teamarbeit kreativer Entwickler unterschiedlicher Gewerke. Defizite dieser Art gibt es aber nicht nur in der Ausbildung von Designern. In den Ausbildungen für Entwicklerberufe (Ingenieur, Informatiker, Designer etc.) werden allgemein viel zu selten Methodiken gelehrt, mit denen das eigene kreative Potenzial gefördert wird. Des weiteren wird oft vernachlässigt, dass Einbringen der eigenen Ideen in einen Entwicklungsprozess und die Weiterentwicklung gemeinsamer Ideen zu trainieren.

Design Thinking bietet diese Methoden, um in heterogenen Projektteams trotz unterschiedlicher, individueller Herangehensweisen, Standpunkten und Kompetenzen gemeinsam an einer Ideenentwicklung arbeiten zu können. Design Thinking lässt sich auf alle Designthemen anwenden. Es ist beabsichtigt, mit Design Thinking Möglichkeitsfelder für Innovationen offenzulegen. Und selbstverständlich steht der Mensch im Mittelpunkt aller Überlegungen. Durch ein akribisches Hinterfragen der vorliegenden Aufgabenstellung werden erste Lösungsansätze vorgeschlagen. Daraufhin folgt ein Prototyping, um sich nicht nur auf Beschreibungen von Ideen und auf angefertigte Skizzen verlassen zu müssen, sondern auch erste Ansätze im wahrsten Sinne des Wortes begreifbar zu machen. Daraufhin werden die Anforderungen anhand der ersten Lösungen enger gefasst, die Ideen werden Schritt für Schritt konkretisiert und durch ständiges Brainstorming immer wieder von neuem hinterfragt. Dadurch ergibt sich die erwähnte Feedback-Schleife aus Brainstorming, Prototyping, Brainstorming, Prototyping etc. Beim Design Thinking steht zwar die Methodik im Vordergrund, dennoch geht es nicht nur darum, Lösungen zu erdenken, sondern auch darum, praktikable Ergebnisse zu schaffen. Design Thinking bietet daher eine geeignete Methodik, um sich den Herausforderungen im Design allgemein und somit auch im Servicedesign zu stellen und innovative Ideen zu entwickeln.

Mit Servicedesign werden alle Strategien zusammengefasst, die das Auftreten, das Erleben, den Konsum und das Image eines Produktes bzw. einer Dienstleistung ermöglichen und repräsentieren. Ein Designer, der sich mit der Konzeption und Entwicklung von Servicedesign befasst, ist zwangsläufig als Unternehmensberater tätig. Er entwickelt Strategien und setzt zudem deren gestalterische Repräsentanz um und prägt so gleichermaßen strategische Entscheidungen, die **Corporate Identity**, das **Branding** und das **Corporate Design** eines Unternehmens.

Wenn ein Kunde sich einem Produktangebot ausgeliefert fühlt, liegt dies oft daran, dass vom Produkt bzw. von der vermeintlichen Dienstleistung eher Anforderungen bzw. Aufforderungen an den Anwender gerichtet werden, anstatt ihm dienend oder zumindest unterstützend behilflich zu sein. Solch eine monologische Kommunikation steht im Widerspruch zur eigentlichen Aufgabe eines Interfaces und eines Servicedesigns, nämlich einen Dialog zu ermöglichen, bei dem der Anwender nicht bedienen muss, sondern bedient wird oder zumindest im Prozess einer Funktionsdurchführung bzw. Informations- und Kommunikationsabfolge involviert oder dabei begleitet wird. Im Idealfall wird es ihm Freude bereiten, zusammen mit dem Produkt eine Absicht oder Funktionen durchzuführen. Mit **Joy of Use** ist nicht in erster Linie Spielspaß gemeint, sondern eine Zufriedenheit beim Anwenden eines Produktes. Wenn der Anwender das Gefühl erhält, der Auseinandersetzung mit einem Interface gewachsen zu sein bzw. sich für ihn der Eindruck bestätigt, dass das Interface auf seine Bedürfnisse und seinen Kompetenzgrad einzugehen scheint, kann ein Joy of Use auch bei solchen Produkten und Dienstleistungen eintreten, bei denen es der Anwender am wenigsten erwartet hätte.

Servicedesign kann folgende Bereiche umfassen:

- Joy of Use
- Usability
- Informationsdesign
- Informationarchitektur
- Interfacedesign
- Interactiondesign
- Corporate Design

Häufig befürchtet ein Anwender, einer Software bzw. einem Interface unterlegen zu sein, und unterdrückt daher seine Erwartungen. Dadurch beschränkt er nicht selten die Auseinandersetzung mit den Möglichkeiten eines Produktes auf das gerade eben Erforderliche. Dabei wäre es die Aufgabe eines jeden Produktes, den Anwender aufzufordern, das Potenzial eines Produktes herauszufinden und die Lust an der Entdeckung der Möglichkeiten zu wecken. Zum Joy of Use gehört es daher auch, den Anwender herauszufordern. Produkte, die über Eigenschaften verfügen, die den Nutzer in der Art herausfordern, dass er sich im positiven Sinn anregend herausgefordert aber nicht etwa überfordert fühlt, können dazu beitragen für das Produkt selber aber auch für den Hersteller bzw. Vertrieb einen Status im Markt zu manifestieren, der sich zum einen gegenüber den konkurrierenden Anbietern mit Eigenschaften darstellt, die eine qualitative Unterscheidbarkeit erkennen lässt und sich zum anderen in Folge als Standard der jeweiligen entwickeln könnte. So kann durch innovative Interfaces die Basis für Freude und Besitzerstolz beim Anwender geschaffen werden. Das wohl bekannteste Beispiel für Joy of Use sind die Gebrauchsfunktionen des Multitouch-Interfaces beim *iPhone* von Apple.

Die Firma Apple zeigt mit ihren Produkten auf sehr beeindruckende Weise wie Joy of Use, User Experience bzw. Servicedesign nicht als zu implementierende Elemente missverstanden, sondern als Philosophie und Identität eines kompletten Unternehmens genutzt werden. Ein Produkt wird erst dann als besonders gut befunden, wenn es den Eindruck vermittelt, dass von ihm eine Geschichte ausgeht oder dass der Anwender mit ihm eine Geschichte erleben kann. Dies kann ein konkretes Image sein oder auch nur das Auslösen von Assoziationen. Eigentlich kann man bei immer mehr Produkten und Dienstleistungen davon ausgehen, dass es um die Konzeption und Gestaltung von Erlebniswelten geht. So handelt es sich auch bei digitalen Dienstleistungen nicht mehr nur um den Inhalt und um Informationsarchitektur, sondern ebenso um Erlebnisarchitektur.

Links zum Thema Servicedesign:

- www.designismakingsense.de
- www.service-design-network.org
- www.service-design.de
- http://kisd.de/subject_sd.html
- www.design-hof.de
- www.designismakingsense.de

Servicedesign berücksichtigt dabei die Interessen und Bedürfnisse des Kunden vor, während und auch nach dem Kauf bzw. nach der Nutzung eines Produkts oder einer Dienstleistung. Wichtig zu beachten ist, dass Service erlebt wird, man kann ihn aber nicht besitzen.

Die Schwierigkeit bei jeder Produktentwicklung besteht darin, dass ein Produkt bzw. eine Dienstleistung viele Aufgaben zu erfüllen hat. Es sollte dem Anwender trotzdem ermöglichen, diese im Rahmen seiner individuellen Möglichkeiten und Kenntnisse erkennen und lösen zu können. Ein Produkt bzw. eine Dienstleistung muss Erwartungen wecken und diese je nach Kompetenzgrad des Anwenders unterschiedlich erfüllen. Je nachdem wie gut diese Aufgaben erfüllt und dargeboten werden, erhöht sich das Ansehen eines Unternehmens, das jene Produkte oder Dienstleistungen anbietet. Die Güte des Servicedesigns hat somit direkte Auswirkungen auf das Ansehen eines Unternehmens, weshalb Servicedesign – wie bereits erwähnt – im direkten Zusammenhang mit Branding, Corporate Design bzw. Corporate Identity steht. Noch kann sich die Qualität von Servicedesign nicht mit der des Produktdesigns messen. Aber je mehr das Thema Servicedesign von Designern und Unternehmen als Alleinstellungsmerkmal erkannt wird, desto mehr können Designer den Markt der Unternehmensberater neu beleben. Denn in der Strategieentwicklung und der Marktanalyse steht Servicedesign als analysierende und veranschaulichende Disziplin gleichbedeutend für Marktforschung und Marketing.

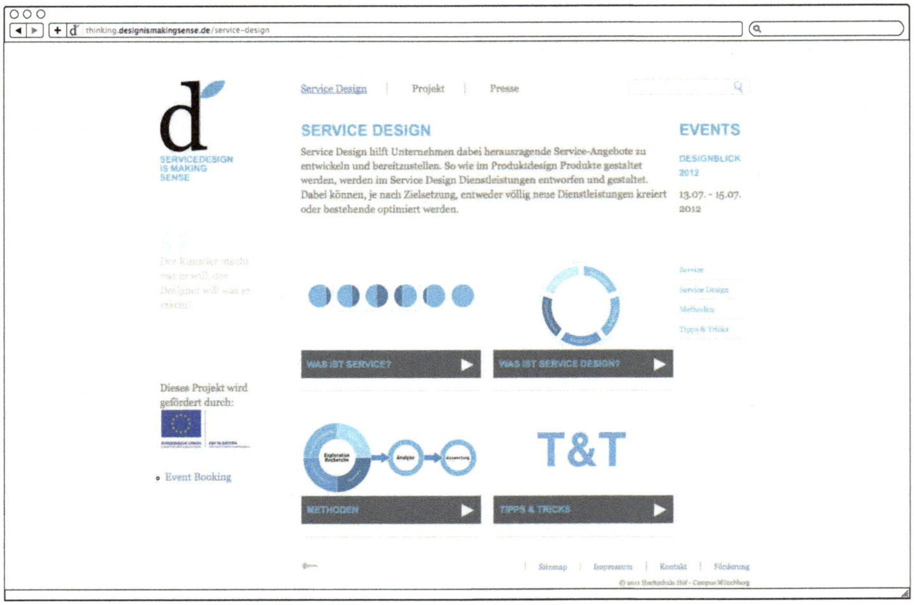

Abb. 306
Auf dieser Website werden Projekte und alle wesentlichen Methoden zum Thema Service Design vorgestellt und erläutert: http://thinking.designismakingsense.de

Abb. 307 a–b ▸▴
Planung des Service Design Blueprints mit Hilfe von Situationsskizzen, Raummodellen und der An- und Zuordnung von Notizzetteln. Das Projekt entstand an der Hochschule Hof durch die Wissenschaftlichen Mitarbeiter Cordula Brenzei und Ulf Hücker und die Studierenden Maria Förster, Erika Greilich, Alexander Gritzke, Hans Schrepfer und Philipp Süß. Die Leitung hatte Prof. Torsten Stapelkamp.

Abb. 308 ▸
Exemplarisches Service Design Blueprint. Die Vorlagen lassen sich auf der Internetseite herunter laden: http://thinking.designismakingsense.de/workshops

	Messe-Event		"Kellner", Infopersonal am Stand, "Koch", Bleed-Team								
	"Kellner" auf Tour durch Messegelände	Infoflyer, Leckerbissen (shirt-Keks/Hose etc.)	Messestand	Wettbewerb vor Ort	„Dinner-Show"	Esstisch / Theke / Kleidung	Esstisch (I can eat my shirt/ clothes)	"Koch" / "Kellner"	„Goodie"		Internet (Website, Social Media)
		Informiert sich, wird neugierig (möchte den Messestand besuchen)	kommt zum Stand und beobachtet das Geschehen / informiert sich	nimmt Teil und tanzt seinen Namen (getanzt)	schaut zu	informiert sich, bekommt Interesse selbst daran teilzunehmen. Meldet sich an.	nimmt Teil wartet, dass "Essen" serviert wird	entdeckt, erkundet, isst, hört zu	nimmt „Dankeschön" (Gutschein, Shirt etc...) für Teilnahme entgegen		erfährt von Event, Kann sein Video nochmals anschauen und teilen, liken etc. empfiehlt weiter
Interaktionslinie											
	geht auf Kundensuche im Messegelände und spricht sie an	wirbt und informiert, liefert Anreiz den Stand zu besuchen	Mitarbeiter führen vor Ort bereits das "Dinner" durch informieren Besucher	wirbt für Videowettbewerb, filmt, gibt Anleitung wie Name richtig getanzt wird		informiert über die Aktion Bietet shirts zum Kauf an	Serviert das "Essen"	Erklärt warum essbar etc.	überreicht Belohnung für Teilnahme		Veröffentlicht Bild- und Infomaterial über die Messe / das Event
	Suchen nach zielgruppenrelevanten Personen			sammeln Videomaterial verwalten Teilnehmerdaten Veröffentlichung des Materials unmittelbar			bereitet das Dinner vor Fertigen Bildmaterial zum Event an			Bereitet Infomaterial über Messeevent auf	
Interne Interaktionslinie											
	Viele Leute erreichen	Interesse verstärken	Präsentation der Marke in „lockeren Rahmen"	Material für den Eigengebrauch erhalten, virale Verbreitung	Attraktion			Detaillierte Informationen weitergeben			Umfangreiche Verbreitung über Socialmedia-Kanäle

7.2 Der Designer als Unternehmensberater für Strategien

»Der intuitive Geist ist ein heiliges Geschenk und der rationale Geist sein treuer Diener.«

Albert Einstein

Die elementare Bedeutung des Designs für den Erfolg eines Unternehmens haben längst nicht alle Unternehmen erkannt. Dabei ist es offensichtlich, dass viele Länder als einzigen nachhaltigen Rohstoff nur Dienstleistung zu bieten haben. Rund 69 Prozent des deutschen Bruttoinlandsprodukts wurden 2008 durch Dienstleistungen und Service-Angebote erwirtschaftet. Im selben Jahr ist Deutschland zum weltweit drittgrößten Exporteur von Dienstleistungen aufgestiegen.[131] Hier besteht ein enormer Bedarf an Unternehmensberatung und die Chance für Designer, sich so einen Anteil im Geschäft der Unternehmensberatung zu sichern. Im Bereich der Strategieentwicklung können sich Designer mit den Themen Servicedesign, Corporate Design und Designmanagement neue Aufgabenfelder erschließen.

Die Auseinandersetzung mit Servicedesign macht deutlich, dass die Kompetenzen eines Designers zu komplex sind, als dass er nur als Entwurfslieferant zu verstehen wäre. Er muss analytisch arbeiten, Probleme erkennen und Kenner der Unternehmens-, Produkt- und Dienstleistungseigenschaften sein, sich in die Zusammenhänge hineinversetzen und in Konzepten denken können. Gestalterische Fähigkeiten stellen dabei gerade einmal die Grundkompetenz dar.

Die Wirtschaftsleistung des Designs wird in Zukunft durch die seit 2008 gestartete *Initiative Kultur- und Kreativwirtschaft* der Bundesregierung zumindest in Deutschland deutlich besser messbar werden und dadurch an Aufmerksamkeit gewinnen. Gerade die angehenden Designer sollten sich der Verpflichtung und der wachsenden Bedeutung der **Creative Industries** bewusst werden und ihre Rolle als zukünftige Unternehmensberater wahrnehmen. Design ist ein wesentlicher Differenzierungsfaktor für Produkte und Dienstleistungen und damit ein wichtiger Wertschöpfungsfaktor. Das Thema Servicedesign bietet den Designern ein sehr großes Potenzial insbesondere auch als Unternehmensberater aktiv zu werden. Design ist der Wachstumsmotor der Creative Industries, die – der Wirtschaftskrise 2008/2009 zum Trotz – steigende Wachstumsraten aufzuweisen hat.[132] Die Designbranche ist auf dem besten Wege, sich von einem Berufszweig zu einem eigenständigen Wirtschaftszweig zu entwickeln.

Insbesondere Servicedesign macht deutlich, dass Design nicht der Dekoration dient, sondern eine komplexe schöpferische und strategische Leistung darstellt. Das Thema Servicedesign bietet genug Anlass, darüber nachzudenken, nach welchen Kriterien in Zukunft einerseits Studierende für Wirtschaftsstudiengänge auszuwählen sind, damit die dort zu vermittelnden Themen von kreativen Personen behandelt werden, und anderseits, welche Themen am besten direkt in der Designausbildung übernommen und z. B. im Bereich des Servicedesign gelehrt werden sollten. Fehlendes Abstraktionsvermögen und fehlende Kreativität können eine Ursache dafür sein, dass an einmal erlernten Strategien auch dann noch festgehalten wird, wenn sich diese längst als fehlerhaft oder zumindest als bedenklich herausgestellt haben.

Ein Designer ist es gewohnt, ein umfassendes Konzept zu entwickeln. Er ist von der Analyse über die Gestaltung und Umsetzung bis hin zur Übermittlung der Produktvorzüge entscheidend am Erfolg eines Produktes oder einer Dienstleistung beteiligt, weshalb sich seine umfassende und folgenreiche Tätigkeit auch nicht mit Dienstleistung, sondern ausschließlich mit den Begriffen Unternehmensberatung, Konzeption und Kreation bezeichnen lässt. Schließlich ist es der Designer, der bei der Entwicklung einer Corporate Identity sowohl die relevante Beratung bietet, wie sich ein Unternehmen von seiner Konkurrenz unterscheiden könnte, als auch die Ideen einbringt und zugleich die Realisierung der aus dieser Unternehmensbera-

131 Statistisches Bundesamt: *Deutsche Wirtschaft – 1. Quartat 2009; Entwicklung des Bruttoinlandprodukts preisbereinigt* (www.destatis.de).

132 www.agd.de/fileadmin/bildmaterial/Designwirtschaft_S_ndermann-Michael_Hardt.pdf (21.08.2009)
www.dstgb.de/homepage kommunalreport/forum_der_wirtschaftsfoerderer/soendermann_creative_industries_ein_serioeses_wirtschaftsfeld/7_hp_soendermann.pdf (21.08.2009)

Designagenturen, die Servicedesign als Unternehmensberatung anbieten:
- **IDEO** www.ideo.com
- **Design Continuum** www.dcontinuum.com
- **Ziba Design** www.ziba.com
- **Insight Product Development** www.insightpd.com

tung resultierenden Erfordernisse ermöglicht. Er ist es schließlich, der das Corporate Design inklusive der Interaktions- und Branding-Strategien plant und zudem gestalterisch umsetzt.

Wenn es nicht nur um schöne Worte, sondern in erster Linie um eigenständige Ideen, Markenidentität und die Entwicklung von Alleinstellungsmerkmalen geht, werden Designer mit der eigentlichen Aufgabe, der Gestaltung bzw. Neuerfindung der Identität eines Unternehmens, eines Produktes oder einer Dienstleistung erforderlich. Anschließend sind es auch die Designer, die die Werbung entwickeln und so ein Image des Produktes und des Unternehmens erst möglich machen und auch für die Zukunft prägen.

Die klassischen Unternehmensberater gelten in der Regel als rein betriebswirtschaftlich geprägte Kalkulationsprofis, die für Statistiken und Kostenpläne zuständig sind. Ihnen wird nicht selten unterstellt, für kreative und gestalterische Aufgaben nicht geschaffen zu sein. Dass zahlreichen Beratern aber auch für strategische Aufgaben die notwendige Kreativität fehlt und sie offensichtlich vorgefertigte Strategien bisweilen unreflektiert an ihren Kunden ausprobieren, kann seit der weltweiten Wirtschaftskrise 2008/2009 zumindest vermutet werden. Spätestens seitdem wurde sehr deutlich, dass man die endgültigen Entscheidungen den Ökonomen nicht allein überlassen sollte.

Unternehmensberatung, Produkt- und Serviceentwicklungen, die Finanzwelt und deren Zusammenwirken sind einfach zu komplex, als dass man Entscheidungen nur von denen erwarten sollte, die es in ihrem Studium lediglich gelernt haben, nach den Regeln, Modellen und Vorgaben anderer zu denken und zu handeln. Die wesentlichen Anteile der Lehre vieler Wirtschaftsstudiengänge an den Hochschulen beschränken sich auf einige wenige Fachbücher. Dort werden verschiedene Modelle wirtschaftlicher Zusammenhänge vorgestellt und beschrieben, wie und womit man auf sie Einfluss nehmen kann. Die Strategien sind dabei oft sehr ähnlich, was zunächst auch verständlich ist. Man kann schließlich auf Erkenntnisse und Erfahrungen aus der Vergangenheit zurückgreifen, und die Absicht des Handels, Umsätze zu generieren, diese zu steigern und Ausgaben gering zu halten, ist grundsätzlich vergleichbar. Modelle sollten aber auch nur als Modelle und somit als Beispiele, bestenfalls als wahrscheinliche Möglichkeiten, aber nicht als unumstößliche Wahrheiten verstanden werden. Dennoch werden diese in den Hausarbeiten oft unreflektiert rezitiert und für die Klausuren auswendig gelernt und exakt so wiedergegeben, wie sie in den Lehrbüchern beschrieben stehen.[133] Diese Litanei fordert nicht gerade dazu heraus, Fragen zu stellen, eingetretene Pfade und Lehrmeinungen zu hinterfragen und nach ergänzenden Lösungen oder eigenen Kombinationsstrategien zu suchen, um sich so selbstständig mit dem vermittelten Wissen auseinandersetzen zu können. Selbstständige Konzeptentwicklung oder gar innovatives Denken können in solchen Zuständen zu Floskeln verkommen.

133 Mintzberg, Henry: *Manager statt MBAs. Eine kritische Analyse*, Campus Verlag, 2005.

Die Wirtschaftsbranche wird rational betrieben und ist auf Effektivität und Effizienz ausgerichtet. Es geht ihr darum, Prozesse zu generieren, die hierarchisch geordnet Kontrollierbarkeit, Verfügbarkeit und Wiederholbarkeit garantieren. Sie glaubt und hofft, den Zufall ausschließen zu können und stützt ihre Entscheidungen gerne auf Statistiken, die sich rühmen, repräsentativ und nachprüfbar zu sein. Intuition und Kreativität sind dabei weder vorgesehen noch könnten sie sich in solch einem Umfeld entfalten. Flexibilität, Überraschung, Improvisation und das

Unerwartete werden so durch die Standardisierung der formalisierten und validierbaren Denk- und Handelsprozesse in der Wirtschaftswelt teilweise unbemerkt und manchmal zwar ungewollt, aber unweigerlich ausgeschlossen.

Den Ökonomen fehlt in der Lehre die Bereitschaft das eigenständige Erdenken von Strategien mit Hilfe kreativer Methodiken zu lehren und zu lernen. Den Designern fehlen hingegen Kenntnisse im Selbst- und Projektmanagement, in den Grundlagen des Marketings und der Projektkalkulation. Dabei sollte das Thema Design als ein sehr wichtiges Element im Marketing und Kreativität allgemein aber insbesondere auch für die Wirtschaft als Grundlagenkompetenz für Innovation vermittelt werden. Die Designausbildung sollte nicht nur als künstlerisch/gestalterische Vorbereitung für Informations- und Kommunikationskonzepte betrachtet, sondern ebenso als Basis für Innovation und als Unterstützung zur Entwicklung kreativer, nachhaltiger Strategien innerhalb wirtschaftlicher Entscheidungsprozesse vermittelt werden. Es wird Zeit, dass die Bedeutung des Designs als eines der wichtigsten Marketinginstrumente erkannt und in der Designlehre entsprechend gelehrt wird.

Obwohl die Creative Industrie direkt nach der Automobilindustrie die drittumsatzstärkste Branche[134] in Deutschland ist, gibt bis auf den Mediendesign-Studiengang der Hochschule Hof (www.design-hof.de) keine Designausbildung in Deutschland, die betriebswirtschaftliche Lehren und Marketing als wichtige Bestandteile in den Prozessen der Designlehre berücksichtigt. Dieser Mediendesign-Studiengang ist nicht ohne Grund Teil der Fakultät Wirtschaftswissenschaften (www.hof-university.de). Die rasante Weiterentwicklung der Medien fordert eine Generation von Designern, die kreativ sind, strategisch denken können und wirtschaftliche Zusammenhänge verstehen.

Die stärkere Individualisierung der Gesellschaft verlangt eine größere visuelle Vielfalt der entstehenden Kommunikationsmedien und Dienstleistungen, die insbesondere durch Interfacedesign und Servicedesign innovativ, Sinn stiftend und nachhaltig realisiert werden können.

134 *Endbericht zur Kultur- und Kreativwirtschaft*, Bundesministerium für Wirtschaft und Technologie, 2009.

Erwähnt werden sollte auch das A.I.D.A – Prinzip, ein von E. St. Elmo Lewis 1898 entwickeltes Modell, welches aus Verkäufersicht den wunschgemäßen Verlauf einer Kundenvereinnahmung beschreibt. Es ist das älteste, bekannteste und am meisten umstrittene Stufenmodell der Werbewirkung. Für Werbeträger mit großen Reichweiten eignet sich nach wie vor das A.I.D.A. – Prinzip. Aber für aktuelle Nutzungsszenarien in sozialen Netzen wäre eher ein A.I.D.E. – Prinzip geeignet (Attention, Interest, Dialog, Engagement) bzw. (Attraction, Interaction, Dialogue, Engagement). Die Bindung des Kunden an ein Produkt oder eine Dienstleistung kann durch das Bedürfnis des Kunden nach Kommunikation und durch die Befriedigung dieses Bedürfnisses erfolgen. Dieser Kommunikationsdedarf wurde durch das Internet und insbesondere durch Social Media erkannt bzw. teilweise verstärkt und kann auf diesem Wege auch erfüllt werden. Die Beziehung zwischen Anbieter und Nutzer wird so persönlicher und die Bindung nachhaltig. Nur wenn zwischen Anbieter und Nutzer eine Interaktion stattfindet, kann eine nachhaltige Wirkung zugunsten eines Produktes oder einer Dienstleistung erfolgen, die wiederum eine Bindung an ein Unternehmen bzw. einer Marke ermöglicht. Mit Hilfe von Service Design Thinking kann der Kommunikationsbedarf analysiert und individuelle Lösungen ermittelt werden..[135]

135 Studie »Online- und Offline-Verhalten der Web 2.0 Generation« von *Tomorrow Publishing*, 2010.

A = Attention (Aufmerksamkeit erregen)
Aufmerksamkeit erreicht man z. B. durch eine entsprechende Überschrift oder einen Eyecatcher. Folgendes sollte erreicht werden:

- das Problem schildern, dass das beworbene Produkt löst
- den Hauptnutzen deutlich machen, den das Produkt hat
- oder einfach neugierig machen

I = Interest (Interessieren) bzw. Interaction (Beziehung)
Nachdem Neugierde geweckt wurde, müssen nun die Vorteile weiter erläutert werden, um ein erstes Interesse zu wecken und Zweifel erst gar nicht aufkommen zu lassen oder sie zumindest in den Hintergrund zu drängen.

D = Desire (Bedürfnisse wecken)
Wenn Interesse geweckt und Zweifel beseitigt wurden, wird es möglich, auch Bedürfnisse zu wecken, mitunter sogar solche, die es zuvor noch nicht gab.

A = Action (Zur Handlung auffordern)
Die geweckten Bedürfnisse sollen ein Handeln auslösen, entweder weitere Informationen anzufordern oder gleich zum Kauf überzugehen.

E = Engagement (Bindung)
Die Bindung eines Unternehmen bzw. einer Marke erfolgt durch Interaktion und Kommunikation. Social Media ermöglichen neue Wege der Kommunikation. Diese Bindung kann durch die Ergebnisse von Service Design Thinking optimiert werden.

7.4 Designausbildung vs. Wirtschafts- und Strategiekompetenz

»Das Künstlerische am Management kann man nicht erlernen; entweder hat man es oder nicht. Gerade das zeichnet den schöpferischen, kreativen, innovativen, aber auch risikobereiten Unternehmer aus. [...] Auf dieser Ebene werden Visionen geboren, Ideen entwickelt und konkretisiert.«

Prof. Dr. Jörn Altmann; *Starthilfe BWL*; Teubner, Stuttgart; 1999 (Seite 24)

Die Designausbildung in Deutschschland ist noch weit davon entfernt, ihre Studierenden auf die tatsächlichen Aufgaben in der Designbranche vorzubereiten. Dies zeigt eine Studie im Internet (www.edti.eu). Die folgenden Auszüge aus dieser Internet-Umfrage zeigen sehr deutlich, dass Designer nach der Ausbildung offensichtlich den Eindruck gewinnen, im Designstudium nicht hinreichend auf die wirtschaftlichen und strategischen Aspekte ihrer Tätigkeit als Designer vorbereitet worden zu sein. Hier rächt sich, dass die meisten Design-Hochschulen ihre Ausbildung nur auf künstlerische Aspekte ausrichten und nicht erkannt haben, dass ein Designer eine strategische, die Wirtschaft prägende Rolle spielt und das Kreativität ihren Ursprung nicht in der Kunst hat und kein künstlerisches Phänomen, sondern ein rein menschliches Phänomen ist.

Die Förderung der Intuition und des kreativen Denkens, Wahrnehmens und Darstellen bleibt selbstverständlich das vorrangige Ziel einer Designausbildung. Dennoch sollte eine Designausbildung nicht nur für darstellende Talente offen sein, sondern auch für jene Talente, die zwar offen für kreative Prozesse sind, aber ihre Talente verstärkt in strategischen (z. B. wirtschaftlichen) oder funktionalen (z. B. Konstruktion, Informatik) Kompetenzen sehen. Die Bewerber für ein Designstudium müssen ohne Zweifel kreative Kompetenzen aufweisen und auch schon eine ausgeprägte Persönlichkeitsentwicklung vorweisen können. Aber ein breit interpretierter Ansatz, welche Kreativität in den Aufnahmeprüfungen zum Designstudium verlangt wird, würde den Design-Studiengängen zu mehr Vielfalt verhelfen und auch unter den Studierenden ein vielseitigeres Angebot an gegenseitigen Impulsen ermöglichen. Es würde zudem ein Umfeld schaffen, in dem sich eine Lehre, die auf den tatsächlichen Bedarf im Berufsleben eines Designers vorbereitet, gut entfalten könnte.

Noch werden die in der Tabelle genannten und auf www.edti.eu publizierten Ergebnisse kaum diskutiert. Eine Ausnahme ist der Studiengang Mediendesign (www.design-hof.de) an der Hochschule Hof (www.hof-university.de). Er startete im Oktober 2010 mit einer neuen Studien- und Prüfungsordnung. Mit ihr soll Servicedesign und Interfacedesign als Synergiethemen von Design und Marketing und die Hochschule selber als wichtiger Ausbildungsstandort für die Creative Industries etabliert werden. Neben den klassischen Methoden der gestalterischen Ausbildung und Entwicklung wird Design an der Hochschule Hof in Lehre und Forschung als ein wichtiges Element des Marketings und Kreativität insbesondere für die Wirtschaft als Grundlagenkompetenz für Innovation behandelt. Dadurch sind die Absolventen für gestalterische, strategische und unternehmerische Aufgabenstellungen gleichermaßen hervorragend vorbereitet. Die Integration des Studiengangs Mediendesign in die Fakultät Wirtschaftswissenschaften wird an der Hochschule Hof daher als strategische Entscheidung verstanden.

Die Tabelle auf der nächsten Seite zeigt die fatalen Folgen, die kunstorientierte Designausbildungen verursachen und wie realitätsfern es ist, wenn Design als Kunst missverstanden wird.

Ergebnisse einer bundesweiten Umfrage an ausgebildete Designer und die Folgen einer kunstorientierten Designausbildung

Wie gut hat Sie Ihre Ausbildung für Ihren Start ins Berufsleben vorbereitet?

- 68% empfinden ihre Ausbildung als ausreichende bis schwache Vorbereitung für den Start ins Berufsleben.
- keine Angabe: 6%; sehr gut: 3%; gut: 23%; ausreichend: 21%; schwach: 47%

Wie präsentiere ich mich selber, meine Kompetenz und mein eigenes Portfolio?

- 51% empfinden ihre Ausbildung in diese Spezialisierung als ausreichend bis schwach.
- keine Angabe: 4%; sehr gut: 4%; gut: 41%; ausreichend: 31%; schwach: 20%

Wie gründe und wie führe ich mein eigenes Design-Büro?

- 81% empfinden ihre Ausbildung in diese Spezialisierung als ausreichend bis schwach.
- keine Angabe: 6%; sehr gut: 4%; gut: 8%; ausreichend: 18%; schwach: 63%

Vorbereitung zum Management eines Design-Büros.

- 47% empfinden ihre Ausbildung in diese Spezialisierung als ausreichend bis schwach.
- keine Angabe: 7%; sehr gut: 17%; gut: 29%; ausreichend: 25%; schwach: 22%

Vorbereitung für Administration und Organisation.

- 63% empfinden ihre Ausbildung in diese Spezialisierung als ausreichend bis schwach.
- keine Angabe: 5%; sehr gut: 7%; gut: 25%; ausreichend: 27%; schwach: 36%

Kenntnisse in Marketing.

- 67% empfinden ihre Ausbildung in diese Spezialisierung als ausreichend bis schwach.
- keine Angabe: 4%; sehr gut: 0%; gut: 29%; ausreichend: 19%; schwach: 48%

Erstellen eines Briefings.

- 45% empfinden ihre Ausbildung in diese Spezialisierung als ausreichend bis schwach.
- keine Angabe: 4%; sehr gut: 23%; gut: 28%; ausreichend: 26%; schwach: 19%

Zusammenarbeit mit einem Unternehmen.

- 55% empfinden ihre Ausbildung in diese Spezialisierung als ausreichend bis schwach.
- keine Angabe: 4%; sehr gut: 14%; gut: 27%; ausreichend: 32%; schwach: 23%

Kreatives und Design Denken.

- 25% empfinden ihre Ausbildung in diese Spezialisierung als ausreichend bis schwach.
- keine Angabe: 0%; sehr gut: 40%; gut: 35%; ausreichend: 23%; schwach: 2%

Planung und Entwicklung von Szenarien.

- 42% empfinden ihre Ausbildung in diese Spezialisierung als ausreichend bis schwach.
- keine Angabe: 5%; sehr gut: 20%; gut: 33%; ausreichend: 20%; schwach: 22%

Produktionsprozesse.

- 52% empfinden ihre Ausbildung in diese Spezialisierung als ausreichend bis schwach.
- keine Angabe: 5%; sehr gut: 15%; gut: 28%; ausreichend: 28%; schwach: 24%

(über 400 Teilnehmer, stand: September 2009, http://de.edti.eu)

Servicedesign bildet als innovative Disziplin eine Schnittstelle zwischen kreativer Konzeption und Entwicklung und umsatzorientiertem Denken und Handeln.Prof. Birgit Mager lehrt Servicedesign an der Köln International School of Design bereits seit 1995 und fasst die Ziele des Servicedesigns wie folgt zusammen: »*Das gestalterische Credo von Servicedesign ist, Dienstleistungen zu gestalten, die nützlich sind, nutzbar und begehrenswert aus der Perspektive der Kunden und effektiv und effizient aus der Perspektive der Unternehmen.*«

Es ist zu befürchten, dass es noch zu wenige Hochschulen gibt, die ihre Wirtschafts-Studierenden hinreichend in Methoden des kreativen Denkens lehren und zu wenige Hochschulen existieren, die ihre Design-Studierenden hinreichend auf ein Verständnis für wirtschaftliche Zusammenhänge vorbereiten. Es kann aber durchaus behauptet werden, dass es einfacher sein wird, in einem Designstudium Seminare für Management und Kalkulation unterzubringen und sinnvoll und erfolgreich zu lehren, als in einem Wirtschaftsstudium ein Verständnis dafür entstehen zu lassen, das Kreativität die Grundlage für die Entwicklung eigener Strategien darstellt und erst durch eigene Strategien Innovationen möglich werden. Erst wenn auch in einem Wirtschafts-Studium Seminare fest im Curriculum verankert sind, die Methoden kreativen Denkens und das Entwickeln eigener Strategien lehren, kann es dort auch nachhaltig eine Lehre für Servicedesign geben.

Absolventen von Wirtschaftsstudiengängen sind in der Regel für finanzkalkulatorische Themen vorbereitet und unter anderem für die Planung von Logistik und Vertrieb und für das Controlling ausgebildet. Für die Entwicklung von Strategien sind unter ihnen aber nur jene besonders gut geeignet, denen ein kreatives Potenzial, ein entsprechendes Talent von Natur aus mitgegeben wurde. Wie wichtig gerade diese Talente insbesondere für die wirtschaftliche Entwicklung ist, zeigte die Weltwirtschaftskrise 2008/2009.

Strategische Entscheidungen sind dadurch gekennzeichnet, dass mit ihnen längerfristige Ziele verfolgt werden. Das heißt, es müssen Tendenzen antizipiert, Ziele und Strategien definiert und eigenständige Ideen entwickelt werden, mit denen das Unternehmen flexibel in die Zukunft geführt werden kann. Dies setzt Kreativität und die Bereitschaft voraus, auch einmal eigenverantwortlich zu entscheiden und sich nicht nur aus dem Katalog der bisher zahlreich vorhandenen Strategien zu bedienen. Eine Strategie kann man dann am besten vertreten und flexibel durchführen, wenn sie selbst erdacht oder zumindest durch eine gut durchdachte Kombination eigenständig konstruiert wurde. Durch das Berücksichtigen antizipierter Entwicklungen bzw. durch kreatives Vorbereiten von Absichten und Vorhaben wird diese Strategie zwangsläufig Abweichungen von der Regel beinhalten. Entsprechend der Herleitung des Strategiebegriffs aus dem Griechischen (stratos: Heer, agos: Führer) erhält man so im Idealfall einen ›Schlachtplan‹, der flexibel bleibt, Innovationen vorsieht, aber nicht unbedingt leicht durchschaubar ist. Carl von Clausewitz (1780–1831)[136] zog als erster Parallelen zwischen Militär und Wirtschaft, was nicht heißt, dass jeder, der Wirtschaft studiert hat, tatsächlich strategisch denken und handeln kann und im übertragenen Sinne die ›Kunst der Heeresführung‹ bzw. die Kunst zu managen bzw. die Kunst der Strategieentwicklung beherrscht.

136 Clausewitz, Carl von; *Strategie* (1804–1809); Eberhard Kessel (Hrsg.); Hamburg 1937.

Dr. Henry Mintzberg, Ökonom an der McGill University in Montreal und Autor[137] äußert sich über die klassische Ausbildung von Managern sehr kritisch. Er vertritt die Ansicht, dass die Finanzkrise ihre Ursache in der Ausbildung der Elite Business

137 Mintzberg, Henry: *Manager statt MBAs. Eine kritische Analyse*, Campus Verlag, 2005.

Schools hat. Er hält es für eine Illusion anzunehmen, durch Vorlesungen Manager ausbilden zu können, und meint, Management sei Praxis, die man nur durch Projektarbeit erlernen kann. In seiner Studie *Getting Past Smith and Marx: Toward a Balanced Society*[138] belegte er unter anderem, dass über 50% der berühmten Absolventen der Harvard Business School in ihrem Berufsleben als Manager komplett versagten. In einem Kommentar[139] schreibt Henry Mintzberg rückblickend zur Weltwirtschaftskrise 2008/2009:

138 www.henrymintzberg.com

139 Kommentar *Der soziale Stillstand Amerikas* von Henry Mintzberg im Magazin WirtschaftsWoche am 18. 2. 2009.

»Wie konnten diese Hypotheken überhaupt entstehen und – schlimmer noch – wie konnten sie bei so vielen großen Finanzinstitutionen landen? Die Antworten darauf sind offensichtlich: Die Manager, die den Verkauf der Hypotheken förderten, taten dies mit Blick auf ihre eigenen Boni. Aber warum haben so viele seriöse Finanzinstitutionen diesen Müll gekauft – oder genauer: Warum haben sie eine Kultur der Bequemlichkeit oder des Desinteresses toleriert? Es ist ganz einfach: Diese Unternehmen wurden nicht gemanagt, sie wurden geführt, ohne Zweifel kurzfristig mit einer spektakulären Performance, aber eben nicht gemanagt.«

Henry Mintzberg nennt dies legale Korrumpierung im Management. Er stellt fest, dass sich viele Manager darauf spezialisierten, Geschäfts- und Strategiepläne zu erstellen, ohne diese je umsetzen zu können. Einerseits weil das Wissen und die Erfahrung dazu fehlte, andererseits, weil sie wussten, dass sie nie umgesetzt würden und nur benötigt wurden, um weitere Investoren und mit ihnen weitere Boni zu gewinnen. Die Ursache dieses Vorgehens sieht er in der Ausbildung der Manager. Seiner Ansicht nach lernt man die Tätigkeit eines Managers nicht im Hörsaal, sondern nur in der Praxis.

Dies sollte als Anregung verstanden werden, Wirtschaft mehr projektbezogen und mit Planspielen zu lehren und zu lernen. Hier böte sich eine hervorragende Kooperationsmöglichkeit von Design- und Wirtschaftsstudierenden an, die z. B. in einem Servicedesign-Seminar ihre jeweiligen Kompetenzen gemeinschaftlich einsetzen und sich gegenseitig inspirieren und bereichern könnten. In solch einem Seminar würde allen Teilnehmern deutlich, dass Kreativität kein künstlerisches Phänomen darstellt, sondern eine Kompetenz des freien Denkens darstellt und nicht nur von Designern und Künstlern praktiziert werden kann, sondern von jedem, der sich darauf einlässt, aber auch bestimmte Vorraussetzungen mitbringt.

Prof. Dr. Shelley H. Carson, amerikanische Neurowissenschaftlerin und Psychologin an der Harvard University, widmet sich seit vielen Jahren dem Phänomen kreativer Menschen. Sie fand im Jahr 2003 durch ihre Untersuchungen bestätigt, was bereits von Hans Eysenck in den 1970er Jahren vermutet worden war.[140] Kreative sind offensichtlich deshalb kreativ, weil ihr Gehirn Sinnesreize aller Art erheblich intensiver wahrnehmen und auf diese sehr offen reagiert. Durch die »latente Hemmung«, einem Mechanismus im Gehirn, wird geregelt, ob und in welcher Menge Reize zugelassen werden. Menschen mit latenter Hemmung sind in ihren Abläufen und Arbeitsvorgängen nicht abzulenken. Alles Neue und von ihren Vorstellungen und Kenntnissen Abweichende wird konsequent ignoriert. Bei Kreativen funktioniert die latente Hemmung hingegen nur sehr unzureichend. Das Gehirn muss viel mehr Reize verarbeiten und lässt mehr Sinne aus allen Richtungen zu, weshalb sich Kreative erheblich leichter in ihrer Konzentration gestört fühlen, Veränderungen aber auch bewusster wahrnehmen und auf diese viel offener und interessierter reagieren. Dadurch ergibt sich die Fähigkeit zu ungewöhnlichen Assoziationen, zu

140 Magazin: *Scientific American Mind*, 7. 3. 2005, Seite 22

einer offenen Art des Denkens, die weniger von Vordefiniertem geprägt bzw. offener für Korrekturen der eigenen ursprünglichen Vorstellungen ist.

Diejenigen mit latenter Hemmung eignen sich zwar weniger für die Entwicklung eigener Strategien und Ideen, dafür aber z. B. besonders gut für die Erstellung von Kostenkalkulationen oder Statistiken. Neue, selbstständig entwickelte Strategien sind von ihnen allerdings nicht unbedingt zu erwarten, eher, dass sie Strategien anderer anwenden und von deren Vorgaben nicht gerne abweichen wollen. Eine denkbar ungünstige Ausgangslage für eine erfolgreiche Produkt- oder Dienstleistungsentwicklung. Der Umstand, dass 8 von 10 Produkteinführungen scheitern,[141] kann wohl auf die fehlenden kreativen Kompetenzen bzw. auf die latente Hemmung zurückgeführt werden.

141 Madakom GmbH: *Innovationsreport*, Neuwied, 2002; Dittmer, Gonde: *Projektmanagement*, Skript der Fachhochschule Kiel, 2003; Strecker, Otto: *Erfolgsstrategien für Lebensmittel*, 2004; Studie: *Big Ideas erkennen und Flops vermeiden*, Institut für angewandte Innovationsforschung, Bochum, 2007; Kuhn, Jutta: *Markteinführung neuer Produkte*, 2007.

Kreativität und bester Service muss aber gewährleistet sein, um beste Leistung zu ermöglichen. Gutes Servicedesign hilft auch, Fehler zu vermeiden, da mit Servicedesign alle Vorgänge identifiziert und untersucht werden, die sich sowohl zwischen Kunden und Produkt bzw. Dienstleistung als auch bei der Herstellung bzw. Umsetzung oder im Dialog zwischen Kunden und Berater ergeben. Servicedesign umfasst in seiner Analyse sowohl die komplette Wertschöpfungskette, als auch Nutzerbedürfnisse und schafft so erst die Basis für eine innovative aber auch nachhaltige Entwicklung von Produkten bzw. Dienstleistungen. Servicedesign bzw. Experience Design stellt die vom Anwender erlebten Eigenschaften einer Marke dar. Dieses Erleben konzentriert sich allerdings nicht nur auf den Anwender, sondern macht sich auch für die Angestellten eines Unternehmens positiv wie negativ bemerkbar.

Wenn die gesamte Wertschöpfungskette eines Angebotes im Sinne eines guten Servicedesigns durchdacht ist, schließt dies nicht nur die Benutzungsabfolgen eines Interfaces und die Kommunikation mit dem Anwender (Kunden, Auftraggeber) ein, sondern beinhaltet auch die Information für die Angestellten. So wie der Kunde z. B. nach einer Bestellung darüber informiert sein möchte, ob und wie der Vorgang nun weitergeht, will auch der Angestellte auf leicht nachvollziehbare Weise im Kundenkontakt und im Kunden-Beziehungs-Prozess (z. B. Bestellung, Produktbeschreibung, Anfragen zum Produkt, Außenwirkung von Produkt und Hersteller bzw. Vertrieb, Dialogmarketing etc.) involviert werden und die Steuerung dieses Prozesses (z. B. durch Software) leicht bedienen können. Für Anfänger wie für erfahrene Anwender gilt hier dasselbe.

Servicedesign fasst die Gestaltung der Struktur und der Prozesse (Informationsarchitektur) und die Gestaltung, wie die Struktur und die Prozesse wahrgenommen werden (Experience Design), zusammen. Je nach dem wie gut dies gelingt, wird ein ›Joy of Use‹ möglich bzw. wird dadurch das Ansehen eines Unternehmens positiv bestimmt (Branding / Corporate Identity / Corporate Design). Design bedeutet grundsätzlich, eine gegebene Situation in eine bevorzugte zu überführen und stellt sich so als Interface zwischen Artefakten und ihren Kontexten dar. Dies macht deutlich, dass jede Designertätigkeit und insbesondere das Interfacedesign zwangsläufig das Image eines Produktes bzw. des Herstellers prägt.

An der Hochschule Hof begann der Studiengang Mediendesign ab Oktober 2010 mit einer neuen Studienordnung, in der Servicedesign ein hoher Stellenwert eingeräumt wird. Ein wesentliches Ziel dieses Studiengangs ist es, die Designausbildung als gestalterisch/strategische Vorbereitung für Informations- und Kommunikationskonzepte zu betreiben, aber ebenso als Basis für Innovation und als Unterstützung zur Entwicklung kreativer, nachhaltiger Strategien innerhalb wirtschaftlicher Entscheidungsprozesse zu vermitteln. Die Lehre kreativer Kompetenz steht dabei im Vordergrund, aber es wird auch gelehrt, die hohe wirtschaftliche Bedeutung von Design besser in ökonomische Abläufe einbringen zu können.

Auch wenn Designmanagement in der Kreativebranche oft als zu betriebswirtschaftlich interpretiert wird, müssen sich Designer zunehmend mit strategischen Fragestellungen auseinandersetzen. Der Anteil der beratenden Tätigkeit hat deutlich zugenommen. Immer mehr Designagenturen betreiben auch Consulting und die Lehre von Servicedesign bereitet kreativ und zielorientiert darauf vor. Ein weiteres Ziel ist es, die Bedeutung des Designs als eines der wichtigsten Marketinginstrumente zu propagieren, Servicedesign und Interfacedesign an der Hochschule Hof als Synergiethemen von Design und Marketing und die Hochschule selber als wichtigen Ausbildungsstandort für die Creative Industries zu etablieren. Interessante Projektbeispiele werden auf den Internetseiten des Studiengangs Mediendesign der Hochschule Hof publiziert: www.design-hof.de und http://thinking.designismakingsense.de

8 Anhang

8.1 Danksagung

Ich danke allen, die an der Entstehung dieses Buches unterstützend mitwirkten, indem sie Bild- und Informationsmaterial zur Verfügung stellten, und all jenen, die mich motivierend und geduldig begleiteten.

Vielen Dank an Frank Hegel für die Gestaltung zahlreicher Grafiken und an Martin Mellen für seinen unermüdlichen Einsatz bei der Gestaltung und Umsetzung des Layouts und der Fertigstellung der Druckdateien.

Ein besonderer Dank gilt den Studierenden aus meinen Seminaren im Fachbereich Gestaltung an der Fachhochschule Bielefeld, im Studiengang ›Medieninformatik und Gestaltung‹ der Universität Bielefeld und den Studierenden des Studiengang Mediendesign an der Hochschule Hof/Campus Münchberg. Sie werden alle namentlich bei den jeweiligen Projekten im Buch genannt. Mit den studentischen Seminarergebnissen wurde das Buch enorm bereichert.

Außerdem danke ich den Mitarbeitern des Verlags, insbesondere Herrn Hermann Engesser, Frau Gabriele Fischer und Dorothea Glaunsinger, für ihre Unterstützung und Geduld.

8.2 Rechtshinweise

Alle in diesem Buch, unter www.designismakingsense.de/Daten_Infoviz.zip und http://vimeo.com/interfacedesign enthaltenen Angaben und Informationen wurden nach bestem Wissen sorgfältig recherchiert und geprüft. Dennoch sind Fehler nicht ganz auszuschließen. Daher sind die im vorliegenden Buch und unter www.designismakingsense.de/Daten_Infoviz.zip und www.vimeo.com/servicedesignthinking enthaltenen Informationen mit keiner Verpflichtung oder Garantie irgendeiner Art verbunden.

Haftungsansprüche gegen den Autor oder gegen den Verlag, welche sich auf Schäden materieller oder ideeller Art beziehen, die durch die Nutzung oder Nichtnutzung der dargebotenen Informationen bzw. durch die Nutzung fehlerhafter und unvollständiger Informationen verursacht wurden, sind grundsätzlich ausgeschlossen. Dies gilt auch für die Verletzung von Patentrechten, die dadurch resultieren könnten. Autor und Verlag übernehmen zudem nicht die Gewähr, dass die beschriebenen Beispiele, Vorgänge und Strategien usw. frei von Schutzrechten Dritter sind.

Alle innerhalb des Buches, unter www.designismakingsense.de/Daten_Infoviz.zip und www.vimeo.com/servicedesignthinking genannten und ggf. durch Dritte geschützten Handelsnamen, Marken- und Warenzeichen unterliegen uneingeschränkt den Bestimmungen des jeweils gültigen Kennzeichenrechts und den Besitzrechten der jeweiligen eingetragenen Eigentümer. Allein aufgrund der bloßen Nennung ist nicht der Schluss zu ziehen, dass solche Namen im Sinne der Warenzeichen- und Markenschutz-Gesetzgebung nicht durch Rechte Dritter geschützt sind!

8.2.1 Haftungsausschluss für Dateien und Programme

Eventuell über www.designismakingsense.de/Daten_Infoviz.zip und www.vimeo.com/servicedesignthinking herunterladbare bzw. nutzbare Dateien und Programme wurden einer sorgfältigen Virusprüfung unterzogen und sind nach bestem Wissen und Gewissen des Überprüfers virenfrei, funktionstüchtig und enthalten keine schädlichen Teile. Dennoch kann keinerlei Haftung für jedweden eventuell direkt oder indirekt aus der Benutzung oder Nichtbenutzung der Dateien oder Programme entstandenen Schaden übernommen werden. Die Dateien und Programme werden ohne jegliche Gewährleistung, Zusicherungen von Eigenschaften oder Haftung angeboten, gleichgültig ob ausdrücklich oder stillschweigend. Das gesamte Risiko bezüglich der Ergebnisse oder Leistungen der Dateien und Programme wird vom Anwender getragen. Weder der Autor noch der Verlag haften gegenüber dem Anwender, dem Benutzer oder einer sonstigen natürlichen oder juristischen Person für Schäden jeglicher Art, einschließlich entgangener Einnahmen oder entgangenen Gewinns, verlorener oder beschädigter Daten oder sonstiger geschäftlicher oder wirtschaftlicher Schäden, die mittelbar oder als Folgeschäden durch die Nutzung dieser Dateien bzw. Programme entstehen.

8.2.2 Verweise und Links

Bei direkten oder indirekten Verweisen auf Internetseiten (›Links‹), Zeitschriften, Bücher, Bilder, Video- oder Audiodaten, Fernseh- oder Radiosendungen oder jede sonstige Art von Publikationen, ist eine Haftungsverpflichtung ausgeschlossen.

Der Autor erklärt hiermit ausdrücklich, dass zum Zeitpunkt der Link-Nennung keine illegalen Inhalte auf den zu verlinkenden Seiten erkennbar waren. Auf die aktuelle und zukünftige Gestaltung, die Inhalte oder die Urheberschaft der gelinkten/verknüpften Seiten hat weder der Autor noch der Verlag Einfluss. Deshalb distanzieren sich der Autor und der Verlag hiermit ausdrücklich von allen Inhalten aller genannten Internetseiten bzw. der empfohlenen Publikationen, die nach der Link-Bekanntgabe verändert wurden. Für illegale, fehlerhafte, unvollständige, qualitativ minderwertige oder missverständliche Inhalte und insbesondere für Schäden, die aus der Nutzung oder Nichtnutzung solcherart dargebotener Informationen entstehen, haftet allein der Anbieter der Inhalte, auf welche verwiesen wurde, nicht derjenige, der über Links oder Hinweise auf die jeweilige Veröffentlichung lediglich verweist. Diese Feststellung gilt für alle innerhalb dieses Buches und unter www.designismakingsense.de/Daten_Infoviz.zip und www.vimeo.com/servicedesignthinking gesetzten bzw. genannten Links, Verweise und Empfehlungen.

Alle Autoren und Rechteinhaber werden ausdrücklich im Text bzw. direkt bei den Abbildungen genannt.

Der Autor ist bestrebt, in diesem Buch und auf www.designismakingsense.de/Daten_Infoviz.zip und www.vimeo.com/servicedesignthinking die Urheberrechte Dritter zu achten. Sollte sich aber dennoch trotz aufwändiger Recherche, unzähligen Gesprächen mit Rechteinhabern, zahlreichen Übersetzungen und Studium der Rechtslage ein Rechteinhaber nicht ausreichend informiert fühlen, bittet der Autor das zu entschuldigen. Sollte solch ein Ausnahmefall eintreten, bittet der Autor darum, sich an der Veröffentlichung in diesem Buch zu erfreuen und sich in bester Gesellschaft der international interessantesten und wichtigsten Teilnehmer im Themenbereich ›Informationsvisualisierung‹ gut aufgehoben zu fühlen. Alle Mitwirkenden verzichteten auf Honorare, Freiexemplare oder andere Formen der Vergütung. Anders wäre solch ein aufwändiges Buch auch gar nicht realisierbar.

Sollten Änderungen oder Ergänzungen in den Angaben zu den Bildnachweisen gewünscht sein, die in den Folgeauflagen berücksichtigt werden können, mögen die Betroffenen bitte Kontakt mit dem Autor aufnehmen:

stapelkamp@designismakingsense.de

Corporate Identity / Corporate Design

Birkigt, K.; Stadler, M.; Funck, H.J.: *Corporate Identity. Grundlagen – Funktionen – Fallstudien.* 11. Aufl., Landsberg, Lech, 2003.

Buck, Alex: *Markenästhetik 2000; Brand aesthetics 2000.* Birkhäuser, 2000.

Daldrop, Norbert W. (Hrsg.): Kompendium *Corporate Identity und Corporate Design.* 2. Aufl. Av Edition, Stuttgart, 2004.

Düllo, Thomas; Liebl, Franz: *Cultural Hacking. Kunst des strategischen Handelns.* Springer, 2005.

Steffen, Dagmar (Hrsg.); Bürdek, Bernhard E.; Fischer, Volker; Gros, Jochen: *Design als Produktsprache.* Birkhäuser, Frankfurt/M, 2000.

Farben, Farbwirkung, Farbbedeutung

Braem, Harald: *Die Macht der Farben.* Wirtschaftsverlag Langen Müller/Herbig, München, 1998.

Heller, Eva, *Wie Farben wirken.* Rowohlt, 2004.

Hunt, R. W. G.: *Measuring Colour.* Ellis Horwood Ltd, Chichester, 1987.

Jan-Peter Homann: *Praxis Digitales Colormanagement.* Springer, Berlin, 2006.

Küppers, Harald: *Harmonielehre der Farben. Theoretische Grundlagen der Farbgestaltung.* DuMont, Köln, 1999.

Küppers, Harald: Schule der Farben. *Grundzüge der Farbentheorie für Computeranwender und andere.* DuMont, Köln, 2001.

Küthe, Erich; Venn, Axel: *Marketing mit Farben.* DuMont, Köln, 1996.

Nees, Georg: *Formel, Farbe, Form – Computerästhetik für Medien und Design.* Springer, Berlin, Auflage 1, 1995.

Smith, Wanda; Thorell, Lisa; Thorell, L. G.; Smith, W. J.: *Using Computer Color Effectively: An Illustrated Reference to Computer Color Interface.* Prentice Hall, Inc., 1990.

Informationdesign, Leiten und Orientieren

Bauer, Erwin K.; Mayer Dieter: *Orientation & Identity. Portraits internationaler Leitsysteme.* Springer, Wien, 2008.

Baur, Ruedi: *Desorientierung.* Lars Müller Publishers, Baden, 2008.

Bertin, Jacques: *Semiology of Graphics: Diagrams, Networks, Maps.* 2010 (Das Original wurde in Französisch als »Sémiologie graphique« 1967 publiziert).

Bertin, Jacques: *Graphics and Graphic Information-Processing.* 1981.

Brückner, Hartmut: *Information gestalten. Einblicke in das Arbeitsfeld ›Informationsgestaltung und Typografie‹ am Fachbereich Münster.* Verlag H.M. Hauschild, Münster, 2004.

Card, Stuart K.; Mackinlay, Jock D.; Shneiderman, Ben (Hrsg.): *Readings in information visualization. Using vision to think.* San Mateo, CA, Morgan Kaufmann, 1999.

Coyne, Richard: *Designing information technology in the postmodern age.* Cambridge MA, MIT Press, 1995.

Dodge, Martin; Kitchi, Rob: *Mapping Cyberspace*. Routledge, an imprint of Taylor & Francis Books Ltd, 2000.

Foerster, Heinz von; Glasersfeld, Ernst von: *Wie wir uns erfinden. Eine Autobiographie des radikalen Konstruktivismus*. 2. Aufl, Carl-Auer-Systeme Verlag, 1999.

Holmes, Nigel: *The Best in Diagrammatic Graphics*, Rotovision, 1994.

IIDj Institute for Information Design Japan (Hrsg.): *Information Design Source Book Recent Projects/Anwendungen heute*. Birkhäuser, 2005.

Maeda, John: *Maeda@Media*. Bangert, 2000.

Maeda, John: *Creative Code*. Thames & Hudson Ltd, 2004.

McCloud, Scott: *Understanding Comics*. Harper Perennial, 1994.

McCloud, Scott: *Reinventing Comics: How Imagination and Technology Are Revolutionizing an Art Form*. HarperCollins Publishers, 2000.

Mollerup, Per: *Wayshowing, A Guide to Environmental Signage Principles and Practices*. Springer, 2005.

Naumann, Ulrich: *Leit- und Orientierungssysteme*. In I. Dannenbauer et al. (Red.), Bibliotheksbau: Kompendium zum Planungs- und Bauprozeß. [Baufibel], 2004. Internet-Ausg. www.bibliotheksportal.de/fileadmin/user_upload/content/themen/architektur/dateien/baukompendium.pdf

Needham, Josef: *Science and Civilization in China*. Cambridge University Press, 1962.

Shedroff, Nathan: Information Interaction Design. A Unified Field Theory of Design. In: Jacobson, Bob (Hrsg.): *Information Design*. MIT Press, 2000.

Shedroff, Nathan: *Experience Design*. New Riders Publishing, Indiana, 2001.

Tufte, Edward R.: *Envisioning Information*. Graphics Press, 1990.

Tufte, Edward R.: *Visual Explanations*. Graphics Press, 1997.

Tufte, Edward R.: *The Visual Display of Quantitative Information*. Graphics Press, 2001.

Uebele, A: *Orientierungssysteme und Signaletik. Ein Planungshandbuch für Architekten, Produktgestalter und Kommunikationsdesigner*. Schmidt, Mainz, 2006.

van Dijck, Peter: *Information Architecture for Designers*. RotoVision, Mies/Switzerland, 2003.

Wildbur, Peter; Burke, Michael: *Information Graphics*. Schmidt, 1998.

Wurman, Richard Saul; Jacobson, Robert: *Information Design*. MIT Press, 2000.

Zajonc, R. B.: The attutidinal effects of mere exposure. In: *Journal of Personality & Social Psychology, Monograph Supplement* 9 (1968), Nr. 2, Pt. 2.

Zec, Peter: *Informationsdesign. Die organisierte Kommunikation*. Edition Interfrom, Zürich/Osnabrück, 1988.

Zec, Peter: *Orientierung im Raum*. red dot edition, 2002.

Konzeptentwicklung

Kelley, Tom; Littman, Jonathan: *The Art of Innovation*. Profile Books, 2001.

Pahl, Gerhard; Beitz, Wolfgang: *Konstruktionslehre – Grundlagen erfolgreicher Produktentwicklung*. Springer, 2003

Trogemann, Georg; Viehoff, Jochen: *CodeArt. Eine elementare Einführung in die Programmierung als künstlerische Praktik*. Springer, Wien, 2004.

Weinberg, Gerald M.: *An Introduction to General Systems Thinking*. Dorset House, 2001.

Winograd, Terry; Flores, Fernando: *Erkenntnis Maschinen Verstehen. Zur Neugestaltung von Computersystemen*. 2. Auflage, Rotbuch Verlag, Berlin, 1989.

Lehr-/Lerntheorie

Issing, L. J.; Strzebkowski, R.: Multimedia und Hypermedia – Aktives Lernen mit Spaß. In: S. Aufenanger; R. Schulz-Zander; D. Spanhel (Hrsg.): *Jahrbuch Medienpädagogik* 1. Leske + Budrich, Opladen, 2001, S. 301 – 316

Kerres, M.: *Multimediale und telematische Lernumgebungen*. 2. Aufl., Oldenbourg, München, 2001.

Riser, U.; Keuneke, J.; Freibichler, H.; Hoffmann, B.: *Konzeption und Entwicklung interaktiver Lernprogramme. Kompendium und multimedialer Workshop*. Springer, Berlin, 2002.

Schulmeister, R.: *Grundlagen hypermedialer Lernsysteme. Theorie – Didaktik – Design*. 3. Aufl., Oldenbourg, München, 2002.

Stapelkamp, Torsten: *DVD-Produktionen: gestalten, erstellen und nutzen, DVD interaktiv: Erzählformen, Wissensvermittlung und e-Learning mit DVD, Blu-ray Disc und HD DVD*. Springer, 2007.

Tergan, S.-O.: Hypertext und Hypermedia. Konzeption, Lernmöglichkeiten, Lernprobleme und Perspektiven. In: Issing, L. J.; Klimsa, P.: *Information und Lernen mit Multimedia und Internet*. 3. überarb. Aufl., Psychologische Verlags Union, Weinheim, 2002, S. 98 – 112

Thissen, Frank: *Lerntheorien und ihre Umsetzung in multimedialen Lernprogrammen – Analyse und Bewertung*. URL: www.frank-thissen.de/lernen.pdf (Stand: 28.10.02).

Thissen, Frank: *Das Lernen neu erfinden – Konstruktivistische Grundlagen einer Multimedia-Didaktik*. URL: www.frank-thissen.de/lt97.pdf (Stand: 30.10.02).

Wohlfromm, Anja: *Museum als Medium – Neue Medien in Museen – Überlegungen zu Strategien kultureller Repräsentation und ihre Beeinflussung durch digitale Medien*. 2. Aufl., Halem, Köln, 2005.

Marketing

Goldmann, Heinz M.: *Wie man Kunden gewinnt. Das weltweit erfolgreichste Leitbuch moderner Verkaufspraxis*. 14. Aufl., Cornelsen, 2005.

Gassmann, Oliver: *Wachstumsmarkt Alter. Innovationen für die Zielgruppe Fünfzig Plus*. Hanser Wirtschaft, 2006.

Gröppel-Klein, Andrea: *Konsumentenverhaltensforschung im 21. Jahrhundert*. Deutscher Universitätsverlag, 2004.

Küthe, Erich; Venn, Axel: *Marketing mit Farben*. DuMont, Köln, 1996.

Opalka, Ralf: *Kids-Marketing. Grundlagen – Zielgruppe – Kommunikation*. Vdm Verlag Dr. Müller, 2003.

OSSWALD, KERSTIN: *Konzeptmanagement. Interaktive Medien – Interdisziplinäre Projekte*. Springer, X.media.press, Berlin, 2002.

SCHUBERT, PETRA: *Digital erfolgreich. Fallstudien zu strategischen E-Business-Konzepten*. Springer, Berlin, 2002.

WARSCHBURGER, VOLKER: *Nachhaltig erfolgreiches E-Marketing. Online-Marketing als Managementaufgabe: Grundlagen und Realisierung*. Vieweg Verlag, 2001.

WENZLAU, ANDREAS: *KundenProfiling. Die Methode zur Neukundenakquise*. Publicis Mcd, 2003.

ZAJONC, R.B.: *The attutidinal effects of mere exposure. Journal of Personality & Social Psychology.* Monograph Supplement 9 (2, Pt. 2), 1968.

ZOLLONDZ, HANS-DIETER: *Grundlagen Marketing. Von der Vermarktungsidee zum Marketingkonzept*. Cornelsen, 2003.

Medientheorie

BENTELE, GÜNTER; RÜHL, MANFRED: *Theorien öffentlicher Kommunikation*. Ölschläger München, 1993.

BONSIEPE, GUI: Über die unerquickliche Beziehung von Theorie und Praxis. In: *formdiskurs – Zeitschrift für Design und Theorie* 2, I/97, S. 6ff.

BONSIEPE, GUI: Design as a Cognitive Tool: the Role of Design in the Socialisation of Knowldege. In: SILVIA PIZZOCARO, AMILTON ARRUDA, DIJON DE MORAES (Hrsg.): *Design Plus Research – Proceedings of the Politecnico di Milano Conference, May 18–20*, 2000, Mailand, 2000.

ECO, UMBERTO: *Das offene Kunstwerk*. Suhrkamp Frankfurt/M., 1977.

FAULSTICH, WERNER: *Medientheorien*. Vandenhoeck Göttingen, 1991.

FLUSSER, VILÉM: *Die Revolution der Bilder*. Der Flusser-Reader zu Kommunikation, Medien und Design, Bollmann Vlg., Köln 1995.

FLUSSER, VILÉM: *Medienkultur*. 4. Aufl., Fischer (Tb.), Frankfurt, 1997.

FRIELING, RUDOLF: *Medien, Kunst, Aktion. Die 60er und 70er Jahre in Deutschland*. Springer, Wien, 1997.

FRIELING, RUDOLF: *Medien Kunst Interaktion. Die 80er und 90er Jahre in Deutschland*. Springer, Wien, 2000.

HOLZER, HORST: *Medienkommunikation*. Westdeutscher Verlag Opladen, 1994.

JOHNSON, STEVEN: *Interface Culture: How New Technology Transforms the Way We Create and Communicate*. HarperSanFrancisco, 1997.

MASER, SIEGFRIED: *Grundlagen der allgemeinen Kommunikationstheorie*. Verlag Berliner Union, Stuttgart, 1971.

RÖTZER, FLORIAN (Hrsg.): *Digitaler Schein – Ästhetik der elektronischen Medien*. Suhrkamp, Frankfurt a. M., 1991.

SHANNON, CLAUDE E.; WEAVER, WARREN: *The Mathematical Theory of Communication*. University of Illinois Press Urbana, 1963.

VÖLZ, HORST: *Information* 1, 2. Akademie-Verlag Berlin, 1982.

VÖLZ, HORST: *Grundlagen der Information*. Akademie-Verlag Berlin, 1991.

WINOGRAD, TERRY; FLORES, FERNANDO: *Erkenntnis Maschinen Verstehen. Zur Neugestaltung von Computersystemen*. 2. Auflage, Rotbuch Verlag, Berlin, 1989.

Projektmanagement

Kerres, M.: *Multimediale und telematische Lernumgebungen*. 2. Aufl., Oldenbourg, München, 2001.

Kessler, Heinrich, Winkelhofer, Georg: *Projektmanagement, Leitfaden zur Steuerung und Führung von Projekten*. 4., überarbeitete Aufl., Springer, 2004.

Maser, Siegfried: *Zur Planung gestalterischer Projekte*. Verlag Die Blaue Eule, Essen, 1993.

Rinza, Peter: *Projektmanagement. Planung, Überwachung und Steuerung von technischen und nichttechnischen Vorhaben*. 4., neubearb. Aufl., Springer, 1998.

Schifman, Richard S.; Heinrich, Günther: *Multimedia-Projektmanagement. Von der Idee zum Produkt*. 3., überarb. Aufl., Springer, X.media.press, 2001.

Stapelkamp, Torsten: *DVD-Produktionen: gestalten, erstellen und nutzen, DVD interaktiv: Erzählformen, Wissensvermittlung und e-Learning mit DVD, Blu-ray Disc und HD DVD*. Springer, 2006.

Screendesign

Brody, Neville: *Multi Media Graphics*. Schmidt Hermann, Mainz, 1999.

IIIDj Institute for Information Design Japan (Hrsg.): *Information Design Source Book Recent Projects/Anwendungen heute*. Birkhäuser, 2005.

Schumann, Heidrun; Müller, Wolfgang: *Visualisierung. Grundlagen und allgemeine Methoden*. Springer, 2000.

Shneiderman, Ben: *Designing the User Interface: Strategies for Effective Human-Computer Interaction*. Allyn & Bacon, 4. Aufl, 2004.

Thissen, Frank: *Screen-Design. Effektiv informieren und kommunizieren mit Multimedia*. 3., überarb. u. erw. Aufl., Springer, X.media.press, Heidelberg, 2003.

Velthoven, Willem: *Website Graphics*. Schmidt (Hermann), Mainz, 2001.

Semiotik

Eco, Umberto: *Semiotik – Entwurf einer Theorie der Zeichen*. München, Fink, 1991.

Eco, Umberto: *Einführung in die Semiotik*. München, Wilhelm Fink, 1994.

Eco, Umberto: *Im Labyrinth der Vernunft. Texte über Kunst und Zeichen*. Reclam, 1999.

Eco, Umberto: *Zeichen: Einführung in einen Begriff und seine Geschichte*. Suhrkamp, 2004.

Jakobson, Roman; Holenstein, Elmar (Hrsg.): *Semiotik: ausgewählte Texte 1919 – 1982*. Frankfurt am Main, Suhrkamp-Taschenbuch-Verl., 1992.

Nadin, Mihai: *Anticipation. The End is Where We Start From*. Lars Müller, 2003.

Nadin, Mihai: *Zeichen und Wert*. Tübingen, Gunter Narr Verlag, 1981.

Nake, Frieder (Hrsg.): *Die erträgliche Leichtigkeit der Zeichen: Ästhetik, Semiotik, Informatik*. Baden-Baden, Agis-Verl., 1993.

Peirce, Charles S.: *Naturordnung und Zeichenprozess: Schriften über Semiotik und Naturphilosophie*. Frankfurt am Main, Suhrkamp, 1991.

Typografie, Layout

Bellatoni, Jeff; Woolman, Matt: *Type in motion*. Schmidt, Mainz, 1999.

Bollwage, Max: *Typografie kompakt. Vom richtigen Umgang mit Schrift am Computer.* 2. Aufl., Springer, X.media.press, 2005.

Böhringer, Joachim; Bühler, Peter; Schlaich, Patrick: *Kompendium der Mediengestaltung für Digital- und Printmedien*. 3., vollst. überarb. u. erw. Aufl., Springer, X.media.press, 2006.

Lupton, Ellen: *thinking with type*. Princeton Architectural Press, New York, 2004.

Müller-Brockmann, Josef: *Rastersysteme für die visuelle Gestaltung*. Niggli AG, 1996.

Spiekermann, Erik: *ÜberSchrift*. Schmidt (Hermann), Mainz, 2004.

Stankowski, Anton: *Visuelle Kommunikation. Ein Design-Handbuch*. 2. Aufl., Reimer, 1994.

Usability

Beier, Markus; Gizycki, Vittoria von (Hrsg.): *Usability. Nutzerfreundliches Web-Design*. Springer, X.media.press, 2002.

Sarodnick, Florian: *Methoden der Usability Evaluation. Wissenschaftliche Grundlagen und praktische Anwendung*. Huber, Bern, 2006.

Stary, Christian: *User-Centered Interaction Paradigms for Universal Access in the Information Society*. Springer, Berlin, 2004.

Nielsen, Jacob: *Usability engineering*. Academic Press, Chestnut Hill, 1993.

Nielsen, Jacob: *Designing Web Usability. The Practice of Simplicity*. New Riders Publishing, 2000.

Visualisierung

Brinton, Willard Cope: *Graphic Methods for Presenting Facts*. McGraw-Hill Book Company Inc., New York City, 1919.

Brinton, Willard Cope: *Graphic Presentation*. Brinton Associates, New York, 1939.

Card, Stuart K.; MacKinlay, Jock D.; Shneiderman, Ben (Hrsg.): *Readings in Information Visualization: Using Vision to Think (The Morgan Kaufmann Series in Interactive Technologies)*. Morgan Kaufmann, 1999.

Chen, Chun-houh; Härdle, Wolfgang; Unwin, Antony: *Handbook of Data Visualization*. Springer, Heidelberg, 2008.

Debschitz, Uta von; Debschitz, Thilo von: *Fritz Kahn – Man Machine / Maschine Mensch*. Springer Wien New York, 2009.

Gaede, Werner: *Vom Wort zum Bild: Kreativ-Methoden der Visualisierung*. Langen/Müller; Auflage: 2., verb. A., 1992.

Hartmann, Frank; Bauer Erwin K.: *Bildersprache. Otto Neurath – Visualisierungen*. Facultas Universitätsverlag, 2006.

Horn, Robert E.: *Visual Language: Global Communication for the 21st Century.* Macrovu Inc., 1999.

IIIDj Institute for Information Design Japan (Hrsg.): *Information Design Source Book Recent Projects/Anwendungen heute.* Birkhäuser, 2005.

Maeda, John: *Maeda@Media.* Bangert, 2000.

Maeda, John: *Creative Code.* Thames & Hudson Ltd, 2004.

Schumann, Heidrun; Müller, Wolfgang: *Visualisierung. Grundlagen und allgemeine Methoden.* Springer, 2000.

Woolman, Matt: *Seeing Sound.* Schmidt, Mainz, 2000.

Ware, Colin: *Information Visualization: Perception for Design (Morgan Kaufmann Interactive Technologies Series).* Morgan Kaufmann, 2000.

Wahrnehmung

Brandes, Uta (Red.): *Welt auf tönernen Füssen: Die Töne und das Hören. Kunst- und Ausstellungshalle der Bundesrepublik Deutschland.* Göttingen: Steidl, 1994.

Brandes, Uta (Red.): *Sehsucht: über die Veränderung der visuellen Wahrnehmung. Kunst- und Ausstellungshalle der Bundesrepublik Deutschland GmbH.* Göttingen: Steidl, 1995.

Dewitz, Bodo von; Nekes, Werner: *Sehmaschinen und Bilderwelten. Die Sammlung Werner Nekes, Ausstellungskatalog zur Ausstellung ›Ich sehe was, was Du nicht siehst – Sehmaschinen und Bilderwelten‹.* Steidl, Göttingen, 2002.

Fisher, Scott S.: Wenn das Interface im Virtuellen verschwindet, 1991. In: Waffender, Manfred (Hrsg.): *Cyberspace.* Rowohlt Taschenbuch Verlag, Hamburg, 1991, S. 35 – 51

Foerster, Heinz von: Wahrnehmen wahrnehmen, 1990. In: Barck, Karlheinz; Gente, Peter; Paris, Heidi; Richter, Stefan: *Aisthesis. Wahrnehmung heute oder Perspektiven einer anderen Ästhetik*, Reclam, Leipzig, 1990, S. 197 – 213

Hoffman, Donald D.: *Visuelle Intelligenz. Wie die Welt im Kopf entsteht.* Dtv, 2003.

Ware, Colin: *Information Visualization: Perception for Design.* 2. Aufl., Morgan Kaufmann Publishers, 2004.

Williams, Sheila M.: Perceptual Principles in Sound Grouping, 1992. In: Kramer, G. (Hrsg.): *Auditory Display: Sonification, Audification and Auditory Interfaces.* Santa Fe Institute Studies in the Sciences of Complexity, Proceedings Volume XVIII. Reading MA: Addison-Wesley Publishing Company, 1994.

Wilson, Frank R.; Petruschat, Jörg; Bruttel, Till: *Wohin mit den Händen? How to Handle Hands?.* 2. Aufl., form+zweck Verlag, 2001.

Zenner, Hans Peter: *Physiologie der Sinne. Heidelberg Spektrum.* Akad. Verl, 1994.

Zimmer, H. D.: *Sprache und Bildwahrnehmung. Die Repräsentation sprachlicher und visueller Informationen und deren Interaktion in der Wahrnehmung.* Haag & Herchen, Frankfurt/M., 1983.

Zeichen, Symbole, Icons

Chernoff, Herman: *Using faces to represent points in k-dimensional space*. Journal of the American Statistical Association, 68, 1973.

Frutiger, Adrian; Heiderhoff, Horst: *Der Mensch und seine Zeichen. Schriften, Symbole, Signete, Signale*. Marixverlag, 2004.

Frutiger, Adrian; Schenkel, Ronald: *Formen und Gegenformen*. Niggli, 1999.

Hartmann, Frank; Bauer Erwin K.: *Bildersprache. Otto Neurath – Visualisierungen*. Facultas Universitätsverlag, 2006.

Internationales Forum für Gestaltung Ulm (Hrsg.): *Form und Zeichen. Globale Kommunikation*. Birkhäuser, 2003.

Jansen, Angela: *Handbuch der Infografik. Visuelle Information in Publizistik, Werbung und Öffentlichkeitsarbeit*. Springer, Berlin, 1999.

Nadin, Mihai: *The Civilization of Illiteracy*. Dresden University Press, 1997.

Nadin, Mihai: *Jenseits der Schriftkultur*. Dresden University Press, 1999.

Neurath, Otto: *Graphic Communication through Isotype*. The University of Reading: Reading, 1975.

P

Q

R

S

T

U

V

W

X

Y

Z

8.6 Über den Autor

Prof. Torsten Stapelkamp ist mit einer breiten gestalterischen Ausrichtung in den Bereichen digitale Produkte, Interface Design und Informationsdesign tätig. Er studierte Industrial Design an der Universität Wuppertal und Mediendesign an der Kunsthochschule für Medien Köln.

Er gestaltet Informations- und Kommunikationsmedien und interaktive Dienstleistungen, analysiert dabei mit den Methoden und Strategien des Service Design und entwickelt so projekt- und adressatenspezifische Konzepte für Produkte und Dienstleistungen.

Torsten Stapelkamp erstellte eigene Methodiken und Strategien zur Konzeption und Gestaltung und wendet seine Erkenntnisse nicht nur unter Einbeziehung aktueller Usability-Strategien an. Er berücksichtigt ebenso das Erleben am Produkt und die Freude beim Benutzen und entwickelt so nach den Grundsätzen des User Experience Design bzw. Service Design Thinking (siehe: http://thinking.designismakingsense.de). Wissenschaftliche Auseinandersetzungen und Analysen sind ihm dabei genauso bedeutsam wie Autorenschaft und angewandte Gestaltung.

Mit seinen Büchern greift Torsten Stapelkamp auf die Erfahrungen und Ergebnisse sowohl aus seinen Agentur-Tätigkeiten, als auch aus seiner Forschung und Lehre an Hochschulen zurück. Zusätzlich stützt und demonstriert er seine Erkenntnisse anhand von zahlreichen erfolgreichen Projekten von Agenturen und Unternehmen.

Torsten Stapelkamp schöpft aus seiner Forschung und Lehre als Professor und aus seiner Tätigkeit als Partner von ›Maas + Co‹ in Köln (Entwicklung von Marken, Produkten und Dienstleistungen, www.maas-co.com)

Weitere Informationen zum Autor und zu den Themen dieses Buches:
www.designismakingsense.de

Kontakt:
ts@maas-co.com